楞伽經觀記

2

능가경관기 2
楞伽經觀記

감산 덕청 지음, 장순용 역주

운주사

머리말

당唐나라의 천재 시인 이하李賀의 「진상陳商에게 바침(贈陳商)」이란 시를 보면 첫머리가 이렇게 시작한다.

장안長安의 어떤 남자는	長安有男兒
나이 스물에 마음은 이미 썩었으니,	二十心已朽
『능가경』은 책상머리에 쌓여 있고	楞伽堆案前
『초사楚辭』도 팔꿈치 뒤에 매달려 있네.	楚辭繫肘後
사람으로 태어나 궁핍하고 졸렬하게 살아서	人生有窮拙
해 저물면 애오라지 술이나 마실 뿐이네.	日暮聊飲酒
오로지 지금은 길이 이미 막혀버렸거늘	祗今道已塞
굳이 머리가 흴 때까지 기다려야 할까?	何必須白首

(이하 하략)

이 시의 '『능가경』은 책상머리에 쌓여 있고'란 구절에서 우리는 당나라 시대의 지식층이 『능가경』을 반드시 읽어야 하는 교양서로 여긴 걸 엿볼 수 있다. 하지만 『능가경』은 남종선南宗禪이 주류가 된 후에는 사람들에게 폭넓게 수용되지 않았는데, 그 이유는 다른 경전처럼 단일한 주제를 다루고 있지 않고 당대의 대승경전에 나오는 다양한 주제를 포괄적으로 다루고 있기 때문이다.

이 다양한 주제를 『능가경』에서는 대혜보살이 제기한 108개의 질문으로 시작하는데, 이 108개의 질문은 당시 불교 수행자들이 갖고 있었던 일반적인 질문을 모두 포함하고 있다. 그 내용을 살펴보면 유가행파의 유식사상에 보이는 오법(五法: 名・相・分別・正智・眞如), 세 가지 자성(三自性: 변계소집성・의타기성・원성실성), 팔식(육식・말나식・아알라야식), 두 가지 무아(二無我: 人無我와 法無我)를 다양하게 설하고 있으며, 특히 제8식인 자성청정의 아알라야식(ālaya vijñāna)을 여래장과 동일시하는 점은 이 경전의 특색이라 할 수 있다. 나아가 공空, 불신佛身, 열반涅槃, 여래장식如來藏識, 그리고 더 나아가 외도의 견해까지 대승불교의 주요 사항을 전부 포괄하고 있어서『반야경』, 『법화경』,『화엄경』,『열반경』,『승만경』,『해심밀경』 등의 사상을 종합하고 있다.

따라서 『능가경』은 이들 여러 대승경전들이 등장한 이후, 즉 대승 중기 이후에 유포된 경전이라 할 수 있다. 그리고 108가지 질문에서 알 수 있듯이 하나의 주제를 일관되게 설명하고 있는 것이 아니라 이전의 대승불교의 사상을 총체적으로 다루고 있기 때문에 다른 경전에 비해 교리가 일관되지 않고 구성이 통일되어 있지 않는 것처럼 보인다. 하지만 그 핵심은 여래장과 유식사상을 설하는 대표 경전이라 할 수 있다.

예를 들면 일천제一闡提에 관한 내용이다. 중생계에서 활동하고 있는 보살의 일천제와 완전히 선근을 여읜 일천제가 있으며, 후자라 해도 온갖 부처를 만나면 즉각 열반을 깨달을 수 있다고 설한다. 또 성품이 결정된 이승二乘은 존재하지 않고 일불승一佛乘만 존재한다고 해서 법화 사상과도 비슷하다. 특히 견성성불見性成佛을 주장하는 초기 선종에서 중시하던 경전이었고, 지론종地論宗의 북도北道와 남도南道 양 파에서도 쓰였으며, 법상종에서는 소의경전所依經典 중의 하나였다.

감산 대사의 『능가경관기』는 『관능가보경기觀楞伽寶經記』 또는 『관능가아발다라보경기觀楞伽阿跋多羅寶經記』를 줄인 말이다. 『능가경』을 관觀한 감산덕청 대사의 소회所懷를 기록한 것인데, 『관능가보경기』 첫머리에서 감산 대사는 『관기觀記』라고 한 이유를 이렇게 말하고 있다.

"『관능가보경기觀楞伽寶經記』는 대체로 『능가경』을 관찰해서 만든 것이다. 이 『능가경』은 중생의 식장識藏이 곧 여래장임을 곧바로 가리켜 일용日用의 현전現前 경계를 나타내 발함으로써 자심自心의 현량現量을 수순隨順해 관찰케 하여 단박에 온갖 부처의 자각성지自覺聖智를 증득케 하기 때문에 이름하여 불어심(佛語心: 부처의 말씀과 마음)이라 한다. 이는 문자가 아닌데 또 어찌 문자로써 해석할 수 있단 말인가? 이 때문에 지금 '주소注疏'라고 말하지 않고 '경전을 관觀한 기록(觀經記)'이라고 한 것이다. 대체로 관觀으로 마음에 노닐면서 관觀 중의 경계를 기록한 것일 뿐이다."

그리고 『능가경관기』가 다루고 있는 핵심 내용에 관해서는 『관능가보경기』 마지막에서 이렇게 말한다.

"다음 이 경전은 단적으로 외도와 이승의 편벽되고 삿된 견해를 타파해서 정지正智를 생기도록 한 것이니, 일심一心을 참다운 종지(眞

宗)로 삼고, 삿됨을 꺾고 올바름을 나타내는(摧邪顯正) 것을 대용大用으로 삼는다. … 인증引證한 것은 다 『기신론起信論』과 유식唯識을 강령綱領의 종지宗旨로 끼고 있었으며, 세 가지 번역을 융합해 회통하는 데 힘써서 혈맥血脈이 하나로 통하였다."

그리고 감산 대사는 『능가경』을 번역하면서 자신의 병을 치유한 경험을 말하고 있다.

"내가 바닷가에 거처할 당시는 만력萬曆 임진년壬辰年(1592) 여름이었는데 우연히 발이 아픈 병이 생겨 참을 수가 없었다. 그래서 이 『능가경』을 청해 책상머리에 두고서 마음을 침잠해 힘껏 연구하다 홀연히 적연寂然해지면서 몸을 잊었다. 급기야 책을 펴고서 108가지 뜻을 독송하자 마치 흰색과 검은색을 보는 것처럼 명백했다. 옛날 오대산五臺山의 서역 스님(梵師)의 말씀이 기억났기 때문에 마침내 붓을 대서 기록을 했는데 「생멸장生滅章」에 이르자 그 병환이 즉각 치유되었다."

하지만 그는 번역 과정이 매우 힘들었음을 토로하고 있다.

"산에 들어가 고선枯禪을 익혔기 때문에 곧바로 한 글자도 식별하지 못하는 경지(一字不識之地)에 도달해서 하루아침에 해탈해 스스로를 신뢰하면, 온갖 경전을 돌이켜 보더라도 과연 집에 돌아가는 옛길을 보는 것처럼 명백(了然)했지만, 다만 이 『능가경』은 도저히 구두점을 찍을 수 없었다."

마지막으로 감산 대사는 번역의 공덕으로 모두가 열반의 피안에 오르기를 기원한다.

"바라건대 이 수승한 인연을 능가楞伽의 법성해法性海로 회향廻向해서 지혜 광명(慧光)의 원만한 비춤을 우러러 의지해 이 숙세夙世의 허물을 타파하고 해탈에 속히 오르기를.

그리하여 보고 듣는 것마다 기뻐하고 똑같이 자심自心의 현량現量에 들어가서 함께 이 법륜法輪을 굴려 곧바로 미래제未來際에 도달하길 바라노니, 이 공덕으로 위로는 성스러운 은혜에 보답하고 아래로는 고통의 갈래(苦趣)를 뽑아버려서 일제히 열반의 피안彼岸에 오를 뿐이다."

저자 감산 대사(1546~1623)는 명나라 4대 고승 중 한 사람으로 법명은 덕청德淸이다. 속가의 성姓은 채蔡이고, 자字는 증인澄印, 호號가 감산憨山이다. 오늘날의 안휘성 출신이다. 선禪과 정토 사상을 겸하여 수련할 것을 주장했으며, 육조 대사에서 비롯된 조계曹溪의 법맥을 중흥시켰다. 특히 중국 불교를 집대성한 사람으로 유식학에 조예가 깊고, 천태학을 대성하였다. 저서로는 『능가경관기』, 『수능엄경통의』, 『조론약주』, 『몽유집』, 『심경직설心經直說』, 『금강경결의金剛經決疑』 등이 있다.

끝으로 이 책의 번역에 도움을 주신 분들께 고마움을 표하고 싶다. 먼저 번역을 위해 『능가경관기』를 소개해 준 부여 매화사 무문관 능화 스님에게 감사를 드린다. 스님께서는 앞서 『수능엄경통의』도 번역할 수 있게끔 이끌어주신 분이다. 거듭 감사를 드린다. 그리고 번역하는 동안에 후원을 해준 보림선원 도반들과 벗 임정훈에게도 지면을 빌려 감사를 표한다.

2022년 4월 장순용

일러두기

1. 목차에는 원문에는 없는 숫자를 현대식으로 붙였다.
   그리고 본문에선 목차의 목록이 현대 서적처럼 본문 내용 앞에 붙어 있지 않고 내용 뒤에 붙어 있어서 역시 숫자를 붙인 목차를 달아서 이해를 편하게 하도록 도왔다.
2. 번역은 축자逐字 직역도 아니고 완전히 풀어서 의역한 것도 아니다. 하지만 원래의 뜻에 어긋나지 않도록 글자 하나하나를 소홀히 하지 않는 직역에 치중했다.

머리말 • 5
일러두기 • 10

【권제4】

관능가아발다라보경기 觀楞伽阿跋多羅寶經記 13

　　일체불어심품 一切佛語心品 제2의 하下 13

【권제5】

관능가아발다라보경기 觀楞伽阿跋多羅寶經記 177

　　일체불어심품 一切佛語心品 제3의 상上 177

【권제6】

관능가아발다라보경기 觀楞伽阿跋多羅寶經記 315

　　일체불어심품 一切佛語心品 제3의 하下 315

【권제7】

관능가아발다라보경기 觀楞伽阿跋多羅寶經記 427

　　일체불어심품 一切佛語心品 제4의 상上 427

【권제8】
관능가아발다라보경기觀楞伽阿跋多羅寶經記 557

　일체불어심품一切佛語心品 제4의 하下 557

관능가보경각필기觀楞伽寶經閣筆記 • 689

【권제4】

관능가아발다라보경기
觀楞伽阿跋多羅寶經記

일체불어심품一切佛語心品 제2의 하下

②-1-3-(1)-1)-가-(가)-나) 이 이하에선 망상의 성품 없음으로 진여의 심연상心緣相을 여읨을 밝힘으로써 외도의 사자성事自性의 상相의 계교와 집착을 타파함에 일곱 가지가 있음을 변별했다.
△②-1-3-(1)-1)-가-(가)-나)-a 처음엔 단멸(斷)의 견해를 타파한다.

이때 대혜보살마하살은 다시 부처님께 여쭈었다.
"세존이여, 항상하다는 소리(常聲)는 어떤 일을 말합니까?"

爾時大慧菩薩摩訶薩復白佛言. 世尊. 常聲者何事說.

관기 여기서도 역시 발자취를 밟아 의문을 일으킨다. 장차 허망한 경계의 참되고 항상함(眞常)을 밝혀서 단멸의 견해를 타파한 것이다. 앞서 말한 "법의 있음(有)과 없음(無), 단멸(斷)과 항상(常) 등"과 또 "열반은 단멸(斷)도 아니고 항상(常)도 아님"을 말미암아서 앞에서는 있음(有)과 없음(無)을 의심했지만 여기서는 항상(常)과 무상無常을 의심한다. 생각건대 세존께서 법이 이미 단멸과 항상을 여의었다고 설했고 또 열반은 항상하지 않다고 말하니, 이는 무상無常이다. 또 토끼 뿔은 비록 없더라도 토끼에 의거해 설한 것이지만, 허나 부처는 참되고 항상함(眞常)을 설했는데 다시 어디에 의거해 설하겠는가? 그러나 요컨대 의거해 설한 곳(依說處)은 바로 사자성事自性의 상相이 계교하고 집착한 것이다.

부처님이 대혜에게 고하셨다.
"혹란(惑亂: 미혹의 교란)이다.(당역에서는 "허망한 법에 의거해 설함"이라 하였다) 저 혹란은 온갖 성인에게도 나타나지만 전도顚倒되지는 않는다. 대혜야, 마치 봄날의 아지랑이, 불 바퀴, 눈에 아른거리는 머리털, 건달바성犍闥婆城, 허깨비(幻)나 꿈, 거울의 영상과 같음은 세간의 전도顚倒이다. 이는 밝은 지혜(明智)는 아니지만, 그러나 나타나지 않음도 아니다.

佛告大慧. 爲惑亂. (唐譯云. 依妄法說) 以彼惑亂. 諸聖亦現. 而非顚倒. 大慧. 如春時燄. 火輪. 垂髮. 犍闥婆城. 幻夢. 鏡像. 世間顚倒. 非明智也. 然非不現.

관기 여기서는 허망한 법에 즉해 참되고 항상함(眞常)을 제시함으로써 사자성事自性의 상相을 계교하고 집착하는 것을 타파하였다. 대혜는 생멸이 무상無常해서 허망한 법에 의거해 설한다고 의심했지 참되고 항상함(眞常)이 어디에 의거해 설하는지는 알지 못했다. 세존께서는 "참되고 항상하다고 말한 것은 바로 저 허망한 법에 의거해 설했다"고 답했다. '혹란惑亂'은 허망한 법(妄法)이다. 그러나 "성인은 허망한 법을 보지 않는데 어떻게 그에 의거해 참되고 항상함(眞常)을 설하겠는가?"라고 계교를 전변해 우려할 수 있으므로 다시 "저 혹란은 온갖 성인에게도 나타나지만 전도되지는 않는다"고 방어한 것이다.

생각건대 저 온갖 허망한 법이 본래 스스로 무생無生이라서 범부의 어리석음으로는 통달할 수 없기 때문에 전도顚倒의 견해가 생기면서 허망하게 집착을 낳으며, 성인 역시 나타나지만 단지 전도의 상념을 일으키지 않을 뿐이다. 이 때문에 마치 양지의 아지랑이, 불 바퀴, 허깨비(幻)나 꿈, 거울의 영상과 같은 것을 지혜가 없는 사람은 허망하게 실답다고 여기지만 지혜 있는 사람은 그렇지 않다. 하지만 나타나지 않음도 아니다. 아! 환화幻化의 경계는 다르지 않아도(不異) 성인과 범부의 견해는 자못 다르니, 소위 삼계와 같지 않으면서 삼계를 보기 때문에 온갖 법에서 동일함(一)이나 다름(異)의 견해를 일으키지 않는 것을 이름하여 정견正見이라 한다.

대혜야, 저 혹란에는 갖가지 나타남이 있지만 혹란이 무상無常을 짓지는 않는다. 왜 그런가? 말하자면 성품과 성품 아님을 여의기 때문이다. 대혜야, 어째서 성품과 성품 아님의 혹란을 여읜 것인가? 말하자면 일체 어리석은 범부의 갖가지 경계 때문이다.(당역에서는 "허망한 법이 나타날 때는 한량없이 차별되지만, 그러나 무상無常은 아니다. 왜 그런가? 있음〔有〕과 없음〔無〕을 여의기 때문이다. 어찌하여 있음과 없음을 여의는가?

일체 어리석은 범부가 갖가지로 이해하기 때문이다"라고 하였다) 마치 저 항하(恒河: 갠지스강)를 아귀餓鬼[1]가 보면서도 보지 못하는 것과 같기 때문이다. 혹란의 성품은 없지만 여타의 곳에는 나타나기 때문에 성품이 없지도 않다. 이처럼 혹란은 온갖 성인이 전도顚倒와 전도되지 않음을 여의는 것이니, 이 때문에 혹란은 항상(常)이다. 말하자면 모습 모습(相相)이 무너지지 않기 때문이다. 대혜야, 혹란의 갖가지 상相과 망상의 상相은 무너지니, 이 때문에 혹란은 항상(常)이다.

大慧. 彼惑亂者. 有種種現. 非惑亂作無常. 所以者何. 謂離性非性故. 大慧. 云何離性非性惑亂. 謂一切愚夫種種境界故. (唐譯云. 妄法現時. 無量差別. 然非無常. 何以故. 離有無故. 云何離有無. 一切愚夫種種解故) 如彼恒河. 餓鬼見不見故. 無惑亂性. 於餘現故. 非無性. 如是惑亂. 諸聖離顚倒不顚倒. 是故惑亂常. 謂相相不壞故. 大慧. 非惑亂種種相妄想相壞. 是故惑亂常.

<관기> 여기서는 온갖 법이 필경은 참되고 항상하다(眞常)는 뜻을 해석하고 있다. 대혜가 설명을 들은 것은 바로 저 혹란의 당체當體가 참되고 항상하다(眞常)는 것이다. 그래서 의심하길 "온갖 법의 갖가지 차별을 나타내 보는 것은 모두 무상無常인데, 어찌하여 바로 참되고 항상한(眞常) 것인가?"라고 했다. 그러자 여기서 해석하길

---

[1] 목마름과 배고픔 등 고통으로 가득 찬 세상에 사는 중생. 탐욕이 많은 자가 사후에 떨어지는 생존 상태로서, 불교에서 육도 중 하나인 아귀도餓鬼道에 있는 자를 말한다.

"허망한 법이 나타날 때 비록 갖가지 차별이 있지만, 그러나 무상無常하지는 않다"고 했다. 왜 그런가? 있음(有)과 없음(無)을 여의기 때문이다. 어째서 있음과 없음을 여의는가? 법은 있음도 없음도 아니고 단지 어리석은 범부가 허망하게 있음과 없음의 견해를 지을 뿐이기 때문이다. 그리고 마치 항하수恒河水와 같아서 본래 불이 아닌데도 아귀는 그 물을 보고 불로 여기지만 나머지 사람은 보지 못한다. 비유하면 온갖 법은 본래 스스로 무생無生이지만 어리석은 사람은 허망하게 생멸을 보고 성인은 보지 못하기 때문에 '보면서도 보지 못하기 때문'이라 하였다. 성인은 온갖 법을 보지 못하니, 소위 한 법도 보지 못함이 곧 여래이기 때문에 '혹란의 성품이 없다'고 말한 것이고, 여타의 중생은 허망하게 있다(有)고 보기 때문에 성품이 없지 않다. 그렇다면 온갖 부처와 성인은 대중들과 다르지 않고 단지 온갖 법에 대해 전도의 견해를 일으키지 않을 뿐이기 때문에 '온갖 성인은 전도와 전도되지 않음을 여읜다'고 말한 것이다. 그러므로 내가 설한 혹란의 참되고 항상함(眞常)은 말하자면 모습 모습(相相)이 무너지지 않기 때문이다. 이것이 소위 법이 법위法位에 머물고, 세간의 상相이 항상 머물고, 온갖 법이 적멸하고, 당체當體가 여여如如하기 때문에 '모습 모습이 무너지지 않는다'고 한 것이다. 그러나 온갖 법은 차별의 상相이 있지 않고 단지 어리석은 범부의 망상으로 차별과 차이가 있다고 분별할 뿐이기 때문에 '혹란의 갖가지 상相과 망상의 상相을 무너뜨리지 않는다'고 말한 것이다. 이것이 내가 설하고자 한 혹란의 참되고 항상함(眞常)이다.

대혜야, 무엇을 혹란의 진실이라 하는가? 만약 다시 인연이라 한다면, 온갖 성인은 이 혹란에 대해 전도顚倒의 지각(覺)을 일으키지 않고 전도의 지각이 없는 것도 아니다.(당역에서는 "무엇으로 허망한 법의 진실을 얻는가? 말하자면 온갖 성인은 허망한 법 중에서 전도나 비전도非顚倒의 지각을 일으키지 않는다"고 하였다)

대혜야, 온갖 성인을 제외하고 이 혹란에 대해 조금이라도 상념이 있다면 성스러운 지혜(聖智)의 사상事相이 아니다. 대혜야, 무릇 있음(有)이란 어리석은 범부의 허망한 설說이지 성인의 언설은 아니다."

大慧. 云何惑亂眞實. 若復因緣. 諸聖於此惑亂. 不起顚倒覺. 非不顚倒覺. (唐譯云. 云何而得妄法眞實. 謂諸聖者於妄法不起顚倒非顚倒覺) 大慧. 除諸聖. 於此惑亂有少分想. 非聖智事相. 大慧. 凡有者. 愚夫妄說. 非聖言說.

관기 여기서는 여실관如實觀을 가르치고 있다. 일체 모든 법은 본래 스스로 여여如如하다. 단지 온갖 법에 대해 전도나 전도하지 않는 견해를 일으키지 않을 뿐이다. 일념一念이 생기지 않음을 이름하여 성스러움(聖)이라 하는 것은 만약 온갖 법에 대해 조금이라도 상념이 있다면 마음을 일으키고 생각(念)을 움직임이 즉각 법체法體와 괴리되어 문득 성스러운 지혜(聖智)의 경계가 아니기 때문이다. 이 때문에 당역에서는 이렇게 말했다.

"조금이라도 상념이 있다는 것은 바로 어리석은 범부의 희론戱論이지 성인의 말이 아님을 반드시 알아야 한다."

△②-1-3-(1)-1)-가-(가)-나)-b 이하에선 상견常見을 타파하였다.

"저 혹란이란 전도와 전도되지 않음의 망상으로 두 가지 종성種性을 일으키니, 말하자면 성인의 종성 및 어리석은 범부의 종성이다.

彼惑亂者. 倒不倒妄想. 起二種種性. 謂聖種性. 及愚夫種性.

관기 여기서는 법은 본래 하나이지만, 기틀의 견해가 저마다 다름을 말미암아 상견을 타파하는 걸 말하고 있다. 전도顚倒의 견해는 범부의 정情이고, 전도되지 않은 견해는 성스러운 이해(聖解)이니, 범부의 정을 말미암기 때문에 외도의 종성을 일으키고, 성스러운 이해를 말미암기 때문에 삼승의 종성을 일으킨다. 이 때문에 당역에서는 이렇게 말한다.

"만약 허망한 법을 분별해서 전도되거나 전도되지 않는다면, 그는 두 가지 종성種性을 성취한다."

이것이 소위 법은 본래 다르지 않으니, 다른 건 스스로의 기틀일 뿐이라는 것이다. 앞서 말한 오성五性은 바로 승乘은 달라도 성품은 하나이기 때문에 '무간無間'이라 말했고, 지금 두 가지 종성이라 한 것은 바로 법은 하나이나 견해는 다름(法一見異)을 밝히기 때문에 '일으킨다'고 말한 것이다. 그러나 모두 혹란惑亂의 망상에 의거해 일으킨다는 것은 마음과 부처, 그리고 중생, 이 세 가지는 차별이 없기 때문이다.

성종성(聖種性: 성인의 종성)은 세 가지로 분별한다. 말하자면 성문승, 연각승, 불승佛乘이다. 어째서 어리석은 범부의 망상이 성문승의 종성을 일으키는가? 말하자면 스스로의 망상이 계교하고 집착하는 것이 성문승의 종성을 일으키니, 이를 이름하여 망상이 성문승의 종성을 일으키는 것이라 한다. 대혜야, 저 혹란에 즉한 망상이 연각승의 종성을 일으키니, 말하자면 바로 저 혹란의 자상自相과 공상共相으로 계교나 집착을 가까이하지 않음이 연각승의 종성을 일으킨다.

聖種性者. 三種分別. 謂聲聞乘. 緣覺乘. 佛乘. 云何愚夫妄想. 起聲聞乘種性. 謂自妄相計著. 起聲聞乘種性. 是名妄想起聲聞乘種性. 大慧. 卽彼惑亂妄想起緣覺乘種性. 謂卽彼惑亂自共相. 不親計著. 起緣覺乘種性.

관기 이것은 어리석은 범부가 저 허망한 법에 의거해 이승 성인의 종성을 일으킨 것이다. 말하자면 삼계와 오온의 온갖 법이 실제로 자상自相과 공상共相이 있다고 허망하게 보고서 계교와 집착을 내어서 싫어해 여의려는 상념(厭離想)을 일으키니, 이를 이름하여 성문의 종성이라 한다. 저 오온에 즉해 연생緣生을 요달해서 계교와 집착을 즐기지 않고 심란함과 시끄러움을 여의는 것을 이름하여 연각의 종성이라 한다.

어떻게 지혜로운 자가 저 혹란에 즉해 불승의 종성을 일으키는가? 말하자면 자심의 현량인 외부의 성품과 성품 아님이 망상의 상相이 아님을 깨달아서 불승의 종성을 일으키니, 이를 이름하여 저 혹란에 즉해 불승의 종성을 일으키는 것이라 한다.

云何智者卽彼惑亂. 起佛乘種性. 謂覺自心現量. 外性非性. 不妄想相. 起佛乘種性. 是名卽彼惑亂起佛乘種性.

관기　이것은 지혜로운 자가 저 허망한 법에 즉해 불승의 종성을 일으킨 것이다. 당역에서는 이렇게 말했다.
"무엇을 지혜로운 자가 허망한 법을 분별해서 불승의 종성을 성취하게 되었다고 말하는가? 소위 일체가 오직 자심이 분별한 소견所見일 뿐 외부의 법은 있지 않다고 요달한 것이다."
말하자면 단지 마음 밖에 법이 없음을 능히 관觀할 수 있는 것이니, 이를 이름하여 지혜로움(智者)이라 하며 바로 불승의 종성이다.
당역에서는 저 혹란을 관觀하여 분별을 일으키지 않음이 곧 불승의 종성을 성취한 것이라 하는데, 이 경전에선 온갖 법에 즉해 분별을 일으키지 않는 것이 문득 불종성佛種性의 뜻에 떨어지는 것이라 말했으니, 지혜로운 자는 이 말을 깊이 살피길 바란다.

또 갖가지 일의 성품(事性)은 범부의 미혹된 상념으로 어리석은 범부의 종성을 일으킨다.

又種種事性. 凡夫惑想. 起愚夫種性.

여기서는 두 번째인 어리석은 범부의 종성을 해석했다. 당역에서는 이렇게 말했다.

"온갖 어리석은 범부는 허망한 법인 갖가지 사물을 분별해서 이와 같다(如是)고 결정하고 다르지 않다(不異)고 결정한다. 이렇게 하면 생사승生死乘의 성품을 성취한 것이다."

법화法華에서는 이렇게 말한다.

"온갖 법은 항상 성품이 없어서 부처의 종자(佛種)는 연緣으로부터 생기生起한다. 이처럼 부처의 종자도 연緣으로부터 생기하는데, 하물며 이승과 외도의 생사의 종성이겠는가?"

그렇다면 허망한 경계는 본래 참(眞)이지만 견해(見)에 따라 분별하니, 온갖 법이 실제로 자상自相과 공상共相이 있다고 허망하게 보기 때문에 연생緣生을 요달하지 못한다. '허망하게 염리(厭離: 싫어하여 여윔)를 낳는다'는 즉 이름하여 성문이라 하고, 비록 연생을 요달하더라도 성품 없음을 요달하지 못하면 즉 이름하여 연각이라 하고, 만약 온갖 법이 성품 없는 연생이고 연생에 성품 없음을 요달하면 즉 이름하여 부처라 한다. 소위 하나의 법은 원래 다름이 없지만, 세 사람은 여기서 차이를 본다고 하는 것이다. 영가永嘉는 '일념 속에서 오온은 반드시 이 대관對觀을 함께한다'고 밝혔다. 수행인이 이 종지를 깊이 밝혀서 자연히 성스러움과 범속함의 정서가 다하면 무생無生에 들어가게 된다.

그건 일(事)이 있는 것도 아니고 일이 없는 것도 아니니, 이를 이름하여 종성種性의 뜻이라 한다."

彼非有事. 非無事. 是名種性義.

관기 이것은 종성種性의 뜻을 해석한 것이다. 종種은 인因이다. 온갖 법은 있음(有)이 아니기 때문에 그걸 인因해서 삼승의 성스러운 성품을 일으키고, 없음(無)이 아니기 때문에 그걸 인해서 생사의 범속한 정서를 일으킨다. 논論에서는 이렇게 말했다.

"진여眞如는 있음(有)의 상相도 아니고, 없음(無)의 상도 아니며, 있음의 상이 아닌 것도 아니고, 없음의 상이 아닌 것도 아님을 반드시 알아야 한다. 진실로 사구四句를 모두 여의고 백비(百非: 백 가지 부정)가 단박에 버려져서 성스러움과 범속함의 정서가 다하면 당체當體가 여여如如하여 헤아림이나 논의를 용납하지 않는다."

그러므로 아래에선 진여가 상相을 여의어서 동일함(一)과 다름(異)의 견해를 타파함을 결론으로 제시했다.

②-1-3-(1)-1)-가-(가)-나)-c

"대혜야, 저 혹란에 즉함은 망상이 아니다. 온갖 성스러운 심心, 의意, 의식意識의 허물과 습기習氣의 자성법自性法이 전변轉變하는 성품을 이름하여 여如라 하니, 이 때문에 여如는 마음을 여읜다고 설한다. 내가 이 구절은 상념을 여읨을 나타내 보인다고 설한 것은 바로 일체의 상념을 여읨을 설한 것이다."

大慧. 卽彼惑亂不妄想. 諸聖心意意識過習氣自性法轉變性. 是名爲

如. 是故說如離心. 我說此句顯示離想. 卽說離一切想.

> **관기** 여기서는 온갖 법이 본래 여여라서 마음이 반연하는 상(心緣相)을 여읨으로써 동일함(一)과 다름(異)의 견해를 타파함을 결론으로 제시하고 있다. 논論에서는 이렇게 말했다.

"일체 모든 법이 오직 망념에 의거해 차별이 있으니, 만약 심념心念을 여읜다면 일체 경계의 상相이 없다. 그러므로 일체법은 근본 이래로 언설의 상相을 여의고, 명자名字의 상相을 여의고, 마음이 반연하는 상(心緣相)을 여의어서 필경에는 평등하여 변이變異가 있지 않으므로 파괴할 수 없고 오직 하나의 일심一心일 뿐이기 때문에 이름하여 진여眞如라고 한다."

그러나 중생의 망상으로 분별하는 것은 심心, 의意, 의식意識의 습기에 따라 전변하기 때문에 진여가 변하여 명상名相이 된다. 이제 단지 일념이 생기지 않을 뿐이라서 정情을 잊고 집착이 사라지면 곧 저 심식心識이 전변하여 정지正智가 되고 저 온갖 법을 비추어서 당체當體가 여여如如하다. 이 때문에 당역에서는 이렇게 말했다.

"저 허망한 법에 즉한 온갖 성스러운 지혜(聖智)란 심心, 의意, 의식意識의 온갖 악한 습기와 자성법의 전의轉依 때문이니, 즉 이 허망함을 이름하여 진여라 설한 것이지 이 밖에 따로 진여가 있는 건 아니다."

그러므로 논論에서는 이렇게 말했다.

"'진여眞如'란 역시 있음(有)의 상相이 없는 것이니, 일체법이 모두 여여와 동일하기 때문이다. 반드시 알라, 일체법은 설할 수 없고 생각할 수 없기(不可說不可念) 때문에 이름하여 진여라 한다."

이 때문에 '그러므로 여如는 심식을 여의는 것이라 설한다'고 했고, 내가 이 구절을 설하는 까닭은 분별법을 여윔을 나타내 보여서 수행인으로 하여금 다 일체의 분별을 여의게 하고자 하기 때문이라고 했다. 그래서 논論에서는 "만약 생각(念)을 여읜다면, 이를 이름하여 들어가게 된다(得入)"고 하고, 또 "생각(念)의 경계를 여윔은 오직 상응相應을 증득하기 때문이니", 이 때문에 "일체의 상념을 여읜다"고 말한 것이다.

△②-1-3-(1)-1)-가-(가)-나)-d 이하에선 있음(有)과 없음(無)의 견해를 타파하였다.

대혜가 부처님께 여쭈었다.
"세존이여, 혹란은 있음(有)입니까, 없음(無)입니까?"
부처님께서 대혜에게 고하셨다.
"환幻과 같아서 계교와 집착의 상相이 없다. 만약 혹란에 계교와 집착의 상相이 있다면 계교와 집착의 성품은 멸할 수 없으며, 연기緣起는 응당 외도가 설했듯이 인연에서 법이 생겨야 한다."

大慧白佛言. 世尊. 惑亂爲有爲無. 佛告大慧. 如幻無計著相. 若惑亂有計著相者. 計著性不可滅. 緣起應如外道說因緣生法.

관기 여기서는 온갖 법이 연생緣生으로 환幻과 같음을 밝힘으로써 있음(有)과 없음(無)의 견해를 타파하였다. 앞에서는 부처가 허망한 법이 곧 참(眞)이라고 설했는데, 이를 말미암아 대혜는 온갖 법이 곧 참(眞)이라 생각하면서 진여는 상相을 여읜 탓에 있다(有)고 할 수도 없고 또 온갖 법을 나타내 보인 탓에 없다(無)고도 할 수 없기 때문에 이 의문을 '있음(有)입니까, 없음(無)입니까?'라고 질문한 것이다. 세존께서는 "환幻과 같아서 계교와 집착의 상相이 없다"고 답하였다. 말하자면 연생의 온갖 법은 환과 같아서 실답지 않고 있음과 없음의 상相으로 집착할 수 없으니, 만약 온갖 법을 있다(有)와 없다(無)로 집착한다면 있음과 없음은 하나로 정해져서 전변할 수 없다. 그렇다면 부처가 설한 연기 역시 외도가 설한 인연에서 법이 생기거나 작자作者로부터 생기는 것과 응당 동일해야 하니, 그 뜻인즉 대혜가 있음과 없음의 견해를 지을 수 없다고 배척한 것이다.

대혜가 부처님께 여쭈었다.
"세존이여, 만약 혹란이 환幻과 같다고 하면, 다시 여타의 미혹과 더불어 인因을 지어야 합니다."
부처님이 대혜에게 고하였다.
"환幻은 미혹의 인因이 아니니, 허물을 일으키지 않기 때문이다. 대혜야, 환幻은 허물을 일으키지 못하고 망상도 있지 않다. 대혜야, 환幻이란 다른 분명한 곳(他明處)으로부터 생기지 자기 망상의 허물과 습기의 처소에서는 생기지 않으니, 이 때문에 허물을 일으키지 않는 것이다. 대혜야, 이것은 어리석은 범부가 마음의 미혹心惑으로 계교하고 집착한 것이지 성현聖賢은 계교하고 집착하지 않는다."

大慧白佛言. 世尊. 若惑亂如幻者. 復當與餘惑作因. 佛告大慧. 非幻

惑因. 不起過故. 大慧. 幻不起過. 無有妄想. 大慧. 幻者從他明處生. 非自妄想過習氣處生. 是故不起過. 大慧. 此是愚夫心惑計著. 非聖賢也.

관기 앞에선 '망상을 여읜다'고 해서 마음이 경계에 붙지 않았고, 여기선 '환幻은 허물을 일으키지 않는다'고 함으로써 경계가 마음을 끌어당기지 않음을 밝혔다. 대혜가 온갖 법은 연생緣生으로 환幻과 같다는 설명을 듣고 마침내 이렇게 의심했다.

"만약 혹란이 환幻과 같다고 한다면, 이 환幻은 응당 다시 여타의 미혹과 더불어 인因을 지어야 한다."

생각건대 과거에는 온갖 법이 환幻과 같음을 요달하지 못하고 허망하게 실답다고 계교하기 때문에 이에 의거해 미혹을 일으켜 업業을 지으니, 이것이 허망한 법이 여타의 미혹과 더불어 인因을 짓는 것이다. 이제 비록 경계가 환幻 같음을 요달하더라도 환幻의 경계는 오히려 존재하거늘 어찌하여 또 여타의 미혹과 더불어 인因을 짓지 않는 것인가? 의욕意欲이 경계를 끊어서 바야흐로 마음을 내지 않을 뿐이니, 세존께서는 이렇게 답하셨다.

"이미 환幻의 일(事)이라면 어찌 여타의 미혹과 더불어 인因을 지을 수 있겠는가? 왜냐하면 환인幻人은 허물을 일으키지 않기 때문이다."

그러므로 허물을 일으키지 않는 까닭은 환인幻人이 정식情識이 없기 때문이니, 이 때문에 '망상이 있지 않다'고 말한 것이다. 그래서 환화인幻化人이 정식情識이 없다는 것은 사람(즉 환화인)이 공功을 들인 주력呪力에 의거해 생기는 것이지 애근愛根의 종자와 습기로부터 생기는 것이 아니니, 어찌 세상 사람이 배우자를 보고서 정애情愛를 일으키는 것과 같겠는가? 그러므로 환幻은 허물을 일으키지 않는다. 경전에서 말한다.

"마치 세간의 능숙한 환사幻師와 같으니, 환幻으로 온갖 남녀를 지어낸다. 비록 온갖 근根의 움직임을 보더라도 요컨대 하나의 기틀(一機)에서 싹튼 것이니, 기틀을 쉬어서 적연寂然에 돌아가면 온갖 환幻은 성품 없음을 이룬다."

그러므로 지혜로운 자는 자타自他의 오온 및 몸과 마음이 이와 같음을 관찰한다. 만약 이 같은 관찰을 짓지 못해서 환사幻事에 대해 좋고 싫음을 분별하고 마음이 움직이는 생각(動念)을 일으켜 계교와 집착을 낳는 자는 바로 어리석은 범부이지 성현聖賢이 아니다. 방 거사龐居士는 이렇게 말했다.

"단지 만물에 대해 저절로 무심無心하다면
만물이 항상 둘러싼들 무슨 방해가 있으리오.
쇠소(鐵牛)가 사자후師子吼를 두려워하지 않음은
흡사 목인木人이 화조華鳥를 보는 것과 같다.
화조는 사람을 만나도 역시 놀라지 않으며
목인의 본래 바탕(本體)은 스스로 정정情이 없으니
심경心境의 여여如如함이 단지 이와 같다면
보리도菩提道를 이루지 못할까 어찌 근심하랴."

但自無心於萬物. 何妨萬物常圍繞. 鐵牛不怕師子吼. 恰似木人見華鳥.

華鳥逢人亦不驚. 木人本體自無情. 心境如如只遮是. 何慮菩提道不成.

이때 세존께서 이 뜻을 거듭 선포하고자 게송을 설하셨다.

爾時世尊欲重宣此義而說偈言.

성스러움은 혹란을 보지 않으니
중간도 또한 진실이 없으며
중간이 만약 진실하다면
혹란도 곧 진실이네.

일체의 미혹을 버려서 여의었는데도
만약 모습(相)이 생기는 것이 있다면
이 역시 혹란이 되니
청정치 못함이 마치 그림자에 가린 것 같네.

聖不見惑亂. 中間亦無實. 中間若眞實. 惑亂卽眞實. 捨離一切惑. 若有相生者. 是亦爲惑亂. 不淨猶如翳.

관기 여기서는 있음(有)과 없음(無) 둘 다 여읨을 읊고 있다. '성스러움은 혹란을 보지 않으니'는 중간에 진실이 없기 때문이다. 경전에서는 "비유하면 갈대가 교차한 가운데의 성품과 같아서 공空도 유有도 둘 다 아니다"라고 했는데, 만약 혹란과 중간이 과연 진실하다면 법법마다 확실히 자성自性이 있어서 하나로 정해져 전변轉變할 수 없으니, 이 때문에 '혹란이 곧 진실이다'라고 한 것이다. 허망한 법이 참(眞)이 아닐 뿐 아니라 그대로 허망한 미혹을 버려서 여의었어도 진실의 성품이 있다고 허망하게 보니, 바로 이 진실 역시 혹란이다. 왜냐하면 생사와 열반은 모두 광로狂勞와 전도顚倒의 화상華相이기 때문에 청정치 못함이 마치 그림자에 가린 것과 같다.

"다시 다음에 대혜야, 환幻이 아니면 비슷한(相似) 것이 있지 않아서 일체법이 환幻과 같다고 보는 것이다."

復次大慧. 非幻無有相似. 見一切法如幻.

<small>관기</small> 여기서 세존께서는 참된 지견知見의 힘을 정확히 제시함으로써 앞서의 뜻을 결성結成하고 있다. 여래는 삼계의 상相을 분명히 보는 데 착오나 오류가 없다. 일체법은 연생緣生일 뿐 실답지 않음을 관觀하는데, 환幻을 제외하면 비유할 만한 것이 없기 때문에 특별히 "환幻이 아니면 비슷한 것(相似)이 있지 않다"고 고한 것이다.

대혜가 부처님께 여쭈었다.
"세존이여, 갖가지 환상幻相을 계교하고 집착하는 것을 일체법이 환幻과 같다고 말씀하신 겁니까, 이상異相을 계교하고 집착하는 것을 말씀하신 겁니까?(당역에서는 "갖가지 환상幻相을 집착하는 데 의거해 일체법이 환幻과 같다고 말한 겁니까, 이 집착의 전도상顚倒相에 의거함이 다른 겁니까?"

라고 말했다) 만약 갖가지 환상幻相을 계교하고 집착하는 것을 일체의 성품이 환幻과 같다고 말씀한 것이라면, 세존이여, 성품이 환幻과 같지 않은 것이 있습니다. 왜 그렇겠습니까? 말하자면 색色의 갖가지 상相은 인因이 아니기 때문입니다. 세존이여, 색色을 인因하지 않고도 갖가지 상相을 나타냄이 환幻과 같다고 하기 때문입니다. 세존이여, 그러므로 갖가지 환상幻相을 계교하고 집착한 것이 성품이 환幻 같음과 비슷하다(相似)고 하는 일은 없습니다."

大慧白佛言. 世尊. 爲種種幻相計著言一切法如幻. 爲異相計著. (唐譯云. 爲依執著種種幻相言一切法猶如幻耶. 爲異依此執著顚倒相耶) 若種種幻相計著言一切性如幻者. 世尊. 有性不如幻者. 所以者何. 謂色種種相非因. 世尊. 無有因色種種相現如幻. 世尊. 是故無種種幻相計著. 相似性如幻.

관기 여기서는 환幻과 같다는 뜻을 밝히는 논란이다.
대혜가 일체법이 환幻과 같다는 말을 듣고는 마침내 "환幻과 같다는 말은 환상幻相이 하나가 아닌 다양한 종류라고 계교하고 집착함에 의거해 일체법이 환幻과 같다고 말한 겁니까? 환상幻相에 의거하지 않고 단지 집착으로 전도顚倒한 심상心相에만 의거해서 환幻과 같다고 말한 겁니까?"라는 의심이 들었기 때문에 "이상異相을 계교하고 집착하는 것"이라 하였다. 생각건대, 만약 집착으로 전도한 심상心相에 의거해서 환幻과 같다고 말한 것이라면 옳다 하겠지만, 만약 갖가지 환상幻相을 계교하고 집착해서 일체가 환幻과 같다고 말한다면 옳지 않다.

왜냐하면 온갖 법은 또한 환幻과 같지 않은 점이 있기 때문이다. 대체로 환사幻事가 까닭 없이 일어나면 이는 무인無因이다. 또 갖가지 색법色法을 나타내 보임은 무인無因이 아니다. 만약 저 환幻과 같다고 말한다면 이는 무인無因이기 때문에 "갖가지 색상色相은 인因이 아니다"라고 한 것이다. 만약 몽땅 무인無因인데도 색상色相을 갖가지로 현현케 함이 환幻과 같다고 하면 외도의 무인無因에서 생기는 것과 동일하다. 당역에서는 이렇게 말했다.

"그러므로 세존이여, 갖가지 환상幻相의 집착에 의거해 말한 것이 일체법이 환幻과 비슷하다고(相似) 말한 것이라 설명할 수 없습니다."

부처님께서 대혜에게 고하셨다.

"갖가지 환상幻相의 계교와 집착이 일체법이 환幻 같음과 비슷한 것은 아니다. 대혜야, 그러나 실답지 않은 일체법은 번갯불처럼 신속히 소멸하니, 그렇다면 환幻과 같다.(당역에서는 "갖가지 환상幻相을 집착하는 데 의거해서 일체법이 환幻 같다고 말한 것은 아니다. 일체법은 실답지 않아서 번갯불처럼 신속히 소멸하므로 환幻 같다고 설한 것이다"라고 하였다) 대혜야, 비유하면 번갯불과 같아서 찰나 사이에 나타나고, 나타나고 나면 곧 소멸해서 어리석은 범부는 보지(現) 못한다.(위역에서는 "즉각적으로 보고 즉각적으로 소멸해서 범부는 보지 못한다"고 하였고, 당역에서는 "세간의 어리석은 범부는 모두 다 나타내 보는"이라고 하였다) 이처럼 일체의 성품은 스스로의 망상으로 자상自相과 공상共相을 관찰한 것이니, 성품이 없다면 색상의 계교와 집착은 나타나지 않는다."

佛告大慧. 非種種幻相計著相似一切法如幻. 大慧. 然不實一切法速滅如電. 是則如幻. (唐譯云. 不依執著種種幻相言一切法如幻. 以一切法不實速滅如電. 故說如幻) 大慧. 譬如電光. 刹那頃現. 現已卽滅. 非愚夫現. (魏譯云. 卽見卽滅. 凡夫不見. 唐譯云. 世間凡愚悉皆現見) 如是一切性. 自妄想自共相觀察. 無性非現. 色相計著.

관기 여기서는 생生이 곧 무생無生이기 때문에 환幻 같음을 제시하였다. 부처는 '내가 일체법이 환幻 같다고 설했다'고 말한 것은 갖가지 환상幻相의 다양함을 집착하는 데 의거해 일체법이 환幻 같다고 말한 것이 아니다. 대체로 온갖 법이 신속히 일어났다 신속히 소멸함을 말한 것이니, 번갯불처럼 실답지 않기 때문에 환幻 같다고 설할 뿐이다. 비유하면 번갯불이 즉각 나타났다 즉각 소멸하는(卽現卽滅) 것과 같으니, 올바르게 반드시 나타난 때 즉시 소멸하지 소멸 후에야 소멸이라 말하는 것이 아니다. 만약 번갯불이 나타난 때 즉각 소멸함을 안다면 온갖 법의 생김(生)이 본래 무생無生임을 아는 것이니, 이 때문에 아래 게송에서는 이렇게 말했다.

"사물이 생기는 즉시 소멸함은
어리석은 자를 위한 설명이 아니다."

이것은 범부의 어리석음으로 알 수 있는 것이 아니기 때문에 '어리석은 범부는 보지(現) 못한다'고 했고, 그러므로 나는 일체 모든 법은 본래 스스로 생겨나지 않는다고 설했다. 다만 범부의 자심自心에 의거해 분별한 자상과 공상의 견해는 또한 번갯불이 신속히 일어났다 신속히 소멸하는 것 같아서 실다운 있음(實有)이 아니다. 중생은 온갖 법이 본래 없는 걸 요달하지 못해서 허망하게 갖가지 색상色相을 실답다고 집착하기 때문에 "성품이 없다면 색상의 계교와 집착은 나타나지 않는다"고 한 것이다. 그러므로 나는 온갖 법이 환幻 같다고 설함으로써 생겨남(生)이 본래 무생無生이란 뜻을 제시했을 뿐이지 자못 갖가지 온갖 법을 집착하는 환의 모습(幻相)에 의거해서 환幻 같다고 말한 것은 아니다.

이때 세존께선 이 뜻을 거듭 선포하고자 게송을 설하셨다.

爾時世尊欲重宣此義而說偈言.

환幻이 아니면 비유할 수 없어서
법성法性이 환幻 같다고 설하고,
실답지 않음은 번갯불처럼 신속하기에
그러므로 환幻 같다고 설한다.

非幻無有譬. 說法性如幻. 不實速如電. 是故說如幻.

관기 여기서는 환幻이 이루어진 뜻을 읊고 있다. '환幻'이란 실답지 않기 때문에 환幻 같고, 번갯불처럼 신속히 소멸하기 때문에 환幻 같다. 그러나 환사幻事는 실답지 않아서 사람이 쉽게 그걸 안다. 만약 환사幻事가 번갯불처럼 신속히 소멸한다면 알기 어렵다. '신속히 소멸한다'는 말은 이미 생겼다가 소멸함의 신속함이 아니다. 대체로

일체불어심품 제2의 하 35

본래 생겨나지 않음을 말한 것이다. 영가永嘉 대사는 육조六祖를 보고서 말했다.

"생사生死의 일이 크며, 무상無常이 신속합니다."

육조가 말했다.

"어찌하여 무생無生을 체득해서 신속함도 없음을 요달하지 않는가?"

영가 대사가 말했다.

"체득하면(體) 곧 무생無生이고, 요달하면 본래 신속함이 없습니다."

육조가 말했다.

"그대는 무생無生의 뜻을 깊이 얻었다."

△②-1-3-(1)-1)-가-(가)-나)-e 이하에선 생겨남(生)의 견해를 타파하였다.

대혜가 다시 부처님께 여쭈었다.

"가령 세존께서 설하셨듯이 일체 성품이 무생無生이고 아울러 환幻과 같다고 한다면, 세존께서 전후로 설한 자상自相과는 서로 어긋나지 않겠습니까? 무생無生의 성품이 환幻 같다고 설하시다니요."

大慧復白佛言. 如世尊所說. 一切性無生. 及如幻. 將無世尊前後所說自相違耶. 說無生性如幻.

여기서는 부처 스스로의 말이 서로 어긋난다고 의심한 것이다. 대혜는 부처가 앞서 일체법은 무생無生이라 설했고 또 환幻

같다고 설한 걸 들었다. 그러나 일체법은 이미 본래부터 무생無生이고 또 환幻 같다고 말하는데, 환幻 같다면 생겨남이다. 바야흐로 무생無生을 설하면서도 또 생겨남(生)을 말하고 있으니, 어찌 전후로 한 스스로의 말이 서로 어긋나는 것이 아니겠는가?

부처님께서 대혜에게 고하셨다.
"내가 무생無生과 성품은 환幻 같다고 설한 것에는 전후가 서로 어긋나는 허물이 있지 않다. 왜 그런가? 말하자면 생과 무생은 자심의 현량으로 있음(有)과 있음 아님(非有), 외부의 성품과 성품 아님, 무생의 나타남을 깨닫는 것이다.(당역에서는 "서로 어긋남이 있지 않다. 왜 그런가? 나는 생겨남[生]이 곧 무생無生임을 요달해서 오직 자심으로 본 것일 뿐이기 때문이다. 만약 있음[有]이든 없음[無]이든 일체 외부의 법은 그 성품이 없어서 본래 불생不生임을 보기 때문이다"라고 하였다)
대혜야, 내가 전후로 설한 것은 서로 어긋나는 허물이 있지 않지만, 그러나 외도의 인생(因生: 원인에서 생겨남)을 무너뜨리기 때문에 나는 일체의 성품이 무생이라고 설했다. 대혜야, 외도의 어리석은 무리들은 있음(有)과 없음(無)이 생겨남이 있게 하고자 자기 망상의 갖가지 계교와 집착으로 반연하는 것은 아니라고 한다.(당역에서는 "외도의 어리석은 무리들은 공통으로 악한 견해를 일으켜서 있음[有]과 없음[無]으로부터 일체법을 낳았지 스스로 집착한 분별을 반연으로 삼은 것은 아니다"라고 말했다)
대혜야, 나는 있음과 없음에서 생겨남이 있다고 하지 않았으니, 그러므로 나는 무생無生의 설說로써 설한 것이다.

佛告大慧. 非我說無生性如幻前後相違過. 所以者何. 謂生無生. 覺自心現量. 有非有. 外性非性. 無生現. (唐譯云. 無有相違. 何以故. 我了於生卽是無生. 唯是自心之所見故. 若有若無一切外法. 見其無性. 本不生故) 大慧. 非我前後說相違過. 然壞外道因生. 故我說一切性無生. 大慧. 外道癡聚. 欲令有無有生. 非自妄想種種計著緣. (唐譯云. 外道癡聚共興惡見. 言從有無生一切法. 非自執著分別爲緣) 大慧. 我非有無有生. 是故我以無生說而說.

관기 여기서는 생겨남(生)이 본래 생겨나지 않음(不生)임을 밝힘으로써 인생因生의 견해를 타파하였다. 부처님은 내가 전후로 서로 어긋나는 허물이 있는 건 아니라고 말씀하셨다. 왜냐하면 나는 일체법의 생겨남이 본래 무생無生임을 요달함으로써 온갖 법이 오직 자심이 나타난 것임을 깨달았기 때문이다. 있음(有)이든 없음(無)이든 그 성품 없는 연생緣生을 봄으로써 생겨남(生)이 본래 생겨남이 아니기(不生) 때문에 환幻 같다고 설할 뿐이지 내가 전후로 서로 어긋나는 허물이 있는 건 아니다. 그러나 내가 설한 무생은 또한 설명일 뿐만 아니라 외도가 허망하게 수립한 인생因生을 타파하기 위한 것이기 때문에 나는 일체법의 성품이 본래 스스로 무생이라고 설한 것이다. 외도의 인생이란 저 외도의 어리석은 무리들이 공통으로 악한 견해를 일으켜서 허망하게 유(有: 있음)는 유인有因으로부터 생기고 무(無: 없음)는 무인無因으로부터 생긴다고 하니, 이 때문에 말하기를 "있음(有)과 없음(無)의 생겨남이 있게 하고자 온갖 법이 자기 망상의 갖가지 집착과 분별이 반연해 생긴 것을 요달하지 못한다"고 하였다. 그러므로 나는 온갖 법이 있음(有)과 없음(無)이 생겨나는 것이 아니라 연생緣生으로 환幻 같다고 설했기 때문에 무생無生을 설한 것이지 한결같이 절연絶然해서 생겨나지 않는다(不生)고 한 것이 아니다.

대혜야, 성품을 설한 것은 생사를 섭수攝受하기 위해서이며, 없다(無)는 견해와 단멸(斷)의 견해를 무너뜨리기 위해서이다. 나의 제자는 갖가지 업(業爲)을 섭수해서 태어나는 곳을 받아들이기 때문에 소리의 성품(聲性)을 설함으로써 생사를 섭수攝受한 것이다.

大慧. 說性者. 爲攝受生死故. 壞無見斷見故. 爲我弟子攝受種種業受生處故. 以聲性說. 攝受生死.

관기 여기서는 논란을 방지하고 있다. 어리석은 자가 온갖 법은 있음(有)과 없음(無)의 생겨남이 아니라는 설법을 듣고 문득 의심과 논란을 초래할까 걱정한 것이다. 그러나 세존께서 견해와 애착의 번뇌와 선악의 온갖 법, 삼계의 인과와 윤회 등의 일을 설했고, 이는 온갖 법이 실제로 성품이 있다고 설한 것이거늘 어찌하여 없다(無)고 말했느냐고 했기 때문에 이것을 해석한 것이다. 당역에서는 이렇게 설했다.

"온갖 법을 설하는 것은 제자에게 '온갖 업에 의거해 생사를 섭수함을 알게 하여 그걸 차단함으로서 단멸의 견해를 두지 않기 위해서'이다. 말하자면 견해와 애착의 습기와 온갖 번뇌는 생사의 인因이 되고, 삼계의 생生을 받는 곳은 생사의 과果가 되기 때문에 '갖가지 업으로 생生을 받는 곳'이라 했다. 정명淨名은 이렇게 말했다.

"지음도 없고(無作), 조작도 없고(無造), 받아들임도 없지만(無受) 선악의 업 또한 없어지지 않으니, 그 까닭은 중생으로 하여금 단멸의 견해에 떨어지지 않도록 인과를 배척해 없앴기 때문이다."

그러면서도 비록 설하긴 했지만, 다만 명구名句와 문신文身으로 체體를 삼은 것 또한 실다운 법이 아니기 때문에 '소리의 성품(聲性)으로 설했다'고 한 것이다.

대혜야, 환幻인 성자성性自性의 상相을 설한 것은 성자성의 상相을 여의기 위함 때문이다. 어리석은 범부의 악한 견해에 떨어져서 서로 희망함은 자심의 현량을 알지 못하는 것이니, 인因이 지은 생겨남(生)을 무너뜨리고 자성自性의 상相을 반연하여 계교해 집착하는 것이다. 그리하여 환幻이나 꿈같은 자성의 상相으로써 일체법을 설하는 것은 어리석은 범부가 악한 견해로 자기(自)와 타자(他)의 일체법을 계교하고 집착해 실다운 곳의 견해(如實處見)로 올바르지 못한 논論을 짓는 걸 희망하지 않도록 하기 위함이다.

대혜야, 실다운 곳에서 본 일체법이란 말하자면 자심의 현량을 초월하는 것이다."

大慧. 說幻性自性相. 爲離性自性相故. 墮愚夫惡見相希望. 不知自心現量. 壞因所作生. 緣自性相計著. 說幻夢自性相一切法. 不令愚夫惡見希望. 計著自及他一切法. 如實處見作不正論. 大慧. 如實處見一切法者. 謂超自心現量.

> **관기** 여기서는 여래의 설법이 단지 타자他者의 뜻과 말을 따른다는 걸 밝히고 있다. 법은 본래 무생無生이라 있음(有)의 설명을 용납하지 않지만, 그런데도 부처께서 환幻 같다고 설하고 무생을 설한 것은 단지 집착의 정情을 타파할 뿐이니, 마치 쐐기를 거꾸로 박아 쐐기를 뽑아내는 것과 같기 때문이다. 어리석은 범부가 온갖 법이 오직 자심自心의 나타남일 뿐임을 요달하지 못해서 갖가지로 자성이 실제로 있다고 허망하게 계교하기 때문에 나는 환幻 같다고 설해서 저 집착을 타파한 것이다. 또 외도는 오온의 온갖 법이 연생緣生으로 성품이 없음을 요달치 못하고 작자作者가 생인生因이 된다고 허망하게 계교하므로 나는 저 인因이 지은 것이 집착의 정情을 낳는 걸 파괴한 것이다. 그러므로 내가 오온의 온갖 법이 연생緣生으로 환幻 같으며 실답지 않음이 꿈같다고 설한 것은 자기와 타자의 몸과 마음의 자상自相을 허망하게 계교하지 않게 함으로써 삿된 집착을 버리게 하는 것일 뿐이다. 또 중생은 실다운 곳(如實處)에서 생멸을 허망하게 보고서 올바르지 못한 논論을 짓기 때문에 내가 무생無生을 설한 것이다. 만약 과연 능히 실답게 본 일체법이 자심의 현량을 초월할 수 있다면, 나는 무생 두 글자를 또한 설하지 않았을 것이니, 자못 내가 설한 환 같음과 무생은 서로 어긋나는 허물이 있지 않은 것이다.

이때 세존께서는 이 뜻을 거듭 선포하고자 게송을 설하셨다.

爾時世尊欲重宣此義而說偈言.

무생無生은 성품 아님(非性)을 짓지만
성품 있음(有性)은 생사를 섭수하니,
이를 환幻 등과 같다고 관찰하면
모습(相)에 대해 망상하지 않으리라.

無生作非性. 有性攝生死. 觀察如幻等. 於相不妄想.

관기 　온갖 법이 무생無生이라 함은 지음이 없는(無作) 것일 뿐이다. 지음이 없기 때문에 성품이 없다. 그러면서도 업의 성품(業性)이 있다고 설하는 것은 단멸의 견해로 생사를 섭수하는 걸 막기 위해서이다. 만약 온갖 법이 환幻 같다고 능히 관찰할 수 있다면 일체법의 상相은 분별을 일으키지 않는다. 분별하지 않으면 마음의 경계가 적멸寂滅하고, 적멸하면 생기지 않으니, 그렇다면 환 같음(如幻)과 무생은 본래 둘이 아닌 것이다.

○이상으로 생겨남의 견해(生見)를 타파하였다.
△②-1-3-(1)-1)-가-(가)-나)-f 이하에선 명언名言의 습기習氣를 타파하
　였다.

"다시 다음에 대혜야, 반드시 명구名句와 형신形身의 상相을 설해야 하니, 명구와 형신의 보살마하살을 잘 관찰해서 의구義句와 형신을 따라 들어가면(당역에서는 "나는 반드시 명구와 문신文身의 상相을 설하는데, 온갖 보살마하살은 이 상相을 잘 관찰해서 그 뜻을 요달한다"고 하였다) 조속히

아뇩다라삼먁삼보리를 얻는다. 이렇게 깨닫고 나면 일체의 온갖 생명(衆生)을 깨닫게 한다.

復次大慧. 當說名句形身相. 善觀名句形身菩薩摩訶薩. 隨入義句形身. (唐譯云. 我當說名句文身相. 諸菩薩摩訶薩善觀此相. 了達其義) 疾得阿耨多羅三藐三菩提. 如是覺己. 覺一切衆生.

<관기> 여기서는 언설의 성품 없음을 밝힘으로써 명언名言의 습기를 타파하고 있다. 앞서의 내력을 말미암아 "반드시 뜻(義)에 의거해서 언설을 집착하지 말아야 한다"고 했고. 또 "언설言說이란 지음(作)일 뿐이다"라고 했으며, 또 "소리의 성품(聲性)으로 설한다"고 하였다. 다음으로 듣는 자가 언설의 성품이 공空함을 요달하지 못해서 능히 말을 여의고 뜻을 얻지 못하기 때문에 여기서 명구名句와 문신文身을 특별히 제시하여 의구義句를 따라 들어감을 잘 관찰하게 한 것이다. 대체로 '언설言說'은 명구와 문신文身을 체體로 삼는다. 이미 세 가지 법이 합성合成함으로써 본래 자성이 없음을 충분히 알고, 여래는 단지 이를 빌려 언전言詮으로 법을 표현했을 뿐이지 실다운 법(實法)은 아니기 때문에 당연히 여읠 수 있도록 관찰하게 해서 언설의 성품을 여읜다면 뜻(義)은 저절로 얻어진다.

대혜야, 명신名身이란 이른바 사事에 의거해 명칭(名)을 세운 것인데, 이를 이름(名)하여 명신名身이라 한다.

大慧. 名身者. 謂若依事立名. 是名名身.

<흰기> 사사에 의거해 명칭을 세우고 명칭이 곧 몸(身)이기 때문에 이름하여 명신名身이라 하니, 마치 병瓶이나 동이(盆, 그릇)에 의거해 병과 동이의 명칭을 세우는 것과 같다. 말하자면 하나의 명칭, 두 개의 명칭, 많은 명칭으로 능히 자성을 언전(言詮: 표현)할 수 있으니, 명칭은 달라도 뜻(義)은 하나이기 때문에 이름하여 명신名身이라 한다. 몸(身)이란 많은 법이 쌓인 덩어리란 뜻이다.

구신句身이란 말하자면 구句에 의신義身이 있는 것이니, 자성의 결정된 구경을 이름하여 구신이라 한다.

句身者. 謂句有義身. 自性決定究竟. 是名句身.

<흰기> 말하자면 구句는 결정된 구경(決定究竟)을 능히 나타낸 것이다. 또 마치 병이나 동이와 같으니, 단지 그 명칭이 있을 뿐 아직 뜻(義)을 능히 나타낼 수 없기 때문에 어떤 것이 병이나 동이인지 알지 못한다. 만약 구리, 철, 주석, 나무 등의 병이나 동이 등을 말하거나 혹은 물, 기름, 소금, 쌀 등의 병이나 동이 등을 말한다면 구句의 뜻이 각기 다르다. 그렇다면 뜻이 결정된 구경(義決定究竟)을 나타냄은 잘못이 아니니, 말하자면 하나의 구句, 두 개의 구, 많은 구는 능히 차별을 언전言詮해서 명칭을 인因해 구를 이루기 때문에 이름하여 구신句身이라 한다.

형신形身이란 말하자면 명구名句를 나타내 보인 것이니, 이를 이름하여 형신이라 한다.

形身者. 謂顯示名句. 是名形身.

> 관기
>
> 형形은 곧 문신文身이고 바로 자字이다. 이 문자에 의거해 능히 명구名句를 이루니, 말하자면 하나의 글자, 두 개의 글자, 많은 글자가 이소의二所依[2]가 되기 때문에 이름하여 문신文身이라 한다. 설문說文(『설문해자』)에서는 이렇게 말한다.
> "유類에 의거하고 형形을 상징한 것이 자字가 되고, 형形과 성聲이 서로 칭합한 것을 문文이라 한다."

또 형신形身이란 말하자면 길고 짧고 높고 낮음이다.

又形身者. 謂長短高下.

> 관기
>
> 글자에는 사성四聲[3]과 팔운八韻이 있어서 맑고, 탁하고, 가볍고, 무겁고, 억누르고, 고양시키고(抑揚), 높고, 낮음(高下)이

---

2 소의(所依, 산스크리트어 āśraya, 팔리어 assaya)는 의존처依存處·의지처依止處·의지依止·근거根據 또는 발동근거發動根據를 뜻한다. 능의(能依: 의지하는 자)의 반대이다. 예를 들어 나무와 풀은 땅에 의존·의지 또는 근거하여 자라는데, 이때 나무와 풀은 능의에 해당하고 땅은 소의에 해당한다.

3 한자漢字를 글자에 따라 발음할 때 그 음이 달라지는 현상으로 평성平聲, 상성上聲, 거성去聲, 입성入聲을 일컫는다.

있다. 그래서 위역에서는 "말하자면 소리의 길고 짧음(長短)과 음운音韻의 높고 낮음이다"라고 하였다.

또 구신句身이란 말하자면 길 위의 자취이니, 마치 코끼리, 말, 사람, 짐승 등이 걸은 길 위의 자취와 같은데, 여기서 구신이란 명칭을 얻는다.

又句身者. 謂徑跡. 如象馬人獸等所行徑跡. 得句身名.

관기　구신句身이란 길 위의 자취일 뿐이다. 말하자면 자취를 찾음으로써 코끼리나 말을 얻고, 언구를 비유하고 인因함으로써 뜻(義)을 얻는다. 뜻을 얻으면 말을 잊는 것이 마치 코끼리나 말을 얻게 되자 자취를 버리는 것과 같다.

대혜야, 명칭(名) 및 형상(形)이란 말하자면 명칭으로 색色 없는 사온四蘊을 설하기 때문에 명칭을 설하는 것이며, 자상自相이 나타나기 때문에 형상(形)을 설한다.

又句身者. 謂徑跡. 如象馬人獸等所行徑跡. 得句身名.

관기　명자名字란 말하자면 색色 없는 사온四蘊으로 명칭에 의거해 설한다. 명자名字의 상相이란 말하자면 명자의 상相을 능히 명료히 구별하기 때문에 사온에 각기 자상自相이 있음을 말한 것이다.

이는 사온이 명자에 의거해 설함을 거론한 것이라서 단지 명자만 있을 뿐 본래 실다운 법이 없으니, 색온色蘊을 견주지 않고 오히려 가질假質이 있는 것은 요컨대 명자의 성품이 공空함을 나타내기 때문이다. 자상自相이란 말은 단지 사온이 각기 스스로 동일하지 않은 것일 뿐 또한 볼 수 있는 상상相狀이 실제로 있는 건 아니다. 만약 사온이 단지 명자만 있을 뿐임을 요달한다면 설해진 온갖 법은 이를 예로 해서 알 수 있다. 그래서 『밀엄경密嚴經』에서는 이렇게 말했다.

"세간의 갖가지 법은 일체가 오직 명칭이 있을 뿐이다."

그러므로 내가 설한 무생無生과 환幻 같다는 것에서부터 나아가 보리열반菩提涅槃의 자각성지自覺聖智 등에 이르기까지 모두 중생이 허망하게 집착하는 정情을 따라 타파한 것일 뿐 본래 실다운 법은 없다. 듣는 자는 응당 말을 인因해 뜻(義)을 얻어야지 언설에 집착하지 말아야 한다.

이를 이름하여 명구名句와 형신形身이라 해서 명구와 형신의 상相과 분제分齊를 설명했으니 응당 닦고 배워야 한다."
이때 세존께서는 이 뜻을 거듭 선포하고자 게송을 설하셨다.

是名名句形身. 說名句形身相分齊. 應當修學. 爾時世尊欲重宣此義而說偈言.

명신名身과 구신句身
및 형신形身의 차별을

어리석은 범부는 계교하고 집착하니
마치 코끼리가 진흙에 깊이 빠진 것과 같다.

名身與句身. 及形身差別. 凡夫愚計著. 如象溺深泥.

관기   여래는 설할 만한 법이 없다. 다만 어리석은 범부가 제일의第一義를 동일함(一)과 다름(異), 있음(有)과 없음(無), 항상(常)과 무상無常 등 일체의 삿된 집착으로 허망하게 보기 때문에 부득이하게 가짜인 언설로써 저 집착의 정情을 타파한 것이다. 그 의도는 제일의제第一義諦의 실다운 경계를 마치 달을 가리키는 손가락처럼 나타내 보이는 데 있을 뿐이다. 그러니 어찌 어리석은 범부가 다시 언설을 집착해 갖가지 견해를 내도록 약속하겠는가! 마치 코끼리가 진흙에 깊이 빠져 있는 것 같으니 어떻게 벗어나 여읠 수가 있겠는가? 그러므로 『능엄경楞嚴經』에서는 이렇게 말했다.

"너희들이 만약 반연하는 마음으로 법을 듣는다면 이 법 역시 반연(緣)이다."

그렇다면 음성(聲)을 인因해 분별이 있는 것은 법의 성품을 얻는 것이 아니다. 그러나 부처는 음성으로 무생법無生法을 설했으니, 음성(聲)이 곧 무생無生이다. 만약 생멸심으로 음성을 따라 분별하면 저 무생 또한 생멸이고, 만약 음성의 성품이 무생임을 요달하면 설명(說)도 본래 설명이 없음을 아나니, 이 때문에 이하에선 설하지 않음(不說)이 곧 설함이고 설함이 곧 설하지 않음이란 걸 밝혔다. 두 가지 심오한 뜻이 명언名言의 습기習氣를 씻었기 때문에 여래의 설법에 네 가지

기론記論⁴이 있음을 특별히 제시하였고 지론止論⁵으로써 제일의第一義를 삼았다.

○이상 명언의 습기를 타파하였다.
△②-1-3-(1)-1)-가-(가)-나)-g 이하에선 말을 잊은 침묵의 증득(忘言默證)을 훈계하였다.

"다시 다음에 대혜야, 미래 세상의 지혜로운 자는 동일함(一)과 다름(異), 함께함(俱)과 함께하지 않음(不俱)의 견해와 상相을 여의고서 '내가 통달한 뜻으로 지혜가 없는 자에게 묻는다면, 그는 즉시 이건 올바른 질문이 아니라고 답한다'고 했다. 말하자면 '색色 등은 항상(常)인가 무상無常인가, 다름(異)이 되는가 다름 아님(不異)이 되는가'라고 묻는데, 이처럼 열반의 온갖 행行은 상相인가 소상所相인가, 구나求那⁶인가 소구나所求那인가(당역에서는 "의거함[依]인가 의거한 바[所依]인가"라고 하였다), 조造인가 소조所造인가, 견見인가 소견所見인가, 티끌(塵) 및 미진微塵인가(위역에서는 "진흙덩이의 미진"이라 하였다), 수행(修)과 수행자(修者)인가(당역에서는 "지智와 지자智者"라고 하였다), **이렇게 견주면서 전전展轉하는 상相이니, 이 같은 질문으로**(당역에서는 "이 같은

---

4 음성학·문법학에 대한 바라문교의 문헌. 일향一向과 힐문詰問과 분별分別과 지론止論의 네 가지가 있다.

5 내버려 두어야 하는 질문에는 내버려 두는 것. 지止는 대화나 토론을 그치는 것이다. 지止로 대답하지 않으면, 그러한 사람은 함께 말할 수도 없고 또한 함께 의논할 수도 없다고 했다.

6 산스크리트어 guṇa의 음사. 덕德이라 번역. 성질. 특질. 특성. 속성.

등等은 일〔事〕을 기록할 수 없어서 차례대로 질문하면 세존께서는 이러이러하게 설했다"라고 하였다) 말했지만 부처는 무기無記를 설해서(당역에서는 "마땅히 기답記答을 그쳐야 한다"라고 하였다) 논쟁을 그치게 했다(止論). 이것은 저 어리석은 사람이 능히 알 수 있는 것이 아니니, 말하자면 듣는 슬기(聞慧)를 갖추지 못했기 때문이다. 여래, 응공, 등정각께서는 저 공포의 구句를 여의게 했기 때문에 기記를 설하지 않고 무기無記란 말을 설한 것이다. 또 외도의 견해와 논論을 그치게 했기 때문이니, 이 때문에 설하지 않은 것이다.

復次大慧. 未來世智者. 以離一異俱不俱見相. 我所通義. 問無智者. 彼卽答言. 此非正問. 謂色等常無常爲異不異. 如是涅槃諸行相所相. 求那所求那. (唐譯云. 依所依) 造所造. 見所見. 塵及微塵. (魏譯云. 泥團微塵) 修與修者. (唐譯云. 智與智者) 如是比. 展轉相. 如是等問. (唐譯云. 如是等不可記事. 次第而問. 世尊說此) 而言. 佛說無記. (唐譯云. 當止記答) 止論. 非彼癡人之所能知. 謂聞慧不具故. 如來應供等正覺. 令彼離恐怖句故. 說言無記. 不爲記說. 又止外道見論故. 故不爲說

관기 여기서는 지론止論으로써 설하지 못하는 설(不說說)을 제시한 걸 밝혔다. 장차 명칭과 언설을 쌍으로 단절해서 말을 잊고 침묵으로 증득하도록(忘言默證) 훈계한 것이다. 부처의 의도는 이렇다. 내가 평소에 동일함(一)과 다름(異) 등의 사구四句의 견해를 여의라고 설한 것은 제일의제第一義諦의 언설 없는 곳을 통달해서 저 어리석은 범부의 명언名言을 습기의 허물을 버리도록 요구한 것이다. 미래 세상의 나의 제자 중 지혜 있는 자가 만약 이 뜻으로써 저 어리석은 범부인 지혜 없는 사람에게 질문한다면, 그는 도리어 올바르지 못한 질문으로 여긴다. 왜냐하면 저 어리석은 범부가 단지 명언名言에만 집착해서 실다운 뜻은 깨닫지 못하기 때문이다. 만일 저 어리석은 범부가 다시 항상(常)과 무상無常, 동일함(一)과 다름(異) 운운 등 사구四句의 허망한 견해의 설설說로 전전展轉하면서 차례로 나의 제자에게 와서 "세존께서도 이 법을 설하십니까?"라고 질문하면, 나의 제자는 단지 "네"라고 말할 뿐이다. 부처가 설한 이런 것 등은 모두 무기無記의 논論이라서 마땅히 기답記答을 그쳐야 하니, 사구의 설명으로 저들에 응답하는 것은 결코 불가능하고 또 여의어야 한다. 왜 그런가? 사구의 뜻(義)과 명칭(名)을 여읨이 지론止論이 되는 것은 저 어리석은 사람이 능히 알 수 있는 바가 아니니, 저들은 문혜聞慧를 갖추지 못해서 실다운 뜻을 요달하지 못하기 때문이다. 그러나 저 어리석은 범부는 한결같이 명언名言만을 오로지 집착한다. 만약 언설의 상相을 여읜다는 걸 듣고 문득 공포를 일으키면, 부처는 저들로 하여금 공포의 처소를 여의게 하려 하기 때문에 다시 기記를 설하지 않고 단지 그것이 무기無記란 걸 설할 뿐이다. 그러나 나의 이 '불설不說'은 그 의도가 저 외도의 어리석은 사람으로 하여금 영원히 작자作者의 삿된 견해와 논의를 벗어나 여읠 수 있도록 하려 하기 때문에 설하지 않은 것이니, 이것이 바로 불설不說의 설설說이지 한갓 설하지 않은 것은 아니다. 그래서 외도가 부처님께 '말 있음도 묻지 않고, 말 없음도 묻지 않는다'고 질문하자, 세존께선 침묵을 지키며 양구良久하신 것이다. 외도는 즉시 절을 하면서 "세존의 대자대비大慈大悲는 나를 미혹의 구름에서 벗어나게 하셨습니다"라고 했으니, 이것이 소위 외도의 삿된 견해를 영원히 여의게 하고자 했기 때문에 설하지 않은 것이다. 심하도다! 일체중생은 비롯 없는 희론戱論과 명언의 습기로 곳곳에서 탐내고 집착하는 것이 마치 한로韓盧가 흙덩이를 쫓는 것[7]과 같구나! 이 때문에 여래는 마갈(摩竭: 마갈타국)에서 방문을 닫고[8], 유마維摩는 비야(毗耶: 비야리성)에서 입을 다문 것[9]이니, 이는 바로 이 삿된 견해의 희론과 명언의 습기를 씻어내기 위한 것일 뿐이다.

대혜야, 외도는 이렇게 설한다. 말하자면 명命이 곧 몸(身)이라 일컫는 것이니, 이러한 것들이 무기론無記論이다. 대혜야, 저 온갖 외도는 인因에 대해 어리석어서(당역에서는 "작자가 있다고 계교해서"라고 하였다) **무기론을 지은 것이나 내가 설한 것은 아니다.**(위역에서는 "외도가 인과의 뜻에 미혹했기 때문이니, 이 때문에 무기無記이지 나의 법 속에서 무기라 칭한 것이 아니다"라고 하였다) **대혜야, 내가 설한 것은 섭수함(攝)과 섭수한 바(所攝)를 여의어 망상이 생기지 않는 것이다.**

大慧. 外道作如是說. 謂命卽是身. 如是等無記論. 大慧. 彼諸外道愚

---

7 한韓 나라 개가 흙덩이를 쫓는 것처럼 눈앞의 경계에만 빠져 있는 걸 뜻한다.
8 여래가 성불한 지 삼칠일(三七日: 21일) 동안 설법하지 않은 것, 혹은 불타가 득도한 지 57일 동안 설하지 않은 것을 '방문을 닫았다(掩室)'고 한 것이다.
9 문수사리가 비야리성에 있는 유마 거사를 문병問病가서 불이不二 법문을 묻자, 유마는 입을 닫고(杜口) 침묵했다.

癡. 於因作. (唐譯云. 計有作者) 無記論. 非我所說. (魏譯云. 外道迷於因果義故. 是故無記. 非我法中名無記也) 大慧. 我所說者. 離攝所攝. 妄想不生.

관기 여기서는 외도의 무기론無記論 및 부처의 지론止論의 뜻을 내놓고 있다. 앞서 부처는 외도가 무기론이 된다고 설함을 말미암았지만, 어째서 무기가 되는지는 알지 못했기 때문에 여기서 해석했다. 외도는 음(陰: 오음)에 즉해 나(我)이고 음陰을 여읨이 나(我)라고 허망하게 계교했기 때문에 신명身命이 동일함(一)과 다름(異) 등이 된다고 설했으니, 이 때문에 무기라 한다. 저 외도가 인과의 뜻에 미혹했기 때문에 이를 이름하여 무기라 한 것이지 나의 법속에서 무기라 칭한 것은 아니다. 나의 가르침 속에선 능취能取와 소취所取를 여읨을 설해서 분별을 일으키지 않고 망상이 생기지 않는 것을 이름하여 무기라 한다. 부처가 설한 암마라식菴摩羅識은 이름하여 백정무기白淨無記라 한다. 그러나 무기란 기록할 만한 것이 없기 때문이다. 대체로 외도는 인과의 실다운 뜻을 미혹하기 때문에 진실한 과(實果)로써 기록할 만한 것이 없으니, 이 때문에 이름하여 무기라 한다. 그리고 부처가 설한 암마라식은 또한 여래장如來藏이라 칭하고 또한 진여眞如라고도 한다. 『능엄경楞嚴經』에서는 이렇게 말한다.

"여래장 속에선 오고감(去來), 미혹과 깨달음(迷悟), 생겨남과 죽음(生死)을 구해도 끝내 얻을 수 없다."

여래장은 인과에 속하지 않아서 언어로 논의하거나 마음으로 사량할 수 없어 기록할 만한 것이 없기 때문에 또한 이름하여 무기라 한다.

부처가 설한 무기는 외도와 이승이 알 수 있는 바가 아니기 때문이니, 이 때문에 응당 저들에게 그치라고(止) 하는 것이다. 이것을 지론止論이라 한다. 『법화경法華經』에서는 이렇게 말한다.

"가령 시방十方에 가득한 자들이 모두 사리불처럼 지혜롭다 해도, 마치 벼(稻), 마(麻), 대(竹), 갈대(葦)처럼 수많은 퇴전退轉하지 않는 온갖 보살이

역시 시방 찰토刹土에 가득차서 사유를 다하고 헤아림(度量)을 함께 해도,

부처 지혜(佛智)를 측정할 수가 없다."

왜냐하면 부처 지혜는 심식心識으로 도달할 수 없기 때문이다. 심식으로 도달할 바가 아니기 때문에 신자(身子: 사리불)가 세 번 청했으나 여래께선 세 번 그치라고 하면서 이렇게 말씀하셨다.

"그쳐라, 그쳐라(止止). 설할 필요가 없다. 나의 법은 묘해서 사유하기 어렵다."

아! 사리불도 오히려 이럴진대 하물며 외도이겠는가? 그러므로 응당 저들에게 그치라고 하는 것이다.

무엇을 저들에게 그치라고(止) 하는 것인가? 대혜야, 만약 섭수함과 섭수한 바를 계교하고 집착한다면 자심의 현량을 알지 못하기 때문에 저들에게 그치라고(止) 하는 것이다.

云何止彼. 大慧. 若攝所攝計著者. 不知自心現量. 故止彼.

관기 여기서는 지론止論의 까닭을 말하고 있다. 저들에게 그치라고 (止) 하면서 답을 내놓지 않는 까닭은 저 외도들이 능취能取와 소취所取의 허망한 법을 집착해서 오직 자심의 나타난 것뿐임을 요달하지 못하기 때문이다. 만약 저들에게 심의식心意識을 여의는 경계를 설해준다면, 저들은 두려움으로 놀라고 의심해서 믿지 않을 것이다. 도리어 비방을 일으키다 법을 파괴하고 악에 떨어지며, 어떤 경우는 명언의 습기에 의지해 다시 언설에 집착하다 더욱 삿된 견해를 키운다. 그러므로 부처는 제자에게 '후대의 악한 세상에서 지혜 없는 사람에게 이 경전을 설하지 말라고 한 것은 그런 무리들의 악한 견해를 막기 위해서이다'라고 훈계했으니, 이 때문에 응당 저들에게 그치라고(止) 하면서 답하지 않은 것이다.

대혜야, 여래, 응공, 등정각은 네 가지 기론記論으로써 중생을 위해 설법을 한다. 대혜야, 그치라는(止) 기론은 내가 때때로 설했지만 근기가 아직 익지 않은 자를 위한 것이지 성숙한 자를 위한 것은 아니다.

大慧. 如來應供等正覺. 以四種記論爲衆生說法. 大慧. 止記論者. 我時時說. 爲根未熟. 不爲熟者.

관기 여기서는 논란을 굴복시킴을 해석한다. 즉 여래의 설법은 커다란 권형(權衡: 저울)이 감응해 변한 것으로 하나(一: 일정함)에 집착하지 않음을 밝히고 있다.

논란: 부처가 이미 저들에게 무기無記를 배치해서 답하지 않았는데, 그런데도 또한 답이 있는 것은 무슨 까닭인가?

그 이유를 여기서는 이렇게 해석한다.

여래의 설법은 감응해 변하면서 일정치 않다. 어떤 때는 한결같이 직설直說하고, 어떤 때는 도리어 힐난(反詰)하고, 어떤 때는 자세히 분별을 한다. 여래가 중생을 조복調伏할 때 기틀에 감응해 시설施設함이 마치 마니주가 원만히 비추자(圓照) 다섯 빛깔의 모습(五色相)이 선명한 것과 같아서 주고 빼앗는 것이 의당함을 따르고 죽이고 살림이 자재自在하다. 이 때문에 어느 때는 설하고, 어느 때는 설하지 않고, 어느 때는 설함이 곧 설하지 않음이고, 어느 때는 설하지 않음이 곧 설함이다. 소위 침묵할 때가 설함이고 설할 때가 침묵함이라서 큰 베풂의 문(大施門)이 막힘없이 활짝 열려 있다. 그러나 설함(說)과 설하지 않음(不說)은 제일의제第一義諦를 나타내 보이지 않음이 없고 언설의 처소를 여의었으니, 어찌 설함과 설하지 않음을 고정되게 집착할 수 있겠는가? 그래서 "여래는 네 가지 기론記論으로써 중생을 위해 설법을 한다"고 설했지만, 어쩌면 듣는 자가 다시 "이미 네 가지 기론으로 설법을 했는데, 어찌하여 이 중에서 특히 외도를 위해 지론止論을 밝혔는가?" 하고 의심을 초래할 수 있기 때문에 여기서 답한 것이다. 즉 '그치라는(止)' 기론은 비단 오늘뿐 아니라 내가 때때로 설한 것이다. 하지만 외도 한 부류의 기틀만을 위한 것은 아니다. 즉 내 제자 중에도 근기가 날카롭고 둔한 자가 있고 성숙하고 미성숙한 자가 있는데, 만약 근기가 미성숙한 자라면 그만 그치고(止) 설하지 않았으니 때(時)를 기다렸기 때문이다. 혹은 당면한 기틀(當機)을 격발해서 기쁨과 흠모를 내도록 하기 위함이니, 마치 법화法華의 신자身子[10]와 화엄華嚴의 강장剛藏이 세 번 청했으나 세 번 그치라고(止) 한 것과 같다. 그러나 비밀이라 설하지 않은 것이 아니고 또한 절연絶然해서 설하지 않은 것도 아니니, 즉 그치라고 하면서 외도에게 설하지 않은 것은 단지 그들의 악한 견해를 차단하기 위한 것이므로 그치라(止) 함이 곧 설함(說)이지 또한 아프게 절연한다는 뜻은 아니다. 여래는 한 명의 중생도 버리지 않기 때문이다.

다시 다음에 대혜야, 일체법은 지은 바(所作)를 여의고 인연은 생겨나지 않는다. 작자作者가 없기 때문에 일체법은 생겨나지 않는(不生) 것이다.

復次大慧. 一切法離所作. 因緣不生. 無作者. 故一切法不生.

관기 이 이하 '일체법상一切法常'에 이르기까지는 부처가 지론止論으로 온갖 외도들을 통제한 것이 외도들이 설한 것과는 똑같지 않음을 통틀어 밝힌 것이다. 그러나 부처는 비록 사론四論으로 설법했어도 보편적으로 삼근三根[11]을 받기 때문에 그 지론止論 역시 시기에 맞게 설한 것이다. 만약 외도의 설법을 대할 때 한결같이 단선적으로 지론止論만을 사용하는데 이른다면, 이는 설함과 설하지 않음이 모두

---

10 사리불舍利弗을 말한다.
11 근根은 소질·능력을 뜻한다. 중생의 소질을 세 가지로 나눈 것이 상근上根·중근中根·하근下根의 삼근이다.

지론止論이기 때문이다. 왜 그런가? 외도가 온갖 법이 본래 스스로 무생無生임을 요달치 못하고 허망하게 작자作者가 있어서 생겨난다고 계교하는 것과 같기 때문이며, 혹은 인생因生을 허망하게 계교해서 따로 다른 인(異因)이 능히 온갖 법을 낳는다고 집착하는 것과 같기 때문이다. 대체로 인因은 없으니, 이 때문에 나는 인연은 생겨남이 아니라고 설한 것이다. 위역에서는 이렇게 말한다.

"일체 모든 법은 작자作者 및 인因을 여의니, 이 때문에 생겨나지 않는다(不生). 작자가 없기 때문이니, 그래서 나는 일체 온갖 법이 생겨나지 않는다고 설한 것이다."

그리고 저 외도는 온갖 법이 일정하게 능히 생겨날(能生) 수 있다고 허망하게 집착하므로 나는 단지 문자에 담지 못하는(不字) 것으로 저 외도를 그치게(止) 했을 뿐이다. 그러니 내가 어찌 따로 설한 바가 있겠는가? 외도는 온갖 법이 스스로 생겨난다(自生)고 계교하거나, 혹은 타자(他)로부터 생겨난다고 계교하거나, 혹은 함께 생겨난다(共生)고 계교하거나, 혹은 원인 없이(無因) 생겨난다고 계교한다. 『중론中論』에서는 이렇게 말했다.

"온갖 법은 스스로 생겨나지도 않고 또한 타자로부터 생겨나지도 않으며, 함께 생겨나지도 않고, 원인 없이 생겨나지도 않는다. 그러므로 무생無生이라고 설한다."

이것이 소위 '단지 문자에 담지 못하는(不字) 것으로 저 외도를 그치게(止) 했을 뿐'이기 때문에 지론止論이라 하는 것이다.

대혜야, 어째서 일체의 성품은 자성自性을 여의는가? 자각自覺으로 관觀할 때(위역에서는 "스스로의 지혜〔自智〕로 관찰할 때"라고 하였다) 자성과 공성共性의 상相을 얻을 수 없기 때문에 일체법은 생겨나지 않는다고 설했다.

大慧. 何故一切性離自性. 以自覺觀時. (魏譯云. 以自智觀察) 自共性相不可得. 故說一切法不生.

여기서는 무생無生의 뜻을 거듭 따져서 외도의 생겨난다는 견해(生見)를 타파함을 해석하고 있다. 앞서 부처의 말씀에서 "내가 온갖 법이 성품이 없다고 설한 것은 자성을 여의기 때문이다"라고 했는데, 대혜가 "어째서 일체의 법은 모두 자성自性을 여읩니까?"라고 의심했기 때문에 여기서 세존께서 그의 물음에 이렇게 답한 것이다.
"내가 자각성지自覺聖智로 관찰할 때 일체법의 자상自相과 공상共相을 다 얻을 수 없음을 보았기 때문에 일체법이 본래 스스로 성품이 없고 따라서 생겨나지 않는다(不生)고 설한 것이다."
　문: 이미 일체법이 자성을 여의기 때문에 무생無生을 설하는 것이라 했는데, 어찌하여 또다시 자상과 공상은 얻을 수 없는 것을 바야흐로 이름하여 자성을 여읜다고 말하는가?
　답: 저 외도는 온갖 법이 오직 마음의 나타남일 뿐임을 통달하지 못했기 때문이다. 신아神我가 작자作者가 된다고 허망하게 계교해서 실제로 자성이 있어 능히 온갖 법을 낳는다고 한다. 또 타자他者인 범천梵天이 능히 온갖 법을 낳는다고 계교하고, 또 타자인 사대四大의 극미極微가 때로 동등하게 각기 자성이 있어서 능히 온갖 법을 낳는다고

계교하고, 또 온갖 법이 팔만겁八萬劫 이래로 원인 없이 스스로 있어서 자연히 생겨난다고 계교한다. 그러나 신아와 작자는 스스로 생겨나고(自生), 타자인 범천과 사대四大 등은 타자로부터 생겨나고(他生), 함께 생겨나는(共生) 것이고, 자연自然은 원인 없이(無因) 생겨나는 것이다. 이 네 가지를 허망하게 계교하여 각기 자체自體가 있어서 능히 온갖 법을 낳는 것을 자상自相이라 일컬으며, 오직 마음뿐임을 요달하지 못해서 온갖 법이 저 네 가지로부터 생겨난다고 허망하게 보는 것을 공상共相이라 일컫기 때문에 여기서는 세존께서 "온갖 법은 저 네 가지 법으로부터 생겨나지 않는다"고 타파했다. 왜냐하면 저 네 가지 법이 모두 자성이 없어서 능히 화합하여 온갖 법을 낳을 수 없기 때문이니, 이 때문에 "자상과 공상을 얻을 수 없다"고 한 것이다. 저 네 가지가 이미 얻을 수 없다면 일체 모든 법이 자성이 없음을 충분히 아는 것이다. 이미 자성이 없다면 온갖 법은 또 어디로부터 생겨나겠는가? 이것이 일체법이 자성을 여읜 까닭이니, 이 때문에 온갖 법이 본래 스스로 생겨나지 않음을 설한 것이다. 그러나 저 자상과 공상이 모두 자성을 여의지 않기 때문에 생겨난다고 허망하게 보는 것이니, 나는 정지正智로 관찰해서 일체를 다 여의었기 때문에 생겨나지 않을(不生) 뿐이다. 아래 글에서 '어째서…'는 모두 의심에 대응하는 언사이다.

어째서 일체법은 가지고 올 수도 없고 가지고 갈 수도 없는가?(위역에서는 "일체 모든 법은 또한 상相을 취함도 없고 상相을 버림도 없다"고 하였다) 자상과 공상으로써 가지고 오고 싶어도 올 곳(所來)이 없고 가지고 가고 싶어도 갈 곳(所去)이 없다.(당역에서는 "자상과 공상으로써 와도 좇아온 곳(所從)이 없고 가도 이른 곳(所至)이 없다"고 하였다) **그러므로 일체법은 갖고 오고 갖고 감을 여읜다.**

何故一切法不可持來. 不可持去. (魏譯云. 一切諸法. 亦無取相. 亦無捨相) 以自共相欲持來. 無所來. 欲持去. 無所去. (唐譯云. 以自共相. 來無所從. 去無所至) 是故一切法離持來去.

관기 여기서는 앞서 자상과 공상을 얻을 수 없다는 뜻을 해석해서 상상의 견해를 타파하고 있다. 저 외도가 온갖 법을 허망하게 보아서 자상과 공상을 실제로 자체自體가 있다고 계교하지만, 나는 정지正智로써 모두 얻을 수 없다고 관찰하였다. 왜 그런가? 만약 자상과 공상이 과연 자체가 있다면 취할 수 있고, 취할 수 있다면 가지고 올 수 있다. 이미 취할 수 있다면 버릴 수 있고, 버릴 수 있다면 가지고 갈 수 있다. 이제 온갖 법이 와도 온 곳(所從)이 없고 가도 이른 곳(所至)이 없음을 관찰해서 이미 오고감이 없다면 얻을 수가 없다. 얻을 수 없는 가운데서 허망하게 실제로 자상과 공상이 있다고 계교하는 것은 모두 삿된 견해이다. 그래서 영가永嘉는 이렇게 말했다.

"취해도 얻을 수 없고 버려도 얻을 수 없으니, 얻을 수 없는 가운데 이렇게 얻는다."

얻을 수 없기 때문에 온갖 법이 자성을 여의어서 생겨나지 않는다고 설했다. 그래서 체體는 곧 무생無生이기 때문에 이조二祖는 스승 달마 대사에게 안심安心을 구걸했고, 달마 대사는 "마음을 가져와라. 너에게 편안함을 주겠다"고 하자, 이조는 "마음을 찾아보았지만 끝내 얻을 수 없습니다"라고 하였다. 그래서 어떤 승려가 운문雲門 선사에게 물었다.

"한 물건(一物)도 가져오지 못할 때는 어찌합니까?"

운문이 말했다.

"내려놓아라(放下著)."

승려가 말했다.

"한 물건도 가져오지 않는데, 무엇을 내려놓으란 겁니까?"

운문이 말했다.

"내려놓지 못하겠다면 짊어지고 가거라."

대혜야, 어째서 일체 모든 법은 소멸하지 않는가? 말하자면 성자성性自性의 상相이 없기 때문에 일체법은 얻을 수 없고, 이 때문에 일체법은 소멸하지 않는다.

大慧. 何故一切諸法不滅. 謂性自性相. 無故. 一切法不可得. 故一切法不滅.

관기 여기서는 죽은 뒤에는 단멸斷滅이란 외도의 견해를 타파하고 있다. 일체법은 자성이 없음을 말미암기 때문에 생겨나지 않고(不生), 생겨나지 않기 때문에 소멸하지도 않는다. 대체로 생겨난 후에 소멸하는 것이 아니라서 역시 죽은 뒤에 단멸하는 것이 아니다.

대혜야, 어째서 일체법은 무상無常인가? 말하자면 상상이 무상無常의 성품을 일으키니, 이 때문에 일체법은 무상하다고 설하는 것이다.

大慧. 何故一切法無常. 謂相起. 無常性. 是故說一切法無常.

> **관기** 여기서는 범부와 외도가 확정한 상견常見을 타파하고 있다. 범부가 허망하게 인정한 사대四大가 자신의 상상이 됨을 말미암아 한 시기의 과보果報를 잡아 정하고 아울러 천추백세千秋百歲의 계교를 짓는 걸 항상(常)이라 여기고, 외도가 시방 중생의 생멸과 순환이 일찍이 산실散失된 적이 없어서 모두 다 체體가 항상(恒)하다고 허망하게 계교하여 항상(常)이라 집착한다. 그리하여 무상無常을 항상(常)이라 인정하기 때문에 여기서 부처가 일체법은 무상하다고 설한 것이다. 즉 상상이 신속한 소멸을 일으켜 찰나도 머물지 않아서 항상의 성품(常性)이 있지 않기 때문에 내가 무상을 설해 저들의 항상하다는 견해(常見)를 차단한 것이지 자못 진짜로 무상無常하다는 건 아니다.

대혜야, 어째서 일체법은 항상(常)인가? 말하자면 상상의 일어남(起)은 무생無生의 성품이라서 무상無常이 항상하기 때문에 일체법이 항상하다고 설하는 것이다."

大慧. 何故一切法常. 謂相起. 無生性. 無常. 常. 故說一切法常.

관기 여기서는 이승이 진짜 항상함(眞常)을 무상의 견해로 여기는 걸 타파하고 있다. 이승은 온갖 법의 당체當體가 진상眞常임을 요달하지 못해서 멋대로 염리(厭離: 싫어해 여읨)를 낳기 때문에 여기서 부처가 일체법은 항상(常)하다고 설한 것이다. 온갖 법의 상相이 일어남(起)이 곧 일어나지 않음(不起)이기 때문에 마치 번갯불이 신속히 소멸하는 것과 같으니 있는 바가 없기(無所有) 때문이다. 따라서 무상의 성품은 항상하니, 이 때문에 나는 일체법이 항상하다고 설하는 것이다. 처음 생겨나는 즉시 소멸이 있음은 본래 생겨나는 성품이 없기 때문이다. 따라서 "상相의 일어남(起)은 무생無生의 성품이라서 무상無常이 항상하다"고 말하는 것은 자못 이 온갖 법을 여의는 것 외에 따로 진상眞常을 구하는 것은 아니다. 일체가 다 여如와 똑같기 때문에 진여眞如를 제외하고는 한 조각 일도 얻을 수 없다. 따라서 저 온갖 법에 즉한 생겨남(生)과 무생의 성품은 당체가 진상眞常이니, 이는 앞서 말한 '혹란惑亂이 항상(常)하다'이다.

이때 세존께서 이 뜻을 거듭 선포하고자 게송을 설하셨다.

爾時世尊欲重宣此義而說偈言.

기론記論에 네 가지가 있으니
일향一向과 반힐문反詰問과
분별分別 및 지론止論이다.

記論有四種. 一向反詰問. 分別及止論.

> **관기** 여기서는 여래가 네 가지 기론記論으로 중생을 위해 설법함을 읊고 있다. 네 가지 기론은 첫째, 말하자면 물음에 따라 답하는 것이니 이름하여 일향一向이라 한다. 위역에서는 직답直答이라 했다. 둘째, 말하자면 질문한 것을 도리어 힐난해서 답하는 것이니 이름하여 반힐反詰이라 한다. 당역에서는 '반질답反質答'이라 했다. 셋째, 말하자면 간추리고 변별해서 답한 것이니 이름하여 분별이라 한다. 넷째, 외도를 꺾어 굴복시키기 때문에 놓아두고 답하지 않은 것이니 이름하여 지론止論이라 한다. 위역과 당역에서는 모두 '치답置答'이라고 했다.

온갖 외도를 통제하니
있음(有) 및 있음 아님(非有)에서 생겨난
승거僧佉와 비사毗舍의 스승이다.

以制諸外道. 有及非有生. 僧佉毗舍師.

> **관기** 이 게송의 뜻은 말하자면 부처의 네 가지 지론은 제자만을 위한 설법은 아니지만, 그러나 역시 온갖 외도를 통제하기 위한 것이기도 하다는 뜻이다. 당역에서는 이렇게 말한다.
> "수론數論[12]과 승론勝論[13]이다. 산스크리트어 승거僧佉는 정확한 명

---

[12] 육파철학六派哲學의 하나인 상키야sāṃkhya 학파를 뜻한다. 원리를 하나하나 열거한다는 뜻으로 해석하여 수론數論이라 번역하고, 승거僧佉라고 음사한다.

칭이 승거야僧佉耶이고 한역하면 수술數術, 수수數, 즉 혜수慧數이다. 말하자면 온갖 법의 근거를 헤아려서 명칭을 세워 수數를 좇기 때문이다. 신아神我의 주제主諦를 세워 명초冥初로부터 각覺 등을 낳은 것을 이십오명제二十五冥諦라 일컫기 때문에 역시 이름하여 수론數論이라 한다.

비사毗舍는 또한 비세毗世라 칭하기도 하는데, 정확히 갖추어 말하면 폐세사가사다라吠世史迦沙多羅라고 하며 한역하면 승론勝論이라 한다. 육구六句의 뜻을 수립한 것을 가장 뛰어나다고 하기 때문이거나 혹은 뛰어난 사람이 조성한 것이기 때문이다. 육구란 첫째 진실(實), 둘째 덕德, 셋째 업業, 넷째 대유大有, 다섯째 동일함과 다름(同異), 여섯째 화합和合이다. 비록 육구를 말하더라도 화합의 인연을 나(我)로 삼아서 능히 온갖 법을 낳는다. 스승(師)은 곧 두 가지 논론의 스승이다."

카필라(kapila, 기원전 4~3세기)가 창시한 이 학파는 신아(神我, puruṣa)와 자성(自性, prakṛti)의 두 원리를 상정한다. 자성自性은 희喜를 본질로 하는 삿트바sattva와 우憂를 본질로 하는 라자스rajas와 암闇을 본질로 하는 타마스tamas의 세 요소로 구성되어 있는데, 이 세 요소는 서로 평형을 이루어 정지 상태에 있지만 신아神我의 영향을 받으면 평형 상태가 깨어져 자성自性은 전개를 시작한다.

13 육파철학의 하나인 바이세시카vaiśeṣika를 승론勝論이라 번역하고, 폐세사가吠世師迦·비세사毘世師·위세사衛世師라고 음사한다. 카나다(kaṇāda, 기원전 2~1세기)가 창시한 학파로, 모든 현상은 실實·덕德·업業·동同·이異·화합和合의 육구의六句義에 의해 생성·소멸되며, 해탈에 이르기 위해서는 이 여섯 가지 원리를 이해하고 요가 수행을 해야 한다고 한다.

일체가 다 무기無記이니
저들에게 이렇게 나타내 보인다.

一切悉無記. 彼如是顯示.

> 관기 여기서는 외도가 설한 것이 다 무기無記임을 결론으로 제시하고 있다. 당역에서는 이렇게 말했다.
> "이러한 온갖 법들은 일체가 다 무기無記이다."

정각正覺이 분별한 바로는
(당역에서는 "정지正智로 관찰할 때는"이라 하였다.)
자성自性은 얻을 수 없어서
언설을 여의는 것이니
이 때문에 자성을 여읜다고 설한다.

正覺所分別. (唐譯云. 正智觀察時) 自性不可得. 以離於言說. 故說離自性.

> 관기 여기서는 '자성을 여의다' 이하 오절五節의 뜻을 읊고 있다. 일체법은 모두 자성이 없으니 평등하고 여여如如해서 언설의 상相을 여의었고, 언설을 여의었기 때문에 자성을 여의었다고 설할 뿐이다. 자성이 없기 때문에 생겨남과 소멸함(生滅), 단멸과 항상(斷常) 등이 모두 허망한 견해이다.

○앞에서 대혜가 부처가 설한 연기緣起가 바로 인연의 일어남과 멈춤이라고 논란하며 질문하자, 여기서는 외도의 언설자성言說自性과 사자성事自性의 상相 두 가지를 계교하고 집착하는 것과 있음과 없음(有無), 단멸과 항상(斷常) 등 사구四句의 삿된 견해를 통틀어 타파함으로써 외도의 삿된 선禪을 밝히고 있다.
②-1-3-(1)-1)-가-(나) 이후의 장章에선 성문의 전체적인 모습(通相)과 개별적인 모습(別相)을 제시함으로써 이승의 치우친 선禪을 밝히고 있다. 총체적으로 앞 장에서 통틀어 해석한 네 가지 선禪 중에서 우부선愚夫禪이다.

이때 대혜보살마하살이 다시 부처님께 여쭈었다.
"세존이여, 오직 바라노니, 모든 수다원須陀洹과 수다원취須陀洹趣의 차별된 모습(別相)과 전체적인 모습(通相)을 설해 주소서.

爾時大慧菩薩摩訶薩復白佛言. 世尊. 惟願爲說諸須陀洹. 須陀洹趣差別通相.

관기 여기서는 이승의 전체적인 행상行相과 개별적인 행상을 밝힘으로써 앞서 우부선愚夫禪 중 이승의 치우친 선禪의 행상行相을 해석하고 있다. '차별된 모습(別相)과 전체적인 모습(通相)'은 말하자면 성문은 전체(通)를 칭하고 사과四果[14]의 행상이 각기 개별적인 것이니,

---

14 성문聲聞들이 수다원須陀洹·사다함斯陀含·아나함阿那含·아라한阿羅漢의 성자가 되기 위해 수행하는 단계인 수다원향·사다함향·아나함향·아라한향을 사향四向이라 하고, 거기에 도달한 경지인 수다원과·사다함과·아나함과·아라한과를

이 때문에 초과初果로부터 질문이 일어난 것이다. 그 뜻은 사과四果를 편력함으로써 역시 단박(頓)과 점차(漸)의 동일하지 않음이 있음을 밝힌 것이다.

만약 보살마하살이 수다원취須陀洹趣의 차별적인 모습과 전체적인 모습 및 사다함斯陀舍, 아나함阿那舍, 아라한阿羅漢의 방편의 모습(相)을 잘 이해해서 분별해 알고 나면, 이렇게 이렇게(如是如是) 중생을 위해 설법을 합니다. 말하자면 이무아二無我의 상相 및 두 가지 장애를 정화하고 온갖 지地의 상相을 건너서 구경究竟까지 통달하여 모든 여래의 부사의한 구경의 경계를 얻습니다. 마치 온갖 빛깔의 마니주가 일체중생을 능히 잘 요익饒益케 하는 것과 같으니, 일체법의 경계와 다함없는 신재身財로써 일체를 섭수해 기릅니다."

若菩薩摩訶薩善解須陀洹趣差別通相. 及斯陀舍. 阿那舍. 阿羅漢. 方便相. 分別知已. 如是如是爲衆生說法. 謂二無我相及二障淨. 度諸地相. 究竟通達. 得諸如來不思議究竟境界. 如衆色摩尼. 善能饒益一切衆生. 以一切法境界無盡身財. 攝養一切.

<small>관기</small> 여기서는 이익을 청하여 묻는 걸 진술하고 있다. 앞에서는 일단 세존께서 외도와 이승의 악한 견해를 내리 배척해서 떨어지지 말라고 함을 말미암고, 또 여래가 다시 두 가지 신력神力으로

사과四果라 한다.

가지加持하여 수행자로 하여금 외도의 마업魔業 및 성문지聲聞地의 선禪에 떨어지지 않도록 했다. 이 때문에 여기서 대혜는 앞서 부처가 외도의 삿된 선禪과 행상行相을 설하는 것은 들었지만, 그러나 성문 선禪의 전체적인 모습(通相)과 개별적인 모습(別相)이 어떠한지는 알지 못했다. 생각건대 성문의 이름은 비록 전체적인 칭호(通稱)는 하나이지만 사과四果의 차별로 똑같지 않음이 있다. 만약 차별의 행상을 하나하나 요달해 알면, 두 가지 장애를 스스로 정화함으로써 그 속에 떨어지지 않을 수 있고, 또한 중생을 교화하여 늘어가는 교만을 버려 여의게 할 수 있으며, 적은 걸 얻는 것으로는 만족이 되질 않으므로 거의 온갖 지地를 초월해 구경究竟의 불과佛果에 이르러서 다함없는 신재身財로써 중생을 교육한다. 이런 뛰어난 이익이 있기 때문에 여기서 청하여 물은 것이다.

방편의 상相이라 한 것은 말하자면 사과四果의 수행에 각기 방편의 행상行相, 즉 관행觀行이 있는 것이다. 수다원須陀洹은 한역하면 예류預流이다. 말하자면 삼계三界의 사제四諦 이하 88사使[15]의 견혹見惑[16]을 다 끊으면 즉시 초과初果를 증득해 최초로 성인의 흐름(聖流)에 들어가기 때문에 이름하여 예류預流라 한다. 사다함斯陀舍은 한역하면 한 번 왕래(一往來)이다. 말하자면 삼계의 구지九地 81품品의 사혹思惑[17]

---

15 사使는 중생의 마음을 마구 부려 산란하게 한다는 뜻으로, 번뇌를 말한다.
16 ① 견도見道에서 끊는 번뇌라는 뜻. 사제四諦를 명료하게 주시하지 못함으로써 일어나는 번뇌. 이 번뇌에는 유신견有身見·변집견邊執見·사견邪見·견취견見取見·계급취견戒禁取見·탐욕·진瞋·치癡·만慢·의疑가 있다. ② 유식설에서, 후천적으로 습득한 그릇된 지식에 의해 일어나는 번뇌, 곧 분별기分別起를 말한다.
17 사혹思惑은 대상에 집착함으로써 일어나는 정의적情意的인 번뇌를 가리키는

중에서 바야흐로 욕계欲界의 일지一地를 끊어서 이전 육품六品이 다하면 두 번째 과(二果)를 증득한다. 이 목숨을 마치고 나서 다시 위의 이계二界[18]에 한 번 갔다가 욕계로 한 번 와서 후삼품後三品의 남겨진 사혹을 끊어 없앨 수 있기 때문에 '일래(一來: 한 번 옴)'라 한다. 아나함阿那含은 한역하면 불래(不來: 오지 않음)이다. 말하자면 욕계의 구품九品 사혹思惑을 다 끊으면 삼과三果를 증득하니, 이로부터 영원히 욕계에 생生을 받는 걸 끊어서 다시는 돌아오지 않기 때문에 불래不來라고 한다. 이상의 삼과三果는 이름하여 배움의 지위(學位)이다. 아라한阿羅漢은 한역하면 무생無生이고, 또 살적(殺賊: 도적을 죽임)이라고도 하며, 또 응공(應供: 공양 받아 마땅함)이라고도 한다. 말하자면 위의 이계二界 팔지八地 72품品의 사혹이 다 끊어지면 네 번째 과보(四果)인 아라한을 증득하는데 이름하여 무학위無學位라고 하고, 삼계를 높이 초월하고 사생四生[19]을 영원히 넘어서기 때문에 이름하여 무생無生이라고 한다. 여기서는 멸제滅諦의 이리를 증득함으로써 후유後有를 받지 않고 무생의 명칭을 얻는데, 이는 팔지의 진짜 무생(眞無生)은 아니다. 하지만 능히 번뇌를 타파할 수 있기 때문에 이름하여 살적殺賊이라 하며, 복전福田을 감당하기 때문에 이름하여 응공應供이라 한다.

낱말. 미사혹迷事惑·수혹修惑·수소단修所斷 또는 구생기俱生起의 다른 말이다.

18 색계色界와 무색계無色界.

19 난생卵生·태생胎生·습생濕生·화생化生을 말한다. ①태생(胎生, jarāyuja): 인간·야수 등과 같이 모태에서 태어난 것, ②난생(卵生, aṇḍaja): 새와 같이 알에서 태어난 것, ③습생(濕生, saṃsvedaja): 벌레·곤충과 같이 습한 곳에서 생긴 것, ④화생(化生, upapāduja): 천계나 지옥의 중생과 같이 무엇에도 의지하지 않고 과거의 자신의 업력業力에 의하여 나타나는 것을 말한다.

부처님께서 대혜에게 고하셨다.

"자세히 듣고 자세히 들어서 잘 사유하고 생각하라. 이제 그대를 위해 설하겠다."

대혜가 부처님께 여쭈었다.

"훌륭하십니다, 세존이여. 귀 기울여 듣고 받아들이겠습니다."

부처님께서 대혜에게 고하셨다.

"세 가지 수다원과 수다원과과의 차별이 있다. 무엇이 세 가지인가? 말하자면 하下, 중中, 상上이다.

佛告大慧. 諦聽諦聽. 善思念之. 今爲汝說. 大慧白佛言. 善哉世尊. 唯然聽受. 佛告大慧. 有三種須陀洹. 須陀洹果差別. 云何爲三. 謂下中上.

관기 앞에서 온갖 수다원 및 수다원과과의 차별의 전체적인 모습(通相)을 질문했기 때문에 여기서 "총체적으로 세 가지가 있다"고 답하였으니, 말하자면 사람에 셋이 있고 과과에도 셋이 있다. 근기에 날카롭고 둔함, 느림과 빠름이 있기 때문에 셋이 있는데, 이는 실제로는 세 가지가 있지 않기 때문에 하下, 중中, 상上이라고 말했다.

'하下'는 최대 일곱 번 생生이 있는 것이다.

下者極七有生.

관기 여기서는 최대의 둔한 근기를 말하고 있다. 당역에서는 이렇게 말한다.

"온갖 있음(有) 속으로 최대 일곱 번 돌아와 태어난다."

말하자면 욕계 일지一地의 구품九品의 구생번뇌俱生煩惱[20]는 공통으로 일곱 번의 생生을 윤택케 한다. '일곱 번의 생을 윤택케 함'은 말하자면 초품初品은 두 번의 생을 윤택케 하고, 다음 삼품三品은 각각 한 번의 생을 윤택케 하고, 다음 이품二品은 공통으로 한 번의 생을 윤택케 하고, 후삼품後三品은 공통으로 한 번의 생을 윤택케 하니, 처음엔 거칠고 맹렬하지만 나중엔 힘이 미약하기 때문이다. 천상에선 쾌락을 탐내고 미혹을 끊는 데는 무력하기 때문에 인간으로 하생下生해 경계를 편력하고서야 바야흐로 끊으니 둔한 근기(根鈍)이기 때문이다. 그러므로 최대 일곱 번 생을 반복한 후에야 끊는다. 이 중에서 구생번뇌俱生煩惱는 애욕愛欲을 말하지 구생무명俱生無明이 아니다.

'중中'은 세 번에서 다섯 번까지 생生이 있고서야 반열반般涅槃에 든다.

中者三五有生而般涅槃.

관기 여기서는 중中의 기틀(機)이니, 근기가 점점 날카로워지기 때문이다. 생生을 편력함이 똑같지 않기 때문에 세 번의 생(三生)이나 다섯 번의 생(五生)을 거치고야 반열반에 든다.

---

[20] 선천적으로 있는 잠재적 미세한 번뇌.

'상上'은 바로 그 생生에서 반열반에 든다.

上者卽彼生而般涅槃.

관기 여기서는 상上의 기틀(機)이다. 말하자면 상기上機의 수다원이다. 바로 이번 한 번의 생生에서 문득 아라한과阿羅漢果를 얻으니, 그 이름을 현재에 소멸하는 수다원(現滅須陀洹)이라 한다. 중간에 이과二果나 삼과三果를 거치는 걸 설하지 않고, 이 중中과 상上의 두 기틀에 열반이 있다는 말을 관찰하면 중中의 기틀도 나중의 둘을 거치지 않는다. 그렇다면 나중의 지위(後位)를 편력하는 자는 모두 하下의 기틀이다. 가령 『사십이장경四十二章經』에 따르면 이렇게 말한다.

"수다원에서 일곱 번 죽고 일곱 번 살면 문득 아라한을 얻는다. '애욕을 단절함'이 마치 사지를 절단한 것과 같다면 하下도 편력하지 않는다."

이 세 종류에 세 가지 번뇌(結)가 있으니, 하下와 중中과 상上이다.

此三種有三結. 下中上.

관기 여기서는 번뇌(結)를 끊는 것에 세 가지가 있고 한 가지 속에 각각 하下와 중中과 상上이 있음을 말하고 있다. 그래서 온갖 번뇌(結)의 지위(地地)마다 통틀어 구품九品이 있어서 도합 81품이 있다.

무엇을 세 가지 번뇌(結)라 하는가? 말하자면 신견身見, 의심(疑), 계취戒取이니, 이것이 세 가지 번뇌의 차별이다.

云何三結. 謂身見. 疑. 戒取. 是三結差別.

관기 이것은 세 가지 번뇌(結)의 명칭이다. 이 세 가지 번뇌(結)는 바로 십사十使[21] 번뇌 중의 세 종류인데, 의심(疑)은 바로 둔사鈍使의 하나이고, 신견身見과 계취戒取는 바로 이사利使의 둘이다.

문: 십사十使 번뇌는 삼계 생사의 근본이라서 성문승의 사람은 십사十使를 다 끊어야 바야흐로 삼계를 벗어나는데, 지금은 어찌하여 세 가지 번뇌(結)만 끊으라고 말하는 겁니까?

답: 오둔五鈍에서 의심(疑)만을 말한 것은 신견身見이 끊어지면 탐욕과 어리석음이 자연히 생겨나지 않고, 이미 부처가 그 마음을 조복調伏하라고 가르쳤기 때문에 성냄(嗔)을 행하지 않고, 만심慢心의 사과四果를 아직 끊지 못했기 때문에 만만慢을 말하지 않고, 아직 불법에 들어가지 못했을 때 처음엔 천마天魔[22]를 존중하고 도리어 불법을

---

21 오리사五利使와 오둔사五鈍使를 말한다. 이는 그 성품이 예리하고, 우둔함에 의하여 항상 마음을 어지럽게 하는 번뇌로, 다섯 가지 날카로운 근본번뇌는 오리사라 하고, 다섯 가지 둔중한 근본번뇌는 오둔사라고 한다. 오리사는 유신견有身見·변집견邊執見·사견邪見·견취견見取見·계금취견戒禁取見을 말하고, 오둔사는 탐貪·진嗔·치癡·만慢·의疑를 말한다.

22 욕계欲界 제육천第六天(타화자재천他化自在天)의 임금으로 마의 우두머리이며 이름

의심했지만, 지금은 이미 올바른 믿음(正信)에 들어가게 했다면 부처도 법도 의심하지 않고 이미 체체諦의 이리理를 보아서 또한 의심하지 않을 뿐이기 때문에 단지 의심(疑)을 끊으라고 말할 뿐이다. 오리五利에서 나머지 셋을 말하지 않은 것은 그것들이 모두 외도의 삿된 견해이고 지금은 이미 부처의 교문敎門에 의거하기 때문에 여기서 말하지 않은 것이다. 또 생각건대 어리석음(癡)은 바로 무명無明이다. 열반을 그리워하며 집착해서 비록 욕망과 탐냄을 끊더라도 열반에 대한 탐착은 아직 끊지 못했기 때문에 둘 모두 끊은 것이 아니다. 그래서 말하지 않은 것이다.

상상上上으로 승진昇進해서 아라한을 얻는다.

上上昇進. 得阿羅漢.

관기 여기서는 번뇌를 끊고 과과를 얻는 상상을 총체적으로 제시하고 있다. '상상上上으로 승진한다'는 말하자면 능히 상상품上上品의 미혹을 단박에 끊는 즉시 상상上上의 아라한과阿羅漢果를 증득하는 것이다.

대혜야, 신견身見에 두 종류가 있으니, 말하자면 구생俱生 및 망상妄想이니(당역에서는 "분별"이라 하였다), **마치 연기망상緣起妄想과 자성망상**

은 파순波旬이다. 누구든지 불법을 닦겠다는 생각을 낼 때에 곧 천마가 따르게 된다.

自性妄想과 같다.

大慧. 身見有二種. 謂俱生. 及妄想. (唐譯云. 分別) 如緣起妄想自性妄想.

> 관기

여기서는 신견身見을 제시해서 초과初果의 행상行相을 해석하고 있다. 신身은 곧 오온의 신심身心으로 소위 명색名色이 그것이다. 구생俱生이란 명名이다. 말하자면 수受 등의 사온四蘊으로 본래 자성이 없으니, 단지 명언名言으로만 체體를 삼기 때문이다. 비록 없는 때 이래로 한 부류(一類)가 허망하게 집착하기 때문에 이름하여 구생신견俱生身見이라 한다. '망상의 분별'은 색色이니, 말하자면 이 사대四大의 환색幻色이 본래 있지 않고 단지 인연의 힘 때문에 화합하여 허망하게 성립한다. 비유하면 환幻이란 가명假名으로 사람을 위한 것이지만, 어리석은 범부는 요달하지 못하고 허망하게 자성이 실제로 있다고 계교한다. 그리하여 아름다움과 추함을 분별해서 멋대로 탐욕을 낳기 때문에 '신견身見을 분별한다'고 하였다.

비유하면 연기자성緣起自性이나 갖가지 망상자성妄想自性에 의거해 계교와 집착이 생겨나는 것과 같다. 그런 것들은 있음(有)도 아니고 없음(無)도 아니니, 있음도 없음도 아니라면 실다움이 없는 망상의 상相이기 때문이다. 어리석은 범부의 망상은 갖가지 망상자성의 상相을 계교하고 집착하는데, 마치 뜨거운 날의 아지랑이나 사슴이 갈증으로 물을 떠올리는 것과 같다. 이것이 수다원의 망상의 신견身見이다.

수다원은 인무아人無我로써 성품 없음을 섭수攝受하고 무지無知의 계교와 집착을 영원히 끊어 없앤다.

譬如依緣起自性種種妄想自性計著生. 以彼非有非無. 非有無. 無實. 妄想相故. 愚夫妄想種種妄想自性相計著. 如熱時燄. 鹿渴水想. 是須陀洹妄想身見. 彼以人無我攝受無性. 斷除久遠無知計著.

관기 여기서는 분별의 신견을 끊는 행상行相을 해석하고 있다. 그러나 자타自他, 환망幻妄, 색신色身은 본래 있는(有) 것이 아니고 단지 망상의 업환業幻과 사대의 가합假合에 의거해 형상을 이루니, 비유하면 환인幻人이 연緣에 의거해 일어나는 것과 같다. 소위 세상의 능숙한 환사幻師와 같아서 환幻으로 온갖 남녀를 짓지만 어리석은 사람은 요달하지 못하고 허망하게 분별을 낳아서 아름다움과 추함을 계교하고 집착하기 때문에 '마치 연기緣起에 의거해 계교와 집착의 성품이 있는 것과 같다'고 말한 것이다. 그리고 저 연생緣生인 가온假蘊은 없으면서도(無) 홀연히 있지만(忽有), 실제로는 있음(有) 도 아니고 없음(無)도 아니니, 이미 있음도 없음도 아니라면 실체가 없는 것이다. 그런데도 범부의 어리석음은 허망하게 계교와 집착을 일으켜서 그걸 실답다고 취하니, 마치 뜨거운 날의 아지랑이가 본래 물이 아니고 목마른 사슴이 허망하게 물을 떠올리는 것과 같다. 그렇다면 이를 이름하여 수다원이 신견身見을 분별하는 상相이라 한다. 위역에서는 이렇게 말했다.

"지혜가 없기 때문에 비롯 없는 세상 이래로 허망하게 상相을 취한다."

이 신견身見의 때(垢)는 인무아人無我를 보아야 비로소 능히 널리 여읠 수 있기 때문에 '이는 수다원의 망상의 신견이다'라고 한 것이다. 수다원은 인무아로써 성품 없음을 섭수하고 무지의 계교와 집착을 영원히 끊어 없애니, 말하자면 처음 견도위見道位에서 아공我空을 증득해야 비로소 능히 끊어 없앨 수 있는 것이다. 이것이 바로 색음色陰을 단선적으로 타파하면 분별의 아견(分別我見)을 끊는 것이다.

대혜야, 구생俱生이란 수다원의 신견身見이니, 자기와 타자(自他)의 몸(身) 등의 사음四陰은 색色의 상相이 없기 때문이며, 색이 조성함(造) 및 조성한 바(所造)를 낳기 때문이며, 전전하며 서로 인因하는 상相이기 때문이며, 대종大種[23] 및 색이 모이지 않기 때문이다.

大慧. 俱生者. 須陀洹身見. 自他身等四陰. 無色相故. 色生造及所造故. 展轉相因相故. 大種及色不集故.

관기 여기서는 구생신견俱生身見을 끊는 행상行相을 해석하고 있다. 당역에서는 이렇게 말했다.

"자기와 타자의 몸, 수受 등의 사온四蘊이 색色의 상相이 없음을 보편적으로 관찰하기 때문에, 색은 대종大種을 말미암아 생겨나게 되기 때문에, 이 온갖 대종은 상호간에 인因이 되기 때문에 자기와

---

23 대상의 특성을 형성하는 네 가지 성질, 곧 지地·수水·화火·풍風의 사대四大를 말한다.

타자, 수 등의 사온이 단지 명자名字만 있을 뿐 본래 실체가 없음을 예의 관관觀하는 것이다."

그리고 색음色陰이 비록 가상假相이 있다 해도 단지 사대四大의 종종種으로부터 조성된 것일 뿐 전전展轉하여 서로 인因이 되어서 이 형상을 이루는 것이다. 이미 이 형상으로 생生을 받는다면, 저 사음四陰은 때를 함께하며 있기 때문에 '구생俱生'이라 한다. 그러나 사대 중에는 각기 주재主宰가 없는데, 누가 능히 합하고 모여서 색色을 이루는가? 그래서 '색色은 모이지 않기 때문'이라 한 것이다. 색음色陰은 질質이 있어도 오히려 공空한데, 하물며 수受 등 사음四陰이겠는가? 본래 색의 상相이 없고 단지 명자名字만 있을 뿐이니 어찌 공空이 아니겠는 가! 그러나 이 구생俱生은 단지 사온四蘊이 색에 의거해 허망하게 몸과 마음의 자상自相에 집착함을 잡아서 말한 것이지 자못 구생무명俱生無明은 아니니, 배우는 자는 응당 알아야 한다.

수다원이 유무품有無品이 나타나지 않음을 관관觀하면 신견身見은 곧 끊어지고, 이처럼 신견이 끊어지면 탐욕이 곧 생겨나지 않으니, 이를 이름하여 신견의 상相이라 한다.

須陀洹觀有無品不現. 身見則斷. 如是身見斷. 貪則不生. 是名身見相.

관기 여기서는 신견의 관관觀과 행行의 성취를 매듭짓고 있다. 유품有品은 색色이고, 무품無品은 사온四蘊이다. 말하자면 수다원은 능히 자기와 타자의 오온을 관관觀해서 다 공空하고 주재(主)가 없으면 신견이 곧 끊어지고, 신견이 만약 끊어지면 탐욕과 애착이 생기지 않고, 탐욕과 애착이 생기지 않으면 생겨나는 원인(生因)이 영원히 끊겨서 다시는 생生을 받지 않기 때문에 『법화경』에서는 이렇게 말했다.

"온갖 고통의 소인所因은 탐욕이 근본이 되니, 만약 탐욕을 소멸하면 의지依止할 곳이 없다. 그러므로 신견이 끊어지면 초과初果를 증득하니, 이를 이름하여 신견을 끊는 상相이라 한다."

대혜야, 의심의 상相이란 말하자면 법을 얻어 훌륭히 보는 상相이기 때문에, 아울러 먼저 두 가지 신견의 망상이 끊어지기 때문에 의심의 법이 생겨나지 않고, 여타의 곳에서 대사大師의 견해를 일으키지 않음이 청정하면서도 청정하지 않은 것이니, 이를 이름하여 '의심의 상相은 수다원에서 끊어진다'고 한다.

大慧. 疑相者. 謂得法善見相故. 及先二種身見妄想斷故. 疑法不生. 不於餘處起大師見. 爲淨不淨. 是名疑相須陀洹斷.

관기 여기서는 의심을 끊는 행상行相을 해석하고 있다. 논論에서 말한다. 의심(疑)이란 온갖 제리(諦理: 진리)에 대해 유예猶豫함을 성품으로 삼으니, 의심하지 않는 결정적 믿음을 능히 장애하기 때문이다. 의심에 세 가지가 있으니, 이치를 의심하는 것(疑理), 법을 의심하는 것(疑法), 스승을 의심하는 것(疑師)이다. '법을 얻어 훌륭히 보는 상相'은 말하자면 터득한 진제眞諦의 법에서 훌륭히 관찰하여 저 진리를 능히 볼 수 있기 때문에 이리에 대해 의심하지 않으며, 아울러 앞서의 두 가지 신견이 끊어지기 때문에 온갖 법 가운데 의심이 생기질 않으니, 이는 법을 의심하지 않는 것이다. 이전에는 이법理法에 대해 의심하면 또한 그 사람도 의심했는데, 다만 존중 받는 천마天魔와 외도를 대사大師로 삼을 줄 알아서 도리어 부처를 의심하니, 이것이 청정하면서도 청정하지 않은 것이다. 지금은 이리를 보는 것이 이미 참(眞)이라서 법을 의심하지 않으면 그 사람을 의심하지 않기 때문에 '여타의 곳에서 대사大師의 상념을 일으키지 않는다'고 한 것이다. 이를 이름하여 수다원이 의심을 끊는 상相이라 한다.

대혜야, '계취戒取'에서 어찌하여 수다원은 계戒를 취하지 않는가? 말하자면 생生을 받는 곳에서 겪는 고통의 상相을 잘 보기 때문이니, 이 때문에 취하지 않는 것이다. 대혜야, 취取란 말하자면 어리석은 범부가 결정적으로 고행苦行을 받아들여 익히는 것을 온갖 즐거움을 갖춘 것으로 여기기 때문에 생을 받기를 구하는 것이니, 수다원이라면 취하지 않는다. 회향迴向[24]의 자각自覺이 뛰어남을 제외하고 망상을 여읜 무루법無漏法의 상相이 행한 방편으로 계지戒支를 받아 지니는

---

24 회향(범어로 pariṇāmana)에는 중생회향衆生廻向・보리회향菩提廻向・실제회향實際廻向의 3종이 있다. 중생회향은 자기가 지은 선근공덕을 다른 중생에게 회향하여 공덕 이익을 주려는 것으로, 불보살의 회향과 영가를 천도하기 위하여 독경하는 것 등이 그것이다. 또한 보살의 수행단계인 52위位의 세 번째 단계를 십회향十廻向이라고 한다. 보리회향은 자기가 지은 모든 선근善根을 회향하여 보리의 과덕果德을 얻는 데 돌리는 것이며, 실제회향은 자기가 닦은 선근공덕으로 무위적정無爲寂靜한 열반을 얻으려고 하는 것이다.

것, 이것을 이름하여 수다원이 계戒를 취한 상相의 끊음이라 한다.

大慧. 戒取者. 云何須陀洹不取戒. 謂善見受生處苦相故. 是故不取. 大慧. 取者. 謂愚夫決定受習苦行. 爲衆具樂. 故求受生. 彼則不取. 除迴向自覺勝. 離妄想無漏法相行方便. 受持戒支. 是名須陀洹取戒相斷.

관기 여기서는 계취戒取를 끊는 행상行相을 해석하고 있다. 그러나 유루有漏의 계戒가 선함은 바로 인간과 천상계의 원인이지만, 허나 수다원이 취하지 않는 까닭은 생生을 받는 곳에서 겪는 고통의 상(苦相)을 분명히 보기 때문이다. 그 '취한다(取)'는 바로 온갖 어리석은 범부가 모든 유有 속에서 세간의 쾌락을 탐내어 집착하는 것이니, 이 때문에 고행苦行으로 계를 지녀서 저곳에 태어나길 원하는 것이다. 따라서 범부는 인간계와 천상계에 태어나길 원하기 때문에 오계五戒[25]와 십선十善[26]을 지니고, 외도의 어리석은 사람은 미래에 고통의 상(苦相)이 있을까 염려하기 때문에 소나 개 등의 계를 지니고, 머리털을 뽑고 코에 냄새를 쐬며, 가시에 눕거나 바늘을 던지면서 갖가지 고행을

---

25 불교에서 가장 근본이 되는 다섯 가지 계율. 사미오계는 ①생명을 죽이지 말라(不殺生), ②주지 않는 것을 가지지 말라(不偸盜), ③사음하지 말라(不邪婬), ④진실되지 않은 거짓말을 하지 말라(不妄語), ⑤술을 마시지 말라(不飮酒)는 것이며, 신도오계는 사미오계의 ③의 불사음계가 간음하지 말라(不姦淫)로 바뀐 것이 다르다.
26 불교인이 몸, 입, 마음과 관련하여 닦아야 할 선한 열 가지 행동 기준을 가리키는 불교교리. 불살생不殺生, 불투도不偸盜, 불사음不邪淫, 불망어不妄語, 불양설不兩舌, 불악구不惡口, 불기어不綺語, 불탐욕不貪欲, 불진에不瞋恚, 불사견不邪見.

한다. 말하자면 금생에 고통을 받는 것이 다한다면 장래에 한맛(一味)으로 즐거움을 받으리니, 이것이 바로 상相을 취한 삿된 계율이라서 수다원은 이 상相을 취하지 않는 것이다. 그러나 그 역시 지니는 계품戒品은 있으니, 이는 바로 오직 가장 뛰어난 무루의 무분별법을 구하는 것일 뿐이다. 따라서 닦는 바(所修)는 바로 공통의 계(共戒)를 정한 것이지 어리석은 범부가 상相을 취한 삿된 계율이 아니니, 이를 이름하여 계戒를 취한 상相의 끊음이라 한다.

수다원이 세 가지 번뇌(結)를 끊으면 탐욕과 어리석음이 생기지 않는다. 만약 수다원이 '이 온갖 번뇌를 나는 성취하지 않는다'라고 생각한다면 응당 두 가지 허물이 있으니, 신견身見에 떨어지는 것과 온갖 번뇌(結)를 끊지 못하는 것이다."

須陀洹斷三結. 貪癡不生. 若須陀洹作是念. 此諸結我不成就者. 應有二過. 墮身見. 及諸結不斷.

관기 여기서는 결론으로 여의는 허물을 이름 짓고 있다. 그러나 탐욕과 애착이 신견身見으로부터 생기고, 어리석음이 계취戒取를 의심하는 것으로부터 생기므로 지금 세 가지 번뇌(結)를 끊는 것이니, 그렇다면 끊음을 인因하더라도 연緣은 생기지 않는 것이다. 세 가지 번뇌(結)를 이미 끊어서 만약 능히 끊은 마음(能斷之心)을 간직한다면 또한 신견에 떨어져서 오히려 온갖 번뇌를 능히 끊지 못하니, 이것이 두 가지 허물이 되기 때문에 위역에서는 "저들도 만약 이와 같다면 세 가지 번뇌(結)를 여의지 못한다"고 했다.

대혜가 부처님께 여쭈었다.
"세존이여, 세존께서는 온갖 많은 탐욕을 설하셨는데, 저들은 어떤 탐욕을 끊은 겁니까?"(당역에서는 "탐욕에는 많은 종류가 있는데, 어떤 탐욕을 버립니까?"라고 하였다)
부처님께서 대혜에게 고하셨다.
"여인을 애착하고 즐기면서 얽히고설키며 탐내고 집착하는 것인데, 갖가지 방편으로 몸(身)과 입(口)의 악업을 지어서 현재의 즐거움을 받지만 미래의 고통을 심는다. 하지만 저들은 음욕을 일으키지 않는다. 왜냐하면 삼매정수三昧正受의 즐거움을 얻기 때문이니, 이 때문에 저 음욕은 끊어지지만 열반에 취향趣向하는 탐욕은 끊어지지 않는다.

大慧白佛言. 世尊. 世尊說衆多貪欲. 彼何者貪斷. (唐譯云. 貪有多種. 捨何等貪) 佛告大慧. 愛樂女人. 纏綿貪著. 種種方便. 身口惡業. 受現在樂. 種未來苦. 彼則不生. 所以者何. 得三昧正受樂故. 是故彼斷. 非趣涅槃貪斷.

 여기서는 생사의 근본을 끊는 것을 제시하고 있다. 경전에서 말한다.

"일체중생은 모두 음욕婬欲으로써 성명性命을 올바르게 하니, 능히 일체중생으로 하여금 생사가 끊이지 않게 하는 것은 애착(愛)과 욕망(欲)이다."

수다원은 현재의 욕망과 즐거움이 미래 고통의 원인(苦因)임을 알기 때문에 영원히 음심淫心을 끊는다. 이 때문에 '저들은 음욕을 일으키지 않는다'고 한 것이니, 왜 그런가? 선정 해탈의 즐거움 때문이니, 이는 세간의 오욕五欲[27]의 즐거움과 견줄 수 있는 것이 아니고, 선정의 즐거움을 얻음을 말미암기 때문에 능히 저 욕망과 즐거움을 끊을 수 있다. 그러나 저들은 단지 욕망과 탐욕만을 끊을 뿐 열반에 취향하는 탐심을 끊은 것은 아니다. 왜 그런가? 저 이승二乘은 삼매와 적멸의 즐거움을 탐내고 집착해서 일념一念으로 중생을 제도하겠다는 마음을 내지 못하기 때문에 부처는 "적멸의 술을 마시고, 무위無爲의 상牀에 눕는다"고 질책한 것이다. 또 저들을 불타버린 싹이나 썩은 종자로 일컫기 때문에 여기서는 특별히 '열반에 취향하는 탐심은 끊어지지 않았다'고 한 것이다. 이 끊지 못한 열반을 향한 탐심을 관觀하면, 여기서 초과初果는 날카롭고 둔함을 구분하지 못하고 다만 세 가지 번뇌를 끊어서 사과四果를 조속히 증득한다.

대혜야, 무엇이 사다함의 상相인가? 말하자면 색色의 상相을 단박에 비추어서 망상으로 상相이 생기지만 보는 상(見相)은 생기지 않고, 선禪을 취향하는 상相을 잘 보기 때문에 이 세상에 단박에 와서 고통의 지평(苦際)을 다하여 열반을 얻으니, 이 때문에 이름하여 사다함이라 한다.

---

27 색色·성聲·향香·미味·촉觸에 집착하여 일으키는 색욕色欲·성욕聲欲·향욕香欲·미욕味欲·촉욕觸欲.

大慧. 云何斯陀含相. 謂頓照色相妄想生相. 見相不生. 善見禪趣相故. 頓來此世. 盡苦際. 得涅槃. 是故名斯陀含.

관기 여기서는 두 번째 과보(二果)의 행상行相을 해석하고 있다. 사다함은 이름하여 '한 번 왕래함'이라 한다. 단박(頓)이란 한 번 가는(一往) 것이고, 색상色相이란 색온色蘊이고, 망상이란 수受 등의 사온四蘊이니, 말하자면 공관空觀의 지혜를 낳아서 오온이 생기는 상相을 단박에 비추어 마음의 분별을 일으키지 않는 것이다. 이 때문에 위역에서는 이렇게 말했다.

"허망하게 분별하는 상념으로 보는(想見) 것이 아니기 때문에 '보는 상(見相)은 생기지 않고, 선禪을 취향하는 상相을 잘 본다'고 한 것이다."

이것이 바로 범부의 날카로운 근기로서 삼생三生, 오생五生, 칠생七生을 거치면서 번뇌를 끊지 못하면 초과初果에 들어가지 못하지만, 그러나 일단(一往) 발심發心하면 문득 두 번째 과(二果)에 올라서 단지 한 번 와서 문득 열반을 증득해야 하기 때문에 '이 세상에 단박에 와서 고통의 지평(苦際)을 다하고 열반을 얻는다'고 하였다. 이로 말미암아 관찰하건대, 그렇다면 앞서 말한 수다원의 사람은 스스로 세 가지 근根이 있고, 근根에는 날카로움과 둔함이 있거나 혹은 두터움과 엷음이 있기 때문에 번뇌(使)를 끊음에는 멀고 가까움의 동일치 않음이 있다. 이제 이 두 번째 과(二果)와 아울러 나중의 아나함은 모두 범부의 근기는 날카롭고 미혹은 엷어서 발심하면 문득 당과當果에 오르는 걸 잡은 것이다. 한 번의 생生에 증득을 취하는 것은 자못 이전으로부터 이후에 이르기까지의 차례를 따르는 것은 아니다. 왜 그런가? 이전에는 '저 혹란惑亂에 즉해 성문의 종성種性을 일으킨다'고 말했기 때문이고, 여기서는 바로 오온의 얕고 깊음을 직관直觀함으로써 지위를 잡았을 뿐이기 때문이다.

대혜야, 무엇이 아나함阿那舍인가? 말하자면 과거, 미래, 현재의 색상色相에서 성품과 성품 아님으로 허물과 우환을 낳아 보니, 망상을 생기지 않게 하기 때문이다. 아울러 번뇌(結)가 끊어지기 때문에 이름하여 아나함이라 한다.

大慧. 云何阿那舍. 謂過去未來現在色相性非性. 生見過患. 使妄想不生故. 及結斷故. 名阿那舍.

관기 여기서는 세 번째 과(三果)의 행상을 해석하고 있다. 아나함은 한역하면 불래(不來: 오지 않음)이다. 그러나 앞서 사다함의 사람이 단지 현재의 오온이 분별을 낳지 않는 걸 능히 관할 수 있을 뿐 아직은 미래를 관하지 못하기 때문에 한 번 오고 난(一來) 후에야 열반을 얻는다. 지금 이 아나함의 사람은 근기의 성품이 크게 날카로워서 삼세三世의 색온色蘊이 모두 다 성품이 없다는 걸 능히 관할 수 있다. 또 미래에 태어나는 곳은 모두 온갖 고통의 허물과 우환이 있다는 걸 보기 때문에 고통을 싫어해 번뇌(集)를 끊는다. 그리하여 나중의 사온四蘊으로 하여금 망상이 생기지 않게 하여 즉각 세 가지 번뇌(結)를 능히 단박에 끊을 수 있으니, 이는 곧 현재의 생(當生)에 증득을 취해서 다시는 오지 않기 때문에 '오지 않는다(不來)'고 말한 것이다. 이것 역시 범부가 곧바로 세 번째 과(三果)에 들어가 단박에 무생無生을 증득하는 것으로부터 나온 것이다.

대혜야, 아라한이란 말하자면 온갖 선禪의 삼매三昧, 해탈解脫 역力, 명명이고, 번뇌, 고통(苦), 망상은 성품이 아니기 때문에 이름하여 아라한이라 한다."

大慧. 阿羅漢者. 謂諸禪三昧解脫力明. 煩惱苦妄想非性. 故名阿羅漢.

관기   여기서는 네 번째 과(四果)의 행상을 해석하고 있다. 말하자면 이 아라한의 지위는 바로 앞서 세 지위의 단박(頓)과 점차(漸) 두 근기가 똑같이 취향하는 구경의 경지이니, 만약 이 지위에 이르면 온갖 선禪의 삼매 및 팔해탈八解脫[28]을 자연히 요달하고 또한 십력十力,[29]

---

28 번뇌의 속박에서 벗어나는 여덟 가지 선정禪定. (1) 내유색상관외색해탈內有色想觀外色解脫: 마음속에 있는 빛깔이나 모양에 대한 생각을 버리기 위해 바깥 대상의 빛깔이나 모양에 대하여 부정관不淨觀을 닦음. (2) 내무색상관외색해탈內無色想觀外色解脫: 마음속에 빛깔이나 모양에 대한 생각은 없지만 그 상태를 유지하기 위해 부정관을 계속 닦음. (3) 정해탈신작증구족주淨解脫身作證具足住: 부정관을 버리고 바깥 대상의 빛깔이나 모양에 대하여 청정한 방면을 주시하여도 탐욕이 일어나지 않고, 그 상태를 몸으로 완전히 체득하여 안주함. (4) 공무변처해탈空無邊處解脫: 형상에 대한 생각을 완전히 버리고 허공은 무한하다고 주시하는 선정으로 들어감. (5) 식무변처해탈識無邊處解脫: 허공은 무한하다고 주시하는 선정을 버리고 마음의 작용은 무한하다고 주시하는 선정으로 들어감. (6) 무소유처해탈無所有處解脫: 마음의 작용은 무한하다고 주시하는 선정을 버리고 존재하는 것은 없다고 주시하는 선정으로 들어감. (7) 비상비비상처해탈非想非非想處解脫: 존재

삼명육통三明六通[30]을 능히 나누어 증득할 수 있어서 모두 다 성취하며, 번뇌가 업業을 발해 초래한 온갖 고통을 모두 영원히 끊게 되면 일체 망상이 여지없이 다 소멸하기 때문에 여기서 아라한이란 명칭을 얻는 것이다. 그러나 이 네 번째 과(四果)는 모두 오온의 허망한 법을 직관直觀함을 잡아 저 혹란惑亂에 즉해 성문의 종성을 일으킴을 밝힘으로써 단지 근기의 날카로움과 둔함을 말미암을 뿐이니, 이 때문에 앞서 세 가지와 차별되어 똑같지 않음이 있지만 실제로는 통틀어 성문이라

하는 것은 없다고 주시하는 선정을 버리고 생각이 있는 것도 아니고 생각이 없는 것도 아닌 경지의 선정으로 들어감. (8) 멸수상정해탈滅受想定解脫: 모든 마음 작용이 소멸된 선정으로 들어감.

29 ① 부처만이 갖추고 있는 열 가지 지혜의 능력. (1) 처비처지력處非處智力: 이치에 맞는 것과 맞지 않는 것을 분명히 구별하는 능력. (2) 업이숙지력業異熟智力: 선악의 행위와 그 과보를 아는 능력. (3) 정려해탈등지등지력靜慮解脫等持等至智力: 모든 선정禪定에 능숙함. (4) 근상하지력根上下智力: 중생의 능력이나 소질의 우열을 아는 능력. (5) 종종승해지력種種勝解智力: 중생의 여러 가지 뛰어난 판단을 아는 능력. (6) 종종계지력種種界智力: 중생의 여러 가지 근성을 아는 능력. (7) 변취행지력遍趣行智力: 어떠한 수행으로 어떠한 상태에 이르게 되는지를 아는 능력. (8) 숙주수념지력宿住隨念智力: 중생의 전생을 기억하는 능력. (9) 사생지력死生智力: 중생이 죽어 어디에 태어나는지를 아는 능력. (10) 누진지력漏盡智力: 번뇌를 모두 소멸시키는 능력.

30 부처님과 아라한이 가진 여섯 가지 지혜광명의 신통이며, 이로써 어둠과 어리석음을 깨트린다. 숙명통(宿命通: 자신과 중생의 과거 생을 아는 지혜), 천안통(天眼通: 멀고 가까움에 상관없이 중생들을 살펴보는 지혜), 누진통(漏盡通: 번뇌를 제거하는 능력으로 부처님만이 갖추셨다)을 3명明 또는 3달達이라 하고, 여기에 신족통(神足通: 멀고 가까움에 상관없이 원하는 곳에 찰나 간에 나타나는 능력), 천이통(天耳通: 거리나 소리의 크기에 상관없이 모든 소리를 듣는 능력), 타심통(他心通: 남의 마음을 거울처럼 들여다보고 아는 능력)을 합쳐서 6신통이라고 한다.

칭한 것이다. 그리하여 차별적이면서 통튼(通) 상相을 나타내긴 했지만 다른 경전에서 밝힌 실제로 있는 정위定位와는 같지 않은 것이다.

대혜가 부처님께 여쭈었다.
"세존이여, 세존께서는 세 가지 아라한을 설하셨는데, 여기서는 어떤 아라한을 설하셨습니까? 세존이여, 적정寂靜을 얻은 일승도一乘道입니까?(위역에서는 "결정된 적멸定寂을 얻었다"라고 하며, 당역에서는 "한결같이 적멸에 취향한다"고 하였다) 보살마하살이 방편으로 제시해 나타낸 아라한입니까? 부처가 변화로 나타낸 화신입니까?"(당역에서는 "부처가 변화한 것"이라 하였다)"
부처님이 대혜에게 고하셨다.
"적정寂靜을 얻은 일승도의 성문이지 나머지는 아니다.(당역에서는 "여기서는 적멸에 취향함을 설했지 그 나머지는 아니다"라고 하였다) 나머지(餘)란 보살행을 행하는 것과 아울러 부처가 변화로 화신한 것이니, 교묘한 방편의 본원本願 때문에 대중 속에 생生을 받는 걸 나타내 보여서 부처의 권속을 장엄하기 때문이다.

大慧白佛言. 世尊. 世尊說三種阿羅漢. 此說何等阿羅漢. 世尊. 爲得寂靜一乘道. (魏譯云. 得決定寂滅. 唐譯云. 一向趣寂) 爲菩薩摩訶薩方便示現阿羅漢. 爲佛化化. (唐譯云. 佛所變化) 佛告大慧. 得寂靜一乘道聲聞. 非餘. (唐譯云. 此說趣寂. 非是其餘) 餘者. 行菩薩行. 及佛化化. 巧方便本願故. 於大衆中示現受生. 爲莊嚴佛眷屬故.

관기 여기서는 참된 과(眞果)가 아님을 결론으로 제시하고 있다. 대혜의 의도는 참과 거짓을 가려내는 데 있기 때문에 세 가지 아라한 중에서 이것은 어디에 속하냐고 물은 것이다. 부처가 '내가 설한 바'라고 한 것은 바로 적멸에 취향하는 정성定性 성문이니, 사주결四住結[31]을 끊고 생사의 고통을 벗어나 열반을 얻는 자로서 그 명자名字가 나한羅漢이지만 참된 나한은 아니다. 화엄의 지地 위의 보살이 참된 아라한이니, 곧 이 중에서 보살행을 행한 것이다. '방편의 본원'이란 말하자면 안으로는 비밀스런 보살행이고 밖으로는 성문을 나타내는 것이며, '그 부처가 변화로 화신한 것'은 바로 온갖 불국토佛國土 및 뭇 회상의 권속을 장엄했기 때문이고, 저들 두 성문은 내가 이 중에서 설한 것이 아니기 때문이다. 그러나 이 성문은 과果가 이미 참(眞)이 아니라서 인因 역시 참(眞)이 아니니, 이 때문에 아래 글에서는 잘못이라고 결론지었다.

대혜야, 망상의 처소에서 갖가지 법을 설함은 말하자면 과果를 얻고 선禪을 얻는 것이니, 선자禪者가 선禪에 들어가 다 멀리 여의기 때문이다.(당역에서는 "선자禪者 및 선禪은 모두 성품을 여의었기 때문이다"라고 하였다) 자심의 현량을 얻고 과果의 상相을 얻는 것을 이름하여 과果를 얻는다고 설한다.

---

31 사주번뇌를 말한다. 사주번뇌는 오주지번뇌五住地煩惱 중에서 무명주지無明住地를 제외한 견일처주지見一處住地, 욕애주지欲愛住地, 색애주지色愛住地, 유애주지有愛住地의 네 가지를 말한다.

大慧. 於妄想處種種說法. 謂得果得禪. 禪者入禪悉遠離故. (唐譯云. 禪者及禪皆性離故) 示現得自心現量得果相. 說名得果.

관기 여기서는 이승의 인因이 참된 인(眞因)이 아니기 때문에 과과도 구경이 아님을 결론짓고 있다. 그러나 저 적멸에 취향하는 성문은 단지 치우친 공(偏空)을 증득할 뿐 실상의 진리를 요달하지 못하니, 무명無明이 온전히 존재하기 때문이다. 망상의 처소에 의거해 갖가지로 법을 설하기 때문에 법은 참된 법(眞法)이 아니다. 그리하여 단지 생사를 다하는 것만을 해탈이라 일컫지 실제로는 일체의 해탈을 아직 얻지 못했으면서도 허망하게 과과를 얻었다고 일컫고, 단지 멸정滅定에서 일어날 뿐 아직 수능엄대정首楞嚴大定은 얻지 못했으면서도 허망하게 선禪을 얻었다고 한다. 무소득無所得 중에서 허망하게 증득이 있다 하니, 선자禪者 및 선禪을 다 멀리 여읨을 요달하지 못했기 때문에 허망하게 열반을 취해 참된 과(眞果)로 삼는 것이다. 그러나 저들이 얻은 멸도滅度는 또한 참된 소멸(眞滅)이 아니고 단지 자심自心의 허망한 견해로부터 과과의 상相을 얻었다고 설할 뿐이다. 그래서 앞서의 글에서 '앞뒤로 전변하여 나아가고 서로 없애질 못한다'고 한 것이니, 이 때문에 어리석은 범부가 행하는 선(愚夫所行禪)이 된다. 논(論: 『유식삼십송』)에서는 이렇게 말한다.

"현전現前함에 사소한 것(少物)이라도 수립하면서/ 이를 유식唯識의 성품이라 말하는데, 이는 얻은 바가 있기(有所得) 때문에/ 실제로는 유식唯識에 머무는 것이 아니다."

보살도 오히려 이러하거늘 하물며 정성定性이겠는가!"

다시 다음에 대혜야, 선禪, 무량無量, 무색계無色界를 초월하고 싶다면 응당 자심의 현량의 상相을 여의어야 한다.(당역에서는 "만약 온갖 선禪, 무량無量, 무색계無色界를 초월하고 싶은 자라면 응당 자심이 나타낸 온갖 상相을 여의어야 한다"고 하였다) 대혜야, 수受와 상想을 올바로 받아들여서(正受) 자심의 현량을 초월하는 자는 그렇지 않으니, 왜냐하면 마음의 헤아림(心量)이 있기 때문이다."

復次大慧. 欲超禪無量無色界者. 當離自心現量相. (唐譯云. 若欲超過諸禪無量無色界者. 應離自心所現諸相) 大慧. 受想正受超自心現量者. 不然. 何以故. 有心量故.

<u>관기</u> 여기서는 앞서 외도와 성문의 우부소행선(愚夫所行禪: 어리석은 범부가 행하는 선)을 총체적으로 결론짓고 있다. 둘 다 참된 인(眞因)이 아니라서 허물을 여의게 하고 잘못을 끊도록 훈계한 것이다. 선禪은 이승 및 외도의 선을 통틀어 가리키고 있다. 무량無量은 바로 광과천인廣果天人[32]이 닦는 네 가지 무량심無量心의 이생異生[33]의 유루선有漏禪을 개별적으로 가리키고 있다. 무색계無色界는 바로 네 가지 공처空處의 선정을 개별적으로 가리키고 있다. 이상 온갖 선禪은

---

32 광과천은 색계십팔천色界十八天의 열두째 하늘. 사선구천四禪九天의 셋째 하늘. 광과천廣果天의 광과廣果는 넓은 복의 과보果報를 뜻한다.

33 산스크리트어는 pṛthag-jana로, 범부를 말한다. 범부는 미혹한 여러 가지 행위에 따라 각각 지옥·아귀·축생 등의 다른 세계에 태어난다고 하여 이생異生이라 한다.

비록 세간과 출세간의 차별은 있더라도 실제로는 총체적으로 모두 심량心量의 상相을 여의지 못하기 때문이다. 그래서 여기서 여실행如實行을 힘써 닦으라고 훈계한 것이니, 만약 저 이승과 외도의 온갖 선禪을 초월하고 싶다면 응당 자심의 현량의 상相을 멀리 여의어야 한다. 『인명론因明論』에서는 "현량現量에 두 가지가 있으니, 말하자면 참(眞) 및 사(似: 비슷함)이다"라고 했다. 이것이 바로 사현량似現量[34]이니 심량을 아직 잊지 못해서 유취상有取相:취함이 있는 모습이 있기 때문이다. 그래서 힘써 초월하라고 한 것이다. 연(然: 그러함)은 허용함과 같으니, 말하자면 외도의 삿된 선이 직접 익힘(親習)을 허용하지 않을 뿐 아님이 바로 이승의 수受와 상想을 멸하는 정수正受인 것이다. '나의 법 속에서 자심의 현량을 초월한다'는 결코 허용하지 못하는 것이다. 왜냐하면 저들에겐 심량心量이 있기 때문이라서 으레 응당 멀리 여의어야 하는 것이다. 『수능엄경首楞嚴經』에서 말한다.

"온갖 수행하는 사람들이 위없는 보리(無上菩提)를 성취하질 못하고 개별적으로 성문이나 연각을 성취하거나 외도 및 모든 천마天魔[35]와 마왕의 권속까지 되는 이유는 모두 두 가지 근본을 알지 못한 채 잘못된 수행을 익히기 때문이니, 마치 모래를 삶아 맛있는 밥을 지으려는 것 같아서 설사 미진수微塵數의 겁을 거치더라도 끝내 무상보리를

---

34 그릇된 직접 지각.

35 사마四魔의 하나. 천자마天子魔. 마왕魔王. 욕계欲界의 꼭대기에 있는 제6천의 주인. 부처님이 보리수 아래 앉아 수도할 때에 천마가 와서 성도成道를 방해하려 하였으나, 부처님이 자정慈定에 들어 항복받았다 한다. 사마는 네 가지 마군魔軍으로, 번뇌마煩惱魔·음마陰魔·사마死魔·천자마天子魔.

이룰 수 없다."

모래는 밥의 근본이 아니기 때문이니, 그러므로 무생無生을 증득하고 싶다면 응당 심상心相을 멀리 여의어 제일의第一義가 되어야 하기 때문에 특별히 권면한 것이다.

이때 세존께서는 이 뜻을 거듭 선포하고자 게송을 설하셨다.

爾時世尊欲重宣此義而說偈言.

온갖 선禪과 네 가지 무량(四無量)[36]
무색계와 삼마제(三摩提: 삼매)
일체의 수受와 상想이 소멸하니,
마음의 헤아림(心量)이 저들에겐 있지 않다.

諸禪四無量. 無色三摩提. 一切受想滅. 心量彼無有.

관기 이 게송은 어리석은 범부의 선禪을 총체적으로 결론짓고 있다. 사무량四無量은 곧 사랑(慈), 연민(悲), 기쁨(喜), 평등(捨)의 네 가지 한량없는 마음이다. 바로 광과천인廣果天人이 중생의 성냄과

---

36 수행 방법으로서, 한량없는 중생에 대하여 일으키는 네 가지 마음. (1) 자무량심慈無量心: 한량없는 중생을 사랑하는 마음. (2) 비무량심悲無量心: 한량없는 중생을 연민하는 마음. (3) 희무량심喜無量心: 한량없는 중생과 함께 기뻐하는 마음. (4) 사무량심捨無量心: 한량없는 중생을 평등하게 대하는 마음.

번뇌를 없애고 증오와 애착을 기뻐하지 않기 때문에 이 네 가지 마음을 닦으니, 이것은 바로 이생異生의 유루선有漏禪이지 부처의 네 가지 무량심無量心은 아니다. 말하자면 저 외도와 이승의 온갖 선禪의 행상行相은 모두 저마다 허망한 견해로 자심의 상相을 취한 것이지 실제로 그것들은 원래 있는 바가 없다(無所有).

수다반나과須陀槃那果
왕래往來 및 불환不還
아울러 아라한도 더불어서
이것들은 마음의 혹란惑亂이다.

선자禪者는 선禪 및 반연(緣)이
앎(知)을 끊고 진제眞諦를 본다고 하지만
(당역에서는 "선자禪者는 선禪이 반연한 바가/ 미혹을 끊고 진제眞諦를 본다고 하지만"이라 하였다)
그렇다면 망상의 양量이니
만약 깨닫는다면(覺) 해탈을 얻는다.

須陀槃那果. 往來及不還. 及與阿羅漢. 斯等心惑亂. 禪者禪及緣. 斷知見眞諦. (唐譯云. 禪者禪所緣. 斷惑見眞諦) 此則妄想量. 若覺得解脫.

관기 여기서는 이승이 참(眞)이 아님을 따로 읊고 있다. 말하자면 사과四果의 성인聖人이라도 마음이 아직 혹란惑亂을 여의지 못하면, 닦은 바 선정禪定으로 아공我空의 관觀에 들어가더라도 골소骨瑣, 무상無常, 고苦, 부정不淨 등의 상相을 관觀한 바가 모두 계교와 집착을 여의지 못한다. 즉 미혹을 끊고 보는 바가 진제眞諦라도 또한 망견을 여의지 못하고 열반의 상相을 취한 것이니, 이 때문에 "선자禪者는 선禪이 반연한 바가 앎을 끊고 진제를 본다고 하지만, 그렇다면 망상의 양量이다. 만약 이것들이 참(眞)이 아님을 깨닫는다면 즉각 구경究竟의 해탈을 얻으리라"라고 한 것이니, 지혜로운 자는 분별하라.

○이상 어리석은 범부의 선을 총체적으로 밝혔다.
△②-1-3-(1)-1)-나 다음 아래서는 관찰의선觀察義禪을 밝히고 있다.

"다시 다음에 대혜야, 두 종류의 각覺이 있으니, 말하자면 관찰각觀察覺 및 망상의 상相이 섭수攝受하고 계교, 집착해 건립하는 각覺이다.

復次大慧. 有二種覺. 謂觀察覺. 及妄想相攝受計著建立覺.

<u>관기</u> 여기서는 참(眞)과 허망(妄)의 두 지각을 제시함으로써 앞서 말한 네 가지 선禪 중 관찰의선觀察義禪의 행상을 해석하고 있다. 당역에서는 이렇게 말했다.
"두 가지 각지覺智가 있으니, 말하자면 관찰지觀察智 및 상相을 취한 분별로 집착해서 건립한 지智이다."
그러나 법은 있음(有)과 없음(無)이 아니고 단지 지혜의 전변(智轉)을 따를 뿐이다. 만약 정지正智에 의거해 관관觀한다면 온갖 법은 있음(有)

이 아니고, 만약 삿된 지혜(邪智)로 관한다면 온갖 법은 없음(無)이 아니다. 없음(無)이 아니라면 사구四句가 멋대로 생겨나고, 있음(有)이 아니라면 하나의 참(一眞)이 홀로 성립된다. 하나의 참(一眞)이 성립하면 사구를 여의고, 사구를 여의면 마음의 경계가 끊어진다. 마음의 경계가 이미 끊어졌다면 사람과 법이 쌍으로 쇠망(亡)하기 때문에 이 관찰의선은 법집法執을 타파하게 되는 것이다. 그러므로 앞서의 글에서 "말하자면 인무아人無我의 자상自相과 공상共相, 외도의 자타自他는 함께 성품이 없을 뿐이고, 법무아法無我를 관하면 저 지상地相의 뜻이 점차로 증진增進하니, 이것을 이름하여 관찰의선이라 한다"고 하였다. 뒤의 글은 자명自明하지만, 그러나 여기서 참(眞)과 허망(妄)을 쌍으로 드는 것은 그 의도가 삿됨을 버리고 올바름으로 돌아가도록 하기 때문이다.

대혜야, 관찰각觀察覺이란 말하자면 만약 성자성性自性의 상相을 깨달으면 사구四句를 여의어 얻을 수 없음을 선택하는데, 이를 이름하여 관찰각觀察覺이라 한다.

大慧. 觀察覺者. 謂若覺性自性相. 選擇離四句不可得. 是名觀察覺.

관기 여기서는 관찰정지觀察正智를 해석하고 있다. 말하자면 외도와 이승이 온갖 법에 실제로 자성이 있다고 허망하게 집착하기 때문에 멋대로 사구四句를 낳고 있다. 지금은 정지正智로 온갖 법에 본래 자성이 없음을 관찰하고, 이미 법에 자성이 없기 때문에 사구는 의거함 없이 추구推求를 선택해서 사구를 여의는 것 외에는 끝내 얻을 수 없으며, 얻을 수 없기 때문에 온갖 법에 성품이 없음을 보는 것이니, 이를 이름하여 관찰의선觀察義禪이라 한다.

대혜야, 저 사구四句란 말하자면 동일함(一)과 다름(異), 함께함(俱)과 함께하지 않음(不俱), 있음(有)과 없음(無)과 있음도 아니고 없음도 아님(非有非無), 항상(常)과 무상無常을 여의는 것이니, 이를 이름하여 사구라 한다.
대혜야, 이 사구의 여읨, 이것을 이름하여 일체법이라 한다(당역에서는 "그러므로 일체법의 여읨이라고 설명했다"고 하였다) 대혜야, 이 사구로 일체법을 관찰함을 응당 배우고 익혀야 한다.

大慧. 彼四句者. 謂離一異. 俱不俱. 有無. 非有非無. 常無常. 是名四句. 大慧. 此四句離. 是名一切法. (唐譯云. 是故說言一切法離) 大慧. 此四句觀察一切法. 應當修學.

관기 여기서 가르친 것은 수행인이라면 응당 사구四句를 여의어서 온갖 법을 관해야 하니, 이를 이름하여 정관正觀이라 한다는 것이다. 만약 다른 관을 한다면 곧 삿된 관이니, 이 때문에 힘써서 닦고 배워야 한다.

대혜야, 무엇을 망상의 상相이 섭수攝受하고 계교, 집착해 건립하는 깨달음(覺)이라 하는가? 말하자면 망상의 상相이 섭수攝受하고 계교,

집착하는 견고함, 젖어 있음, 따뜻함, 움직임의 실답지 않은 망상의 상相인 사대四大의 종성(種)을 종宗, 인상因相, 비유譬喩로써 실답지 않은 건립을 계교, 집착해서 건립하는 것이니, 이를 이름하여 망상의 상相이 섭수攝受하고 계교, 집착해 건립하는 깨달음(覺)이라 한다. 이를 이름하여 두 가지 깨달음의 상(覺相)이라 한다.

大慧. 云何妄想相攝受計著建立覺. 謂妄想相攝受. 計著堅濕煖動不實妄想相四大種. 宗因相譬喩. 計著不實建立而建立. 是名妄想相攝受計著建立覺. 是名二種覺相.

관기 　여기서는 외도의 삿된 지혜(邪智)를 밝히고 있다. 그러나 저 외도는 온갖 법이 성품 없음을 요달치 못하고 모든 법에 실제로 자성이 있다고 허망하게 계교하기 때문에 저 견고함, 젖어 있음, 따뜻함, 움직임의 사대四大 종성(種)에 대해 상相을 취해 집착하고 허망하게 분별해서 종宗, 인因, 비유譬喩를 통해 허망하게 건립하니, 이를 이름하여 상相을 취한 분별과 집착으로 건립한 삿된 지혜(邪智)라 한다. 이 삿된 지혜에 의거하기 때문에 온갖 법에 대해 동일함(一)과 다름(異), 있음(有)과 없음(無) 등 사구四句의 삿된 견해를 허망하게 계교하는 것이다. 그 의도는 수행인으로 하여금 이 삿된 견해를 버리게 하는 것으로 곧 이름하여 정지正智라 하는 것이니, 이 때문에 사구四句를 여읨이 곧 이름하여 관찰의선觀察義禪이다. 종宗, 인因, 유喩란 말하자면 외도가 이 세 가지(三支)로 스스로의 과(自果)를 건립함으로써 잘못 해석하기 때문이다. 함께 극極에까지 완성을 못했기 때문에 인명론因明論[37]에선 저 33가지 잘못을 내놓은 것이며, 이 때문에 '실답지 않은 건립으로 건립한 것이다'라고 한 것이다.

만약 보살마하살이 이 두 가지 깨달음의 상(覺相)을 성취한다면 인무아人無我와 법무아法無我의 상相이 구경究竟에 도달하고 방편을 잘 알아서 있는 바가 없는(無所有) 깨달음으로 행行과 지地를 관찰해 초지初地를 얻으며(당역에서는 "이 지상智相을 알면 곧 인무아와 법무아를 능히 통달할 수 있으니, 무상지無相智로써 해解와 행의 지地를 훌륭하고 교묘하게 관찰해 초지初地에 들어간다"고 하였다), 백 가지 삼매에 들어가 차별 삼매를 얻는다. 백 분의 부처 및 백 분의 보살을 보고서 앞뒤로 각각 백겁百劫의 일을 알아서 광명이 백 개의 찰토刹土를 비춘다.

若菩薩摩訶薩成就此二覺相. 人法無我相究竟. 善知方便. 無所有覺 觀察行地. 得初地. (唐譯云. 知此智相. 卽能通達人法無我. 以無相智於解 行地. 善巧觀察入於初地) 入百三昧. 得差別三昧. 見百佛及百菩薩. 知 前後際各百劫事. 光照百刹土.

관기 　여기서는 성취를 관觀하여 과과를 얻는 상相을 밝히고 있다. 말하자면 보살마하살의 최초 의지(創志)는 곧 무상지無相智로써 온갖 법이 본래 자성이 없음을 훌륭하고 교묘하게 관찰해서 나(我)와

---

37 불교논리학을 말한다. 고인명古因明과 신인명新因明이 있는데, 고인명에선 종宗, 인因, 유喩, 합合, 결結의 5분 작법을 쓰고, 신인명에선 종宗, 인因, 유喩의 3지 작법을 쓴다.

법의 두 집착을 단박에 끊는다. 그리하여 해행지解行地[38]에서 곧바로 초지初地에 들어가고 점점 더 여래지如來地까지 미친다. 해解는 곧 십주十住이고, 행行은 곧 십행十行이니, 이걸 비록 해解와 행行이라 말하지만 그 의도는 삼현三賢[39]을 거치지 않은 데 있으니 초발심初發心[40] 때에 문득 불지佛地에 오름을 나타낼 뿐이다. 『화엄경』에서는 이렇게 말한다.

"초발심初發心 때 바로 아뇩다라삼먁삼보리를 얻어서 일체법이 곧 마음의 자성임을 아는 것이니, 혜신慧身의 성취가 타자他者를 말미암아 깨닫는 것이 아니기 때문이다."

'백 가지 삼매에 들어간다' 등은 『구인섭론舊引攝論』에서는 이렇게 말했다.

"보살이 초지初地에 들어갈 때 열 가지 백명문百明門을 증득한다. 말하자면 첫째, 한 찰나 사이에 백 가지 삼마지三摩地를 증득하고, 둘째, 정천淨天의 눈으로 백 개의 불국佛國을 보고, 셋째, 신통력으로 백 분의 부처 세계를 능히 움직이고, 넷째, 능히 백 분의 불찰佛刹에 갈 수 있어서 중생을 교화하고, 다섯째, 능히 하나의 몸을 백 가지 종류의 신형身形으로 변화함으로써 유정有情으로 하여금 보게 하고, 여섯째, 백 가지 종류로 변화된 유정有情을 성취하고, 일곱째, 만약 이익이 된다면 능히 몸을 남겨 세상에 백겁을 머물 수 있고, 여덟째,

---

[38] 분별과 이해로써 수행하는 십주十住·십행十行·십회향十廻向의 단계.
[39] 십주十住, 십행十行·십회향十廻向의 수행 단계에 있는 보살.
[40] 보리심을 처음으로 일으킴. 천태종에서는 십주十住의 첫 단계이며, 화엄종에서는 십신十信의 마지막 단계이다.

앞뒤로 백겁의 일을 능히 알 수 있고, 아홉째, 능히 지혜로써 백법명문百法明門[41]에 들어갈 수 있고, 열째, 능히 몸(身)으로써 백 가지 종류의 권속을 관觀할 수 있다."

나머지 지地도 두 배씩 두 배씩 늘어나는데 화엄華嚴에서 자세히 밝혔다.

상상지上上地의 상相을 알고, 대원大願이 뛰어나고, 신력神力이 자재自在하고, 법운法雲이 관정灌頂해서 반드시 여래의 자각지自覺地를 얻는다. 그리하여 마음을 열 가지 다함없는(無盡) 구절(句)에 잘 연계시켜서 중생을 성숙시키고 갖가지 변화와 광명으로 장엄해서 자각성락삼매정수自覺聖樂三昧正受를 얻는다."

知上上地相. 大願殊勝. 神力自在. 法雲灌頂. 當得如來自覺地. 善繫心十無盡句. 成熟衆生. 種種變化光明莊嚴. 得自覺聖樂三昧正受.

관기 여기서는 초지初地를 말미암아 극치에까지 이르는 여래지如來地의 행상行相을 말하고 있다. '마음을 열 가지 다함없는(無盡) 구절(句)에 잘 연계시켜서 중생을 성숙시키고'는 말하자면 훌륭한 설법은 능히 일구一句로써 다함없는 구(無盡句)를 펼치고, 능히 일법一法으로써 다함없는 법(無盡法)을 펼치는 등이니 화엄 구지九地[42]의

---

[41] 온갖 진리(百法)를 밝게 통달하는 지혜의 영역·세계. 보살의 초지初地에서 얻음.
[42] 선혜지善慧地. 부처의 십력十力을 얻어 근기根機에 따라 중생을 교화하는 지혜를 터득한 경지.

행상行相이 이와 같다.

　문: 이 경전은 돈교頓敎의 법문이다. 표현된 내용은 일심一心을 단박에 깨달아 문득 불지佛地에 오름을 곧바로 드러내는데, 어째서 전후로 매번 정지正智에서 현전現前하는가? 혹은 관행觀行을 성취하는 곳에서는 반드시 십지十地의 행상行相을 줄곧 거치며 드는데, 어찌하여 계급에 떨어지는 것이 아닌가?

　답: 이 경전은 성제聖諦도 수립하지 않는데 어찌 계급이 있겠는가? 대체로 과果를 들어서 인因을 시험하는 것이다. 그러나 십지十地 또한 그 이름이 불지佛地다. 대개 평등平等과 무상無相과 진여眞如는 부처가 노닐면서 밟는 경지(地)이다. 나는 진실로 있음의 상(有相)을 능히 단박에 초월해 마음이 일진一眞에 계합해서 법신法身과 더불어 똑같이 노닐고, 걸음걸음마다 편안히 자재하고 업의 작용이 광대하기에 점차로 지地에서 지地에 이르는 것이 아니다. 이 뛰어난 과果를 들어서 요컨대 참된 인(眞因)을 나타낸 것이니, 만약 삿된 인(邪因)이 무인無因이라면 또 어찌 여기에 족히 이를 수 있겠는가? 그리고 수행인에게 이를 알게 했으니, 또한 적은 걸 얻었다고 만족하지 말고 위로 위로 증진하길 바람으로써 반드시 자각성삼매승락自覺聖三昧勝樂에 안주하게 된 후에야 그만두게 하였다.

○이상 관찰의선觀察義禪을 해석하였다.
　②-1-3-(1)-1)-다 이하에선 반연여선攀緣如禪을 해석한다.
△②-1-3-(1)-1)-다-(가) 처음엔 사대四大의 여如를 관觀한다.

"다시 다음에 대혜야, 보살마하살은 반드시 훌륭히 사대四大로 색色을 조성해야 한다. 무엇이 보살이 훌륭히 사대로 색色을 조성하는 것인가? 대혜야, 보살마하살은 이렇게 깨닫는다.
'저 진제眞諦는 사대四大가 생기지 않는 것이다.'
저 사대가 생기지 않는 것에 대해 이렇게 관찰하고, 관찰하고 나서는 명상名相 망상의 분제分齊와 자심自心이 나타낸 분제, 외적인 성품과 성품 아님을 깨달으니, 이를 이름하여 마음이 나타낸 망상의 분제(心現妄想分齊)라고 한다. 말하자면 삼계三界이다.(당역에서는 "저 온갖 대大의 종성이 진실하여 생기지 않는다는 걸 관觀하면 온갖 삼계는 단지 분별일 뿐 오로지 마음이 본 것이라서 외부의 사물이 있지 않다"고 하였다) 저 사대가 색色을 조성하는 성품을 관觀해서 여의면, 사구四句가 통틀어 정화되고 나(我)와 내 것(我所)을 여의어서 여실상如實相의 자상自相이 분단分段으로 머물고 무생無生의 자상自相이 이루어진다.

復次大慧. 菩薩摩訶薩當善四大造色. 云何菩薩善四大造色. 大慧. 菩薩摩訶薩作是覺. 彼眞諦者. 四大不生. 於彼四大不生. 作如是觀察. 觀察已. 覺名相妄想分齊自心現分齊. 外性非性. 是名心現妄想分齊. 謂三界. (唐譯云. 觀彼諸大種眞實不生. 以諸三界. 但是分別. 唯心所見. 無有外物) 觀彼四大造色性離. 四句通淨. 離我我所. 如實相自相分段住. 無生自相成.

 여기서는 사대四大가 본래 스스로 생기지 않는다고 말함으로써 반연여선攀緣如禪을 해석하고 있다. '반연攀緣'이란 망상이고, '사대四大'란 명상名相이다. 그러나 망상은 원래 정지正智이고 명상은 본래 스스로 여여如如하다. 저 어리석은 범부가 삼계가 오직 마음이 나타낸 것일 뿐임을 요달하지 못했기 때문에 사대 및 조성된 사진四塵을 실제로 있다(實有)고 허망하게 보는 것이고, 이 때문에 대大의 종성을 허망하게 집착해서 생인生因으로 여기니, 이는 정지正智를 미혹해 망상妄想이 되고 여여如如가 변하여 명상名相이 된 것이다. 그래서 단지 반연을 일으켜 사구四句의 잘못된 이해를 짓고, 갖가지 삿된 집착 때문에 여如에서 여如하지 못한다.

이제 보살이 정지正智로 저 온갖 대大의 종성을 관찰하니 당체當體가 적멸하고 진실眞實은 불생不生이라서 삼계의 일체 명상名相을 환하게 본다. 이는 다만 망상의 분별로서 오직 마음이 나타난 것일 뿐 본래 외부 사물(外物)이 없으니, 이렇게 관觀할 때면 대大의 종성이 조성한 것은 모두 다 성품을 여의게 된다. 만약 대大의 종성이 성품을 여의게 되면 네 가지 계교가 단박에 끊어져서 사물과 내(物我)가 모두 공空하니, 그렇다면 망상에 즉卽해 정지正智가 되고 명상名相이 본래 여여如如함을 요달해서 일심一心이 실다운 곳(如實處)에 머물며 만법이 모두 다 생겨나지 않는다. 이 때문에 당역에서는 "실다운 곳(如實處)에 머물면 무생無生의 상相을 이룬다"고 한 것이니, 이것이 사대四大가 생겨나지 않음을 관觀함이 반연여선攀緣如禪이 되는 까닭이다. 반연 그대로 여如이지 반연의 여如가 아니기 때문에 '훌륭히 사대가 색色을 조성한다. …'라고 한 것이다. 사대가 불생不生임을 요달하기 때문에 '훌륭히(善)'라고 말했고, 외도가 요달하지 못하기 때문에 '훌륭하지 못하다'고 한 것이다.

대혜야, 저 사대의 종성은 어떻게 색色의 조성을 일으키는가? 말하자면 측측한 망상의 대종大種에서 안팎의 수계水界가 생겨나고, 견딜 수 있는(堪能)(당역에서는 "불꽃의 치성함을 짓는"이라고 하였다) 망상의 대종에서 안팎의 화계火界가 생겨나고, 나부껴 움직이는(飄動) 망상의 대종에서 안팎의 풍계風界가 생겨나고, 색을 절단하는 망상의 대종에서 안팎의 지계地界가 생겨난다.

大慧. 彼四大種. 云何生造色. 謂津潤妄想大種. 生內外水界. 堪能(唐譯云. 作炎盛) 妄想大種. 生內外火界. 飄動妄想大種. 生內外風界. 斷截色妄想大種. 生內外地界.

관기 여기서는 사대가 망상으로부터 생겨난다는 걸 말함으로써 사대를 생인生因으로 삼는 외도의 허망한 계교를 타파하고 있으며, 훌륭하지 않은 사대의 색色 조성을 밝힘으로써 앞서 망상의 상相이 섭수하고 계교, 집착해 건립한 각覺의 뜻을 이루고 있다. 저 외도가 오온의 온갖 법이 오직 마음이 변하여 나타난 것임을 요달하지 못해서 사대의 종성을 허망하게 계교하여 생인生因으로 삼아 능히 온갖 법을 조성하기 때문에 여기서 질책하며 '저들이 계교한 사대의 종성은 어떻게 능히 색의 조성을 일으킬 수 있는가?'라고 말했다. 운하(云何: 어떻게)는 여하如何와 같으니 바로 따지고 묻는 언사言詞이다.

그러나 나는 단지 사대가 망상으로부터 생기지 사대로부터 생기진 않는다고 설했으니, 그렇다면 망상이 사대의 종성이지 사대가 사대의 종성이 되는 건 아니다. 그리고 망상의 성품 없음은 곧 사대가 본래 스스로 생기지 않는 것이니, 지금 저 어리석은 범부는 삿된 집착으로 잘못 이해해서 사대의 생겨남을 볼 뿐 아니라 게다가 사대가 능히 생겨남을 낳는다고 허망하게 집착하니, 이것이 훌륭하지 않은 사대의 색色 조성인 것이다. 네 가지 계교를 허망하게 일으키기 때문에 여如에서 여如가 아니니, 이는 바로 어리석은 범부의 언설이지 성현의 언설은 아니며, 이 때문에 아래에서 결론으로 '내가 설한 것이 아니다'라고 한 것이다.

그러나 이 경문經文은 간략하고 예스럽지만 부처의 뜻은 그윽하고 심오해서 가장 어려운 점은 혈맥血脉에 잠잠히 통하는 것이다. 구주舊注에서 인용한 능엄의 세계상속世界相續의 글은 이 단락에 대해 해석한 것이다. 그러나 경문의 해석은 근거가 있어도 그 진실한 뜻은 회통會通하기 어렵다. 왜 그런가? 저들은 세계가 생기生起하는 이유를 설했기 때문이고, 차례대로 상생相生하는 정황이나 상황을 말했기 때문이다. 지금 여기서는 단지 사대가 망상으로부터 생긴다고 설해서 사대를 생인生因으로 삼는 외도의 허망한 계교를 타파했을 뿐이다. 두 곳은 말은 똑같으나 뜻(義)은 별개이니, 만약 저 명문明文을 집착하면 도리어 이 경전의 취지에 어두워진다. 관觀하는 자는 억측으로 단정하지 말아야 하니, 아래 경문에서 스스로 반드시 증명할 것이다. 경문에서는 이렇게 말한다.

"말하자면 땅(地) 등 사대四大 및 색色의 조성 등은 사대의 연緣이 있는 것이지 그것들이 사대의 연緣은 아니다. 말하자면 망상이 사대의 인因이지 사대가 사대의 인因은 아니다."

색色 및 허공이 함께함이
삿된 진리(邪諦)를 계교하고 집착함이니
오음五陰이 모이고 뭉쳐서
사대四大가 색色을 조성함이 생겨난다.

色及虛空俱. 計著邪諦. 五陰集聚. 四大造色生.

관기 여기서는 앞서의 경문에 언급된 외도의 계교를 이어받고 있다. 사대가 색色의 조성을 생기게 할 수 없음을 밝힘으로써 '즉색卽色이 나(我)' 등의 사구四句라는 외도의 허망한 계교를 타파하고 있다. 삿된 진리(邪諦)는 명제冥諦이다. 즉 수론사數論師가 세운 25명제冥諦이니, 말하자면 신아神我로부터 명초冥初의 주제主諦가 되고, 명冥으로부터 각覺이 생겨나고, 각覺으로부터 나의 마음이 생겨나고, 나의 마음으로부터 오진五塵이 생겨나고, 오진으로부터 오대五大가 생겨나고, 오대로부터 11근根이 생겨난다. 그러나 이 가운데서 색色 및 허공은 오대이고, 오음五陰은 바로 11근이다. 그러나 저 외도는 오대가 오음을 낳는다고 허망하게 계교한다. 허공은 형상이 없고 오직 색과 융화할 수 있기 때문에 단지 '오음이 모이고 뭉쳐서 사대로부터 색의 조성이 생겨난다'고만 말한 것이다. 함께함(俱)은 화합和合이다.

또 승론사勝論師는 육구六句가 생인生因이 된다고 계교하니, 말하자면 첫째, 실實이고, 둘째, 덕德이고, 셋째, 업業이고, 넷째, 대유大有이고, 다섯째, 동이同異이고, 여섯째, 화합和合이다. 또 실구實句 중에서 구법九法을 잡는데, 말하자면 오대五大, 시時, 방方, 화和, 합合이다.

이 아홉 가지는 능히 오음의 온갖 법을 낳기 때문에 즉색卽色이 나(我)이고 나(我)는 색色 중에 존재하는 등 사구四句의 삿된 견해를 허망하게 집착한다. 지금 세존께서 장차 이를 타파하고자 우선 그들의 계교를 내놓으셨다.

"색 및 허공이 함께함이 바로 삿된 진리(邪諦)를 계교하고 집착함이니, 오음이 모이고 뭉쳐서 사대가 색을 조성함이 생겨난다고 허망하게 설한다."

아래 경문에서는 먼저 '색은 나(我)에 즉하지 않고' '나(我)는 색 속에 존재하지 않는' 등을 타파하고, 나중엔 사대의 색 조성이 오음을 능히 낳을 수 없다는 걸 타파하고 있다. 그리고 먼저 '색은 나(我)에 즉하지 않음'을 타파한 것은 외도가 팔식八識을 허망하게 계교해서 신아神我로 삼기 때문에 식식을 잡아서 타파한 것이다.

대혜야, 식識이란 갖가지 자취의 경계를 즐김을 인因하기 때문에 다른 갈래(趣)에 상속한다.

大慧. 識者. 因樂種種跡境界故. 餘趣相續.

<관기> 여기서는 '색色은 나(我)에 즉하지 않는' 등의 네 가지 계교의 뜻을 타파하고 있다. 그러나 저 외도는 사대가 색色을 조성해서 능히 오음을 낳는다고 허망하게 계교하기 때문에 내가 색色 속에 존재한다거나 색色이 바로 나(我)라는 등으로 허망하게 계교한다. 부처는 저들이 계교한 신아神我는 바로 아법我法 속의 식식이라고

했다. 만약 색色이 바로 나(我)라고 말하면 또한 사람이 죽을 때 사대의 색色이 소멸하지만 식識은 소멸하지 않으며, 이 식識이 애착과 즐거움을 인因해 육진六塵의 경계를 탐내고 집착하기 때문에 선악의 업을 짓고 또 미래의 과보果報를 초래하여 다시 다른 갈래(趣)에 생生을 받아 상속이 끊이지 않는다. 만약 과연 색色이 바로 식識이라서 그 색色이 소멸할 때 식識도 또한 색과 더불어 함께 소멸한다면 어찌 단멸斷滅이 아니겠는가? 지금 이미 다른 갈래(趣)에 생生을 받아 상속 받으므로 식識은 이미 불멸不滅이라는 걸 충분히 알겠으니, 그렇다면 색色은 나(我)에 즉하지 않는 것도 분명하다. 비단 색色이 나(我)에 즉하지 않을 뿐 아니라 게다가 사대가 색色을 조성해 오온을 능히 낳을 수 없기 때문에 아래 경문에서 타파하였다.

대혜야, 땅(地) 등의 사대四大 및 색色의 조성 등은 사대의 연緣이 있지만 그건 사대의 연緣이 아니다.

大慧. 地等四大. 及造色等. 有四大緣. 非彼四大緣.

관기　여기서는 사대가 색色을 조성할 수 없음을 말하고 있다. 외도는 사대는 능조(能造: 능히 조성함)가 되고 오온의 온갖 법은 소조(所造: 조성된 것)가 된다고 계교하니, 이 사대는 사대와 더불어 생연生緣이 된다. 연緣은 곧 인因이기 때문에 부처는 그 계교를 언급하면서 이렇게 타파하고 있다.

"사대 및 조성된 오온 등의 색법色法이 스스로 있으면서(自有) 저들과 더불어 인因이 된다는 것은 망상일 뿐이다."
 그러나 저 사대와 오음이 인因이 되는 것이 아니니, 왜냐하면 저 사대는 색色을 조성해 오음을 낳을 수 없기 때문이다. 그러므로 아래 경문에선 따지고 타파하였다.

왜 그런가? 말하자면 성품性, 형상形相의 처소處, 방편을 짓는 것은 성품이 없어서 대大의 종성이 생기지 않기 때문이다. 대혜야, 성품, 형상의 처소, 방편을 짓는 것은 화합和合으로 생겨나서 형태가 없지 않으니, 이 때문에 사대가 색상色相을 조성하는 것은 외도의 망상이지 나의 말은 아니다.

所以者何. 謂性形相處. 所作方便無性. 大種不生. 大慧. 性形相處. 所作方便和合生. 非無形. 是故四大造色相. 外道妄想. 非我.

> **관기** 여기서는 사대가 오음을 조성할 수 없는 까닭을 따져서 타파하고 있다. 성품性은 말하자면 사대 자체自體이고, 형상의 처소는 바로 저 온갖 법 위의 길고 짧음, 높고 낮음, 크고 작음 등의 형상形狀이고, 방편은 곧 조작의 방법이다. 이상 부처는 사대가 색色을 능히 조성할 수 없다고 말했기 때문에 이를 따지면서 이렇게 타파했다.
> "어째서 능히 조성할 수 없는가? 사대의 자체 형상을 추구해서 능히 조성할 수 있음 및 조작의 방법은 모두 얻을 수 없으니(不可得), 자성이 없기 때문이다."
> 이미 자성이 없다면 대大의 종성은 본래 스스로 생겨나지 않고(不

生), 본래 스스로 생겨남이 없는데(無生) 또 어찌 다른 온갖 법을 능히 낳을 수 있겠는가? 사대가 능히 조성할 수 있다고 계교하는 것은 거짓(妄)이다. 만약 조성된 오온의 온갖 법이 사대로부터 생긴다고 말한다면, 이 역시 이루어지지 않는다. 왜냐하면 대大의 종성을 능히 조성함으로써 체상體相과 형상形狀이 있는 사물(物)이 있기 때문이다. 이제 능조(能造: 능히 조성함)한 것이 이미 형상이 있으므로 소조(所造: 조성된 것)의 오온 역시 응당 형상이 있어야 하지 형상이 없는 건 아니다. 생각건대 설사 사대의 능조를 인정한다 해도 단지 능조의 오온 중 색법色法의 일음一陰일 뿐이지만, 저 사음四陰이 형상이 없는 건 저들이 어떻게 얻어서 조성하겠는가? 이는 소조인 것이 거짓임을 계교한 것이다. 그리고 저들은 색色이 바로 나(我)라고 계교하는데, 하물며 색이 소멸해도 식識은 소멸하지 않는 것이겠는가? 오음이 사대의 소조가 아닌 줄 충분히 알겠다. 이제 사대가 본래 색을 조성할 수 없음을 관하니, 그러므로 사대가 색상色相을 조성함을 계교한다는 것은 바로 외도의 망상분별로 전도된 견해일 뿐이지 내가 설한 것은 아니기 때문에 '나의 말은 아니다'라고 한 것이다. 이상 부처는 사대가 형상은 있어도 형상 없음(無形)을 능히 조성할 수는 없다고 말했으니, 이 때문에 아래 경문에선 해석을 이룸으로써 오음의 여如를 관觀함을 밝혔다.

다시 다음에 대혜야, 온갖 음陰의 자성상自性相을 반드시 말해야겠다. 무엇을 온갖 음陰의 자성상이라 하는가? 말하자면 오음五陰이다. 무엇이 다섯 가지인가? 소위 색色, 수受, 상想, 행行, 식識이다. 저 사음四陰은 색이 아닌 수, 상, 행, 식을 말한다.

復次大慧. 當說諸陰自性相. 云何諸陰自性相. 謂五陰. 云何五. 謂色受想行識. 彼四陰非色. 謂受想行識.

| 관기 | 부처님은 유형有形은 무형無形을 능히 조성할 수 없다고 말씀했기 때문에 오음의 자성상을 설했고, 그리하여 사음이 색이 조성한 것이 아님을 밝힘으로써 오음이 본래 여(本如)함을 드러내려 했다.

대혜야, 색색이란 사대 및 색色의 조성은 각각 이상異相이다. 대혜야, 색色 없이 사수四數가 있지 않음은 마치 허공과 같다. 비유하면 허공이 숫자의 상(數相)을 초월해서 숫자를 여의었으면서도 망상으로 하나의 허공이라 말하는 것과 같다.

大慧. 色者. 四大及造色各各異相. 大慧. 非無色有四數. 如虛空. 譬如虛空. 過數相. 離於數. 而妄想言一虛空.

| 관기 | 여기서는 사음이 형상이 없어서 색色으로 조성한 것이 아님을 해석하고 있다. 사대四大는 외적인 사대이며, 색의 조성(造色)은 내적 사대이니, 말하자면 오음 중 색色의 일음一陰으로 사대가 조성한 것이라 설할 수 있다. 그리하여 견고함(堅), 젖음(濕), 따뜻함(煖), 움직임(動)의 네 가지 법이 각각 이상異相이기 때문에 형상이

있으며(有形), 색色 없는 사음이 허공과 같음과는 견주지 못하기 때문에 수受 등의 사음이 형상이 있지 않음에 이르게 되면 마치 허공과 같은 것이다. 다만 망상의 명언名言으로 설해서 사음이 되었으니, 비유하면 허공이 숫자의 상(數相)을 초월했지만 단지 분별로 하나의 허공이라고 말했을 뿐인 것과 같은데, 어찌 허공에 무형無形이 있어서 저 사대가 조성한 것에 속하겠는가? 그렇다면 사대가 능히 오음을 조성할 수 있다고 허망하게 계교하는 것은 모두 삿된 견해이다.

대혜야, 이 같은 음陰은 숫자의 상(數相)을 초월해서 숫자를 여의고, 성품과 성품 아님을 여의고, 사구四句를 여의었다. 숫자의 상(數相)이란 어리석은 범부의 언설이지 성현聖賢의 말은 아니다.

大慧. 如是陰. 過數相. 離於數. 離性非性. 離四句. 數相者. 愚凡言說. 非聖賢也.

관기 여기서는 오음이 모두 공空함을 통틀어 해석하고 있다. '이 같은 음陰'은 오음을 통틀어 가리키고 있다. 성품(性)은 색음色陰이고, 성품 아님(非性)은 사음四陰이니, 말하자면 사음은 공空과 같을 뿐 아니라 색음色陰의 추구는 각기 자성이 없어서 대大의 종성이 생기지 않아도 색色은 본래 공空하다. 그렇다면 오음이 모두 공空해서 숫자의 상(數相)을 초월했는데, 또 어찌 다섯이란 숫자(五數)로 지목하는가? 이 때문에 '이 같은 음陰은 숫자의 상을 초월해서 숫자를 여의었다'고 말한 것이다. 그러나 이미 명자名字와 숫자를 초월했다면 오음은 원래 없고, 오음이 이미 없다면 성품과 성품 아님을 여읜 것이다. 성품을 여의면 색色은 있다(有)고 말할 수 없고, 성품 아님을 여의면 사음은 반드시 없다(無)고 말하지 못한다. 그렇다면 있음과 없음(有無)을 이미 여의고 사구四句를 편안히 맡기기 때문에 '성품과 성품 아님을 여의고, 사구四句를 여의었다'고 말한 것이다. 그러면서도 사구를 이미 여의었다면 백비百非도 함께 버려지고 명언名言의 길도 끊어져서 음陰의 근본이 여여如如한데 또 어찌 숫자의 상으로 구할 수 있겠는가? 그러므로 숫자의 상을 계교하는 것은 바로 어리석은 범부의 언설일 뿐이지 자못 성현의 참된 지견력知見力은 아니다. 영가永嘉 대사는 이렇게 말했다.

"일체의 숫자와 구절(數句)은 숫자와 구절이 아니니, 나의 신령한 깨달음(靈覺)과 어떻게 교섭하여 그걸 깊이 증득하겠는가?"

대혜야, 성자聖者는 환幻 같은 갖가지 색상色像의 다름과 다르지 않음의 시설施設을 여의었고, 또 꿈이나 그림자 같은 사부士夫의 몸의 다름과 다르지 않음을 여의었기 때문이다. 대혜야, 성지聖智의 갈래(趣)에선 동일한 음陰의 망상이 나타난다.

大慧. 聖者如幻種種色像離異不異施設. 又如夢影士夫身. 離異不異故. 大慧. 聖智趣. 同陰妄想現.

여기서는 논란을 굴복시킴으로써 오음이 본래 여如임을 밝힌 걸 해석하고 있다. 앞에서 부처가 오음이 모두 공空하다고 설함을 말미암아 어리석은 자가 현재 오음을 보매 성인과 범부가 모두 있는데 어째서 없다고 말했느냐고 의심할까 걱정했기 때문에 여기서는 이렇게 해석했다.

나는 오음이 모두 공空하다고 설했지 절대적으로 없다(絶無)고 하지 않았다. 다만 성스러운 지혜(聖智)로 관觀하면 환幻처럼 실답지 않으니, 소위 연생緣生은 성품이 없다는 걸 요달하면 그 체體가 모두 공空해서 단지 동일함(一)과 다름(異) 등 망견의 시설施設을 짓지 않을 뿐이므로 어찌 절대적으로 소멸해버린 없음(絶然滅無)이겠는가? 그러나 이 오음은 바로 법신의 영명影明으로 꿈속의 몸과 같고 거울 속의 영상과 같아서 따로 있는 바(所有)가 없기 때문에 다름도 아니고 다름 아님도 아니라고(非異非不異) 설하는 것이다. 그러므로 내가 오음이 본래 여如라고 말해도 어리석은 범부는 이를 요달하지 못하고 허망하게 동일함(一)과 다름(異) 등 분별의 견해를 지을 뿐이다. 영가永嘉 대사는 이렇게 말했다.

"허깨비로 화한 텅 빈 몸(幻化空身)이 곧 법신이다."

그렇다면 오음의 당체當體는 원래 법신法身이다. 오음의 망상이 나타날 때 법신도 일제히 나타나지만 단지 성인과 범부의 소견所見에 따라 같지 않을 뿐이다. 만약 망상으로 분별하면 법신은 은폐되면서 오음이 나타나고, 만약 성스러운 지혜(聖智)로 관觀하면 법신은 나타나지만 오음은 사라지니, 이 때문에 앞서의 경문에서 말한 것이다. 그러나 저 혹란惑亂은 온갖 성인에게도 나타나지만 전도顚倒하지 않기 때문에 '성스러운 지혜(聖智)의 갈래(趣)에도 똑같은 음陰의 망상이 나타나지만 실제로 망상은 본래 여如하다'고 말한 것이니, 능히 이를 관찰할 수 있는 걸 소위 반연여선攀緣如禪이라 한다. 아래의 경문에선 결론으로 말했다.

이 이름이 온갖 음陰의 자성상自性相이니, 너는 반드시 없애야 한다. 없애고 나서는 적정寂靜의 법을 설해서 일체 불찰佛刹의 온갖 외도의 견해를 끊어야 한다.

是名諸陰自性相. 汝當除滅. 滅已. 說寂靜法. 斷一切佛刹諸外道見.

관기 여기서는 허물을 여읨을 결론으로 이름 짓고 있다. 그러나 오음이 본래 여如임을 요달하지 못하기 때문에 동일함(一)과 다름(異), 생生과 멸滅의 허망한 견해를 짓는다. 그 설하는 것은 모두 생멸법이기 때문에 여기서는 결론으로 '오음이 이처럼 공적空寂하니, 너는 반드시 자성상自性相의 견해를 없애야 한다'고 한 것이다. 이 생겨난다는 견해(生見)를 소멸함이 곧 무생無生을 증득함이니, 그 설하는 바는 모두 적멸寂滅의 법이다. 또 반드시 여기서 증득한 것으로 일체 외도의 삿된 견해를 끊어야 한다.

대혜야, 적정寂靜을 설할 때 법무아法無我의 견해가 청정해지고 아울러 부동지不動地에 들어간다. 부동지에 들어가고 나서는 무량삼매無量三昧의 자재함 및 의생신意生身을 얻고, 여환삼매如幻三昧를 얻어 구경究竟까지 통달하고, 역力과 명명이 자재하여 일체중생을 구원하고 섭수하여 이롭게 한다. 마치 대지가 중생을 실어서 훈육하는 것과 같으니,

보살마하살이 중생을 널리 구제하는 것도 이와 마찬가지다."

大慧. 說寂靜時. 法無我見淨. 及入不動地. 入不動地已. 無量三昧自在. 及得意生身. 得如幻三昧通達究竟. 力明自在. 救攝饒益一切衆生. 猶如大地載育衆生. 菩薩摩訶薩普濟衆生亦復如是.

관기 여기서는 반연여선攀緣如禪의 행행이 성취되어 과果를 얻은 상相을 결론짓고 있다. 앞서 관찰의선觀察義禪의 행행이 성취되어서 범부로부터 해행解行에 들어가면 즉각 초지初地에 오른다. 점차적인 관(漸觀)으로 깊이 들어가 상상지上上地에 이르는 것은 진리眞理를 단박에 봄으로써 점차 무명無明을 끊기 때문이니, 소위 단박에 깨닫고 점차로 닦는다(頓悟漸修)가 이에 해당한다. 이제 반연여선攀緣如禪의 관행觀行이 성취되면 단박에 팔지八地에 오르고, 단박에 무생無生을 증득하고, 단박에 무명無明을 끊고, 단박에 장식藏識을 버리니, 소위 단박에 깨닫고 단박에 닦는다(頓悟頓修)가 이에 해당한다.

이상 세 가지 선禪은 바로 삼승의 행상行相이다. 그러나 이승二乘의 선禪은 분명 질책할 바가 있으니, 나중의 둘이 비록 수승하더라도 오히려 미혹과 깨달음이 인과에 속하기 때문에 저 게송에서 '온갖 승乘은 구경究竟이 아니다'라고 한 것이다. 왜냐하면 종문宗門에서 설사 직접 진여眞如를 증득한다 하더라도 오히려 법신의 변사邊事이지 법신의 향상사向上事가 아니기 때문이다. 만약 여래청정선如來淸淨禪에 이르게 되면 인과에 속하지 않기 때문에 최상일승最上一乘이 되니 바로 이 경전의 근본 취지(宗趣)이다. 그러므로 단지 앞의 세 가지 선禪을 설하고 나서 즉각 삿됨과 올바름의 두 과果를 문득 설한 것이다. 그러나 여래선이라면 설명이 있음을 용납하지 않으니, 그 의도는 나로 하여금 묵묵히 계합하여 말하지 않음을 표현하게 한 것일 뿐이다. 급기야 향후에 대혜가 특별히 청하자, 세존께서는 단지 이렇게 말씀하셨을 뿐이다.

"이전 성인들이 아는 바(所知)는 전상轉相[43]으로 전수傳受하니, 망상은 성품이 없다는 한마디 말일 뿐이다."

이것은 단지 위로부터 부처와 조사가 전한 심인心印을 선종의 비결로 삼는 걸 가리키는 것이니, 그 의도는 이 경전의 근본 취지(宗趣)를 나타낸 것이다. 관觀하는 자는 깊이 살펴야 한다.

○이상 삿됨과 올바름의 인행因行이 같지 않음을 해석하였다.
  ②-1-3-(1)-2) 아래 경문에선 삿됨과 올바름의 과덕果德이 같지 않음을 해석한다.
△②-1-3-(1)-2) 먼저 삿된 과보를 제시한다.

"다시 다음에 대혜야, 온갖 외도에겐 네 가지 열반이 있으니, 무엇이 네 가지인가? 말하자면 성자성性自性은 성품이 아니라는 열반, 갖가지 상相과 성性이 성품이 아니라는 열반, 자상自相과 자성自性은 성각性覺이 아니라는 열반, 온갖 음陰의 자상自相과 공상共相이 상속하여 흘러드는(流注) 것을 끊는 열반이다. 이것들을 이름하여 온갖 외도의 네

---

[43] 진여의 지혜는 본래 주객의 구분이 없지만, 무명에 미혹되어 진여의 지혜가 허망 분별이 되어 차별 경계를 보는 것이 전상이다.

가지 열반이라 하는데, 내가 설한 법은 아니다."

復次大慧. 諸外道有四種涅槃. 云何爲四. 謂性自性非性涅槃. 種種相性非性涅槃. 自相自性非性覺涅槃. 諸陰自共相相續流注斷涅槃. 是名諸外道四種涅槃. 非我所說法.

> 관기

여기서는 과덕果德이 똑같지 않음을 변별하고 있다. 처음엔 삿된 과보(邪果)를 제시하고 있다. 앞서 부처가 설한 인행因行에 이미 참과 거짓이 있음을 말미암기 때문에 감응하는 과보에도 삿됨과 올바름이 있다. 그래서 여기서 먼저 네 가지 열반을 말함으로써 외도와 이승의 인행因行이 참되지 못한 걸 나타낸 것이다. '성자성性自性은 성품이 아니라는 열반'은 말하자면 수론사數論師가 신아神我를 허망하게 세워 주제主諦로 삼고 실제로 자체自體가 있음은 구경究竟의 열반이 아니기 때문에 부처는 그 틈을 따라 배척하면서 이렇게 말씀하셨다.

"저들이 계교한 자성自性은 실제로는 성품이 아니고 단지 허망한 집착일 뿐이다."

이 때문에 '성자성性自性은 성품이 아니라는 열반이다'라고 하였다. '갖가지 상相과 성性은 성품이 아니라는 열반'은 말하자면 외도가 색구경천色究竟天을 허망하게 계교해서 열반으로 삼은 것이니, 소위 진허공계盡虛空界의 십이류十二類[44]의 생명이 모두 내 몸의 일류一類에서 유출

---

44 난생卵生, 습생濕生, 태생胎生, 화생化生, 유색有色, 무색無色, 유상有想, 무상無想, 약비유상若非有想, 약비무상若非無想, 약비유색若非有色, 약비무색若非無色.

된 것이다. 또 대자재천大自在天⁴⁵을 계교해서 열반으로 삼으니, 말하자면 자기의 몸과 마음과 아울러 시방의 허공까지 모두 저 대자재천으로부터 나온 것이다. 또 순세외도順世外道⁴⁶는 사대四大를 진실하고 항상해서 능히 온갖 법을 낳는다고 계교하기 때문에 불의 광명을 구하고, 물의 청정함을 즐기고, 바람의 두루 흘러감을 사랑하고, 티끌(塵)의 성취를 관觀하여 각각 종사從事함으로서 상주常住한다고 여긴다. 그리하여 저 갖가지 상相이 실제로 자성이 있다고 계교하기 때문에 부처는 이렇게 배척했다.

"저들이 계교한 것은 실제로 성품이 아니라 단지 허망한 집착일 뿐이다."

이 때문에 '갖가지 상相과 성性은 성품이 아니라는 열반'이라고 한 것이다. '자상自相과 자성自性은 성각性覺이 아니라는 열반'은 말하자면 승론사勝論師가 일체의 무정無情도 앎이 있다고 계교하여 육구六句의 뜻을 세운 것으로서 소위 유실有實, 덕德, 업業, 대유大有, 동이同異, 화합和合이다. 극미極微를 상주常住로 삼기 때문에 시방의 초목草木도

---

45 ①산스크리트어 maheśvara. 색계의 맨 위에 있는 색구경천色究竟天에 사는 신神. 눈은 세 개, 팔은 여덟 개로 흰 소를 타고 다닌다고 한다. 마혜수라摩醯首羅와 같다. ②힌두교의 신神으로, 우주의 창조·유지·파괴의 과정에서 파괴를 담당한다는 시바śiva를 말한다.
46 산스크리트어 lokāyata의 번역. 지地·수水·화火·풍風의 4원소와 그 원소의 활동 공간인 허공만을 인정하는 유물론적인 입장의 외도. 인간도 4원소로 이루어져 있어 죽으면 이들 원소는 각각 흩어지므로 영혼은 있을 수 없다고 주장하고, 선악이나 인과도 없고, 과거와 미래도 없다고 한다. 따라서 현재의 감각과 쾌락만을 인생의 목표로 한다.

모두 앎이 있어서 사람과 차이가 없다고 칭하며, 초목도 사람이 되고 사람도 죽으면 시방의 초목으로 돌아가기 때문에 당역에서는 "자상自相을 깨닫는 것은 미진微塵의 자상自相이라도 지각知覺이 있는 것과 같다"고 말한 것이다. 그래서 부처는 이렇게 배척했다.

"저들의 자상自相과 자성自性은 본래 자성이 없고 또한 깨달음(覺)도 있지 않아서 단지 허망한 계교일 뿐이다."

이 때문에 '자상自相과 자성自性은 성각性覺이 아니라는 열반'이라 한 것이다. 온갖 음陰의 자상自相과 공상共相이 상속하여 흘러드는(流注) 것을 끊는 열반'은 말하자면 무상천無想天 사람은 영원한 소멸에 의지함(永滅依)을 귀녕(歸寧: 열반)의 땅으로 삼고 아울러 정성定性⁴⁷ 성문은 멸제滅諦를 증득하고 나면 소멸에만 거주할 뿐이라서 더욱 전진하지 못하고, 아울러 정성定性의 벽지(辟支: 벽지불)는 회심回心하지 못한 온갖 연각緣覺의 무리와 나란히 변화(化)를 관觀해도 없다고 알고 여읨(離)을 반연하여 소멸을 증득하니, 온갖 음陰이 이미 소멸했음을 집착하느라 후유後有를 받지 않고 영원히 생기生機를 끊어서 열반을 취取하기 때문에 '온갖 음陰의 자상과 공상이 상속하여 흘러드는 것을 끊는 열반'이라 한 것이다. 이 네 가지가 모두 외도가 스스로 취해서 열반이라 여겼기 때문에 '내가 설한 것은 아니다'라고 한 것이다. 그러나 이승은 자심自心을 요달하지 못하고 마음 밖에 법을 취하기 때문에 또한 '외도'라 말한 것이다.

---

47 ①산스크리트어 svabhāva. 변하지 않는 본질·실체. ②선천적으로 성문·연각·보살 가운데 어느 하나의 소질을 지니고 있는 자.

△②-1-3-(1)-2) 아래에선 정과正果를 제시한다.

"대혜야, 내가 설한 것은 망상의 식識이 소멸함이니, 이를 이름하여 열반이라 한다."

大慧. 我所說者. 妄想識滅. 名爲涅槃.

관기 　여기서는 부처가 설한 열반의 정과正果를 밝히고 있다. 그러나 저 외도가 취한 열반은 모두 망상의 식識일 뿐이다. 부처가 일컫는 '내가 설한 열반'은 따로 체體가 있지 않고 저 망상에 즉해 식識이 적멸한 곳의 당체當體가 문득 열반이지 이를 여의고 따로 증득할 만한 열반이 있는 것은 아니다. 그래서 '망상의 식識이 소멸함을 이름하여 열반이라 한다'고 한 것이다.

문: 앞서 처음에 말한 스스로의 지혜를 증득한(證自智) 경계는 소의所依의 장식藏識을 전변해 대열반이 된 것이고, 다음에 다시 '일체 식識의 자성습기自性習氣인 장식藏識과 의식意識의 견습見習이 전변해버린 걸 나 및 온갖 부처는 열반이라 칭한다고 설했다'고 했는데, 여기선 다만 망상의 식識이 소멸한 걸 이름하여 열반이라 하는데 그 까닭은 무엇인가?

답: 이 세 가지가 수립한 말은 뜻과 취지가 똑같지 않지만 부처가 설한 열반에 차별적인 회통이 있다고는 할 수 없다. 앞서 처음에 바로 이승을 질책함으로써 스스로의 지혜를 증득한(證自智) 경계는 소의所依의 장식藏識을 전변해 대열반이 된 걸 모르기 때문에 미래에

온갖 경계의 소멸을 열반의 과果로 삼음을 허망하게 계교했을 뿐이다. 그러나 대열반을 거론한 것은 그 의도가 저들이 알지 못해서 열반을 올바로 설하지 못함을 질책한 것이다. 다음에 바로 삿됨과 올바름의 인과가 같지 않음을 교감(勘校)한 것이니, 그 의도가 저 외도와 이승이 있음(有)과 없음(無), 단멸(斷)과 항상(常) 등의 사구四句에 의거해 수행한 우부소행선愚夫所行禪이 인因이 된다고 여기기 때문에 감응한 과果도 역시 구경究竟이 아니다. 나는 사구의 법을 여의고 수행함으로써 반연여선攀緣如禪을 관찰하기 때문에 생사를 전변하여 열반이 되는 것이니, 이 때문에 '일체 식識의 자성습기自性習氣인 장식藏識과 의식意識의 견습見習이 전변해버린 걸 나 및 온갖 부처는 바야흐로 열반이라 설한다'고 한 것이다. 말하자면 외도가 망견의 습기를 열반으로 여기는 것과는 같지가 않다. 지금은 바로 앞서 똑같지 않은 까닭을 해석해서 열반의 행상行相을 올바로 제시해 이 경전의 궁극적 종지를 나타냈기 때문에 단지 망상의 식識이 소멸하는 것만을 열반이 된다고 말한 것이다. 대체로 망상의 당체當體가 적멸하면 곧 열반이라 말할 뿐 다시 전변(轉)을 기다리지 않는다. 왜 그런가? 망상에는 성품이 없기 때문이다. 그렇다면 저 외도와 이승은 견습見習의 다함이 열반이라서 반드시 따로 구할 필요가 없다. 당체가 무생無生이기 때문에 다시 전변할 것이 없으니, 이것이 바로 최상일승最上一乘이다. 실제로 이 경전의 궁극적 종지(宗極)이기 때문에 앞서의 경문에서 '칠식七識은 불생不生이다'라고 말한 것이다. 뜻을 세운 것이 같지 않기 때문에 언어도 다르지만, 그러나 이 망상은 바로 제6 의식意識이기 때문에 다음에서 변별하였다.

대혜가 부처님께 여쭈었다.
"세존께서 팔식八識을 건립하지 않으셨습니까?"
부처님께서 말씀하셨다.
"건립했다."
대혜가 부처님께 여쭈었다.
"만약 건립하셨다면, 어째서 의식은 여의지만 칠식은 아니라고 하셨습니까?"
부처님께서 대혜에게 고하셨다.
"저것(팔식)의 인因 및 저것(팔식)의 반연攀緣이기 때문에 칠식은 생겨나지 않는다.

大慧白佛言. 世尊不建立八識耶. 佛言. 建立. 大慧白佛言. 若建立者. 云何離意識非七識. 佛告大慧. 彼因及彼攀緣故. 七識不生.

관기 여기서는 질문을 통해 팔식八識이 본래 열반이란 뜻을 밝히고 있다. 부처는 앞서 말한 장식藏識의 전변을 말미암은 망견의 습기를 열반이라 했지만, 그러나 장식藏識은 팔식이고 견습見習은 칠식이다. 이제 여기서 단지 육식六識의 소멸을 열반이라 한다고 말했기 때문에 여기서는 팔식을 건립하지 않은 것이냐고 의심하여 물었다. 부처는 건립했다고 답했다. 또 이미 건립했고 또 칠식은 생사의 뿌리가 되는데, 어째서 단지 육식의 소멸만을 열반이 된다고 말하고 칠식은 말하지 않았느냐고 물었다. 부처는 이렇게 말씀하셨다. 팔식이란 바로 여래장청정진심如來藏淸淨眞心으로 본래 적멸寂滅하고, 칠식은 체體가 없어서 본래 스스로 생겨나지 못하는데, 단지 저 육식만이 팔식에 의거해 반연攀緣을 일으키고 팔식은 육식의 반연을 인해 생멸生滅이 있다. 그래서 '저것의 인因 및 반연攀緣이기 때문이다'라고 한 것이다. 이제 의식意識이 만약 적멸하다면 칠식이 생겨나지 않고, 팔식의 당체도 원래 청정열반淸淨涅槃인데, 또 어찌 전변을 기다린 후에야 바야흐로 열반이 되겠는가?

의식意識이란 경계의 분단分段을 계교하고 집착하여 습기習氣를 낳고, 장식藏識을 길이 배양하며, 뜻(意)을 함께하며, 나(我)와 내 것(我所)을 계교, 집착하고 사유思惟하는 인연이 생기고, 신상身相을 무너뜨리지 않는다.

意識者. 境界分段計著生習氣. 長養藏識. 意俱. 我我所計著思惟因緣生. 不壞身相.

> 여기서는 앞서 칠식이 생겨나지 않는다는 뜻을 해석하고 있다. 당역에서는 이렇게 말하고 있다.
> "의식이 경계를 분별하여 집착을 일으킬 때 온갖 습기를 낳아서 장식藏識을 길이 배양하며, 이 뜻(意)이 함께함을 말미암아 나(我)와 내 것(我所)을 집착하고 사량思量이 그에 따라 굴러가지만 따로 체體의 상相은 없다."
>
> 말하자면 칠식이 생겨나지 않는 까닭은 체體가 없기 때문이다. 다만 의식이 오진五塵의 경계를 반연함을 인因할 때 습기를 생기生起하

여 저 장식藏識을 훈습하고, 장식은 훈습을 받아 습기의 힘으로써 근根, 신身, 기器, 계界를 그림자로 나타내고 이 그림자를 허망하게 본다. 그리하여 나(我)와 내 것(我所)으로 집착하는 것을 바로 이름하여 칠식이라 하기 때문에 '뜻(意)을 함께한다'고 말한 것이다. 그렇다면 칠식의 사량思量은 단지 육식과 팔식에 따라 안팎의 문門이 전변한 것으로 바로 팔식의 영명影明이니, 마치 등불의 모륜毛輪[48]과 같아서 따로 체體가 있지 않고 비록 명칭은 있어도 실다움이 없다. 그리하여 오직 하나뿐인 정진精眞이기 때문에 '신상身相을 무너뜨리지 않는다'고 한 것이다.

장식藏識은 반연攀緣으로 자심이 나타낸 경계를 인因하여 계교하고 집착함으로써 마음 덩어리(心聚)가 생겨 전전展轉하면서 서로 인因이 된다.

藏識. 因攀緣自心現境界計著. 心聚生. 展轉相因.

> 관기

여기서는 장식이 원래 부동지不動智의 체體이지만, 그러나 육식이 반연한 자심의 경계를 인해 온갖 식識이 서로의 인因으로 생겨나기 때문에 장식의 명칭을 얻는다고 말한 것이다. 의식이 한 번 일어남을 말미암아 온갖 식識이 일제히 일어나기 때문에 '마음 덩어리(心聚)가 생긴다'고 한 것이다. 그러나 팔식은 맑고 고요해(湛淵)

---

48 눈에 병이 났을 때에 눈앞에 어른거리는 바퀴 모양의 형체로서 헛것을 말한다.

본래 생멸이 없고, 다만 육식의 반연으로 인해 생멸이 있고, 칠식은 팔식을 인해 집착을 일으키고, 육식은 칠식을 인해 분별을 일으키고, 오식은 육식을 인해 경계를 관장하고, 육식은 또 오식을 인해 반연하고, 칠식은 또 육식을 인해 견습見習을 증장增長하고, 팔식은 또 칠식의 아집我執과 오염(染汚)을 인해 해탈하지 못하기 때문에 '전전展轉하면서 서로 인因이 된다'고 한 것이다. 그렇다면 생겨남(生)은 육식이 서로 인因이 되면서부터 생겨나고, 소멸함(滅)은 육식이 소멸하면서 온갖 식識도 일제히 소멸하니, 이것이 소위 하나의 근根이 이미 근원으로 돌아갔다면(返源) 육근六根도 함께 해탈한다는 것이다.

비유하면 바다의 물결과 같아서 자심이 나타낸 경계에 바람이 부는 것이니, 생기거나 소멸하거나 하는 것도 이와 마찬가지다. 그러므로 의식이 소멸하면 칠식도 역시 소멸한다."

譬如海浪. 自心現境界風吹. 若生若滅. 亦如是. 是故意識滅. 七識亦滅.

관기 여기서는 비유를 통해 칠식이 본래 생겨나지 않음을 나타내고 있다. 바다는 장식藏識을 비유하고, 물결은 칠식을 비유하며, 경계는 바람과 같다. 말하자면 장해藏海는 맑고 고요해서 본래 칠식의 물결이 없다. 다만 스스로의 의식이 육진六塵의 경계를 반연해서 바람이 불기 때문에 생기고 소멸함이 있는 것이다. 이제 만약 의식이 일어나지 않고 경계의 바람이 멈춘다면 칠식의 당체當體가 적멸寂滅하다. 그렇다면 생겨남은 단지 인연의 생겨남이고 소멸함은 단지 인연의 소멸함뿐이지 칠식이 아니다. 이 때문에 '칠식은 생겨나지 않는다'고 한 것이다.

이때 세존께서는 이 뜻을 거듭 선포하고자 게송을 설하셨다.

爾時世尊欲重宣此義而說偈言.

나에게 열반의 성품은
짓는 바(所作)와 상相이 아니니
망상과 이염식爾燄識,
이것의 소멸이 나의 열반이다.

我不涅槃性. 所作及與相. 妄想爾燄識. 此滅我涅槃.

관기 여기서는 외도의 열반이 내가 설한 뜻이 아니라는 걸 총체적으로 읊고 있다. 말하자면 외도는 열반에는 실제로 자성이 있으며 아울러 지은 바(所作)의 상相이 있다고 허망하게 계교한 것이다. 부처는 '나는 그렇지 않다'고 말씀하셨다. 단지 '내가 설한 것'은 단지 망상으로 알게 된 식(所知識)의 소멸을 이름하여 열반이라 했을 뿐이다. 이염爾燄은 아는 바(所知)이다.

저것의 인因과 저것의 반연攀緣,

의취意趣 등이 몸을 이루고
뜻과 더불어 인因이 되는 것은 이 마음이니
식識이 의지하는 바(所依)가 된다.

彼因彼攀緣. 意趣等成身. 與因者是心. 爲識之所依.

관기 여기서는 칠식이 생겨나지 않음을 읊고 있다. 말하자면 저 장식藏識은 저 의식의 반연을 인因하기 때문에 칠식의 몸이 생겨남이 있고, 그러면서도 '뜻(意)과 더불어 인因이 되는 것'은 바로 장식의 심왕心王이지 칠식이 아니기 때문에 '뜻과 더불어 인因이 되는 것은 이 마음'이라 했으니, 장식은 온갖 식識의 소의所依이기 때문이다. 그렇다면 장식의 생멸은 전오식前五識이 관장하는 경계 및 칠식의 가명假名이다. 총체적으로 의식을 인因해서 있기 때문에 의식이 만약 소멸하면 온갖 식識의 당체當體도 생겨나지 않으니, 이 때문에 아래에선 비유를 통해 이루었다.

마치 물의 큰 흐름이 다하면
물결이 일어나지 않는 것과 같으니
이처럼 의식이 소멸하면
갖가지 식識도 생겨나지 않는다.

如水大流盡. 波浪則不起. 如是意識滅. 種種識不生.

관기 여기서는 비유를 통해 결론짓고 있다.
문: 온갖 교리에서는 모두 칠식이 의근意根이 되니 바로 생멸의 추기樞機이다. 이제 칠식은 생겨나지 않는다고 말하지만, 그러나 의식이 소멸하면 곧 열반이 된다고 말하는 것은 왜 그런가?

답: 여기서는 돈오무생(頓悟無生: 단박에 깨달아 생겨남이 없다)의 종지를 곧바로 제시하고 있으니 바로 선종禪宗에서 마음을 닦는 비결이다. 만약 칠식을 의근意根으로 삼는 것이 정해져 있다고 말한다면, 오랜 겁을 상속하면서 어찌하여 일체를 말미암아 단박에 무생無生을 증득하는가? 이제 칠식이 생겨나지 않음을 요달하면 의식이 체體를 벗어나 의지함이 없고, 의식이 의지함이 없으면 망상은 성품이 없어서 당장(當下)에 적멸寂滅하고, 망상이 적멸하면 일체 안팎의 마음과 경계가 적멸하지 않음이 없다. 정명淨名은 이렇게 말했다.

"일체중생은 본래 열반이라 다시 재차 소멸하지 않는다."

말하자면 이 때문이니, 그래서 '이처럼 의식이 소멸하면 갖가지 식識도 생겨나지 않는다'고 한 것이다. 이는 실제로 자각성지自覺聖智의 경계이니, 어찌 저 외도의 삿된 견해와 삼승의 비지比智[49]로 들어갈 수 있겠는가? 그러므로 고덕古德은 이렇게 말했다.

"신령한 광명이 홀로 비추어서 근根과 진塵을 아득히 벗어났고, 체體는 참되고 항상함(眞常)을 드러내어 문자에 구애받지 않고, 마음의 성품은 물듦이 없이 본래 스스로 원만히 완성되어 있으니, 단지 허망한 반연(妄緣)만 여의면 바로 여여불如如佛이다."

---

49 문혜聞慧와 사혜思慧에 의한 지혜.

○이상 앞의 세 가지 선禪으로써 삼승의 차별 인과의 상相을 나타낸 걸 자세히 해석하였다.

②-1-3-(2) 이하에선 여래선如來禪이 오법五法의 자성自性을 원융하고 회통하여 총체적으로 여여如如에 돌아감으로써 일승의 평등한 인과의 상相을 나타내는 데 세 가지가 있음을 자세히 해석하였다.

△②-1-3-(2)-1) 처음엔 허망에 즉하고 참에 즉함(卽妄卽眞)으로써 평등을 나타내었다.

"다시 다음에 대혜야, 이제 마땅히 망상자성妄想自性이 분별하는 통상通相을 설하겠다. 만약 망상자성이 분별하는 통상을 잘 분별하면, 너를 비롯한 나머지 보살마하살이 망상을 여의고 자각성지(自覺聖)에 도달해서 외도가 통틀어 취향趣向하는 훌륭한 견해인 섭수함과 섭수한 바(攝所攝)의 망상을 깨닫고 연기緣起의 갖가지 상相인 망상자성이 행行함을 끊으므로 다시는 망상을 하지 않는다.

復次大慧. 今當說妄想自性分別通相. 若妄想自性分別通相善分別. 汝及餘菩薩摩訶薩. 離妄想. 到自覺聖. 外道通趣善見. 覺攝所攝妄想. 斷緣起種種相妄想自性行. 不復妄想.

관기 여기서는 망상의 차별에 즉함으로써 평등의 행상行相을 제시하고 있다. 앞서 일단 부처가 망상이 십계十界, 오성五性, 삼승三乘의 생사와 열반의 근본이 된다고 설하자, 그 수행인(行人)이 어떤 망상인지 알지 못하기 때문에 여기서 특별히 그 상相을 제시해서 수행인으로 하여금 망상에 즉함으로써 여여如如를 증득하게 하려고 했다. 그러나 망상의 이름이 비록 통칭通稱이라 해도 실제로는 다양한 종류의 차별이 있어서 똑같지가 않다. 만약 그 상相을 잘 알지 못하면 오히려 허망함(妄)을 참됨(眞)으로 인정하려 하기 때문에 『능엄경』에선 이렇게 말했다.

"비유하면 국왕이 도적에게 침략을 당하자 병사를 일으켜 토벌하는 것과 같으니, 이 병사는 도적의 소재지를 반드시 알아야 한다."

당역에서는 이렇게 말했다.

"나는 이제 허망하게 계교한 자성의 차별상差別相을 반드시 설해서 그대 및 온갖 보살마하살로 하여금 이 뜻을 잘 알게 하리라. 그리하여 온갖 망상을 초월해 성스러운 지혜의 경계를 증득하고, 외도의 법을 알아서 능취能取와 소취所取의 분별을 멀리 여의어서 의타기依他起의 갖가지 상相 중에서 허망하게 계교한 상相을 다시는 취하여 집착하지 않도록 하겠다."

대혜야, 무엇이 망상자성이 분별하는 통상通相인가?(당역에서는 "허망하게 계교하는 자성의 차별상差別相"이라 하였다) **말하자면 언설言說 망상, 소설사所說事 망상, 상相 망상, 이利 망상, 자성自性 망상, 인因 망상, 견見 망상, 성成 망상, 생生 망상, 불생不生 망상, 상속相續 망상, 박불박縛不縛 망상이니, 이를 이름하여 망상자성이 분별하는 통상通相이라 한다.**

大慧. 云何妄想自性分別通相. (唐譯云. 妄計自性差別相) **謂言說妄想.**

所說事妄想. 相妄想. 利妄想. 自性妄想. 因妄想. 見妄想. 成妄想. 生妄想. 不生妄想. 相續妄想. 縛不縛妄想. 是名妄想自性分別通相.

관기 여기서는 망상의 차별상을 표방하고 있다. 앞에서는 일체 자성습기의 장藏, 의意, 의식意識의 견습見習을 전변해 열반이 됨을 설했다. 이 때문에 그에 따라 두 가지 자성의 상相을 설했으니, 말하자면 언설자성상의 계교와 집착이고 사자성상事自性相의 계교와 집착이다. 이는 대체로 당연히 전변해야 할 것을 제시한 것이다. '언설자성상의 계교와 집착'은 비롯 없는 언설과 허위의 습기로부터 계교하고 집착해서 생겨난 것으로 바로 명칭(名)이고, '사자성상의 계교와 집착'은 깨닫지 못한 자심自心이 나타낸 분제分齊로부터 계교하고 집착해서 생겨난 것으로 바로 상相이니, 망상은 명名과 상相을 인因해서 생겨나기 때문이다. 이 두 가지가 바로 망상의 총체적인 상(總相)이다. 지금 열거한 열두 가지 망상은 대체로 앞서의 두 가지를 벗어나지 않지만, 다만 그 상相을 자세히 제시한 것은 바로 앞서 두 가지의 차별상일 뿐이다. 망상은 인지因他의 명상名相을 말미암아 있으니, 이를 일컬어 연기緣起라 한다. 이제 망상에 성품이 없어서 본래 스스로 원만히 완성되었음을 나타낸다면 저 명상名相은 스스로 여여(自如如) 하기 때문에 '통상通相'이라 말한 것이다. 이 때문에 이 과科에서는 '참과 허망(眞妄)이 평등하다'고 말한 것이다.

대혜야, 무엇을 언설言說 망상이라 하는가? 말하자면 갖가지 묘한 음音으로 노래하고 읊는 소리를 찬미하고 즐기면서 계교하고 집착하는 것이니, 이를 이름하여 언설 망상이라 한다.

大慧. 云何言說妄想. 謂種種妙音歌詠之聲. 美樂計著. 是名言說妄想.

관기 여기서는 세속의 언어와 음성 및 노래와 읊조림의 사구詞句 등이 실제로 자성이 있다고 여김을 계교한 것이다.

대혜야, 무엇을 소설사所說事의 망상이라 하는가? 말하자면 소설사(所說事: 설해진 일)의 자성은 성스러운 지혜(聖智)라야 아는 것이니, 그에 의거해 언설 망상을 낳는다. 이를 이름하여 소설사의 망상이라 한다.

大慧. 云何所說事妄想. 謂有所說事自性. 聖智所知. 依彼而生言說妄想. 是名所說事妄想.

관기 여기서는 세간을 벗어난 성언聖言의 양량에는 실제로 설해진 자증自證의 경계가 있다고 여겨서 그에 의거해 분별을 허망하게 일으킴을 계교하고 있다. 말하자면 부처가 설한 보리菩提, 열반, 진여, 불성, 제일의제第一義諦, 스스로 증득한 성스러운 지혜(自證聖智), 출세간 등의 법에는 실제로 자성이 있다고 여겨서 그에 의거해 다시 갖가지 언설의 분별을 일으켜 실다운 법(實法)을 짓는다. 이 때문에 당역에서는 이렇게 말했다.

"말하자면 설해진 일(所說事)이 있다고 집착한 것이니, 이는 성스러운 지혜가 스스로 증득한 경계이다."

이것에 의거해 설명을 일으킨 것이다.

대혜야, 무엇을 상相 망상이라 하는가? 말하자면 저 설해진 일(所說事)에 즉해서 마치 사슴이 갈증의 상념을 떠올리듯 갖가지로 계교하고 집착함으로써 계교하고 집착하는 것이다. 말하자면 견고함(堅), 젖어 있음(濕), 따뜻함(煖), 움직임(動)의 상相인 일체 성품의 망상이니, 이를 이름하여 상相의 망상이라 한다.

大慧. 云何相妄想. 謂卽彼所說事. 如鹿渴想. 種種計著而計著. 謂堅濕煖動相一切性妄想. 是名相妄想.

관기 여기서는 앞서의 두 가지를 합해서 말한 것이다. 부처가 설한 출세간의 법 중에서 집착을 실답다고(實) 여겨서 허망하게 얻는 바가 있기(有所得) 때문에 '저 설해진 일(所說事) 중에서 마치 사슴이 갈증의 상념을 떠올리듯'이라 말한 것이며, 또 설해진 세제世諦의 법 중에서 근根과 진塵, 사대四大 등의 법은 실제로 자성이 있다고 계교하고 집착하기 때문에 '갖가지로 계교하고 집착함으로써 계교하고 집착하며…'라고 했다. 이상 세 가지는 바로 언설자성의 계교와 집착이다.

대혜야, 무엇을 이利의 망상이라 하는가? 말하자면 갖가지 금, 은 등의 진귀한 보배를 즐기는 것이니, 이를 이름하여 이利의 망상이라 한다.

大慧. 云何利妄想. 謂樂種種金銀珍寶. 是名利妄想.

관기 이 이하는 일곱 가지 망상이니, 바로 사자성事自性이 계교하고 집착한 망상이다. 온갖 재물과 보배로는 성품의 공함(性空)을 요달하지 못하기 때문에 '이리의 망상'이라 한다.

대혜야, 무엇을 자성自性 망상이라 하는가? 말하자면 '자성이 이를 유지하고, 이와 같이 (자성은) 다르지 않다'는 악견惡見의 망상이니, 이를 이름하여 자성 망상이라 한다.

大慧. 云何自性妄想. 謂自性持此. 如是不異. 惡見妄想. 是名自性妄想.

관기 여기서는 세간의 온갖 법을 허망하게 계교하고 있다. 하나하나 각기 자성이 있고 그걸 잡아서 결정함이 이와 같아서 다시 바꿀 수가 없다. 즉 외도는 사대의 종성에 각기 자성이 있다고 집착해서 능히 사물을 낳기 때문에 '악견惡見의 망상'이라 한 것이다.

대혜야, 무엇을 인因 망상이라 하는가? 인因이든 연緣이든 있음과 없음(有無)의 분별로 인因의 상相이 생겨나면, 이를 이름하여 인因 망상이라 한다.

大慧. 云何因妄想. 謂若因若緣. 有無分別. 因相生. 是名因妄想.

관기 여기서는 외도가 온갖 법을 허망하게 계교한 것이니, 유有는 유有의 인因으로부터 생겨나고 무無는 무無의 인因으로부터 생겨난다. 그래서 당역에서 "말하자면 인연因緣을 있음과 없음(有無)으로 분별한다"고 한 것은 이 인因의 상相 때문에 능히 생길 수 있기 때문이니, 이 때문에 '인因 망상'이라 하였다.

대혜야, 무엇을 견見 망상이라 하는가? 말하자면 있음(有)과 없음(無), 동일함(一)과 다름(異), 함께함(俱)과 함께하지 않음(不俱)의 악한 견해, 그리고 외도의 망상으로 계교하고 집착한 계교와 망상, 이를 이름하여 견見 망상이라 한다.

大慧. 云何見妄想. 謂有無一異俱不俱惡見. 外道妄想計著妄想. 是名見妄想.

관기 여기서는 외도가 있음(有)과 없음(無) 등에 의거해 사구四句의 견해를 일으키기 때문에 견見 망상이라 하였다.

대혜야, 무엇을 성成 망상이라 하는가? 말하자면 나(我)와 내 것(我所)이란 상념이 결정론을 이루니, 이를 이름하여 성成 망상이라 한다.

大慧. 云何成妄想. 謂我我所想. 成決定論. 是名成妄想.

> 관기 여기서는 외도가 색色에 즉함이 나(我)이고, 색色을 여읨이 나(我)라는 등을 허망하게 계교해서 결정론을 이룬다. 그래서 위역에서는 "나(我)와 내 것(我所)의 상相을 취해 허망한 법을 설한다"고 했으며, 당역에서는 "이리의 분별은 이리 없는 곳을 말하는 것이다"라고 했다. 이처럼 종宗, 인因, 유喩의 성립으로 이리가 있는 것이니, 이 때문에 '성成 망상'이라 한다.

대혜야, 무엇을 생生 망상이라 하는가? 말하자면 있음(有)과 없음(無)의 성품을 반연하여 계교와 집착을 내는 것이니, 이를 이름하여 생生 망상이라 한다.

大慧. 云何生妄想. 謂緣有無性生計著. 是名生妄想.

> 관기 이것은 생견生見이다. 말하자면 온갖 법을 계교해서 있음(有)이든 없음(無)이든 모두 다 생겨남이 있으니, 유(有: 있음)에서도 생겨남이 있고 무(無: 없음)에서도 생겨남이 있기 때문이다. 마치 '태극太極은 무극無極으로부터 생겨난다'고 말한 것과 같다. 그러나 태극은 형상이 없는데도 허망하게 생겨남이 있다고 보니, 이는 없는데도(無) 생겨남이 있는 것이다. 만약 양의兩儀[50], 팔괘八卦[51], 삼재三才[52],

---

50 음陰과 양陽, 또는 하늘과 땅.
51 주역周易의 여덟 가지 괘卦. 복희씨伏羲氏가 지었다고 하며, 괘卦는 사물의 모양을 본떠 사람을 표시한 것이라 한다. 8괘는 건乾·태兌·이離·진震·손巽·감坎·간艮·곤坤이다.

만물萬物에 이르면 모두 일정하게 생겨남이 있는데, 이는 있으면서(有) 생겨남이 있는 것이다. 그래서 당역에서는 "있음(有)이든 없음(無)이든 연緣으로부터 생겨난다"고 한 것이니, 이를 이름하여 생겨남(生)의 분별이라 한다.

대혜야, 무엇을 불생不生 망상이라 하는가? 말하자면 일체의 성품은 본래 생겨남이 없어서 종성種性 없는 인연因緣에서 인因 없는 몸이 생겨나니, 이를 이름하여 불생不生 망상이라 한다.

大慧. 云何不生妄想. 謂一切性. 本無生. 無種因緣. 生無因身. 是名不生妄想.

관기 이것은 불생不生의 견해이다. 말하자면 '일체 온갖 법은 본래 생겨나지 않는다'는 아직 생겨나기 이전에 먼저 생겨나지 않는 체體가 있고 이 체體가 인因으로부터 생겨나지 않기 때문에 '종성 없는 인연에서 인因 없는 몸이 생겨난다'고 말한 것이다. 마치 장자莊子에서 '생겨남을 생기게 하는 자는 생겨나지 않는다'고 말한 것과 같으니, 바로 이른바 어떤 물건이 천지보다 앞서 있다고 한 것이 이에 해당한다. 이 때문에 당역에서는 이렇게 말한다.

"일체법이 본래 생겨나지 않는다고 계교하고 집착하여 아직 온갖 연緣이 있지 않은데도 먼저 체體가 있어서 인因으로부터 일어나지

---

52 중국의 고대 사상에서 우주의 세 가지 근원을 뜻하는 말. 삼재三材·삼극三極이라고도 하며, 천天·지地·인人을 가리킨다.

않는다."

이미 인因으로부터 일어나지 않으면 이는 인因이 없는 것이고, 인因이 없다면 과果도 없고, 이미 인과가 없다면 단멸斷滅을 이룬다. 그렇다면 명칭은 비록 생겨나지 않는다 해도 실제로는 단견斷見일 뿐이다.

그러므로 앞서 백장百丈이 학인學人에게 잘못 대답한 '인과因果에 떨어지지 않는다'는 일전어一轉語[53]로 '오백생五百生 동안 여우 몸에 떨어졌다'는 것은 바로 이 '생겨나지 않는다(不生)는 견해에 떨어진 것이라서 생겨남이 없다(無生)는 뜻을 잘못 이해한 것일 뿐이니, 이 아픔이 법을 식별하는 자를 두렵게 한다는 걸 관觀하라.

대혜야, 무엇을 상속相續[54] 망상이라 하는가? 말하자면 저들이 함께 상속함이 마치 금루(金縷: 바늘과 실) 같으니, 이를 이름하여 상속相續 망상이라 한다.

大慧. 云何相續妄想. 謂彼俱相續. 如金縷. 是名相續妄想.

관기 여기서 말하는 상속相續 망상에 두 가지가 있다. 첫째는 이른바 세간의 법(世法)이다. 즉 마치 세간에서 오행五行이 상생상극 相生相剋하는 것과 팔괘八卦가 끊임없이 사시四時를 왕복하는 것과

---

53 미혹한 마음을 싹 바꿔 깨달음에 들게 하는 간단명료한 한마디 말.
54 당역에서는 相續이 相屬으로 되어 있다. 이 경우엔 '서로 속한다'는 뜻으로서 함께 서로 속하는 것이 마치 바늘과 실과 같다는 것이다. 또 상속相續일 때는 금루金縷가 실로 짜는 것이 지속되듯 이어진다는 뜻이다.

같으니, 이를 일러 상속相續이라 한다. 둘째는 이른바 불법佛法이다. 중생 세계의 업과業果가 상속하면서 끊이지 않는 것 또한 망상이라 일컫는다고 설하는데, 왜 그런가? 생겨남이 없음(無生)을 요달하는 자가 만약 일념一念이 생겨나지 않으면 전후의 즈음(際)이 끊어져서 한 사람이 참(眞)을 발해 근원으로 돌아가매(歸元) 시방의 허공이 모두 다 꺼져버리는데(消殞), 하물며 허공 속에 있는 국토도 찢겨나가지 않겠는가? 이와 같다면 또 어디를 좇아서 상속하겠는가? 그렇다면 온갖 법이 오직 마음이 나타낸 것일 뿐임을 요달하지 못한 것은 바로 온갖 법이 실제로 상속자성相續自性이 있다고 허망하게 계교한 것이라서 특히 망상일 뿐이다.

대혜야, 무엇을 박불박縛不縛 망상이라 하는가? 말하자면 인연에 속박되어서(혹은 속박되지 않아서) 계교하고 집착하는 것이다. 마치 사부士夫가 방편으로 속박하거나(縛) 해탈하는(解) 것과 같으니, 이를 이름하여 박불박縛不縛 망상이라 한다.

大慧. 云何縛不縛妄想. 謂縛不縛因緣計著. 如士夫方便. 若縛若解. 是名縛不縛妄想.

관기 여기서는 실제로 번뇌는 속박할 수 있고 열반은 해탈할 수 있음을 계교하고 있다. 앞서 열한 가지 망상은 범부와 외도에 속하지만, 이 한 가지는 이승에 속한다. 저 이승들이 번뇌의 성품이 공空함을 요달하지 못하기 때문에 생사를 속박으로 여길 수 있으며,

열반의 성품이 공空함을 요달하지 못하기 때문에 번뇌를 끊어서 증득을 취하고자 한다. 이 때문에 가령 사람이 속박되어 있다면 반드시 속박에서 풀려나길 기다린 후에야 벗어나게 되는 것이다. 『능엄경』에선 "근根과 진塵은 동일한 근원이고, 속박과 해탈은 둘이 없다"고 했으니, 그렇다면 저 이승이 알 수 있는 것이 아니다.

이 망상자성妄想自性이 분별하는 통상通相에 대해 일체의 어리석은 범부는 있음(有)과 없음(無)으로 계교하고 집착한다.

於此妄想自性分別通相. 一切愚夫計著有無.

관기 여기서는 허물을 결론짓고 있다. 일반적으로 분별한 것은 모두 망상일 뿐이다. 어리석은 범부는 요달하지 못해서 허망한 집착으로 실제로 있거나 실제로 없다고 여긴다.

대혜야, 연기緣起를 계교하고 집착하는데, 계교와 집착이란 갖가지 망상으로 자성을 계교하고 집착하는 것이다. 마치 환幻으로 갖가지 몸을 나타내 보이는 것과 같지만, 범부의 망상은 갖가지 다른 환(異幻)을 본다.

大慧. 計著緣起而計著者. 種種妄想計著自性. 如幻示現種種之身. 凡夫妄想見種種異幻.

> **관기** 여기서는 두루 계교하고 집착하는 성품이 바로 다른 연(他緣)에 의거해 일어나니, 원만한 완성(圓成)을 요달치 못함을 말미암기 때문에 허망함을 실답다고 여긴다고 말한다. 연기緣起를 계교하고 집착하는데, 계교와 집착이란 갖가지 망상으로 자성을 계교하고 집착하는 것으로서 마치 논論에서 설한 것과 같다. 저들과 저들이 두루 계교함을 말미암아 갖가지 사물을 두루 계교하지만, 그러나 여기서는 본래 자성이 없음을 두루 계교한다. 다만 타자에 의거해 일어날(依他起) 뿐이니 바로 분별의 연緣으로 생겨난 것일 뿐이다. 어리석은 범부는 이를 요달하지 못하고 허망함을 실답다고 여기기 때문에 당역에서는 이렇게 말했다.
>
> "연기 속에서 갖가지를 집착하여 자성을 허망하게 계교함은 마치 환幻에 의거해 갖가지 사물을 보는 것과 같으니, 어리석은 범부의 분별은 환幻에서 다름을 본다."
>
> 경經에서는 "중생은 환幻과 다르지 않으니, 환幻을 요달하면 중생이 없다"고 했으니, 환幻처럼 중생을 관觀할 수 없기 때문에 있음(有)과 없음(無), 동일함(一)과 다름(異)을 허망하게 분별하니, 이 때문에 '환幻에서 다름을 본다'고 한 것이다.

대혜야, 환幻과 갖가지 것(種種)은 다름(異)도 아니고 다름 아님도 아니니, 만약 '다름(異)'이면 환幻은 갖가지 것의 인因이 아니고, 만약 '다름이 아님(不異)'이면 환幻과 갖가지 것은 차별이 없는데도 차별을 보니, 그러므로 다름도 아니고 다름 아님도 아니다. 따라서 대혜야, 그대와 여타의 보살마하살은 환 같은(如幻) 연기緣起의 망상자성妄想自

性을 다름과 다르지 않음, 있음(有)과 없음(無)으로 계교하고 집착하지 말라."

大慧. 幻與種種非異非不異. 若異者. 幻非種種因. 若不異者. 幻與種種無差別. 而見差別. 是故非異非不異. 是故大慧. 汝及餘菩薩摩訶薩. 如幻緣起妄想自性. 異不異有無. 莫計著.

관기   여기서는 참(眞)과 허망(妄)의 평등한 상(平等相)을 결론으로 제시하고 있다. 말하자면 망상은 본래 스스로 연생緣生이라서 결단코 자성이 없어서 동일함(一)과 다름(異), 있음(有)과 없음(無)의 분별과 집착을 지을 수 없기 때문에 다름도 아니고 다름 아님도 아닌 것이다. 동일함(一)과 다름(異)이 둘 다 아니라면 여여如如하여 평등하다. 환幻은 마음을 비유하고, 갖가지 것(種種)은 허망한 경계를 비유한다. 그러나 갖가지 것(種種)은 환幻에 의거해 일어나고 또 환사幻事는 본래 없으니, 하물며 다시 환幻에서 갖가지 것이 나오고 또 동일함(一)과 다름(異), 있음(有)과 없음(無) 등의 견해를 짓는 것이겠는가? 그러므로 "환 같은(如幻) 연기緣起의 망상자성을 다름과 다르지 않음, 있음(有)과 없음(無)으로 계교하고 집착하지 말라"고 훈계한 것이다. 말하자면 저 망상자성은 본래 있는 바가 없으니(無所有) 그저 환 같은 (如幻) 연기緣起에 의거할 뿐이다. 그래서 동일함(一)과 다름(異), 있음(有)과 없음(無)의 계교와 집착을 응당 짓지 않아야 하는 것이다.

이때 세존께서는 이 뜻을 거듭 선포하고자 게송을 설하셨다.

爾時世尊欲重宣此義而說偈言.

마음은 경계에 속박되면
각상覺想은 지智에 따라 구르니(隨轉),
있는 바가 없음(無所有)이 수승함(勝)까지 미쳐야
평등의 지혜가 생겨난다.

心縛於境界. 覺想智隨轉. 無所有及勝. 平等智慧生.

관기 여기서는 참(眞)과 허망(妄)이 일여一如로서 평등의 상相을 나타낸다고 총체적으로 읊고 있다. 말하자면 삼계와 오온의 일체 경계가 단지 망상을 따라 구르지만, 그러나 실제實際에선 당체當體가 적멸하고 본래 스스로 여여如如하기 때문에 그렇게 말한 것이다. 각상覺想은 말하자면 거짓 지각(妄覺)의 무명無明이다. 지智는 곧 육추六麤 중 지상智相으로 분별심을 일컫는다. 있는 바가 없는(無所有) 가장 수승한 곳은 말하자면 진여眞如의 실제實際이다. 자기(自)와 타자(他)가 함께 소멸하기 때문에 '평등'을 말한 것이다. 무명의 불각不覺을 말미암아 허망하게 경계를 보면 마음이 경계에 속박되고 경계가 다시 마음을 끌어당기기 때문에 평등하지 않다. 만약 정지正智로 관觀하면 마음과 경계가 쌍으로 끊어지기 때문에 평등일 뿐이다. 『능엄경』에서는 이렇게 말한다.

 "지견知見이 앎(知)을 수립하면 곧 무명의 뿌리이고, 지견知見이 봄(見)이 없으면 이것이 바로 열반이다."

망상자성妄想自性은 있다(有) 하지만
연기緣起에서 보면 없다(無).
망상은 혹시 섭수한다 해도
연기는 망상이 아니다
(당역에서는 이렇게 말했다.
"허망한 계교로는 있다 하지만
연기에서 보면 없다.
미혹을 허망하게 계교해 취하지만
연기는 분별을 여의었다.")

갖가지 것(種種)의 지분支分이 생겨나도
환과 같아서(如幻) 이루어지지 않으니,
저 상相에는 갖가지가 있지만
망상이라서 이루어지지 않는다.
저 상相이라면 허물이라서
모두가 마음의 속박으로부터 생겨난다.

妄想自性有. 於緣起則無. 妄想或攝受. 緣起非妄想. (唐譯云. 在妄計是有. 於緣起則無. 妄計迷惑取. 緣起離分別) 種種支分生. 如幻則不成. 彼相有種種. 妄想則不成. 彼相則是過. 皆從心縛生.

관기 여기서는 망상의 연기를 떠올려서 서로 인因으로서 존재함(有)을 읊고 있다. 말하자면 망상은 본래 자성이 없는 것이다.

'자성이 있는 까닭'은 연기의 온갖 법에 대해 허망하게 취착取著을 낳기 때문이다. 또 저 연기의 온갖 법은 망상이 아니니, 왜 그런가? 일체의 온갖 법은 연생緣生으로 환幻과 같기 때문이다. 그러나 저 환사幻事인 갖가지 것은 지분支分이 완연하여 생긴 듯하나, 모두가 환幻 같기 때문에 비록 생기더라도 생기지 않은 것이니, 그래서 '환幻과 같아서 이루어지지 않는다'고 말한 것이다. 그러나 저 환상幻相은 비록 갖가지가 있더라도 그 실다운 성품은 본래 생겨남이 없고(無生) 또한 상相이 있지도 않다. 그러므로 저 상相이 있다고 보는 것은 단지 망상일 뿐이다. 만약 저 환幻 같음을 요달한다면 망상은 생기지 않겠지만, 환幻과 같음을 요달하지 못해서 그 환幻에 의거해 업業을 짓기 때문에 저 상相은 허물이다. 이것은 모두 마음의 속박으로부터 생겨난 것이다. 저 상相이 이미 망상을 인해 있으니, 만약 망상이 생겨나지 않아서 온갖 상相이 스스로 적멸하다면 타자(他)에 의거해 성품이 공空하고 상相도 본래 없다. 그러나 마음과 경계는 서로 연기緣起가 되고 있다. 이제 환상幻相이 이루어지지 않으면 해당하는 마음(當心)의 경계가 없고, 망상이 이루어지지 않으면 경계를 요달하는 마음이 없다. 그리하면 마음과 경계가 모두 없어서 말과 사유의 길이 끊어지고 본래 스스로 여여如如하다.

망상은 아는 바(所知)가 없으니
연기緣起에 대한 망상일 뿐이다.
이 온갖 망상의 성품은
바로 저 연기일 뿐이니

망상에는 갖가지(種種)가 있지만
연기에 대한 망상일 뿐이다.

妄想無所知. 於緣起妄想. 此諸妄想性. 卽是彼緣起. 妄想有種種. 於緣起妄想.

관기 여기서는 망상이 연기로부터 생겨남을 읊고 있다. 망상의 실제(實際)에는 본래 아는 바(所知)의 경계가 없다. 다만 연기의 온갖 법에선 성품 없음을 요달하지 못하면서도 다시 저 연기에 대해 허망하게 분별을 낳아서 있음(有)과 없음(無)을 계교, 집착하고 아름다움과 추함을 집착해 취하기 때문에 '연기에 대한 망상일 뿐이다'라고 한 것이다. 또 이 온갖 망상의 성품은 연기를 제외하곤 따로 다시 있지(有) 않기 때문에 '바로 저 연기일 뿐이다'라고 한 것이다. 그래서 '망상에 갖가지(種種)가 있는 것'은 단지 연기에 대한 망상일 뿐이다.

세제(世諦)가 제일의(第一義)이고,
제3은 인(因) 없이 생겨남이니,
망상은 세제를 설하지만
끊으면 성스러운 경계이다.

世諦第一義. 第三無因生. 妄想說世諦. 斷則聖境界.

관기 여기서는 세제가 곧 제일의라고 읊음으로써 허망에 즉함이 참에 즉함(卽妄卽眞)임을 밝힌 것이다. 말하자면 만약 망상 연기緣起에 실제로 자성이 있다고 허망하게 계교하면 제일의제第一義諦에 즉해도 세제世諦가 되고, 만약 망상 연기에 성품이 없음을 요달하면 세제에 즉해도 제일의제가 되고, 만약 온갖 법이 연생임을 알지 못하면 바로 인因 없는 생겨남이고 또 외도의 명제冥諦에 떨어진다. 그렇다면 본래 세제는 없는 것이고, 세제는 단지 망상에 의거해 설한 것일 뿐이다. 즉 망상이 끊어진 곳이 문득 자각성지自覺聖智의 경계이기 때문에 당역에서는 이렇게 말했다.

"허망한 계교는 세속이고, 이를 끊으면 성스러운 경계이다."

비유하면 수행의 일(事)과 같아서
하나에서 갖가지(種種)가 나타나지만
저 하나에는 갖가지가 없으니
망상의 상相이 이와 같다.

譬如修行事. 於一種種現. 於彼無種種. 妄想相如是.

관기 여기서는 전체적인 비유로 망상 연기가 서로 인因이 되어 생겨남을 읊고 있다. 말하자면 제일의제第一義諦는 본래 온갖 상相이 없고 단지 망상을 인因해서 온갖 법을 허망하게 볼 뿐이다. 그러나 다시 저 제일의제에서 아름다움(美)과 추악함(惡), 동일함(一)과 다름(異), 있음(有)과 없음(無) 등을 두루 계탁計度하여 실답다고 굳게 집착하지만, 실제로 제일의제 속에서는 본래 이 일(事)이 없기 때문에 '저 하나에는 갖가지가 없다'고 한 것이다. 수행이란 말하자면 둔한 근기의 이승이 팔배사八背捨[55]와 사변처정四徧處定을 닦는 것이다. 만약 파란색을 관할 때면 천지만물이 모두 파랗고, 만약 노란색·붉은색·흰색을 관할 때면 하나하나가 다 마찬가지다. 저 하나의 색법色法에서 마음을 따라 전변轉變하여 갖가지 상상을 보니, 없음(無) 중에서 허망하게 있음(有)을 보기 때문에 비유하면 제일의제의 명상名相을 여읜 곳에서 갖가지 온갖 법을 허망하게 보는 것과 같다. 그러나 그 보는 것은 모두 망상일 뿐이지 실다운 법(實法)이 아니기 때문에 '망상의 상상이 이와 같다'고 말한 것이다. 논論에서는 이렇게 말했다.

"저것과 저것을 두루 계교함을 말미암아

갖가지 사물을 두루 계교하니

이 두루 계교하여 집착한 것은

자성自性이 있는 바가 없다(無所有)."

비유하면 갖가지 눈병과 같아서
망상으로 뭇 색色이 나타나는데,
눈병에는 색도 색 아님도 없으니
연기를 깨닫지 못함도 그러하다.

譬如種種翳. 妄想衆色現. 翳無色非色. 緣起不覺然.

---

[55] 팔해탈을 말한다.

| 관기 | 여기서는 비유로 전변하여 앞서의 뜻을 밝힘을 읊고 있다. 말하자면 제일의제의 한 법(一法)도 없는 처소인데도 갖가지가 있음을 보는 것이다. 대체로 무명의 불각不覺을 인해 타자(他)에 의거해 일으킨 자성으로 허망하게 연緣을 분별하여 일체법을 낳기 때문에 논論에서는 "타자(他)에 의거해 일으킨 자성으로 연緣을 분별하여 낳은 것(所生)이다"라고 하였다. 비유하면 눈병이 난 눈은 색상色相이 없는 곳에서도 파란색, 노란색, 붉은색, 흰색의 온갖 색상이 나타남을 허망하게 보는 것과 같은데, 어리석은 범부는 이를 깨닫지 못하고 실답다고 허망하게 집착하기 때문에 '연기를 깨닫지 못함도 그러하다'고 한 것이다.

비유하면 진금眞金을 정련하는 것과 같아서
온갖 때와 더러움(垢穢)을 멀리 여의니
허공에는 구름의 가림이 없는 것처럼
망상이 청정해지는 것도 마찬가지다.

譬如鍊眞金. 遠離諸垢穢. 虛空無雲翳. 妄想淨亦然.

| 관기 | 여기서는 비유를 통해 제일의제가 온갖 허물을 멀리 여읨으로써 원성실성圓成實性을 나타냄을 읊고 있다. 논論에서는 "저 제일의제에서 원성실圓成實은 늘 이전의 성품을 멀리 여읜다"고 했다. 원성실圓成實함으로써 법 그대로(法爾) 연緣을 따라 일체법을 이루고 법법마다 모두 참(眞)이다. 다만 망상이 두루 계교함을 말미암아 갖가

지를 집착해 취하기 때문에 참(眞)에서 참(眞)이 아니다. 만약 정情을 잊고 집착이 물러나면 만법이 모두 여如라서 스스로의 원顯이 원만히 성취되기 때문에 단지 '망상이 청정해지는 것도 마찬가지다'라고 한 것이다. 이 때문에 아래 경문에선 단지 망상의 허물을 내놓을 뿐이다.

망상의 성품이 있지 않지만
아울러 저 연기는 있다고 하면
이는 건립 및 비방이라서
모두 다 망상의 무너짐을 말미암는다.

無有妄想性. 及有彼緣起. 建立及誹謗. 悉由妄想壞.

관기 여기서는 특별히 내놓은 망상의 허물을 읊고 있다. 그 의도는 연기가 망상으로부터 있음을 밝힌 것이다. 말하자면 연기의 건립 및 비방이 있다고 설하는 것은 대체로 망상을 인因해서 설할 뿐이다. 가령 망상이 없는데도 연기의 건립 및 비방이 있다고 설한다면 이 역시 망상의 분별이라서 바로 여실如實한 견해를 스스로 파괴하는 것이니, 이 때문에 '망상이 있지 않다' 등을 말한 것이다. 세존의 의도는 '그대들이 만약 망상이 없다면 나는 누구를 위해 또 연기를 설하겠으며 아울러 그대들의 건립 및 비방의 허물을 설하겠는가?'라는 것이니, 이로 말미암아 관찰하건대, 시방 삼세의 일체 모든 부처가 세간에 출현해도 다시 별다른 법은 없고 단지 중생의 망상을 타파함을 설했을 뿐이다. 그래서 아래 경문에서는 이렇게 말했다.

"이전 성인이 아는 것은 전상轉相의 전수傳授와 망상에는 성품이 없다는 것이다."

망상에 만약 성품이 없는데도(당역에서는 "만약 허망한 계교의 성품이 없는데도"라고 하였다)
연기의 성품이 있다면,
성품이 없는데도 성품이 있어서
성품 있음과 성품 없음이 생겨난다.

망상에 의거하고 인因해서
저 연기를 얻으니
상相과 명칭(名)이 항상 서로 따르며
온갖 망상을 낳게 된다.

만약 구경究竟을 성취하지 못하면
온갖 망상을 제도하여야
그 뒤에 지혜가 청정해지니
이를 이름하여 제일의第一義라 한다.

妄想若無性. (唐譯云. 若無妄計性) 而有緣起性. 無性而有性. 有性無性生. 依因於妄想. 而得彼緣起. 相名常相隨. 而生諸妄想. 究竟不成就. 則度諸妄想. 然後智清淨. 是名第一義.

> 관기

여기서는 삼성三性과 오법五法이 모두 망상에 의거해 성립했음을 통틀어 읊고 있다. 말하자면 연기緣起는 본래 없으며 단지 망상을 인因해서만 있을 뿐이다. 만약 망상이 없는데도 연기가 있다고 설한다면, 그렇다면 인因이 없는데도 생겨남이 있는 것이며, 생겨남이 있는 것도 무인無因으로부터 생겨난 것이다. 이는 망상을 인의因依[56]해서 바야흐로 연기가 있게 됨을 뒤집어 나타낸 것이니, 연기가 있음을 인因하기 때문에 명칭과 상相이 마치 그림자가 형상을 따르듯 서로 따르면서 생겨난다. 그렇다면 명칭과 상相은 또 망상의 연기를 인하여 있고, 이미 명칭과 상相이 있다면 망상 또한 명칭과 상相으로부터 생겨나 전전展轉하면서 서로 인因이 되어 끝이 없는 것이 모두 망상의 허물이다. 어떻게 망상의 허물을 여읠 수 있는가? 이 때문에 다음 게송에서 "만약 구경究竟을 성취하지 못하면/ 온갖 망상을 제도하여야/ 그 뒤에 지혜가 청정해지니/ 이를 이름하여 제일의第一義라 한다"고 한 것이다. 그러나 '구경究竟을 성취하지 못하면'에 대해 화엄華嚴에서는 이렇게 말했다.

"이와 같은 자성은 환幻 같고 꿈같고 그림자 같고 상像 같아서 다 성취하지 못한다."

또 지증智證은 이렇게 말했다.

"진여眞如의 성품은 법 그대로(法爾) 연緣을 따르며, 비록 연을 따름에 즉卽하더라도 법 그대로(法爾) 성품으로 돌아간다. 연을 따를 때 흡사 현현顯現함이 있는 듯하니, 마치 환법幻法을 관하는 듯해서 있지

---

56 원인으로 삼아 의거하는 것.

않은데도 있고, 마치 꿈의 경계를 관하는 듯해서 보지 않는데도 보고, 마치 물속의 그림자를 관하는 듯해서 나감(出)도 없고 들어옴(入)도 없으며, 마치 거울 속의 상像을 관하는 듯해서 안(內)도 아니고 밖(外)도 아니다. 성품이 없어서 연을 따르기 때문에 이理가 성취되지 않고, 연을 따라 성품이 없기 때문에 사事가 성취되지 않으니, 이와 사가 성취되지 않으면 일체법도 함께 이루어지지 않는다. 그러니 아주 사소한 망심妄心은 또 어디를 좇아 기탁하겠는가?"

이 때문에 "만약 구경究竟을 성취하지 못하면/ 온갖 망상을 제도하여야/ 그 뒤에 지혜가 청정해지니/ 이를 이름하여 제일의라 한다"고 한 것이니, 그렇다면 연기와 명상名相 망상은 모두 정지正智의 여여如如함을 즉卽한 것이다. 이 때문에 아래 게송에서는 결론으로 나타낸 것이다.

망상에는 열두 가지가 있고
연기에는 여섯 종류가 있으니
자각自覺으로 이염爾焰을 알면
저 망상과 연기는 차별이 있지 않다.

오법五法은 진실眞實이 되고
자성自性에는 세 종류가 있으니
수행修行으로 이걸 분별하면
여여如如를 넘어서지 않을 것이다.

妄想有十二. 緣起有六種. 自覺智爾燄. 彼無有差別. 五法爲眞實.
自性有三種. 修行分別此. 不越於如如.

> **관기** 여기서는 총체적인 결론으로 앞서의 오법五法과 세 가지 자성 등이 모두 여여如如를 넘어서지 않음을 읊고 있다. 진실로 진여는 연緣을 따름을 말미암아 일체법을 이루어서 법법마다 다 참(眞)이지만, 단지 망상의 집착으로만 차별이 있을 뿐이다. 만약 자각성지自覺聖智로 관觀한다면 저 온갖 법은 본래 적멸해서 이 세 가지 성품(三性)은 여여如如를 넘어서지 않는다. 허나 진여의 이리를 미혹해서 명상名相이 되기 때문에 정지正智가 뒤집혀 망상이 되고, 명상名相의 본여本如를 깨달으면 바로 망상이 정지正智가 되니, 이 오법五法은 여여를 넘어서지 않는다. 이 때문에 수행하는 인사人士에게 '능히 이와 같은 관觀을 지을 수 있다면 하나하나의 사물을 나날이 쓰더라도 사물이 모두 여여하다'고 훈계한 것이다. 연기緣起에는 여섯 가지가 있다는 것은 바로 권초卷初에 언급한 육인六因이다. 이염爾燄은 아는 바(所知)이다.

뭇 상相 및 연기緣起
저들 명칭(名)이 망상을 일으키니
저들 온갖 망상의 상相은
저 연기로부터 생겨난다.

깨달음의 슬기(覺慧)로 잘 관찰하면
연緣도 없고 망상도 없으리니

완성됨에는 성품이 없는데
어찌 망상으로 깨닫겠는가.

衆相及緣起. 彼名起妄想. 彼諸妄想相. 從彼緣起生. 覺慧善觀察. 無緣無妄想. 成已無有性. 云何妄想覺.

<관기> 여기서는 미혹과 깨달음의 인의因依를 말하고 있으니, 말하자면 미혹할 때의 연기와 망상은 서로 번갈아 상생相生한다. 깨달으면 성품은 원만한 완성(圓成)이라서 다시는 연기와 망상이 없다. 당역에서는 "진실 속에는 사물(物)이 없는데, 어떻게 분별을 일으키겠는가?"라고 했으며, 이 때문에 "완성됨에는 성품이 없는데, 어찌 망상으로 깨닫겠는가"라고 한 것이다. 당역과 이 아래에선 원만한 완성이 있어서 만약 이를 있다(有)고 하면, 그렇다면 있음(有)과 없음(無)을 여읜 것이니, 이미 있음과 없음을 여의었다면 어찌 이성二性과 사구四句가 있겠는가?

저 망상자성妄想自性은
두 가지 자성을 건립하니,
망상이 갖가지로 나타나도
청정하여 성스러운 경계이다.

彼妄想自性. 建立二自性. 妄想種種現. 淸淨聖境界.

> 관기 여기서는 범부와 성인의 두 길이 단지 망상에 의거해서만 성립됨을 말하고 있다. 말하자면 만약 망상자성에 의거해서 실제로 근根, 신身, 기器, 계界의 일체 모든 법이 있다고 허망하게 볼 경우 명언名言과 사상事相 두 종류의 자성이 이로부터 건립되는데 이를 범부의 어리석음이라 일컫는다. 만약 능히 올바로 갖가지 망상이 나타난 곳을 당장(當下)의 지혜로 망상의 성품 없음을 관찰해 체體를 벗어나고 공空을 온전히 한다면 바로 이것이 자각성지의 경계이다. 이것이 소위 허망함이 본래 텅 비었음을 요달함이 곧 범부의 마음으로 부처를 본다고 하는 것이다. 청정은 공空의 다른 칭호이다. 두 가지 자성은 언설자성言說自性의 상相을 계교하고 집착하는 것과 사자성事自性의 상相을 계교하고 집착하는 것을 올바로 가리킨 것이며, 이 두 가지는 바로 명칭(名)과 상相의 두 법이다.

망상은 색色을 그리는 것과 같고
연기는 망상을 계교하니,
만약 망상을 달리(異) 한다면
외도에 의거해서 논하는 것이다.

妄想如畫色. 緣起計妄想. 若異妄想者. 則依外道論.

> 관기 여기서는 올바른 길과 삿된 길 역시 망상에 의거해 성립함을 말하고 있다. 마음은 공화사工畫師와 같아서 능히 온갖 세간을 그리니, 그렇다면 연기의 온갖 법은 원래 망상으로부터 있는 것이다.

그러나 어리석은 범부는 알지 못해서 오직 연기법 위에서만 동일함(一)과 다름(異), 있음(有)과 없음(無) 등의 견해 등을 분별함을 낳으면서도 멋대로 따로 생인生因이 있다고 계교하여 자못 망상이 법을 낳는 근본인 줄 알지 못한다. 만약 망상을 버리고 온갖 법이 따로 이인異因이 있어서 명제冥諦, 미진微塵, 자재自在, 승성勝性 등으로부터 생겨난다고 말한다면 외도의 삿된 견해에 떨어진 것이다. 이 때문에 "만약 망상을 달리(異)한다면, 외도에 의거해서 논하는 것이다"라고 한 것이다.

망상으로 설하고 생각한 것(所想)은
인因가 견해(見)가 화합하여 생겨나니,
이 두 가지 망상을 여읜 것,
이와 같다면 완성되리라.

妄想說所想. 因見和合生. 離二妄想者. 如是則爲成.

관기 여기서는 올바른 뜻(正義)을 결론으로 제시하고 있다. 당역에서는 "온갖 허망한 견해 때문에 허망한 계교에 대해 허망하게 계교한다"고 했다. 말하자면 저 어리석은 범부와 외도는 단지 허망한 계교의 법에 대해 허망한 계교로 분별함으로써 망상의 전도顚倒를 벗어나지 못하는 것이다. 만약 능히 이 망상을 여읜다면 당장(當下)에 본래 스스로 원만한 완성(圓成)이니, 이것이 바로 미친 마음을 쉬지 못하다가 쉬면 곧 보리菩提라 일컫는 것이다. 수승하고 청정한 밝은 마음은 본래 외부에서 얻는 것이 아닌데, 어찌 핵심의 수증修證을 수고롭게 빙자하겠는가? 이 때문에 '두 가지 망상을 여읜 것, 이와 같다면 완성되리라'라고 한 것이다. 이 장章은 대체로 오법五法 자성이 몽땅 망상으로 돌아가지만 망상은 본래 스스로 여여如如함을 총체적으로 관觀한 것이다. 이것이 일승의 평등한 행상行相이 되는 까닭이다.

○이상 허망에 즉卽함이 곧 참(眞)에 즉한 것임을 밝힘으로써 평등의 인상因相을 나타냈다.
②-1-3-(2)-2) 아래에선 마음에 즉함이 곧 경계에 즉한 것임을 밝힘으로써 평등의 과상果相을 나타내었다.
△처음은 마음에 즉함(卽心)이다.

대혜보살마하살이 다시 부처님께 여쭈었다.
"세존이여, 오직 바라노니, 자각성지自覺聖智의 상相 및 일승一乘을 설해 주소서. 만약 자각성지의 상相 및 일승이라면, 나(我) 및 여타의 보살은 자각성지의 상相 및 일승을 잘 알아서 다른 것을 말미암지 않고도 불법에 통달할 것입니다."

大慧菩薩摩訶薩復白佛言. 世尊. 惟願爲說自覺聖智相. 及一乘. 若自覺聖智相及一乘. 我及餘菩薩善自覺聖智相及一乘. 不由於他. 通達佛法.

여기서는 자각성지를 밝히고 있으니, 앞서의 여래선如來禪을 해석해서 평등의 과상果相을 나타낸 것이다. 앞에서 부처가 소관所觀의 망상과 연기의 행상行相을 잡는 걸 말미암음으로써 평등의 인因을 밝혔다. 다만 능관能觀의 자각성지 및 구경究竟 일승의 과상果相이 어떠한지는 알지 못하니, 장차 여래선의 구경청정究竟淸淨과 평등한 실상(平等實相)의 가장 수승한 제일의제第一義諦를 나타내려 하기 때문에 이 질문을 일으킨 것이다.

부처님께서 대혜에게 고하셨다.
"자세히 듣고 자세히 들어서, 잘 사유思惟하라. 당연히 그대를 위해 설하겠노라."
대혜가 부처님께 여쭈었다.
"네, 가르침을 받겠습니다."
부처님이 대혜에게 고하셨다.
"이전 성인들은 아는 것을 전상轉相으로 전수했다. 망상에는 성품이 없다는 걸 보살마하살은 홀로 하나의 고요한 곳에서 자각自覺하여 관찰했고, 타자他者를 말미암지 않고도 견해의 망상을 여의어 위로 위로 승진升進해서 여래지如來地에 들어갔으니, 이를 이름하여 자각성지의 상相이라 한다."

佛告大慧. 諦聽諦聽. 善思念之. 當爲汝說. 大慧白佛言. 唯然受敎. 佛告大慧. 前聖所知. 轉相傳授. 妄想無性. 菩薩摩訶薩. 獨一靜處. 自覺觀察. 不由於他. 離見妄想. 上上升進. 入如來地. 是名自覺聖智相.

> **관기** 여기서는 여여지如如智를 제시하고 있다. 소위 교리 외에 단선적으로 전한 종지로서 곧바로 사람 마음을 가리켜 성품을 보아 부처를 이루는(直指人心 見性成佛) 비밀의 뜻을 여기서 특별히 게시한 것이다. 지증智證은 이렇게 말했다.

"성품 없음의 묘함은 부처와 조사의 신비(祕)로서, 대체로 비밀스런 펼쳐짐(密演)은 맛보았지만 나타내 설함(顯說)은 아직 맛보지 못했으니 어떻게 알겠는가?"

원각圓覺이 말했다.

"원각圓覺의 자성은 성품 아니면서도 성품이 있는(非性性有) 것이니, 온갖 성기性起[57]를 좇으면서 취함도 없고 증득함도 없다."

유마維摩가 말했다.

"불생불멸不生不滅이 무상無常의 뜻이다."

십지품十地品에서는 이렇게 말했다.

"제일의第一義를 요달하지 못했기 때문에 호칭을 무명無明이라 한다."

『기신론起信論』에서는 이렇게 말했다.

"진여법眞如法이 하나임을 실답게 알지 못하기 때문에 깨닫지 못하면서 망념妄念이 있다."

무릇 성품 아닌 성품이 있음(非性性有)과 생멸하지 않아서 무상無常임 및 제일의를 요달해 알지 못한다고 말하는 것은 모두 성품이 없기

---

[57] 화엄종의 교리다. 성기는 자성에서 일어난다는 의미로서 깨달은 불과佛果의 입장에서 사물의 현기現起를 설한 것이다. 연기는 연에 의해 일어난다는 의미로서 깨달음을 향하는 인因의 입장에서 사물의 현기를 설한 것이다.

때문이다. 그러나 이 말은 모두 차단하는 것으로서 배우는 자로 하여금 스스로 깨닫도록 함이니, 이것이 소위 내가 '비밀스런 펼쳐짐(密演)'이라 한 것이다. 이제 성품이 없다고 분명히 고하는 것, 이것은 '나타내 설함(顯說)'이라 한다. 그리고 '이전 성인이 아는 것'은 단지 망상의 성품 없음일 뿐이니 어찌 참되게 전하는 것이 있겠는가? 이는 스스로의 앎(自知)에 묵묵히 계합할 뿐이다. 고인古人은 "자리에 앉아 옷을 걸치고 향후를 스스로 살핀다"고 했으니, 이 때문에 "홀로 하나의 고요한 곳에서 자각自覺하여 관찰했고"라고 했다. 그 뜻은 만약 능히 이것을 관觀할 수 있다면 타자(他)를 말미암지 않는다고 하니, 이를 이름하여 자각성지라 한다. 무여외지無如外智는 능히 여如를 증득하기 때문에 이 과科에서 '마음에 즉함(卽心)'이라 한 것이다.

△아래는 경계에 즉함이다(卽下境).

"대혜야, 무엇을 일승의 상相이라 하는가? 말하자면 일승도一乘道의 깨달음을 얻는 것이 내가 설한 일승이다. 무엇이 일승도의 깨달음을 얻는 것인가? 말하자면 섭수하고(攝) 섭수하는 바(所攝)의 망상이 여실如實한 곳에서 망상을 내지 않는 것이니, 이를 이름하여 일승의 깨달음이라 한다.
대혜야, 일승의 깨달음(一乘覺)이란 오직 여래를 제외하곤 나머지 외도, 성문, 연각, 범천왕 등이 능히 얻을 수 있는 것이 아니니, 이 때문에 일승이라 말하고 이름 지은 것이다."

大慧. 云何一乘相. 謂得一乘道覺. 我說一乘. 云何得一乘道覺. 謂攝所攝妄想. 如實處不生妄想. 是名一乘覺. 大慧. 一乘覺者. 非餘外道聲聞緣覺梵天王等之所能得. 唯除如來. 以是故說名一乘.

관기 여기서는 평등한 과과의 깨달음으로써 여여如如의 이리를 제시함을 밝혔다. 말하자면 능취能取와 소취所取의 분별을 여의고 여실如實한 곳에 머물러서 일념一念이 생겨나지 않으면 바로 여여如如의 이리를 증득한다. 소위 상상을 취하지 않으면 여여부동如如不動하니, 이를 이름하여 일승의 깨달음이라 한다. 이것은 오직 부처와 부처만이 바로 온갖 법의 실상實相을 능히 궁구하여 다할 수 있기 때문에 '오직 여래를 제외하곤 나머지 외도, 성문, 연각, 범천왕 등이 능히 얻을 수 있는 것이 아니니'라고 말한 것이다. 무지외여無智外如는 지혜가 들어가는 바가 되기 때문에 과과에서는 '경계에 즉한다(卽境)'고 말했고, 이리와 지智가 일여一如임을 말미암기 때문에 '마음과 경계가 평등하다'고 말한 것이다.

○이상 마음에 즉함이 경계에 즉함(卽心卽境)으로써 과과의 평등을 나타내었다.
△②-1-3-(2)-3) 아래에선 권도(權)에 즉함이 진실(實)에 즉함으로써 법의 평등을 나타내고 있다.

대혜가 부처님께 여쭈었다.
"세존께서는 어찌하여 삼승만 설했고 일승은 설하지 않으셨습니까?"

부처님께서 대혜에게 고하셨다.

"스스로(自)의 반열반般涅槃 법이 아니기 때문에 일체의 성문과 연각에 겐 일승을 설하지 않았다. 일체의 성문과 연각은 여래가 조복調伏하여 적정寂靜의 방편을 수여해서 해탈을 얻은 것이지 자기의 능력이 아니니, 이 때문에 일승을 설하지 않은 것이다.

다시 다음에 대혜야, 번뇌의 장애와 업의 습기習氣가 끊어지지 않았기 때문에 일체의 성문과 연각에게 일승을 설하지 않았으며, 법무아法無我를 깨닫지 못했기 때문에 분단分段의 죽음을 여의지 못한 것이니(당역에서는 "아직은 부사의한 변역變易의 죽음이라고 이름 짓지 못한다"고 하였다), 이 때문에 삼승을 설한 것이다.('여의지 못함[不離]'은 응당 '이미 여의었다'고 해야 한다)

大慧白佛言. 世尊何故說三乘. 而不說一乘. 佛告大慧. 不自般涅槃法故. 不說一切聲聞緣覺一乘. 以一切聲聞緣覺. 如來調伏. 授寂靜方便而得解脫. 非自己力. 是故不說一乘. 復次大慧. 煩惱障業習氣不斷. 故不說一切聲聞緣覺一乘. 不覺法無我. 不離分段死(唐譯云. 未名不思議變易死) 故說三乘(不離. 應云已離).

관기 여기서는 여래가 일승을 설하지 않은 뜻이 권도(權)에 즉함이 진실(實)에 즉함임을 나타내는 것과 불평등의 허물을 여의는 것임을 밝히고 있다. 생각건대 한결같이 성문인을 위해 일승을 설하지 않은 것은 대대함(待)이 있어서 그러한 것이지 절연絶然한 것은 아니다. 그러나 여기에는 두 가지 뜻이 있다. 첫째는 저들이 단지 여래가 수여한 적정의 방편에 의거해 조복했기 때문에 비록 해탈을 증득했어도 자기 지혜의 분수가 아니니, 저들이 놀라 의심할까 걱정했기 때문에 감히 설하지 않은 것이다. 둘째는 저들이 아는 바(所知)의 습기를 아직 다하지 못하고, 법무아法無我를 아직 깨닫지 못하고, 부사의한 변역變易의 죽음을 아직 이름 짓지 못해 이 법을 감당해 받아들이지 못하기 때문에 설하지 않은 것뿐이다. 요컨대 시기(時)를 기다렸다가 설했지 필경 설하지 않은 것은 아니다. 만약 끝내 설하지 않았다면 불평등의 허물이 있는 것이니, 생각건대 만약 앞서의 허물을 여의면 또한 들어갈 수 있다. 이 때문에 아래에서 그걸 밝힌 것이다.

대혜야, 저들 일체가 일으킨 번뇌의 허물과 습기를 끊고 아울러 법무아法無我를 깨달아야 하니, 저들 일체가 일으킨 번뇌의 허물과 습기를 끊으면 삼매의 즐거움에 맛들여서 성품 아닌 무루계無漏界의 깨달음에 집착한다.(당역에서는 "만약 저들이 능히 일체의 허물과 습기를 없앨 수 있고 법무아를 깨달을 수 있다면, 이때가 바로 삼매에 취한 바를 여의고 무루계無漏界에서 각오覺悟를 얻는 것이고, 이미 각오覺悟를 마쳤다"라고 하였다) 깨닫고 나서는 다시 세간을 벗어난 상상上上의 무루계에 들어가 온갖 갖추어야 할 것을 만족시켜서 반드시 여래의 부사의자재법신不思議自在法身을 얻는다."

大慧. 彼諸一切起煩惱過習氣斷. 及覺法無我. 彼一切起煩惱過習氣斷. 三昧樂味著非性. 無漏界覺. (唐譯云. 若彼能除一切過習. 覺法無我. 是時乃離三昧所醉. 於無漏界而得覺悟. 旣覺悟已) 覺已. 復入出世間上上

無漏界. 滿足衆具. 當得如來不思議自在法身.

관기 여기서는 성문 종성種性의 무간無間으로써 법의 평등을 나타낸다는 걸 말하고 있다. 저 이승은 망상에 의거해 열반의 과果를 취하기 때문에 삼매에 취하게 되어서 법무아를 얻지 못한다. 만약 저들이 망상의 성품 없음을 능히 요달할 수 있다면, 취해진 열반의 삼매 및 번뇌의 습기를 당장 단박에 여의고 즉시 여래의 무상열반無上涅槃을 얻어서 부사의자재법신不思議自在法身을 증득한다. 그렇다면 사람(人)과 법은 다름이 없거늘 어찌 삼승이 있겠는가?

이때 세존께서는 이 뜻을 거듭 선포하고자 게송을 설하셨다.

爾時世尊欲重宣此義而說偈言.

온갖 천天 및 범승梵乘
성문승과 연각승
온갖 부처 여래승(佛如來乘),
나는 이 모든 승乘을 설했다.

나아가 마음의 구름(轉)이 있게 되면
온갖 승乘은 구경究竟이 아니니,
만약 저 마음이 소멸해 다하면
탈(乘)도 없고 탈 자(乘者)도 없어서

어떤 승乘도 건립하지 못하는 것을
니는 일승一乘이 된다고 설하노라.

諸天及梵乘. 聲聞緣覺乘. 諸佛如來乘. 我說此諸乘. 乃至有心轉.
諸乘非究竟. 若彼心滅盡. 無乘及乘者. 無有乘建立. 我說爲一乘.

관기 여기서는 성인의 견해와 범부의 견해가 다하고 분별의 정情이 소멸함이 곧 일승一乘이지 이 밖에 따로 일승이 있는 건 아니라고 말한다. 온갖 천天과 범梵 등은 범속한 정(凡情)이고, 성문과 연각, 온갖 부처 여래는 성스러운 이해(聖解)이다. 만약 범속함을 전변하여 성스러움을 이룬다고 말한다면, 설사 성스러운 이해를 얻더라도 역시 범속한 정情에 떨어진다. 왜 그런가? 소위 보리심菩提心이 생겨나고 생멸심이 소멸하는 것도 오히려 생멸에 속하니, 마음을 일으키고 생각(念)을 움직임이 곧 법체法體에 어긋나기 때문이다. 그러므로 종문宗門의 향상사向上事가 부처를 이루고 조사를 짓는다 해도 그 대동하는 명호名號를 싫어하는 것이니, 유심有心을 여의지 못하기 때문이다. 그래서 '나아가 마음의 구름(轉)이 있게 되면, 온갖 승乘은 구경究竟이 아니니'라고 한 것이다. 만약 저 심량心量이 소멸해 다하면 범속함과 성스러움의 정情도 잊히고 능能과 소所도 쌍雙으로 적멸하여 일념一念도 생기지 않음이 바로 구경일승적멸장지진해탈(究竟一乘寂滅場地眞解脫: 궁극적인 일승의 적멸도량의 땅인 참 해탈)이다.

중생을 인도引導하기 때문에

여러 승乘을 분별하여 설한 것이다.
해탈에는 세 가지가 있고
아울러 법무아法無我도 있으니
번뇌와 지혜 등은
해탈하면 멀리 여의리라.

引導衆生故. 分別說諸乘. 解脫有三種. 及與法無我. 煩惱智慧等.
解脫則遠離.

> **관기** 여기서는 논란을 방지하고 정情을 버리고 있는데, 아마 이렇게 의심할 것이다.

"삼승이 이미 구경究竟이 아니라면, 여래는 어찌하여 참(眞)이 아닌 법을 설했는가?"

그래서 여기서는 이렇게 해석했다.

여래가 중생을 인도하기 위해서 삼승三乘, 삼해탈三解脫[58], 이무아二無我, 두 가지 장애의 정화 등을 설했는데, 모두 타의他意를 따른 것으로 마치 낙엽으로 우는 아이를 그치게 하는 것과 같을 뿐이다. 본래 실다운 법이 아니고 단지 둔한 근기가 반드시 실다운 법을 지어야 했기 때문에 법에 속박되어 해탈을 얻지 못하지만, 만약 큰 역량力量을 가진 사람이라면 자심의 현량現量을 능히 단박에 볼 수 있다. 여실如實한 구경究竟의 처소에 머무는 자가 한눈에 뚫어보면 당장(當下) 체體를

---

[58] 번뇌에서 해탈하여 열반을 득하는 방편(門)인 공해탈문空解脫門·무상해탈문無相解脫門·무원해탈문無願解脫門의 세 가지 선정을 말한다.

벗어나 의존함이 없어서 곧바로 성스러운 견해와 범속한 견해의 양량을 능히 쓸어버릴 수 있으니, 마치 줄에서 벗어난 사자와 같아서 자유롭게 돌아다니는(自在遊行) 것을 이름하여 참된 해탈인이라 한다. 그리하여 저 온갖 법을 돌아보면 마치 큰 꿈을 깬 것 같으니, 이 큰 꿈을 아직 여의지 못한 것이 있기 때문에 '해탈하면 멀리 여의리라'고 한 것이다.

비유하면 바다에 떠 있는 나무가
항상 파도에 따라 구르는(轉) 것과 같으니
성문의 어리석음도 역시 마찬가지라서
상相의 바람에 정처 없이 나부낀다.
저들이 일으킨 번뇌가 소멸해도
나머지 습기와 번뇌의 어리석음으로

譬如海浮木. 常隨波浪轉. 聲聞愚亦然. 相風所飄蕩. 彼起煩惱滅. 餘習煩惱愚.

여기서는 성문이 자상自相과 공상共相의 바람에 나부끼고 구르는 까닭은 저들이 단지 사주四住[59]의 번뇌만 끊을 뿐 나머지

---

[59] 온갖 번뇌의 근본이 되는 다섯 가지 번뇌를 오주지번뇌五住地煩惱라 한다. 즉 (1) 견일처주지見一處住地: 욕계·색계·무색계의 견혹見惑. 이것은 견도見道에 들어갈 때 일시에 끊으므로 견일처見一處라고 한다. (2) 욕애주지欲愛住地: 욕계의 수혹修惑, 곧 탐貪·진瞋·치癡·만慢. (3) 색애주지色愛住地: 색계의 수혹修惑, 곧 탐貪·치癡·만慢. (4) 유애주지有愛住地: 무색계의 수혹修惑, 곧 탐貪·치癡·만慢. (5) 무명주지無明住地: 욕계·색계·무색계의 무명이다.

습기와 근본무명根本無明은 아직 끊지 못했기 때문임을 말하고 있다. 생사의 흐름에는 세 가지가 있으니, 이른바 욕망의 흐름(欲流), 있음의 흐름(有流), 무명의 흐름(無明流)이다. 저들은 단지 욕망의 흐름과 있음(有)의 흐름을 끊었을 뿐 무명의 흐름은 아직 끊지 못했고, 이미 무명의 흐름에 휩쓸리기 때문에 오온이 생사의 바다에 처함이 마치 떠 있는 나무와 같아서 항상 파도에 따라 나부끼며 구를 뿐이니, 저들이 티끌(塵: 육진)에 들어가면 타락하기 때문이다.

삼매의 즐거움에 맛들이고 집착하여
무루계無漏界에 안주한다면
구경究竟에 나아감(趣)도 있지 않고
또한 다시 물러나 돌아오지도 못하니,
온갖 삼매의 몸을 얻겠지만
겁劫이 지나도록 깨닫지 못하리라.

味著三昧樂. 安住無漏界. 無有究竟趣. 亦復不退還. 得諸三昧身. 乃至劫不覺.

관기 여기서는 성문의 허물을 말한다. 삼매에 맛들이고 집착하기 때문에 구경究竟의 경지(地)에 진취적으로 나아갈 수가 없으며, 무루계無漏界에 안주하기 때문에 역시 삼계의 생사에 퇴락退落하지

이 중 1~4번까지를 사주지번뇌四住地煩惱, 즉 사주四住라고 하며, 5번 무명주지를 근본무명根本無明 또는 무명습지無明習地라고 한다.

않으며, 삼매를 얻어 마음을 지니기 때문에 비록 겁을 거친다 해도 깨닫지 못한다.

비유하면 혼미할 정도로 취한 사람이
술기운이 꺼진 후에 깨어나는 것과 같다.
저들이 법을 깨닫는 것도 마찬가지이니,
깬 후에야 부처의 무상신無上身을 얻으리라.

譬如昏醉人. 酒消然後覺. 彼覺法亦然. 得佛無上身.

관기   여기서는 무간성無間性을 읊고 있다. 그러나 이승과 부처는 성품이 본래 무간無間이지만 단지 스스로 법에 속박되었으니, 소위 무위無爲의 술을 마시고 적멸의 침상에 누웠다가 술에서 깨고 꿈에서 깨어나면(酒醒夢覺) 여래지如來地에 도달하지 못한 자가 없다.

문: 그러나 앞에서 여러 번 외도와 이승을 배척하고 있으며 또 '일천제一闡提도 성불할 수 있다'고 말하면서도 여기서는 단지 이승에게만 허용하고 외도는 말하지 않았다. 왜 그런가?

답: 품위品位로 말하면 대범大凡은 소성小聖에 미치지 못하고, 근성根性으로 말하면 소성小聖은 대범大凡에 미치지 못한다. 저 외도가 비록 삿된 견해를 말하더라도 근성이 맹렬하고 날카로운 자는 다분히 한 번 초월해 문득 들어갈 수 있으니, 마치 광액도아廣額屠兒가 백정의 칼을 내려놓자 문득 불사佛事를 지은 것과 같아서 날이 갈수록 갑절로 늘어나는(日劫相倍) 자가 있다. 만약 이승이라면 무명에 푹 취해서

겁을 거쳐도 깨닫지 못해서 가장 교화하기 어려운 자가 되기 때문에 여기서 특별히 특별히 말한 것이다. 그 의도는 저 열등한 이해를 격발하여 조속히 보배 처소(寶所)에 나가게 하는 것이라서 올바로 방편(權)을 인도해 진실(實)에 들어가는 밀의密意일 뿐이니, 여래의 신력神力으로 가지加持하는 것이지 자못 아는 바의 마음(所知心)으로써 부사의한 묘용妙用의 힘을 측량해 헤아리는 것이 아니다.

○이상 삿됨과 올바름의 인과 차별상差別相을 자세히 해석하였다.

관능가아발다라보경기觀楞伽阿跋多羅寶經記 권제4

【권제5】

관능가아발다라보경기

觀楞伽阿跋多羅寶經記

일체불어심품一切佛語心品 제3의 상上

②-1-4 이 아래에선 과과를 들어 인因을 증험함으로써 일승의 참된 인(眞因)의 상분相分을 둘로 나눈다.
△②-1-4-(1) 처음엔 의생신意生身의 참된 과과의 상상을 들고 있다.

이때 세존께서 대혜보살마하살에게 고하였다.
"의생신意生身이 분별한 통상通相을 내가 이제 마땅히 설할 터이니, 자세히 듣고 자세히 들어서 잘 사유하도록 하라."
대혜가 부처님께 아뢰었다.
"훌륭하십니다, 세존이여. 잘 가르침을 받겠습니다."

爾時世尊告大慧菩薩摩訶薩言. 意生身分別通相. 我今當說. 諦聽諦聽. 善思念之. 大慧白佛言. 善哉世尊. 唯然受敎.

> 여기서는 과덕果德으로 참된 인(眞因)의 상상을 증험함을 중복
> 해서 변론하고 있다. 앞서 2권卷 첫 부분에서 대혜가 무간행無
> 間行을 질문하는 걸 말미암아 여래는 이렇게 답했다.
> "네 가지 법을 성취하면 수행자의 대방편을 얻고 나아가 무생법인無
> 生法忍까지 얻어서 제8지地에 머물고, 심의식心意識, 오법자성五法自
> 性, 이무아二無我의 상상을 여의게 되어서 의생신意生身을 얻는다."
> 그러므로 다음 '인연을 설함' 이하부터 곧바로 2권 마지막에 이르기
> 까지는 연기 망상이 성품 없음을 통틀어 밝힘으로써 심의식心意識,
> 오법五法, 삼자성三自性, 이무아二無我를 여읜 상상을 나타내어 무간無
> 間의 대방편행大方便行을 자세히 해석했다. 그 의도는 행行이 이루어져
> 과果를 얻음을 밝히는 것이기 때문에 여기서는 바로 의생신意生身의
> 차별상差別相을 설한 것이다. 앞에서는 스스로 해석하길 "의생신意生身
> 이란 비유하면 뜻이 가는 것이 신속하고 장애가 없기 때문에 이름하여
> 의생意生이며, 앞에서는 단지 8지八地에서 얻는다고 말했기 때문에
> 이름하여 통상通相이라 한다"고 하였다. 지금은 각 지地마다 모두
> 얻기 때문에 '분별하는 통상通相 중의 차별상에 세 가지가 있을 뿐이다'
> 라고 했다.

부처님께서 대혜에게 고하셨다.
"세 가지 의생신이 있으니, 무엇이 세 가지인가? 소위 삼매락정수(三昧
樂正受: 삼매의 즐거움을 올바로 받아들이는) 의생신, 각법자성성(覺法自性
性: 법자성의 성품을 깨닫는) 의생신, 종류구생무행작(種類俱生無行作:
종류가 함께 생겨나지만 행위나 지음이 없는)(당역과 위역 둘 모두 무작행無作行

이라 하였다) 의생신이니, 수행자는 초지初地 위로 위로 증진하는 상相을 요달해 알아서 세 가지 몸을 얻는다.

佛告大慧. 有三種意生身. 云何爲三. 所謂三昧樂正受意生身. 覺法自性性意生身. 種類俱生無行作(二譯皆云無作行) 意生身. 修行者了知初地上上增進相. 得三種身.

관기 여기서는 의생신의 차별 명칭을 열거하고 있다. 그러나 삼매락정수三昧樂正受 의생신은 초지初地부터 칠지七地에 이르기까지 얻는 것이며, 각법자성성覺法自性性 의생신은 팔지八地부터 십지十地에 이르기까지 얻는 것이고, 종류구생무행작種類俱生無行作 의생신은 등각等覺으로부터 묘각妙覺에 들어가 증득하는 것이니, 그 상相은 스스로 깊고 얕은 차별이 있다. 범어梵語인 삼매三昧는 한역하면 정정正定이니, 지智의 체體가 움직이지 않아서 이름하여 정정正定이라 하는데 치우친 삿됨을 가려내는 것이라 한다. 소위 수능엄대정首楞嚴大定이 이에 해당한다. 정수正受란 온갖 수受를 받아들이지 않는 것을 이름하여 정수라 하니, 바로 정정正定 속에서 수용受用하는 것이다. 삼매의 즐거움을 그 수용으로 삼기 때문에 '삼매의 즐거움을 정수한다'고 말한 것이다.

대혜야, 무엇을 삼매락정수三昧樂正受 의생신이라 하는가? 말하자면 제3지地, 제4지, 제5지에서 삼매의 즐거움을 정수(三昧樂正受)하기 때문에 갖가지 자심自心의 적정寂靜으로 마음 바다(心海)에 안주하여 물결을 일으키는 식상識相도 생겨나지 않아서 자심이 나타낸 경계의 성품과 성품 아님을 아는 것이니, 이를 이름하여 삼매락정수 의생신이라 한다.

大慧. 云何三昧樂正受意生身. 謂第三第四第五地. 三昧樂正受故. 種種自心寂靜. 安住心海. 起浪識相不生. 知自心現境界性非性. 是名三昧樂正受意生身.

관기 여기서는 첫 몸(初身)의 상相을 해석하고 있다. 말하자면 처음으로 지地에 올라서 평등의 진여를 증득하는 것인데, 곧바로 칠지七地에 이르러 진여의 지평(際)을 다하여 이미 장식藏識을 버렸기 때문에 '갖가지 자심自心의 적정寂靜으로'라고 했으며, 칠식七識의 물결이 생겨나지 않기 때문에 '마음 바다(心海)에 안주하여 물결을 일으키는 식상識相도 생겨나지 않아서' 이미 구생아집俱生我執[60]을 끊은 것이다. 아집我執이 이미 끊어졌다면 경계가 의거함이 없기 때문에 '자심이 나타낸 경계의 성품과 성품 아님을 아는 것이니'라고 한 것이다. 이것이 바로 선정의 능력(定力)이 유지하는 것이며, 또한 이름하여 역지신(力持身: 능력으로 유지하는 몸)이라 하기 때문에 '삼매락정수三昧樂正受 의생신'이라 한 것이다. 칠지는 여기서 증득하지만, '삼지, 사지, 오지'라 함은 중간을 듦으로써 처음 이후에 해당한 것이다.

---

60 선천적으로 타고난 자아에 대한 집착. 이에 반해 후천적으로 습득한 그릇된 지식에 의해 일어나는 자아에 대한 집착은 분별아집分別我執이라 한다.

대혜야, 무엇을 각법자성성覺法自性性 의생신이라 하는가? 말하자면 제8지에서 여환(如幻: 환 같음) 등의 법이 다 있는 바가 없고(無所有) 몸과 마음이 전변轉變함을 관찰해서 깨달아 마치는 것이며(당역에서는 "법이 환幻 같음을 요달하면 모두 상相이 있지 않아서 마음이 의거하는 바에 따라 구른다"고 하였다), 여환如幻삼매 및 여타의 삼매문三昧門을 얻어서 한량없는 상相과 역력力, 자재自在, 명明(당역에서는 "한량없는 자재신통自在神通을 능히 나타낸다"고 하였다)이 마치 묘한 꽃을 장엄한 듯하다. 신속함(迅疾)이 뜻대로(如意)임은 마치 환幻, 꿈, 물속의 달(水月), 거울의 영상(鏡像)과 같아서 짓지도 않고 지은 바도 아니지만(非造非所造) 마치 짓고 지은 바와 같다(如造所造). 일체 색色의 갖가지 지분支分이 장엄을 구족해(위역에서는 "사대四大의 생겨남이 아니고 사대의 상相과 흡사해서 신분身分을 구족한다"고 하였다) 일체 불찰佛刹의 대중을 따라 들어가서 자성법自性法을 통달하기 때문이니, 이를 이름하여 각법자성성 의생신이라 한다.

大慧. 云何覺法自性性意生身. 謂第八地. 觀察覺了如幻等法悉無所有. 身心轉變. (唐譯云. 了法如幻. 皆無有相. 心轉所依) 得如幻三昧及餘三昧門. 無量相力自在明. (唐譯云. 能現無量自在神通) 如妙華莊嚴. 迅疾如意. 猶如幻夢水月鏡像. 非造非所造. 如造所造. 一切色種種支分具足莊嚴. (魏譯云. 非四大生. 似四大相. 具足身分) 隨入一切佛刹大衆. 通達自性法故. 是名覺法自性性意生身.

관기 여기서는 다음의 신상身相을 해석하고 있다. 말하자면 팔지八地 보살이 일심一心의 진여를 증득해 구지九地에 이르러서 진여의 작용을 발해 여환如幻삼매를 얻는다. 일심의 전변轉變으로 한량없는 자재신통自在神通을 능히 나타내어 일시에 함께 발함이 마치 꽃이 활짝 피는 것과 같다. 비유하면 뜻대로(如意) 가는 것이 석벽石壁도 장애 없는 것과 같기 때문에 '신속함이 뜻대로(如意)'라고 한 것이며, 몸이 아니면서 몸을 나타내기(非身現身) 때문에 마치 환幻과 꿈, 물속의 달(水月), 거울 속의 영상(鏡像)과 같은 것이라 했다. 사대의 생겨남도 아니고 사대의 상相과 흡사해서 신분身分이 완연宛然하기 때문에 '장엄을 구족한다'고 한 것이다.

십지十地에 이르면 억념憶念한 본원本願에 따라 온갖 중생을 교화하기 때문에 '일체 불찰佛刹의 대중을 따라 들어간다'고 하였다. 시방 온갖 부처가 소유한 법운法雲과 법우法雨를 다 능히 포함해 받아들일 수 있기 때문에 '자성법自性法을 통달하기 때문이니, 이를 이름하여 각법자성성覺法自性性의 의생신이라 한다'고 한 것이다.

대혜야, 무엇이 여러 종류가 함께 생기지만 무행無行으로 의생신을 짓는 것인가? 소위 일체 불법을 깨달아서 스스로 얻은 즐거운 모습(相)을 반연하는 것이니(당역에서는 "온갖 부처가 스스로 증득한 법성法性을 요달하는 것"이라 하였다), 이를 이름하여 여러 종류가 함께 생기지만 무행으로 의생신을 짓는 것이라 한다.

大慧. 云何種類俱生無行作意生身. 所謂覺一切佛法. 緣自得樂相.

(唐譯云. 了達諸佛自證法性) 是名種類俱生無行作意生身.

> 여기서는 세 번째 신상身相을 해석하고 있다. 앞서 십지十地 보살은 온갖 불법을 단지 능히 받아들일 수 있을 뿐인데, 이제 등각等覺으로부터 묘각妙覺에 들어간다면 능히 온갖 부처가 스스로 증득한 법상法相을 요달할 수 있다. 이미 온갖 부처의 자각성지自覺聖智의 훌륭한 즐거움을 얻고 나서는 묘하게 장엄한 바다(妙莊嚴海)에 깊이 들어가서 흐름을 거슬러 출현해 십계十界의 몸(身)을 나타내어 생각 없이 감응하니, 소위 묘한 모습(妙相)으로 장엄한다는 것이다. 성스러운 종류(聖種類)의 몸이 일시에 구현俱現함이 마치 뜻대로(如意) 생긴 것과 같으니, 몸(身)과 땅(土), 자기(自)와 타자(他)에 장애가 없기 때문에 '일체의 부처를 깨달아 여러 종류가 함께 생겨나지만 무행無行으로 의생신을 짓는 것'이라 한다. '스스로 얻은 즐거운 모습(自得樂相)을 반연한다'는 소위 생멸도 소멸하고 나니 적멸寂滅이 즐거움이 된다는 것이니, 바로 온갖 부처가 스스로 증득한 수용受用된 법락法樂이다. 그러므로 관음대사觀音大士는 여환문훈문수금강삼매력如幻聞熏聞修金剛三昧力 때문에 생멸이 이미 소멸하고 적멸이 현전하여 홀연히 세간과 출세간을 초월하면, 즉시 위로는 시방의 온갖 부처와 동일한 자비의 힘(慈力)을 얻고, 아래로는 육도六道의 중생과 공유한 연민의 추앙(悲仰)을 얻는다. 이 때문에 능히 하나의 몸을 두루 나타내면 곧 서른두 가지 감응(應)[61]과 네 가지 부사의不思議와 열네 가지

---

61 삼십이응신三十二應身을 말한다. 중생을 교화하려는 부처님이 중생과 같은 몸으로 나타내 보이는 것에서 삼신은 법신法身, 보신報身, 응신應身이며, 사신은 법신,

무외無畏⁶², 열아홉 가지 설법說法을 얻으니, 이것이 바로 이 종류가 함께 생기지만 무행無行으로 의생신을 지음을 얻는 것이다.

대혜야, 저 세 가지 신상身相을 관찰해서 깨달아 마치는 것을 응당 닦고 배워야 한다."

大慧. 於彼三種身相. 觀察覺了. 應當修學.

이때 세존께서는 이 뜻을 거듭 선포하고자 게송을 설하셨다.

爾時世尊欲重宣此義而說偈言.

나는 대승大乘을 타지도 않고(위역에서는 "내가 타는 것은 대승이 아니다"라고 하였고, 당역에서는 "나의 대승은 탐[乘]이 아니다"라고 하였다)
설하지도 않고 또한 명자(字)도 아니며
제체도 아니고 해탈도 아니며
경계를 두지 않는 것도 아니다.

그러나 마하연摩訶衍⁶³을 타면

보신, 응신, 화신化身이다. 특히 관세음보살이 중생을 구제하기 위해 32가지 모습으로 나타나므로 삼십이응신이라 부른다.

62 관세음보살이 얻은 14가지 무외의 힘.
63 산스크리트어 mahā-yāna의 음사. 대승大乘이라 번역.

삼마제三摩提가 자재하며
갖가지 의생신이
꽃으로 장엄하듯 자재한다.

非我乘大乘. (魏譯我乘非大乘. 唐譯我大乘非乘) 非說亦非字. 非諦非解脫. 非無有境界. 然乘摩訶衍. 三摩提自在. 種種意生身. 自在華莊嚴.

> 관기   여기서는 앞서 설한 대승은 승乘이 아니라 단지 증득한 자의 세 가지 의생신일 뿐이라서 실제로 얻을 수 있는 대승은 있지 않다고 결론으로 읊고 있다. 그러나 외도와 이승의 수행은 여래의 참된 삼마지三摩地를 얻지 못하고 단지 명언습기名言習氣뿐이기 때문에 취한 것(所取)에 대해 허망하게 증득이 있다고 하는 것이다. 따라서 외도는 신아神我와 명제冥諦를 허망하게 건립하고, 이승은 고조해탈孤調解脫[64]을 허망하게 취해서 구경으로 삼기 때문에 세존께서는 일단 그 치우친 삿됨(偏邪)을 타파하고 진인眞因의 정과正果를 제시했다. 이에 이르러 세 가지 의생신을 자세히 밝히고 나서 총체적인 결론으로 앞서의 뜻을 이렇게 읊었다.

---

64 어떤 중생은 삼계의 고통을 싫어하고 열반의 즐거움을 구하여 홀로 있기를 좋아하고, 고요함에 능숙하여 여러 가지 선정과 지혜를 닦으니, 둔한 이는 성문이 되고, 예리한 이는 벽지불이 된다. 이것을 고조해탈孤調解脫이라 하는데 모든 부처님이 꾸짖으셨던 것이다. 즉 고조해탈은 남을 해탈시키려는 교화는 하지 않고 자신의 해탈만을 위해 몸과 마음을 조복하는 것이다.

"나는 대승을 설했지만 실제로 탈 수 있는 대승은 있지 않고, 또한 언설과 문자로 도달할 수 있지도 않고, 또한 외도의 명제와 신아도 아니고, 또한 이승의 고조해탈도 아니다."

일체를 함께 여의고 또한 단멸斷滅도 아니기 때문에 '경계를 두지 않음이 없다'고 한 것이다. 그러나 내가 탄 것은 단지 마하연摩訶衍의 지관止觀의 힘을 탔을 뿐이며, 이로써 세 가지 의생신을 증득했으니 이와 같을 뿐이다. 그러나 앞서 외도에는 네 가지 열반이 있다고 하였지만 내가 설한 것은 망상의 식識이 소멸하는 걸 이름하여 열반이라 하였고, 이것으로써 그걸 증명하였다.

대체로 팔식八識을 전변하여 사지四智를 이루는데, 지금은 사지四智를 묶어서 삼신三身을 지을 뿐이다. 그렇다면 삼매락三昧樂 의생신이란 바로 육식六識에 의거해 이공二空의 지혜를 일으켜 평등의 진여를 증득하는 것으로 제7식을 전변하여 평등성지平等性智가 되는 것이니, 이것이 바로 오온의 허망한 몸이 소법신素法身[65]을 증득하는 것이다. 그러나 이 법신은 아직 순수하고 청정하지 않아서 선정에 들면 밝고 선정에서 나가면 어둡기 때문에 단지 삼매락정수三昧樂正受 의생신을 얻을 뿐이다. 삼매의 즐거움(三昧樂)을 버리는 것에서부터 구지九地, 십지十地에 진입하여 진리를 칭하고 중생을 제도하는 업을 널리 닦아서 기틀을 조감照鑑하여 법을 설하고 유정有情 중생을 이롭고 즐겁게 하고 만행萬行으로 장엄하니, 이는 평등의 진여로부터 커다란 이용利用을 발휘하는 것이다. 그리하여 평등성지平等性智에 의거해 묘관찰지妙

---

[65] 법신法身의 현체現體뿐이고 공덕을 갖추지 못한 몸. 곧 천연의 불성을 갖추었을 뿐이고 조그마한 해행解行도 없는 이를 말한다. 최하의 범부.

觀察智를 일으켜서 여환如幻삼매를 얻고 십지의 기틀에 감응해 광대존특타수용보신廣大尊特他受用報身을 나타내기 때문에 '각법자성성覺法自性性 의생신'이라 했을 뿐이다. 따라서 마치 환幻과 꿈, 물속의 달(水月), 거울의 영상과 같다. 만덕萬德이 원만히 갖춰졌으니, 이 때문에 마치 묘한 꽃이 장엄한 것 같아서 실다운 보신報身이다. 만약 금강심金剛心에 이르면 저 생상生相의 무명無明을 끊으며, 제8식을 전변하여 대원경지大圓鏡智를 이루면 전오식前五識이 일시에 함께 전변하여 성소작지成所作智가 되니, 즉 저 유작有作으로 무작無作을 이루기 때문에 '여러 종류가 함께 생기지만 무행無行으로 의생신을 짓는다'고 한 것이다. 대원경지에 의거해 평등이 현현하면 천만 가지 종류의 몸이 일시에 두루 감응하니, 이에 이르면 한 물건(一物)도 이 묘체妙體를 환하게 밝히지 않음이 없으며, 일시에 보현普賢의 행문行門을 닦지 않음이 없다. 이것이 바로 법신과 보신으로부터 드리워진 타수용他受用 및 대승과 소승의 품류品類에 따른 화신이다. 이것이 마음(心), 뜻(意), 의장식意藏識을 전변하여 대열반이 됨을 말미암으면 사지四智와 삼신三身이 일념一念에 단박에 얻어지니, 이 어찌 저 외도와 이승이 무인無因과 사인邪因으로 얻을 수 있는 것이겠는가? 그러므로 여기서 결론으로 '나의 대승은 타는 것이 아니니…'라고 한 것이다. 일단의 얘기한 바(所談)가 여기서 극極에 다다랐으니, 수행인은 반드시 통상적인 길의 큰 종지를 식별해서 깊이 관觀하기를 청하니, 결코 어리석음에 집착하다 종통宗通과 설통說通[66]에 어두워지지 말아야 한다. 앞에서는 '의생신

---

66 종통은 스스로 통달한 깨달음 그 자체이고, 설통은 스스로 체득한 깨달음을 막힘없이 말로 드러내는 것.

은 무간행無間行에 의거해서 얻었다'고 했기 때문에 향후에는 오무간행五無間行을 질문했으니, 바로 마음(心), 의意, 의장식意藏識을 전변해 대열반이 됨을 나타냈을 뿐이다.

○이상 참된 과(眞果)의 상相을 변별하였다.
△②-1-4-(2) 이하에선 오무간행을 제시함으로써 참된 인(眞因)의 상相을 변별하고 있다.

이때 대혜보살마하살이 부처님께 여쭈었다.
"세존이여, 가령 세존께서 설하시길 '만약 남자와 여인이 오무간업五無間業[67]을 행해도 무택無擇(위역에서는 '무간無間'이라 하였다) 지옥에 들어가지 않는다'고 하셨습니다. 세존이여, 어째서 남자와 여인이 오무간업을 행해도 무택 지옥[68]에 들어가지 않습니까?"

爾時大慧菩薩摩訶薩白佛言. 世尊. 如世尊說. 若男子女人行五無間業. 不入無擇(魏譯云. 無間) 地獄. 世尊. 云何男子女人行五無間業. 不入無擇地獄.

---

[67] 무간지옥의 괴로움을 받을 지극히 악한 다섯 행위. 곧 오역죄五逆罪를 말한다. (1) 아버지를 죽임. (2) 어머니를 죽임. (3) 아라한을 죽임. (4) 승가의 화합을 깨뜨림. (5) 부처의 몸에 피를 나게 함이다.
[68] 오역죄를 저지른 자는 누구라도 가리지 않고 죽어서 가게 된다는 지옥. 무간지옥無間地獄과 같다.

> 관기

앞서의 질문을 말미암아 무간행無間行을 닦는데, 부처는 네 가지 삼매가 바로 의생신을 얻는다고 답했다. 이 때문에 여기서는 세 가지 의생신으로 과果를 이미 변별했고 편의에 따라 무간행의 차별상을 질문함으로써 참된 인(眞因)을 변별함을 자세히 밝혔다. 대혜의 의도는 오무간업이 바로 무간지옥無間地獄에 들어가는 인因인데도 세존께서는 또 오무간업을 행해도 무간지옥에 들어가지 않는 자가 있다고 설했으니, 어째서 오무간업을 지어도 무간지옥에 들어가지 않는지 알지 못하기 때문에 특별히 질문을 청해서 수행인으로 하여금 그 선택한 것을 알게 하고자 하였다. 또 그 의도가 지혜에 의거해 의생신을 얻고 식識에 의거해 오온의 몸을 얻음을 나타낸 것인데, 지금은 식識을 전변해 지혜를 이루는 것이니, 저 오온의 허망한 몸을 전변해 의생법신意生法身이 되기 때문에 다음에서 그걸 밝힌 것이다.

부처님께서 대혜에게 고하셨다.
"자세히 듣고 자세히 들어서 잘 사유하라. 마땅히 그대를 위해 설하겠다."
대혜가 부처님께 여쭈었다.
"훌륭하십니다, 세존이여. 가르침을 받겠습니다."
부처님께서 대혜에게 고하셨다.
"무엇이 오무간업五無間業인가? 소위 아버지와 어머니를 죽이는 것, 나한羅漢을 해치는 것, 뭇 승려를 파괴하는 것(위역과 당역에서는 모두 "화합 승단을 파괴하는 것"이라 하였다), 악한 마음으로 부처의 몸과 피를 내는 것이다.
대혜야, 무엇이 중생의 어머니인가? 말하자면 애착으로 거듭 생生을 받아서 탐욕과 기쁨이 함께하는 것이니(위역에서는 "거듭 후생後生을 받아서 탐욕과 기쁨이 함께 나온다"고 하였다), 마치 어머니를 반연해 서는 것 같다.(위역과 당역에서는 이 아래에 모두 "하자위부〔何者爲父: 무엇을 아버지라 하는가?〕" 네 글자가 있다고 하였다) 무명無明이 아버지가 되어 입入, 처處, 취락聚落에 태어난다. 이 두 가지 근본을 끊는 것을 이름하여 아버지와 어머니를 해치는 것이라 한다.

佛告大慧. 諦聽諦聽. 善思念之. 當爲汝說. 大慧白佛言. 善哉世尊. 唯然受敎. 佛告大慧. 云何五無間業. 所謂殺父母. 及害羅漢. 破壞衆僧. (魏唐二譯皆云. 破和合僧) 惡心出佛身血. 大慧. 云何衆生母. 謂愛更受生. 貪喜俱. (魏譯云. 更受後生. 貪喜俱出) 如緣母立. (二譯此下俱有何者爲父四字) 無明爲父. 生入處聚落. 斷二根本. 名害父母.

관기　여기서는 탐욕과 애착, 무명이 생사의 근본이 됨을 말하고 있다. 이 두 가지를 능히 끊을 수 있다면 생사를 영원히 끊고 일승을 단박에 증득하니, 바로 오온의 업식業識의 몸을 능히 전변해 청정법신淸淨法身을 이루기 때문에 이름하여 아버지와 어머니를 죽이는 것이 무간행無間行이 된다고 한다. '애착으로 거듭 생生을 받아서'는 바로 업을 발하는 무명(發業無明)이다. 말하자면 애욕이 생사의 근본이기 때문이다. 탐욕과 기쁨이 함께 나옴은 바로 생김을 윤택하게 하는 무명(潤生無明)이다. 말하자면 장차 생生을 받을 때 애착의 인연으로 애착된 경계를 보고, 다시 애착의 실낱같은 흐름(涎)을 발해 애착된 경계를 취하고, 흐름(流: 유전)의 애착이 종자가 되고 상념(想)을 용납함이 태胎가 되기 때문에 '탐욕과 기쁨이 함께 나온다'고 한 것이다. 탐욕은 애착에 의거해 생겨나 생생의 상속을 결정하기 때문에 '마치 어머니를 반연하여 선다'고 한 것이다. 그러나 단순한 애착(單愛)은 생겨나지 않는다. 요컨대 윤생무명潤生無明과 화합해서 바야흐로 능히 명색名色의 싹을 낳아서 여섯 가지 수용受用의 근根을 이룰 수 있기 때문에 '무명無明이 아버지가 되어 입入, 처處, 취락聚落에 태어난다'고 한 것이다. 입入은 육입六入[69]이고, 처處는 십이처十二處[70]이고, 취락聚落은 말하자면 오온의 몸이다. 그러나 어리석음과 애착을 인해서 업을 발하고(發業) 생김을 윤택하게 하기(潤生) 때문에 생사가 있는 것이니, 그렇다면 생사는 실제로 두 가지 근본으로부터 생겨난다. 만약 능히 저 두 가지를 끊을 수 있으면 생사가 단박에 끊어지므로 이 오온의 업신業身에 즉해 당장(當下) 전변하여 청정법신淸淨法身이 된다.

저 온갖 번뇌(使)가 나타나지 않음은
마치 쥐의 독이 온갖 법을 발하는 것과 같으니
구경究竟까지 그걸 끊으면
이름하여 나한羅漢을 해치는 것이라 한다.

---

69 산스크리트어 ṣaḍ-āyatana. 대상을 감각하거나 의식하는 안眼·이耳·비鼻·설舌·신身·의意의 육근六根, 또는 그 작용. 육처六處와 같다.

70 육근六根과 육경六境을 총칭한 것. 눈(眼)과 색色, 귀(耳)와 소리(聲), 코(鼻)와 냄새(香), 혀(舌)와 맛(味), 몸(身)과 닿음(觸), 뜻(意)과 법法.

彼諸使不現. 如鼠毒發諸法. 究竟斷彼. 名害羅漢.

> 관기   여기서는 미세한 번뇌와 습기(結習)를 능히 끊기 때문에 이름하여 아라한을 해치는 것이 무간행無間行이 된다는 것을 말하고 있다. 구주舊注에서는 이렇게 말한다.

"쥐가 사람을 물면 그 상처(瘡)가 비록 이미 나았더라도 그 독은 우레를 만나면 즉시 발한다."

나한의 온갖 번뇌(使)도 역시 마찬가지다. 비록 은폐되어서 나타나지 않았다 해도 연緣을 만나면 즉시 발하니, 이 미세한 습기와 번뇌(習使)를 능히 끊는 것을 이름하여 나한을 해치는 것이라 한다. 그러나 나한의 명칭은 바로 습기를 아직 끊지 못함을 말미암아 성립한 것이니, 이제 저 번뇌와 습기를 능히 끊는 즉시 아라한은 반드시 여래의 법신을 얻는다.

무엇이 승단을 파괴하는 것인가? 말하자면 이상異相의 온갖 음陰이 화합하고 쌓이는데(積聚), 구경究竟에 그것들을 끊으면 이름하여 승단을 파괴한 것이라 한다.

云何破僧. 謂異相諸陰. 和合積聚. 究竟斷彼. 名爲破僧.

> 관기   여기서는 온갖 음陰의 화합을 타파함을 이름하여 승단의 파괴가 무간행無間行이 된다고 말하고 있다. 이상異相은 바로 색色, 수受, 상想, 행行, 식識이다. 온갖 음陰의 화합과 쌓임은 사람(人)이

된다. 그러나 승단은 화합을 뜻(義)으로 삼는데, 이제 음陰을 승단으로 칭하는 것은 허망한 화합이기 때문이다. 저 음陰의 모임(集)을 능히 끊는 것을 이름하여 화합 승단을 파괴하는 것이라 한다. 온갖 연緣의 화합이 이미 끊어졌다면 본래 있는 법신이 저절로 드러나니, 이것이 바로 연생緣生에 즉해서 실상을 증득하는 것이다.

대혜야, 외적인 자상自相과 공상共相의 자심현량自心現量인 칠식七識의 몸을 자각하지 못하고 세 가지 해탈과 무루無漏의 악한 상념으로 구경究竟에 저 칠식七識(위역과 당역에서는 모두 팔식이라 하였다)의 부처를 끊는 것을 이름하여 악한 마음으로 부처의 몸에 피를 내는 것이라 한다.

大慧. 不覺外自共相自心現量. 七識身. 以三解脫無漏惡想. 究竟斷彼七種識佛. (二譯皆作八識) 名爲惡心出佛身血.

관기 여기서는 식을 전변하여 지혜를 이루기(轉識成智) 때문에 이름하여 부처의 몸에 피를 냄이 무간행無間行이 된다는 것을 말하고 있다. 그러나 팔식八識은 원래 온갖 부처 여래의 근본법신根本法身이지만, 다만 이전 칠전식七轉識의 허망함과 실다움은 오염(染汚)을 보고 익힌 것이기 때문에 이를 피(血)라 일컫는다. 이제 공空, 무상無相, 무원無願의 세 가지 무루지無漏智로 저 칠식의 오염과 무지를 능히 끊는 것을 이름하여 부처의 몸에 피를 내는 것이라 한다. 즉 저 팔식이 전변하여 근본정지根本正智가 되어서 여래의 청정법신을 얻는 것이다.

만약 남자와 여인이 이 무간사無間事를 행한다면, 이것을 이름하여 오무간五無間이라 하며 또한 이름하여 무간등無間等이라 한다.

若男子女人行此無間事者. 名五無間. 亦名無間等.

> **관기** 여기서는 무간행無間行을 결론짓고 있다. 말하자면 이 오무간을 능히 행하는 것이 바로 이름하여 무간등진실법無間等眞實法을 증득하는 것이라 한다. 따라서 위역에서는 "이름하여 여실법如實法의 증득이라 한다"고 했으며, 당역에서는 "즉각 현재 증득하는 실다운 법(現證實法)을 얻는다"고 했다.

다시 다음에 대혜야, 외오무간外五無間이 있는데 지금 마땅히 연설하겠다. 그대 및 여타의 보살마하살이 이 뜻을 듣고 나면 미래 세상에 어리석음(愚癡)에 떨어지지 않는다.

復次大慧. 有外五無間. 今當演說. 汝及餘菩薩摩訶薩聞是義已. 於未來世. 不墮愚癡.

> **관기** 여기서는 삿된 견해를 막고 있다. 말하자면 내오무간內五無間을 행하는 것은 바로 성스러운 지혜(聖智)의 법문을 증득하는 것이고, 외오무간外五無間을 행하는 것은 결정코 무간지옥에 들어가는 것이니, 이 때문에 세존께서는 다시 외오무간의 업을 설해서 후세의 중생으로 하여금 이 뜻을 알도록 훈계한 뒤 어리석음의 미혹에 떨어지

지 않게 한 것이다.

무엇이 오무간五無間인가? 말하자면 앞서 설한 무간無間이니, 만약 이를 행한 자라면 세 가지 해탈에서 하나하나 무간등법無間等法을 얻지 못한다.

云何五無間. 謂先所說無間. 若行此者. 於三解脫. 一一不得無間等法.

관기 여기서는 외오무간外五無間을 행하면 세 가지 해탈에서 하나하나 진실의 법을 증득할 수 없을 뿐만 아니라 무간지옥에 들어가 무간의 고통(無間苦)을 받게 됨을 말하고 있다. '앞서 설한 것'은 바로 앞서의 오무간사五無間事를 가리킴이 해당한다.

이것을 제외하면 여타의 화신력化神力은 무간등無間等을 나타내니, 말하자면 성문의 화신력, 보살의 화신력, 여래의 화신력이다. 나머지 무간無間의 죄를 지은 자를 위해 의심을 없애고 과오를 참회하는 것이니, 이를 권유해 말하기 위해서 신력神力의 변화로 무간등을 나타내는 것이지 한결같이 무간사無間事만을 짓다가 무간등을 얻지 못하는 경우는 있지 않다.

除此已. 餘化神力現無間等. 謂聲聞化神力. 菩薩化神力. 如來化神力. 爲餘作無間罪者. 除疑悔過. 爲勸發故. 神力變化. 現無間等. 無有一向作無間事不得無間等.

> **관기** 여기서는 의심을 해석하고 있다. 아마도 "오무간업을 지어도 무간지옥에 들어가지 않는 자가 있을 수 있다"고 의심하기 때문에 당역에서는 "오직 여래와 온갖 대보살 및 대성문을 제외한다"라고 하였다. 그 무간업無間業을 지은 자가 있음을 보는 것은 그들에게 허물을 고치도록 권유해 발하고자 한 것이니, 신통력으로 그와 똑같은 일을 제시함으로써 찾는 즉시 참회해 없애서 해탈을 증득케 하는 것인데, 이것은 모두 화현化現으로 실제로 지은(實造) 것이 아니다. 한결같이 무간사無間事를 실제로 짓지 않았는데도 무간지옥에 들어가지 못한 것은 대체로 인과응보를 말한 것으로 털끝만큼도 어긋날 수 없는 것이다.

(그러나) 자심自心의 현량現量을 깨달아서 몸과 재물의 망상을 여의고 나(我)와 내 것(我所)의 섭수攝受를 여의는 경우는 제외한다. 혹은 때로 선지식善知識을 만나 여타의 갈래(趣)에서 상속하는 망상을 해탈하기도 한다."

除覺自心現量. 離身財妄想. 離我我所攝受. 或時遇善知識. 解脫餘趣相續妄想.

> **관기** 여기서는 죄의 성품이 본래 공空함을 능히 관觀해서 또한 오무간을 능히 해탈할 수 있음을 말하고 있다. 말하자면 단지 평범하게 오무간업 짓는 것만으로는 지옥에 들어가지 못할 자가 있지 않다. 오직 자심의 현량을 완전히 깨달아서 몸과 마음이 본래 공空함을

요달하고 나(我)와 내 것(我所)의 분별과 집착을 여의는 것, 혹은 여러 생生에서 일찍이 심은 반야般若의 연緣이 성숙한 것은 제외한다. 지금은 선지식의 가르침과 인도를 만나 자심自心을 단박에 깨달아서 온갖 망상을 여의고 영원히 온갖 갈래(趣)의 생사의 근본을 끊는다. 이렇게 한다면 타락하지 않을 것이고, 이것이 아니면 타락하지 않는 자가 없다.

이때 세존께서는 이 뜻을 거듭 선포하고자 게송을 설하셨다.

爾時世尊欲重宣此義而說偈言.

탐욕과 애착을 어머니라 칭하고
무명은 즉 아버지가 된다.
경계와 식識을 깨달으면 부처가 되고
온갖 번뇌(使)는 나한이 되고
음陰이 모인 것을 승단이라 칭하는데
무간無間의 차례대로 끊어진다.

貪愛名爲母. 無明則爲父. 覺境識爲佛. 諸使爲羅漢. 陰集名爲僧. 無間次第斷.

관기 여기서는 무간無間의 지혜를 읊고 있다. 차례대로 저 무명과 탐욕, 애착 등을 끊기 때문에 무간행無間行이라 한다.

말하자면 오무간五無間이니
무택無擇 지옥에 들어가지 못한다.

謂是五無間. 不入無擇獄.

관기 장행長行의 올바른 뜻은 오무간의 행을 밝혀서 진실의 법을 증득하는 것이다. 바로 의심을 해석함을 인因하기 때문에 외오무간外五無間을 설했을 뿐이다. 그래서 여기서는 게송을 읊지 않았다.

이상 두 장章에서는 과果를 들어 인因을 증험함으로써 일승의 참된 인(眞因)의 상相을 제시하였다. 이전의 대과大科 제2에선 허망함을 돌이켜 참됨으로 돌아갔다(返妄歸眞). 처음엔 올바름과 삿됨을 변별해 단박에 일승의 이행理行과 인과因果의 상相을 제시하는 가운데 인지因地를 밝히는 마음을 이미 변별했다. 경문은 첫 권卷 오법장五法章에서부터 여기까지 와서 멈추는데 1만 7천여 언言을 헤아린다.
②-2 이하에선 과지果地의 깨달음을 변별하는데 세 가지로 나눈다.
②-2-1 처음은 삼신三身을 밝힘으로써 법신의 항상한 덕(常德)을 나타냈는데 다시 세 가지가 있다.
△②-2-1-(1) 처음은 총체적으로 부처의 지각知覺을 제시하였다.

이때 대혜보살이 다시 부처님께 여쭈었다.
"세존이여, 오직 바라노니 부처의 지각知覺을 설해 주소서. 세존이여, 무엇이 부처의 지각입니까?"

爾時大慧菩薩復白佛言. 世尊. 惟願爲說佛之知覺. 世尊. 何等是佛 之知覺.

> 관기 앞에서는 인지因地의 마음을 변별해 마쳤고, 여기서는 과지果 地의 깨달음을 밝혔다. 부처의 지각은 과지의 깨달음(覺)이다. 앞에서 '내가 설한 일승도의 깨달음을 이름하여 대승이라 한다'고 했음을 말미암은 것이니, 그 의도는 일승이 바로 부처의 지각이라고 일컬은 것이다. 그런데도 무엇이 부처의 지각인 줄 알지 못하기 때문에 여기서 변별한 것이다.

부처님께서 대혜에게 고하셨다.
"인무아人無我와 법무아法無我를 깨달아서 두 가지 장애를 요달해 알고, 두 종류의 죽음을 여의어서 두 가지 번뇌를 끊는 것을 이름하여 부처의 지각知覺이라 한다. 성문과 연각으로 이 법을 얻은 자 또한 이름하여 부처라 하는데, 이 인연 때문에 나는 일승을 설하는 것이다."

佛告大慧. 覺人法無我. 了知二障. 離二種死. 斷二煩惱. 是名佛之知 覺. 聲聞緣覺得此法者. 亦名爲佛. 以是因緣. 故我說一乘.

> 관기 여기서는 부처의 지각의 상상을 총체적으로 제시하고 있다. 두 가지 장애는 바로 번뇌장煩惱障과 소지장所知障이다. 두 종류의 죽음은 바로 분단分段생사[71]와 변역變易생사[72]이다. 두 가지 번뇌는 바로 근본번뇌[73]와 지말支末번뇌[74]이다. 구주舊註에서는 사주四

住와 아울러 무명이 역시 여기서 벗어나지 않는다. 말하자면 단지 앞서와 같은 온갖 허물을 능히 끊는 것이 곧 이름하여 부처의 지각이라 한다. 소위 오주五住의 궁구가 다하고, 두 가지 죽음이 영원히 없고, 사람(人)과 법이 쌍雙으로 공空해서 온갖 장애가 영원히 적멸한 것을 바야흐로 부처의 지각이라 칭할 뿐이다.

이때 세존께서는 이 뜻을 거듭 선포하고자 게송을 설하셨다.

爾時世尊欲重宣此義而說偈言.

이무아二無我를 잘 알고
두 가지 장애와 번뇌를 끊고
영원히 두 종류의 죽음을 여의니
이를 이름하여 부처의 지각이라 한다.

---

71 삼계三界에서 태어나고 죽는 일을 되풀이하는 범부의 생사. 각자 과거에 지은 행위에 따라 신체의 크고 작음과 목숨의 길고 짧음이 구별된다고 하여 분단分段이라 한다.
72 삼계三界의 괴로움을 벗어난 성자가 성불할 때까지 받는 생사. 신체와 수명을 자유자재로 변화시킨다고 하여 변역變易이라 한다.
73 모든 번뇌의 근본이 되는 탐貪·진瞋·치癡·만慢·의疑·악견惡見을 말한다.
74 탐貪·진瞋·치癡·만慢·의疑·악견惡見의 근본번뇌에 부수적으로 일어나는 오염된 마음 작용. 방일放逸·나태懶怠·불신不信·해害·한恨·수면睡眠·악작惡作 등이 있다.

善知二無我. 二障煩惱斷. 永離二種死. 是名佛知覺.

관기 여기서는 과각果覺의 상相을 총체적으로 밝히고 있다. 그러나 과불果佛에는 두 가지가 있으니, 말하자면 첫째는 연생緣生의 보불報佛이고, 둘째는 법신法身의 진불眞佛이다. 만약 연생의 보불이라면 바로 겁劫을 지내면서 생生을 닦은 것이니, 여기서 법신과 보신은 그윽이 하나(冥一)이고 삼신三身은 둘이 아니다. 만약 법신의 진불이라면 부처가 있든 부처가 없든 성性과 상相이 항상 머문다.

△②-2-1-(2) 다음은 보신과 화신을 나타낸 것이다.

이때 대혜보살이 부처님께 여쭈었다.
"세존이여, 어찌하여 세존께서는 대중 속에서 '나는 과거의 일체불이고 아울러 갖가지로 생生을 받았다. 나는 그때 만타전륜성왕曼陀轉輪聖王이 되었고(당역과 위역에서는 모두 정생왕頂生王이라 하였다), 여섯 개의 어금니를 가진 큰 코끼리였고, 아울러 앵무새였고, 석제환인釋提桓因[75]이었고, 선안선인善眼仙人이었다'는 말을 읊으면서 이와 같은 등의 백천百千 가지 생生을 경전에서 설하셨습니까?"(위역에서는 "이와 같은 등의 백천 가지 경전이 모두 본생本生을 설했다"고 했으며, 당역에서는 "백천 가지 본생本生의 일"이라 하였다)

---

[75] 산스크리트어 śakro devānāṃ indraḥ(신들의 제왕인 샤크라)의 음사. 제석帝釋·천제석天帝釋이라 번역. 수미산 정상에 있는 도리천의 왕으로, 사천왕四天王과 32신神을 통솔하면서 불법佛法을 지킨다고 한다.

爾時大慧菩薩白佛言. 世尊. 何故世尊於大衆中唱如是言. 我是過去一切佛. 及種種受生. 我爾時作曼陀轉輪聖王. (二譯皆作頂生王) 六牙大象. 及鸚鵡鳥. 釋提桓因. 善眼仙人. 如是等百千生經說. (魏譯云. 如是等百千經. 皆說本生. 唐譯云. 說百千本生之事)

관기 이 이하에선 연생緣生의 보신과 화신을 밝힐 예정이다. 부처와 부처의 길이 똑같아서 과덕果德이 둘이 아니기 때문에 이런 질문을 한 것이다. 앞서 부처가 설한 무아無我 등을 깨닫는 것을 이름하여 부처라 했기 때문에 대혜는 세존께서 이미 각법覺法을 인해 부처가 되므로 바로 현재에 닦아 이룬다고(修成) 생각했다. 대체로 이미 완성된 부처가 세상에 와서 감응한 것이 아니라면 어떻게 세존께서 바로 '나는 과거의 부처이다'라고 하겠는가? 이미 '과거의 부처이다'라고 말했다면 어찌하여 또 여래의 과거에 갖가지 몸을 받는다고 말했으며, 또 정생왕頂生王이 된다고 설했으며, 또 금수禽獸가 되거나 코끼리이든 앵무새 등이 된다고 설했으며, 또 천제天帝가 된다고 설했으며, 또 선인仙人이 된다고 설했는가? 이와 같은 등으로 백천 가지 본생本生의 일을 설한 것은 무슨 이유인가? 그렇다면 스스로의 말과 서로 어긋나는 것이니, 이것이 일반적으로 평상시의 정서(常情)가 의심하는 것이기 때문에 이런 질문을 일으킨 것이다.

부처님이 대혜에게 고하셨다.
"네 가지가 동등하기 때문에(당역에서는 "네 가지 평등하고 비밀한 뜻에 의거하기 때문이다"라고 하였다) 여래如來, 응공應供, 등정각等正覺께서는 대중 속에서 이렇게 읊었다.

'나는 이때 구류손拘留孫[76]이었고, 구나함모니拘那含牟尼[77]였고, 가섭불迦葉佛[78]이었다.'

무엇이 네 가지인가? 말하자면 문자(字)가 동등하고, 말(語)이 동등하고, 법法이 동등하고, 몸(身)이 동등한 것이니, 이를 이름하여 네 가지 동등함이라 한다. 이 네 가지 동등함 때문에 여래, 응공, 등정각께서는 대중 속에서 이런 말을 읊은 것이다.

무엇을 문자의 동등함이라 하는가? 만약 문자가 내가 부처가 된다고 칭한다면, 그 문자는 또한 일체 모든 부처를 칭하는 것이다.(당역에서는 "나를 이름하여 부처라고 일컫는다면 일체 여래 또한 이름하여 부처라 한다"고 하였다) 그 문자의 자성自性은 차별이 있지 않으니, 이를 이름하여 문자의 동등함이라 한다.

佛告大慧. 以四等故. (唐譯云. 依四平等祕密意故) 如來應供等正覺. 於大衆中唱如是言. 我爾時作拘留孫. 拘那含牟尼. 迦葉佛. 云何四等. 謂字等. 語等. 法等. 身等. 是名四等. 以四種等故. 如來應供等正覺.

---

[76] 과거칠불過去七佛의 하나. 한역은 성취미묘成就美妙, 정결頂結 등으로 표기된다. 현겁賢劫에 등장한다는 천 명의 부처(현겁천불)의 첫 번째 부처라고 한다.

[77] 과거칠불의 하나. 구나모니拘那牟尼라고도 한다. 번역하면 금선인金仙人・금적정金寂靜이다. 현겁賢劫 천불千佛의 제2 바라문 종족으로 성은 가섭迦葉, 아버지는 야섬발다耶睒鉢多, 어머니는 울다라鬱多羅이다.

[78] 과거칠불 중 여섯 번째 부처이고 현겁賢劫 천불千佛 중 세 번째 부처이다. 산스크리트 카쉬야파 부다Kasyapa-Buddha를 음역한 말로, 이를 의역한 음광불飮光佛이라는 이름으로 더 잘 알려졌다.

於大衆中唱如是言. 云何字等. 若字稱我爲佛. 彼字亦稱一切諸佛.
(唐譯云. 謂我名佛. 一切如來亦名爲佛) 彼字自性無有差別. 是名字等.

> 관기 여기서는 부처와 부처 이름이 동등함을 밝히고 있으니, 말하자면 화신의 동등함이다. 그러나 명칭(名)이란 실재(實)의 손님이다. 실재가 동등하기 때문에 명칭 역시 동등하다. 그밖에 삼승이 모두 이 명칭을 얻지 못한 것은 그 실재에 아직 이르지 못했기 때문이다.

무엇을 말(語)의 동등함이라 하는가? 말하자면 나는 64가지 범음梵音과 언어의 상相이 생겨난 것이고, 저 온갖 여래, 응공, 정등각 역시 이 같은 64가지 범음과 언어의 상相이 생겨난 것인데, 늘어남도 없고 줄어듦도 없어서 차별이 있지 않은 것이 가릉빈가迦陵頻伽[79]의 범음 소리의 성품과 같다.

云何語等. 謂我六十四種梵音言語相生. 彼諸如來應供等正覺. 亦如是六十四種梵音言語相生. 無增無減. 無有差別. 迦陵頻伽. 梵音聲性.

> 관기 여기서는 부처와 부처 음성의 상相이 동등함을 밝히고 있으니, 말하자면 보신의 동등함이다. 64가지 범음梵音이란 구주舊注에서 인용한 『밀적역사경密跡力士經』을 보면, 부처의 음성에 팔전八轉

---

79 산스크리트어 kalaviṅka. 극락정토에 있다는 가릉빈가를 말한다. 머리와 팔은 사람의 모습이고 몸은 새의 모습을 한 상상의 새로서, 소리가 매우 아름답다고 한다.

이 있다고 설한다. 말하자면 체體, 업業, 구具, 위爲, 종從, 속屬, 어於, 호呼이다. 이 팔전의 음성은 각기 여덟 가지 덕을 갖추었으니 소위 조화성調和聲, 유연성柔輭聲, 체료성諦了聲, 이해성易解聲, 무착류성無錯謬聲, 무자소성無雌小聲, 광대성廣大聲, 심원성深遠聲이다. 팔 곱하기 팔은 곧 64음성을 이룬다. 단지 석가모니 부처 한 분만이 아니라 일체 모든 부처의 음성도 역시 모두 이와 같다. 가릉빈가迦陵頻伽는 한역하면 묘성조(妙聲鳥: 묘한 음성의 새)인데, 『정법념경正法念經』에서는 이렇게 말했다.

"가릉빈가는 묘한 음성을 낸다. 천상에서든 인간계에서든 오직 여래의 음성을 제외하곤 긴나라緊那羅[80] 등은 능히 미치는 자가 없기 때문에 온갖 경전에선 부처의 음성을 칭송해서 반드시 비유로 인용했다."

『능엄경』에서는 이렇게 말했다.

"가릉의 선음仙音은 시방계十方界에 두루한다."

무엇이 몸(身)의 동등함인가? 말하자면 나와 온갖 부처의 법신 및 색신色身의 상호相好는 차별이 있지 않다. 다만 저 온갖 갈래(趣)의 차별 중생을 조복調伏하는 것은 제외하기 때문에 갖가지 차별의 색신을 제시해 나타내는 것을 이름하여 몸의 동등함이라 한다.

무엇이 법의 동등함인가? 말하자면 나와 저 부처가 37보리분법菩提分法[81]을 얻는 것이다.

---

80 불교에서는 건달바와 함께 음악을 담당하는 천신이며, 불법을 수호하는 8신인 천룡팔부중天龍八部衆에 속한다. 상반신은 인간, 하반신은 새의 모습을 한 모습으로 묘사되기도 한다.

云何身等. 謂我與諸佛法身及色身相好. 無有差別. 除爲調伏彼彼諸趣差別衆生故. 示現種種差別色身. 是名身等. 云何法等. 謂我及彼佛得三十七菩提分法.

> **관기** 여기서는 부처와 부처의 몸의 동등함(身等)과 법의 동등함(法等)을 밝히고 있는데, 법이 동등하기 때문에 몸이 동등하다.

화엄華嚴에서는 이렇게 말한다.

"하나의 몸에 하나의 지혜이니, 역력과 무외無畏도 마찬가지다."

대체로 이것은 삼신三身이 모두 동등함을 밝히고 있다. 삼신三身이란 법신과 보신과 화신이다. 그러나 법신은 오직 하나뿐이고, 보신은 두 가지가 있으니 소위 자수용신自受用身과 타수용신他受用身[82]이다. 화신에는 세 가지가 있으니, 소위 대화大化, 천장노사나千丈盧舍那 및 무변상호無邊相好 등이다. 소화小化는 장육丈六의 석가釋迦이다. 품류品類의 변화(化)에 따르는 것이 곧 '갖가지 생생을 받아서 정생頂生, 천제天帝, 큰 코끼리(大象), 앵무새(鸚鵡) 나아가 원숭이, 사슴의 다른 종류까지 들어가지 않는 곳이 없다'고 말한 것이니, 이 가운데 색신色身

---

81 보리(菩提: 깨달음)에 이르는 37가지의 법을 말하는데, 초기불교의 『아함경』에서 고타마 붓다가 언급하거나 설명하고 있는 37가지의 도품道品, 즉 수행법修行法을 가리키는 낱말로 사실상 초기불교의 수행법을 통칭하는 낱말이다. 자세히는 4념처(四念處, 四念住)·4정단(四正斷, 四正勤)·4신족(四神足, 四如意足)·5근五根·5력五力·7각지(七覺支, 七覺分)·8정도八正道의 37가지이다.
82 자수용신은 수행을 통하여 얻어진 불과佛果와 자내증自內證의 법문을 스스로 수용하고 즐기는 불신이다. 타수용신은 이 깨침의 보과報果와 뛰어난 법문을 다른 사람에게 수용시키기 위해 지도하고 교화하는 불신이다.

은 곧 자수용自受用과 타수용他受用의 보신 및 대화신大化身, 소화신小化身으로 갖가지 몸은 곧 품류에 따른 변화(化)이다. 『종경록』에서 말한다.

"묻는다. 모든 부처는 오직 하나의 법신뿐인데, 어째서 삼신의 차별을 설하는가?

답한다. 용用을 잡아서 세 가지로 나누지만, 그 체體는 항상 하나이다."

식론識論에서 말한다. 이처럼 법신은 세 가지 상相의 차별이 있다.

첫째, 자성신自性身이다. 말하자면 여래의 참되고 청정한 법계는 수용受用하여 변화하고, 평등하게 의거하는 바이고, 상相을 여의어 적연寂然하고, 온갖 희론戱論을 끊어서 변제邊際 없는 참되고 항상한 공덕을 갖추었으니, 이를 일체법의 평등한 실성實性이라 한다. 즉 이 자성自性을 또한 이름하여 법신이라 하니, 대공덕법大功德法이 의지하는 바이기 때문이다.

둘째, 수용신受用身이다. 여기에는 두 가지가 있다.

첫 번째는 자수용自受用이다. 말하자면 온갖 여래가 닦아서 모은 한량없는 복과 지혜의 자량資糧으로 가없는 진실의 공덕을 일으킨 바이고, 아울러 원만하고 청정하며 항상하고 두루한 색신色身이 상속하면서도 담연湛然하여 미래제未來際가 다하도록 늘 광대한 법의 즐거움을 스스로 수용(自受用)한 것이다.

두 번째는 타수용他受用이다. 말하자면 모든 여래는 평등지平等智를 말미암아 미묘하고 청정한 공덕의 몸을 제시해 나타내서 순수한 정토淨土에 거주하며 십지十地의 온갖 보살 대중에 머물게 된다. 그리고 대신통大神通을 나타내서 올바른 법륜法輪을 굴리고 뭇 의심의 그물을 끊어내어 저들로 하여금 대승의 법락法樂을 수용하게 한다.

셋째, 변화신變化身이다. 말하자면 온갖 여래가 성사지(成事智: 일을 이루는 지혜)를 말미암아 한량없는 품류品類에 따른 화신을 변화로 나타내서 청정한 예토穢土에 거주하며 아직 지地에 오르지 못한 온갖 보살 대중이 되는데, 이승의 이생異生이 저 기의機宜[83]를 칭하면서 신통을 나타내고 법을 설함으로써 저마다 온갖 이롭고 즐거운 일을 획득하게 한다. 따라서 삼심三心을 전변해 소멸함으로써 삼신三身을 얻으니, 첫 번째 근본심根本心은 곧 제8식이 전변하여 법신을 얻고, 두 번째 의본심(依本心: 근본에 의거하는 마음)은 곧 제7식이 전변하여 보신을 얻고, 세 번째 기사심(起事心: 일을 일으키는 마음)은 곧 전육식前六識이 전변하여 화신을 얻는다. 또 세 가지 덕을 칭하니, 첫 번째 단덕斷德은 말하자면 일체의 번뇌를 끊음이 곧 법신이라는 것이며, 두 번째 지덕智德은 말하자면 총체적인 사지四智[84]가 보신이 되는 것이

---

83 기틀에 알맞음. 즉 상대의 마음 상태에 따라 적절하게 행동한다.
84 번뇌에 오염된 팔식八識을 질적으로 변혁하여 얻은 네 가지 청정한 지혜. (1) 대원경지大圓鏡智: 오염된 아뢰야식阿賴耶識을 질적으로 변혁하여 얻은 청정한 지혜. 이 지혜는 마치 모든 것을 있는 그대로 비추어 내는 크고 맑은 거울처럼, 아뢰야식에서 오염이 완전히 제거된 상태이므로 이와 같이 말한다. (2) 평등성지平等性智: 오염된 말나식末那識을 질적으로 변혁하여 얻은 청정한 지혜. 이 지혜는 자아에 대한 집착을 떠나 자타自他의 평등을 깨달아 대자비심을 일으키므로 이와 같이 말한다. (3) 묘관찰지妙觀察智: 오염된 제육식第六識을 질적으로 변혁하여 얻은 청정한 지혜. 이 지혜는 모든 현상을 잘 관찰하여 자유자재로 가르침을 설하고 중생의 의심을 끊어 주므로 이와 같이 말한다. (4) 성소작지成所作智: 오염된 전오식前五識을 질적으로 변혁하여 얻은 청정한 지혜. 이 지혜는 중생을

며, 세 번째 은덕恩德은 말하자면 은혜와 연민, 슬픔이 일체 유정有情을 길러서 화신이 되는 것이다.

그리고 삼신사지三身四智는 모두 일심一心에 의거해 팔식八識을 전변해서 이루어지기 때문에 부처와 부처가 다 이 마음을 증득한다. 그러므로 몸(身)의 동등함이다. 그러나 이 몸(身: 삼신)과 지혜(智: 사지)가 모두 수행자가 궁극적으로 돌아가는 곳이니, 바로 올바로 나타내는 바이기 때문에 알지 않을 수 없다. 만약 37품이라면 바로 염처念處, 정근正勤, 신족神足, 근根, 역力, 각覺, 도(道: 팔정도)에 이르는데, 곳(處)에 따라 설명이 있지만 번잡스러워서 인용하지 않겠다. 일반적으로 능히 끊는(能斷) 번뇌란 37품이고, 나타낸 바(所顯)란 법신일 뿐이다. 참(眞)을 칭하면서 닦기 때문에 몸의 동등함(身等)과 법의 동등함(法等)이고, 참(眞)에 의거해 증득하기 때문에 법의 동등함(法等)과 몸의 동등함(身等)이다. 그러므로 이 도품道品 또한 이름하여 법신이니, 바로 법신의 인因이기 때문이다.

간략히 설해서 불법의 장애 없는 지혜이니, 이를 이름하여 네 가지 동등함이라 한다. 따라서 여래, 응공, 등정각께서는 대중 속에서 이와 같은 말을 읊조렸다."

略說佛法無障礙智. 是名四等. 是故如來應供等正覺. 於大衆中唱如是言.

　구제하기 위해 해야 할 것을 모두 성취하므로 이와 같이 말한다.

관기 여기서는 네 가지 동등함의 까닭을 결론짓고 있다. 말하자면 부처와 부처가 네 가지 동등함인 까닭은 대체로 일진법계一眞法界의 장애 없는 지혜에 의거하기 때문이다. 그러면서도 이 지혜는 법계의 총통總統이 되고 부처와 부처의 종지(宗)인 것이니, 종지의 장애 없는 지혜를 말미암아 법과 법마다 다 동등함이 이 네 가지뿐만은 아니기 때문에 '간략히 설해서'라고 한 것이다.

이때 세존께서는 이 뜻을 거듭 선포하고자 게송을 설하셨다.

爾時世尊欲重宣此義而說偈言.

가섭불과 구류손불, 그리고
구나함모니불이 나(我)이니
이는 네 가지가 동등하기 때문인데,
나는 불자佛子를 위해 설한다.

迦葉拘留孫. 拘那舍是我. 以此四種等. 我爲佛子說.

앞에서 연생緣生의 보신과 화신을 이미 밝혔다.
△②-2-1-(3) 아래에선 본래 갖춰지고 항상 머무는(常住) 법신을 밝힌다.

대혜가 다시 부처님께 여쭈었다.
"가령 세존께서 '나는 어느 날 밤에 최정각最正覺을 얻고 나아가 어느 날 밤에 반열반般涅槃에 들었는데, 그 중간 내내 한 글자(一字)도 설하지 않았고 또한 이미 설하지도 않았고 앞으로 설할 것도 아니어서 설하지 못함(不說)이 바로 부처의 설함이다'라고 하셨습니다. 세존이여, 여래, 응공, 등정각께서는 어찌하여 '설하지 못함(不說)이 부처의 설함'이라 설하시는 겁니까?"

大慧復白佛言. 如世尊所說. 我從某夜得最正覺. 乃至某夜入般涅槃. 於其中間. 乃至不說一字. 亦不已說當說. 不說是佛說. 世尊. 如來應供等正覺. 何因說言. 不說是佛說.

<small>관기</small> 여기서는 본래 갖춰진 법신의 항상 머무는 진불眞佛을 나타내려 하기 때문에 이런 질문을 한 것이다. 앞에서 부처는 '나는 64가지 범음梵音의 음성으로 중생을 위해 법을 설한다'고 했기 때문에 대혜는 일부러 예전에 들었던 것을 들어서 이렇게 의문을 표했다.

"세존께서는 항상 시종일관 한 글자도 설하지 않았다고 하셨고 또 '설하지 못함(不說)이 부처의 설함'이라 했습니다. 생각건대 저는 세존께서 설하지 않은 적이 없음을 보았습니다. 감히 묻건대, 세존께서는 어찌하여 스스로 설하지 못함(不說)이 부처의 설함(佛說)이라 하셨습니까?"

아래에서는 부처가 두 가지 뜻으로 답했다. 말하자면 첫째, 자득법自得法을 반연함이다. 바로 말을 여읜 도道라서 본래 설함이 있지 않으니, 그렇다면 나는 그 설하지 못함을 설했을 뿐이다. 둘째, 본주법本住法이다. 부처가 있든 부처가 없든 이 법은 항상 머무는데, 마치 성도城道로 취향趣向함과 같다. 곧 온갖 부처가 세간에 출현함은 특히 그걸(城道)를 말미암을 뿐이니, 대체로 본래 갖춰진 법신은 분수 밖에 지은 것(所作)은 있지 않다. 이미 지은 것(所作)이 없다면 다시 무엇을 설하겠는가. 그런데도 설한 것은 바로 그 설할 수 없는 곳(不可說處)을 설하기 때문이니, 이 때문에 '설하지 못함(不說)이 부처의 설함'이라 한 것이다.

부처님이 대혜에게 고하셨다.
"나는 두 가지 법을 인因하기 때문에 이렇게 설한 것이다. 무엇이 두 가지 법인가? 말하자면 자득법自得法 및 본주법本住法을 반연함이니, 이를 이름하여 두 가지 법이라 한다. 이 두 가지 법을 인因하기 때문에 나는 이렇게 설한 것이다.

佛告大慧. 我因二法故作如是說. 云何二法. 謂緣自得法. 及本住法. 是名二法. 因此二法. 故我如是說.

관기 여기서는 불설설不說說의 까닭을 제시하고 있다. 타자他者로부터 얻지 않은 걸 자득自得이라 하며, 본래 적멸하고 담연湛然하여 움직임이 없는 걸 본주本住라고 한다. 당역에서는 "자증법自證法을 말한다"고 하였다.

어찌하여 자득법自得法을 반연하는가? 만약 저 여래가 얻은 것이라면 나 역시 얻어서 늘어남도 없고 줄어듦도 없다. 자득법을 반연한 구경究竟의 경계는 언설의 망상을 여의고 문자의 두 갈래(二趣)를 여읜 것이다.

云何緣自得法. 若彼如來所得. 我亦得之. 無增無減. 緣自得法究竟
境界. 離言說妄想. 離字二趣.

> 관기

여기서는 자증법自證法이 바로 말을 여읜 도道이기 때문에 설할 수 있는 법이 없다고 말한다. 말하자면 온갖 부처가 증득한 자득自得의 법은 나 역시 얻는데 터럭 하나도 늘거나 주는 일은 없다. 그러나 이 법의 구경究竟은 언설의 망상을 여의고 문자의 두 가지 갈래(趣)를 여읜 것이다. 하지만 내가 설한 것은 바로 언설과 문자의 경계를 여읜 것으로 설한 곳이 없는 설함(無說處說)이기 때문에 그 설하지 못함을 설한 것이다.

무엇이 본주법本住法인가? 말하자면 옛 선성先聖의 도道는 마치 금이나 은 등의 성품과 같아서 법계에 항상 머무니, 가령 여래가 세상에 출현하든 세상에 출현하지 않든 법계에 항상 머무는 것이 마치 저 성도城道에 취향하는(趣) 것과 같다. 비유하면 사부士夫가 빈 들판을 가다가 고성古城으로 난 평탄한 바른 길을 보고서 즉시 그 길을 따라 성에 들어가 뜻대로(如意)의 즐거움을 누렸다.(당역에서는 "무엇이 본주법인가? 말하자면 법의 본성이 마치 금이 광물에 존재하는 것과 같으니, 가령 부처가 세상에 나오든 세상에 나오지 않든 법은 법위法位이자 법계法界와 법성法性으로서 모두 다 항상 머문다. 비유하면 어떤 사람이 빈 들판을 가다가 고성古城으로 난 평탄한 옛길[舊道]을 보고서 즉시 따라 들어가 유희遊戱를 그치고 쉬었다"고 하였다)

대혜야, 그대의 뜻은 어떠한가? 저 사람이 이 길(道) 및 성城 안의 갖가지 즐거움을 만들었는가?"(위역에서는 "저 사람이 처음 이 길을 만들었고 그 길을 따라 성에 들어갔는가? 처음으로 갖가지 온갖 장엄을 지었는가?"라고 하였다)

대혜가 대답했다.

"아닙니다."

부처님이 대혜에게 고하셨다.

"나(我) 및 과거의 일체 모든 부처가 법계에 항상 머무는 것도 마찬가지다.(당역에서는 "나(我) 및 온갖 부처가 진여의 항상 머무는 법성을 증득한 바도 역시 마찬가지다"고 말했다) 그러므로 나는 어느 날 밤에 최정각最正覺을 얻었고 나아가 어느 날 밤에 반열반般涅槃에 들었으며, 그 중간 내내 한 글자(一字)도 설하지 않았고 또한 이미 설하지도 않았고 앞으로 설할 것도 아니다'라고 말한 것이다."

云何本住法. 謂古先聖道. 如金銀等性. 法界常住. 若如來出世. 若不出世. 法界常住. 如趣彼城道. 譬如士夫行曠野中. 見向古城平坦正道. 卽隨入城. 受如意樂. (唐譯云. 云何本住法. 謂法本性. 如金在鑛. 若佛出世. 若不出世. 法[是]法位. 法界法性. 皆悉常住. 譬如有人行曠野中. 見向古城平坦舊道. 卽便隨入. 止息遊戲) 大慧. 於意云何. 彼作是道. 及城中種種樂耶. (魏譯云. 彼人始作是道. 隨入城耶. 始作種種諸莊嚴耶) 答言. 不也. 佛告大慧. 我及過去一切諸佛. 法界常住. 亦復如是. (唐譯云. 我及諸佛. 所證眞如常住法性. 亦復如是) 是故說言. 我從某夜得最正覺. 乃至某夜入般涅槃. 於其中間. 不說一字. 亦不已說當說.

> **관기** 여기서는 부처와 부처가 증명한 본주법本住法을 말하고 있다. 나는 단지 그걸 말미암기 때문에 역시 설할 수 없는 것이다. 본주本住란 법성法性이 본래 스스로 항상 머묾을 말한 것이니, 소위 온갖 법이 본래로부터 항상 스스로 적멸한 상相이다. 이 법은 법위法位에 머물며 세간의 상相이 항상 머무니, 마치 왕이 다스리는 성의 평탄한 길로 나아가는(趣) 것과 같다. 뭇 성인이 공통으로 말미암아서 부처와 부처가 세간에 나오는데, 단지 그걸 말미암을 뿐이다. 이는 처음으로 만든 것이 아니고 만듦이 없기(無作) 때문에 설할 수 없다. 그렇다면 여래가 설한 것은 바로 부처와 부처가 거친 길 주변의 일일 뿐이다. 만약 대도大道 및 자수용自受用의 처소에 이르면, 오직 스스로 행하고 스스로 알아서 묵묵히 계합할 뿐이니 어찌 얻어서(得) 설하겠는가? 자득自得이란 바로 본주법本住法으로 모두 설할 수 없으니(不可說), 이 때문에 시종일관 중간 내내 한 글자도 설하지 않은 것이다.

이때 세존께서 이 뜻을 거듭 선포하고자 게송을 설하셨다.

爾時世尊欲重宣此義而說偈言.

나는 어느 날 밤 도道를 이루었고
어느 날 밤에 열반에 들었는데
이 둘의 중간 사이에
나는 도무지 설한 것이 없다네.

자득법自得法을 반연해 머물기 때문에
나는 이렇게 설하는 것이니,
저 부처와 더불어 나는
어떤 차별도 있지 않다.

我某夜成道. 至某夜涅槃. 於此二中間. 我都無所說. 緣自得法住. 故我作是說. 彼佛及與我. 悉無有差別.

<관기> 이 게송은 부처와 부처의 길이 동일함을 말한다. 그 의도는 비단 내가 한 글자도 설하지 않을 뿐 아니라 일체 모든 부처도 역시 다 설할 만한 법이 없음을 나타내고 있다. 자취를 밟아 여기에 이르면 구경究竟이 이미 극한이고, ②-2-2 아래를 향해서는 구경究竟의 일심一心을 밝혀서 있음(有)과 없음(無)의 상相을 여의니, 두 가지 견해를 타파하기 때문이며, 열반이 허물을 여읨을 나타내기 때문이다.

이때 대혜보살이 다시 세존에게 청하였다.
"오직 바라노니, 일체법이 무상無相인지 유상有相인지 설하셔서 나와 여타의 보살마하살이 무상과 유상을 여의고 조속히 아뇩다라삼먁삼보리를 얻게 하소서."
부처님께서 대혜에게 고하셨다.
"자세히 듣고 자세히 들어서 잘 사유하도록 하라. 마땅히 그대를 위해 설하겠다."
대혜가 부처님께 여쭈었다.

"훌륭하십니다, 세존이여. 가르침을 잘 받겠습니다."

爾時大慧菩薩復請世尊. 惟願爲說一切法有無有相. 令我及餘菩薩摩訶薩. 離有無有相. 疾得阿耨多羅三藐三菩提. 佛告大慧. 諦聽諦聽. 善思念之. 當爲汝說. 大慧白佛言. 善哉世尊. 唯然受敎.

> 관기 여기서는 앞서 부처가 설한 '부처가 있든 부처가 없든 법계에 항상 머문다'를 인因하기 때문에 여기서 무상과 유상을 특별히 질문해 구경究竟의 본제本際를 밝힘으로써 있음(有)과 없음(無)을 모두 여의어서 열반이 허물을 여의었음을 나타낸 것이다. 정명淨名에서는 이렇게 말했다.

"본제本際는 얻을 수 없다. 생사와 열반이 본래 평등하니, 있음(有)과 없음(無)을 모두 여의기 때문이다."

대체로 이 두 가지 견해가 바로 불법佛法에 의거해 일어난 것은 중생이 삼계가 오직 마음뿐임(三界唯心)을 요달하지 못하고 허망한 집착으로 온갖 법이 실답게 있다(實有)고 여겼기 때문이다. 그래서 부처는 연생緣生을 설해서 저 계교를 타파했지만, 법을 들은 자는 또 연생의 법을 집착해 실답게 있다(實有)고 여겼으니, 이승은 끊을 수 있는 생사가 실제로 있고 증득할 수 있는 열반이 실제로 있다고 허망하게 집착하기 때문에 부처는 구경究竟으로 항상 머무는 생사와 열반은 본래 평등하다고 설해서 저들의 계교를 타파한 것이다. 그러나 설법을 듣는 자는 부처의 뜻을 얻지 못하고 다시 절무(絶無: 절대적 무)로 여기고, 이 있음(有)과 없음(無)의 두 가지 견해를 말미암아 단지 말을 따라 견해(解)를 낳기 때문에 본주법本住法을 능히 자득自得하지 못할 뿐이다. 대혜는 앞서 부처의 설함으로 인해 구경究竟이 이에 이르자 장차 이 계교를 은밀히 막을 의도가 있었기 때문에 특별히 이런 질문을 일으킨 것이다.

부처님께서 대혜에게 고하셨다.
"이 세간에 의지하는 것에 두 가지가 있으니, 말하자면 있음(有)에 의지함 및 없음(無)에 의지함이니(당역에서는 "세간의 중생이 대부분 두 가지 견해에 떨어지니, 말하자면 유견有見과 무견無見이다"라고 하였다), 성품과 성품 아님(性非性)에 떨어진 욕망의 견해(欲見)는 상相을 여읨을 여의지 못한다.

佛告大慧. 此世間依. 有二種. 謂依有及無. (唐譯云. 世間衆生多墮二見. 謂有見無見) 墮性非性. 欲見不離離相.

관기 여기서는 두 가지 견해의 허물을 제시하고 있다. '있음에 의지함(依有)'은 말하자면 부처가 설한 연생緣生에 의거하는 것이니, 무생無生을 요달하지 못하기 때문에 허망하게 계교하여 능생能生하고 소생所生하는 것이 실제로 있다고 여기는 것이 이에 해당한다. '없음(無)에 의지함'은 말하자면 부처가 설한 망상에는 성품이 없고 생사와 열반은 본래 평등함에 의지하는 것이니, 오직 마음뿐임을 요달하지 못하기 때문에 절대적 무(絶無)를 허망하게 계교해서 무無를 배척하는 견해를 일으키는 것이 이에 해당한다. 있음(有)을 계교하면 성품(性)에 떨어져서 외도의 무인無因과 동일하고, 없음(無)을 계교하면 성품 아님(非性)에 떨어져서 일천제一闡提로 타락해 인과가 없다고 배척한다. 그래서 위역에서는 이렇게 말한다.

"온갖 법이 있다(見)고 보고 온갖 법이 없다(無)고 보기 때문에 구경究竟의 법이 아니면서 구경의 상想을 내니, 이 때문에 욕망의 견해(欲見)는 상相을 여읨을 여의지 못한다."

그러나 자심의 현량現量을 요달하지 못하기 때문에 불법 속에서 말을 여의고 뜻을 얻는(離言得義) 것이 불가능하다. 다만 언설 망상의 분별에 의거해 두 가지 견해를 일으킬 뿐이다. 고덕古德은 "참(眞)을 구하려 하지 말고 오로지 견해를 쉬는 것이 필요할 뿐이다"라고 했다. 하지만 부처가 있든 부처가 없든 법계는 항상 머무니, 그렇다면 중생은 나날의 생활에서 현증現證하니 어찌 임시로 외부에서 구하겠는가? 다만 일념一念이 생기지 않고, 앞과 뒤의 경계(際)가 끊어지고, 능能과 소所가 쌍으로 잊히면서 허망한 견해가 이에 끊어지니, 스스로(自)와 본법本法이 상응할 뿐이다. 그러나 이 두 가지 견해는 바로 부처의 교문敎門을 잡아 번뇌를 낳는다고 하므로 이理에 들어갈 수 없으니, 이 때문에 불법을 배워서 외도의 견해를 이룬다고 말하는 것이다. 『대론大論』에서는 이렇게 말한다.

"만약 반야의 방편을 얻지 못하면 아비담阿毗曇에 들어가 즉시 있음(有) 속에 떨어지고, 공空에 들어가면 즉시 없음(無) 속에 떨어진다. 정법正法을 거꾸로 집착하다 오히려 삿된 사람을 이루는 자가 바로 이 부류(輩)이다."

대혜야, 무엇이 세간이 있음(有)에 의거하는 것인가? 말하자면 세간의 있음(有)은 인연으로 생기는 것이라서 있음 아님이 없으며, 있음(有)으로부터 생기는 것이라서 있음이 없는(無有)데서 생기는 것이 아니다. (당역에서는 "말하자면 인연이 있어서 온갖 법이 생기는 것이라서 실제로 있지 않음이 없으며, 온갖 법이 실제로 있는 것은 인연으로부터 생기는 것이라서 법의 생겨남이 없지 않다"라고 하였다) 대혜야, 저들이 이렇게 설하는 것은 바로 세간의 무인無因을 설하는 것이다."

大慧. 云何世間依有. 謂有世間因緣生. 非不有. 從有生. 非無有生. (唐譯云. 謂有因緣而生諸法. 非不實有. 實有諸法從因緣生. 非無法生) 大慧. 彼如是說者. 是說世間無因.

관기 여기서는 부처의 교문敎門에 의거하여 인연으로 생기는 법을 들으면 능히 생기게 하는(能生) 인연과 생겨나는(所生) 온갖 법이 실제로 있다고 집착해서 유견有見에 떨어짐을 밝히고 있다. 말하자면 뭇 중생은 세간이 결정코 있는 인연(定有因緣)으로 능히 온갖 법을 낳는다고 허망하게 집착하니, 이것은 인연이 실제로 있다(實有)고 계교하기 때문에 '실제로 있지(實有) 않음이 없다'고 말한 것이다. 또 이미 능히 생기게 하는(能生) 인연이 있다면 반드시 생겨나는(所生) 온갖 법이 있으니, 이것은 온갖 법이 실제로 있다(實有)고 계교하기 때문에 '법의 생겨남이 없지 않다'고 한 것이다. 그러나 저들이 만약 실제로 있는 인연이 능히 온갖 법을 낳는다고 말한다면, 이렇게 설하는 자는 곧 외도의 무인無因에 떨어지기 때문에 '이는 세간의 무인無因을 설한 것이다'라고 한 것이다. 외도는 실제로 있는(實有) 생인生因을 허망하게 계교하니, 말하자면 승성勝性, 사대四大, 시時, 화합和合, 미진微塵, 자재自在 등을 법을 낳는 근본으로 여긴다. 그러나 본래 능히 생기게 하지 않는데도 허망하게 생인生因으로 삼고 있지만, 이는 무인無因이다. 인因이 아닌데도 인因을 계교하기 때문에 '무인無因'이라 말한 것이다. 하지만 이 무인은 있음(有)을 계교함으로부터 나온 것이니, 온갖 법이 본래 스스로 무생無生임을 요달하지 못했기 때문이다.

○ 이상 유견有見에 떨어짐을 타파하였다.
△ 이하에선 무견無見에 떨어짐을 타파한다.

"대혜야, 무엇이 세간이 없음(無)에 의지하는 것인가? 말하자면 탐냄, 성냄, 어리석음의 성품을 받아들이고 난 후에 망상으로 탐냄, 성냄, 어리석음의 성품과 성품 아님을 계교하고 집착하는 것이다. 대혜야, 만약 성품 있음(有性)을 취하지 않는 자라면 성품과 모습(性相)이 적정 寂靜하기 때문이다.

大慧. 云何世間依無. 謂受貪恚癡性已. 然後妄想計著貪恚癡性非性. 大慧. 若不取有性者. 性相寂靜故.

 여기서는 부처의 교문敎門에 의거해 생사와 열반이 본래 평등하다고 설함을 듣고서 마침내 인과가 없다고 배척해 무견無見

에 떨어진다. 부처가 우선 설한 혹란惑亂은 항상(常)하고, 번뇌의 성품은 공空하며, 망상은 성품이 없다는 등의 구절에 대해 곧 어떤 증상만增上慢의 사람은 마침내 이 말이 실답다고 집착하는 것이니, 그래서 '번뇌가 곧 보리菩提이고, 생사가 곧 열반이고, 음란, 분노, 어리석음이 범행梵行이 된다'고 한 것이다. 그래서 마음대로 미친 행위를 하고, 걸음걸음마다 유有를 행하고, 입과 입마다 공空을 이야기 하니, 말하자면 술 마시고 고기 먹는 것이 보리를 장애하지 않고, 도둑질하고 음란한 짓을 하는 것도 반야般若를 방해하지 않는다는 것이다. 또 '단지 죄와 복의 성품이 있다고 취하지 않기만 하면' 자연히 마음의 경계가 적정寂靜해지니, 행하는 데 무슨 장애가 있겠는가? 그러므로 '탐냄, 성냄, 어리석음의 성품을 받아들이고 난 후에 망상으로 탐냄, 성냄, 어리석음의 성품과 성품 아님을 계교하고 집착하는 것이다'라고 한 것이다. 당역에서는 이렇게 말했다.

"탐냄, 성냄, 어리석음의 성품을 받아들임을 알게 되자 허망한 계교로 무無를 말한 것이다."

말하자면 분명히 알기 때문에 성품이 공空하여 죄가 없다고 허망하게 말하게 되는 것이다. 그러므로 부처가 저들이 본 바를 가리키면서 이렇게 따져 물은 것이다.

"만약 성품이 있다고 취하지 않는 자라면 성품과 모습(性相)이 적정하기 때문이다."

이 의미는 저들이 과연 탐냄, 성냄, 어리석음이 성품 있다(有性)고 집착하지 않는 자라면 성품과 모습이 적정하기 때문이라는 것이다. 성품(性), 마음(心), 모습(相), 경계(境)는 단지 저들로 하여금 스스로 그 마음을 헐떡이게 할 뿐이다. 만약 마음의 경계라면 과연 적정한가? 마음의 경계가 과연 적정하다면 끓는 물을 밟고 타는 불속에 들어가도 마치 허공에 처한 듯하고, 분노를 먹고 진한 술을 마셔도 깨끗함과 더러움을 나누지 않으니, 이와 같다면 그럴 수 있지만 지금은 이미 그렇지 않아서 결정코 참다운 지견知見이 아니다. 바로 망상으로 멋대로 계교해서 인과의 견해를 배척해 없앨 뿐이다. 위역에서는 "온갖 법은 있지 않으니, 온갖 물상物相을 보지 못하기 때문이다"라고 했고, 당역에서는 "아울러 저 온갖 법을 분별하지만 온갖 법이 있다(有)고 받아들이지 않는다"라고 했다. 이 두 가지 번역에서 증명하기 때문에 이 적정의 구절이 바로 부처가 '저들이 집착하는 것은 허망한 계교의 언사言辭'라고 내놓은 것이니, 소위 부처의 요의了義를 가지고 자기 이해(己解)로 돌이킨 것이 이에 해당한다. 관觀하는 자는 응당 뜻(義)에 능숙해야 한다.

말하자면 온갖 여래와 성문과 연각은 탐냄, 성냄, 어리석음의 성품이 있다(有)고 하거나 없다(無)고 하는 식으로 취하지 않는다.

謂諸如來聲聞緣覺. 不取貪恚癡性爲有爲無.

관기 여기서 말하는 배척해 없앤다(撥無)는 삼승의 성인도 자기의 봄(見)과 동일하다고 허망하게 헤아리는 것이다. 말하자면 저들은 삼승의 성인도 역시 먼저 탐냄, 성냄, 어리석음이 있지만 단지 성품을 취하지 않는 것일 뿐이라고 허망하게 설한다. 저 성인은 탐냄,

성냄, 어리석음이 본래 적정寂靜함을 알기 때문에 있다(有)고 취하지 않으며, 또한 탐냄, 성냄, 어리석음을 끊지 않기 때문에 없다(無)고 취하지도 않는다. 당역에서는 이렇게 말한다.

"다시 온갖 여래, 성문, 연각은 탐냄, 성냄, 어리석음의 성품이 없다는 걸 알면서도 허망한 계교로 '있지 않음(非有)'이 된다."

말하자면 자기처럼 취하지 않는다고 허망하게 계교함으로써 있지 않음(非有)이 된다.

이것은 실제로 악견惡見을 가진 증상만增上慢의 사람이 얻지 못했는데 얻었다고 일컫고 증득하지 못했는데 증득했다 일컫는 것이다. 진실로 대천제大闡提는 부처의 종성種性을 끊고 인과를 배척해 없앤 자이니, 소위 불법佛法을 배운 외도이다. 여래는 말법未法 시대에 이런 무리들이 많은 걸 보았기 때문에 여기서 특별히 그 허물을 내놓아 경계할 줄 알게 함으로써 삿된 견해에 떨어지지 않게 할 뿐이다.

대혜야, 이 중에서 누가 파괴한 자인가?"

大慧. 此中何等爲壞者.

> 관기 여기서 부처는 대혜에게 '이 두 사람 중 누가 선근善根을 파괴해 공견空見에 떨어지고 부처 종자를 끊은 자인가?'라고 질문한다. 파괴(壞)는 떨어진다(墮)는 뜻이고 끊어 없앤다(斷滅)는 뜻이다.

대혜가 부처님께 여쭈었다.

"세존이여, 가령 저들이 탐냄, 성냄, 어리석음의 성품을 취했다면 나중에 다시 취하는 겁니다."

大慧白佛言. 世尊. 若彼取貪恚癡性. 後不復取.

<관기> 대혜는 공견空見에 떨어진 것을 파괴한 자라고 말한다.

부처님께서 대혜에게 고하셨다.
"훌륭하고 훌륭하다. 네가 이렇게 이해하는구나.(당역에서는 "네가 나의 질문을 이해하는구나"라고 하였다) 대혜야, 탐냄, 성냄, 어리석음의 성품과 성품 아님이 파괴한 자일 뿐만 아니라 성문, 연각 및 부처도 역시 파괴한 자이니, 그 까닭은 무엇인가? 말하자면 안팎으로 얻을 수 없기 때문이며, 번뇌의 성품이 다르기도 하고 다르지 않기도 하기 때문이다.

佛告大慧. 善哉善哉. 汝如是解. (唐譯云. 汝解我問) 大慧. 非但貪恚癡性非性爲壞者. 於聲聞緣覺及佛亦是壞者. 所以者何. 謂內外不可得故. 煩惱性異不異故.

<관기> 여기서는 배척해 없앤(撥無) 자의 잘못된 견해를 내놓고 있다.
말하자면 저 배척해 없앤(撥無) 사람은 스스로 탐냄, 성냄, 어리석음의 성품 없음을 선근을 끊어 파괴한 자로 여길 뿐만 아니라

저들 또한 성문, 연각 및 부처가 증득한 바를 갖고서 자기 견해와 허망하게 동일시한다. 또 이것이 부처 종자를 끊어 없애는 것이니, 그렇다면 저들은 스스로를 파괴할 뿐만 아니라 또 불법도 파괴해 멸한다.

어째서 저들이 스스로를 파괴하고 또 불법도 파괴한다고 설명하는가? 저들이 부처의 말을 잘못 이해해서 안팎으로 얻을 수 없다고 허망하게 일컫기 때문이고, 번뇌의 성품이 다르기도 하고 다르지 않기도 하다고 허망하게 일컫기 때문이다. 그러나 안팎(內外)은 마음의 경계이니, 또한 안(內)은 업인業因이고 밖(外)은 고통의 과보(苦果)이다. 번뇌는 바로 탐냄, 성냄, 어리석음이고, 다르다(異)는 많은 종류를 말하고, 다르지 않다(不異)는 하나의 참(一眞)을 말하니 소위 번뇌 즉 보리이다. 저들 배척해 없앤(撥無) 사람이 안팎의 마음 경계의 인과因果가 모두 얻을 수 없다고 허망하게 일컬었기 때문에 인因도 없고 과果도 없는 것이며, 그런데도 '생사가 바로 열반이고, 번뇌가 바로 보리이다'라고 말했기 때문에 대략 거리낌없이 몸과 마음을 놓아버림을 해탈로 여긴 것이다. 말하자면 성문, 연각 및 부처가 증득한 바도 역시 이와 같을 뿐이니, 이것이 진정으로 부처 종자를 끊어 없앤 것이다.

대혜야, 탐냄, 성냄, 어리석음에 대해 안이든 밖이든 얻을 수가 없으니, 탐냄, 성냄, 어리석음의 성품은 몸(身)이 없기 때문이며 취함이 없기 때문이다. 부처, 성문, 연각은 파괴한 자가 아님은 부처, 성문, 연각이 자성해탈自性解脫이기 때문이며, 속박과 속박의 인因이 성품이 아니기 때문이다.

大慧. 貪恚癡若內若外不可得. 貪恚癡性. 無身故. 無取故. 非佛聲聞緣覺是壞者. 佛聲聞緣覺自性解脫故. 縛與縛因非性故.

관기 여기서는 삼승 성인의 실제적인 증득을 올바로 제시하고 있다. 그러나 삼승의 성인이 증득한 바가 탐냄, 성냄, 어리석음에 대해 안이든 밖이든 얻을 수 없다는 것은 관觀과 슬기(慧)의 힘으로 탐냄, 성냄, 어리석음의 성품이 본래 체體가 없다는 걸 분명히 보기 때문이며 취할 수가 없기 때문이니, 어찌 저 배척하여 없애는(撥無) 사람이 성냄, 어리석음의 경계를 현행現行해 갖가지 업業을 지으면서 허망하게 스스로 안팎으로 얻을 수 없다고 말하는 것과 동일하겠는가? 즉 지금 몸과 마음의 고뇌는 곳곳에서 얽매이고 속박되니, 어찌 번뇌의 성품이 다르기도 하고 다르지 않기도 하다고 허망하게 일컬을 수 있겠는가? 그러므로 나는 저 배척하여 없앤(撥無) 사람이 스스로 악한 견해를 일으켜 선근을 끊어 없앨 뿐이라고 설한 것이다. 부처, 성문, 연각이 파괴한 자가 아니라는 것은 부처, 성문, 연각이 자성해탈自性解脫이기 때문이며, 속박과 속박의 인因이 성품이 아니기 때문이다. 해탈은 열반이고, 속박(縛)은 생사이며, 속박의 인(縛因)은 오주번뇌五住煩惱[85]이다. 부처는 무여無餘[86]를 증득하고 이승二乘은 유여有

---

85 온갖 번뇌의 근본이 되는 다섯 가지 번뇌. (1) 견일처주지見一處住地: 욕계·색계·무색계의 견혹見惑 이것은 견도見道에 들어갈 때 일시에 끊으므로 견일처見一處라고 한다. (2) 욕애주지欲愛住地: 욕계의 수혹修惑, 곧 탐貪·진瞋·치癡·만慢. (3)

餘[87]를 증득해서 통칭 열반이라 하기 때문에 모두 '자성해탈自性解脫'이라 한다. 사주四住의 번뇌는 분단[88]의 인(分段因)이고, 무명주지無明住地는 변역의 인(變易因)이 되는데, 이승은 분단分段의 죽음을 건너고 부처는 변역變易[89]의 죽음을 건너기 때문에 모두 '속박과 속박의 인(因)은 성품이 아니다'라고 한 것이다. 또 삼승 성인의 실제적인 증득이 이와 같으니, 어찌 저 배척하여 없앤(撥無) 자와 함께 거론할 수 있겠는가?

대혜야, 만약 속박하는 자가 있다면, 응당 속박이 있음(有縛)이 속박의 인因이기 때문이다. 대혜야, 이렇게 파괴하는 자를 설하니, 이를 이름하여 있음의 모습(有相)이 없는 것이라 한다.

大慧. 若有縛者. 應有縛是縛因故. 大慧. 如是說壞者. 是名無有相.

색애주지色愛住地: 색계의 수혹修惑, 곧 탐貪·치癡·만慢. (4) 유애주지有愛住地: 무색계의 수혹修惑, 곧 탐貪·치癡·만慢. (5) 무명주지無明住地: 욕계·색계·무색계의 무명.

86 무여열반을 말한다. 번뇌와 괴로움이 완전히 소멸된 상태. 온갖 번뇌와 분별이 끊어진 상태. 모든 분별이 완전히 끊어진 적멸寂滅의 경지.

87 유여열반을 말한다. ①번뇌는 완전히 소멸되었지만 아직 미세한 괴로움이 남아 있는 상태. 아라한阿羅漢의 열반. ②번뇌는 완전히 소멸되었지만 아직 육신이 남아 있는 상태.

88 분단생사를 말한다. 삼계에서 태어나고 죽는 일을 되풀이하는 범부의 생사.

89 변역생사를 말한다. 삼계의 괴로움을 벗어난 성자가 성불할 때까지 받는 생사. 신체와 수명을 자유자재로 변화시킨다고 하여 변역이라 한다.

관기 여기서는 배척하여 없앤(撥無) 자의 허물을 내놓고 있다. 그러나 저 배척하여 없앤(撥無) 자는 스스로 삼승의 성인과 동일하다고 말했고, 또 저 성인은 모두 자성해탈自性解脫을 얻은 자로 생사의 속박과 번뇌의 속박의 인因이 모두 이미 다 청정해졌다. 하지만 저들 스스로 헤아려 보면 과연 생사 고통의 속박이 있는가, 고통의 속박이 없는가? 만약 과연 고통의 속박이 없다면 그럴 수 있겠지만, 오히려 생사 고통의 속박이 있는 것이라면 이는 응당 반드시 번뇌와 고통이 인因이 됨이 있기 때문이다. 지금은 이미 업인業因이 다하지 않아 고통의 과果에서 도피하기 어렵고 생사의 신속한 바퀴도 번갯불처럼 구르게 되니, 어찌 허망하게 인因도 없고 과果도 없다고 말할 수 있겠는가? 그러나 업의 미혹(業惑)이 바야흐로 치열하니, 어찌 삼승의 성인을 허망하게 헤아려서 고통을 제도하는 삽자翣資[90]로 이끌다가 스스로를 속이는 매개의 뗏목(媒筏)이 되겠는가? 너무나 심한 어리석음이 이와 같기 때문에 내가 그 이름을 파괴하는 자라고 설한 것이다. 이는 없음(無)의 견해에 떨어진 자는 그 상相이 이와 같이 되는 것이니, 슬프도다, 말법末法이여! 응당 아프게 식별(識)해야 한다.

대혜야, 이 때문에 나는 차라리 인견人見을 수미산처럼 취할지언정 있는 바가 없다(無所有)는 증상만增上慢의 공견空見을 일으키지 말라고 설한 것이다.

---

90 삽翣은 상여의 양 옆에 다는 큰 깃털 부채 모양의 장식. 삽자翣資는 삽으로 꾸미는 것을 말한다.

大慧. 因是故. 我說寧取人見如須彌山. 不起無所有增上慢空見.

> **관기** 여기서는 공견空見의 허물을 심하게 말하고 있는데, 그 의도는 영원히 여의라고 통절히 권유하는 것이다. 인견人見은 있음의 견해(有見)이다. 당역에서는 이렇게 말했다.

"나는 이 뜻에 의거해 비밀의 뜻(密意)으로 설하길 '차라리 아견我見을 수미산처럼 일으킬지언정 공견空見을 일으켜 증상만增上慢을 품지 말아야 한다'고 했다."

그러나 비밀의 뜻(密意)에 의거해 '차라리 아견我見을 수미산처럼 일으킬지언정'이라 함은 아견我見을 일으키는 것을 인정하는 게 아니라 공견空見을 일으키지 말아야 함을 강조해 말한 것이다. 그러나 아견我見이 비록 고착되어 교화하기 어려워도 외도 중 근기가 날카로운 자는 오히려 일언一言으로 전변轉變할 수 있지만 공견空見에 이르게 되면 가장 다스릴 수 없다. 하지만 권교權敎[91]의 보살도 오히려 진공眞空을 식별하지 못하고 공空이란 명칭으로 뜻을 혼란시키는데, 하물며 증상만增上慢을 품고서 배척해 없앰(撥無)을 일으키는 자이겠는가! 영가永嘉 대사가 "텅 트인 공空이라고 인과를 배척한다면, 아득하고 광대함이 재앙과 화禍를 부르리라"라고 한 것은 말하자면 이 때문이다.

대혜야, '있는 바가 없다(無所有)는 증상만增上慢', 이를 이름하여 파괴(壞)라 하는데, 자상自相과 공상共相에 떨어져서 희망을 보아도 자심自

---

[91] 깨달음에 이르게 하기 위해 중생의 소질에 따라 일시적인 방편으로 설한 가르침. 깨달음을 그대로 설한 진실한 가르침은 실교實敎라 한다.

心의 현량現量을 알지 못하며(당역에서는 "만약 이 견해를 일으킴을 이름하여 파괴하는 자라 하면, 자상과 공상의 견해에 떨어져서 낙욕樂欲 중에 있더라도 온갖 법이 오직 마음의 나타난 것일 뿐임을 요달하지 못한다"고 하였다), 외부의 성품이 무상無常해 찰나刹那마다 전전展轉하면서 파괴함을 보며, 음陰, 계界, 입入이 상속相續하고 유주流注하면서 변하여 소멸하니, 문자 상相의 망상을 여읜 것, 이를 이름하여 파괴하는 자라고 한다."

大慧. 無所有增上慢者. 是名爲壞. 墮自共相見希望. 不知自心現量. (唐譯云. 若起此見名爲壞者. 墮自共見樂欲之中. 不了諸法唯心所現) 見外性無常. 刹那展轉壞. 陰界入相續流注變滅. 離文字相妄想. 是名爲壞者.

○관기

여기서는 결론으로 공견空見이 커다란 허물인 까닭을 따지고 있다. 내가 증상만의 인간을 이름하여 파괴하는 자 설한 까닭은 저 자상과 공상의 견해에 떨어져서 낙욕樂欲 중에 있더라도 온갖 법이 오직 마음이 나타난 것일 뿐임을 요달하지 못했기 때문이다. 자상과 공상은 말하자면 오온과 근根, 진塵 등이고, 희망과 낙욕樂欲이란 말하자면 안으로 근신根身을 받아들이고 밖으로 육진六塵에 물들어서 탐냄, 성냄, 어리석음을 일으켜 오욕五欲[92]을 굳세게 집착하는 것이

---

[92] 오관의 욕망 및 그 열락을 가리키는 5종의 욕망. 눈·귀·코·혀·몸의 다섯 가지 감각기관, 즉 오근五根이 각각 색色·성聲·향香·미味·촉觸의 다섯 가지 감각 대상, 즉 오경五境에 집착하여 야기되는 5종의 욕망이다. 또한 오경을 향락하는 것을

다. 하지만 실제로는 자심自心의 현량現量을 요달하지 못해서 밖으로는 세계의 무상함을 좇으면서 찰나마다 전전展轉하여 변천해 사라지고(遷謝) 안으로는 온蘊, 계界, 처處의 상相에 의거해 생각 생각마다 멈추지 않고 생사에 흘러드는 것이 마치 등불이 타는 듯하고 물이 졸졸 흐르는 듯해서 일념一念도 멈추어 쉬지 않는 것이다.

　이처럼 불생불멸不生不滅을 이미 증득했다고 스스로 일컬으면서 허망하게 생사가 평등하고 번뇌의 성품이 공空하다고 말하고 다시 온갖 부처 여래가 증득한 열반의 문자를 여읜 상相을 허망하게 분별한 것을 자기 견해로 여기니, 이는 실제로 얻지 못한 것을 얻었다고 일컫고 증득하지 못한 것을 증득했다고 일컫는 증상만增上慢의 사람이기 때문에 내가 불법을 파괴한다고 설한 것이다. '선근善根을 끊은 자'는 다른 경전에서 설했다. 차라리 유견(有見: 있음의 견해)을 수미산처럼 일으킬지언정 무견(無見: 없음의 견해)은 겨자씨만큼이라도 일으키지 말아야 하니, 크게 험난한 구덩이(坑)에 떨어지면 온갖 부처도 교화하지 못하기 때문이다.

이때 세존께서는 이 뜻을 거듭 선포하고자 게송을 설하셨다.

爾時世尊欲重宣此義而說偈言.

있음(有)과 없음(無)은 두 변邊이고

　말한다. 대체로 세속적인 인간의 욕망 전반을 뜻한다.

나아가 마음의 경계이니
(당역에서는 "마음의 행하는 바"라고 하였다)
그 경계를 청정하게 소제掃除하면
평등의 마음이 적멸寂滅하다.

경계의 성품을 취함이 없어도
멸滅함이 있는 바 없음(無所有)은 아니니
일 있음(有事)이 다 여여如如함이
마치 성현聖賢의 경계와 같다.

有無是二邊. 乃至心境界. (唐譯云. 心所行) 淨除彼境界. 平等心寂滅. 無取境界性. 滅非無所有. 有事悉如如. 如賢聖境界.

<small>관기</small> 여기서는 배척해 없애는(撥無) 견해가 참다운 적멸寂滅이 아니며 또한 성현聖賢의 경계가 아니란 걸 읊고 있다. 말하자면 있음(有)과 없음(無)의 두 변邊은 모두 망상이 행해진 경계이지만, 그러나 평등의 적멸은 심행心行의 처소가 아니니 반드시 저 망상의 경계를 청정히 소제해서 바야흐로 묵묵히 계합할 뿐이다. 또 저 증상만의 사람이 탐냄, 성냄, 어리석음의 성품을 취하지 않는 걸 소멸(盡)로 삼는다고 허망하게 일컬으니, 이것이 바로 배척해 없애서(撥無) 끊겨 소멸하는 멸滅로서 참다운 있는 바 없음(無所有)이 아니기 때문에 '소멸(滅)은 있는 바 없음(無所有)이 아니다'라고 한 것이다. 만약 과연 나날의 작용(日用)이 유위有爲의 일 위에 현전現前하면, 두두물물頭頭

物物[93]에서 일념一念이 움직이지 않고 마음과 경계가 여여如如하다. 이처럼 성현의 경계와 바야흐로 동일한데, 하지만 저 나날의 작용(日用)이 무명無明을 현행現行하면 업식業識이 아득해서 정情에 따라 업을 지으니, 어찌 성현과 동일하다고 허망하게 헤아릴 수 있겠는가? 이 하나의 게송은 파괴하는 자의 과오를 총체적으로 읊은 것이다.

종성種性이 없는데도 생겨남이 있고
생기고 나서는 다시 소멸하고,
인연의 있음(因緣有)은 있음(有)이 아니니
나의 교법敎法에선 머물지 않느니라.

외도도 아니고 부처도 아니며
나(我)도 아니고 또한 다른 자도 아니고
(당역에서는 "여타의 대중도 아니다"라고 하였다)
인연이 모여서 일어났으니
어찌하여 없음(無)을 얻겠는가?
누가 인연의 있음(因緣有)을 모아서
다시 없다(無)는 말로 설하는가?

無種而有生. 生已而復滅. 因緣有非有. 不住我敎法. 非外道非佛. 非我亦非餘. (唐譯云. 非餘衆) 因緣所集起. 云何而得無. 誰集因緣有.

---

93 모든 종류의 여러 가지. 가지가지.

而復說言無.

> **관기** 여기서는 외도를 빌려 배척해 없애는(撥無) 자의 커다란 과오를 물리침을 읊고 있다. 처음의 게송은 모두 외도의 삿된 이론(邪論)을 가리키고 있다. 말하자면 저 외도는 온갖 법이 본래 스스로 무생無生이란 걸 요달하지 못해서 종성(種)이 없는데도 생겨남이 있다고 허망하게 계교한다. 종種은 인因이다. 어떤 경우는 생기고 나서는 다시 소멸한다고 계교하고, 어떤 경우는 사대四大와 미진微塵 등이 화합한 인연이 능히 온갖 법을 낳는다고 계교하며, 어떤 경우는 온갖 법이 있음(有)이기도 하고 없음(無)이기도 하다고 계교한다. 이런 것들은 비록 삿된 견해라 말하지만 그러면서도 오히려 온갖 법을 절멸絶滅하지 못하니, 나는 이미 이렇게 통절히 배척했다.

"이것은 모두 삿된 이론(邪論)으로 나의 교법에선 머물지 않는다."

저 배척해 없앰(撥無)은 탐냄, 성냄, 어리석음의 성품을 취하지 않음이 문득 적멸이 되면서 인과가 모두 없다고 허망하게 말하지만, 이 악견惡見은 또 외도의 이론도 아니고, 또 불법도 아니고, 또 내가 설한 것도 아니고, 또 나의 다른 제자들이 논한 것도 아니다. 하물며 저 현재의 번뇌의 인연이 모여 일으킨 생사의 업과業果 중에 마음을 일으키고 생각을 움직이는 것은 업業 아님이 없고 죄罪 아님이 없는데, 어떻게 인因도 없고 과果도 없음을 얻겠는가? 그리고 번뇌가 모여 쌓인 인연으로 삼계의 생사 업과業果가 있어서 선악의 보응報應이 마치 그림자가 형체를 따르듯 하는데, 누가 감히 이 현전現前의 집기集起한 인연의 있음(因緣有) 가운데서 다시 절무絶無가 된다는 말로 설하는가? 그래서 '누가 인연의 있음(因緣有)을 모아서 다시 없다(無)는 말로 설하는가?'라고 한 것이다. 통절함이 심하고 책임이 깊으니, 관觀하는 자가 두려워하지 않을 수 있겠는가?

삿된 견해로 생겨나는 법을 논하며
망상으로 있음(有)과 없음(無)을 계교하니,
만약 생겨나는 바가 없고
다시 소멸하는 바가 없음을 안다면
이를 관觀함이 다 공적空寂해서
있음(有)과 없음(無) 둘 다 여읜다.

邪見論生法. 妄想計有無. 若知無所生. 亦復無所滅. 觀此悉空寂. 有無二俱離.

<u>관기</u> 이 게송은 관심觀心을 가리켜 돌아갈 것을 총체적으로 결론짓고 있다. 말하자면 불법 밖의 외도는 삿된 견해로 생겨나는 법을 논하고, 불법을 배우는 외도는 망상으로 있음(有)과 없음(無)을 계교하니, 이는 모두 온갖 법이 본래 스스로 무생無生이고 지금 또한 소멸함이 없음을 알지 못하는 것일 뿐이다. 저들이 진실로 본래 생겨나는 바가 없음을 안다면, 지금 또한 다시 소멸함이 없는 것이다. 온갖 법의 불생불멸不生不滅을 능히 관觀한다면 당체當體가 공적空寂하고 마음과 경계를 쌍雙으로 잊어서 그 있음(有)과 없음(無)의 두 견해가 저절로 함께 여읜다. 두 견해를 이미 여의었다면 저절로 본주

법본法本을 얻어서 당장 일념一念으로 단박에 증명해서 기대하지 않아도 얻는다.

○이상 열반이 허물을 여읨을 나타냈다.
△②-2-3 이하에선 두 가지 통함(通)으로써 과해果海가 말을 여읨을 밝혔다.

이때 대혜보살이 다시 부처님께 여쭈었다.
"세존이여, 오직 바라노니, 저와 온갖 보살들을 위해 종통宗通[94]의 상相을 설해 주소서. 만약 종통宗通의 상相을 잘 분별하는 것이라면, 저와 온갖 보살이 이 상相을 통달하고, 이 상相을 통달하고 나서는 조속히 아뇩다라삼먁삼보리를 이루어서 각覺의 상념(想) 및 뭇 마魔와 외도를 따르지 않습니다."(당역에서는 "이 뜻을 잘 요달하면 일체의 온갖 삿되고 허망한 이해를 따르지 않습니다"라고 하였다)

爾時大慧菩薩復白佛言. 世尊. 唯願爲我及諸菩薩說宗通相. 若善分別宗通相者. 我及諸菩薩通達是相. 通達是相已. 速成阿耨多羅三藐三菩提. 不隨覺想及衆魔外道. (唐譯云. 善達此義. 不隨一切衆邪妄解)

<관기> 이 이하부터는 말을 잊고 계합해 증득함(忘言契證)을 밝힌 것이다. 장차 과해果海가 말을 여읨을 나타내려 했기 때문에 이 질문을 초래한 것이다. 앞에서 불법을 배운 자는 부처의 뜻을

---

94 스스로 통달한 깨달음 그 자체.

얻지 못함을 인因해서 마침내 배척해 없애는(撥無) 견해를 일으키니, 저들이 자성自性의 종통宗通을 얻지 못하기 때문에 부처의 말씀을 잘못 이해해서 이렇게 잘못 떨어지게 된 것이다. 대체로 명언名言의 습기習氣를 아직 여의지 못해서 능히 말을 잊고 묵묵히 계합하질(忘言默契) 못하기 때문에 대혜가 앞을 이어받아 종통의 상相을 질문한 것이다. 부처의 의도는 저들이 종통에 능하지 못할 뿐 아니라 또한 설통說通[95]에도 능하지 못하다는 것이다. 그래서 부처의 뜻을 잘못 이해한 까닭에 질문 한 가지에 두 가지로 답한 것이다.

부처님께서 대혜에게 고하셨다.
"자세히 듣고 자세히 들어서 잘 사유하도록 하라. 마땅히 너를 위해 설하리라."
대혜가 부처님께 여쭈었다.
"세존이여, 가르침을 받겠습니다."
부처님께서 대혜에게 고하셨다.
"일체의 성문, 연각, 보살은 두 가지 통달(通)의 상相이 있으니, 말하자면 종통宗通 및 설통說通이다.

佛告大慧. 諦聽諦聽. 善思念之. 當爲汝說. 大慧白佛言. 世尊. 唯然受敎. 佛告大慧. 一切聲聞緣覺菩薩. 有二種通相. 謂宗通. 及說通.

---

[95] 스스로 체득한 깨달음을 막힘없이 말로 드러내다.

> **관기** 종통宗通의 상相을 질문함을 말미암아 설통說通의 상相을 아울러 제시했기 때문에 말을 여의고 마음을 관觀함으로써 그걸 가르친 것이다. 『종경록宗鏡錄』[96]에서는 이렇게 말한다.

"안으로 자심自心의 제일의리第一義理에 머물면서 자각自覺의 경지(地)에 머물러 성지聖智의 문門에 들어간다."

이런 상응相應을 이름하여 종통宗通의 상相이라 한다. 이는 행의 때(行時)이지 이해의 때(解時)가 아니니, 이해(解)를 인해 행行을 이루고 행行이 이루어져 이해(解)가 끊어지면, 언어의 길이 끊어지고(言語道斷) 심행心行의 처소가 소멸한다. 이 때문에 위역에서는 "나 및 온갖 보살들을 위해 수행의 상相을 건립해 수행케 하소서"라고 했고 부처가 답하길 "두 가지 법이 있으니, 첫째는 정법正法의 상相을 건립하고, 둘째는 정법의 상相을 건립함을 설하는 것이다"라고 했다. 당역에서는 이렇게 말한다.

"종취宗趣의 법상法相과 언설의 법상 이 두 가지 통달을 아는 것이 바로 부처가 제시한 삼승의 수행인이 이理에 들어가는 요문要門이다."

말하자면 온갖 수행자는 자심自心을 완벽히 깨달아서(了悟) 오직 마음뿐인 현량現量을 통달하는 것이 가장 중요하다. 다음으로 중요한 것은 여래가 설한 일체의 교법敎法을 잘 통달하여 모두 중생의 즐거움과

---

[96] 100권. 송宋의 영명 연수永明延壽 지음. 선교일치禪敎一致의 체계를 시도한 저술. 표종장標宗章·문답장問答章·인증장引證章으로 구성되어 있다. 제1권의 전반부에 해당하는 표종장에서는 일심一心을 근본 요지로 함을 밝히고, 제1권 후반부와 제93권까지의 문답장에서는 일심을 근본으로 하여 여러 문제를 제기한 다음 그에 대해 자세히 설명하고, 제94권에서 제100권까지의 인증장에서는 여러 대승경전과 어록, 그리고 여러 고승들의 글을 인용하여 앞의 논술을 증명한다.

욕망을 수순隨順해서 설하는 것이니, 마치 누런 낙엽으로 우는 아이의 울음을 그치게 하는 것과 같아서 본래 진실한 법과 사람이 없고, 부처의 가르침을 일반적으로 관觀하면 말에 의거해 이해할 수 없어서 망상에 따라 구른다(轉). 이와 같이 자심自心을 요달하고 또 말을 여읜 불법의 종지를 능히 잘 알아서 자연히 외도의 삿된 견해에도 떨어지지 않고, 또한 요의了義의 대승大乘을 자기 견해로 돌이키다가 일천제一闡提에 잘못 떨어져 불법을 파괴하는 것도 집착하지 않는다. 게송으로 관찰하면, 성스러운 종지의 명백함은 위를 인因해서 발한 것이다.

대혜야, 종통宗通이란 말하자면 스스로 얻은 뛰어난 진보(勝進)의 상相을 반연해서 언설과 문자의 망상을 영원히 여의고, 무루계無漏界인 자각지自覺地의 자상自相에 취향趣向하여 일체의 허망한 각覺의 상념(想)을 영원히 여의어서 일체의 외도와 뭇 마魔를 항복시키고 자각自覺의 취향趣向을 반연해 광명의 광휘가 발하니, 이를 이름하여 종통의 상相이라 한다.

大慧. 宗通者. 謂緣自得勝進相. 遠離言說文字妄想. 趣無漏界自覺地自相. 遠離一切虛妄覺想. 降伏一切外道衆魔. 緣自覺趣. 光明輝發. 是名宗通相.

여기서는 종통宗通의 상相을 제시하고 있다. 위역에서는 이렇게 말한다.

"무루無漏의 올바른 계(正戒)를 능히 취하여 온갖 지地의 수행 상相과 법法을 증득하고, 온갖 외도의 허망한 각관覺觀[97]과 온갖 마魔의 경계를 여의어서 일체의 외도와 온갖 마를 항복시켜 자신의 내증內證의 법을 나타내 보인다."

당역에서는 이렇게 말한다.

"일체의 올바르지 못한 사유와 지각(思覺)을 초월해서 마와 외도를 항복시키고 지혜의 광명을 낸다."

이로 말미암아 관하건대, 수행하는 인사人士가 초심初心으로 선禪에 들어가 오온을 아직 타파하지 못했다면 보이는 경계가 다 실증實證이 아니니, 그래서 『능엄경』에서는 50가지 중요한 마의 경계를 상세히 변론했다.

그렇다면 앞의 세 가지 음陰을 타파하지 못해서 나타난 경계가 바로 이 경전에서 말한 '허망한 각覺의 상념(想)'이며, 나중의 세 가지 음陰을 타파하지 못해서 일어난 온갖 견해가 바로 이 경전에서 말한 '일체의 외도와 뭇 마'이다. 이제 이런 것들을 여의고자 하고 항복시키고자 하면, 바야흐로 그 이름이 자각自覺을 반연하여 정행正行에 취향해서 자성自性에 본래 갖춘 지혜 광명이 자연히 광휘를 발해야 하는 것이다.

그러나 이런 것들을 여의고자 하고 항복시키고자 하면, 금강심金剛心으로 자성금강自性金剛의 무루보계無漏寶戒를 잡지 않으면 결단코

---

97 산스크리트 'vitarka'의 한문 구역舊譯. 신역新譯은 심사尋伺이다. 각覺은 사물을 추리하는 마음의 조잡한 작용이고, 관觀은 미세한 작용이란 뜻이다. 둘 다 선정禪定에는 방해가 된다.

불가능하다. 그러므로 위역에서는 "무루無漏의 올바른 계(正戒)를 능히 취해서 온갖 지地의 상相을 증득한다"고 했으며, 그래서 『능엄경』에서는 "식음識陰이 만약 다하면 그대는 온갖 근根의 상호 작용을 현전하고, 상호 작용으로부터 보살의 금강건혜金剛乾慧에 능히 들어가서 원만히 밝은 정심精心이 그 가운데서 발화發化한다"고 하였다. 이처럼 십신十信, 십주十住, 십행十行, 십회향十迴向 나아가 십지十地와 등각等覺까지 초월해서 여래의 묘장엄해妙莊嚴海에 들어가니, 이것이 소위 무루의 올바른 계(正戒)를 취하여 온갖 지地의 수행상修行相을 증득하는 것으로 바야흐로 이름하여 스스로 얻은 뛰어난 진보의 상(自得勝進相)을 반연함이라 한다. 저 배척해 없앰(撥無)은 이미 자심自心을 능히 요달하지 못해서 곧 의지를 갖고 수행하며, 또 여래가 설한 참다운 수행의 문을 능히 잘 요달하지 못하기 때문에 망상의 각관覺觀을 능히 멀리 여의지 못해서 온갖 마의 경계에 떨어진다. 그러나 스스로 '얻었다'고 여기는 것은 무루無漏의 올바른 계(正戒)를 아직 잡지 못해서 악습惡習에 부림을 당하기 때문이다. 짓는 바(所作)와 하는 바(所爲)가 마업魔業을 올바른 행(正行)으로 삼으니 괴이하지 않은가!

무엇이 설통說通의 상相인가? 말하자면 구부九部의 갖가지 교법教法을 설해서 다름(異)과 다르지 않음(不異), 있음(有)과 없음(無) 등의 상相을 여의고, 교묘한 방편으로써 중생에게 수순隨順하여 감응한 대로 법을 설해 도탈度脫하게 하니, 이를 이름하여 설통의 상相이라 한다.

云何說通相. 謂說九部種種教法. 離異不異有無等相. 以巧方便. 隨

順衆生如應說法. 令得度脫. 是名說通相.

 여기서는 설통說通의 상相을 제시하고 있다. 부처가 설한 십이부경十二部經[98]은 여기서는 구부九部[99]라고 말하는 것인데 대승

---

[98] 부처님의 일대 교설敎說을 그 경문의 성질과 형식을 따라 열둘로 나눈 것. (1) 수다라修多羅: 산스크리트어 sūtra, 팔리어 sutta의 음사. 경經·계경契經이라 번역. 산문체로 설한 것. (2) 기야祇夜: 산스크리트어 geya, 팔리어 geyya의 음사. 응송應頌·중송重頌이라 번역. 산문체로 된 내용을 다시 운문체로 설한 것. (3) 가타伽陀: 산스크리트어, 팔리어 gāthā의 음사. 게偈라고도 음사. 게송偈頌·풍송諷頌·고기송孤起頌이라고도 한다. 운문체로 설한 것. (4) 이타나尼陀那: 산스크리트어, 팔리어 nidāna의 음사. 인연因緣이라 번역. 부처를 만나 설법을 듣게 된 인연을 설한 부분. 서품序品이 여기에 해당한다. (5) 이제목다가伊帝目多伽: 산스크리트어 itivṛttaka의 음사. 본사本事라고 번역. 불제자의 과거 인연을 설한 부분. 『법화경』의 「약왕보살본사품藥王菩薩本事品」이 여기에 해당한다. (6) 사다가闍多伽: 산스크리트어, 팔리어 jātaka의 음사. 본생本生이라 번역. 붓다의 전생 이야기. (7) 아부타달마阿浮陀達磨: 산스크리트어 adbhuta-dharma의 음사. 희법希法·미증유법未曾有法이라 번역. 부처의 불가사의한 신통력을 설한 부분. (8) 아파타나阿波陀那: 산스크리트어 avadāna의 음사. 비유譬喻·출요出曜라고 번역. 비유로써 가르침을 설한 부분. (9) 우파제사優婆提舍: 산스크리트어 upadeśa의 음사. 논의論議라고 번역. 교리에 대해 문답한 부분. (10) 우타나優陀那: 산스크리트어 udāna의 음사. 자설自說·무문자설無問自說이라 번역. 질문자 없이 부처 스스로 설한 법문. 『아미타경』이 여기에 해당한다. (11) 비불략毘佛略: 산스크리트어 vaipulya의 음사. 방광方廣이라 번역. 방대한 진리를 설한 부분. (12) 화가라和伽羅: 산스크리트어, 팔리어 vyākaraṇa의 음사. 수기授記라고 번역. 부처가 제자에게 미래에 성불할 것이라고 예언한 부분.

[99] 경전의 서술 형식 또는 내용을 아홉 가지로 분류한 것. 여러 가지 설이 있는데, 『법화경』의 분류는 다음과 같다. (1) 수다라修多羅: 산스크리트어 sūtra, 팔리어 sutta의 음사. 경經·계경契經이라 번역. 산문체로 설한 것. (2) 가타伽陀: 산스크리

과 소승에 통틀어 해당되기 때문이다. 그러나 설통이란 단지 구부 대승과 소승의 교법을 능히 통틀어 밝혀서 훌륭하게 강설講說을 했다는 것이 아니다. 일반적으로 핵심은 본래 설함도 없고 제시함도 없음을 요달해서 다름(異)과 다르지 않음(不異), 있음(有)과 없음(無) 등의 상相을 여의는 것이니, 바로 여래가 증득한 자득自得의 망상을 여읜 언설 없는 곳에 의거해서 훌륭하고 교묘한 방편으로 중생의 희망하는 마음에 수순하여 각기 감응된 바에 따라 근기(機)에 부합해 설함으로써 중생을 득도得度하게 한다. 마치 강물을 건너는 뗏목과 같아서 이미 강을 건넜다면 문득 뗏목을 버려야 하니 실다운 법(實法)이 아니기 때문이다. 관觀하는 자가 만약 설함 없는 설함(無說之說)을 능히 요달할 수 있다면, 스스로 말을 여의고 뜻을 관함(離言觀義)에 즉하여 법상法相을 취하지 않고 또한 비법상非法相을 취하지도 않는다. 저 배척해 없앰(撥無)이란 자심自心을 요달하지 못하기 때문에 뜻(義)에 능숙하지 못하고 다만 언설에 집착해 실다운 법(實法)으로 여긴다. 장차 여래가 요의了義한 대승을 자기 견해(己見)로 돌이켜서 그 탐냄과

트어, 팔리어 gāthā의 음사. 게偈라고도 음사. (3) 본사本事: 산스크리트어 itivṛttaka. 불제자의 과거 인연을 설한 부분. 『법화경』의 「약왕보살본사품藥王菩薩本事品」이 여기에 해당한다. (4) 본생本生: 산스크리트어, 팔리어 jātaka. 붓다의 전생 이야기. (5) 미증유未曾有: 산스크리트어 adbhuta. 부처의 불가사의한 신통력을 설한 부분. (6) 인연因緣: 산스크리트어 nidāna. 부처를 만나 설법을 듣게 된 인연을 설한 부분. 서품序品이 여기에 해당한다. (7) 비유譬喩: 산스크리트어 avadāna. 비유로써 가르침을 설한 부분. (8) 기야祇夜: 산스크리트어 geya, 팔리어 geyya의 음사. 응송應頌·중송重頌이라 번역. 산문체로 된 내용을 다시 운문체로 설한 것. (9) 우파제사優婆提舍: 산스크리트어 upadeśa의 음사. 논의論議라고 번역. 교리에 대해 문답한 부분.

성냄을 방자하게 하니, 소위 제호醍醐가 오히려 독약이 될 뿐이다. 부처는 "내가 설한 법은 마치 달을 가리키는 손가락과 같다"고 했기 때문에 일반적으로 배우는 자는 가르침을 듣고 스스로 관심觀心에 합해서 손가락을 여의어야 바야흐로 달을 식별할 수 있으니, 소위 법을 요달함은 말에 있지 않으므로 말 없는(無言) 지평(際)으로 잘 들어가야 능히 언설을 제시할 수 있다. 마치 메아리가 세간에 두루한 것과 같으니, 이와 같은 것을 바야흐로 이름하여 설통의 상相이라 한다.

대혜야, 그대 및 여타의 보살들은 응당 수학修學해야 한다."

大慧. 汝及餘菩薩應當修學.

이때 세존께서 이 뜻을 거듭 선포하고자 게송을 설하셨다.

爾時世尊欲重宣此義而說偈言.

종통宗通 및 설통說通의 상相은
스스로(自)와 교법教法을 반연한 것이니
이를 잘 보고 잘 분별하면
온갖 각覺의 상념(想)을 따르지 않으리라.

宗及說通相. 緣自與教法. 善見善分別. 不隨諸覺想.

관기 여기서는 종통과 설통의 뜻을 총체적으로 읊고 있다. '잘 보고(善見)'는 말하자면 종통을 얻는 것이고, '잘 분별하다(善分別)'는 말하자면 설통을 얻는 것이다. 이 두 가지를 모두 잘하면, 스스로 망상의 전변(轉)을 따르지는 않으리라.

진실의 성품은 있지 않으니
마치 어리석은 범부의 망상과 같다.
어찌하여 망상을 일으켜서
성품 아닌(非性) 것을 해탈이라 하는가?

非有眞實性. 如愚夫妄想. 云何起妄想. 非性爲解脫.

관기 이 게송은 어리석은 범부가 종통과 설통에 능숙하지 못하기 때문에 뒤바뀜(顚倒)의 견해를 일으킴을 따진 것이다. 화엄에서는 이렇게 말한다.
 "법의 성품은 본래 공적空寂해서 취함도 없고 또한 견해(見)도 없다. 성품의 공함이 바로 부처라서 생각으로 헤아릴(思量) 수가 없다."
 이와 같은데, 어찌 실다운 법(實法)이 있어서 마치 어리석은 범부가 분별한 것과 같겠는가? 이미 분별할 수 없다면, 어떻게 어리석은 범부가 무분별無分別의 법 중에서 망상과 탐냄과 성냄의 성품 아닌 것을 해탈이라 하겠는가? 그러므로 '진실 등이 있지 않다'고 한 것이다.

온갖 유위有爲를 관찰하니

생멸生滅 등이 상속해서
두 가지 견해를 증장增長하지만
뒤바뀌어서(顚倒) 아는 바가 없다.

觀察諸有爲. 生滅等相續. 增長於二見. 顚倒無所知.

관기 여기서는 앞 장의 결론으로 따진 글로써 뒤바뀐 견해의 까닭을 밝힌 걸 읊었다. 말하자면 저 어리석은 범부의 뒤바뀐 견해가 이와 같은 까닭은 종통과 설통에 능숙하지 않기 때문이다. 그래서 법의 성품이 공적함을 알지 못하고 다만 망상의 분별에 따라서 안팎의 근根, 진塵, 식識, 계界의 온갖 유위법을 관찰해 실답게 있다(實有)고 여기기 때문에 허망하게 취함과 집착을 일으켜서 생각 생각마다 반연하고 마음 마음마다 머물지 않아서 생멸이 상속해 밤낮으로 틈이 없다. 오직 두 가지 견해를 증장할 뿐이라서 뒤바뀐(顚倒) 방자한 정情으로 온갖 악업을 조성하니, 부처가 설한 수행의 정법正法인 언설의 상相을 여읜 것에 대해 눈먼 것처럼 아는 바가 없다. 이 때문에 나는 이런 무리를 이름하여 파괴하는(壞) 자라고 설한 것이다.

하나(一)는 진체眞諦가 되고
무죄無罪는 열반이 되니
(위역에서는 "열반은 식識을 여의고, 오직 이 하나의 법만이 진실이다"라고 하였다. 당역에서는 "열반은 심식心識을 여의고, 오직 이 하나의 법만이 진실이다"라고 하였다),

세간의 망상을 관찰하면
마치 환幻이나 꿈, 파초와 같아서
비록 탐냄, 성냄, 어리석음이 있다 해도
실제로는 어떤 사람도 있지 않으니
애착으로부터 온갖 음陰이 생기므로
있음(有)은 모두 환幻이나 꿈과 같다.

一是爲眞諦. 無罪爲涅槃. (魏譯云. 涅槃離於識. 唯此一法實. 唐譯云. 涅槃離心識. 唯此一法實) 觀察世妄想. 如幻夢芭蕉. 雖有貪恚癡. 而實無有人. 從愛生諸陰. 有皆如幻夢.

여기서는 직지일심(直指一心: 곧바로 한마음을 가리킨다)을 읊어서 수행의 정법상正法相을 가리키고 있다. 진제眞諦는 진실眞實이고, 열반은 한역하면 적멸寂滅이니, 말하자면 진실의 처소(處)이다. 위爲는 시是이고, 죄罪는 구주舊注에서 망상이라 했다. 부처의 의도는 소위 일반적으로 분별한 것이 모두 진실이 아니고 오직 하나의 법만이 진실의 처소라는 것이다. 말하자면 망상이 없는 적멸의 심체心體는 언어의 길이 끊어지고(言語道斷) 마음이 행하는 곳이 소멸해서 바로 가장 진실한 곳(最眞實處)이니, 오직 이 하나의 사실事實일 뿐이지 나머지 둘은 참(眞)이 아니다. 만약 이 진실을 요달해서 여실如實한 곳에 머문다면, 일체 세간의 몸과 마음의 경계와 망상 분별의 처소가 다 환幻이나 꿈, 파초와 같아서 도무지 진실이 아님을 능히 관찰할 수 있다. 환幻이나 꿈은 심식心識의 사온四蘊을 비유하고, 파초芭蕉는 색온色蘊을 비유한다. 이미 이 몸과 마음이 진실하지 않음을 능히 요달할 수 있으면 아집我執이 단박에 공空하고, 아집이 이미 공空하면 설사 탐냄, 성냄, 어리석음의 성품이 있더라도 짓는 자(作者)도 없고 또한 받아들이는 자(受者)도 없기 때문에 '실제로는 어떤 사람도 있지 않으니'라고 했다. 이미 지음(作)도 없고 받아들임(受)도 없다면 마음과 경계가 쌍雙으로 망하니, 즉 이 애착으로부터 생긴 오온의 허망한 몸은 비록 있더라도(有) 그 몸에 처함은 모두 환幻이나 꿈같은 것이다. 소위 "돌아와 세간을 관관하니 마치 꿈속의 일(夢中事) 같구나, 마등가摩登伽는 꿈에 존재하니, 누가 능히 너의 형상을 남기리오"라고 하니, 만약 이렇게 관관할 수 있다면 어찌 다시 탐냄, 성냄, 어리석음의 성품을 취하지 않는 것을 얻었다(得)고 여기겠는가? 이렇게 관관하는 것을 이름하여 정관正觀이라 하고, 만약 다른 관관이라 하면 이름하여 사관邪觀이라 하니, 이것이 소위 수행의 정법상正法相을 건립하는 것이다. 즉 이것은 번뇌를 전변하여 보리를 지을 수 있고 생사를 전변해 열반이 되니, 그렇다면 곧 이 오온과 번뇌의 몸과 마음이 당장에 두 가지 전의과轉依果에 항상 머묾을 즉각 얻는다. 지혜로운 자는 청컨대 깊이 관관할지어다.

○이상 앞서의 첫 권卷에서 질문한 오법자성장五法自性章으로부터 여기에 이르기까지는 일승의 이행理行과 인과의 행상行相을 통틀어 변론하였다.
  ②-3 이하에선 앞서의 이행理行에 의거해 끊고 증득한 인과의 상相을 단박에 제시하였다. 이는 두 가지로 나눈다.
  ②-3-1 그 첫째는 인행因行을 나타내며, 이는 두 가지로 나누는데

②-3-1-(1) 처음은 자리自利이고 다음은 이타利他이다. '처음'은 다시 네 가지가 있다.
△②-3-1-(1) 그리고 처음에는 망상이 실답지 않음을 밝힘으로써 아집我執을 타파해 번뇌의 장애를 끊는다.

이때 대혜보살이 부처님께 여쭈었다.
"세존이여, 오직 바라노니, 진실하지 않은 망상의 상相을 설해 주소서. (망상의 상相을 질문함) 진실하지 않은 망상은 어떻게 생깁니까?(망상이 어떻게 생기는 가를 질문함) 어떠한 법을 이름하여 진실하지 않은 망상이라 설합니까?(망상의 체體를 질문함. 당역에서는 "무엇이 생겨나고, 무엇을 인因하여 생깁니까?"라고 하였다) 어떠한 법 가운데 진실하지 않은 망상입니까?"(망상의 처소〔處〕를 질문함. 당역에서는 "누구의 소생所生입니까?"라고 하였다)

爾時大慧菩薩白佛言. 世尊. 惟願爲說不實妄想相. (問妄想相) 不實妄想云何而生. (問妄想云何而生) 說何等法名不實妄想. (問妄想體. 唐譯云. 是何而生. 因何而生) 於何等法中不實妄想. (問妄想處. 唐譯云. 誰之所生)

<u>관기</u> 앞에서는 일승의 이행理行과 인과의 행상行相을 통틀어 변론했다. 이제부터는 행행에 의거해 수행을 이루어서 미혹을 끊고 참(眞)을 증득하는 차제次第를 밝혔다. 앞서 과덕장果德章에서 "인무아人無我와 법무아法無我를 깨달아서 두 가지 장애를 요달해 알고,

두 종류의 죽음을 여의고, 두 가지 번뇌를 끊으니, 이를 이름하여 부처의 지각知覺이라 한다"고 함을 말미암아 장차 행行에 의거해 수행을 이루어서 먼저 두 가지 집착을 타파하고 두 가지 장애를 끊음을 요체로 삼는 걸 밝혔다. 여기서 '망상 … 운운'으로 질문한 것은 바로 먼저 번뇌장을 끊어서 아집我執을 타파하는 것이며, 망상을 질문한 것은 말하자면 일체중생 및 외도와 일천제의 악견惡見이 모두 망상을 인因해서 있다는 것이다. 또 '망상은 성품이 없다'와 또 '망상이 없음은 곧 적멸寂滅의 진실眞實한 처소'에서 대혜의 의도는 말하자면 '망상은 진실하지 않다'에 즉해 무엇이 망상인지 알지 못하고, 또 망상 없음이 곧 진실의 처소로서 적멸하여 생기지 않아서 이 망상이 어디서 생기는지, 무엇을 인因해서 생기는지, 어느 곳으로부터 생기는지 알지 못한다는 것이다. 대체로 망상이 바로 번뇌의 근본이기 때문에 이 과과科에서는 '번뇌장을 타파한' 것이다.

부처님께서 대혜에게 고하셨다.
"훌륭하고 훌륭하다, 여래에게 이 같은 뜻을 능히 질문할 수 있다니, 많은 이익을 받고 많은 안락을 누리면서 세간의 일체 천상과 인간을 연민하고 불쌍히 여기리라.
자세히 듣고 자세히 들어서 잘 사유하도록 하라. 반드시 널 위해 설하겠다."
대혜가 부처에게 여쭈었다.
"훌륭하십니다, 세존이여. 가르침을 받겠습니다."
부처님께서 대혜에게 고하셨다.

"갖가지 뜻과 갖가지 진실하지 않은 망상으로 계교하고 집착하여 망상이 생긴다.

佛告大慧. 善哉善哉. 能問如來如是之義. 多所饒益. 多所安樂. 哀愍世間一切天人. 諦聽諦聽. 善思念之. 當爲汝說. 大慧白佛言. 善哉世尊. 唯然受敎. 佛告大慧. 種種義. 種種不實妄想. 計著妄想生.

> **관기** 여기서는 망상의 상相 및 망상의 생겨남에 답하고 있다. '갖가지(種種)'는 바로 일체 성인과 범부의 마음과 경계, 세간과 출세간, 참(眞)과 거짓(妄)의 온갖 법이며, '뜻(義)'은 바로 명상名相이니 말하자면 이 온갖 법에 대해 오직 마음뿐임을 요달하지 못한 것이다. 그 가운데서 허망한 분별을 일으킨 것은 곧 망상을 칭하는데, 다만 일념一念의 계교와 집착이 바로 망상의 생김이다. 여기서는 질문의 뜻에 총체적으로 답한 것이고, 아래 글에서는 그 까닭을 해석했다.

대혜야, 섭수함(攝)과 섭수한 바(所攝)의 계교와 집착으로 자심自心의 현량現量을 알지 못하고, 급기야 있음(有)과 없음(無)의 견해에 떨어져 외도의 견해를 증장增長하며, 망상의 습기習氣로 외적인 갖가지 뜻을 계교하고 집착하며, 심心과 심수心數의 망상으로 나(我)와 내 것(我所)이 생긴다고 계교하고 집착한다."

大慧. 攝所攝計著. 不知自心現量. 及墮有無見. 增長外道見. 妄想習氣. 計著外種種義. 心心數妄想計著我我所生.

> **관기** 여기서는 망상을 이룬 까닭을 해석하고 있다. 당역에서는 이렇게 말한다.

"일체중생은 갖가지 경계에서 자심自心이 나타낸 것을 능히 요달하지 못하고 능취能取와 소취所取를 계교하며, 허망한 집착으로 온갖 분별을 일으켜 있음(有)과 없음(無)의 견해에 떨어져서 외도의 허망한 견해의 습기를 증장增長하며, 심심과 삼소心所의 법이 상응하여 일어날 때 외부의 뜻을 갖가지로 얻을 수 있다고 집착해서 나(我) 및 내 것(我所)에 대해 계교하고 집착한다. 그래서 이름하여 허망한 분별이라 하는데, 그 의도는 무명이 망상의 인因임을 일컫는 것이다. 무명은 자심自心의 현량現量을 자각하지 못하기 때문에 봄(見)을 외부 경계처럼 하고 집착을 진실이라 여겨서 능취能取와 소취所取를 허망하게 계교, 집착하고 있음(有)과 없음(無)을 분별하는 것을 이름하여 망상이라 하니, 말하자면 망상의 명상名相으로 의사석依士釋이다. 그 나(我)와 내 것(我所)이 바로 망상이 생기는 곳이니, 말하자면 명상名相의 망상으로 의주석依主釋이다. 마음과 경계가 서로 연기緣起하기 때문에 망상의 습기가 다 번뇌장煩惱障이고, 나(我)와 내 것(我所)을 계교함이 모두 아집我執이 된다. 심심과 심수心數에서 심심은 바로 팔식八識의 심왕心王이고, 수數는 바로 51심소법心所法[100]으로 말하자면 심가心家에 갖춰진 법이다. 이를 나누면 육위六位가 되는데, 1. 편행徧行 다섯 가지, 2. 별도의 경계(別境) 다섯 가지, 3. 선善 열한 가지, 4. 근본번뇌 여섯 가지, 5. 수번뇌隨煩惱 스무 가지, 6. 부정유不定有 네 가지이다.

---

[100] 유식유가행파와 법상종의 5위 100법에서 심소법心所法 51가지를 말한다.

팔식에 각기 갖추어져 분수(分)의 많고 적음에 따르는데, 식론識論에서 자세히 밝혔다.

대혜가 부처님께 여쭈었다.
"세존이여, 갖가지 뜻과 갖가지 진실하지 않은 망상으로 계교하고 집착하여 망상이 생기고, 섭수함(攝)과 섭수한 바(所攝)의 계교와 집착으로 자심自心의 현량現量을 알지 못하고, 급기야 있음(有)과 없음(無)의 견해에 떨어져 외도의 견해를 증장增長하며, 망상의 습기習氣로 외적인 갖가지 뜻을 계교하고 집착하며, 심心과 심수心數의 망상으로 나(我)와 내 것(我所)이 생긴다고 계교하고 집착합니다.

大慧白佛言. 世尊. 若種種義. 種種不實妄想. 計著妄想生. 攝所攝計著. 不知自心現量. 及墮有無見. 增長外道見. 妄想習氣. 計著外種種義. 心心數妄想我我所計著生.

여기서는 대혜가 앞에서 한 부처님 말씀을 조회해서 아래의 논란을 일으킨 것이다. 당역에서는 이 문장이 없다.

세존이여, 만약 이 같은 외적인 갖가지 뜻의 상相이 있음(有)과 없음(無)의 상相에 떨어진다면, 성품과 성품 아님을 여의고 견상見相을 여읩니다.
세존이여, 제일의第一義도 마찬가지라서 양근분량根分, 비유분譬喩分, 인상분因相分을 여읩니다.(당역에서는 "온갖 근량根量인 종宗, 인因, 비유譬

喩를 여읩니다"고 하였다)

세존이여, 어째서 한곳에서 망상이 진실하지 않은 뜻이라면 갖가지 성품을 계교하고 집착하여 망상이 생겨나는 겁니까? 제일의를 계교하고 집착하는 곳의 상相에선 망상이 생기지 않는다고 하시니, 세존께서는 사인邪因의 이론을 설하시려는 것이 아닙니까?(위역에서는 "세간의 논의에 떨어진다"라고 하였고, 당역에서는 "말한 것이 이리에 어긋난다"고 하였다) 한쪽에선 생긴다고 하시고, 또 다른 한쪽에선 생기지 않는다고 하시니 말이죠."

世尊. 若如是外種種義相墮有無相. 離性非性. 離見相. 世尊. 第一義亦如是. 離量根分譬因相. (唐譯云. 離諸根量. 宗因譬喩) 世尊. 何故一處妄想不實義. 種種性計著妄想生. 非計著第一義處相妄想生. 將無世尊說邪因論耶. (魏譯云. 墮世間論. 唐譯云. 所言乖理) 說一生. 一不生.

관기 생멸하지 않는 마음이 근본 수행의 인因이 된다고 밝히려 하기 때문에 여기서는 망상의 생겨남과 생겨나지 않음을 질문한 것이다. 여기서는 세존께서 앞서 말한 진실하지 않은 망상은 갖가지 진실하지 않은 뜻을 계교하고 집착하는 데서 생겨난다고 했기 때문에 대혜는 즉시 말한 내용을 디딤돌로 세존 역시 있음(有)과 없음(無)의 두 견해에 떨어졌다는 논란을 마련한 것인데, 장차 생멸하지 않는 마음을 변론을 통해 밝히려 했을 뿐이다. 그 의도는 만약 망상이 저 갖가지 세제世諦의 진실하지 않은 뜻의 상相으로부터 생겨난다면, 그리고 저 세제世諦가 있음(有)가 없음(無)의 네 가지 구절의 견상見相

쪽으로 떨어진다면, 이에 대해 세존께서는 온갖 법체法體가 성품과 성품 아님을 여의고 네 가지 구절의 견해를 여의라고 빈번히 말한 것이다. 또 네 가지 구절의 여읨은 저 세제에 즉卽해서 제일의제第一義諦가 되는 것이다. 경經에서 "세간의 온갖 인량因量에서 허물을 구해도 얻을 수 없다"고 했기 때문에 "제일의第一義도 역시 마찬가지로 양근분量根分, 비유분譬喻分, 인상분因相分을 여읜다. 이미 이제二諦가 평등하여 둘이 없는데, 세존께서는 어째서 세제의 처소에서는 치우치게 망상이 생겨난다고 말하지만 제일의의 처소에선 망상이 생겨난다고 말하지 않는가? 세존께서 사인邪因의 이론을 설하려 하지 않은 것인가? 그러나 이제二諦는 똑같이 있음(有)과 없음(無)을 여의는데, 어째서 한곳에선 생겨난다고 설하고, 다른 한쪽에선 생겨나지 않는다고 설한 것인가? 이는 그 세존 역시 어리석은 범부처럼 두 가지 계교를 일으켜 사인邪因의 이론에 떨어진 것인가"라고 했다.

부처님이 대혜에게 고하셨다.
"망상이 한쪽에선 생기고 다른 한쪽에선 생기지 않는 것이 아니다. 왜 그런가? 말하자면 있음(有)과 없음(無)의 망상은 생기지 않기 때문이다. 성품과 성품 아님을 외적으로 나타내서 자심自心의 현량現量을 자각하면 망상이 생기지 않는다.

佛告大慧. 非妄想一生一不生. 所以者何. 謂有無妄想不生故. 外現性非性. 覺自心現量. 妄想不生.

관기 여기서는 두 가지 견해에 떨어지지 않는 까닭을 해석하고 있다. 부처는 말하시길, 나는 세제의 처소에서 망상이 생긴다고 계교하지 않았고, 또한 제일의제에서 망상이 생기지 않는다고 계교하지 않았다. 왜 그런가? 나는 있음(有)과 없음(無)의 분별심을 일으키지 않았기 때문이며, 세제의 상相이 있다고 보지 않았기 때문이니, 이 때문에 '성품과 성품 아님을 외적으로 나타낸다'고 한 것이며, 저 온갖 법이 단지 자심自心이 나타낸 것일 뿐임을 요달하기 때문에 분별이 생기지 않으니, 이 때문에 '자심自心의 현량現量을 자각하면 망상이 생기지 않는다'고 한 것이다.

대혜야, 여타의 어리석은 범부들은 자심의 갖가지 망상의 상相 때문에 사업事業이 앞에 있어도 갖가지 망상의 성품(性)과 상相이 계교와 집착으로 생긴다고 나는 설했다.

大慧. 我說餘愚夫自心種種妄想相故. 事業在前. 種種妄想性相計著生.

관기 여기서는 어리석은 범부의 망상을 설하는 까닭을 해석하고 있다. 말하자면 내가 설한 것은 세제의 처소에서 능히 망상을 낳는다고 설한 것이 아니라 단지 어리석은 범부의 자심自心에서 생긴 갖가지 망상을 설했을 뿐이다. 저 어리석은 범부의 망견妄見이 갖가지 사업事業을 현전現前해도 오직 마음뿐임을 요달하지 못하기 때문에 이를 취해 실답다고 여기면서 허망하게 갖가지 분별을 낳아 계교하고 집착하니, 이 때문에 나는 망상이 생겨난다고 설한 것이다. 소위 경계의 연緣은 좋고 추함이 없고 좋고 추함은 마음에서 일어나니, 마음이 만약 억지로 이름 붙이지 않으면 경계가 무얼 말미암아 성립하겠는가. 그러므로 일반적으로 분별한 것은 모두 자심自心을 분별한 것이다. 경經에서는 "만약 자심自心을 요달하지 못하면 어떻게 정도正道를 알겠는가?"라고 했으니, 따라서 다음 내용에서 이를 밝힌 것이다.

어찌해야 어리석은 범부가 나(我)와 내 것(我所)의 계교와 집착의 견해를 여읠 수 있으며, 지음(作)과 지어진 것(所作)의 인연의 허물을 여읠 수 있으며, 스스로의 망상의 심량心量과 몸과 마음의 전변轉變을 자각하여 구경究竟의 밝음(明)으로 일체지一切地와 여래의 자각경계自覺境界를 이해해서 오법자성사五法自性事와 견망상見妄想을 여읠 수 있는가? 이 인연 때문에 나는 망상이 갖가지 진실하지 않은 뜻의 계교와 집착으로부터 생긴다고 설한 것이니, 여실如實한 뜻을 알아야 자심自心의 갖가지 망상을 해탈할 수 있다."

云何愚夫得離我我所計著見. 離作所作因緣過. 覺自妄想心量. 身心轉變. 究竟明解一切地. 如來自覺境界. 離五法自性事見妄想. 以是因緣. 故我說妄想從種種不實義計著生. 知如實義. 得解脫自心種種妄想.

관기 여기서는 세존께서 설법을 한 본래의 회포를 자술自述하고 있다. 말하자면 나는 중생이 갖가지 온갖 법에 대해 갖가지 계교와 집착의 분별을 일으켜서 견고한 집착을 버리지 않는 걸 보았다. 이처럼 어리석은 범부는 어찌해야 나(我)와 내 것(我所)의 집착과 사견邪見을 능히 여일 수 있으며, 어찌해야 지음(作)과 지은 바(所作)의 선악 인연과 생사의 우환을 능히 여일 수 있으며, 어찌해야 스스로인 망상의 심량心量을 능히 자각할 수 있으며, 어찌해야 오온신五蘊身을 전변해 의생신意生身을 능히 얻을 수 있는가? 무명無明의 식식이 변해서 구경지究竟智를 이루고, 명(明: 밝음, 즉 슬기)이 일체지一切地를 이해하여 여래의 자각 경계에 도달하게 되어서 오법자성사와 견상상見想相을 여의니, 내가 저 어리석은 중생을 불쌍히 여기기 때문이다. 이 인연 때문에 나는 망상이 갖가지 진실하지 않은 뜻의 계교와 집착으로부터 생겨난다고 설하여 중생으로 하여금 여실如實한 뜻을 알게 함으로써 자심自心 속 갖가지 진실하지 않은 망상을 해탈하길 바랄 뿐이다. 나는 중생 각각이 자심自心을 요달해 깨치는 걸 중시했기 때문에 세제의 처소에서 능히 망상이 생긴다고 설하지 않았다. 오법자성사와 견망상을 여읜다는 것에서 오법자성五法自性은 모두 미혹과 깨달음의 변사邊事이다. 만약 구경의 자각성지自覺聖智라면 모두 다 여의기 때문이다.

이때 세존께서는 이 뜻을 거듭 선포하고자 게송을 설하셨다.

爾時世尊欲重宣此義而說偈言.

온갖 인因과 연緣

이로부터 세간이 생기는데
망상으로 사구四句를 집착하다
내가 통通한 바를 알지 못하네.

諸因及與緣. 從此生世間. 妄想著四句. 不知我所通.

【관기】 이 게송에선 어리석은 범부가 부처의 뜻을 요달하지 못하고 말에 따라 해석을 놓는 걸 총체적으로 따지고 있다. 말하자면 인연에서 온갖 세간이 생긴다고 내가 설한 것은 그 의도가 온갖 법은 본래 무생無生임을 나타내기 위한 것이다. 그런데도 어리석은 범부는 요달하지 못하고 바로 또 인연에 의거해 다시 사구四句를 일으켜 망견妄見으로 분별하니, 이는 내가 통通한 뜻을 알지 못하는 것이다.

세간은 있음에서 생기지도 않고
또한 다시 없음에서 생기지도 않으며
있음과 없음으로부터 생기지도 않고
또한 있음과 없음으로부터 생기지 않음도 아니니,
온갖 인因과 연緣이건만
어찌하여 어리석게 망상하는가?

있음(有)도 아니고 없음(無)도 아니며
또한 다시 있으면서 없는 것도 아니니
이와 같이 세간을 관觀하면

마음이 전변轉變하여 무아無我를 얻으리라.

世間非有生. 亦復非無生. 不從有無生. 亦非非有無. 諸因及與緣.
云何愚妄想. 非有亦非無. 亦復非有無. 如是觀世間. 心轉得無我.

관기 여기서는 온갖 법이 본래 스스로 무생無生임을 읊고 있다.
말하자면 세간의 온갖 법은 있음(有)과 없음(無)의 사구四句에 속하지 않고서 생겨나기 때문에 나는 인연을 설함으로써 저 무생無生의 뜻을 나타냈을 뿐인데, 어찌하여 어리석은 범부는 인연법 중에서 다시 망상을 일으켜 있음(有)과 없음(無)의 사구의 견해를 짓는 것인가? 만약 능히 사구를 여의어서 온갖 법을 관하는 자라면 당장(當下)에 마음이 전변轉變하여 무아無我를 얻으리라.

일체의 성품은 생기지 않으니
연緣으로부터 생기기 때문이다.
일체의 연緣이 지은 것이니,
지은 것(所作)은 스스로 있는(自有) 것이 아니다.

一切性不生. 以從緣生故. 一切緣所作. 所作非自有.

관기 이 게송에선 온갖 법이 무생無生인 까닭을 해석하고 있다.
말하자면 일체법이 본래 스스로 무생인 것은 연緣으로부터 생겼기 때문이며, 이미 연으로부터 생겼다면 생겨남은 단지 연생緣生

이라 자생自生이 아니고, 지음(作)은 단지 연으로 지은 것이라 자작自作
이 아니기 때문에 '지은 것(所作)은 스스로 있음(自有)이 아니다'라고
한 것이니, 자체自體가 있지(有) 않기 때문에 생기지 않는 것일 뿐이다.

사事는 스스로 생겨나는 사(自生事)가 아니니,
두 가지 사의 허물이 있기 때문이며
두 가지 사의 허물이 없기 때문에
얻을 수 있는 성품이 있지 않다.

事不自生事. 有二事過故. 無二事過故. 非有性可得.

> **관기** 여기서는 인연을 말미암기 때문에 불생不生을 나타낸다는
> 걸 읊었다. 당역에서는 이렇게 말했다.

"과果는 스스로 과를 낳지 못하니, 두 가지 과라는 잘못(失)이 있기
때문이다. 두 가지 과가 있지 않기 때문에 얻을 만한 성품은 있지
않다."

그러나 사事와 과果는 모두 연緣을 말한다. 말하자면 연은 스스로
반연하지(緣) 못하니 반드시 인因에서 말미암으며, 마찬가지로 과는
스스로 과가 아니니 반드시 꽃(華)에서 말미암는다. 만약 꽃을 대대待對
하지 않는데도 과果라면 과에는 두 가지 과라는 허물이 있으니, 이는
인이 없는 것이다. 그러므로 연緣은 인因을 말미암지 않고도 연緣의
길(徑)이 생기는 것이라면, 이는 세간에서 사대四大의 능생能生을 계교
하다 무인無因의 허물에 떨어지는 것이니, 마치 인연으로부터 생기면

두 가지 허물이 없는 것과 같다. 그러나 연緣은 반드시 인因을 대대하니, 이 연은 생기지 않는 것이고, 인은 반드시 연을 대대하니, 이 인은 생기지 않는 것이다. 인연이 이미 모두 생기지 않는다면 생기는(所生) 법은 역시 얻을 수 있는 자성自性이 없는 것이다. 얻을 수 있는 성품이 없기 때문에 생김(生)은 본래 없으니, 이 때문에 '생기지 않는다'고 말한 것이다.

온갖 유위법을 관찰해서
반연離攀과 소연所緣을 여의니
이 무심無心의 심량心量을
나는 심량이라 설한다.

양量이란 자성自性의 처소이니
연緣과 성품(性) 둘 다 여의어서
성품이 구경으로 묘하고 청정한데
나는 그 이름을 심량이라 설한다.

觀諸有爲法. 離攀緣所緣. 無心之心量. 我說爲心量. 量者自性處. 緣性二俱離. 性究竟妙淨. 我說名心量.

<관기> 이 게송에선 자심自心의 현량관現量觀을 제시하고 있다. 앞의 말을 말미암아 어리석은 범부가 갖가지 온갖 법의 진실하지 않은 뜻에서 갖가지 진실하지 않은 망상의 분별을 일으킨 것은 오직

마음뿐인 현량現量을 요달하지 못했기 때문이다. 배운 것이 무엇이 자심自心의 현량인지 알지 못할까 걱정했기 때문에 여기서 특별히 제시하길 '만약 정당하게 온갖 유위법有爲法을 관찰할 때 소연所緣의 경계에서 마음의 분별을 일으키지 않는다'고 한 것이다. 이는 제2의 생각(念)이 없으면 단지 일심一心일 뿐이니, 곧 이 생각(念)을 여읜 마음이 문득 자심自心의 현량이기 때문에 '무심의 심량心量을 나는 심량이라 설한다'고 한 것이다. 현량이란 말하자면 오식五識의 처음에 똑같이 의식意識을 분명히 요달해서 오진五塵의 진실한 경계가 비춰질 때 분명히 현현顯現하고 사소한 차이의 오류도 없어서 제2의 염분별念分別을 일으키지 않으니, 이를 이름하여 현량이라 한다. 만약 찰나에 의지意地에 흘러 들어가서 마음이 분별하는 길고 짧음(長短), 모남과 둥글음(方圓), 파랑과 노랑(靑黃) 등의 가법假法을 일으킬 때 문득 비량比量의 마음이다.

이제 '온갖 유위법有爲法'이라 한 것은 바로 오진五塵의 경계이며, 반연攀緣은 바로 제6 의식으로 능히 분별하는 마음이며, 소연所緣은 바로 저 온갖 법의 분별된 경계이며, 여읨(離)은 끊음(絶)과 같다. 무심無心은 제2 염분별念分別의 마음이 없기 때문에 위역에서는 "염념 및 소염所念을 여읜다"고 한 것이다. 말하자면 유위법有爲法을 관찰할 때 단지 마음의 분별을 일으키지 않아서 자연히 마음과 경계가 쌍雙으로 끊어져 고요히(寂爾) 신령스럽게 아는(靈知) 것이다. 경전에서는 이렇게 말한다.

"비유하면 안광眼光이 앞의 경계를 밝게 요달하는 것과 같으니, 그 광명이 원만圓滿하여 미움과 애착이 없게 되며, 미움과 애착의 염念이 없기 때문에 무심無心이라 말한다."

논論에서는 이렇게 말한다.

"심체心體는 염념을 여의고, 염념의 상相을 여읜 것은 허공계虛空界와 동등하니, 이것이 소위 무심無心의 심량心量이다. 그러나 양량의 자체自體는 능能과 소所가 쌍으로 끊어졌고 마음과 경계를 함께 여의어서 구경으로 묘하고 청정하기 때문에 자심自心의 현량이 있다고 설할 뿐이다."

세제世諦의 나(我)를 시설하나
그것인즉 진실한 일(實事)이 없고
온갖 음陰과 음陰을 시설해도
일이 없음(無事)은 역시 마찬가지다.

네 종류의 평등이 있으니
상相 및 인因의 성품이 생기는 것과
세 번째는 무아無我 등이고
네 번째는 닦음(修)과 닦는 것(修者)이라네.

施設世諦我. 彼則無實事. 諸陰陰施設. 無事亦復然. 有四種平等. 相及因性生. 第三無我等. 第四修修者.

관기 여기서는 관觀의 성취가 이익을 얻음을 말한다. 저 세제世諦의 나(我)는 바로 일체중생이 오온을 각각 나(我)라고 집착하는 것이다. 온갖 음陰은 곧 내부의 오온이다. 바로 스스로 나(我)라고 계교한 것은 총체적으로 이름하여 온갖 유위법有爲法이라 하며 모두가 소연所緣의 경계이다. 말하자면 만약 자타自他의 근신根身을 관찰할 때 단지 마음의 분별인 예쁘고 추함, 아름다움과 악함을 일으키지만 않으면 심체心體가 적멸해 텅 비어 있으면서 자연히 애착과 미움의 염念이 일어나지 않으니, 마치 목인木人이 화조華鳥를 보는 것과 흡사하다고 말하는 것과 같다. 그렇다면 일심一心이 생기지 않아서 만 가지 경계가 함께 적멸(寂)하고, 관하는 것(所觀)은 단지 거울 속에선 별개로 분리하거나 쪼갬이 없는 것과 같기 때문에 피아彼我와 근신根身이 다 모두 진실하지 않고, 진실하지 않으면 자연히 평등平等이면서 여여如如이다.

상相은 곧 자타自他의 근신根身이고, 인因은 바로 생인生因이고, 성품(性)은 말하자면 생겨나지 않는 성품이고, 닦음(修)은 바로 능히 닦는 사람이고, 닦는 것(修者)은 곧 닦는 바(所修)의 법이다. 평등이라 말한 것은 말하자면 상相과 무상無相, 생겨남(生)과 생겨남 없음(無生), 나(我)와 무아無我이니, 사람이든 법이든 모두 평등하니, 이 때문에 '네 종류의 평등이 있다'고 말한 것이다. 이것이 오직 마음뿐인 현량現量을 관하여 성취하는(觀成) 것이니 법대로 이러할 뿐이다.

망상의 습기가 전변轉變해서
갖가지 마음의 생겨남이 있고
경계는 밖으로 나타나니
이것이 세속의 심량心量이다.

妄想習氣轉. 有種種心生. 境界於外現. 是世俗心量.

관기 여기서는 육식과 칠식이 전변하여 흡사 외부 경계 같음을 세속의 심량心量이라 한다는 걸 말하고 있다. 망상, 육식, 습기, 칠식은 오염된 무지無知이다. 말하자면 제육식은 오염된 말나末那에 의거해 팔식에 함장含藏된 종자의 습기를 야기해 일으키고 훈습이 발해 전변轉變함으로서 갖가지 분별심이 생겨나 흡사 외부 경계가 나타난 것과 같은데, 이를 진실된 나와 진실된 법(實我實法)으로 집착해서 마음뿐임(唯心)을 여의지 못하고 단지 허망하게 볼 뿐이다. 이 때문에 '세속의 심량心量'이라 한 것이다.

외부로 나타나도 있는(有) 건 아니며
마음은 저 갖가지를 보니,
신재身財를 건립하는 것을
나는 심량心量이 된다고 설한다.

外現而非有. 心見彼種種. 建立於身財. 我說爲心量.

관기 여기서는 전오식前五識의 심량을 말하고 있다. 말하자면 외부 경계가 비록 나타나더라도 그 진실은 있지(有) 않다. 저(彼)는 바로 팔식의 친상분親相分이다. 다만 허망한 견해로 집착해 취해서(執取) 갖가지 온갖 법의 사업事業을 짓는 걸 스스로의 처소(自處)를 자생資生하는 것으로 여기고, 이에 의거해 오식의 신재身財를 건립한다.

그러나 모두 오직 마음뿐임(唯心)을 여의지 못하기 때문에 나는 역시 심량이 된다고 설한 것이다.

일체의 온갖 견해를 여의고
아울러 상想과 소상所想을 여의고
얻음도 없고 또한 생겨남도 없는 걸
나는 심량心量이 된다고 설한다.

離一切諸見. 及離想所想. 無得亦無生. 我說爲心量.

관기 여기서는 식을 전변해 지혜를 이룸(轉識成智)으로써 분명하고 참된 유심唯心의 현량現量을 말하고 있다. 말하자면 능히 요별了別하는 것은 팔식의 견분見分이고, 분별한 바(所分別)는 팔식의 상분相分이다. 그러나 진여眞如의 자성自性은 마음과 경계가 쌍으로 끊어지고 일체를 모두 여의었기 때문에 '일체의 견해 및 상想과 소상所想을 여읜다'고 한 것이다. 이 민절무의(泯絶無寄: 일체가 적멸해서 의지할 곳이 없음)에 이르자 스스로도 역시 얻을 수 없어서(不可得) 당체當體가 독립하고 적멸하여 생겨남이 없기(無生) 때문에 나는 이것이 참된 마음뿐인(唯心) 현량이 된다고 설한 것이다.

성품도 아니고 성품 아님도 아니라서
성품과 성품 아님을 다 여의니
말하자면 저 마음의 해탈인 것을

나는 심량心量이 된다고 설한다.

여여如如와 공空의 지평(際)
열반 및 법계法界
갖가지 의생신意生身을
나는 심량이 된다고 설한다.

非性非非性. 性非性悉離. 謂彼心解脫. 我說爲心量. 如如與空際.
涅槃及法界. 種種意生身. 我說爲心量.

관기 여기서는 진여眞如 일심의 현량이 참(眞)과 거짓(妄)을 쌍으로 끊음으로써 구경究竟에 참된 무아無我의 뜻을 밝힘을 말하고 있다. 마음과 경계가 쌍으로 끊어지기 때문에 성품이 아니고(非性), 참(眞)도 성립하지 못하기 때문에 성품 아님도 아니다(非非性). 참(眞)과 거짓(妄)을 함께 여의어서 바야흐로 적멸일심寂滅一心이 구경究竟에 해탈하게 되기 때문에 이를 이름하여 자심의 현량이 된다고 나는 설한다. 이와 같다면 무릇 여여如如라고 말한 것, 공空이라 말한 것, 실제實際라 말한 것, 열반이라 말한 것, 법계라 말한 것, 갖가지 의생신意生身 등이라 말한 것이 모두 이 일심一心의 현량現量의 다른 칭호일 뿐이다. 여래장如來藏 속에서는 가고 옴(去來), 미혹과 깨달음(迷悟), 생生과 사死를 구해도 끝내 얻을 수 없기 때문이다. 그렇다면 오법五法과 세 가지 자성自性을 모두 여의고 팔식八識과 이무아二無我를 함께 버린 것을 바야흐로 이름하여 여래 자각성지自覺聖智의 구경의 경계라 한다. 수행인은 반드시 이렇게 관찰해서 바야흐로 여실如實한 뜻을 능히 알아야 비로소 자기 마음의 갖가지 번뇌와 망상을 해탈할 수 있기 때문에 나는 자심의 현량이 된다고 설한 것이다.

○이상 망상이 진실하지 않음을 밝힘으로써 아집我執을 타파하고 번뇌장煩惱障을 끊었다.
②-3-1-(2) 이하에선 언설의 성품이 공空함을 밝힘으로써 법집法執을 타파해 소지장所知障을 끊었다. 여기에는 네 가지가 있다.
△②-3-1-(2)-가 처음은 언설이 법집의 근본이 됨을 밝혔다.

이때 대혜보살이 부처님께 여쭈었다.
"세존이여, 세존께서 설했듯이, 보살마하살은 말(語)과 뜻(義)에 능숙해야 합니다. 무엇을 보살이 말과 뜻에 능숙한 것이라 합니까? 무엇을 말이라 하고, 무엇을 뜻이라 합니까?"

爾時大慧菩薩白佛言. 世尊. 如世尊所說. 菩薩摩訶薩當善語義. 云何爲菩薩善語義. 云何爲語. 云何爲義.

관기 여기서는 앞에 놓인 질문을 이어받아 장차 법집法執을 타파함으로써 소지장所知障을 끊고 있다. 처음엔 언설言說이 법집의 근본이 됨을 밝혔다. 진실로 세간과 출세간의 법이 모두 언어의 분별에 의거해 진실로 있다(實有)고 집착하기 때문에 말(語)과 뜻(義)을 법집法執으로 여겨서 그 이름을 소지장이라 한다. 앞서 세존께서 훈계하길

"반드시 뜻(義)에 의거해야지 언설에 집착하지 말라"고 하였다. 다음 말과 뜻에 능숙하지 못해서 말에 따라 이해를 내기 때문에 두 가지 견해에 잘못 떨어지게 되어서 배척해 없애는(撥無) 허물을 일으키는데, 이것이 모두 소지장으로 바로 법집法執이기 때문에 다음에는 두 가지 통상通相으로써 가르친 것이다. 그리고 '여실如實한 뜻에 의거한다면 자심의 갖가지 망상을 능히 해탈할 수 있다'고 한 것은 진실로 말과 뜻에 능숙하지 않음을 말미암아 많은 종류의 허물이 생기기 때문이다. 대혜가 이에 이르러서 무엇이 말과 뜻에 능숙한 것인지 알지 못한다고 질문했기 때문에 여기서는 말과 뜻에 능숙한 방편을 질문함으로써 장차 법집을 타파하려 한 것이다. 또 무엇을 말이라 하고, 무엇을 뜻이라 하는지 알지 못하겠다는 이 질문은 그 상相을 물은 것이다.

부처님이 대혜에게 고하였다.
"자세히 듣고 자세히 들어서 잘 사유思惟하도록 하라. 마땅히 그대를 위해 설하겠다."
대혜가 부처님께 여쭈었다.
"훌륭하십니다, 세존이여. 가르침을 받겠습니다."
부처님이 대혜에게 고하셨다.
"무엇을 말(語)이라 하는가? 말하자면 언어와 문자(言字) 망상의 화합이다. 목구멍, 입술, 혀, 잇몸(齒齗), 입가(頰輔)에 의거하고, 피아彼我의 언설과 망상의 습기로 계교하고 집착함을 인因해서 생기니, 이를 이름하여 말(語)이라 한다.

佛告大慧. 諦聽諦聽. 善思念之. 當爲汝說. 大慧白佛言. 善哉世尊. 唯然受教. 佛告大慧. 云何爲語. 謂言字妄想和合. 依咽喉脣舌齒齗頰輔. 因彼我言說妄想習氣計著生. 是名爲語.

> **관기** 여기서는 말(語)의 상相을 제시하고 있다. 당역에서는 이렇게 말했다.

"말(語)이란 소위 분별의 습기로 인因을 삼고, 목구멍, 혀, 입술, 잇몸, 입가를 의거해 갖가지 음성 문자를 내어서 상대와 이야기하고 설명한다. 이를 이름하여 말(語)이라 한다."

보輔는 구보(口輔: 입가)이고, 은齗은 치근(齒根: 치아의 뿌리, 잇몸)이다.

대혜야, 무엇을 뜻(義)이라 하는가? 말하자면 일체 망상의 상相과 언설의 상相을 여의는 것, 이를 이름하여 뜻(義)이라 한다.

大慧. 云何爲義. 謂離一切妄想相. 言說相. 是名爲義.

> **관기** 여기서는 뜻의 상(義相)을 제시하고 있다. 말하자면 언어의 길이 끊어지고(言語道斷) 마음이 행하는 곳이 소멸하는(心行處滅) 것이 곧 뜻의 상(義相)이기 때문에 '여읜다'고 말한 것이다. 여읨(離)은 대동하지(帶) 않음과 같다.

대혜야, 보살마하살은 이러한 뜻에 대해 홀로 전일專一하게 고요한 곳에서 듣고(聞) 사유하고(思) 수행한(修) 슬기(慧)로 자각自覺을 완벽하게 반연하여 열반성涅槃城을 향하고, 습기의 몸을 전변轉變하고 나서는 자각自覺의 경계(당역에서는 "듣고[聞] 사유하고[思] 수행한[修] 슬기로 사유하고 관찰하여 열반의 길로 향하고, 자지自智의 경계에서 온갖 습기를 전변한다"고 하였다)에서 지지地와 지지地 사이의 뛰어나게 진보하는 뜻(勝進義)의 상相을 관觀하면, 이를 이름하여 보살마하살이 뜻(義)에 능숙한 것이라 한다.

大慧. 菩薩摩訶薩. 於如是義. 獨一靜處. 聞思修慧. 緣自覺了. 向涅槃城. 習氣身轉變已. 自覺境界. (唐譯云. 以聞思修慧. 思惟觀察. 向涅槃道. 自智境界. 轉諸習氣) 觀地地中間勝進義相. 是名菩薩摩訶薩善義.

관기 여기서는 뜻(義)에 능숙한 방편을 제시하고 있다. 듣고(聞) 사유하고(思) 수행함(修)은 세 가지 슬기(慧)이다. 말하자면 들음 속에 사유함으로써 수행하는 것을 말한다. 지식知識이 펼치는 큰 지혜(大智) 가르침의 광명에 의거해 귀로부터 마음을 통달하고, 소리가 들어가 마음이 통하고(聲入心通), 말을 버려 뜻을 얻고(遺言得義), 편안한 마음으로 관조觀照하고, 사유하고 관찰한다. 적멸寂滅의 진여眞如인 저절로 아는 경계(自知境界)로 생각(念) 생각마다 깊이 들어가는 그것으로 훈습 수행하여 점차 습기를 전변轉變시켜 무명無明의 어둠을 소멸해 지혜 광명을 발함으로써 심지心智의 길이 끊어져 일념一念의 상응에 이르는 것이니, 이를 이름하여 자각성지自覺聖智에 들어가게 된다고 한다. 이것이 바로 뜻(義)에 능숙한 방편이니, 지혜로운 자는 응당 이렇게 관觀해야 한다.

다시 다음에 대혜야, 말(語)과 뜻(義)에 능숙한 보살마하살은 말(語)과 뜻(義)이 다르지도 않고 다르지 않은 것도 아니라고 관觀하며, 뜻(義)과 말(語)도 역시 마찬가지란 걸 관觀한다. 만약 말과 뜻이 다르다면 말을 인因해 뜻을 변론해도 말로써 뜻에 들어가지 못하니, 마치 등불로 색色을 비추는 것과 같다.

復次大慧. 善語義菩薩摩訶薩. 觀語與義. 非異非不異. 觀義與語. 亦復如是. 若語義異者. 則不因語辯義. 而以語入義. 如燈照色.

관기 여기서는 말(言)을 인해 뜻(義)을 나타냄을 제시함으로써 말과 뜻 모두 능숙함을 밝혔다. 앞서 '뜻은 본래 말을 여의었다'고 한 것을 어리석은 범부가 단멸斷滅로 집착할까 걱정했기 때문에 여기서는 말을 인해 뜻에 들어감을 제시하였다. 소위 비록 다시 언어의 길에 의거하지 않더라도 또한 다시 무언설無言說에도 집착하지 않으니, 총지總持는 문자가 없고 문자는 총지를 나타낸다. 이곳에서 참다운 가르침의 바탕(教體)은 그 청정함이 소리를 듣는(音聞) 데 있다. 다만 말과 뜻에 대해 동일하거나 다르다는 견해를 지을 수 없기 때문에 마치 등불로 색色을 비추는 것과 같다. 그러나 등불을 인해 색을 보기 때문에 다르다는 말을 할 수 없고, 색은 등불이 아니기 때문에 동일하다고 말할 수 없다. 이것은 또 말과 뜻에 능숙한 방편으로써 가르친 것이다.

다시 다음에 대혜야, 불생불멸不生不滅, 자성自性, 열반涅槃, 삼승三乘과 일승一乘, 심자성心自性 등을 마치 언설의 뜻(義)을 반연한 것처럼 계교하고 집착하면 건립 및 비방의 견해에 떨어져 다른 걸 건립하고 다른 망상을 부리니, 마치 환幻처럼 갖가지 망상이 나타난다. 비유하면 갖가지 환幻에서 어리석은 중생은 다른 망상을 짓지만 성현聖賢은 아닌 것과 같다."

復次大慧. 不生不滅. 自性. 涅槃. 三乘一乘. 心自性等. 如緣言說義計著. 墮建立及誹謗見. 異建立. 異妄想. 如幻種種妄想現. 譬如種種幻. 凡愚衆生作異妄想. 非聖賢也.

【관기】 여기서는 외도가 명언名言을 허망하게 집착함이 소지장所知障을 이룬다는 걸 따지고 있다. 그러므로 말(語)과 뜻(義)에 대한 가르침을 응당 여실如實하게 관觀해야 하지 말(語)에 따라 이해를 내서는 안 된다. 당역에서는 이렇게 말한다.

"만약 불생불멸不生不滅한 자성自性의 열반과 삼승, 일승, 오법五法의 온갖 마음의 자성 등을 있다(有)고 해서 말(言)대로 뜻(義)을 취한다면 건립 및 비방의 견해에 떨어진다. 저 외도가 분별을 일으키는 것과는 다르기 때문에 마치 환사幻事를 보고서 실답다고 계교한 것과 같으니, 이는 어리석은 범부의 견해이지 성현은 아니다."

말하자면 불생불멸 등 오염과 청정의 온갖 법 중에서 말대로 뜻을 취한다면, 언설과 뜻이 하나라고 계교하고 집착하는 것은 이름하여 건립建立이라 하고, 언설과 뜻이 다르다고 계교하는 것은 이름하여 비방誹謗이라 한다. 갖가지 언설의 처소에서 갖가지 분별을 일으키기 때문에 '다른 걸 건립하고 다른 망상을 부린다'고 하면서 모두 실답다고 여긴다. 그래서 '마치 환幻처럼 갖가지 망상이 나타난다'고 한 것이다. 갖가지 환사幻事를 계교해서 실답다고 여기는 것은 정말로 어리석은 범부의 견해이다. 옛날에 이렇게 말했다.

"아는 바(所知)는 장애가 아니고, 장애를 받음이 아는 바를 장애한다."

그러나 아는 바란 진제眞諦의 적멸이니 어찌 장애하겠는가? 하지만 명언名言을 집착해 취함으로써 장애로 여기기 때문에 능히 증득해 들어갈(證入) 수가 없으니, 소위 사상四相에 잠재된 신(潛神)은 깨달음(覺)이 아니면 어기고 거부할 뿐이다.

이때 세존께서 이 뜻을 거듭 선포하고자 게송을 설하셨다.

爾時世尊欲重宣此義而說偈言.

저 언설言說의 망상으로
온갖 법을 건립建立하니
그 건립 때문에
죽어서 니리泥犁[101]에 떨어진다.

---

[101] 산스크리트어 niraya. 지옥을 말한다.

彼言說妄想. 建立於諸法. 以彼建立故. 死墮泥犁中.

<관기> 이 게송에선 언설로 온갖 법이 실답다고 계교하는 것은 악견惡見의 허물임을 읊고 있다. 말하자면 부처가 일체의 갖가지 오염과 청정의 온갖 법을 설한 것은 일체중생의 망상의 심병心病을 대치對治한 것이다. 바로 사事를 인해 마련된 것이라서 본래 실다운 법(實法)이 아니니, 비록 말을 인해 뜻을 나타내도 뜻이 말에 존재하지는 않는다. 가령 갖가지 참(眞)과 거짓(妄)의 온갖 법이 다 실유實有가 된다고 계교하는 것은 바로 악견惡見이기 때문에 죽어서는 지옥(泥犁)에 떨어지는 것이다.

음陰 속에는 나(我)가 있지 않아서
음陰 은 바로 나(我)가 아니니
저 망상과 같지 않고
또한 다시 나가 없음(無我)도 아니다.

陰中無有我. 陰非卽是我. 不如彼妄想. 亦復非無我.

<관기> 여기서는 오음五陰으로 온갖 법의 언설의 뜻을 비유하고 있다. 단지 언설이 있는 것이라면 도무지 실다운 뜻(實義)이 없기 때문에 마치 '음陰 속에는 나(我)가 있지 않은 것' 같다. 뜻(義)은 본래 말(言)을 여의었고 말은 뜻이 아니기 때문에 마치 '음陰은 바로 나(我)가 아닌 것' 같다. 언설의 온갖 법은 본래 실유實有가 아니기 때문에

저 망상과는 같지 않고, 음陰을 나(我)라고 계교함이 비록 실유實有가 아니라도 단멸斷滅에는 들어가지 않기 때문에 마치 '저 음陰 또한 다시 나가 없음(無我)도 아닌 것' 같다. 이와 같이 말(語)과 뜻(義)을 관찰하면 있음(有)과 없음(無), 동일함(一)과 다름(異)의 견해에 떨어지지 않는다.

일체에는 다 성품이 있다는 건
마치 어리석은 범부의 망상과 같으니
만약 저 보는 바(所見)와 같다면
일체가 응당 제(諦: 진리)를 보아야 한다.

일체의 법은 성품이 없어서
청정함과 더러움이 다 있지 않으며,
진실하지 않음은 저 봄(見)과 같지만
그렇다고 해서 있는 바 없음(無所有)도 아니다.

一切悉有性. 如凡愚妄想. 若如彼所見. 一切應見諦. 一切法無性. 淨穢悉無有. 不實如彼見. 亦非無所有.

관기 여기서는 법으로써 앞의 비유에 합치하고 있다. 앞의 게송은 도리어 온갖 법이 본래 실유實有가 아님을 나타낸 것이니, 말하자면 일체 모든 법은 과연 저 어리석은 범부가 분별한 것처럼 다 자성自性이 있는 것이라면 하나하나 응당 진실한 곳을 보아야 한다.

지금은 단지 어언語言이 있을 뿐 진실의 뜻(實義)은 보지 못하고 있으니, 마치 화구火口가 뜨겁지 않다고 설하고 이가 시린 것이 차갑지는 않다고 이야기하는 것과 같다. 이로써 관찰하면 일체 언설의 온갖 법은 모두 성품이 없음을 충분히 증험하고, 모두 성품이 없기 때문에 언설의 청정함과 더러움은 실유實有가 아니다. 그러나 성인聖人이 온갖 법을 보는 것은 어리석은 범부와 차별이 없지만, 단지 어리석은 범부는 보는 것을 실답다고 계교하고 성인은 환화幻化처럼 볼 뿐이기 때문에 '진실하지 않음이 저 봄(見)과 같지만, 그러하고 해서 있는 바 없음(無所有)도 아니다'고 말한 것이다.

○이상 언설이 법집法執의 근본이 됨을 밝혔다.
△②-3-1-(2)-나 이하에선 지智와 식識이 속박과 해탈의 근원임을 제시하였다.

"다시 다음에 대혜야, 지智와 식識의 상相을 이제 설해야 하겠다. 만약 지와 식의 상을 잘 분별하면, 그대 및 온갖 보살은 능히 지와 식의 상을 통달해서 조속히 아뇩다라삼먁삼보리를 얻는다.

復次大慧. 智識相. 今當說. 若善分別智識相者. 汝及諸菩薩. 則能通達智識之相. 疾得阿耨多羅三藐三菩提.

 여기서는 앞서의 내용을 인해 보살이 반드시 말(語)과 뜻(義)에 능숙해야 한다고 가르쳤기 때문에 특별히 지智와 식識의 상相을 설한 것이니, 그 의도는 지智에 의거해야지 식識에 의거해선 안 된다는 것이다. 그러나 분별이 있으면 식識이고 분별이 없으면 지智이니, 식識에 의거하면 양쪽 다 다치고 지智에 의거하면 둘 다 능숙하니(兼善), 생멸이 생멸이 아니기 때문이다. 진실로 지智로써 관觀하면 저 명언名言은 저절로 끊어진다.

대혜야, 저 지智에 세 종류가 있으니, 말하자면 세간, 출세간, 출세간 상상上上이다.

大慧. 彼智有三種. 謂世間. 出世間. 出世間上上.

관기 여기서는 지智의 상相에 세 종류가 있음을 열거하고 있다. 그 식識은 곧 앞서 '간략히 설하면 세 종류가 있고, 자세히 설하면 여덟 가지가 있다'고 한 것이니, 이미 설명했기 때문에 여기서는 자세히 열거하지 않았다.

무엇이 세간지世間智인가? 말하자면 일체의 외도와 범부는 있음(有)과 없음(無)을 계교하고 집착한다.

云何世間智. 謂一切外道凡夫. 計著有無.

관기 여기서 세간지는 곧 육추六麤 중 지상智相에 해당한다. 외도는 자칭 일체지一切智라 하는데 한역하면 인지仁智라 하며, 노자가 기지棄智[102]라 말하는 것도 모두 이 지智이다. 부처는 "세간의 지혜(世智)를 잘 변론하고 총명하면 불법을 배우기 어렵다"고 했는데, 이 세간의 지혜에 의거해서는 무생無生의 이理에 들어가질 못하기 때문에 '있음(有)과 없음(無)을 계교하고 집착한다'고 말한 것이다.

무엇이 출세간지出世間智인가? 말하자면 일체의 성문과 연각은 자상自相과 공상共相의 희망에 따라 계교하고 집착한다.

云何出世間智. 謂一切聲聞緣覺. 墮自共相希望計著.

관기 여기서 이승은 치우친 공(偏空)의 지혜이다. 성문은 고통(苦)을 알아서 집집을 끊고 도道를 닦아 멸도滅度를 증득하는 법류인法類忍의 지혜이며, 그리고 연각은 인因을 추궁해 인因을 살피는 77가지 지智로써 삼계와 오온의 생사가 싫어할만하다는 걸 보지만, 오직 마음뿐임(唯心)을 요달하지 못하기 때문에 '자상과 공상을 따른다'고 한 것이며, 증득할 만한 열반이 있다고 계교하기 때문에 '희망을 계교하고 집착한다'고 하였다. 계교하고 집착하는 까닭은 식識의 성품을 아직 여의지 못해서 무명無明을 요달하지 못했기 때문이다.

무엇이 출세간 상상지上上智인가? 말하자면 온갖 불보살은 있는 바 없는(無所有) 법을 관해서 불생불멸을 보고 있음(有)과 없음(無)의 성품

---

[102] 기지棄智는 지혜를 버린다는 뜻인데, 여기서 말하는 지혜는 분별의 지혜, 세간의 지혜이지 자각성지가 아니다.

을 여의면 여래지如來地와 인무아人無我, 법무아法無我가 스스로(自)를 반연하여 생겨나게 된다.

云何出世間上上智. 謂諸佛菩薩. 觀無所有法. 見不生不滅. 離有無品. 如來地. 人法無我. 緣自得生.

_{관기} 여기서는 출세간 상상지上上智이다. 팔지八地의 성인은 무상진여無相眞如를 증득해 이 지智를 최초로 얻기 때문에 '있는 바 없음(無所有)을 관한다'고 했다. 그러나 생멸하지 않음을 알아서 오직 부처와 부처만이 능히 궁구해 다할 수 있기 때문에 '스스로(自)를 반연해 생겨나게 된다'고 한 것이니, 말하자면 자각성지自覺聖智의 경계로부터 생겨난 것이다.

대혜야, 저 생멸生滅이란 것은 식識이고, 불생불멸不生不滅이란 지智이다. 다시 다음에 상相과 무상無相을 따르고 아울러 있음(有)과 없음(無)의 갖가지 상相의 인因에 떨어지는 것은 식識이고, 있음과 없음의 상을 초월하는 것은 지智이다.

大慧. 彼生滅者是識. 不生不滅者是智. 復次. 墮相無相. 及墮有無種種相因. 是識. 超有無相. 是智.

_{관기} 있음(有)과 없음(無)의 상相은 말하자면 단멸斷滅과 항상恒常의 두 가지 견해이다. 갖가지 상相의 인因에서 인因은 곧 생인生

因이니, 말하자면 승묘勝妙 등이다.

다시 다음에 장양長養의 상相은 식識이며, 장양의 상相이 아님은 지智이다.

復次. 長養相. 是識. 非長養相. 是智.

관기 장양長養이란 상속相續의 뜻이니, 말하자면 온갖 종자種子를 모아서 온갖 현행現行을 일으키고 상속이 끊어지지 않기 때문이다. 그러나 이 식識과 지智의 상相을 변론함으로써 식識과 지智의 근본 바탕(觀體)이 둘이 없음을 밝히니, 오직 생겨남과 생겨나지 않음, 떨어짐과 떨어지지 않음의 나눔(分)에만 존재할 뿐으로 요컨대 식識에 즉卽해 지智를 이루게 하는 것이다. 지智와 식識이 둘이 아닌 것은 단지 귀로 설법의 어언語言과 음성音聲을 들을 때 최초의 일념一念이 소리(聲)의 자성을 얻게 되는 것과 같다. 바로 현량現量의 경계가 곧 근본지根本智의 비춤이라서 생멸에도 속하지 않고 있음(有)과 없음(無)에도 떨어지지 않아서 당체當體가 항상 머문다. 만약 찰나에 의지意地에 흘러 들어가서 의리義理를 분별해 제2념念을 일으킴이 곧 생멸로서 문득 있음(有)과 없음(無)에 떨어진다면, 상속相續이 머물지 않고 타자(他)의 언어에 따라 유전流轉함이 곧 지혜가 전변하여 식을 이루는(智轉成識) 것이니, 소위 대지大智가 눈앞에 거居하다가 뒤집혀서 명상名相의 경계가 되는 것이다. 고덕古德은 "대중이 보고 듣는 것은 단지 한때(一度)일 수 있으니, 여기에서 얻음(得)이 있을지어다. 나는 조산

曹山의 삼타三墮[103]를 관觀한다"고 하였고, 찬탄하길 "일체지一切智라는 스승 없이 이루는 지혜(無師智)가 생각생각 현전現前하지 않는다면 어떻게 이것과 함께하겠는가? 지혜로운 자는 이를 깊이 관觀하길 청하니, 스스로 말(語)과 뜻(義)에 능숙해야 한다"고 하였다.

다시 다음에 세 종류의 지智가 있으니, 말하자면 생멸을 아는 것, 자상自相과 공상共相을 아는 것, 불생불멸을 아는 것이다.

復次有三種智. 謂知生滅. 知自共相. 知不生不滅.

관기 여기서는 여래가 자각성지自覺聖智를 스스로 서술함으로써 출세간 상상지上上智의 상相을 밝히고 있다. 말하자면 범부와 외도는 생멸을 알지 못하기 때문에 있음(有)과 없음(無)을 계교하고 집착하며, 이승은 자상과 공상을 알지 못하기 때문에 자상과 공상에 떨어지고, 삼현三賢[104] 보살은 불생멸不生滅을 알지 못하기 때문에 운運에 맡겨 장양長養하지만 범부와 성인의 견해를 능히 초월하지 못해서 식정識情에 떨어진다. 부처는 나의 자각성지自覺聖智는 다름 아닌 오직 이 세 가지만을 알 뿐이라고 말했으니, 범부와 성인의 양량을 초월하기

---

103 여기서 '타墮'는 자재自在의 뜻. 첫째, 수류타隨類墮는 축생으로 태어나더라도 거기에 집착하지 않고 담담하게 일상생활을 영위하는 경지. 둘째, 사문타沙門墮는 깨달아도 그것에 집착하지 않는 자유자재한 경지. 셋째, 존귀타尊貴墮는 존귀한 것, 즉 본래면목까지도 잊는 자유자재한 경지.
104 십주十住·십행十行·십회향十廻向의 수행 단계에 있는 보살.

때문에 출세간 상상지가 된다.

다시 다음에 무애無礙의 상상相은 지智이고, 경계의 갖가지 걸리는 상(礙相)은 식識이다.(당역에서는 "경계의 상상에 집착함은 식識이고, 경계의 상에 집착하지 않음은 지智이다"라고 하였다)
다시 다음에 세 가지 사事가 화합하여 방편의 상상相을 내는 것은 식識이고, 무사방편無事方便의 자성상自性相은 지智이다.(당역에서는 "세 가지가 화합하여 상응해서 생기는 것은 식識이고, 무애無礙가 자성의 상상에 상응함은 지智이다"라고 하였다)
다시 다음에 상상相을 얻음은 식識이고, 상상相을 얻지 못함은 지智이다. 저절로 얻는 성지聖智의 경계는 나가지도 않고 들어오지도 않기(不出不入) 때문에 마치 물속의 달과 같다."

復次. 無礙相. 是智. 境界種種礙相. 是識. (唐譯云. 著境界相. 是識. 不著境界相. 是智) 復次. 三事和合生方便相. 是識. 無事方便自性相. 是智. (唐譯云. 三和合相應生. 是識. 無礙相應自性相. 是智) 復次. 得相. 是識. 不得相. 是智. 自得聖智境界. 不出不入. 故如水中月.

<small>관기</small> 여기서는 앞서 자각성지自覺聖智의 상상相을 해석했다. 말하자면 여래의 자각성지는 또한 식識을 여의는 것 외에 따로 구하지는 않는다. 그러나 일체의 경계에서 범부와 삼승과 더불어 견처見處가 다르지 않고, 다만 걸림 있음과 걸림 없음, 화합과 불화합不和合, 상상相을 얻음과 상상相을 얻지 못함의 나눔이 있을 뿐이다. 경계에 대한

집착은 곧 화합의 상응을 이루어서 상相을 얻을 수 있기 때문에 지智에 즉한 명칭이 식識이니, 곧 밝고 어두움(明暗), 가고 옴(去來), 나가고 들어오는(出入) 상相이 있다. 집착하지 않고 화합하지 않아서 상相을 얻을 수 없기 때문에 식識에 즉한 명칭이 지智이니, 그렇다면 온갖 경계에 대해 나가지도 않고 들어가지도 않는 것이 마치 물속의 달과 같다. 그러나 물속의 달은 나가지도 못하고 들어오지도 못할 뿐 아니라 더구나 파도가 용솟음쳐도 달의 체體는 담연湛然해서 움직이지도 않고 흔들리지도 않으니, 경계와 지智가 혼융混融하여 둘이 없기 때문이다.

이때 세존께서는 이 뜻을 거듭 선포하고자 게송을 설하셨다.

爾時世尊欲重宣此義而說偈言.

업業을 채집採集하면 식識이 되고
채집하지 않으면 지智가 되나니
일체의 법을 관찰하면
있는 바 없음(無所有)을 통달하리라.

이렇게 자재력自在力을 얻게 되면
이것이 곧 이름하여 슬기(慧)라 한다.(위역에서는 "식識은 온갖 업을 모을 수 있으며, 지智는 완벽하게 분별할 수 있다. 슬기[慧]는 능히 무상無相 및 묘장엄妙莊嚴의 경계를 얻을 수 있다"라고 하였다)
경계에 속박되면 마음이 되고

상념(想)의 생김을 자각하면 지智가 되며,
있는 바 없음(無所有) 및 수승함(勝)
슬기(慧)는 바로 이로부터 생긴다.

採集業爲識. 不採集爲智. 觀察一切法. 通達無所有. 逮得自在力.
是則名爲慧. (魏譯云. 識能集諸業. 智能了分別. 慧能得無相. 及妙莊嚴境)
縛境界爲心. 覺想生爲智. 無所有及勝. 慧則從是生.

> **관기** 여기서는 식識과 지智의 상相을 읊고 있다. 말하자면 온갖 업행業行을 모아서 경계에 속박되고 집착한 자는 식識이 되고, 능히 온갖 법을 관찰해서 망상의 생멸을 완벽히 비추는 자는 지智가 된다. 만약 마음과 경계가 다 공空함을 요달해 있는 바 없음(無所有)을 통달해서 뛰어나고 묘한(勝妙) 부처 경계에 들어가면 곧 슬기(慧)가 된다. 그렇다면 삼현三賢은 모두 슬기의 힘이 충분치 않음으로써 지地에 오르게 되고, 발광지發光地,[105] 염혜지焰慧地[106]로부터 있는 바 없는(無所有) 불지佛地에 들어가는 자는 바야흐로 그 이름을 슬기(慧)가 구족具足하다고 한다.

마음과 뜻(意), 아울러 식識에서
사유思惟의 상상을 멀리 여의고
사유와 상념(思想)이 없는 법을 얻는

---

[105] 십지十地의 하나. 점점 지혜의 광명이 나타나는 단계.
[106] 십지의 하나. 지혜의 광명이 번뇌를 태우는 단계.

불자佛子는 성문聲聞이 아니다.

心意及與識. 遠離思惟想. 得無思想法. 佛子非聲聞.

【관기】 식識의 근본은 지智이다. 단지 사유의 망상 때문에 참(眞)이 아닌 것이다. 이제 이미 멀리 여의어서 식識에 즉해 지智를 이루면 이는 사유가 없고 심식心識의 처소를 여읜 것이니, 오직 팔지八地 및 부처 경계이기 때문에 성문으로선 알 수 있는 것이 아니다.

적정寂靜의 뛰어나고 진보한 인忍은
여래의 청정한 지智이니
훌륭하고 뛰어난 뜻(善勝義)에서 생겨나서
행한 바(所行)는 다 멀리 여읜다.

寂靜勝進忍. 如來淸淨智. 生於善勝義. 所行悉遠離.

【관기】 이 게송은 앞서 망상이 경계를 여읜 걸 해석하고 있다. 구주舊注에서 『인왕경仁王經』을 인용해서 오인五忍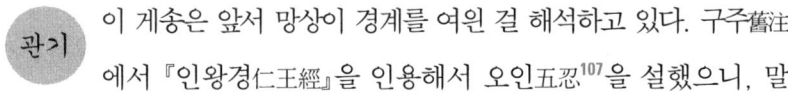을 설했으니, 말

---

107 보살이 진리에 안주하는 정도에 따라 다섯 단계로 나눈 것. (1) 복인伏忍: 번뇌를 굴복시켜 일어나지 못하게는 하지만 아직 완전히 끊지 못한 단계. (2) 신인信忍: 깨달은 진리를 믿고 의심하지 않는 단계. (3) 순인順忍: 진리에 순응하고 안주하는 단계. (4) 무생인無生忍: 불생불멸不生不滅의 진리에 안주하는 단계. (5) 적멸인寂滅忍: 모든 번뇌를 끊은 열반에 안주하여 마음을 움직이지 않는 단계.

하자면 복伏, 신信, 순順, 무생無生, 적멸寂滅이다. 각각 상품, 중품, 하품이 있는데, 삼현三賢은 단지 복인伏忍뿐이고, 지地에 올라 구지九地에 도달하면 차례대로 삼인三忍을 배열하고, 십지十地와 등각等覺 및 부처는 적멸인寂滅忍을 얻는다. 이 때문에 '적정의 뛰어나고 진보한 인忍'이라 한 것이니, 이것이 여래의 청정한 지智이다. 이 인지忍智는 승의제勝義諦로부터 생겨나고, 일체 망상과 심식心識이 행한 경계는 모두 다 멀리 여의기 때문에 앞에서 '사유와 상념이 없는 법이니, 성문으로서 얻을 수 있는 것이 아니다'라고 한 것이다.

나에게 세 종류의 지智가 있으니
성스러움으로 개발된 진실이며,
이에 대한 상념(想)과 사유는
온갖 성품을 다 섭수하니
이승은 상응하지 못하고
지智는 온갖 있는 바(所有)를 여읜다.

我有三種智. 聖開發眞實. 於彼想思惟. 悉攝受諸性. 二乘不相應. 智離諸所有.

관기 여기서는 출세간 상상 자각성지出世間上上自覺聖智의 상相을 읊고 있다. 그러나 세 종류의 지혜는 곧 앞서 말한 생멸 등을 아는 것이니, 말하자면 나는 이 세 종류를 알기 때문에 성지聖智의 명칭을 얻어서 능히 중생의 진실眞實을 개발할 수 있는 것이다. 하지만 어리석은 범부의 사유와 상념(想)이 온갖 법을 섭수攝受하는 식識 및 이승이 여실如實하게 상응하지 못하는 지智라도 나는 이 지智 일체를 몽땅 여의기 때문에 '지智는 온갖 있는 바(所有)를 여읜다'고 말한 것이다. 그러므로 위역에서는 "나에게 세 종류의 슬기(慧)가 있으니, 그것에 의거해 성스러움의 명칭(聖名)을 얻는다"고 했으며, 당역에서는 "온갖 상相을 분별해서 일체법을 개시開示하고, 나의 지智는 온갖 상相을 여의어서 이승을 초월한다"고 하였다.

자성自性을 계교하고 집착함은
온갖 성문으로부터 생겨났으니
온갖 심량心量을 초월한 것이
여래 지혜(如來智)의 청정이다.

計著於自性. 從諸聲聞生. 超度諸心量. 如來智淸淨.

 이 게송에선 앞서의 뜻을 해석해 이루고 있다. 당역에서는 이렇게 말했다.

"온갖 성문 등은 온갖 법이 있다(法有)고 집착하며, 여래 지혜(如來智)의 무구無垢함은 오직 마음뿐(唯心)임을 요달하기 때문이다."

말하자면 범부는 온갖 법이 있다고 집착하고 이승은 열반이 있다고 집착해서 모두 심량心量을 여의지 않고 있다. 나는 법계해法界海의 슬기(慧)로써 일체를 완벽히 비추어서 다 있는 바가 없기(無所有) 때문에 모두 초월한 것이니, 이 이름이 여래의 자각성지로 출세간 상상지出世間上上智가 된다.

○이상 지智와 식識의 상상을 제시하였다.
△②-3-1-(2)-다 이하에선 전변轉變의 상상에 즉卽함으로써 움직임(動)이 본래 움직임이 아님을 밝혔다.

"다시 다음에 대혜야, 외도에겐 아홉 가지 전변론轉變論이 있어서 외도의 전변轉變이란 견해를 낸다. 소위 형처形處 전변, 상상 전변, 인因 전변, 성成 전변, 견見 전변, 성性 전변, 연분명緣分明 전변, 소작분명所作分明 전변, 사事 전변이다. 대혜야, 이를 이름하여 아홉 가지 전변의 견해라고 한다. 일체의 외도는 이를 인해 있음(有)과 없음(無)을 일으켜서 전변론을 낳는다.

復次大慧. 外道有九種轉變論. 外道轉變見生. 所謂形處轉變. 相轉變. 因轉變. 成轉變. 見轉變. 性轉變. 緣分明轉變. 所作分明轉變. 事轉變. 大慧. 是名九種轉變見. 一切外道. 因是起有無生轉變論.

관기 여기서는 식識과 지智의 견해와 경계가 똑같지 않음을 말함으로써 움직임(動)이 본래 움직임이 아니란 뜻을 밝히고 있다. 말하자면 외도는 온갖 망상 분별에 의거하기 때문에 소견所見의 경계가 전변轉變하여 동일하지가 않다. 여래는 지智에 의거한 관찰이라서 생기든 소멸하든 움직여 전변할(動轉) 수 있는 법이 하나도 없으니, 소위 내가 중생의 상상이 있음을 보지 못했기 때문이다. 그러나 이 아홉 가지 전변은 대체로 외도가 오온에 의거해 수립한 것이니, 말하자면 내신內身이 이미 그렇다면 온갖 법도 모두 마찬가지다. 총체적으로 형形이나 사事라 일컫는 것은 곧 근根의 경계일 뿐이다. 그중 일곱 가지 법은 바로 형세形勢, 상相, 인因으로 이에 의거해 말을 수립하기 때문에 이름하여 전변론轉變論이라 한다.

형처形處의 전변 등은 말하자면 육도六道에서 몸(身)을 받지만 그 모양(狀)은 동일하지 않으며, 혹은 귀신, 축생으로부터 인간과 천상에 이르며, 혹은 인간과 천상을 말미암아 이류異類에 들어가서 각각의 신형身形이 이렇게 굴러서(轉) 저렇게 변變하여 곳(處)에 따라 동일하지 않기 때문에 '형처形處의 전변'이라 말한다. 그 몸을 받는(受身) 것은 그 상相이 각각 구별되니, 태어나서 죽을 때까지 생겨나 머물고 달라져서 소멸하며(生住異滅) 찰나 찰나 생각 생각마다 천사(遷謝: 변천해 물러남)하기 때문에 '상相의 전변'이라 한 것이다. 그러나 이 몸의 모습(身相)은 없음(無)으로부터 있음(有)으로 나아가 반드시 생인生因의 전변을 빙자해서 오기 때문에 '인因의 전변'이라 한 것이다. 이미 이 몸을 이루었다면 능히 오래 머물 수 없어서 점차 무너져 소멸하게 되기 때문에 '성成의 전변'이라 한 것이다. 젊은 장정은 곱고 윤택하며, 노쇠한 늙은이는 주름이 끼어서 그 변하는 모양(變狀)에 따라 보는 것도 동일치 않기 때문에 '견見의 전변'이라 한 것이다. 번영과 시듦이 동일치 않고 고통과 즐거움도 역시 다르니, 마치 날것을 바꿔 익힌 것을 만들고 단 것이 변해서 고통스러운 것을 짓듯이 그 성품이 각각 구별되기 때문에 '성性의 전변'이라 한 것이다. 그 능히 창조하는(能造) 것은 사대四大의 연緣으로서 각각이 분명하지만 화합하여 하나가 되기 때문에 '연분명緣分明의 전변'이라 한 것이다. 창조된 오근(所造五根)은 사지와 관절이 완연하기 때문에 '소작분명所作分明의 전변'이라 한 것이다. 내신內身이 이미 그렇다면 외법外法도 모두 마찬가지이기 때문에 '사事의 전변'이라 한 것이다.

외도는 그 몸의 경계가 이처럼 전변하여 항상하지 않은 걸 보니, 혹은 없다가(無) 홀연히 있고(有) 혹은 있다가 홀연히 없으니, 이로 인해 마침내 있음(有)과 없음(無)의 두 가지 견해가 일어나서 허망하게 분별을 낳아서 전변론을 짓는다. 이 모두가 식識에 의거하지 지智에 의거하지 않기 때문에 생멸을 보는 것이며, 오직 마음뿐인 하나의 참된(唯心一眞) 경계를 요달하지 못하기 때문일 뿐이다. 여기서는 단지 아홉 가지 명칭을 표시했고, 이하에선 시종일관 형形과 사事의 두 가지 뜻을 들어서 해석했다.

무엇이 형처形處의 전변인가? 말하자면 형처가 달라진다는 견해이니, 비유하자면 금이 변하여 온갖 기물을 지으면 갖가지 형처가 현현하지만 금의 성품은 변하지 않는 것과 같으니, 일체 성품의 변화도 마찬가지다. 혹은 어떤 외도는 이러한 망상을 짓고 나아가 사事가 변한 망상까지 이르니, 그것은 같지(如)도 않고 다르지도(異) 않으니 망상이기 때문이다.

云何形處轉變. 謂形處異見. 譬如金變作諸器物. 則有種種形處顯現. 非金性變. 一切性變亦復如是. 或有外道作如是妄想. 乃至事變妄想. 彼非如非異. 妄想故.

관기 여기서는 전변轉變의 뜻을 해석하고 있다. 앞에서는 아홉 가지 명칭을 열거하고, 지금은 처음과 끝을 들어 해석함으로써 그 뜻(義)이 자족自足하다. 형처形處의 전변이란 말은 소위 외도가 형처에 대해 갖가지 이견異見을 일으키기 때문이다. 또 스스로 비유하기를 "마치 금이 갖가지 그릇을 만들면서 형상은 변해도 금의 성품은 변하지 않는다"고 했으며, 여래는 이를 깨우치면서 "그래서 바로 외도가 이렇게 망상 분별의 견해를 지은 것일 뿐이다"라고 했다. 형상(形)이 이미 그렇다면 사事에서도 역시 마찬가지이기 때문에 '사事의 변화에 이르러도 역시 망상일 뿐이다'라고 한 것이다. 왜냐하면 저 온갖 법은 같지(如)도 않고 다르지(異)도 않아서 견해를 일으키는 걸 용납하지 않기 때문이다. 그래서 무릇 분별한 것이 모두 여실如實하지 않으니 단지 망상이기 때문이다. 그러나 금 그릇의 비유는 세존의 다른 가르침 중에서 대체로 상약嘗約으로 사람에게 제시했으나, 지금은 외도의 견해로 배척하고 있다. 이 일승의 돈교頓敎 법문은 현량現量의 진실한 증득(實證)을 귀하게 여기고 비의(比擬: 견줌)를 허용하지 않으니, 마음을 일으켜 생각(念)의 움직임이 법체法體에 어긋나고 견해의 그물(見網)에 떨어지기 때문이다. 만약 형상은 변해도 성품(性)은 변하지 않는다면, 바로 조사祖師께서 소위 불성佛性은 절반은 생멸하고 절반은 생멸하지 않는다는 허물이 있기 때문에 외도의 견해가 된다고 말한 것이다.

이처럼 일체 성품의 전변轉變은 우유, 낙酪, 술, 열매 등이 익는 것과 같음을 반드시 알아야 한다. 외도는 전변한다고 망상하지만, 거기엔 역시 전변이 있지 않으니, 있음(有)이든 없음(無)이든 자심自心이 외부에 성품과 성품 아님을 나타낸 것이다.

如是一切性轉變. 當知如乳酪酒果等熟. 外道轉變妄想. 彼亦無有轉變. 若有若無. 自心現外性非性.

> **관기** 여기서는 비유로 온갖 법이 본래 전변의 상相이 없어서 동일함(一)이나 다름(異)의 견해를 지을 수 없다는 걸 밝히고 있다. 말하자면 우유, 낙락, 술, 열매가 익으면서 맛은 비록 다르더라도 성품은 다르지 않으니, 실제로 전변할 수 있는 상相이 있지 않으며 온갖 법도 역시 마찬가지다. 외도는 오직 마음뿐임(唯心)을 통달하지 못하기 때문에 허망하게 전변의 분별을 짓는다. 그러나 저 온갖 법도 또한 전변의 상相이 있지 않다. 전변하지 않는 까닭은 온갖 법이 있음(有)과 없음(無)에 속하지 않아 실체가 없기 때문이니, 그래서 '있음이든 없음이든 자심自心이 외부에 성품과 성품 아님을 나타낸 것이다'라고 한 것이다. 당역에서는 "자심이 보는 바(所見)에 외부 사물(外物)이 없기 때문이다"라고 하였다.

대혜야, 이처럼 어리석은 범부 중생은 스스로 망상을 닦고 익혀서 낳는다. 대혜야, 법은 생기든 소멸하든 있지(有) 않으니, 마치 허깨비(幻)나 꿈처럼 색色이 생겨난다고 보는 것과 같다."

大慧. 如是凡愚衆生. 自妄想修習生. 大慧. 無有法若生若滅. 如見幻

夢色生.

> 관기 여기서는 앞서 온갖 법이 전변하지 않는 까닭을 해석하고 있다.

문: 만약 온갖 법이 전변하지 않는다고 말한다면, 이 온갖 법은 생멸하지 않는다. 온갖 법의 생멸을 나타내 봄을 방해하지 않는 것이 가능한가?

답: 이 같은 온갖 법은 본래 스스로 무생無生이라서 또한 다시 소멸도 없다. 그런데도 생멸이 있다고 보는 것은 모두 이 어리석은 범부 중생이 스스로 망상의 습기로 훈습해 전변함으로써 생기는 것이니, 실제로는 생기든 소멸하든 하나의 법도 있지 않다. 즉 그 보는 바(所見)가 모두 당체當體가 실답지 않기 때문에 당역에서는 이렇게 말했다.

"마치 허깨비나 꿈을 인해서 온갖 색色을 보는 것과 같으며, 마치 석녀石女의 아이에게 생사가 있다고 설하는 것과 같다."

이때 세존께서 이 뜻을 거듭 선포하고자 게송을 설하셨다.

爾時世尊欲重宣此義而說偈言.

형처形處가 때(時)로 전변하여
사대四大의 종자와 온갖 근根,
그리고 중음中陰이 점차 생겨나지만
망상이지 밝은 지혜(明智)가 아니다.

形處時轉變. 四大種諸根. 中陰漸次生. 妄想非明智.

관기 여기서는 외도와 이승 모두가 여실如實하지 못함을 총체적으로 읊고 있다. 그러나 장행長行은 비록 외도의 아홉 가지 전변은 말했지만 아직 이승은 말하지 않았는데, 그 아홉 가지 중 인연의 전변은 이승의 부류와 함께한다. 여기서는 형처形處가 때(時)로 사대四大의 종자와 온갖 근根으로 전변함을 읊고 있는데 모두 외도의 견해이다. 그리고 중음中陰이 있다고 계교하여 후음後陰으로 점차 이어지면, 이는 이승의 전변의 견해이다. 그러나 모두 식識에 의거한 분별이기 때문에 '망상이지 밝은 지혜(明智)가 아니다'라고 한 것이다. 중음中陰은 곧 중유신中有身인데, 『구사론俱舍論』에서는 이렇게 말했다.

"죽음과 삶 둘의 중간에서 오온五蘊을 이름하여 중유中有라 한다."

최승자最勝子는 연기緣起에 대해
저 망상과는 같지 않다.
하지만 세간의 연기는
마치 건달바성과 같다.

最勝於緣起. 非如彼妄想. 然世間緣起. 如揵闥婆城.

관기 여기서는 여래의 여실如實한 지견知見을 읊고 있다. 말하자면 저 외도와 이승은 연기의 온갖 법에 대해 허깨비 같음(如幻)을 요달하지 못한 채 실답다고 계교하기 때문에 전변의 분별을 짓는다. 여래가 연기의 온갖 법을 대함은 저 망상의 분별을 짓는 것과는 같지 않고 단지 연기로부터 보는 것은 모두 실답지 않기 때문에 건달바성犍闥婆城과 같은 것이다.

○이상 전변의 상相을 밝혔다.
△②-3-1-(2)-라 이하에선 상속의 마음을 끊음으로써 생김(生)이 본래 무생無生임을 나타내는 걸 밝혔다.

이때 대혜보살이 다시 부처님께 여쭈었다.
"세존이여, 오직 바라노니, 일체법의 상속相續하는 뜻과 해탈解脫하는 뜻을 설해 주소서.

爾時大慧菩薩復白佛言. 世尊. 惟願爲說一切法相續義. 解脫義.

관기 여기서는 앞의 뜻을 이어받아 질문을 하고 있다. 즉 상속의 마음을 끊는 걸 밝힘으로써 생김(生)이 본래 무생無生임을 나타내었는데, 앞서 부처가 설한 전변과 전변하지 않는 뜻을 말미암은 것이다. 대혜의 의도는 만약 온갖 법에 전변의 상相이 있다고 본다면 생사가 상속相續하고, 만약 온갖 법에 전변의 상이 있다고 보지 않는다면 당체當體가 참되고 항상해서(眞常) 석연釋然하게 해탈한다고 생각하기 때문에 여기서 상속과 상속하지 않음의 뜻을 질문하게 된 것이다. 해탈이란 말은 곧 상속하지 않는 뜻이니, 당역에서는 "심밀深密의 뜻은 해탈에 미친다"고 했다. 심밀은 말하자면 번뇌(結)가 상속을 낳은 것이니, 심밀은 끊기 어렵기 때문이다. 그러나 전변轉變이란 생멸의 견해이고, 상속이란 생멸이 끊이지 않는 것이다. 미세하게 흘러 들어가 잠재적으로 장식藏識에 이어져서 그 견고함이 깨트리기 어렵기 때문에 '심밀深密'이라고 한다. 이것이 구생이집俱生二執[108]이다. 그래서 이 집착이 한번에 타파되면 생상生相이 단박에 적멸해서 그 몸이 더욱 수승하여 대열반을 증득하기 때문에 '해탈'이라 한다.

만약 일체법의 상속과 불상속의 상相을 잘 분별하면, 나 및 온갖 보살은 일체의 상속과 교묘한 방편을 잘 이해해서 설해진 뜻대로 상속을 계교하고 집착하는 데 떨어짐이 없이 일체 온갖 법의 상속과 불상속의 상相 및 언설과 문자의 망상각妄想覺을 여의는 데 능숙합니다.(당역에서는 "나 및 온갖 보살마하살로 하여금 이 법을 잘 알게 해서 말대로 뜻을 취해서 심밀深密의 집착에 떨어지지 않고 문자와 어언語言의 허망한 분별을 여읜다"고 하였다) **일체의 온갖 불찰토佛刹土와 한량없는 대중을 유행遊行하면서 능력이 자재한 신통(力自在通)과 총지總持[109]의 인印으로 갖가지 변화하면서 광명이 찬란히 비추니, 각覺과 혜慧가 십무진구十無盡句[110]에 잘 들어가서 방편 없이 행하는 것이(無方便行) 마치 해, 달,**

---

108 구생아집俱生我執과 구생법집俱生法執을 말한다. 구생아집은 선천적으로 타고난 자아에 대한 집착. 이에 반해, 후천적으로 습득한 그릇된 지식에 의해 일어나는 자아에 대한 집착은 분별아집分別我執이라 한다. 구생법집은 모든 현상에 불변하는 실체가 있다는 집착.

109 산스크리트어 dhāraṇī의 번역어, 능지能持라고도 한다. 모든 현상의 본성에 통달한 보살의 지혜.

마니摩尼, 사대四大와 같아서 일체지一切地에서 자기 망상(自妄想)의 상相과 견해(見)를 여읩니다.(당역에서는 "온갖 지地에 머물러서 분별의 견해를 여읜다"고 하였다) 일체법이 환幻이나 꿈 등과 같음을 보아서 불지佛地의 몸에 들어가는데, 일체중생계衆生界에서 그 감응하는 바에 따라 설법을 해서 인도함으로써 모든 일체의 온갖 법이 환幻이나 꿈 등과 같은 데 안주케 합니다. 그리하여 있음(有)과 없음(無)의 성품 및 생멸의 망상을 여의게 해서 언설의 뜻(義)과는 달리 그 몸이 더욱 수승합니다."

若善分別一切法相續不相續相. 我及諸菩薩善解一切相續巧方便. 不墮如所說義. 計著相續. 善於一切諸法相續不相續相. 及離言說文字妄想覺. (唐譯云. 令我及諸菩薩摩訶薩. 善知此法. 不墮如言取義. 深密執著. 離文字語言虛妄分別) 遊行一切諸佛刹土. 無量大衆. 力自在通總持之印. 種種變化. 光明照耀. 覺慧善入十無盡句. 無方便行. 猶如日月摩尼四大. 於一切地. 離自妄想相見. (唐譯云. 住於諸地. 離分別見) 見一切法如幻夢等. 入佛地身. 於一切衆生界. 隨其所應而爲說法而引導之. 悉令安住一切諸法如幻夢等. 離有無品. 及生滅妄想. 異言說義. 其身轉勝.

---

110 보살이 수행하는 계위階位 중, 10지의 처음 환희지보살歡喜地菩薩이 광대무변한 본원本願을 낼 때에, 이 원을 이루기 위해 세운 10구의 다함이 없는 법. ①중생계무진衆生界無盡 ②세계무진世界無盡 ③허공계무진虛空界無盡 ④법계무진法界無盡 ⑤열반계무진涅槃界無盡 ⑥불출현계무진佛出現界無盡 ⑦여래지계무진如來智界無盡 ⑧심소연무진心所緣無盡 ⑨불지소입경계무진佛智所入境界無盡 ⑩세간전법전지전무진世間轉法轉智轉無盡.

> 관기

'만약 잘 분별…' 이하는 법에 뛰어난 이익이 있음을 서술한 것이니, 그러므로 질문을 한 뜻이다. 말하자면 수행인이 만약 상속법 중에서 불상속不相續을 얻을 수 있다면, 일념一念에 무생無生을 단박에 증득하고 불지佛地에 단박에 오른다. 즉 일체 온갖 법이 꿈같고 환幻 같은 자재自在 법문에 안주하게 되어 있음(有)과 없음(無)의 성품을 여의고, 생멸의 집착을 끊고, 언설에 집착하지 않아서 소의所依를 전변시켜 법신의 가장 뛰어남을 얻게 한다. 이런 뛰어난 이익이 있기 때문에 여기서 청하여 물은 것이다. 그러나 두 가지 장애가 함께 적멸하지 않는다면 어찌 이런 이익이 있겠는가?

부처님이 대혜에게 고하셨다.
"훌륭하고 훌륭하다. 자세히 듣고 자세히 들어서 잘 사유하도록 하라. 마땅히 그대를 위해 설하겠다."
대혜가 부처님께 여쭈었다.
"네, 가르침을 받들겠습니다."
부처님께서 대혜에게 고하셨다.
"한량없는 일체의 온갖 법이 설해진 뜻대로 상속相續을 계교하고 집착하니(당역에서는 "일체법에 대해 말대로 뜻을 취해서 심밀深密을 집착하니 그 수數가 한량없다"고 하였다), 소위 상相에서 상속을 계교하고 집착하며, 연緣에서 상속을 계교하고 집착하며, 성품과 성품 아님에서 상속을 계교하고 집착하며, 생겨남과 생겨나지 않는 망상으로 상속을 계교하고 집착하며, 소멸함과 소멸하지 않음의 망상으로 상속을 계교하고 집착하며, 승乘과 승 아님(非乘)의 망상으로 상속을 계교하고 집착하며, 유위有爲와 무위無爲의 망상으로 상속을 계교하고 집착하며, 지地와 지地의 자상自相의 망상으로 상속을 계교하고 집착하며, 스스로의 망상(自妄想)과 무간無間의 망상으로 상속을 계교하고 집착하며, 있음(有)과 없음(無)의 성품처럼 외도가 의거하는 망상으로 상속을 계교하고 집착하며, 삼승과 일승의 무간無間 망상으로 상속을 계교하고 집착한다.(당역에서는 "소위 상相 집착, 연緣 집착, 있음[有]과 있음 아님[非有], 생겨남[生]과 생겨남 아님[非生], 소멸[滅]과 소멸 아님[非滅], 승乘과 승 아님[非乘], 위爲와 무위無爲, 지地와 지地의 자상自相, 스스로의 분별로 현증함[自分別現證], 외도의 종지[宗]인 있음[有]과 없음[無]의 성품, 삼승과 일승 등이 모두 집착을 말한다"고 하였다)

다시 다음에 대혜야, 이와 아울러 여타의 어리석은 범부 중생은 스스로의 망상이 상속하니, 이 상속 때문이다. 어리석은 범부의 망상은 누에가 누에고치를 짓는 것과 같으니, 망상의 실은 스스로를 얽어매고 남도 얽어매어서 있음(有)과 없음(無)으로 상속의 상相續의 상相이 있다고 계교하고 집착한다.

佛告大慧. 善哉善哉. 諦聽諦聽. 善思念之. 當爲汝說. 大慧白佛言. 唯然受敎. 佛告大慧. 無量一切諸法. 如所說義. 計著相續. (唐譯云. 於一切法. 如言取義. 執著深密. 其數無量) 所謂相計著相續. 緣計著相續. 性非性計著相續. 生不生妄想計著相續. 滅不滅妄想計著相續. 乘非乘妄想計著相續. 有爲無爲妄想計著相續. 地地自相妄想計著相續. 自妄想無間妄想計著相續. 有無品外道依妄想計著相續. 三乘一乘無間妄想計著相續. (唐譯云. 所謂相執著. 緣執著. 有非有. 生非生.

滅非滅. 乘非乘. 爲無爲. 地地自相. 自分別現證. 外道宗有無品. 三乘一乘等. 皆言執著) 復次大慧. 此及餘凡愚衆生. 自妄想相續. 以此相續故. 凡愚妄想如蠶作繭. 以妄想絲自纏纏他. 有無有相續相計著.

관기 여기서는 말대로 뜻을 취함(如言取義)을 밝히고 있다. 법집法執을 잊지 못하고 자기 견해를 오히려 간직하기 때문에 심밀深密히 집착하니, 바로 소지장所知障으로 변역생사變易生死의 근원이 된다. 생사에는 두 가지가 있으니, 말하자면 하나는 변역變易의 죽음으로 소지장이 초래한 것이고, 둘은 분단分段의 죽음으로 번뇌장煩惱障이 초래한 것이다. 이 열한 가지 상속은 모두 말대로 뜻을 취한(如言取義) 것으로 소지장이며, 또한 이름하여 구생아집俱生我執과 구생법집俱生法執이라 한다. 삼승과 십지十地는 모두 이 집착에 떨어지기 때문에 '심밀深密'이라 한 것이다.

나중의 세 가지 상속은 바로 번뇌장으로 어리석은 범부가 얻는 분단分段의 죽음이다. 상相은 곧 오온의 망상의 상相 및 자각성지自覺聖智의 상相이다. 연緣은 곧 인연 및 스스로 얻은 법연(自得法緣)이다. 있음(有)과 있지 않음(非有)에서 나아가 삼승과 일승 등에 이르기까지 모두 부처가 일단 설한 것이다. 그러나 그 설한 것(所說)은 모두 기틀에 감응한 이야기로서 본래 실다운 법(實法)이 없다. 소위 부처가 설한 일체법은 일체의 마음을 다스리기 위한 것이니, 만약 일체의 마음이 없다면 일체법이 무슨 필요가 있겠는가? 그러나 설해진 법은 마치 빈 골짜기의 메아리 같고, 마치 하늘에서 울리는 북소리 같지만, 어리석은 범부는 이를 요달하지 못하고 허망하게 실답다고 여긴다. 그리하여 말을 따라 뜻을 취하고 심밀深密하게 문자와 언어를 집착해서 허망한 분별로 생사를 거듭 늘리기 때문에 당역에서는 이렇게 말했다.

"이것 등이 있음(有)과 없음(無)의 양량과 종자를 은밀히 집착함은 모두 어리석은 범부가 스스로 분별해 집착하면서도 은밀하게 집착하는 것이다. 이 온갖 분별은 마치 누에가 누에고치를 짓는 것과 같으니, 망상의 실로써 스스로도 얽어매고 남도 얽어매서 있음과 없음에 집착하고 욕망과 쾌락이 견고하고 은밀하다. 견고하고 은밀함을 말미암기 때문에 생사가 단절되지 않는다."

문: 열한 가지 상속은 이미 소지장이라 말했고 삼승의 사람도 있는데, 어째서 외도 역시 여기에 참여하는가?

답: 이것은 바로 부처를 배우는 사람이 부처의 뜻은 얻지 못해서 오직 마음뿐임(唯心)을 요달하지 못한 탓에 말대로 뜻을 취하는(如言取義) 것이 모두 외도이기 때문이다. 이것이 소위 불법을 배워서 외도의 견해를 이루는 자이다.

다시 다음에 대혜야, 그중에 역시 상속 및 상속하지 않음의 상相이 없으니, 일체법의 적정寂靜을 보면 망상이 생기지 않는다. 그러므로 보살마하살은 일체법의 적정을 본다.

得次大慧. 彼中亦無相續及不相續相見. 一切法寂靜. 妄想不生. 故菩薩摩訶薩見一切法寂靜.

일체불어심품 제3의 상 305

> **관기** 여기서는 온갖 법의 여실如實한 뜻을 제시하고 있다. 말하자면 이 법 중에는 본래 상속과 상속하지 않음의 상相이 없지만, 단지 중생의 집착과 집착하지 않음을 말미암을 뿐이다. 만약 성스러운 법 속에서도 집착을 내다가 곧 범속한 정情에 떨어진다면 생사는 상속한다. 만약 허망한 법에 대해서도 집착하지 않음이 바로 성스러운 이해(聖解)라면 당장의 생각(當念)에 해탈한다. 그렇다면 속박과 해탈이 사람에게 존재하지 법에 있지는 않으니, 소위 만법이 본래 한가한데 오직 사람만이 스스로 시끄럽다. 그러므로 법 중에 상속과 상속하지 않음의 상相이 있지 않기 때문에 당역에서는 이렇게 말했다.
>
> "이 중에는 실제로 은밀(密)과 은밀하지 않음의 상相이 없으니, 보살마하살이 일체법을 보고 적정에 머물기 때문이고 분별이 없기 때문이다."
>
> 진실로 온갖 법이 적정함을 분명히 볼 수 있어서 분별을 일으키지 않는다면 생사와 열반은 모두 군더더기 말일 뿐이다.

다시 다음에 대혜야, 외적인 성품과 성품 아님을 자각(覺)해서 자심自心이 상相을 나타냄에 있는 바가 없고(無所有), 자심의 현량現量인 있음(有)과 없음(無)의 일체 성품을 수순隨順하고 관찰하면, 상相과 견해(見)가 없어서 상속이 적정寂靜하기 때문에 일체법에 대해 상속도 상속 아님의 상相도 없는 것이다.

復次大慧. 覺外性非性. 自心現相無所有. 隨順觀察自心現量. 有無一切性. 無相見. 相續寂靜. 故於一切法無相續不相續相.

> 여기서는 여실如實함을 가르쳐 온갖 법을 관觀함으로써 앞서 말한 본래 상속도 상속 아님도 없다는 뜻을 해석하고 있다.

당역에서는 이렇게 말한다.

"만약 온갖 법이 오직 마음이 나타낸 것일 뿐이라서 외물外物이 있지 않다면, 모두 무상無相과 동일해서 있음(有)이든 없음(無)이든 분별과 은밀한 집착(密執)에 대해 수순隨順하고 관찰해서 다 적정寂靜을 보니, 이 때문에 은밀(密)과 은밀하지 않음의 상相이 있지 않다."

그렇다면 오직 마음뿐인 현량現量을 사무치게 보아서 능히 여실如實하게 온갖 법을 관觀하는 것은 본래 스스로 속박이 없는데 지금 또 무엇을 벗어나겠느냐는 말이다. 그러므로 상속과 상속 아님의 상相이 있지 않은 것이다.

다시 다음에 대혜야, 저 속에는 속박이든 해탈이든 있지 않지만, 나머지는 여실如實하지 못한 각지覺知에 떨어져서 속박도 있고 해탈도 있다. 왜냐하면 일체법에 대해 있든(有) 있지 않든(無有) 중생이 얻을 수 있는 건 없기 때문이다.

復次大慧. 彼中無有若縛若解. 餘墮不如實覺知. 有縛有解. 所以者何. 謂於一切法有無有. 無衆生可得故.

> 여기서는 여실如實의 관觀을 말미암기 때문에 속박과 해탈의 상相이 없음을 말하고 있다. 상속이 있기 때문에 속박이 있고, 상속이 없기 때문에 해탈이 있다. 그러나 이 법 속에선 일체가 모두

없다(無). 왜냐하면 일체의 온갖 법이 비록 있더라도(有) 본래는 있지 않아서 그 체성體性을 구해도 얻을 수 없기 때문이다. 만약 일체법을 얻을 수 있다면 속박과 해탈을 말할 수 있지만, 이미 중생이 얻을 수 있는 것이 없다면 또 누가 속박되고 누가 해탈하겠는가? 소위 껍질이 이미 존재하지 않는데 털이 어디에 붙어 있겠는가? 그러므로 참(眞)과 거짓(妄) 둘 다 잊으면 성스러움과 범속함의 정情이 다한다.

다시 다음에 대혜야, 어리석은 범부에겐 세 가지 상속이 있으니, 말하자면 탐냄, 성냄, 어리석음이고, 아울러 미래를 애착해 기쁨과 애착이 함께하는 것이다.(위역에서는 "아울러 생生을 애착하여 즐거워하고"라고 했으며, 당역에서는 "아울러 내생來生을 애착하고 탐냄과 기쁨을 함께하는 것"이라 하였다) **이 상속 때문에 취趣의 상속이 있는 것이고, 저 상속이란 오취五趣를 이어가는 것이다.**(당역에서는 "온갖 중생으로 하여금 오취五趣에서 계속 태어나게 하는 것이다"라고 하였다) **대혜야, 상속을 끊는다는 것은 상속과 상속하지 않음의 상相이 있지 않은 것이다.**

復次大慧. 愚夫有三相續. 謂貪恚癡. 及愛未來有喜愛俱. (魏譯云. 及愛樂生. 唐譯云. 及愛來生與貪喜俱) 以此相續. 故有趣相續. 彼相續者. 續五趣. (唐譯云. 令諸衆生續生五趣) 大慧. 相續斷者. 無有相續不相續相.

여기서는 번뇌장이 오취五趣[111]의 분단생사分段生死의 뿌리가 됨을 말하고 있다. 말하자면 이전 11가지 상속은 소지장이 되는데 바로 삼승의 사람에게 있는 것이다. 지금 번뇌장은 바로 범부가 소유한 것으로 단지 세 종류일 뿐이기 때문에 '어리석은 범부에겐 세 가지 상속이 있다'고 말한 것이다. 그러나 탐냄, 성냄, 어리석음은 바로 발업무명發業無明이다. 그 탐냄과 기쁨을 함께하고 아울러 내생來生을 애착하는 습기는 바로 윤생무명潤生無明이다. 이것은 실제로 삼계 생사의 근본이기 때문에 '저 상속이란 오취五趣를 이어가는 것이다'라고 한 것이다. 그러나 탐냄, 성냄, 어리석음 등은 비록 중생으로 하여금 능히 생사를 상속케 하더라도 진실로 생멸의 견해가 멸망하고 미친 마음이 쉬어 소멸하면 그것도 역시 얻을 수 없으니, 번뇌의 성품이 공空했기 때문이다. 그래서 '상속을 끊는다는 것은 상속과 상속하지 않음의 상相이 있지 않은 것이다'라고 한 것이다.

문: 이 세 가지 상속은 능엄楞嚴의 세 가지 상속과는 어떤 차별이 있는가?

답: 명칭은 똑같지만 뜻(義)은 다르다. 『능엄경』의 세 가지는 말하자면 세계와 중생과 업과業果일 뿐이다. 그건 무명을 인因으로 삼고 음욕, 살생, 도적질의 세 가지 탐심을 일으키는 걸 연緣으로 삼는다. 이 인연 때문에 세계와 중생과 업과業果로 하여금 상속이 끊어지지 않게 하는 것이지만, 지금 이 중에선 단지 탐냄, 성냄, 어리석음 등이 번뇌장이 된다고 설해서 능히 중생으로 하여금 생사가 상속하여 끊어지지 않게 할 뿐이다. 이 때문에 명칭은 똑같지만 뜻(義)은 다른 것이니, 배우는 자는 반드시 알아야 한다.

---

111 오도五道라고도 한다. 중생이 저지른 행위에 따라 받는다고 하는 다섯 가지 미혹한 생존. 곧 지옥도地獄道·아귀도餓鬼道·축생도畜生道·인도人道·천도天道.

다시 다음에 대혜야, 세 가지 화합인 연緣, 작의作意, 방편方便으로 계교하고 집착한 식식識이 상속하여 간단없이 생겨나는데, 방편으로 계교하고 집착하면 상속이 있다. 세 가지 화합인 연緣의 식식識이 끊어지면 세 가지 해탈을 보아서 일체의 상속이 생겨나지 않는다."

復次大慧. 三和合緣作方便計著識. 相續無間生. 方便計著. 則有相續. 三和合緣識斷. 見三解脫. 一切相續不生.

관기 여기서는 두 가지 생사의 상속이 모두 칠식七識에 의거해서 있다는 걸 총체적으로 제시하고 있다. 논론論論에서는 이렇게 말한다.

"안식眼識은 아홉 가지 연緣에서 생겨나고,[112] 이식耳識은 오직 여덟 가지로부터 나오고,[113] 비식鼻識, 설식舌識, 신식身識의 세 가지는 일곱 가지로부터 나오고,[114] 나중의 세 가지 식에서 육식六識은 다섯 가지로

---

[112] 아홉 가지 연緣은 다음과 같다. 1. 명명明: 광명으로 일광日光, 월광月光, 촉광燭光, 등광燈光 등이다. 2. 공空: 공간, 통함(通)과 막힘(塞)이다. 3. 근근根: 눈, 귀, 코, 혀, 몸, 뜻의 육근六根을 가리킨다. 4.육六: 제6 의식意識이다. 5. 경경境: 경계. 근根의 대상으로 빛깔(色), 소리(聲), 냄새(香), 맛(味), 접촉(觸), 법法의 육경六境이 있다. 6. 칠七: 제7 말나식未那識을 가리킨다. 7. 종種: 종자種子. 아알라야식 속에서 능히 일체법의 공능功能을 낳는 걸 '종자'라 칭한다. 8. 작의作意: 주의注意이다. 9. 팔八: 제8 아알라야식을 가리킨다.
'안식眼識은 아홉 가지 연緣에서 생겨나고'는, 안식은 아홉 가지 연緣을 필수적으로 갖춰야 능히 발생할 수 있다는 뜻이다.
[113] 이식耳識은 아홉 가지 연緣 중에서 명명明을 뺀 여덟 가지가 있어야 한다는 뜻이다.
[114] 코, 혀, 몸의 세 가지 식식識은 일곱 가지 연緣을 갖춰야 한다.

부터, 칠식七識은 세 가지로부터, 팔식八識은 네 가지로부터 나오기[115] 때문에 팔식이 갖춘 연緣은 다소간 동일하지 않다. 오직 제7식은 세 가지 연緣으로 생겨나니, 말하자면 제7식의 유루위有漏位 중에서 제8 견분見分을 반연하여 나(我)로 삼을 때는 오직 세 가지 연緣만을 갖추니, 첫째는 근본根本의 연緣 즉 제8식이고, 둘째는 작의作意이고, 셋째는 종자種子이다. 이 때문에 '세 가지 화합인 연緣, 작의作意, 방편方便으로 계교하고 집착한 식이 상속하여 간단없이 생겨나는데'라고 한 것이다. 그러나 방편이 계교하고 집착한 식은 말로는 비록 팔식 전체에 해당한다 해도 뜻(義)은 실제로 단순히 제7식을 가리킨다. 이 말나식(末那)을 말미암아 거침(麤)과 미세함(細), 나(我)와 법法의 두 가지 집착을 쌍으로 계교하기 때문에 '계교하고 집착한 식識'이라 한 것이다. 육전호六轉呼[116]를 염의染依와 정의淨依로 삼기 때문인데,

---

115 육식은 다섯 가지 연緣을 갖춰야 하고, 칠식은 세 가지 연緣을 갖춰야 하고, 팔식은 네 가지 연緣을 갖춰야 한다.

116 육전의六轉依를 뜻하는 것으로 보인다. 육전의는 법상종에서 세운 교의敎義로서 낮은 법에 의지하던 것을 버리고 수승한 법에 의지하는 것을 뜻한다. (1) 손력익능전損力益能轉: 자량위資量位·가행위加行位의 전의轉依이다. 이 지위에선 번뇌장과 소지장을 완전히 끊지 못하고, 또한 진여를 얻지 못하였으므로 전의轉依는 아니나, 승해勝解와 참괴慚愧의 두 가지 힘에 의하여 본래의 식識 가운데 염종자染種子의 세력은 덜고 정종자淨種子의 세력을 더하므로 전의轉依라 한다. (2) 통달전通達轉: 통달위通達位의 전의이다. 견도見道의 무분별지無分別智로 분별기分別起의 두 장애를 끊고 1분分의 진실한 전의를 증득한 것을 말한다. (3) 수습전修習轉: 수도위의 전의로 10지地의 무분별지無分別智를 부지런히 닦고 익혀 구생기俱生起의 두 가지 장애를 끊고 점차로 진실한 전의를 증득하는 것을 말한다. (4) 과원만전果圓滿轉: 원만전圓滿轉이라고도 한다. 구경위究竟位의 전의로 일체의

염의染依로 삼기 때문에 번뇌장이 이로 말미암아 생겨나고, 정의淨依로 삼기 때문에 소지장이 이로 말미암아 일어난다. 이 때문에 '방편의 식識'이라 한다."

당역에서는 "집착이 있기 때문에 은밀한 속박(密縛)이 있다"고 했다. 제8식은 본래 여래장 청정법신淸淨法身의 진체眞體이지만, 단지 칠식의 무명 업력으로 인해 생사에 속박되어 잠들기 때문에 해탈하지 못한다. 만약 이 식識이 한번에 끊어지면 생사를 단박에 해탈하고 온갖 장애가 영원히 적멸하다. 두 가지 죽음이 영원히 멸망하기 때문에 '세 가지가 화합한 식識이 끊어지면 세 가지 해탈을 보아서 일체의 상속이 모두 다 생겨나지 않는다'고 했으며, 그리고 '식識이 끊어진다는 건 팔식이 아니라 단지 칠식을 말할 뿐이란 걸 충분히 알 것이다'라고 하였다. 앞에서는 '단지 전식轉識이 소멸하지 스스로의 진상(自眞相)인 장식藏識은 실제로 소멸하지 않고, 장식이 만약 소멸하는 것이라면, 즉 무시無始이래로 흘러 들어감을 응당 끊어야 한다면, 이는 외도의 단멸론斷滅論과 동일한 것이다'라고 했으며, 뒤의 글에선 '칠식은 유전流轉하지 않으니, 생각 생각(念念)의 생멸이 실체가 없기 때문이며, 실체가 없음을 말미암기 때문에 끊을 수 있다고 말한다. 단지 일념一念이 생겨나지 않으면 앞뒤의 경계(前後際)가 끊어진다'고 했다. 영가永嘉

번뇌장과 소지장의 종자를 끊고 불과佛果가 원만한 전의를 말한다. (5) 하열전下劣轉: 이승의 지위의 전의. 번뇌장의 종자를 끊었으나 소지장의 종자에는 미치지 못하고, 생공生空의 이지理智를 얻었지만 수승한 힘은 없는 것을 말한다. (6) 광대전廣大轉: 대승 지위의 전의로 이타利他를 위해 큰 보리菩提로 나아가 아공我空과 법공法空의 진여를 갖추어 통달하며, 번뇌장과 소지장의 종자를 모두 끊고 가장 큰 깨달음과 열반을 단박에 증득하는 걸 말한다.

대사가 '상속심相續心을 끊으라'고 했는데, 바로 이 때문에 말한 것이다.

이때 세존께서는 이 뜻을 거듭 선포하고자 게송을 설하셨다.

爾時世尊欲重宣此義而說偈言.

진실하지 않은 망상
이는 상속의 상相을 설하는 것이니,
만약 저 진실을 안다면
상속의 그물이 즉시 끊어진다.

不眞實妄想. 是說相續相. 若知彼眞實. 相續網則斷.

관기 여기서는 참(眞)과 허망함(妄)이 다르지 않아 견해(見)에 따라 동일하지 않음을 읊고 있다. 말하자면 허망함(妄) 그대로 참(眞)이란 걸 요달하지 못하고 생각(念)에 따라 유전流轉하기 때문에 상속이 생겨난다. 만약 허망함(妄) 그대로 참(眞)임을 요달한다면 당체當體가 생겨남이 없어서 상속의 그물이 끊어진다.

온갖 성품에 대해 무지無知해서
언설에 따라 섭수攝受하니,
비유하면 저 누에가 누에고치를 만들 때
그물을 맺어서 스스로 속박하는 것과 같다.

어리석은 범부는 망상에 속박되고
이를 상속하면서도 관찰하지 못한다.

於諸性無知. 隨言說攝受. 譬如彼蠶蟲. 結網而自纏. 愚夫妄想縛. 相續不觀察.

관기 여기서는 어리석은 범부의 견해의 허물(見過)을 읊고 있다. 말하자면 어리석은 범부는 무지無知해서 온갖 법이 실답지 않음을 능히 요달할 수 없고 말을 따라 뜻을 취해(隨言取義) 집착하기 때문에 망상에 얽매어 속박을 받는데, 마치 누에가 누에고치를 짓듯이 빠져나갈 기약이 있지 않다. 이는 대체로 생멸의 상속법을 잘 관찰하지 못하기 때문일 뿐이다. 뜻(意)의 나타남을 만약 잘 관찰하게 되면 이런 허물이 없을 것이다.

○이상 두 가지 집착을 타파해서 두 가지 장애를 통틀어 끊었다.
△②-3-1-3) 이하의 글에선 경계와 지혜를 쌍雙으로 버린다.

관능가아발다라보경기觀楞伽阿跋多羅寶經記 권제5

【권제6】
관능가아발다라보경기
觀楞伽阿跋多羅寶經記

일체불어심품一切佛語心品 제3의 하下

과科 이전엔 두 가지 집착을 타파해서 두 가지 장애를 통틀어 끊었다.
②-3-1-3) 이하에선 경계와 지혜를 쌍으로 버림으로써 무지無智와 무득無得을 밝힌 것을 두 가지로 나눈다.
②-3-1-3)-가 먼저는 소관所觀의 경계를 버린 것이고, ②-3-1-3)-나 다음은 능관能觀의 지혜를 버린 것이다.
첫 번째에 또 두 가지가 있으니, ②-3-1-3)-가-(가) 먼저는 사事의 경계를 버린 것이고, ②-3-1-3)-가-(나) 다음은 이理의 경계를 버린 것이다.

△차초且初

대혜가 다시 부처님께 여쭈었다.
"세존께서 설하셨듯이, 이런저런 망상은 이런저런 성품을 망상하지만, 저 자성自性은 있지 않으니 단지 망상의 자성일 뿐입니다.

大慧復白佛言. 如世尊所說. 以彼彼妄想. 妄想彼彼性. 非有彼自性. 但妄想自性耳.

 여기서는 부처의 말씀이 논란을 일으킬 거라고 이어서 조회하고 있다. 부처는 앞에서 '온갖 법은 본래 자성이 없고 단지 자성이 있다고 허망하게 계교할 뿐이다'라고 했기 때문에 여기서 조회한 것이다. 이런저런(彼彼)은 갖가지(種種)이다. 당역에서는 이렇게 말했다.

"세존께서 설하셨듯이, 갖가지 마음을 말미암아 온갖 법을 분별하면 온갖 법은 자성이 있지 않고 단지 허망한 계교일 뿐이다."

여기서는 부처님 말씀을 조회했고, 이하에선 뜻(義)에 입각해 논란을 수립했다.

세존이여, 만약 단지 망상의 자성일 뿐 성자성性自性의 상대相待가 아니라면, 세존께서 '번뇌가 청정하여 성품이 없다'고 이렇게 설한 것도 허물이 되는 것 아닙니까? 일체법의 망상자성은 성품이 아니기 때문입니다."

世尊. 若但妄想自性. 非性自性相待者. 非爲世尊如是說煩惱淸淨無性過耶. 一切法妄想自性. 非性故.

 여기서는 오염(染)과 청정(淨)이 둘 다 없어서 단멸斷滅의 허물을 이룸을 논란하고 있는데, 장차 경계는 공空해도 지혜는 있다(有)는 것을 나타내려는 것이다. 그 뜻은 또한 먼저 사事의 경계를 버리는 것이다. 대혜는 온갖 법은 모두 자성이 없고 단지 망상일 뿐이라는 부처의 설법을 들었는데, 그 뜻은 만약 온갖 법이 단지 망상의 분별일 뿐이라서 실체實體의 상相이 대대對待할 것이 없다는 것이니, 그렇다면 온갖 법의 성품이 절대로 없는(絶無) 것이다. 과연 온갖 법이 자성이 절대로 없다면(絶無), 어찌 세존께서 설한 중생의 오염된 습기인 번뇌와 여래의 청정한 열반이 총체적으로 모두 성품이 없는 것이 아니겠는가? 만약 오염과 청정이 모두 없다면 단멸斷滅의 허물에 떨어진다. 왜 그런가? 세존께서는 일체법이 단지 망상의 분별일 뿐 실체가 없다고 설했기 때문이다. 이는 경계가 공空해서 마음도 단절되었다고 의심한 것이니, 작위作爲를 부정함이 '어찌 이것이 아니겠는가?'라고 말하는 것과 같다. 이하에선 부처가 허망한 경계가 비록 공空하지만 성스러운 지혜(聖智)는 실제로 있다고 답한 것이다.

부처님께서 대혜에게 고하셨다.
"그렇고 그렇다. 그대가 설한 것과 같다. 대혜야, 어리석은 범부가 성자성性自性을 망상의 진실이라 하는 것과는 같지 않으니, 이 망상의 자성은 성자성의 상연(相然: 모습의 그러함)이 있지 않다. 대혜야, 가령 성스러운 지혜(聖智)에는 성자성이 있으니, 성스러운 앎(聖知), 성스러운 봄(聖見), 성스러운 혜안(聖慧眼)은 이 같은 성자성의 앎이다."

佛告大慧. 如是如是. 如汝所說. 大慧. 非如愚夫性自性妄想眞實. 此妄想自性. 非有性自性相然. 大慧. 如聖智有性自性. 聖知聖見聖

慧眼. 如是性自性知.

관기 여기서는 변계偏計가 본래 없고 원성실圓成實은 있어서 단멸斷滅의 허물에 떨어지지 않음을 말하고 있다. '그렇고 그렇다(如是如是)'는 인정하는 언사言辭이니, 그 뜻은 과연 대혜가 설한 것과 같다면 이는 단멸의 허물이라는 것이다. 부처는 '내가 온갖 법이 성품이 없다'고 설한 것은 저 온갖 법이 본래 적멸해서 어리석은 범부가 분별로서 진실한 일이 있다고 하는 것과는 같지 않음을 말한 것이다. 그래서 당역에서는 이렇게 말했다.

"일체 어리석은 범부는 온갖 법을 분별해도 온갖 법의 성품은 그처럼 있지(如是有) 않다."

이것은 단지 허망한 집착으로 성품(性)과 상相이 있지 않기 때문에 '이 망상의 자성은 성자성性自性의 상연(相然: 모습의 그러함)이 있지 않다'고 한 것이다. 말하자면 이 온갖 법은 단지 망상의 분별로 자성이 있을 뿐이다.

실제로 성자성의 상相이 있지 않음이 그 분별한 바와 같은 것이니, 이 때문에 '그러함(然)'이라 한 것이다. 온갖 법이 성품이 없다고 말한 것은 단지 변계偏計의 망상이 없는 것일 뿐 어찌 참 성품(眞性)이 절대적으로 없는 것이겠는가? 그리고 마치 자각성지自覺聖智가 실제로 성자성의 일(事)이 있듯이, 여기서는 바로 성스러운 앎(聖知), 성스러운 봄(聖見), 성스러운 혜안(聖慧眼)으로 성자성이 있음을 분명히 알고 분명히 보는 것은 절대로 없는(絶無) 것이 아니니 누가 단멸을 말한단 말인가? 그렇다면 의타기성과 변계소집성은 없고 원성실성은 있는데, 단지 상相은 있으나 성품(性)은 없고 정情은 있으나 이理는 없을 뿐이다. 그래서 논論에서는 이렇게 말했다.

"이런저런 변계偏計를 말미암아 갖가지 사물을 변계하니, 이것이 변계소집偏計所執이고, 자성은 있는 바가 없어서(無所有) 의타기依他起의 자성인데 분별로 생겨난 것(所生)을 반연하고, 원성실圓成實은 그런 것에 대해 항상 앞서 말한 성품을 멀리 여읜다."

대혜가 부처님께 여쭈었다.
"만약 성인처럼 성스러운 앎(聖知), 성스러운 봄(聖見), 성스러운 혜안(聖慧眼)은 천안天眼도 아니고 육안肉眼도 아니니 성자성性自性을 이렇게 알면서도 어리석은 범부의 망상과 같지 않다면, 세존이여, 어찌해야 어리석은 범부가 이 망상을 여의겠습니까? (그들은) 성스러운 성품의 일(事)을 자각하지 못하기 때문입니다.

大慧白佛言. 若使如聖以聖知聖見聖慧眼. 非天眼非肉眼. 性自性如是知. 非如愚夫妄想. 世尊. 云何愚夫離是妄想. 不覺聖性事故.

여기서는 앞서의 내용을 이어받아 성스러운 지혜의 일(事)이 있다고 말하고 있다. 세존에게 올린 논란도 역시 있음(有)의 허물에 떨어지는데, 이 논란은 스스로의 말(自語)과 서로 어긋난다. 대혜의 뜻은 만약 망상을 여읨 외에 과연 성스러운 지혜와 일(智事)이 있다면, 성스러운 앎(聖知) 성스러운 봄(聖見), 성스러운 혜안(聖慧眼) 으로 분명히 알고 분명히 볼 것이라는 점이다. 허나 천안天眼과 육안肉

眼으로는 알 수도 볼 수도 없으면서도 또 어리석은 범부의 망상 경계도 아닌 것이니, 그렇다면 어리석은 범부로서 능히 망상을 여읠 수 있는 자는 역시 알고 봄(知見)을 인정할 수 있다는 것이다. 그렇다면 어리석은 범부가 이 망상을 여읜다면 어찌 성스러운 성품의 일(事)을 자각하지 못하겠는가? 여기서 대혜의 의도는 이승이 어리석은 범부 중 능히 망상을 여읜 자임을 인정한 것인데, 어찌하여 세존께선 왕왕 그들이 불성佛性을 보지 못한다고 꾸짖어서 스스로의 말씀과 어긋나는지 논란을 벌인 것이다. 이하에선 더욱 펼쳐서(展轉) 다섯 가지 논란(五難)을 일으킴으로써 있음(有)에 떨어지는 허물을 이루고 있다.

세존이여, 저들은 또한 전도顚倒도 아니고 전도가 아님도 아니니, 왜 그렇겠습니까? 말하자면 성스러운 일(事)의 성자성性自性을 자각하지 않기 때문이며, 있음(有)과 없음(無)의 상相을 보지 못하기 때문입니다.

世尊. 彼亦非顚倒. 非不顚倒. 所以者何. 謂不覺聖事性自性故. 不見離有無相故.

관기 여기서는 범속함과 성스러움을 구분하지 못함을 논란하고 있다. 전도顚倒가 아니면 성인聖人이고, 전도 아님도 아니라면 어리석은 범부이다. 대혜의 의도는 만약 성스러운 지혜(聖智)가 실제로 있어도 지각知覺의 경계가 아니라는 것이니, 그래서 어리석은 범부의 알지 못함 또한 성인聖人이라 일컬을 수가 있다. 이 때문에 '저들도 또한 전도顚倒가 아니다'라고 한 것이니, 어찌 어리석은 범부가 불각不覺을 현전現前했는데 능히 밝게 볼 수 있으랴. 이것은 또 전도 아님도 아니다. 왜 그런가? 또 '성스러운 지혜의 일(事)도 아는 바(所知)의 경계가 아니기' 때문이다. 이제 범부는 이미 소지所知에 대해 알지 못해서 범속하다고 이를 수 없으며, 있으면서도 능히 알 수 없다면 또 성스럽다고 이를 수가 없으니, 이는 성스러움과 범속함을 구분하지 못하는 허물에 떨어진 것이다.

세존이여, 성스러움도 또한 이렇게 보지 않고 사事의 망상과 같으니, 자상自相의 경계를 경계로 삼지 않기 때문입니다. 세존이여, 저 또한 성자성性自性의 상相의 망상자성妄想自性이 이렇게 나타나는 것은 인因이면서 인 없음(無因)을 설하지 않기 때문이니, 말하자면 성품과 상相의 견해에 떨어지기 때문입니다."

世尊. 聖亦不如是見如事妄想. 不以自相境界爲境界故. 世尊. 彼亦性自性相妄想自性如是現. 不說因無因故. 謂墮性相見故.

관기 여기서는 성스러움이 만약 있음의 견해(有見)라면 역시 범속한 정서에 떨어짐을 힐난하고 있다. 그 의도는 어리석은 범부의 집착으로 스스로의 경계를(自境界)를 경계로 삼는다는 것이니, 성인이 지혜로 비추는 것이 범부와는 똑같지 않기 때문에 '성스러움도 또한 이렇게 보지 않고 사事의 망상과 같으니'라고 한 것이다. '똑같지 않은 까닭'은 스스로의 경계를 경계로 삼지 않기 때문이다. 이제 만약 성인에게 실제로 있는 성지聖智가 스스로의 경계(自境界)가 되는 것이라면 집착을 면치 못할 터이니, 소위 만약 성스러운 이해(聖解)를 간직하면 곧 범속한 정서에 떨어져서 또한 범부의 망견妄見과 똑같아진다. 그러므로 성스러움 또한 범속함과 동일하다는 것은 저 성지聖智의 경계가 자체自體를 집착함으로써 분명히 알고 분명히 보는 걸 허가하기 때문이다. 또 이미 알고 볼(知見) 수 있다면 역시 범부의 망상 경계와 똑같은 것이기 때문에 '저 또한 성자성性自性의 상相의 망상자성妄想自性이 이렇게 나타나니'라고 한 것이다. 저(彼)는 성지聖智의 경계를 가리킨다. 왜 그런가? 불법 속에선 인因이 있음과 인因이 없음을 논하지 않기 때문이다. 다만 '알고 볼(知見) 수 있다'는 것은 바로 있음(有)의 법에 떨어지는 것인데, 지금 성지聖智가 이미 볼 수 있다면 어찌 범부의 망상과 똑같지 않겠는가? 이 때문에 '성품과 상相의 견해에 떨어지기 때문이다'라고 한 것이다.

○이상 논란을 수립하였다.
△이하에선 허물을 벗어난다.

"다른 경계(異境界)는 저들과 같지 않으니, 이와 같이 허물이 무궁합니다. 세존이여, 이는 성자성性自性의 상相을 자각하지 못했기 때문입니다.

異境界. 非如彼等. 如是無窮過. 世尊. 不覺性自性相故.

> 관기

여기서는 앞서 논란한 뜻(義)으로써 허물을 이룸을 해석하고 있다. 말하자면 범부의 경계는 갖가지 차별로서 성지聖智의 경계인 평등일여平等一如와는 견주지 못하기 때문에 '다른 경계(異境界)는 저들과 같지 않으니'라고 한 것이다. 그 뜻은 설사 성지聖智의 경계가 범부와 동일하다고 인정한다고 해도, 그렇다면 많은 인因이 오직 동일한 과果에만 감응하는 허물에 떨어진다. 이처럼 인因은 다르고 과果는 동일하다면 인因과 과果를 구분하지 못해 삼계의 상相이 무너지면서 무궁한 과실過失을 초래한다. 왜냐하면 온갖 법상法相이 무너져 인因과 과果가 섞이기 때문이니, 그래서 '성자성性自性의 상相을 자각하지 못했기 때문입니다'라고 한 것이다. 자각하지 못함(不覺)은 알지 못함(不知)을 말한 것으로 변별하지 못함(不辯)과 같다.

세존이여, 또한 망상자성은 성자성性自性의 상相을 인因하지 않는데, 저것은 어찌하여 망상은 망상이 아니라고 여실如實하게 망상을 압니까?

世尊. 亦非妄想自性因性自性相. 彼云何妄想非妄想. 如實知妄想.

> 관기

여기서는 앞서의 망상은 성품이 없고 성지聖智는 앎이 있다는 말을 이어가면서 논란을 수립하고 있다. 앞서의 세 가지 논란(三難)은 아는 바(所知)의 경계가 없음을 통틀어 논란한 것이고, 여기서 한 가지 논란은 능히 아는(能知) 마음이 없음을 논란한 것이다. 대혜는 세존께서 앞서 '망상은 성품이 없다'라 하고 또 '여실如實하게 망상이 성품이 없다고 아는 것, 이를 이름하여 성지聖智라 한다'를 듣고서 망상에 성품이 없는 까닭이 성자성性自性의 상相을 자각하지 못했기 때문이라 생각했다. 만약 성자성의 상相을 자각하지 못하면 이 망상자성은 역시 온갖 법의 성자성의 상相을 인因하지 않고도 있는 것이기 때문에 '또한 망상자성은 성자성의 상相을 인因하지 않는데'라고 한 것이다. 그러나 망상이 이미 온갖 법을 인因하지 않고도 있는 것, 이는 아는 바(所知)의 경계가 없는 것이다. 이미 아는 바의 경계가 없다면 능히 아는(能知) 마음이 없는 것이며, 이미 능히 아는 마음이 없다면 성지聖智 역시 앎이 없으니, 어찌 저 앎이 없는 성지로써 분별할 수 없는 허망한 경계를 능히 분별하여 성지가 여실하게 망상을 안다고 말하겠는가? 그러므로 '저것은 어찌하여 망상은 망상이 아니라고 여실如實하게 망상을 압니까?'라고 한 것이다. 저것(彼)은 성지를 가리키니, 그 뜻은 만약 알 수 있는 경계가 있다면 망상은 성품이 없음은 아니고, 만약 알 수 있는 경계가 없다면 성지도 앎이 있음(有知)은 아니라고 논란한 것이다. 또 앎이 있음(有知)은 곧 참된 앎(眞知)이 아니고, 참되지 않으면 허망함(妄)이다. 허망하면 여실如實한 앎이 아닌데, 어떻게 세존께서 성지의 사事가 여실해서 망상을 안다고 설하겠는가? 그렇다면 마음과 경계는 상호간에 있는 것이라서 진퇴進退가 모두 잘못이고, 또 스스로의 말(自語)에 떨어져 서로 어긋나는 것은 소위 무궁한 허물을 초래하는 것이다.

세존이여, 망상은 다르고(異)(두 가지 번역에서 모두 "망상의 상相이 다르다"고 하였다) **자성의 상相은 다릅니다. 세존이여, 상사인**相似因**이 아닌**

망상자성의 상相을 저들은 어찌하여 각각 망상이 아니라 합니까? 어리석은 범부는 여실如實하게 알지 못합니다. 그러나 중생을 위하여 망상을 여의기 때문에 망상의 상相처럼 여실하게 있지 않다고 설하는 겁니다."

世尊. 妄想異. (二譯皆云. 妄想相異) 自性相異. 世尊. 不相似因妄想自性相. 彼云何各各不妄想. 而愚夫不如實知. 然爲眾生離妄想故. 說如妄想相不如實有.

관기 여기서는 앞서 성지聖智의 여실如實한 앎과 망상의 뜻을 더욱 이어받아서 참(眞)과 허망함(妄), 동일함(一)과 다름(異)을 잡아 논란한 것이다. 생각건대 성지는 오직 하나의 참(眞)일 뿐 둘이 없고 망상은 바로 마음과 경계가 많은 종류이기 때문에 '망상의 상相은 다르고(異), 자성의 상相은 다릅니다'라고 한 것이다. '그러므로 망상의 갖가지 차별'은 온갖 법의 갖가지 차별을 인因한 것이니, 마음을 인因해 경계가 있기 때문이다. 또 갖가지 경계를 인해 갖가지 마음이 있어서 각각의 망상이 각각의 온갖 법을 분별하니, 이 때문에 '상사인相似因이 아닌 망상자성의 상相'이라 한 것이다. 이미 망상의 마음과 경계가 각각 똑같지 않고 저 성지도 유일해서 다만 하나의 경계를 능히 비출 수 있을 뿐인데, 어째서 각각의 마음과 경계에 대해 망상하지 않고 여실하게 안다고 말하는가? 만약 성지가 각각의 마음과 경계를 분명히 알고 분명히 보는 것이라면, 어리석은 범부가 각각의 마음과 경계를 분별하는 것도 또한 응당 여실하게 아는 것인데, 어찌하여 또 어리석은 범부가 여실하게 알지 못한다고 설하는가? 만약 성지가 과연 여실해서 망상을 아는 것이라면, 이 성지는 실제로 있고 망상의 마음과 경계도 역시 실제로 있는데, 세존께서는 어찌하여 다시 중생으로 하여금 망상을 여의게 하기 위해서 온갖 법의 망상의 상相이 여실하게 있지 않다고 설한 것인가?

　이상 성지聖智가 만약 앎이 있다면(有知) 성스러움도 범속한 정서에 떨어짐을 논란했고, 여기서는 망상이 만약 여실하게 안다면 범속함도 성스러운 이해와 똑같음을 논란하고 있다. 생각건대 여기서는 참(眞)과 허망함(妄)을 구분하지 못할 뿐 아니라 게다가 또 많은 허물에 떨어지고 있으니, 왜 그런가? 만약 성지가 실제로 있다면(實有) 있다는 견해(有見)에 떨어지고, 만약 망상이 실제로 있지 않다면 또 스스로의 말(自語)과 서로 어긋나는 허물에 떨어지니, 성지는 여실하게 망상을 알기 때문이다.

○이상 논란을 수립하였다.
△이하에선 허물을 올바로 나타냈다.

"세존이여, 어찌하여 중생이 있다는 견해와 없다는 견해인 사자성事自性을 계교하고 집착하는 것을 막으십니까? 그리하여 성지聖智가 행한 경계를 계교하고 집착하다 있다는 견해(有見)에 떨어지십니까?

世尊何故遮衆生有無有見事自性計著. 聖智所行境界計著. 墮有見.

> **관기** 여기서는 앞서 두 가지 논란을 인해서 세존 역시 있다는 견해(有見)의 허물에 떨어진다고 결론짓고 있다. 말하자면 세존께서 반드시 설한 성지聖智의 사사가 실제로 있는(實有) 것이라면 있음(有)에 집착하는 허물에 떨어지는 것이다. 그러나 세존께서는 어찌하여 단지 중생이 있다는 견해와 없다는 견해인 사자성事自性에 대해선 계교와 집착을 허락하지 않고 스스로 성지가 행한 경계에 대해선 도리어 계교와 집착을 내다가 있다는 견해(有見)에 떨어집니까?

법의 공空함은 성품이 아니라고 설하면서도 성지聖智의 자성사自性事를 설하십니다."

說空法非性. 而說聖智自性事.

> **관기** 여기서는 다섯 가지 논란을 총체적으로 결론짓고 있다. 세존께서도 역시 있다는 견해와 없다는 견해에 떨어졌다고 하니, 말하자면 세존께서 온갖 법의 망상은 공空하여 자성自性이 없다고 설한 것은 없음(無)에 떨어진 것이고, 성지聖智의 자성사自性事를 설한 것은 있음(有)에 떨어진 것이다. 그렇다면 세존 역시 있다는 견해와 없다는 견해에 떨어진 것인데, 어째서 단지 중생만을 거론하는가?
> 하지만 이상 다섯 가지 논란은 모두 상식적인 정서(常情)로 의심한 것이다. 소위 말대로 뜻을 취한다(如言取義)는 것이니, 대혜는 이를 연민했기 때문에 미리 논란을 마련해 장차 세존의 결택決擇으로써 오랜 세월의 의심을 떨치기를 바란 것일 뿐이다. 아마 대혜의 공손한

어리석음이 아니었다면 갖가지 잘못된 계교를 일으켰을 것이니, 무릇 온갖 논란은 그 뜻이 모두 이를 예例로 삼는다. 관觀하는 자는 응당 알아야 할 것이다.

부처님이 대혜에게 고하셨다.
"나는 법의 공空함이 성품이 아니라 설한 것이 아니며, 또한 있음의 견해(有見)에 떨어져 성지聖智의 자성사自性事를 설한 것도 아니다. 그러나 중생으로 하여금 공포의 구句를 여의도록 했기 때문에 중생은 무시이래로 성자성性自性의 상相을 계교하고 집착하므로, 또 성지의 사자성事自性은 상견相見을 계교하고 집착하므로 법의 공함을 설한 것이다. 대혜야, 나는 성자성의 상相을 설하지 않았다.

佛告大慧. 非我說空法非性. 亦不墮有見說聖智自性事. 然爲令衆生離恐怖句故. 衆生無始以來計著性自性相. 聖智事自性計著相見. 說空法. 大慧. 我不說性自性相.

관기 여기서는 아래의 글을 아우르면서 다섯 가지 논란의 뜻에 대해 총체적으로 답했다. 그러나 대혜가 마련한 논란이 비록 전전展轉하여 다섯 가지가 있더라도 올바른 뜻은 오직 세존께서도 있다는 견해나 없다는 견해에 떨어졌다고 논란한 것뿐이다. 그래서 여기서 세존께서는 '나는 법의 공함을 설해서 없다는 견해(無見)에 떨어지지 않았으며, 성지聖智의 사事를 설해서 역시 있다는 견해(有見)에 떨어지지 않았다'고 답한 것이다. 그러나 내가 성지聖智의 자성사自

性事를 설한 까닭은 대체로 중생이 온갖 법은 성품이 없다는 설명을 듣고 마침내 단멸斷滅의 공포를 일으키기 때문이니, 그래서 나는 성지聖智의 사사가 실제로 있다(實有)고 설했다. 하지만 중생으로 하여금 단멸의 공포를 여의게 하기 위한 것일 뿐 내가 있음의 견해(有見)에 떨어진 것은 아니다. 허나 내가 법의 공함을 설한 까닭은 중생이 무시이래로 온갖 법을 허망하게 계교해서 성자성性自性의 상상이 있다고 집착하기 때문이다. 그리고 성지聖智에서 상상의 경계를 여의는 것도 또한 상상의 견해를 집착해 허망하게 취착取著을 낳기 때문에 내가 법의 공함을 설해서 있다는 견해(有見)와 없다는 견해(無見)를 버리고 여의게 한 것이지 내가 없다는 견해에 떨어진 것은 아니다. 단지 내가 설한 것은 생사법生死法이 자성이 없음을 설했을 뿐 아니라 성지의 사사도 자성의 상상이 없기 때문에 '나는 성자성의 상상은 설하지 않았다'고 한 것이다. 이것이 소위 있음(有)이든 있지 않음(無有)이든 이 두 가지를 모두 여의는 것이다. 그래서 아래의 경문에서 이렇게 말하는 것이다.

대혜야, 다만 나는 스스로 얻은 여실如實한 공법空法에 머물러 미혹과 혼란의 상견相見을 여의고 자심自心이 나타낸 성품과 성품 아님의 견해를 여의어서 세 가지 해탈을 얻어 그 여실인如實印으로 인印을 치고, 성자성性自性에 대해 자각自覺을 반연해 관찰하고 머물게 되어서 있음(有)과 없음(無)의 사사의 견상見相을 여읜다."

大慧. 但我住自得如實空法. 離惑亂相見. 離自心現性非性見. 得三

解脫. 如實印所印. 於性自性得緣自覺觀察住. 離有無事見相.

관기 여기서는 답의 뜻을 총체적으로 결론지음으로써 불생不生을 말하는 마음을 나타내었다. 말하자면 나는 온갖 법이 결정적으로 있다거나(定有) 결정적으로 없다(定無)고 설하지 않았다. 다만 내가 머문 자득여실증법自得如實證法을 설하는데, 저들이 듣고 나서는 미혹되고 혼란한 망상의 상견相見을 여의게 하고 공포를 생기지 않게 한다. 그리하여 진여眞如의 무상無相 경계를 보게 되고 그 보는 바(所見)가 마음 밖에 법이 없음을 알기 때문에 '자심自心이 나타낸 성품과 성품 아님을 여의어서 깨달음으로 세 가지 해탈문解脫門을 얻고, 여실인如實印으로 온갖 법을 인정印定함을 획득한다'고 한 것이다. 그러나 자각성지自覺聖智로 관찰하여 법의 자성을 보아서 있음(有)과 없음(無)의 일체 모든 집착을 영원히 여의기 때문에 '성자성性自性에 대해 자각自覺을 반연해 관찰하고 머물게 되어서 있음(有)과 없음(無)의 사事의 견상見相을 여읜다'고 한 것이다. 내가 설한 법은 중생으로 하여금 이렇게 하기 위한 것일 뿐이지 내가 있음(有)과 없음(無)의 견해에 떨어진 것은 아니다. 그래서 정명淨名은 이렇게 말했다.

"설법은 있지도 않고 없지도 않으니, 인연因緣 때문에 온갖 법은 생겨난다. 대체로 여래의 설법은 기연機緣에 감응해 집착을 타파하는 것이라서 원래 정定해진 법이 없으니, 이것이 삼세三世의 여래가 설법하는 의식儀式이다."

○이상 관찰된(所觀) 일의 경계를 놓아버렸다.

△이하에선 관찰된 이리의 경계를 놓아버린다.

"다시 다음에 대혜야, '일체법은 생겨나지 않는다(不生)'는 것을 보살마하살은 응당 종지(宗)로 세우지 않아야 한다.

復次大慧. 一切法不生者. 菩薩摩訶薩不應立是宗.

관기 여기서는 일체 온갖 법이 본래 스스로 무생無生임을 밝혔다. 그 뜻인즉 듣는 자가 응당 견해를 일으키지 않음으로써 경계의 단절을 나타내는 걸 훈계하고 있다. 그러나 세존의 특별한 종지(旨)를 이렇게 맹렬하게 고한 것은 그 유래의 뜻이 매우 원대하다. 대체로 일체의 외도와 이승이 모두 생멸生滅이라는 견해의 그물에 떨어져 능히 벗어나질 못하기 때문에 나 세존은 능가楞伽의 회상會上에서 단적으로 무생無生을 나타내서 저 생겨난다는 견해(生見)를 타파했다. 이 때문에 첫 권卷에서 이리의 구경究竟을 나타내 특별히 '공空하여 무생無生이고 무이無二라서 자성의 상相을 여의었다'고 하였으니, 이를 가르침으로써 응당 뜻(義)에 의거해야지 언설에 집착하지 말라는 것을 결론으로 제시하였다. 아울러 대혜는 언설의 상相을 능히 여의질 못해서 다시 언설과 제일의第一義 등 갖가지 의심과 논란으로 상성(常聲: 항상의 목소리)을 요청으로 삼게 되자 부처는 무생無生은 환幻과 같다고 답변했다. 그리고 또 부처가 스스로의 말과 서로 어긋난다고 의심하자 다시 특별히 명구名句와 형신形身이 본래 자체自體가 없다고 제시함으로써 여래의 설하지 못하는 설함(不說之說)을 나타내었으니, 아마 저들이 무설無說의 뜻을 요달하지 못할까봐 다시 네 가지 기론記論[117]으로 분명히 고한 것이다. 그리하여 직접 가리키면서 "일체법은 생기지 않으니(不生) 생기生起의 견해를 용납하지 않는다"고 함으로써 언설의 상相을 여읨을 나타냈으니, 이는 세존께서 극진하게 사람을 위해 마음을 활짝 열어놓은 곳이다. 그러나 대혜는 필경 생멸이 쇠망하지 않아서 거듭거듭 견해를 일으키다가 업業이 이미 거듭거듭 타파되고 나아가 더 이상에 이르게 되자 또 상속의 해탈로써 요청을 삼게 되었는데, 세존께서 "일체의 상속은 생겨나지 않아서 본래 상속의 상相과 상속하지 않음의 상相이 없다"고 답하셨다. 이에 이르면 생멸의 견해가 시들어 버릴 뿐만 아니라 나아가 성스러움과 범속함의 정서도 다하게 하므로 백 척 대나무 꼭대기에서 다시 한 걸음 나아가라(百尺竿頭更進一步)고 말할 수 있다. 그러나 대혜는 여전히 사로잡혀서 심지어 부처도 있음(有)과 없음(無)의 두 가지 견해에 떨어진 것으로 의심했다. 세존께서는 '내가 비록 공空이 있다고 설했지만 있음(有)과 없음(無)에 떨어지지 않았으니, 뜻이 말에 있지 않기 때문이다. 그러나 나의 설법은 여실인如實印으로 온갖 법을 인정印定함으로써 불생不生을 말하는 마음을 나타냈다'고 답하셨다.

이에 이르자 무생無生의 종지는 찬연히 흑과 백이 분명해졌다. 그러나 세존의 현감懸鑑[118]에 대해 듣는 자가 또 말에 따라 이해를 내려 하면서 반드시 무생無生을 실제로 있다(實有)고 집착하여 무생無生의 주된 뜻(主意)을 단호히 수립해 억견臆見을 일으키니, 그렇다면 또

---

117 음성학·문법학에 대한 바라문교의 문헌.
118 '걸려 있는 거울'이란 뜻으로 불교의 진리를 말한다.

외도의 삿된 견해에 떨어진 것이다. 이 때문에 이 급한 곳에서 일단 맹렬히 배척하면서 이렇게 훈계하였다.

"내가 일체법이 생기지 않는다고 설한 것은 나의 제자들이 응당 종지로 세우지 말아야 한다는 것이니, 이 법 속에선 터럭만큼이라도 의견意見이 있으면 문득 생사의 소굴窠窟에 떨어지므로 곧 불법 속의 외도가 된다."

그러므로 육조六祖는 영가永嘉에게 이렇게 말했다.

"그대는 무생無生의 뜻을 확실히 얻었는가?"

영가가 말했다.

"무생이 어찌 뜻이 있겠습니까?"

육조가 말했다.

"뜻이 없다고 누가 분별하는가?"

영가가 말했다.

"분별 또한 뜻(意)이 아닙니다."

육조가 말했다.

"그렇고 그렇도다(如是如是)."

왜 그런가? 말하자면 일체의 성품과 성품 아님을 종지(宗)로 삼기 때문이며, 아울러 저 인因이 생상生相이기 때문이다.

所以者何. 謂宗一切性非性故. 及彼因生相故.

> 관기

여기서는 외도가 세운 불생不生의 종지에 두 가지 허물이 있다고 따지며 해석하고 있다. 말하자면 외도가 계교한 것은 단멸(斷)과 항상(常)의 두 가지 견해를 벗어나지 못하고 있기 때문에 수립한 불생不生의 종지도 두 가지가 있다. 이른바 온갖 법을 허망하게 계교해서 절대적으로 단멸斷滅한 것을 불생不生으로 삼기 때문에 '일체의 성품과 성품 아님 때문에'라고 한 것이니, 이는 단멸의 견해(斷見)이다. 또 따로 있는 다른 인(異因)이 능히 온갖 법을 낳는다고 계교하는데 말하자면 이는 작자作者이다. 이처럼 바야흐로 장주莊周가 말한 생생자(生生者: 생긴 것을 낳은 자)는 불생不生이고, 불생을 말미암는 것이 능히 만법을 낳으니, 바로 저쪽이 말한 것처럼 작자는 생기지 않는데도 생인生因이 되기 때문이다. 말하자면 저들이 만약 불생을 말한 것이라면 이미 생인이 되었으니, 이 인因이 곧 생상生相이다. 이 때문에 '아울러 저 인이 생상이기 때문이다'라고 말한 것이니, 이는 항상의 견해(常見)이다. 여기서는 저 종체宗體를 내놓았다. 아래서는 허물을 나타낸다.

일체법이 불생不生이라는 종지를 설하면, 그 종지는 곧 무너진다. 저 일체법이 불생이라는 종지를 세우면 그 종지가 무너진다는 것은 종지가 상대가 있어서(有待) 생기기 때문이다.

說一切法不生宗. 彼宗則壞. 彼宗一切法不生彼宗壞者. 以宗有待而生故.

> 여기서는 저 외도가 세운 종지가 능히 개별적으로 지극하지 않아 허물을 이루고 있음을 내놓고 있다. 부처는 저 외도가 세운 불생不生의 종지를 일컫는데, 저 외도는 불생不生의 뜻을 스스로 무너뜨린다. 왜냐하면 그들의 종지는 상대가 있어서(有待) 생기기 때문이다. 말하자면 저 두 가지 불생의 뜻은 모두 상대가 있어서 그런(有待而然) 것이다. 단견斷見의 불생이 상대가 있는(有待) 것은 온갖 법의 멸진滅盡을 상대함으로써 바야흐로 불생의 뜻을 나타내기 때문이며, 상견常見의 불생이 상대가 있는(有待) 것은 생기는 법(生法)을 상대함으로써 바야흐로 불생을 나타내기 때문이다. 이미 모두 상대가 있는데(有待) 어찌하여 참된 불생이겠는가? 그래서 『중론中論』에서는 이렇게 말했다.
>
> "만약 법이 상대(待)를 인해 이루어진다면, 이 법은 되돌아 상대(待)를 이룬다. 명칭(名)은 비록 불생不生이라 해도 되돌아 생기는 법(生法)을 이룬다."
>
> 그러므로 저들의 종지는 불생의 뜻을 스스로 무너뜨려서 또한 스스로의 교리가 서로 어긋난다고 칭하는 것이다.

또 저들의 종지인 불생不生은 일체법에 들어가기 때문이며, 무너지지 않는 상相은 불생이기 때문이다. 일체법이 불생이라는 종지를 세운 것이라면, 저들의 설은 곧 무너진다.

又彼宗不生入一切法故. 不壞相不生故. 立一切法不生宗者. 彼說則壞.

관기 여기서는 저들 종지의 허물된 까닭을 내놓아서 정법正法으로 가려내고 있다. 그러나 저들의 종지로 세워진 불생不生은 있음(有)과 없음(無), 단멸(斷)과 항상(常) 등의 일체법에 떨어지기 때문에, 또 일체법이 모두 생멸하여 무상無常하기 때문에 저들은 있음(有)과 없음(無)에 의거해 종지를 세운 것이다. 실제로는 아직 생법生法을 내놓지 못하였으니, 이는 저들의 말이 비록 불생이라 해도 뜻(義)은 실제로 생기는 것이기 때문에 스스로의 가르침과 서로 어긋나는 허물에 떨어지는 것이다. 이는 스스로의 종지를 어긴 것이기 때문에 '저들의 종지인 불생은 일체법에 들어가기 때문에'라고 한 것이니, 마치 정법正法으로 가려낸 것과 같다. 그러나 나의 법은 무너지지 않는 상(不壞相)을 불생으로 삼아서 생生이 곧 무생無生이기 때문에 저들은 무너지는 상(壞相)을 불생으로 삼는 것이다. 그러나 이미 무너지는 상(壞相)은 무상無常인데 어찌 참된 무생이겠는가? 그러나 저들의 무너지는 상이란 건 단멸斷滅을 불생으로 삼으니, 이는 생상生相을 무너뜨리는 것이고, 불생이 능히 생기니, 이는 불생의 상相을 무너뜨리는 것이다. 이제 나는 무너지지 않는 상의 법(法)으로 가려내기 때문에 저들이 세운 일체법이 불생이란 종지는 저들이 설하는 즉시 무너지니, 저들이 허망한 계교로서 있음(有)과 없음(無)의 생법生法을 내놓지 않기 때문이다. 그래서 아래 경문에서는 그 까닭을 내놓은 것이다.

대혜야, 있음(有)과 없음(無)이 불생不生이라는 종지, 즉 저들의 종지는 일체의 성품에 들어가므로 있음과 없음의 상相을 얻을 수 없다.

大慧. 有無不生宗. 彼宗入一切性. 有無相不可得.

> 관기 여기서는 저들의 종지가 무너지는 까닭을 말하고 있다. 말하자면 내가 저들의 종지는 즉시 무너진다고 설한 것은 저들이 계교한 있음(有)과 없음(無)이 모두 불생不生이기 때문에 그에 의거해 종지를 세운 것이다. 하지만 일체 생멸하는 법은 있음과 없음을 벗어나지 못하니, 그렇다면 저들이 세운 종지도 즉각 일체법 속에 들어가는 것이다. 또 온갖 법은 본래 없어서(本無) 있음이든 없음이든 모두 얻을 수 없고, 있음과 없음을 이미 얻을 수 없다면 저들이 도리어 어느 곳에 의거해 종지를 세우겠는가? 그래서 내가 저들의 종지는 즉시 무너진다고 설한 것이다. 이 때문에 당역에서는 이렇게 말했다.
> "저들의 종지인 있음과 없음의 법은 모두 불생不生이다. 이 종지는 곧 일체법 속에 들어가니, 있음과 없음의 상相도 불생이기 때문이다. 또한 불생이란 있음과 없음 또한 본래 있지 않다는 걸 말한다."

대혜야, 만약 저들의 종지인 불생이 일체 성품의 불생이라고 종지를 세운다면, 그렇다면 저들의 종지는 무너진다. 있음(有)과 없음(無)의 성품(性)과 상相이 불생이기 때문에 응당 종지를 세우지 않아야 하니, 오분론五分論은 허물이 많기 때문이며, 전전展轉의 인因은 이상異相 때문이며, 아울러 만들어지기(作) 때문에 응당 종지의 분수를 세우지 말아야 한다.

大慧. 若使彼宗不生一切性不生而立宗. 如是. 彼宗壞. 以有無性相

不生故. 不應立宗. 五分論多過故. 展轉因. 異相故. 及爲作故. 不應
立宗分.

<관기> 여기서는 정교正敎의 인상因相으로 저 삿된 종지로 저 허물을 이룬 걸 가려냄으로써 종지를 세운 뜻을 인정하지 않는다고 결론짓고 있다. '만약(若使)'은 '설사設使'와 같다. 부처는 설사 저들의 종지가 일체 성품에 의거해 종지를 세웠다 해도, 그렇다면 저들의 종지는 스스로 무너진다고 일컬었으니, 일체법의 있음(有)과 없음(無)의 성품과 상相은 본래 스스로 불생不生이기 때문이다. 일체 온갖 법이 본래 스스로 무생無生인데, 어찌하여 다시 저들이 세운 종지를 쓴단 말인가? 그러므로 저들은 응당 그에 의거해 종지를 세우지 않아야 한다. 하지만 저들이 세운 종지를 정교正敎의 인명因明과 오분五分으로 조사하면 저들은 많은 허물을 범했다. 전전展轉의 인상因相과 종宗이 합치하지 않아서 이상異相이 많기 때문이다. 인因이 종宗과 합치하지 않을 뿐만 아니라 종宗 자체도 또한 성취하지 못하니, 왜냐하면 저들이 계교한 작자作者가 불생不生이 되기 때문이다. 그래서 나는 온갖 제자들에게 무생無生의 뜻을 가르치면서 응당 다시는 종지의 분수(宗分)를 세우지 않아야 한다고 설한 것이다. '오분론五分論은 허물이 많다'에서 오분五分은 곧 첫째 종宗, 둘째 인因, 셋째 유喩, 넷째 합合, 다섯째 결結이고, '허물이 많다'는 말하자면 종宗에는 아홉 가지 허물이 있고, 인因에는 14가지 허물이 있고, 동유同喩에는 다섯 가지 허물이 있고 이유異喩에는 다섯 가지 허물이 있어서 도합 33가지 허물이 있다. 그 외도가 세운 삼지三支[119]를 만약 정법正法으로 가려내 변별하지

않으면 단지 하나의 허물을 버리지 못해도 즉시 삿된 종지에 속하게 되니, 인因과 유喩는 다만 종체宗體를 성립하기 위한 것이기 때문이다. 이 때문에 인因은 전변하지 않고 유喩는 가지런하지(齊) 않아서 모두 종宗을 이루지 못하니, 그래서 '전전展轉의 인因은 이상異相 때문이며, 아울러 만들어지기(作) 때문에'라고 해서 많은 허물을 이루므로 응당 종지를 세우지 말아야 한다. 오분의五分義는 『인명입정리론因明入正理論』에 자세히 실렸다. 뜻의 광대함(廣)은 번거로울까봐 능히 갖추어 나오질 못하니, 이를 알면 능히 불법의 강령과 종지(綱宗)를 정해서 삿된 견해를 꺾어 굴복시킬 수 있다. 관觀하는 자는 응당 저 논論을 탐구하고 검토해야만 그 종지에 다가갈 수 있다.

말하자면 일체법은 불생不生이니, 이처럼 일체법은 공空하고, 이처럼 일체법은 자성自性이 없으므로 응당 종지를 세우지 않아야 한다.

謂一切法不生. 如是一切法空. 如是一切法無自性. 不應立宗.

〔관기〕 여기서는 앞서의 뜻(義)을 총체적으로 결론짓고 있다. 이전엔 '공空과 무생無生과 무이無二는 자성의 상相을 여의었다'고 말했고, 지금은 말하자면 불생이 이미 응당 종지를 세우지 않아야 하는 것이라면, 공空이든 성품이 없든 도무지 종지를 세우지 않아야 한다. 단지 언설이 있을 뿐 도무지 실다운 뜻(實義)이 없으니, 일반적으

---

119 종宗, 인因, 유喩를 말한다.

로 분별한 것은 모두 여실如實한 지견知見이 아니기 때문이다.

대혜야, 그러나 보살마하살이 일체법은 환幻이나 꿈같다고 설하는 것은 나타나지 않는 상(不現相)을 나타내기 때문이고 아울러 봄의 지각(見覺)의 허물 때문이며, 일체법이 환幻이나 꿈의 성품임을 달리 설해야 함은 다만 어리석은 범부를 위해 두려운 구절을 여의도록 제외하기 때문이다. 대혜야, 어리석은 범부는 있음(有)과 없음(無)의 견해에 떨어지므로 저들이 두려움으로 마하연摩訶衍을 멀리 여의게 하지 말아야 한다."

大慧. 然菩薩摩訶薩說一切法如幻夢. 現不現相故. 及見覺過故. 異說一切法如幻夢性. 除爲愚夫離恐怖句故. 大慧. 愚夫墮有無見. 莫令彼恐怖. 遠離摩訶衍.

관기 여기서는 여래가 온갖 보살들에게 설법의 방식을 가르친다.
문: 보살은 불생不生의 법에 대해 이미 응당 종지를 세우지 않았는데, 무슨 법을 설해야 한단 말인가?

답: 그러나 보살은 일체법이 환幻이나 꿈같다고 반드시 설해야 하니, 나타나지 않음(不現)을 나타내기 때문이다. 하지만 환幻이나 꿈이 비록 나타나더라도 실제로는 나타나지 않은 것이니, 그 뜻은 온갖 법이 비록 생기더라도 실제로는 무생無生임을 나타낸 것이다. 온갖 법이 본래 스스로 생겨나지 않는데도 현재 생겨남이 있는(有生) 것은 법의 생겨남(法生)이 아니고 바로 중생의 봄의 지각(見覺)의

허물로서 허망하게 생겨남이 있다(有生)고 볼 뿐이다. 이 때문에 일체법은 환幻이나 꿈같은 성품임을 반드시 설한 것이고, 온갖 법은 실제로 불생이 있다고 설할 수 없는 것이다. 그런데도 또한 불생이라 설함이 있는 것은 바로 어리석은 범부로 하여금 두려운 구절을 여의게 하기 위함 때문이니, 부득이해서 불생의 구절로 저 생겨난다는 견해(生見)를 끊었을 뿐이다. 일체법의 불생不生은 설함이 있음(有說)을 용납하지 않으니, 마음을 일으키고 생각(念)이 움직이는 즉시 생사에 떨어지기 때문이다. 그러나 어리석은 범부를 위해 불생을 설한다는 것은 어리석은 범부가 한결같이 있음(有)과 없음(無)이 실다운 법이라고 견고하게 집착하는 탓이니, 일단 환幻이나 꿈같다고 설했을 때 문득 두려움을 일으킨다면 대승을 멀리 여의어서 부처의 종성種性을 끊기 때문이다. 진실로 불생의 구절로 기틀에 따라 개도開導하지 못한다면, 불법을 단절하는 분수라서 보살 역시 자비를 잃기 때문에 '어리석은 범부는 있음과 없음의 견해에 떨어지므로 저들이 두려움으로 마하연摩訶衍을 멀리 여의게 하지 말아야 한다'고 말한 것이다. 마하摩訶는 한역하면 대大이고, 연衍은 한역하면 승乘이다. 보살이 이렇게 법을 설하면 이통(二通: 종통과 설통)의 상相을 얻는다.

이때 세존께서는 이 뜻을 거듭 선포하고자 게송을 설하셨다.

爾時世尊欲重宣此義而說偈言.

자성自性도 없고 설함(說)도 없으며

사事도 없고 상속相續도 없으니,
저 어리석은 범부의 망상妄想은
죽은 시체처럼 악한 지각(惡覺)이다.(당역에서는 "악한 지각〔惡覺〕은 죽은 시체와 같다"고 하였다)

일체법은 불생不生임은
저 외도의 종지가 아니네,
끝끝내 생겨나는 바(所)가 없으니
성품(性)과 연緣으로 성취하는 바이네.

일체법은 불생이라고
슬기로운 자(慧者)는 그런 상념(想)을 짓지 않는다.
저들의 종지는 생겨남(生)을 인因하기 때문에
각자覺者는 다 제거해 없앤다.

無自性無說. 無事無相續. 彼愚夫妄想. 如死屍惡覺. (唐譯云. 惡覺如死屍) 一切法不生. 非彼外道宗. 至竟無所生. 性緣所成就. 一切法不生. 慧者不作想. 彼宗因生故. 覺者悉除滅.

> 관기
> 여기서는 다섯 가지 논란의 장(五難章)의 공空, 무생無生, 무자성無自性을 통틀어 읊고 있다. 본래 언설의 상相을 여의고 심연心緣의 상相을 여읨으로써 외도가 응당 종지를 세우지 않아야 한다는 걸 밝히고 있다. 무사無事가 곧 공空이고, 온갖 법은 본래

공空하기 때문에 상속相續이 없다. 다만 어리석은 범부가 망상으로 실답지 않은 것을 실답다고 계교하니, 이와 같은 악한 지각(惡覺)은 마치 죽은 시체처럼 앎이 없이 한갓 더러운 오염만 늘어날 뿐이다. 그렇다면 공空의 무자성無自性은 불가사의해서 불생不生의 뜻인데, 어찌 외도의 허망한 계교로 그걸 종지로 삼을 수 있도록 허용하겠는가? 저들이 세운 불생은 필경 단멸斷滅에 이르러서 생겨나는(所生) 법이 없고, 연생緣生은 성품이 없고(無性) 성품이 없음은 연생이기 때문에 '끝끝내 생겨나는 바(所生)가 없다'고 한 것이다. '성품(性)과 연연으로 성취하는 바' 아래 구절인 성성이란 글자(字)는 뜻(義)이 위 구두句讀를 꿰고, 또 '성취하는 바(所成就)'의 소所라는 글자는 불不이란 글자로 보아야 하기 때문에 당역에서는 "저들의 생겨남이 있는(有生) 것은 연연으로 이루어진 것은 아니기 때문이다"라고 하였다. 그러나 일체법이 불생이란 뜻은 오직 지혜 있는 자만이 마음을 잊고 묵묵히 계합할(忘心默契) 뿐이라서 응당 상념(想)을 짓지 않는데 하물며 저들의 종지이랴. 생상生相을 인해서 성립하는데, 어찌 참된 불생이겠는가? 이 때문에 각자覺者는 다 제거해 없애니, 저들의 불생 역시 생상生相이기 때문이다.

비유하면 병든 눈으로 보는 것과 같아서
허망하게 머리카락이 아른거리는 모습이 보이니,
성품을 계교하고 집착하는 것도 마찬가지라서
어리석은 범부의 삿된 망상이다.

삼유三有를 시설해도
사事의 자성自性은 있지 않으니,
사의 자성을 시설한들
사유로 망상을 일으키네.

상相과 사事로 말과 가르침을 시설하지만
뜻이 혼란스러워 극히 흔들리니,
불자는 능히 초월해서
온갖 망상을 멀리 여읜다.

譬如翳目視. 妄見垂髮相. 計著性亦然. 愚夫邪妄想. 施設於三有.
無有事自性. 施設事自性. 思惟起妄想. 相事設言敎. 意亂極震掉.
佛子能超出. 遠離諸妄想.

관기 여기서는 온갖 법이 본래 없고 단지 망상으로 있을 뿐이라서 응당 견해를 일으키지 않아야 한다고 부처의 제자에게 훈계함을 읊고 있다. 공空 속엔 본래 모륜毛輪[120]이 없는데도 병든 눈으로 인해 있게 되니, 이는 참(眞) 속엔 본래 삼계의 온갖 법이 없는데도 망상으로 인해 계교함을 비유한 것이다. 어리석은 범부는 단지 가명假名에만 집착해서 심식心識을 흔들고 혼란시킬 뿐이니 올바른 지견知見을 갖춘 자는 반드시 멀리 여의어야 한다. 그러므로 당역에서는 이렇게

---

120 깃털의 바퀴란 뜻으로 눈앞에 어른거리는 헛것을 말한다.

말한다.

"삼유三有는 오직 가명假名일 뿐이라서 실다운 법체法體가 있지 않다. 이로 말미암아 가짜(假)로 시설해서 분별로 허망하게 계교해 헤아리니, 가명假名인 온갖 사사와 상상은 심식心識을 흔들고 혼란시킨다. 불자佛子는 다 초월해서 무분별無分別에서 유행遊行한다."

물이 아닌데도 물이라는 상념(想)을 받아들임은
바로 갈애渴愛로부터 생겨나는 것인데,
어리석은 범부는 이와 같이 미혹하지만
성스러운 견해(聖見)라면 그렇지 않다.

성인의 견해는 청정하여
삼해탈三解脫[121]과 삼매가 생기고
생멸生滅을 멀리 여의어서
있는 바 없음(無所有)을 유행遊行한다.

있는 바 없음을 수행하면
또한 성품과 성품 아님도 없어서
성품과 성품 아님이 평등하니
이로부터 성스러운 과보(聖果)가 생겨난다.

---

121 산스크리트어 trīni vimoksa-mukhāni. 삼계의 고통의 원인이 되는 번뇌에서 해탈하여 열반을 득하는 방편(門)인 공해탈문空解脫門·무상해탈문無相解脫門·무원해탈문無願解脫門의 세 가지 선정을 말한다.

非水水想受. 斯從渴愛生. 愚夫如是惑. 聖見則不然. 聖人見淸淨. 三脫三昧生. 遠離於生滅. 遊行無所有. 修行無所有. 亦無性非性. 性非性平等. 從是生聖果.

관기 이 게송에선 삼계의 상相은 다르지 않은데 성인과 범부의 견해는 다르다는(殊) 걸 밝히고 있다. 그러나 삼계는 본래 실다운 법(實法)이 없는데도 어리석은 범부는 실제로 있다고(實有) 허망하게 보는 것은 마치 아지랑이가 물이 아닌데도 물이라는 상념(想)을 짓는 것과 같으니, 이는 갈애渴愛로부터 생기는 것이다. 어리석은 범부는 이와 같지만 성스러운 지혜가 어찌 그러하겠는가! 성스러운 견해는 청정하기 때문에 보이는 삼계는 텅 비어서 아무 물건도 없으니(空洞無物), 바로 이것이 문득 해탈삼매解脫三昧를 증득하여 생멸을 멀리 여의는 것이다. 당역에서는 이렇게 말했다.

"상행常行은 모습(相)과 경계(境)가 없으니, 모습과 경계가 없음을 수행하며, 또한 있음(有)과 없음(無)도 다시 없으니, 있음과 없음이 다 평등하다. 이 때문에 성스러운 과보(聖果)를 낳는다."

범부의 보는 바(所見)는 차별되기 때문에 업과業果의 상속이 있고, 성인의 보는 바는 삼계가 다르지 않기 때문에 성스러운 과보를 낳을 뿐이다. 그러므로 경전[122]에서는 "삼계와 같지 않으면서도 삼계를 본다(不如三界見於三界)"라고 하였다.

---

[122] 『법화경』 「여래수량품如來壽量品」 제16.

무엇을 성품과 성품 아님이라 하는가?
무엇을 평등이라 하는가?
말하자면 저 마음은 알지 못하여
안팎으로 극심하게 표류하고 요동치니
만약 능히 저것을 무너뜨리는 자라면
그 마음인즉 평등하게 보리라.

云何性非性. 云何爲平等. 謂彼心不知. 內外極漂動. 若能壞彼者. 心則平等見.

관기 이 게송에선 앞서의 뜻을 따져 해석함으로써 성스러움과 범속함의 평등을 밝히고 있다. 말하자면 삼계는 하나인데, 어째서 어리석은 범부는 있음(有)과 없음(無)을 보고, 어째서 성인은 평등을 보는가? 저 어리석은 범부는 삼계가 본래 공空함을 요달하지 못해서 마음의 경계를 허망하게 계교하여 실제로 있다고(實有) 여기기 때문에 안팎으로 극심하게 표류하고 요동치는 것이다. 만약 능히 이를 요달한다면 당장에 생각(念)이 평등하다. 평등은 적멸의 다른 칭호이다. 소위 경계가 오직 마음뿐임을 요달하지 못하면 갖가지 분별을 일으키고, 경계가 오직 마음뿐임을 요달하고 나면 분별 그대로 불생不生이다.

○이상 소관所觀의 경계를 놓아버렸다.
△이하에선 능관能觀의 지혜를 놓아버린다.

이때 대혜보살은 다시 부처님께 여쭈었다.

"세존이여, 세존께서 설하셨듯이, 반연攀緣의 일(事)에서는 지혜를 얻지 못합니다. 이는 시설량施設量으로 건립한 시설이라서 섭수한 바(所攝受)는 성품이 아니고 섭수攝受 역시 성품이 아닙니다. 섭수가 없기 때문에 지혜는 곧 불생不生이고 오직 명칭만 시설했을 뿐입니다. (당역에서는 "부처가 설했듯이, 만약 경계가 단지 가명假名일 뿐임을 알아서 도무지 얻을 수 없다면 취하는 바〔所取〕가 없고, 취하는 바가 없기 때문에 역시 능히 취함〔能取〕도 없다. 능히 취함과 취하는 바 둘 모두 없기 때문에 분별을 일으키지 않으니, 이를 이름하여 지智라고 설한다"라고 하였다)

爾時大慧菩薩復白佛言. 世尊. 如世尊說如攀緣事智慧不得. 是施設量建立施設. 所攝受非性. 攝受亦非性. 以無攝受故. 智則不生. 唯施設名耳. (唐譯云. 如佛所說若知境界但是假名. 都不可得. 則無所取. 無所取故. 亦無能取. 能取所取二俱無故. 不起分別. 說名爲智)

관기 앞에서는 망상에 성품이 없음을 변론했다. 여기서 대혜는 이불理佛이 일단 이야기했던 성지聖智의 경계로써 성지聖智가 앎이 없음(無知)을 변론하고 있다. 위역에서는 이렇게 말한다.

"세존께서 설하셨듯이, 지혜의 관찰은 앞 경계인 온갖 법(諸法)을 능히 볼 수 없고, 나아가 여실如實한 각지覺知에 이르기까지 취할 만한 법이 없고 또한 능히 취할 수도 없다."

그래서 지혜(智) 역시 능히 분별해서 취할 수 없기 때문에 '지혜는 곧 불생不生이다'라고 했다. 그러나 반연攀緣의 일(事)은 바로 앞 경계이고, 온갖 법(諸法)은 소위 상상이다. 앞서 '상상을 얻지 못함이 지혜(智)'라고 했지만, 지혜가 상상을 얻지 못하는 까닭은 일체 경계가 단지 망상의 시설로 건립했을 뿐이라서 본래 소취所取와 능취能取의 성품이 없기 때문이다. 이미 취할 수 있는 경계가 없다면, 설사 참 지혜(眞智)가 있더라도 또 어찌 분별로부터 그걸 취하겠는가? 그래서 '취할 수 없기 때문에 지혜(智)는 곧 불생不生이다'라고 한 것이다. 특히 망상의 경계는 어두운 듯하고 지혜는 밝은 듯한데, 밝음이 오면 어둠이 저절로 물러가는 것은 어둠과 밝음이 대립(對)을 지어서 그런 것이 아니다. 그러므로 성지聖智는 앎이 없다(無知)고 말한 것은 아는 바(所知)의 경계가 없음을 말미암으면 경계를 요달한 지혜도 역시 쇠망한다는 것이다. 그리하여 능취能取와 소취所取의 상상이 없기 때문에 '상상을 얻지 못한다'고 할 뿐이다. 소위 여여지如如智만이 홀로 존재할 뿐이지 절연絕然한 무지無知는 아닌 것이다. 이처럼 대혜는 성지聖智가 상상을 얻지 못하는 뜻을 회통會通하지 못한 듯한데, 장차 경계의 상대相對가 있는데 어째서 얻지 못한다고 말하는가? 반드시 경계를 알고자 하면 바야흐로 그 명칭을 지혜(智)라 하기 때문에 여기서 의심을 일으킨 것이다. 그래서 앞서의 뜻을 조회해 거론함으로써 장차 논란을 초래한 것이다. 여기서는 뜻(義)을 조회했고, 아래서는 의심을 초래했다.

어떻습니까, 세존이여. 성품의 자상自相과 공상共相의 다름(異)과 다르지 않음을 자각하지 못하기 때문에 지혜를 얻지 못하는 겁니까? 자상과 공상의 갖가지 성자성性自性의 상상이 은폐되기 때문에 지혜를 얻지 못하는 겁니까? 산, 바위 석벽石壁, 땅(地), 물(水), 불(火), 바람(風)의 장애 때문에 지혜를 얻지 못하는 겁니까? 지극히 멀고 지극히 가깝기 때문에 지혜를 얻지 못하는 겁니까? 늙거나 어리거나 소경처럼 눈이 멀거나 온갖 근根을 갖추지 못했기 때문에 지혜를 얻지 못하는 겁니까?

云何世尊. 爲不覺性自相共相異不異故智不得耶. 爲自相共相種種 性自性相隱蔽故智不得耶. 爲山巖石壁地水火風障故智不得耶. 爲 極遠極近故智不得耶. 爲老小盲冥諸根不具故智不得耶.

관기 여기서는 의심을 초치招致하고 있다. '자각하지 못하기…'는 말하자면 전혀 저 경계를 알지 못하는 것이다. '자상自相… 은폐되기'는 은폐되고 매몰되어서 나타나지 않음을 말하는 것이니, 말하자면 전혀 알 수 없는 경계가 상대(對)를 짓는 것이다. '산, 바위… 등의 장애'는 말하자면 앎이 투철하지 못한 것이다. '지극히 멀고(極遠)' 는 눈의 능력(目力)이 도달하기 어려운 것이고, '지극히 가깝고(極近)' 는 미세해서 알기 어려운 것이다. '온갖 근根을 갖추지 못했다'는 말하자면 눈이 멀어서 앎이 없는(無知) 것이다. '늙은이나 어린이(老小)'는 말하자면 하나하나 다 알 수 없는 것이다. 대혜는 '지혜는 상相을 얻지 못한다'를 의심해서 이 다섯 가지 때문에 얻지 못한다고 한 것이 아니겠는가? 아래에서 논란을 초치한다.

세존이여, '만약 성품의 자상自相과 공상共相의 다름(異)과 다르지 않음을 자각하지 못해서 지혜를 얻지 못한다면' 응당 지혜(智)를 설하지 말고 응당 무지無智를 설해야 하니, 일의 있음(有事)으로는 얻지 못하기 때문입니다.

世尊. 若不覺自共相異不異智不得者. 不應說智. 應說無智. 以有事不得故.

> 관기

이것은 첫 번째 논란이다. 말하자면 만약 전혀 저 경계를 알지 못하는 것을 얻지 못함(不得)이라 한다면, 그렇다면 지혜(智)라 이름하지 못하고 응당 무지無智라 이름해야 하니, 경계가 있어서 알지 못하기 때문이다.

만약 다시 갖가지 자상과 공상의 성자성性自性의 상相이 은폐되기 때문에 지혜를 얻지 못한다고 하면, 그것 역시 무지無智로 지혜(智)가 아닙니다. 세존이여, 이염爾焰이 있기 때문에 지혜가 생기는 것이니, 성품이 이염을 회통함이 없지 않기 때문에 이름하여 지혜(智)라 합니다.

若復種種自共相性自性相隱蔽故智不得者. 彼亦無智. 非是智. 世尊. 有爾焰故智生. 非無性會爾焰故名爲智.

> 관기

이것은 두 번째 논란이다. 말하자면 전혀 알 수 없는 경계가 상대(對)를 지어서 얻지 못한다고(不得) 하면 이 또한 지혜(智)가 아니다. 왜냐하면 아는 바(所知)의 경계가 있기 때문에 지혜가 생기는 것이니, 능히 아는(能知) 성품이 저 아는 바의 경계를 회통해서 문득 지혜로 여기는 것이 없지 않은 것이다. 그래서 당역에서는 "이 또한 지혜가 아니다. 경계에 대한 앎을 이름하여 지혜라 설하니, 알지 못함이 아니기 때문이다"라고 하였다. 이염爾燄은 아는 바(所知)이다.

만약 산, 바위, 석벽, 땅, 물, 불, 바람, 지극히 멀고 지극히 가까움, 늙거나 어리거나 소경처럼 눈이 멀거나 온갖 근根을 갖추지 못했기 때문에 지혜를 얻지 못하는 것은 이 역시 지혜(智)가 아니고 응당 무지無智이니, 일이 있음(有事)으로는 얻을 수 없기 때문입니다."

若山巖石壁地水火風極遠極近老小盲冥諸根不具智不得者. 此亦非智. 應是無智. 以有事不可得故.

관기 이것은 세 번째와 네 번째의 논란을 합친 것이다. 말하자면 세계라면 산, 바위, 석벽, 사대四大 등의 일(事), 혹은 지극히 멀어서 눈의 능력이 도달하지 못하거나, 혹은 지극히 가까워서 장벽牆壁이 가로막거나, 사대四大가 둘러싸고 핍박하는데, 그렇다면 앎이 투철하지 못한 것이다. 중생이라면 늙은이, 어린이, 눈먼 소경은 식별해 아는(識知) 바가 없거나, 혹은 온갖 근根이 갖춰지지 않아서 능히 앎을 다하지(盡知) 못하는데, 만약 이런 것들을 얻지 못한다고(不得) 여긴다면, 이 역시 지혜(智)가 아니고 응당 무지無智이니, 일이 있음(有事)으로는 얻을 수 없기 때문이다. 당역에서는 이렇게 말했다. "그것 또한 지혜(智)가 아니니, 경계가 있어서 지혜가 구족具足하지 못해 알지 못하기 때문이다."

여기서 대혜의 의도는 앞 경계를 얻지 못한 걸 무지無智로 삼고 반드시 경계를 보고자 함을 바야흐로 지혜(智)로 삼기 때문에 아래에서 타파한 것이다.

부처님이 대혜에게 고하셨다.
"그렇지 않다. 무지無智도 응당 지혜(智)이지 지혜 아님(非智)이 아니다. 나는 이렇게 가리고 덮어서 반연攀緣의 일(事)은 지혜를 얻지 못한다고 설한 것이 아니니, 이는 시설량施設量의 건립이다."

佛告大慧. 不如是. 無智應是智. 非非智. 我不如是隱覆說攀緣事智慧不得. 是施設量建立.

관기 여기서는 의심한 바를 답한 것이 비량非量[123]이 됨을 배척한 것이다. 부처의 뜻은 어찌 앞 경계를 얻지 못함이 문득 무지無智가 되느냐고 말한 것이다. 이 무지도 실제로는 지혜(智)이지 무지無智가 아니란 걸 응당 알아야 한다. 그러나 내가 지혜는 상相을 얻지 못한다고 설한 것은 실제로 앞 경계가 있어서 서로 번갈아 은폐한다고 설한 것이 아니기 때문에 지혜를 얻지 못한다고 말한 것이다. 만약 앞 경계가 있다고 계교해서 서로 번갈아 은폐하기 때문에 지혜를 얻지 못한다고 한다면, 이는 망상의 시설로 건립한 것이지 지혜가 아니다.

---

123 그릇된 직접 지각과 그릇된 추리에 의한 인식. 곧 사현량似現量과 사비량似比量.

○이상 잘못을 배척하였다.
△이하에선 올바른 답이다.

"자심自心의 현량現量을 자각해서 있음(有)과 있지 않음(無有), 외적인 성품과 성품 아님은 알면서도 사事는 얻지 못하니, 얻지 못하기 때문에 지혜가 이염爾燄에서 생기지 않고, 세 가지 해탈을 수순隨順하는 지혜도 역시 얻지 못한다. 망상하는 자가 비롯 없는 성품과 성품 아님의 허위와 습지(習智: 습기의 지혜)로 이러한 앎(知)을 짓는 것이 아니니, 이 앎은 저들은 알지 못하기 때문에 외적인 사事와 상相을 섭수攝受하여 계교하고 집착한다.

覺自心現量. 有無有. 外性非性. 知而事不得. 不得故. 智於爾燄不生. 順三解脫. 智亦不得. 非妄想者無始性非性虛僞習智作如是知. 是知. 彼不知. 故於外事相攝受計著.

처소處所의 상相과 성품(性)에 대해 성품 없는 망상이 끊이지 않으니, 자심의 현량을 건립해서 나(我)와 내 것(我所)을 설한다.

處所相性無性妄想不斷. 自心現量建立. 說我我所.

〈관기〉 여기서는 진실한 뜻을 올바로 답하고 있다. 부처가 '내가 지혜를 얻지 못한다고 설했다'고 말한 것은 내가 일체 외적인 법이 있음(有)이든 없음(無)이든 모두 자성이 없어서 오직 자심의 현량일 뿐 다 공적空寂함을 자각해 요달하면(覺了) 경계 없음과 지혜(智)를 상대(對)로 삼는 것이니, 나는 이와 같은 일(事)을 알기 때문에 지혜를 얻지 못한다고 말한 것이다. 그래서 '자심自心의 현량現量을 자각해서 있음(有)과 있지 않음(無有), 외적인 성품과 성품 아님은 알면서도 사事는 얻지 못한다'고 말한 것이다. 이而는 이와 같다(如此)와 같다.

그러나 이미 당장의 마음(當心)의 경계가 없다면 경여境如이고, 또한 경계를 요달한 마음이 없다면 심여心如이다. 마음과 경계가 모두 여如라면 둘 다 얻을 수 없으며, 마음과 경계를 둘 다 얻을 수 없기 때문에 지혜(智)가 이염爾燄에서 생기지 않는다. 이염은 아는 바(所知)의 경계이다. 경계를 얻을 수 없다면 경계는 생기지 않으며, 마음을 얻을 수 없으면 지혜(智)는 생기지 않으니, 마음과 경계가 무생無生이면 세 가지 해탈을 수순隨順한다.

세 가지 해탈은 말하자면 공空, 무상無相, 무원無願이고, 순순은 입入이다. 그러나 세 가지 해탈은 지혜가 아니면 들어가지 못하고, 이미 들어갔다면 지혜의 체(智體) 역시 잊기 때문에 '지혜 또한 얻지 못한다'고 한 것이다. 이것이 소위 성지聖智는 무지無知라는 것이다. 그러나 지혜(智)의 앎이 없는 곳(無知處)은 자못 망상의 어리석은 범부의 비롯 없는 허위의 희론戲論과 훈습熏習의 지혜로는 능히 이러한 앎(知)을 지을 수 없다. 이 앎(知)이 쇠망한 앎은 저들의 아는 바(所知)가 아니기 때문에 '이 앎은 저들이 아는 것이 아니다'라고 한 것이다. 앎이 없는(無知) 앎을 알지 못하기 때문에 외부 경계의 형상에 대해 있고 없음(有無)의 망상 분별이 상속하여 끊이지 않기 때문에 위역에서는 이렇게 말했다.

"이 같은 허망한 마음을 여의기 위해서 일체법은 오직 스스로의 마음(自心)이 본 것일 뿐이라고 설한 것이니, 나(我)와 내 것(我所)을 집착하기 때문이다. 그래서 '자심의 현량을 건립해 나(我)와 내 것(我所)을 설해서 상相을 섭수攝受하여 계교하고 집착한다'고 말한 것이다."

자심의 현량을 자각하지 못하면, 지혜(智)의 이염爾燄에서 망상을 일으키고, 망상 때문에 외부의 성품과 성품 아님을 관찰해도 얻지 못하고 단멸의 견해(斷見)에 의거한다."

不覺自心現量. 於智爾燄而起妄想. 妄想故. 外性非性. 觀察不得. 依於斷見.

관기 여기서는 대혜가 실답게(如實) 알지 못해서 무지無智와 단멸斷滅의 견해를 일으키는 걸 질책하고 있다. 나(我)와 내 것(我所), 온갖 법의 자심 현량을 요달하지 못함을 말미암기 때문에 지혜(智)에서, 경계에서 망상을 일으키며, 망상 때문에 있음(有)이든 없음(無)이든 관찰해도 실다운 뜻을 얻지 못한다. 마침내 지혜와 경계에서 단멸의 견해에 의거하여 분별을 일으키니, 이는 모두 이통(二通: 宗通과 說通)을 잘 하지 못해서 실다운 뜻을 요달하지 못하기 때문에 삿된 지혜를 허망하게 일으킨다. 그래서 아래 글에서는 이통二通으로 결론지으면서 질책한 것이다.

이때 세존께서는 이 뜻을 거듭 선포하고자 게송을 설하셨다.

爾時世尊欲重宣此義而說偈言.

온갖 반연攀緣의 일(事)을
지혜로 관찰하지 않고
이 무지無智는 지智가 아니라고 하면
이는 망상하는 자의 설명이다.

有諸攀緣事. 智慧不觀察. 此無智非智. 是妄想者說.

> 관기 여기서는 의심을 배척함을 총체적으로 읊은 것이다. 말하자면 만약 실제로 반연의 경계가 있는데도 지혜로 관찰하지 않았다고 말한다면, 곧 허망한 분별이다. 무지無智를 지智가 아니라고 여기는 것은 모두 망상의 어리석은 범부가 설하는 것으로 명철한 지혜(智)가 아니다.

다르지 않은 상相과 성품에 대해
지혜로 관찰하지 않고
장애 및 멀고 가까움 때문이라 하면
이를 이름하여 삿된 지혜라 한다.

於不異相性. 智慧不觀察. 障礙及遠近. 是名爲邪智.

관기 여기서는 세 가지 질문을 합쳐서 읊고 있다. 삿된 지혜는 올바로 보지 못한다는 걸 총체적으로 배척하고 있다.

늙고 어리고, 온갖 근根이 어두우니
그래서 지혜가 생기지 않으면서도
실제로 이염爾燄이 있으니
이 또한 삿된 지혜(邪智)를 설한 것이다.

老小諸根冥. 而智慧不生. 而實有爾燄. 是亦說邪智.

관기 여기서는 네 번째 질문을 읊고 있다. 앞의 세 가지 질문을 종합하면 모두 아는 바(所知)의 경계는 바야흐로 그 이름을 지혜(智)라 한다는 뜻인데, 이를 총체적으로 배척하면서 '이 역시 삿된 지혜라 한다'고 하였다. 그러나 만약 실제로 이염爾燄이 있다면 이 역시 삿된 설명이라서 소지장所知障의 공空임을 충분히 알 수 있다.

○이상 두 가지 집착을 이미 타파하고 두 가지 장애를 이미 청정히 해서 지혜(智)와 행行이 이미 원만하다.
△②-3-1-4) 이하 말을 잊고 단박에 증명함으로써(忘言頓證) 과해果海가 연緣을 여의었음을 나타냈다.

"다시 다음에 대혜야, 어리석은 범부는 비롯 없는 허위와 악습惡習의 망상으로 회전回轉하게 되는데, 회전할 때 스스로의 종통宗通 및 설통說

通을 명료히 아는 것이 충분치 못하다. 자심이 나타낸 외적인 성품과 상相을 집착하기 때문에 방편의 설說을 집착하느라 스스로의 종지인 사구四句와 청정한 통상通相에 대해 잘 분별하지 못한다."

復次大慧. 愚癡凡夫. 無始虛僞惡習妄想之所回轉. 回轉時. 自宗通及說通. 不善了知. 著自心現外性相故. 著方便說. 於自宗四句清淨通相. 不善分別.

> **관기** 여기서는 총체적인 결론으로 과해果海가 연緣을 여읨을 제시하고 있다. 그래서 대혜가 제일의제第一義諦의 자각성지自覺聖智에 대해 허망하게 분별을 일으켜서 말을 따라 이해를 낳고 멋대로 삿된 집착을 일으켜 부처의 뜻을 곡해함을 질책한 것이니, 진실로 능숙하지 못한 이통二通의 상相을 말미암기 때문이다. 자각성지自覺聖智는 심연心緣의 상相을 여의고 언설言說의 상相을 여읜 것이다. 그러나 말(言)이 있지 않더라도 말이 없는 것은 아니다. 그래서 부처가 설한 '성지聖智는 무지無知' 등은 곧 듣는 자로 하여금 말을 여의고 뜻을 관해서(離言觀義) 앎을 잊고 마음에 계합하게끔(忘知契心) 할 뿐이니, 어찌 그 듣는 자가 여전히 말(言)에 따라 허망하게 삿된 이해를 내겠는가? 이는 모두 비롯 없는 허위와 망상의 악습으로 회전回轉하게 되어서 스스로의 종통宗通과 설통說通을 명료히 아는 것이 충분치 않고 단지 외부 경계를 실유實有라고 집착하기 때문에 방편의 언설을 집착해서 청정 실상實相인 앎(知)을 여읜 경계에 능히 잘 들어가지 못한다. 논論에서는 이렇게 말한다.

"작은 사물이라도 현전하여 수립함은 말하자면 유식唯識의 성품일 뿐이다. 얻는 바가 있기(有所得) 때문에 실제로 유식에 머물지는 않으니, 경계와 지혜를 아직 잊지 못했기 때문이다."

세존께서 이에 이르자 뜻하지 않게 이통二通으로 결론지어 질책한 것은, 생각건대 전자는 내가 이미 가르쳤던 삼승을 수행한 인사人士들로서 당연히 이통의 상相에 능숙해서 말(言)에 따라 뜻(義)을 취할 수 없어야 하기 때문이다. 이 뜻은 대혜에게 '어찌하여 부처의 뜻을 체득하지 못하고 너희는 또 언설과 가명假名을 집착해서 갖가지 삿된 집착을 일으키는가' 하고 질책을 가한 것이니, 이 때문에 말을 잊고 계합해 증득하라고 가르친 것이다. 여래의 뜻(來意)이 이와 같기 때문에 이통으로써 결론지어 질책한 것이다.

○이상 두 가지 장애가 이미 청정하고, 두 가지 집착을 이미 타파하고, 두 가지 죽음이 이미 쇠망하자 결론으로 말을 잊고 계합해 증득하라고(忘言契證) 질책함으로써 스스로를 이롭게 하는(自利) 공덕이 원만함을 제시하였다.
△②-3-1-(2) 이하에선 이타행利他行을 제시했고, 또 ②-3-1-(2)-1) 먼저 자리행自利行과 이타행利他行을 쌍으로 결론지었다.

대혜가 부처님께 여쭈었다.
"진실로 세존의 가르침대로입니다. 오직 바라노니, 세존께서는 저를 위해 설통說通 및 종통宗通을 분별해 주십시오. 나 및 다른 보살마하살이 이통二通에 능숙하면, 내세의 범부와 성문, 연각이 그 단점을 얻지 못합니다."

大慧白佛言. 誠如尊敎. 惟願世尊爲我分別說通及宗通. 我及餘菩薩
摩訶薩善於二通. 來世凡夫聲聞緣覺不得其短.

> **관기** 여기서 대혜는 부처가 이통二通에 능숙하지 않아서 성지聖智
> 에 대해 허망하게 분별을 일으킴을 배척해 질책했기 때문에
> 여기서 몸소 이통에 대한 가르침을 따져서 청한 것이다.

문: 이통은 앞서 이미 발명發明했는데, 지금 다시 거듭 청하는 것은 무슨 이유인가?

답: 앞서는 외도와 이승을 인하여 허망하게 단멸과 항상의 두 견해를 일으킨 것이다. 대체로 오직 마음뿐인 현량現量의 경계를 요달치 못함을 말미암아서 대혜가 특별히 종통宗通의 상相을 청해 저들이 알도록 제시한 것이다. 지금 정견正見을 개시開示하자 세존께서는 그로 인해 "저들은 종통의 상相에 능숙하지 못할 뿐만 아니라 설통說通의 상相에도 능숙하지 못하기 때문에 말(語)에 따라 이해를 낸다"고 하였다. 그리하여 특별히 이통二通의 상相을 설함으로써 저 외도와 이승으로 하여금 문득 수행케 하여 삿된 견해에 떨어지지 않도록 하니, 그 의도가 외도와 이승의 두 가지 견해를 타파해서 말을 여읜 행行을 알도록 하는 데 있기 때문이다.

여기서는 대혜를 인해 망상의 성품 없는 말을 디딤으로써 다섯 가지 논란을 일으키고, 성지聖智의 얻지 못하는 말을 디딤으로써 네 가지 의문을 일으키니, 이는 모두 오직 마음뿐임(唯心)을 요달하지 못하고 방편의 언설을 통달하지 못해서 다시 말(言)을 따라 뜻(義)을 취하여 경계와 지혜를 실제로 얻을 수 있는 것이라 여기기 때문에

부처는 이통에 능숙하지 못해서 이러한 견해를 짓는다고 질책한 것이다. 그래서 여기서 대혜는 특별히 이통을 청해 장차 그 가르침에 의거하고 행을 받들고 법을 설하고 중생을 이롭게 함으로써 이승의 의심을 끊으니, 그 의도는 마음과 경계를 놓아버려서 경계와 지혜가 공한 데 있다. 그러므로 묘한 행(妙行)으로 묘한 경계에 계합하는 것이다. 앞서 있는 상相이란 글자는 바로 저들이 알도록 제시함으로써 문득 스스로를 이롭게 하고(自利), 지금 이 이통은 그 뜻이 반드시 행하는데 있어서 문득 남을 이롭게 하니(利他), 관하는 자는 응당 알아야 아마도 말과 뜻에서 다른 견해를 내지 못하리라. 앞에서 말을 잊은 행(忘言之行)은 여기서는 말을 여의고 실제로 증득하는(離言實證) 것이다.

부처님이 대혜에게 고하셨다.
"훌륭하고 훌륭하다. 자세히 듣고 자세히 들어서 잘 사유하도록 하라. 마땅히 그대를 위해 설하겠다."
대혜가 부처님께 여쭈었다.
"네, 가르침을 받들겠습니다."
부처님이 대혜에게 고하셨다.
"삼세三世의 여래에겐 두 종류의 법통法通이 있다. 말하자면 설통說通 및 자기의 종통(自宗通)이다. 설통이란 말하자면 중생 마음이 감응하는 바에 따르는 것인데, 갖가지 뭇 도구의 계경契經을 설하므로 이를 이름하여 설통이라 한다.

佛告大慧. 善哉善哉. 諦聽諦聽. 善思念之. 當爲汝說. 大慧白佛言. 唯然受教. 佛告大慧. 三世如來有二種法通. 謂說通及自宗通. 說通者. 謂隨衆生心之所應. 爲說種種衆具契經. 是名說通.

> **관기** 이 설통은 그 의도가 남을 이롭게 하는 데(利他) 있다. 범어 수다라脩多羅는 한역하면 계경契經이다. 말하자면 이理에 계합하고 기機에 계합하는 것이다. 이에 계합하면 묘하게 중도中道에 부합하고, 기에 계합하면 교묘히 삼근三根[124]을 받는다. 하나의 경전 말씀에 많은 뜻을 포함했기 때문에 '뭇 도구의 계경'이라 하니, 말하자면 이는 해당되지 못함이 없고 기는 섭수하지 못함이 없다.

스스로의 종통(自宗通)이란 말하자면 수행자가 자심이 나타낸 갖가지 망상을 여의는 것이니, 이른바 동일함(一)과 다름(異), 함께함(俱)과 함께하지 않음(不俱)의 품품에 떨어지지 않고 일체의 심心, 의意, 의식意識을 초월해서 성스러운(聖) 경계를 자각하고(당역에서는 "성스러운 경계를 자각함에 대해"라고 하였다) 인因으로 이루어진 견분(見)과 상분(相)을 여의는 것이다.(당역과 위역 모두 "온갖 인연의 상응을 여의는 견분과 상분"이라고 하였다) 일체의 외도와 성문, 연각으로 양변兩邊에 떨어진 자는 능히 알 수 없는 것이니, 나는 이를 이름하여 스스로의 종통법(自宗通法)이라 설한다.

---

[124] 근根은 소질·능력을 뜻한다. ①중생의 소질을 세 가지로 나눈 상근上根·중근中根·하근下根. ②삼무루근三無漏根의 준말.

自宗通者. 謂修行者離自心現種種妄想. 謂不墮一異俱不俱品. 超度一切心意意識. 自覺聖境界. (唐譯云. 於自覺聖境界) 離因成見相. (二譯皆云. 離諸因緣相應見相) 一切外道聲聞緣覺墮二邊者所不能知. 我說是名自宗通法.

관기 여기서 스스로의 종통(自宗通)의 의도는 스스로를 이롭게 하는 데(自利) 있다. 스스로 통함(自通)은 바로 심의식心意識의 경계를 여의기 때문에 외도와 이승이 알 수 있는 것이 아니다. 인연의 상응을 여의고서 보는 것은 말하자면 마음과 경계를 모두 여의기 때문이다.

대혜야, 이를 이름하여 스스로의 종통(自宗通) 및 설통說通의 상相이라 한다. 그대 및 다른 보살마하살은 반드시 닦고 배워야 한다."

大慧. 是名自宗通及說通相. 汝及餘菩薩摩訶薩應當修學.

이때 세존께서는 이 뜻을 거듭 선포하고자 게송을 설하셨다.

爾時世尊欲重宣此義而說偈言.

내가 일컫는 두 가지 통달(通)은
종통宗通 및 언설(言說: 설통)이다.
언설(즉 설통)은 동몽童蒙[125]에게 수여하는 것이고 종통은 수행자를 위한 것이다.

我謂二種通. 宗通及言說. 說者授童蒙. 宗爲修行者.

관기 보살에게는 두 가지 이로움의 공功이 있다. 이 때문에 설통說通은 기틀에 감응한 설법이라서 '동몽童蒙에게 수여한다'고 했으니, 말하자면 어리석고 순진함이 동몽과 같다. 종통宗通은 스스로 수행함이니, 말하자면 여실如實의 행行을 닦기 때문이다.

○이상 자리행과 이타행 두 행실을 마친다.
△②-3-1-(2)-2) 이하에선 전적으로 이타행을 청하는 것이다.

이때 대혜보살마하살이 부처님께 여쭈었다.
"세존이여, 세존께서 한때 설했듯이 '세간의 온갖 이론과 갖가지 변설辯說을 조심해서 익히거나 가까이하지(習近) 말라.(당역과 위역에서는 "세간의 온갖 이론으로써 로가야타盧伽耶陀를 짓는다. 이는 좌세左世를 번역한 것이며 또한 악론惡論이라고도 하는데 곧 외도의 이론이다"라고 하였다) 만약 익히거나 가까이하는 자는 탐욕을 섭수攝受하고 법을 섭수하지 않는다'(위역에서는 "저 사람은 단지 욕망의 음식을 섭수할 뿐 법의 음식은 섭수하지 못한다"고 하였다)고 하셨는데, 세존께서는 어찌하여 이렇게 설하시는 겁니까?"

---

125 배움이나 깨우침이 필요한 순진한 어린아이로서 초학자初學者를 뜻한다.

爾時大慧菩薩白佛言. 世尊. 如世尊一時說言. 世間諸論種種辯說. 慎勿習近. (二譯以世間諸論. 作盧伽耶陀. 此翻左世. 亦云惡論. 即外道論也) 若習近者. 攝受貪欲. 不攝受法. (魏譯云. 彼人但攝受欲食. 不攝法食) 世尊何故作如是說.

> **관기** 여기서는 특별히 이타행利他行을 묻고 있다. 대체로 세존께서 일단 제자를 아프게 질책하면서 외도의 논의를 가까이하거나 익히는 것을 허용치 않는 걸 이어받은 것이다. 대혜는 설통說通이 남을 이롭게 한다(利他)는 이야기를 들었지만, 이로 인해 저 종지에 능숙하지 않아서 그 설명이 통하지 않고 저들을 이롭게 하지 못한다고 생각했기 때문에 세존의 앞서 말씀을 궁리하다가 '세존께서는 이미 설통이 동몽童蒙을 이롭게 한다고 하셨는데, 어째서 예전에는 외도의 논의에 가까이하거나 익히는 걸 허용치 않는 것인가?'라고 의심을 일으켰다. 이렇게 질문을 발했기 때문에 세존께서 답하신 것이니, 말하자면 외도의 논의는 삿된 견해에 의거해 수립한 것이라서 만약 가까이하고 익히는 자라면 올바른 지견(正知見)을 무너뜨린다. 그 의도가 스스로의 종통(自宗通)에 들어가는 데 있는 자는 반드시 명언名言의 습기習氣를 여의는 걸 첫 번째로 삼아야 한다. 그러나 삼계는 본래 실다운 법(實法)이 없고 단지 명언 습기를 체體로 삼는다. 만약 명언에 이르게 되면 외도의 논의는 올바른 지견을 가장 파괴하고 불법을 파괴하는 것이니, 그래서 여실행如實行을 수행하는 사람은 반드시 통렬히 끊어야 한다. 그러므로 대혜는 설통에 의거해 질문했고, 아래에선 세존께서 스스로의 종통(自宗通)에 의거해 답한 것이다.

부처님이 대혜에게 고하셨다.

"세간의 언론言論과 갖가지 구절의 의미(句味)는 인연과 비유를 채집해 장엄한 것으로 어리석은 범부를 유인誘引하고 미혹함으로써 진실眞實의 자통自通에 들어가지 못하고 일체법을 자각하지 못한다. 그리하여 망상의 전도顚倒가 양변兩邊에 떨어져서 어리석은 범부의 미혹으로 스스로 파괴해 온갖 취(趣: 갈래)에 상속하면서 해탈하질 못한다.(당역에서는 "로가야타廬伽耶陀가 소유한 사론詞論은 단지 문구文句만을 수식했을 뿐이다. 미혹한 어리석은 범부는 세간의 허망한 언설을 수순隨順하매 뜻[義]에 맞지 않고 이理에 부합하지 않아서 진실의 경계에 능히 깨달아 들어갈 수 없고 일체 모든 법을 능히 깨달아 마칠 수 없다. 그리하여 항상 양변兩邊에 떨어져 스스로도 정도正道를 잃고 남도 잃게 해서 온갖 취[趣: 갈래]를 윤회하여 영원히 벗어나 여의질[出離] 못한다"고 하였다) 그리하여 자심의 현량을 능히 각지覺知하질 못하고 외적인 성자성性自性의 망상과 계교, 집착을 여의지 못한다. 이 때문에 세간의 언론과 갖가지 변설辯說은 태어남, 늙음, 병듦, 죽음(生老病死)과 근심, 슬픔, 고통, 번뇌(憂悲苦惱)의 미혹과 혼란을 벗어나질 못한다.

佛告大慧. 世間言論種種句味. 因緣譬喩採集莊嚴. 誘引誑惑愚癡凡夫. 不入眞實自通. 不覺一切法. 妄想顚倒. 墮於二邊. 凡愚癡惑而自破壞. 諸趣相續. 不得解脫. (唐譯云. 廬伽耶陀所有詞論. 但飾文句. 誑惑凡愚. 隨順世間虛妄言說. 不如於義. 不稱於理. 不能證入眞實境界. 不能覺了一切諸法. 恒墮二邊. 自失正道. 亦令他失. 輪迴諸趣. 永不出離) 不能覺知自心現量. 不離外性自性妄想計著. 是故世間言論種種辯說. 不脫

生老病死憂悲苦惱. 誑惑迷亂.

관기 이는 세간 언론의 허물을 심하게 말함으로써 여실행如實行을 닦는 자는 가까이하거나 익히지 말라고 깊게 훈계한 것이다. 가까이하거나 익히지 말라는 까닭은 진실의 자통自通에 들어가지 못하고 자심의 현량을 자각하지 못해서 단지 생멸의 망상에만 의거할 뿐 태어남, 늙음, 병듦, 죽음(生老病死)을 벗어나지 못하고 단지 언설만 있을 뿐 도무지 실다운 뜻(實義)이 없기 때문이다. 그러나 세존께서 이 경전에서 명언名言의 습기習氣를 전적으로 훈계한 것은 대체로 사바세계는 음성을 불사佛事로 삼기 때문이다. 이 사바세계의 중생은 이근耳根이 가장 예리해서 음성이 심통心通에 들어가 곧바로 법의 성품에 도달하여 가장 깊고 심오해지기 때문에 『능엄경』에선 원통圓通을 가려내 선택함으로써 이근을 제일로 삼은 것이다. 이 경전에선 여실행如實行을 수행하는 자로 하여금 계戒의 명언을 제일로 삼게 하니, 이 방면으로 도道에 들어가면 허물없는 이근이 가장 뛰어나고 도를 장애하는 것도 허물없는 명언이 가장 뛰어나기 때문이다. 소위 근根과 진塵이 동일한 근원이고 속박과 해탈이 둘이 없는 것이다. 그러나 범부가 명언에 의거해 업業을 맺더라도 그 틈에 날카로운 근기가 있어서 숙세宿世에 반야般若의 문훈(聞熏: 들어서 훈습함)을 갖춘 자는 능히 언어의 성품이 공空하고 음성이 실답지 않음을 관하는 데 마치 바람이 불어서 골짜기에 메아리치듯 그대로 무생無生에 들어가는 자가 있다. 만약 외도의 삿된 이론이 한번 문훈에 들어가면 곧 법의 성품을 오염시키고, 올바른 지견(正知見)을 무너뜨리고, 열반의 성城을 파괴하고, 영겁토록 침체에 빠져 부처 종자를 끊어 없애니, 설사 부처의 출현을 만나더라도 견화見火에 태워지고 삿된 지혜가 더욱 치성해져서 단지 정법正法과 서로 맞설 뿐이라서 비록 여래가 한량없는 선교善巧의 사변四辯[126]과 대비大悲로써 잠신潛神과 더불어 살아도 또한 능히 화化해서 들어갈 수가 없다.

세존께서 세상에 출현해 40년을 설법했고 육사六師의 문도門徒가 삼(麻)이나 조(粟)같이 많다 해도, 그 삿됨을 버리고 올바름에 귀의한 자가 가령 세 명의 가섭파三迦葉波 및 추자鶖子[127] 등으로 대략 1,250인人에 불과함을 관觀할 뿐이다. 이 중에서 엄지손가락으로 꼽는 것은 오히려 내적 비밀(內祕)의 짝(儔)이니, 반드시 정법正法이 치성할 때도 오히려 그러한데 하물며 말법 시대랴. 이는 나의 부처 세존께서 이후의 오백년을 현감(懸鑒: 비추어 봄)하시니 이 무리는 반드시 결집結集을 크게 파괴할 터였다. 그래서 이 경전은 전적으로 삿됨의 타파(破邪)를 쓰임새(用)로 삼아서 크게 오늘날에야 시설施設한 것이니, 성인의 걱정하고 근심하는 마음이 어떠한지를 관찰할 수 있지 않은가!

슬프도다. 이 경전이 중국에 들어온 지 거의 2천 년으로서 우리의 스승(老師)들이 밤을 지새우며 배웠어도 구절의 해독解讀이 말할 수 없을 만큼 고통스러워 마치 원수를 노려보는 것과 같은데 하물며

---

126 사무애변四無礙辯을 말한다. 네 가지 막힘이 없는 변설. 법무애(法無礙: 온갖 교법에 통달한 것)·의무애(義無礙: 온갖 교법의 요의를 아는 것)·사무애(辭無礙: 여러 가지 말을 알아 통달치 못함이 없는 것)·요설무애(樂說無礙: 온갖 교법을 알아 기류가 듣기 좋아하는 것을 말하는 데 자재한 것).

127 붓다의 제자 사리불을 말한다. 산스크리트의 샤리푸트라, 팔리어 샤리풋타 Sāriputta의 음역音譯이며, 사리자舍利子라고도 한다.

말을 놓아버리고 뜻을 얻음이랴! 부처와 조사의 심인心印에 계합하고, 그것을 잡아 강령과 종지를 정하고 상과 벌을 행해서 여래의 가업家業을 능히 걸머질 수 있음이랴! 하지만 이 법문에 능숙하지 못하기 때문에 당연히 세론世論에 흘러들어가 익히다가 부처의 꾸짖음을 달게 받고 나쁜 제자가 되는 것이니, 이들을 보면 눈물이 흘러내리는 걸 금하지 못하겠구나!

대혜야, 석제환인釋提桓因은 온갖 이론을 자세히 이해해서 스스로 성론聲論을 지었는데, 저 세론世論을 주장하는 자에게는 용의 형상을 지닌 제자 하나가 있었다.(당역에서는 "용의 형상을 나타냈다"고 하였다) 그는 제석천의 궁월로 가서 논論의 종지를 건립해서 제석천의 천폭輻 바퀴를 파괴할 것을 요구했다.

'따라서 내가 (제석천보다) 못하다면, 하나하나 머리를 끊어서 사과하며 굴복하겠습니다.'

이렇게 서약(要)하고 나서 곧 법을 해석해서(당역과 위역에서는 모두 "법을 논해서"라고 하였다) 제석천을 꺾어 굴복시켰다. 제석천이 패배하자 즉각 그 수레를 파괴하고 인간 세상으로 돌아왔다.

이처럼 대혜야, 세간의 언론은 인연(因)과 비유(譬)로 장엄한다. 축생에 이르기까지도(위역에서는 "나아가 축생이 몸을 나타내기까지"라고 하였다) 또한 갖가지 구절의 의미(句味)로 능히 저 온갖 천天 및 아수라阿脩羅를 미혹함으로써 생멸의 견해에 집착하는데 하물며 사람이랴.

그러므로 대혜야, 세간의 언론을 응당 멀리 여의어야 하니, 능히 고통이 생기는 인因을 불러들일 수 있기 때문에 삼가면서 가까이하거나 익히지 말아야 한다. 대혜야, 세론世論을 주장하는 자들은 오직 몸이 지각하는 경계만을 설할 뿐이다.

大慧. 釋提桓因廣解衆論. 自造聲論. 彼世論者有一弟子. 持龍形像. (唐譯云. 現作龍形) 詣釋天宮建立論宗. 要壞帝釋千輻之輪. 隨我不如. 斷一一頭以謝所屈. 作是要已. 卽以釋法(二譯皆云論法) 摧伏帝釋. 釋墮負處. 卽壞其車. 還來人間. 如是大慧. 世間言論因譬莊嚴. 乃至畜生. (魏譯云. 乃至現畜生身) 亦能以種種句味. 惑彼諸天及阿脩羅. 著生滅見. 而況於人. 是故大慧. 世間言論應當遠離. 以能招致苦生因故. 愼勿習近. 大慧. 世論者. 唯說身覺境界而已.

> 관기

여기서는 세론世論을 삼가면서 가까이하거나 익히지 말라는 까닭을 말하고 있다. 말하자면 세론의 제자는 축생의 형상으로도 오히려 능히 온갖 천天과 아수라를 꺾어 굴복시킬 수 있는데 하물며 사람이랴. 그러나 나는 말법末法 제자이자 도력道力이 없는 자라서 어쩌면 한 번이라도 가까이하거나 익혔을 터이니, 어찌 저렇게 파괴되지 않겠는가! 만약 파괴가 되면 온갖 고통이 생기는 인因을 능히 불러들일 수 있기 때문에 나는 이를 경계하면서 삼가고 가까이하거나 익히지 말라고 한 것이다. 저 세론은 스스로의 종통(自宗通)이 없고 오직 몸이 지각하는 경계만을 설할 뿐이다. 그러므로 나는 단지 탐욕을 섭수할 뿐 수법受法은 섭수하지 않음을 설한 것이다. 요要는 서약誓約이다.

대혜야, 저 세론을 주장하는 자가 바로 백천 명이 있더라도(당역과 위역에서는 모두 자구字句가 있다) 단지 후시後時의 마지막 50년은 결집結集의 파괴에 당면하니, 나쁜 지각의 인견因見이 치성하기 때문에 나쁜 제자가 받아들인다.

大慧. 彼世論者. 乃有百千. (二釋皆有字句) 但於後時後五百年. 當破壞結集. 惡覺因見盛故. 惡弟子受.

관기 여기서 세존께서 말씀하셨다.
먼 미래의 말법末法은 마魔가 강하고 법은 약한 시기이지만, 그러나 저 세론世論은 나의 법 이후 오백 년 후이니, 그래서 능히 결집을 파괴할 수 있는 것은 시대의 풍속이 각박해서 그 당시 사람들이 다분히 나쁜 지각의 인견因見이 치성하기 때문이다. 그러나 나의 법 속에서 나쁜 견해의 제자들도 역시 저 법을 받아들이니, 이 때문에 저들로 하여금 정법正法을 파괴케 하는 것이다. 이로 말미암아 살펴보건대, 이처럼 법을 파괴하는 것은 대체로 스스로를 파괴할 뿐이지 어찌 저들의 능력이겠는가?

인견因見에서 인因은 말하자면 삿된 인因이고 무인無因이다. 견見은 말하자면 십사十使[128] 번뇌 중 오리사五利使[129]이다. 정법正法을 잘 이해

---

[128] 오리사五利使와 오둔사五鈍使를 말한다. 사使는 마음을 마구 부려 산란하게 한다는 뜻으로 번뇌를 말한다. 십사는 그 성품이 예리함과 우둔함에 의하여 항상 마음을 어지럽게 하는 번뇌이다. 곧 신견身見·변견邊見·사견邪見·계취戒取·견취見取·탐貪·진嗔·치癡·만慢·의疑.

하지 못하기 때문에 '나쁜 지각'이라 말한다.

이처럼 대혜야, 세론이 결집을 파괴하는 것과 갖가지 구절의 의미(句味)와 인연(因)과 비유(譬)의 장엄은 외도의 일을 설하면서 스스로의 인연(自因緣)을 집착하지만 저절로 통함(自通: 자성의 종통)이 있지 않다.

如是大慧. 世論破壞結集. 種種句味因譬莊嚴. 說外道事. 著自因緣. 無有自通.

관기 여기서는 결집을 파괴하는 까닭을 말하고 있다. 그러나 저 세론이 그런 까닭으로 능히 정법을 파괴할 수 있는 것은 저 갖가지 구절의 의미(句味)와 인연(因)과 비유(譬)의 장엄이 모두 외도의 일을 설하면서 자성의 인연을 집착하는 바람에 삿된 견해 아님이 없어서 자성自性의 종통宗通이 있지 않기 때문이다. 진실로 알면서도 가까이하거나 익히는 것은 바로 다른 독약을 마시는 것이고, 알지 못하는데도 가까이하거나 익히는 것은 소위 독약을 잘못 복용하는 것에 해당한다.

---

129 (1) 유신견有身見: 오온五蘊의 일시적 화합에 지나지 않는 신체에 불변하는 자아가 있고, 또 오온은 자아의 소유라는 그릇된 견해. (2) 변집견邊執見: 극단으로 치우친 견해. (3) 사견邪見: 인과因果의 이치를 부정하는 견해. (4) 견취견見取見: 그릇된 견해를 바른 것으로 간주하여 거기에 집착하는 견해. (5) 계금취견戒禁取見: 그릇된 계율이나 금지 조항을 바른 것으로 간주하여 거기에 집착하는 견해.

대혜야, 저 온갖 외도는 저절로 통하는 이론(自通論)이 없고, 나머지 세론에 대해서도 무량백천無量百千의 사문事門을 자세히 설해도 저절로 통함(自通)이 있지 않고, 또한 어리석은 세론이라고 스스로 알지 못한다."

大慧. 彼諸外道無自通論. 於餘世論. 廣說無量百千事門. 無有自通. 亦不自知愚癡世論.

관기 여기서는 저들의 법을 결성結成하여 일(事)의 상승相承을 이루지만 그 잘못(非)을 스스로 알지는 못하니, 저들의 근본법은 저절로 통함(自通)이 없기 때문이다. 전해 받은 제자는 백천百千 가지 사문事門을 자세히 설하지만 역시 모두 저절로 통함이 없다. 저절로 통함이 없기 때문에 저 어리석은 사람은 또한 끝내 어리석은 세속의 논의가 된다는 걸 스스로 알지 못하니, 이것이 독약을 잘못 복용한 것이다.

이때 대혜가 부처님께 여쭈었다.
"세존이여, 만약 외도의 세론과 갖가지 구절의 의미(句味)와 인연(因)과 비유(譬)로 장엄하지만 저절로 통함(自通)이 있지 않아서 자사自事를 계교하고 집착한 것이라면,

爾時大慧白佛言. 世尊. 若外道世論. 種種句味因譬莊嚴. 無有自通. 自事計著者.

관기 여기서는 대혜가 앞의 부처님 말씀을 조회해서 장차 논란을 일으키려는 것이다.

세존 역시 세론을 설하시는 것이니, 갖가지 다른 곳에서 온 천天, 인간(人), 아수라 대중들을 위해 한량없는 갖가지 구절의 의미(句味)를 자세히 설하는 것 또한 저절로 통함(自通)이 아니겠습니까, 또한 일체 외도의 지혜와 언설의 수數에 들어가는 게 아니겠습니까?"

世尊亦說世論. 爲種種異方諸來會衆天人阿脩羅廣說無量種種句味. 亦非自通耶. 亦入一切外道智慧言說數耶.

관기 여기서 대혜는 부처님이 외도의 세론을 배척하면서 저절로 통함(自通)이 있지 않다는 걸 들었기 때문에 마침내 이를 발판으로 부처님이 인간(人), 천(天), 아수라(脩羅)를 위해 세간의 갖가지 법들을 자세히 설한 것도 또한 스스로의 지혜(自智)로 증명된 법이 아니므로 모두 세론世論이니, '어찌하여 세존 역시 저절로 통함(自通)이 없는 건가?', '어찌하여 일체 외도의 삿된 지혜와 망상의 수數 속에 떨어지지 않은 것이겠는가?'라고 논란한 것이다. 대혜는 세론에 의거해 물었고, 세존은 저절로 통함(自通)에 의거해서 답한 것이다.

부처님이 대혜에게 고하셨다.
"나는 세론이 또한 가고 옴이 없다(無去來)고 설하지 않았다. 오직 오지도 않고 가지도 않는다(不來不去)고 설했을 뿐이다. 대혜야, 오는 것(來者)은 뭉치고 모여서 생기는 것이고, 가는 것(去者)은 흩어져 무너지는 것이다. 오지도 않고 가지도 않는 것은 생기지도 않고 소멸하지도 않는(不生不滅) 것이다. 내가 설한 뜻(義)은 세론의 망상의 수數 속으로 떨어지지 않는다. 왜 그런가? 말하자면 외적인 성품과 성품 아님을 계교하고 집착하지 않아서 자심自心이 나타난 곳에선 양변兩邊의 망상에 능히 전변되지 않기 때문이다. 상相과 경계(境)가 성품이 아니라 자심의 나타냄임을 자각하면 자심이 나타낸 망상이 생기지 않고, 망상이 생기지 않는 것은 공空, 무상無相, 무작無作의 세 가지 벗어나는 문門에 들어가는 것으로 이름하여 해탈이라 한다.

佛告大慧. 我不說世論. 亦無來去. 唯說不來不去. 大慧. 來者趣聚會生. 去者散壞. 不來不去者. 是不生不滅. 我所說義. 不墮世論妄想數中. 所以者何. 謂不計著外性非性. 自心現處. 二邊妄想所不能轉. 相境非性. 覺自心現. 則自心現妄想不生. 妄想不生者. 空無相無作. 入三脫門. 名爲解脫.

관기 여기서는 세존께서 저절로 통함(自通)에 의거해 자신이 설한 법이 세론이 아니라고 답한 것이다. 세론世論이란 가고 오고 생기고 소멸하는(去來生滅) 법이다. 오는 것은(來者) 연緣이 모여서 생기기 때문에 '뭉치고 모여서 생긴다'고 한 것이며, 가는 것(去者)은 연緣이 흩어져 소멸하기 때문에 '흩어져 무너진다'고 한 것이다. 가고 오고 생기고 소멸함이 있기 때문에 '세론'이라 말한다. 그러나 '내가 설한 것'은 오지도 않고 가지도 않으며 생기지도 않고 소멸하지도 않는 법이니, 어찌 저 세론의 망상의 수數 속으로 떨어지겠는가?
'그러므로 떨어지지 않는다'는 내가 외부 경계의 있고 없음에 집착하지
않고 오직 마음뿐인 현량現量을 요달하기 때문이고, '있고 없음(有無)
의 망상에 능히 전변되지 않는다'는 경계의 성품 없음을 요달하기
때문이다. 이 때문에 '상相과 경계(境)가 생기지 않는다'고 말한 것이니,
이는 경계가 생기지 않는 것이고, 자심의 나타냄임을 자각하면 자심의
망상이 생기지 않으니, 이 마음이 생기지 않는 것이다. 경계가 생기지
않기 때문에 오고감(來去)이 없고, 마음이 생기지 않기 때문에 생하고
소멸하지(生滅) 않는다. 마음과 경계가 생기지 않으면 곧 공空이고
무상無相이고 무작無作이라서 세 가지 벗어나는 문門에 들어가므로
이름하여 해탈이라 한다. 생각건대 '내가 설한 것'은 바로 해탈법이지
생사법이 아니라서 떨어지지(不墮) 않는 것이다.

대혜야, 내 생각(念)에 한때(一時) 한곳(一處)에서 머물고 있었다. 어떤
세론을 주장하는 바라문이 나의 처소를 찾아와 공한空閑[130]을 청하지
않고 문득 내게 물었다.
'구담이여, 일체는 지어진(所作) 겁니까?'
내가 당시 답변을 이렇게 했다.
'바라문이여, 일체는 지어졌다는 것이 최초의 세론이다.'
그 바라문이 다시 물었다.

---

130 문자적으로는 세속의 시끄러움을 떠난 한적함을 뜻하는데, 여기서는 '무아無我'를
뜻한다.

'일체는 지어진 것이 아닙니까?'
내가 다시 답변했다.
'일체가 지어지지 않았다는 것이 두 번째 세론이다.'

大慧. 我念一時. 於一處住. 有世論婆羅門. 來詣我所. 不請空閑. 便問我言. 瞿曇. 一切所作耶. 我時報言. 婆羅門. 一切所作. 是初世論. 彼復問言. 一切非所作耶. 我復報言. 一切非所作. 是第二世論.

> **관기** 여기서는 세존께서 장차 세론을 자세히 밝히려 했기 때문에 옛날의 일을 들어서 보살에게 설통說通으로 논의를 그치게 하는 법식法式을 가르친 것이다. 과거에 설한 바라문은 자세히 말하면 바라하마나婆羅賀磨拏[131]인데, 한역하면 정상淨裔이라 하거나 또는 정행淨行이라고 한다. 자칭 그들의 비조鼻祖는 범천梵天의 입으로부터 생기는데, 범梵이란 성姓을 쓰기 때문에 모든 경전 속에 나오는 범지梵志는 바로 이 무리를 말한다. 이는 오직 오천축五天竺[132]에서만 있을 뿐 나머지 다른 나라에서는 없다. 그들 종족은 따로 경서經書가 있어서 세간에서는 업業으로 계승하는데, 재가이든 출가이든 모두 술술을 믿고 오만불손하고 대부분 쟁론諍論을 숭상한다. 공한空閑은 무아無我이다. 저들은 범천梵天을 지은 자(作者)를 신아神我로 여긴다고 계교하기 때문에 '공한空閑을 청하지 않고'라고 한 것이니, 그래서 지은 자가

---

131 바라문婆羅門을 말한다. 산스크리트어 Brāhmaṇa의 음사, 정지淨志, 정행淨行, 범지梵志, 정지靜志 등으로 번역.

132 인도를 동·서·남·북·중의 다섯 지역으로 나누어 일컫는 말.

일체법을 낳느냐고 물은 것이다. 저들이 보는 것은 세론을 벗어나지 않으며 입을 열면 문득 망상에 떨어지니, 이 때문에 첫 번째 질문을 하자 세존께서는 '첫 번째 세론'이라고 답한 것이며, 두 번째 질문을 하자 '두 번째 세론'이라고 답한 것이며, 나아가 많은 질문을 하자 '많은 세론'이라고 답한 것이다. 그래서 나중에 질책하면서 '나아가 조금이라도 심식心識의 유동流動이 있어서 외부 경계를 분별하는 데 이르기까지 모두 세론이다'라고 한 것이다.

그들이 다시 질문했다.
'일체는 상常입니까? 일체는 무상無常입니까? 일체는 생生입니까? 일체는 불생不生입니까?'
나는 당시 이렇게 답했다.
'이는 여섯 가지 세론이다.'
대혜야, 그들은 다시 내게 질문했다.
'일체는 동일(一)합니까? 일체는 다릅니까(異)? 일체는 함께합니까(俱)? 일체는 함께하지 않습니까(不俱)? 일체는 갖가지를 인因하여 생生을 받아 나타나는 겁니까?'(당역에서는 "일체가 모두 갖가지 인연을 말미암아서 생生을 받습니까?"라고 하였다)
나는 당시 이렇게 답했다.
'이는 열한 가지 세론이다.'
대혜야, 그들은 다시 질문했다.
'일체는 무기無記입니까? 일체는 관기입니까? 유아有我입니까? 무아無我입니까? 이 세상은 있습니까? 이 세상은 없습니까? 저 세상은 있느까? 저 세상은 없습니까? 해탈은 있습니까? 해탈은 없습니까? 일체는 찰나刹那입니까? 일체는 찰나가 아닙니까? 허공입니까? 수數의 소멸이 아닙니까? 열반입니까? 구담이여, 지음(作)입니까? 지음이 아닙니까(非作)?'

彼復問言. 一切常耶. 一切無常耶. 一切生耶. 一切不生耶. 我時報言. 是六世論. 大慧. 彼復問我言. 一切一耶. 一切異耶. 一切俱耶. 一切不俱耶. 一切因種種受生現耶. (唐譯云. 一切皆由種種因緣而受生耶) 我時報言. 是十一世論. 大慧. 彼復問言. 一切無記耶. 一切記耶. 有我耶. 無我耶. 有此世耶. 無此世耶. 有他世耶. 無他世耶. 有解脫耶. 無解脫耶. 一切刹那耶. 一切不刹那耶. 虛空耶. 非數滅耶. 涅槃耶. 瞿曇. 作耶. 非作耶.

> **관기** 여기서 허공虛空 이하는 '삼무三無가 지음(作)인지 지음이 아닌지(不作)'를 질문한 것이다. 당역에서는 이렇게 말했다. "허공, 열반, 및 비택멸非擇滅[133]은 지어진 것(所作)인가? 지어진 것(所作)이 아닌가?"

---

[133] 택擇은 지혜를 뜻한다. 따라서 지혜로 소멸된 것이 아니라는 뜻. ①지혜로 소멸된 것이 아니라 생겨날 인연이 없어 번뇌가 생겨나지 않은 상태. ②지혜와 관계없이 본디 청정한 있는 그대로의 모습.
비택멸(非擇滅, 산스크리트어: apratisajkhyā-nirodha) 또는 비택멸무위 非擇滅無爲는 부파불교의 설일체유부의 5위 75법 가운데 허공虛空·택멸擇滅·비택멸非擇滅의 3무위三無爲 중의 하나이고, 또한 유식유가행파의 5위 100법 가운데 허공·택멸·비택멸·부동不動·상수멸想受滅·진여眞如의 6무위六無爲 중 하나이다.

외도는 삼무三無를 허망하게 계교해서 모두 지음이 있다(有作)고 여기니, 이 때문에 나중에 세존께서 답한 것이다. 그러나 다시 대혜에게 특별히 비유하면서 "열반, 허공, 멸滅은 세 가지가 있는 것이 아니고 단지 숫자로만 삼三이 있을 뿐이다"라고 하였다. 생각건대 세 가지 법도 오히려 얻을 수 없는데(不可得), 하물며 또 지음(作)과 지음 아님(不作)을 계교함이겠는가?

'중음中陰이 있습니까? 중음이 없습니까?'
대혜야, 나는 당시 이렇게 답했다.
'바라문이여, 이렇게 설하는 것은 다 세론으로 내가 설한 것은 아니다. 이는 너의 세론이다. 나는 오직 비롯 없는 허위와 망상의 습기習氣와 갖가지 온갖 악이 삼유三有의 인因이라서 자심의 현량을 능히 깨달아 알지(覺知) 못하고 망상을 내어 외부의 성품을 반연한다고 설했을 뿐이다. 가령 외도의 법은 나(我)와 온갖 근根과 뜻(義)의 세 가지 화합(三合)에서 생겨남을 아는데, 나는 그렇지 않다.(당역에서는 "가령 외도는 나(我) 및 근根과 경계(境)의 세 가지 화합에서 생겨남을 아는데, 나는 그렇지 않다. 앎(知)은 식識이다"라고 하였다)
바라문이여, 나는 인因을 설하지 않았고 무인無因을 설하지도 않았다. 오직 망상의 섭수함(攝)과 섭수됨(所攝)의 성품으로 시설施設한 연기라고 설했는데, 그대 및 여타의 나(我)의 상속을 받아들이는 자가 능히 깨달아 알(覺知) 수 있는 것이 아니다.'(당역에서는 "나는 인因을 설하지도 않고 무인無因을 설하지도 않았다. 오직 망심妄心의 능취能取와 소취所取에 의거해서 연기緣起를 설했는데 그대 및 여타의 나(我)를 취하여 집착하는 자가 능히 측정할 수 있는 것이 아니다'라고 하였다) 대혜야, 열반과 허공과 멸滅은 세 종류가 있는 것이 아니고 단지 숫자로만 삼三이 있을 뿐이다.

有中陰耶. 無中陰耶. 大慧. 我時報言. 婆羅門. 如是說者悉是世論. 非我所說. 是汝世論. 我唯說無始虛僞妄想習氣種種諸惡三有之因. 不能覺知自心現量而生妄想. 攀緣外性. 如外道法. 我諸根義三合知生. 我不如是. (唐譯云. 如外道說我及根境三和合知生. 我不如是. 知. 識也) 婆羅門. 我不說因. 不說無因. 唯說妄想攝所攝性施設緣起. 非汝及餘墮受我相續者所能覺知. (唐譯云. 我不說因. 不說無因. 唯依妄心以能所取而說緣起. 非汝及餘取著我者之所能測) 大慧. 涅槃虛空滅. 非有三種. 但數有三耳.

관기 여기서 세존은 예전에 외도를 상대해 설했던 법이 이와 같다는 걸 갖추어 서술했다. 말하자면 외도는 자신의 소견所見을 집착해 하나하나 부처에게 질문했는데, 부처는 총체적으로 배척하면서 말씀하셨다.

"이것은 모두 그대의 세론이지 내가 설한 것이 아니다. 그런데 나의 설명은 오직 일체중생이 비롯 없는 희론과 온갖 나쁜 습기 때문에 삼계三界의 상相을 낸다는 걸 설할 뿐이다. 오로지 자심이 나타낸 바로서 망상을 낳을 뿐임을 요달치 못해서 외부의 법을 반연해 허망하게 취해 집착하므로 진실로 얻을 만한 것이 없으니(無可得), 내가 설한 것은 이와 같을 뿐이다. 만약 외도가 설한 신아神我와 근根과 경계(境)의 세 가지 법이 화합해서 식識을 낳는다고 한다면, 이는 그대 외도의 견해이지 나는 그렇지 않다. 또 그대 외도가 설한 다른 인(異因)이 있어서 온갖 법을 능히 낳는다고 하거나 또 온갖 법은 저절로 그러해서(自然) 무인無因으로부터 생긴다고 설한다면, 이는 그대의 법이지 나의 법은 그렇지 않다. 나는 오직 망상의 능취能取와 소취所取를 설해서 연기를 설명할 뿐이고, 나의 이 설명은 그대 외도가 나(我)를 집착한 망상으로는 능히 알 수 있는 것이 아니다. 부처가 '외도가 저렇게 저렇게 질문해도 나는 단지 이렇게 답할 뿐이다'라고 일컫는데, 이것이 바로 소위 지론止論[134]이며, 또한 바로 설통說通의 상相이기도 하다. 그러나 외도의 온갖 질문은 모두 그들의 계교이다. 만약 삼무三無를 허망하게 계교해서 짓는 자(作者)나 짓지 않는(不作) 자가 된다고 한다면, 바로 나의 법을 간섭하는 것이라서 아마 넘치는 (濫) 바가 있을 것이다."

이 때문에 세존께서는 특별히 대혜에게 고하셨다.

"저들이 질문한 세 가지 무위無爲란 세 가지 종류가 있는 것이 아니라 단지 숫자로만 삼三이 있을 뿐이라서 실제로 있는(實有) 것이 아니다."

그래서 당역에서는 이렇게 말했다.

"허공, 열반 및 비택멸非擇滅은 단지 삼三이란 숫자가 있을 뿐 본래 체성體性이 없는데, 하물며 허여(與)도 아니고 지음(作)도 아님을 설함에랴."

다시 다음에 대혜야, 이때 세론의 바라문이 다시 내게 질문을 했다.

---

134 내버려두어야 할 질문은 그냥 내버려두는 것.

'어리석음과 애착의 업인業因 때문에 삼유三有가 있습니까? 무인無因이라 합니까?'

나는 당시 이렇게 답했다.

'이 두 가지 역시 세론일 뿐이다.'

그들이 다시 질문했다.

'일체의 성품은 모두 자상自相과 공상共相에 들어갑니까?'

내가 다시 답했다.

'이 역시 세론이다. 바라문이여, 나아가 의식의 흐름(意流)으로 외부의 티끌(外塵)을 허망하게 계교하는 데 이르는 것까지(당역에서는 "나아가 조금이라도 심식心識의 흐름과 움직임으로 외부 경계를 분별하는 데까지 이르는 것까지"라고 하였다) 모두 세론이다.'

復次大慧. 爾時世論婆羅門復問我言. 癡愛業因故有三有耶. 爲無因耶. 我時報言. 此二者亦是世論耳. 彼復問言. 一切性皆入自共相耶. 我復報言. 此亦世論. 婆羅門. 乃至意流妄計外塵. (唐譯云. 乃至少有心識流動分別外境) 皆是世論.

관기 여기서 외도는 부처가 허위와 나쁜 습기가 삼유三有의 인因이 된다고 설함을 들었기 때문에 저 삼유三有를 발판으로 질문한 것이다. '과연 어리석음과 애착의 업인業因을 인因해서 있는 겁니까? 무인無因인 겁니까?'라고. 대체로 그들의 뜻은 무인無因이라고 집착해 정했다.

세존의 답은 이렇다. 허망하게 계교된 분별과 언설이 세론이 될 뿐만 아니라 조금이라도 심식心識의 흐름과 움직임이 있어서 외부 경계를 분별함에 이르기까지 모두 외도의 삿된 견해에 떨어진 것이라서 다 세론이다. 왜 그런가? 마음을 들고 생각을 움직이면(擧心動念) 곧 법체法體에 어긋나고, 허망하게 마음 밖에 법이 있다고 보면 곧 외도의 견해에 들어가기 때문이다.

위산潙山이 앉아 있는데 앙산仰山이 들어왔다. 위산이 물었다.

"혜적(慧寂: 앙산)아, 빨리 말해서 음계陰界에 들어가지 말라."

앙산이 대답했다.

"혜적은 믿음도 또한 수립하지 못했습니다."

위산이 말했다.

"그대는 완전히 믿어서 수립하지 못한 건가, 믿지 못해서 수립하지 못한 건가?"

앙산이 말했다.

"다만 혜적일 뿐이니 다시 누구를 믿겠습니까?"

위산이 말했다.

"만약 그렇다면 바로 정성定性성문[135]이구나."

앙산이 말했다.

"혜적은 부처도 또한 수립하지 않습니다."

이 이야기는 고인古人의 심식心識이 조금이라도 유동流動하지 않는

---

[135] 정성성문은 성문으로서의 성격(性)이 고정(定)되어서 성문승(성문의 길)에서 보살승(보살의 길)으로 들어갈 여지가 없는 수행자를 말하고, 부정성성문은 아직 성문으로서의 성격이 고정되어 있지 않아서 보살승으로 들어설 수 있는 여지가 있는 성문이다.

모습이다. 이와 같지 않다면 어찌 부처와 조사를 초월하는 견해라 칭하겠는가?

다시 다음에 대혜야, 이때 세론의 바라문이 다시 내게 질문했다. '자못 세론이 아닌 것이 있습니까? 나(我)는 일체 외도의 종주(宗)로서 갖가지 구절의 의미(句味)와 인연과 비유로 장엄함을 설했습니다.' 나는 다시 답했다.
'바라문이여, 있기는 하지만 그대에게 있는 것은 아니다. 함(爲)도 아니고, 종지(宗)도 아니고, 설함(說)도 아니지만 갖가지 구절의 의미(句味)를 설하지 않음도 아니고, 인연(因)과 비유(譬)로 장엄하지 않음도 아니다.'

復次大慧. 爾時世論婆羅門復問我言. 頗有非世論者不. 我是一切外道之宗. 說種種句味因緣譬喻莊嚴. 我復報言. 婆羅門. 有. 非汝有者. 非爲. 非宗. 非說. 非不說種種句味. 非不因譬莊嚴

관기 여기서 외도는 모두 세론에 떨어졌다고 배척을 받고 있다. 마침내 '자못 세론이 아닌 것이 있습니까?'라는 질문을 하고, 또 '나(我)는 일체 외도의 종주(宗)로서 모든 언사(詞)와 논의(論)는 모두 나(我)로부터 나왔는데, 어찌 홀로 부처의 뜻에 합당하지 않다고 해서 자부심(自負)을 관觀하심이 이 정도입니까?'라고 했다. 바로 나(我)의 견해를 굳세게 집착해서 쟁론諍論을 숭상하는 자인데, 세존께서는 이렇게 답하셨다.

"세론이 아닌 것이 있지만, 다만 그대에게 있지는 않다. 그대에게 있는 것은 작위作爲를 벗어나지 않고 자기 종지를 세운 것이니, 단지 언설에 의거해 갖가지 구절의 의미(句味)와 인연(因)과 비유(譬)의 장엄을 수립한 것일 뿐이다. 하지만 나의 법은 작위作爲가 아니고, 종지(宗)도 아니고, 설함(說)도 아니지만 또한 공空의 견해에 떨어지지도 않기 때문에 '갖가지 구절의 의미(句味)를 설하지 않음도 아니고, 인연(因)과 비유(譬)로 장엄하지 않음도 아니다'라고 한 것이다.

바라문이 말했다.
'무엇을 세론이 아니고, 종지(宗) 아님도 아니고, 설함(說) 아님도 아니라고 합니까?'

婆羅門言. 何等爲非世論. 非非宗. 非非說.

관기 여기서 외도의 생각은 부처가 이미 나를 배척하면서 종지(宗)도 아니고 설함(說)도 아니라고 했는데도 어찌하여 세론이 아니라고 했는지 알지 못하겠다는 것이다. 종지(宗)가 아님도 아니고 설함(說) 아님도 아니라 함은 대체로 원하는 바(所願)를 들은 것이다. 아님도 아니다(非非)는 긍정(是)이다.

나는 당시 이렇게 답했다.
'바라문이여, 세론이 아닌 것은 그대 온갖 외도들이 능히 알 수 있는 것이 아니니, 외부 성품에 대해 실답지 않은 망상과 허위로 계교하고 집착하기 때문이다.

我時報言. 婆羅門. 有非世論. 汝諸外道所不能知. 以於外性不實妄想虛偽計著故.

관기 　여기서 세존께서는 외도를 배척하면서 답했다. 말하자면 세론이 아닌 것이 있지만, 다만 그대 외도들이 능히 알 수 있는 것이 아니다. 그대들이 알지 못하는 까닭은 그들이 실답지 않은 망상으로 외부 경계를 분별함을 계교하고 집착하기 때문이다. 내가 만약 설함(說)이 있다고 하면, 그대는 문득 말(語)에 따라 해석을 낳아서 삿된 견해를 계교하고 집착하기 때문이다.

말하자면 망상이 생기지 않는 것이다. 있음(有)과 없음(無)이 자심의 현량인 줄 완전히 자각하면 망상이 생기지 않고 외부의 티끌(外塵)을 받아들이지 않아서 망상이 영원히 쉬니, 이를 이름하여 세론이 아닌 것이라 한다. 바로 이것이 나의 법이니 그대에게 있는 것이 아니다.

謂妄想不生. 覺了有無. 自心現量. 妄想不生. 不受外塵. 妄想永息. 是名非世論. 此是我法. 非汝有也.

관기 　여기서 정인正因은 세론이 아닌 것이 이와 같지만, 다만 이는 나의 법이지 그대에게 있는 것은 아니라고 제시하였다. '그대에게 있는 것'은 오고가고 태어나고 죽는 법일 뿐이다. 그래서 다음

글에서는 이렇게 말했다.

바라문이여, 저 식識을 간략히 설하겠다. 오든 가든, 죽든 태어나든, 즐겁든 괴롭든, 탐닉하든 보든, 갖가지 상相을 저촉하든 집착하든, 화합하여 상속하든, 애착하든, 인因하여 계교하고 집착하든(당역에서는 "만약 인因해서 계교와 집착을 낳든"이라 하였다), 바라문이여, 이 같은 종류(比)는 그대들의 세론이지 내게 있는 것은 아니다.'

婆羅門. 略說彼識. 若來若去. 若死若生. 若樂若苦. 若溺若見. 若觸若著. 種種相. 若和合相續. 若愛. 若因計著. (唐譯云. 若因而生計著) 婆羅門. 如是比者. 是汝等世論. 非是我有.

관기 여기서는 세론의 사인邪因의 상相을 제시하고 있다. 말하자면 외도의 세론은 종류가 다양해서 다 기술할 수가 없다. 이제 저 식識이 분별한 것을 간략히 설명하면, 오고감, 태어나고 죽음, 괴롭고 즐거움, 삿된 견해에 빠져 탐닉함, 갖가지 온갖 상相을 저촉하고 집착함, 그 가운데서 허망한 계교로 화합하여 상속함, 애착한 것을 버리지 못하거나 허망하게 인因을 수립해서 계교와 집착을 낳는 등과 같은 것이다. 비比는 종류(類)이니, 말하자면 이 같은 종류는 모두 그대의 세론이지 나의 법 속에선 이런 설명이 없다는 것이다.

대혜야, 세론 바라문은 이렇게 질문해서 나는 이렇게 답했다. 그들은 즉시 침묵한 채 말없이 떠나갔다.(위역에서는 "침묵한 채 떠나갔다. 그리고 내가 건립한 참다운 법은 묻지 않았다"고 했으며, 당역에서는 "나 자신의 종지인 실다운 법〔實法〕에 대해선 묻지 않고 침묵한 채 떠나갔다"고 하였다) 그리고 스스로 통한 곳을 사유하고는 이렇게 생각했다.
'사문沙門 석자釋子는 우리가 통한 곳을 벗어났다. 생김도 없고(無生), 상相도 없고, 인因도 없어서 스스로의 망상이 나타낸 상相임을 자각하면 망상이 생기지 않는다고 설한다.'

大慧. 世論婆羅門作如是問. 我如是答. 彼卽默然. 不辭而退. (魏譯云. 默然而去. 而不問我建立眞法. 唐譯云. 不問於我自宗實法. 默然而去) 思自通處. 作是念言. 沙門釋子出於通外. 說無生無相無因. 覺自妄想現相. 妄想不生.

관기 여기서는 외도의 고집이 교화하기 어려운 전도顚倒된 상태란 걸 서술하고 있다. 외도는 부처와의 논의에서 졌지만 또한 다시 부처의 가르침을 청하지 않고 오만하게 말도 없이 물러갔다. 이 얼마나 오만(我慢)한 작태인가! 또다시 마음이 선善을 받아들이지 못하고 또한 그른 줄 알지 못하니, 스스로 통한 곳을 사유해도 도리어 부처의 설법을 그르다고 여겨서 마음속으로 이렇게 생각했다.

'사문沙門의 소견所見은 내가 통달한 곳을 벗어났다. 그가 설명한 것은 바로 무생無生, 무상無相, 무인無因으로서 마음과 경계가 생기지 않는 단멸斷滅의 법일 뿐이다.'

그러므로 위역에서는 이렇게 말했다.
"사문沙門 석자釋子는 나의 법을 벗어났으니 가련하고 불쌍하구나.

일체법이 인因도 없고 연緣도 없어서 생겨나는 모습(生相)이 있지 않다고 설한 것이다. 오직 자심의 분별로 법을 본다고 설한 것이니, 만약 자심의 견상見相을 능히 깨달아 알(覺知) 수 있다면 분별은 생기지 않는다. 앞서 '그들 지혜가 없는 자들은 도리어 나의 말을 정론正論이 아니라고 여기는' 것은 말하자면 이 때문이다."

대혜야, 이것이 바로 그대가 아까 내게 '어찌하여 세론의 갖가지 변설辯說을 익히고 가까이하면 탐욕은 섭수攝受하지만 법은 섭수하지 못한다고 설하십니까?'라고 물은 것에 대한 답이다."

大慧. 此卽是汝向所問我何故說習近世論種種辯說. 攝受貪欲. 不攝受法.

관기 여기서 세존은 대혜가 청한 언사를 들어서 질문의 뜻에 결론으로 답한 것이다. 말하자면 그대가 아까 내게 물었던 '갖가지 세론을 익히고 가까이하면 탐욕은 섭수攝受하지만 법은 섭수하지 못한다'는 것이니, 앞에서처럼 내가 바라문에 설한다는 것은 모두 탐욕을 섭수하고 법을 섭수하지 않는 것이다. 그러나 일체의 세론은 모두 이런 종류이다.

대혜가 부처님께 여쭈었다.
"세존이여, 탐욕 및 법을 섭수하는 것에 무슨 구의句義가 있습니까?"(위 역에서는 "무엇이 탐욕이란 이름의 구의句義입니까? 무엇이 법이란 이름의

구의입니까?"라고 하였다)

부처님이 대혜에게 고하셨다.

"훌륭하고 훌륭하다. 그대야말로 미래의 중생을 능히 위해서 이러한 구의句義를 사유하고 자문咨問하는구나. 삼가 자세히 듣고 자세히 들어서 잘 사유하도록 하라. 마땅히 그대를 위해 설하겠다."

대혜가 부처님께 여쭈었다.

"네, 가르침을 받겠습니다."

부처님이 대혜에게 고하셨다.

"소위 탐냄(貪)이란 취하든 버리든, 접촉하든 맛보든(당역에서는 "재물〔財〕이란 말은 접촉할 수 있고 받아들일 수 있으며, 취할 수 있고 맛볼 수 있다"고 하였다) 외부의 티끌(外塵)에 속박돼 집착하다 양변兩邊의 견해에 떨어지는 것이다. 다시 고음苦陰을 낳고 태어나고 늙고 병들고 죽고 근심하고 슬퍼하고 고뇌하는(生老病死憂悲苦惱) 이런 온갖 우환이 모두 애착으로부터 일어난다. 이는 세론 및 세론을 주장하는 자들을 가까이 함을 말미암은 것이니, 나 및 온갖 부처는 이름하여 탐욕이라 설했다. 이를 이름하여 탐욕은 섭수하지만 법은 섭수하지 못한다는 것이다.

大慧白佛言. 世尊. 攝受貪欲及法. 有何句義. (魏譯云. 何者名貪句義. 何者名法句義) 佛告大慧. 善哉善哉. 汝乃能爲未來衆生. 思惟咨問如是句義. 諦聽諦聽. 善思念之. 當爲汝說. 大慧白佛言. 唯然受敎. 佛告大慧. 所謂貪者. 若取若捨. 若觸若味. (唐譯云. 所言財者. 可觸可受. 可取可昧) 繫著外塵. 墮二邊見. 復生苦陰. 生老病死憂悲苦惱. 如是

諸患皆從愛起. 斯由習近世論. 及世論者. 我及諸佛說名爲貪. 是名攝受貪欲. 不攝受法.

관기 여래는 세론이 다만 탐욕의 음식은 섭수攝受하지만 법의 음식은 섭수하지 못하는 것은 저 술수術數를 믿고 미혹에 세뇌된 어리석은 범부가 오직 탐냄의 이양利養으로만 사명邪命[136]의 음식으로 삼기 때문이라고 했으며, 이를 자주 배척하면서 깊은 훈계로 법을 설하는 것은 반드시 청정淸淨으로써 하는 것이라고 했다. 어리석은 자는 읽고 지혜로운 자는 증득하니, 조산曹山[137]이 정명正命의 음식을 귀하게 여겨서 삼타三墮[138]를 수립했다. 그래서 황벽黃檗[139] 선사는 이렇게 말했다.

"요즘 겨우 출래出來한 자는 단지 많이 알고 많이 이해하고자 할 뿐이다. 글의 뜻을 널리 구하는 것을 수행한다고 말하면서 많이 알고 많이 이해하는 것이 도리어 막히는 것인 줄 알지 못한다. 오직 아이에게

---

136 그릇된 생활. 바르지 못한 방법으로 생계를 유지하여 살아감. 반대말은 정명正命.
137 조산본적(曹山本寂, 840~901)을 말한다. 중국 당나라 승려이다. 선종 5가 최초로 조동종을 창시하였다. 동산양개洞山良价의 제자이며, 조산의 조, 동산의 동을 합쳐 조동종이라고 한다.
138 각주 577번을 참조할 것.
139 황벽희운黃檗希運 선사. 단제 선사斷際禪師로 알려졌다. 중국 선종 제10대 조사이다. 9대 백장 선사百丈禪師를 이어 11대 임제의현臨濟義玄에게 법을 전하였다. 푸젠성(福建省) 출생. 어려서 홍주洪州 황벽산에 들어가 승려가 되었고, 백장회해百丈懷海의 지도를 받고 현지玄旨에 통달하였다. 법어法語로는 배휴裵休가 집대성하여 『황벽산단제선사 전심법요傳心法要』와 『완릉록宛陵錄』이 있는데, 선어록의 대표로서 일찍부터 주목받았다.

소酥와 우유를 많이 줄 뿐 소화되는지 소화되지 않는지는 총체적으로 알지 못한다. 삼승에서 도道를 배우는 사람은 모두 이 모양이니, 다 이름하여 먹지만 소화시키지는 못한다고 한다. 먹지만 소화시키지 못한다는 것은 소위 알고 이해하는(知解) 것을 소화하지 못하는 것이라서 모두 독약이 된다. 다 생멸의 변수(邊收: 변두리)를 향하는 것이지 진여眞如 속에는 이 일(事)이 없기 때문이다."

아! 삼승에서 도道를 배우는 사람은 지견知見이 소화되지 않아서 모두 다 사명邪命인데, 하물며 저 외도의 세론이겠느냐. 소酥나 우유로 견줄 바가 아니니, 진실로 한번 손가락을 물들이면 어찌 다른 독약을 마신 것이 아니겠는가?

그래서 『유마경』(維摩詰)에서는 이렇게 말했다.

"화합和合의 상相을 무너뜨리기 때문에 응당 음식을 취해야 하며, 궁극적으로 음식을 받아들이지 않기 때문에 응당 저 음식을 받아들여야 하며, 텅 빈 마을이란 상념으로 마을(聚落)에 들어가며, 빛깔을 보는 것은 맹인과 동등하게 하고, 소리를 듣는 것은 메아리와 동등하게 하고, 냄새를 맡는 것은 바람과 동등하게 하고, 음식의 맛에 대해서는 분별하지 않고, 온갖 감촉을 받아들이는 것은 마치 지혜로 증명한 듯하다. 온갖 법은 환幻의 상相과 같아서 자성自性도 없고 타성他性도 없으니, 본래 스스로 그렇지 않고(本自不然) 지금 또한 소멸하지 않음을 안다."

바로 음식을 취할 수 있는 것, 이것이 소위 음식에서 동등한 것은 법에서도 역시 동등하다는 것이다. 그렇다면 욕망의 음식을 섭수함은 곧 법의 음식을 섭수함이니, 이것이 조산曹山의 소리와 빛깔을 끊지 않음(不斷聲色)에 떨어짐(墮)이니, 이 때문에 정명식正命食이라 하는 것이다. 진실로 조금이라도 감촉해 받아들일 만한 것과 취하여 맛볼 만한 것이 있다면 곧 사명邪命이라 하니, 이를 이름하여 탐욕은 섭수하지만 법은 섭수하지 않는다고 한다.

대혜야, 무엇이 법을 섭수하는 것인가? 말하자면 자심의 현량을 잘 깨달아 알아서(覺知) 인무아人無我 및 법무아法無我의 상相을 보아도 망상이 생기지 않고, 상상지上上地를 잘 알고 심心과 의意와 의식意識을 여의어서 일체 모든 부처가 지혜의 관정灌頂으로 열 가지 무진구無盡句를 구족具足하게 섭수하여 일체법에서 개발開發 없이 자재自在하는 것이다.(첫 권에서는 "개발開發의 행행이 없이 자심自心으로 자재自在한다"고 하였다) 이를 이름하여 법法이라 하니, 소위 일체의 견해(見), 일체의 허위, 일체의 망상, 일체의 성품(性), 일체의 양변(二邊)에 떨어지지 않는 것이다.

大慧. 云何攝受法. 謂善覺知自心現量. 見人無我及法無我相. 妄想不生. 善知上上地. 離心意意識. 一切諸佛智慧灌頂. 具足攝受十無盡句. 於一切法無開發自在. (首卷云. 無開發行自心自在) 是名爲法. 所謂不墮一切見. 一切虛僞. 一切妄想. 一切性. 一切二邊.

관기 여기서는 법을 섭수하는 것이 마땅히 이와 같음을 밝힌 것이다. 그러나 자심의 현량을 능히 잘 깨달아 알아서(覺知) 두 가지 무아無我를 여의고 심心과 의意와 식識을 여읜다면, 자연히 일체의 온갖 견해와 희론의 분별, 단멸과 항상의 양변兩邊에 떨어지지 않으니, 일체의 견해에 떨어지지 않아서 능히 일체의 견해를 소멸한다. 이처럼 육사六師가 떨어진 곳에 그대들도 또한 따라서 떨어져야 비로소 음식을 먹을 수 있다. 이것이 조산曹山의 수타隨墮[140]이니, 그래서 정명正命의 음식이라 하는 것이다.

대혜야, 수많은 외도의 어리석은 사람이 항상(常)이거나 단멸(斷)이거나 양변兩邊에 떨어진다. 영리하지 못한 자가 무인론無因論을 받아들이면 상견常見을 일으키고, 외부의 인因이 무너져서 인연이 성품(性)이 아니면 단견斷見을 일으킨다. 대혜야, 나는 생기고 머물고 소멸함을 보지 않기 때문에 이를 이름하여 법이라 한다고 설한 것이다.

大慧. 多有外道癡人. 墮於二邊. 若常若斷. 非點慧者. 受無因論. 則起常見. 外因壞. 因緣非性. 則起斷見. 大慧. 我不見生住滅故. 說名爲法.

<관기> 여기서는 세간법과 출세간법이 다른 까닭을 결론으로 증명하고 있다. 저들은 생멸의 두 견해에 떨어지기 때문에 이름하여 탐욕이라 하고, 나는 생기고 머물고 소멸함(生住滅)을 보지 않기 때문에 이름하여 법이라 할 뿐이다. 구주舊注에서는 이렇게 말했다.

"영리하지 못한 자가 이 무인론無因論을 받아들여서 사대四大가 인因

---

140 수류타隨類墮를 말한다. 축생으로 태어나더라도 거기에 집착하지 않고 담담하게 일상생활을 영위하는 경지. 삼타(三墮: 沙門墮, 尊貴墮, 隨類墮)의 하나이다.

으로부터 생기지 않았다고 계교하면 상견常見을 일으킨다. 혹은 색色을 조성하는 외부 인因이 무너져 소멸해서 다시는 생기지 않고 인연의 성품 또한 없다고 계교하면 단견斷見을 일으킨다. 저들의 이론이 비록 많더라도 총체적으로는 두 가지 견해를 벗어나지 않아서 모두 생기고 소멸함(生滅)일 뿐이니, 나는 생기고 머물고 소멸함을 보지 않음을 말미암는다."

이 때문에 정명淨名은 이렇게 말했다.

"온갖 부처를 비방하고 법을 훼손하다 뭇 수數에 들어가지 못해서 끝내 멸도滅度를 얻지 못한다."

그대가 만약 이와 같다면 비로소 음식을 취할 수 있다. 이것이 조산曹山의 존귀타尊貴墮[141]이니, 그래서 정명正命의 음식이라 한다.

대혜야, 이를 이름하여 탐욕 및 법이라 하니, 그대 및 여타의 보살마하살은 응당 수행하고 배워야 한다."

大慧. 是名貪欲及法. 汝及餘菩薩摩訶薩應當修學.

이때 세존께서 이 뜻을 거듭 선포하고자 게송을 설하셨다.

爾時世尊欲重宣此義而說偈言.

---

[141] 삼타三墮의 하나. 존귀한 것, 즉 본래면목까지도 잊는 자유자재한 경지.

일체 세간의 논의는
외도의 허망한 설說이니
지음(作)과 지어짐(所作)을 허망하게 보는
그들에게는 스스로의 종지(自宗)가 없다.

오직 나만이 유일한 스스로의 종지이니
지음과 지어짐을 여의어
온갖 세론을 멀리 벗어나라고
온갖 제자를 위해 설하였네.

一切世間論. 外道虛妄說. 妄見作所作. 彼則無自宗. 唯我一自宗. 離於作所作. 爲諸弟子說. 遠離諸世論.

관기 여기서는 삿됨(邪)과 올바름(正)을 가려내 변별함을 읊고 있다. 저 외도는 범천梵天을 계교하여 능작能作으로 삼고 일체 온갖 법을 소작所作으로 삼기 때문에 정법正法의 진실인 스스로의 종지(自宗)에 대해선 능히 성립하지 못한다. 나는 일심一心을 스스로의 종지로 삼아서 능작과 소작을 여의었다. 이것을 온갖 제자를 위해 설함으로써 저 온갖 세론을 멀리 여의게 하려는 것이다.

심량心量은 볼 수 없어서
두 가지 마음을 관찰하지 못한다.
섭수함(攝)과 섭수됨(所攝)은 성품이 아니니

단멸(斷)과 항상(常) 두 가지를 함께 여의어라.

나아가 마음의 유전流轉에까지 이르면
그렇다면 세론이 되니,
망상이 구르지(轉) 않는 자
이 사람이 자심自心을 보리라.

心量不可見. 不觀察二心. 攝所攝非性. 斷常二俱離. 乃至心流轉. 是則爲世論. 妄想不轉者. 是人見自心.

관기 여기서는 스스로의 종지(自宗)가 참된 현량現量이어서 저들의 허망한 계교를 타파한다고 읊고 있다. 그러나 진심眞心의 현량은 본래 스스로 무상無相이라서 망견妄見으로 볼 수 없는데도 외도는 잘 관찰하지 않고 허망하게 있음(有)과 없음(無), 능能과 소所를 집착하느라 단멸(斷)과 항상(常)의 두 견해를 함께 능히 여의질 못하기 때문에 세론이 된다. 이와 같을 뿐만 아니라 나아가 단지 한 번의 거심동념(擧心動念: 마음과 생각을 움직임)으로 심식心識이 겨우 유전流轉하더라도 곧 세론이 되는데, 하물며 쟁론諍論에 허망하게 집착하는 자이겠는가. 만약 능히 망상의 경계에서 동전動轉되지 않는 자라면, 나는 이 사람이 자심의 현량을 참되면서도 능히 밝게 보는 자라고 하겠다.

옴(來者)은 사事가 생겨남을 말하며

감(去者)은 사사가 나타나지 않음이니
가고 옴을 명료하게 알면
망상이 다시 생기지 않는다.

來者謂事生. 去者事不現. 明了知去來. 妄想不復生.

> 관기 　여기서는 관찰을 가르쳐서 자심이 현량의 방편에 들어감을 읊고 있다. 외도가 유전流轉하는 까닭은 가고 옴의 상相이 있다고 허망하게 보기 때문이다. 특히 옴(來者)이 잠시 나타났다가 마치 번갯불처럼 조속히 소멸하고, 가면(去) 나타나지 않으니 본래 있는 바가 없음(無所有)을 알지 못한다. 만약 사람이 온갖 법을 관찰해서 가고 옴(去來), 생기고 소멸함(生滅)의 상相을 분명히 보아 본래 적멸寂滅함을 완벽히 안다면, 이 사람은 망상이 다시는 생기지 않는다.

유상有常 및 무상無常
짓는 바(所作)와 짓는 바 없음(無所作)
이 세상과 다른 세상 등
이 모두는 세론世論으로 통通한다.

有常及無常. 所作無所作. 此世他世等. 斯皆世論通.

앞에서는 인상因相을 단증斷證함을 이미 밝혔다.
②-3-2 아래서는 과상果相을 단증斷證함을 밝힐 것인데, 두 가지로 나눈다.

②-3-2-(1) 첫 번째는 전의열반과轉依涅槃果이고, ②-3-2-(2) 두 번째는 전의보리과轉依菩提果이다.
첫 번째는 다시 둘로 나누니, ②-3-2-(1)-1 처음은 21가지 삿된 종지를 가려내고, ②-3-2-(1)-2 다음은 최상最上 일승一乘의 정과正果를 제시한 것이다.
△②-3-2-(1)-1 이제 첫 번째로 삿된 종지를 가려낸다.

이때 대혜보살이 다시 부처님께 여쭈었다.
"세존이여, 말씀하신 열반은 어떤 법을 열반이라 칭해서 온갖 외도가 제각기 망상을 일으킨다고 설하신 겁니까?"

爾時大慧菩薩復白佛言. 世尊. 所言涅槃者. 說何等法名爲涅槃. 而諸外道各起妄想.

관기 종전에 물었던 실답지 않은 망상 이래로 이것과 정렬해서 총체적으로 능증能證의 행행이 이미 원만함을 밝혔기 때문에 대혜가 소증所證의 과果를 청하여 물은 것이다. 그러나 두 가지 전의과轉依果는 말하자면 번뇌를 전변하여 보리를 이루는 것이며, 생사를 전변해 열반을 이루는 것인데, 여기서는 열반의 상相을 먼저 질문한 것이다. 그러나 이 경전은 바로 삿됨을 타파하고 올바름을 드러내는 데(破邪顯正) 있기 때문에 이理와 행行의 인과가 모두 삿됨과 올바름에 의거해 변론하니, 이 때문에 매양 질문을 할 때마다 모두 두 가지 길을 서로 들은 것이다. 따라서 여기서는 대열반의 과果를 올바로 물은 것이니, 바로 '세존께서 말씀하신 열반이란 무슨 법을 열반이라 칭하여 설했으며, 외도는 열반의 법에 대해 망상의 분별을 짓습니까?' 라고 한 것이다. 그 뜻은 분별을 일으키지 않고 심식心識의 처소를 여읨이 곧 대열반임을 나타내는 것이기 때문에 먼저 삿된 종지를 가려내고 나중에 정과正果를 제시한 것이다.

부처님이 대혜에게 고하셨다.
"자세히 듣고 자세히 들어서 잘 사유하도록 하라. 마땅히 그대를 위해 설하겠다. 가령 온갖 외도들은 망상을 열반이라 하지만 저들의 망상은 열반을 수순隨順하지 않는다."(당역에서는 "가령 온갖 외도들은 열반을 분별하지만 모두 열반의 상相을 수순하지 않는다"고 하였다)
대혜가 부처님께 여쭈었다.
"네, 가르침을 받겠습니다."
부처님께서 대혜에게 고하셨다.
"혹시 어떤 외도는 음陰, 계界, 입入이 소멸하면 경계가 욕망을 여의고 법의 무상無常을 보므로 심심과 심법心法의 품品이 생기지 않고 과거, 미래, 현재의 경계를 생각지(念) 않아서 온갖 수음受陰이 다하니, 마치 등불이 소멸하는 것 같고 마치 종자種子가 파괴되는 듯해서 망상이 생기지 않는다. 이런 것들을 여기서는 열반의 상념(想)을 지었다고 하는데, 대혜야, 봄(見: 견해)이 파괴되는 것을 열반이라 이름하지 않는다.

佛告大慧. 諦聽諦聽. 善思念之. 當爲汝說. 如諸外道妄想涅槃. 非彼

妄想隨順涅槃. (唐譯云. 如諸外道分別涅槃. 皆不隨順涅槃之相) 大慧白佛言. 唯然受敎. 佛告大慧. 或有外道. 陰界入滅. 境界離欲. 見法無常. 心心法品不生. 不念去來現在境界. 諸受陰盡. 如燈火滅. 如種子壞. 妄想不生. 斯等於此作涅槃想. 大慧. 非以見壞名爲涅槃.

관기 여기서는 무상無想의 외도를 말한다. '이런 것들(斯等)'이라 함은 한 가지가 아니라고 말한 것이다. 오음五陰, 계界, 입入이 함께 소멸함을 보면 욕계欲界의 속박을 여의고 온갖 법의 무상無常을 보므로 심心과 심수心數를 일으키지 않음을 정정으로 삼고 심일경心一境¹⁴²을 지녀서 삼세三世의 상相을 보지 않으니, 이것이 무상無想이다. 온갖 수음受陰이 다하는 것이 마치 등불이 소멸하는 것 같고 마치 종자가 파괴되는 것 같아서 망상이 생기지 않는다. 이는 바로 능엄楞嚴에서 말한 것이니, 영원한 소멸에 의지함(永滅依)을 귀의하는 바(所歸依)로 삼는 것이라서 공空은 이루지만 과果를 멸망케 한다. 단멸斷滅의 종자를 낳는 것은 열반의 상相이 있다고 허망하게 보는 것이니, 이 때문에 부처는 이를 타파하면서 '이런 것 등은 봄(見)의 파괴를 열반으로 삼는 것이 아니다'라고 한 것이다.

대혜야, 혹은 어떤 종류(方)로부터 어떤 종류(方)로 이르는 것을 이름하여 해탈이라 하니, 경계의 상념(想)이 소멸함이 마치 바람이 그치는

---

142 정정의 본질적 성질로서 마음으로 하여금 대상과 일심一心의 상태가 되게 하는 것, 즉 마음으로 하여금 대상(境)과 하나가 되게(一) 하는 성질 또는 하나가 되는 것이다.

것과 같다.

大慧. 或以從方至方. 名爲解脫. 境界想滅. 猶如風止.

> **관기** 여기서는 상견常見의 외도가 무인無因을 수립해 열반으로 삼은 걸 가리키고 있다. 앞에서 '무인론無因論을 받아들이면 상견常見에 떨어진다'고 했는데, 구주舊注에서 '어떤 종류(方)로부터 어떤 종류(方)에 이르는' 것은 말하자면 다른 갈래(異趣)를 두지 않는 것이다. 방방은 유류類이다. 여기『능엄경』에서 말한 내용은 이렇다.
> "사람이 사람을 낳음을 알고, 새가 새를 낳음을 깨달으니, 그 인과를 말하면 팔만 겁劫 이래로 다시 바뀌거나 달라지지 않았다. 말하자면 이제 이 형체가 다해서 어떤 종류로부터 어떤 종류에 이르는 것도 역시 마찬가지다."
>   그러나 이 외도가 단멸斷滅을 허망하게 보는 것은 경계의 상념(想)이 소멸해도 실제로는 상념의 근원(想元)을 아직 다하지 못한 것이니, 이 때문에 '마치 바람이 잠시 그친 것과 같다'고 한 것이다. 또 외도가 종류(方)를 항상 머무는 실유實有가 된다고 계교해서 온갖 공능功能을 갖추고 일체법을 낳기 때문에 '종류(方)가 열반이 된다'고 말한 것이다. 이 때문에 '어떤 종류(方)로부터 어떤 종류(方)로 이른다'고 한 것이다. 두 가지 해석이 모두 무인無因이다.

혹은 다시 각覺과 소각所覺의 견해(見)가 파괴되는 걸 이름하여 해탈이라 하고, 혹은 상常과 무상無常을 보고서 해탈의 상념(想)을 짓는다.

或復以覺所覺見壞. 名爲解脫. 或見常無常. 作解脫想.

관기 여기서 생멸의 상심想心은 이미 소멸했다. 이理 속에 자연히 불생멸不生滅을 이룬다고 허망하게 일컬었기 때문에 '각覺과 소각所覺의 견해(見)가 파괴된다'고 했고, 이를 열반으로 삼은 것이다. 또 소각所覺이 파괴되지 않음을 상常으로 삼고, 능각能覺의 견해가 파괴됨을 무상無常으로 삼으니, 이는 바로 『능엄경』에서 밝힌 네 가지 전도顚倒의 견해처럼 한 부분은 상常이고 한 부분은 무상無常이기 때문에 '상常과 무상無常을 보고서 해탈의 상념(想)을 짓는다'고 한 것이다. 가령 당역을 살펴보면 "혹은 능각能覺과 소각所覺을 보지 못했다고 일컫거나, 혹은 상常과 무상無常의 견해를 분별함을 일으키지 않는다고 일컬으니, 그렇다면 명연冥然하여 변론하지 못해서 모두 단멸의 견해에 속한다. 마치 '분별이 도무지 없다'고 하는 것과 같다. 구사려拘賖黎 등이 우매함(昧)을 명제冥諦로 삼는 것이 이에 해당한다."

혹은 갖가지 상相의 상념(想)을 보고서 고통이 생기는 원인(苦生因)을 초치招致하고, 이를 사유하고 나선 자심의 현량을 잘 깨달아 알지(覺知) 못해 상相을 두려워하지만, 무상無相을 보고서 깊이 애착과 즐거움이 생긴 것으로 열반의 상념(想)을 짓는다.

或見種種相想. 招致苦生因. 思惟是已. 不善覺知自心現量. 怖畏於相. 而見無相深生愛樂. 作涅槃想.

| 관기 | 여기서는 일곱 가지 단멸斷滅이 열반이 됨을 계교하는 걸 가리키고 있다. 욕계欲界의 인간과 천상의 온갖 상相은 고통의 원인(苦因)을 낳게 되기 때문에 외도는 혹은 계신멸計身滅, 혹은 욕진멸欲盡滅, 혹은 고진멸苦盡滅, 혹은 극락멸極樂滅, 혹은 극사멸極捨滅[143] 때문에 '상相을 두려워하지만, 그러나 무상無相을 보고서 깊이 애착과 즐거움이 생긴 것으로 참된 열반의 상념(想)을 허망하게 짓는다'고 한 것이다. 혹은 둔근鈍根의 나한羅漢은 고통을 싫어해 집集을 끊고, 있음(有)을 버리고 없음(無)에 집착하고, 치우친 공(偏空)을 탐내어 집착함을 열반으로 여긴다. 또한 여기에 열거된 것은 자심의 현량을 잘 깨달아 알지(覺知) 못하기 때문에 상相을 두려워하지만 무상無相을 보고서 깊이 애착과 즐거움이 생긴 것이다. 이상 다섯 가지가 모두 단멸의 견해(斷見)이다.

혹은 안팎의 온갖 법의 자상自相과 공상共相을 깨달아 알아서 과거, 미래, 현재에 있는 성품이 파괴되지 않는다고 열반의 상념을 짓는다.

或有覺知內外諸法自相共相. 去來現在有性不壞. 作涅槃想.

| 관기 | 여기서는 오온五蘊의 근根과 진塵이 모두 실제로 자성이 있어서 삼세三世가 상속하여 파괴되지 않는 것을 열반으로 삼는

---

[143] 계신멸計身滅은 몸의 소멸을 계교하는 것, 욕진멸欲盡滅은 욕망이 다하여 소진하는 것, 고진멸苦盡滅은 고통이 다하여 소멸하는 것, 극락멸極樂滅은 최상의 쾌락도 소멸하는 것, 극사멸極捨滅은 극한까지 버려서 소멸하는 것이다.

것이라고 계교하고 있다. 이것은 바로 『능엄경』에서 계교한 오음 중에 죽은 후에 상相이 있어서 네 가지가 죽지 않는 것이니, 바로 상견常見이다.

혹은 나(我), 인人, 중생衆生, 수명壽命의 일체법이 파괴됨으로 열반의 상념을 짓는다.

或謂我人衆生壽命一切法壞. 作涅槃想.

> **관기** 여기서는 죽은 뒤의 무상無相을 열반으로 삼는 걸 계교하고 있으니, 바로 단견斷見이다.

혹은 외도의 악소지혜(惡燒智慧: 나쁘게 탄 지혜)로 자성自性 및 사부士夫를 보는데, 그 둘에 있는(二有) 사이(間)에서 사부가 나온 것을 이름하여 자성自性이라 한다. 마치 명초冥初에 견주는 것과 같다. 구나求那의 전변轉變에서 구나는 작자作者로 열반의 상념을 짓는다.

或以外道惡燒智慧. 見自性及士夫. 彼二有間. 士夫所出. 名爲自性. 如冥初比. 求那轉變. 求那是作者. 作涅槃想.

> **관기** 여기서는 미진微塵의 작자作者가 열반이 된다는 것을 계교하고 있다. 사부士夫는 말하자면 신아神我이고, '둘이 있는' 것은 말하자면 명초冥初에서 각覺이 생기는 게 한 가지 있는(一有) 것이고,

각覺으로부터 나의 마음이 생기는 게 한 가지 있는 것이며, '그 둘에 있는 사이(彼二有間)'에서 사부가 나온 것을 이름하여 자성이라 한다. '마치 명초에 견주는 것과 같다'는 말하자면 나의 마음으로부터 오진五塵이 생기기 때문에 '둘이 있는 사이에서 나온 것(二有間所出)'이라 했다. 이것이 바로 미진의 뛰어난 성품이 온갖 법을 능히 낳는다고 계교한 것이기 때문에 '이름하여 자성이라 하니, 마치 명초에 견주는 것과 같다'고 한 것이다. 구나求那란 진(塵: 티끌)이니, 말하자면 이 미진이 능히 온갖 반연(緣)에 의거해 전변轉變해서 일체의 물物을 짓기 때문에 '구나의 전변에서 구나는 작자作者이다'라고 한 것이다. 그러나 이 작자는 역시 '자성自性'이라고도 하며 또한 사부인 신아라고도 한다. 그래서 당역에서는 이렇게 말했다.

"자성自性이 있다고 계교하고 아울러 사부로써 계교하면, 구나가 전변하여 일체의 물物을 짓는다. 이 작자를 계교해서 열반으로 삼는데, 이는 진정한 지혜가 아니기 때문에 '악소지혜惡燒智慧'라 한다. 대체로 삿된 견해로 태워지면 청량淸涼의 문門에 능히 들어갈 수 없을 뿐이다."

혹은 복과 복 아님이 다한 것이라 일컫기도 하고

或謂福非福盡.

관기 여기서는 활달공豁達空이 열반이 된다고 계교하고 있다. 복이 아님(非福)은 죄罪를 말한다. 말하자면 죄와 복이 모두 없으니, 바로 인과를 배척해 없앰을 가리키는 것이다.

혹은 온갖 번뇌가 다함을 일컫기도 하고, 혹은 지혜라 일컫기도 하고

或謂諸煩惱盡. 或謂智慧.

> 관기   여기서는 팔만 겁이 다하면 자연히 도道를 얻는데, 이것이 열반이 된다고 계교하고 있다. 당역에서는 이렇게 말했다. "혹은 지혜를 말미암지 않고도 온갖 번뇌가 다한다고 계교하는 것이니, 이것이 바로 누환수극縷丸數極을 계교해서 시기가 성숙하면 도를 얻는 것이다. 이 때문에 '지혜로 끊는 훈련을 말미암지 않고도 온갖 번뇌는 저절로 다한다'고 한 것이다."

혹은 자재自在가 진실로 생사를 짓는 자라고 보고서 열반의 상념을 짓는다.

或見自在是眞實作生死者. 作涅槃想.

> 관기   여기서는 대자재천大自在天의 체體가 진실하고 두루해서 항상 온갖 법을 능히 낳을 수 있고 이를 열반으로 삼는 것을 계교하고 있다. 저 체가 진실로 두루하고 진실로 항상됨을 보기 때문에 '진실로 생사를 짓는 자'라고 한 것이다.

혹은 전전展轉하며 상생相生해서(당역에서는 "중생은 전전展轉하며 상생相生한다"고 하였다) 생사는 다시 다른 인因이 없다고 일컫는다. 이처럼

즉시 인因을 계교하고 집착하는 것이지만, 저 어리석은 범부는 능히 깨달아 알지(覺知) 못한다. 알지 못하기 때문에 열반의 상념을 짓는다.

或謂展轉相生. (唐譯云. 衆生展轉相生) 生死更無餘因. 如是卽是計著因. 而彼愚癡不能覺知. 以不知故. 作涅槃想.

> **관기** 여기서는 대범천大梵天을 생사의 인因을 삼아서 열반을 짓는 자라고 계교하고 있다. 『능엄경』에서는 이렇게 말한다.

"온 허공계(盡虛空界)의 12종류(類) 안에 있는 중생이 모두 내 몸속의 한 종류(類)로 유출된다는 수승한 견해를 내면, 이 사람은 능能과 비능非能의 집착에 떨어져 마혜수라摩醯首羅처럼 가없는 몸(無邊身)을 나타내는 무리와 그 반려가 된다."

마혜수라는 바로 색구경천色究竟天, 즉 대범천大梵天이다. 대범大梵을 중생의 주主로 삼기 때문에 '중생이 전전展轉하여 상생相生한다'고 했다. 말하자면 외도의 어리석은 범부가 무명無明과 애착(愛)의 업을 알지 못하는 게 생인生因이 되는데, 그런데도 대범이 생사의 인因이 된다고 허망하게 가리키기 때문에 '알지 못하기 때문에 열반의 상념을 짓는다'고 한 것이다. 구주舊注에서는 말하자면 겁劫 최초에 한 남자와 한 여자를 낳고 그(彼) 둘이 화합해서 전전하여 상생한다고 했다. 소위 일체 만물(物)이 소멸해 그(彼)로 돌아가서 열반이 되는 것이다. 하지만 남자와 여자가 생기는 곳에 만물이 소멸해서 그로 돌아가 열반이 되는 것이니 얼마나 누추한가! 정말이지 근본 종지(本旨)가 아니다.

혹은 어떤 외도는 진제眞諦의 도道를 얻는 것으로 열반의 상념을 짓는다고 말한다.

或有外道. 言得眞諦道. 作涅槃想.

관기 여기서는 명제冥諦를 진제眞諦로 삼는 것이 열반의 상념(想)을 짓는 것이라고 계교한다.

혹은 공덕과 공덕이 일으킨 화합의 동일함(一)과 다름(異), 함께함(俱)과 함께하지 않음(不俱)을 보고서 열반의 상념을 짓는다.

或見功德. 功德所起和合一異俱不俱. 作涅槃想.

관기 여기서는 육구六句가 생생生生의 인因이 되어서 열반으로 삼는 걸 계교하고 있다. 육구란 말하자면 첫째 실實, 둘째 덕德, 셋째 업業, 넷째 대유大有, 다섯째 화합和合, 여섯째 동이同異이다. 이 여섯 가지가 모두 실다운 성품이 있다고 허망하게 가리켜서 일체법이 다 이로부터 생긴다. 이 중에서 공덕은 곧 진실한 덕(實德)의 업業이고, 공덕이 일어난 것은 곧 대유大有이며, 대유란 바로 땅, 물, 불, 바람의 네 가지 티끌(塵)이다. 또 극미極微를 계교함으로써 기계器界를 이루기 때문에 '화합和合'이라 한다. 그래서 당역에서는 이렇게 말한다.

"혹은 구나求那와 구나를 구하는 것으로써 화합和合을 공유하고, 동일한 성품(一性)과 다른 성품(異性), 함께함 및 함께하지 않음을 계교하여 열반이라 집착한다."

당역에서는 극미가 능히 세계를 이룬다고 계교함을 잡고 있기 때문에 구나를 들어 첫머리(首)로 삼은 것이고, 이는 육구를 계교함을 나타내기 때문에 '공덕…'이라 한 것이다.

혹은 자성이 일으킨 공작孔雀의 문채文彩와 갖가지 여러 보배 및 날카로운 가시 등의 성품을 보고, 보고 난 후에는 열반의 상념(想)을 짓는다.

或見自性所起孔雀文彩種種雜寶. 及利刺等性. 見已. 作涅槃想.

여기서는 자연自然이 열반이 된 걸 계교하고 있다. 이것은 곧 『능엄경』에서 이렇게 말한 것과 같다.

"본래 무인無因이라고 계교하니, 말하자면 따오기는 예로부터 검고, 고니는 예로부터 희고, 인간과 천상은 본래 서 있고, 축생은 본래 기어다니고, 희다고 해서 씻어서 그렇게 된 것이 아니고, 검다고 해서 물들여서 그렇게 된 것이 아니다."

나아가 소나무는 곧고 가시나무는 굽은 것, 새나 짐승의 문채文彩와 온갖 진귀한 보배들의 일체 물상物象은 모두 본래 무인無因이니, 자연自然으로 그러하기 때문에 자연으로써 열반의 상념을 짓는다.

대혜야, 혹은 25가지 진실을 자각하거나, 혹은 왕이 나라를 수호하면서 여섯 가지 덕론德論을 받아들임으로써 열반의 상념을 짓는다.

大慧. 或有覺二十五眞實. 或王守護國受六德論. 作涅槃想.

> 여기서는 25가지 명제冥諦를 능히 이해해서 육분론六分論을 능히 받아들여 중생을 수호함이 바로 열반을 얻는 것임을 계교하고 있다. 앞서는 명제와 육구六句가 열반이라고 계교했지만, 여기서는 25가지 명제를 능히 알 수 있고 육분론六分論을 능히 받아들일 수 있으면 곧 열반을 얻을 수 있다고 말하고 있기 때문에 앞서 계교한 것과는 동일하지 않다. 그러나 육분론은 곧 앞서의 육구인데, 다만 앞서는 곧 이것이 열반이라 계교했지만, 여기서는 능히 이해할 수 있고 능히 받아들일 수 있는 것이 열반이라고 계교했을 뿐이다. 그러므로 당역에서는 이렇게 말했다.
> "혹은 25가지 명제를 능히 이해할 수 있음이 열반을 얻는 것이라 일컬었고, 혹은 육분론으로 중생을 수호함을 능히 받아들일 수 있다고 말하는 것이 열반을 얻는 것이라 설했다."

혹은 때(時)가 바로 작자作者로서 시절의 세간을 보는 것이니, 이렇게 자각하는 것이 열반의 상념을 짓는 것이다.

或見時是作者. 時節世間. 如是覺者. 作涅槃想.

> 여기서는 때(時)가 곧 열반인 것을 계교하고 있다. 그러나 외도의 육구六句 속에는 진실한 구절(實句)에 의거해 다시 아홉 가지 법이 있으니, 말하자면 사대四大, 공空, 때(時), 방方, 화和,

합이다. 다시 일곱 가지 외도가 있으니, 첫째 대범大梵을 계교함이고, 둘째 때(時)를 계교함이고, 셋째 방方을 계교함이고, 넷째 본제本際를 계교함이고, 다섯째 자연自然을 계교함이고, 여섯째 허공虛空을 계교함이고, 일곱째 나(我)를 계교함이다. 이 일곱 가지 법이 항상 머무는 실유實有가 됨으로써 온갖 공능功能을 갖추고 일체법을 낳는다.

이 가운데 때(時)는 곧 일곱 가지 중 하나이니, 그 대범大梵과 방方, 자연自然, 나(我) 등의 네 가지 법은 앞서 이미 나왔는데 때(時)를 연결하면 그 다섯 가지가 함께 나온다. 그러나 본제本際와 허공虛空은 분명히 나오지 않은 것이다. 하지만 죄와 복이 다한 것이 곧 활달공豁達空이니, 두 가지가 나온 바는 미진微塵과 명초冥初를 견준(比) 것이다. 명초는 곧 본제本際이다. 앞서 이미 포함했다고 계교했기 때문에 특별히 내놓지 않은 것이다. 서역西域의 외도는 육사六師 외에 또 일곱 가지가 있다고 계교하기 때문에 고덕古德이 '육가칠종六家七宗'이라 한 것이 이에 해당한다.

혹은 성품(性)이라 일컫고, 혹은 성품이 아니라고(非性) 일컫고, 혹은 성품이면서 성품 아님을 아는 것이라 일컫는다.

或謂性. 或謂非性. 或謂知性非性.

관기 이 세 가지는 바로 사구四句 중 있음(有), 없음(無), 있기도 하고 없기도 함(亦有亦無)의 삼구三句가 열반이 된다고 계교하고 있다. 당역에서는 이렇게 말했다.

"혹은 물物이 있음이 열반이 된다고 집착하며, 혹은 물物이 없음이 열반이 된다고 계교하며, 혹은 물物이 있기도 하고 물物이 없기도 함이 열반이 된다고 계교, 집착하고 있다."

혹은 각覺과 열반에 차별이 있는 걸 보고서 열반의 상념을 짓는다.

或見有覺與涅槃差別. 作涅槃想.

관기 여기서는 다시 다른 원인(異因)이 있어서 뛰어난 성품(勝性)을 열반으로 삼음을 계교하고 있다. 첫 권卷에서는 이렇게 말했다.

"외도가 설한 유주流注의 생인生因은 안식眼識과 색의 밝음(色明)이 모여서 생기는 것이 아니고 다시 다른 원인(異因)이 있다."

저 원인(因)이란 뛰어나고 묘함(勝妙)을 설하는데 사부士夫나 자재自在나 때(時)나 미진微塵 같은 것이다. 사부 등은 앞서 이미 발명發明했고, 여기서는 뛰어나고 묘함이 열반이 된다고 올바로 계교하기 때문에 '각覺과 열반에 차별이 있는 걸 보고서'라고 한 것이다. 각覺이 있음은 곧 뛰어난 성품(勝性)을 가리킨다. 그러나 열반과 차별이 있다는 것은 말하자면 네 가지 뛰어난 성품은 능히 열반을 초치招致할 수 있기 때문에 열반과 동일하지 않은 것이다. 그래서 뛰어난 성품에 대해 열반의 상념을 짓는 것, 이것은 특히 잘못된 계교일 뿐이다. 가령 당역을 살펴보면 이렇게 말하고 있다.

"혹은 온갖 물物과 열반은 구별할 수 없다고 계교해서 열반의 상념

(想)을 짓는다."

이 온갖 물物이란 말은 대체로 뛰어나고 묘함(勝妙), 자재自在, 사부士夫, 때(時), 미진微塵 등을 총체적으로 가리키는데, 이런 것들의 온갖 작자作者가 바로 열반이다.

이처럼 이는 갖가지 망상을 유비類比한 것이니, 외도가 설한 것은 진실을 이루지 못하고 이루어진 것이라서 지혜로운 자는 버리는 것이다.

有如是比種種妄想. 外道所說. 不成所成. 智者所棄.

관기 여기서는 앞서 말한 허망한 계교의 허물을 결론짓고 있다. 비比는 유(類: 類比)이다. 앞서 나온 21가지 외도의 열반상涅槃相은 말하자면 이처럼 외도의 갖가지 망상을 유비類比한 것이니, 설해진 열반은 모두 진실을 이루지 못한 채 이루어진 열반이기 때문에 지혜로운 자가 버리게 되는 것이다.

대혜야, 이처럼 일체는 다 양변兩邊에 떨어져서 열반의 상념을 짓는다. 이런 것들은 외도의 열반에 관한 망상인데, 그 망상 속에는 도무지 생기거나 하는 것도 없고 소멸하는 것도 없다.

大慧. 如是一切悉墮二邊. 作涅槃想. 如是等外道涅槃妄想. 彼中都無若生無滅.

관기 여기서는 앞서 이루지 못한 까닭을 해석하고 있다. 그러나 저들이 진실의 열반을 이루지 못하는 까닭은 양변에 떨어지기 때문이며, 양변에 떨어지는 까닭은 저들이 망상의 생멸하는 상相을 여의지 못하기 때문이다. 실제로는 저들의 열반에 관한 망상 속에는 본래 생멸의 상相이 없는데, 다만 저 어리석은 범부의 망상이 스스로 생멸할 뿐이니, 이 때문에 '그 망상 속에는 도무지 생기거나 소멸하거나 하는 것이 없다'고 한 것이다.

대혜야, 저 하나하나의 외도의 열반은 그들 자신의 이론일 뿐 지혜로 관찰하면 도무지 성립하는 것이 없다. 저 망상과 같은 심心, 의意가 오고가고 표류하고 달리며 유동하는 것 일체에서 열반을 얻는 자는 있지 않다."

大慧. 彼一一外道涅槃. 彼等自論. 智慧觀察. 都無所立. 如彼妄想. 心意來去漂馳流動. 一切無有得涅槃者.

관기 여기서는 저 법공法空에는 이익이 없다는 걸 결론으로 제시하고 있다. 말하자면 저 외도의 열반은 모두 스스로의 종지(自宗)에 의거해 망상을 낳아서 정리正理를 위배한다. 만약 지혜로써 관찰하면 성취하는 것이 없기 때문에 '도무지 성립하는 것이 없다'고 한 것이다. 만약 저 망상과 같은 것으로 구한다면, 오직 심心과 의意를 들뜨고 산란케 함으로써 왕래하고 표류하고 달리고 유동流動하며 쓸데없이 애만 쓸 뿐 이익이 전혀 없다. 이 때문에 '일체에서 열반을 얻는 자가 있지 않다'고 한 것이니, 이것이 응당 닦고 익히는 데(修習) 친근하지 말아야 하는 까닭이다.

○이상 삿된 종지를 가려냈다.
△②-3-2-(1)-2) 이하에선 정과正果를 제시한다.

"대혜야, 내가 설한 열반이란 말하자면 자심自心의 현량現量을 잘 깨달아 알아서(覺知) 외부 성품을 집착하지 않고 사구四句를 여의고 여실如實한 곳을 봄으로써 자심이 나타낸 망상의 양변에 떨어지지 않고 섭수함(攝)과 섭수한 바(所攝)로 얻을 수 없는 것이다. 일체의 도량度量은 이룬 것을 보지 못하고, 진실에 어리석은 것은 응당 섭수攝受하지 않으니, 이런 것들을 버리고 나서는 자각의 성스러운 법을 얻고 두 가지 무아無我를 알아서 두 가지 번뇌를 여의고 두 가지 장애를 깨끗이 소제하여 영원히 두 가지 죽음을 여읜다. 상상지上上地는 여래지如來地이다.(당역에서는 "온갖 지地를 전전展轉하여 닦아서 불지佛地에 들어간다"고 하였다) 마치 그림자나 환幻 등처럼 온갖 심오한 삼매가 심心, 의意, 의식意識을 여의는 것을 이름하여 열반이라고 설한다. 대혜야, 그대 및 여타의 보살마하살은 응당 닦고 배워서 일체 외도의 온갖 열반에 관한 견해를 반드시 조속히 멀리 여의어야 한다."

大慧. 如我所說涅槃者. 謂善覺知自心現量. 不著外性. 離於四句. 見如實處. 不墮自心現妄想二邊. 攝所攝不可得. 一切度量. 不見所成. 愚於眞實. 不應攝受. 棄捨彼已. 得自覺聖法. 知二無我. 離二煩

惱. 淨除二障. 永離二死. 上上地. 如來地. (唐譯云. 轉修諸地. 入於佛地) 如影幻等諸深三昧. 離心意意識. 說名涅槃. 大慧. 汝及餘菩薩摩訶薩應當修學. 當疾遠離一切外道諸涅槃見.

<관기> 여기서는 여래가 설한 무상대열반無上大涅槃의 참되고 항상한 과果를 제시하고 있다. 생각건대 내가 설한 대열반에 대해 당역에서는 이렇게 말했다.

"오직 능히 자심의 현량만을 요달할 뿐 외부 경계를 취하지 않고 사구四句를 멀리 여의어서 여실如實한 견해에 머물고 양변에 떨어지지 않으며, 능취能取와 소취所取를 여의고 온갖 양량에 들어가지 않아서 진실眞實을 집착하지 않으며 성스러운 지혜(聖智)가 나타낸 증법證法에 머문다. 이와 같으면 곧 두 가지 무아無我를 능히 깨달을 수 있어서 두 가지 번뇌를 여의고 두 가지 장애를 청정히 한다. 그리하여 온갖 지地를 전전展轉하며 수행해서 불지佛地에 들어가 여환如幻 등의 온갖 대삼매大三昧를 얻어서 심心, 의意, 의식意識을 여의니, 이를 이름하여 열반이라 한다. 내가 설한 것은 이와 같을 뿐이라서 외도의 어리석은 범부가 갖가지 망상으로 계교하고 헤아린 것과는 같지 않다. 그러므로 온갖 여실如實 수행을 하는 자는 일체 외도의 망상이 갖는 온갖 열반의 견해를 반드시 조속히 멀리 여의어서 응당 몸소 익히지 말아야 한다."

앞에서 일승 인과의 행상行相을 변론한 장章의 말미, '과덕果德을 나타냄' 중에서는 기틀(機)에 당면해 마침내 부처의 지각知覺을 묻는데, 세존께서는 인무아人無我와 법무아法無我를 자각함으로써 두 가지 장애를 완벽히 알고 두 가지 죽음을 여의고 두 가지 번뇌를 끊으니, 이를 이름하여 부처의 지각이라 한다고 답하였다. 이제 단증斷證의 장章을 밝히기 때문에 두 가지 견해를 타파함에서부터 두 가지 장애를 끊고, 두 가지 무아無我를 나타내고, 나아가 경계와 지혜를 함께 잊어서 마음과 법을 쌍雙으로 버리고, 지극히 말을 잊음으로써 계합해 증득한다(忘言契證). 그런 뒤에 바로 자행自行의 공덕이 원만함(功圓)을 나타내서 이타利他로써 가르치고, 이타의 행이 원만하기 때문에 특별히 과덕果德의 삿됨과 올바름을 변론함으로써 무상대열반의 과과에 이르러 바야흐로 구경의 상相을 여실하게 수행하기 때문에 여기서 과덕을 이미 제시했던 것이다. 다시 두 가지 무아 등을 분명히 앎으로써 단증의 공덕이 원만함과 수행의 극칙極則을 결론지으니, 이것이 큰 길(通途)의 종지이다. 관하는 자는 이 큰 길의 혈맥을 요달해야 바야흐로 성인이 법을 설한 근본 뜻을 보아서 아마도 억견臆見에 휩쓸리지 않을 것이니, 지혜로운 자는 응당 알아야 한다.

이때 세존께서는 이 뜻을 거듭 선포하고자 게송을 설하셨다.

爾時世尊欲重宣此義而說偈言.

외도의 열반에 대한 견해는
저마다 망상을 일으킨 것이니
이는 마음의 상념(心想)으로부터 생긴 것이라서
해탈의 방편이 없다.

어리석음으로 속박에 묶여 있는 자는
훌륭한 방편을 멀리 여의고
외도는 해탈의 상념(想)을 짓지만
해탈은 끝내 생기지 않는다.

뭇 지혜가 각기 갈래(趣)를 달리하지만
외도의 소견所見은 서로 통한다고 여기니,
그들에게 다 해탈이 없는 것은
어리석은 망상 때문이다.

外道涅槃見. 各各起妄想. 斯從心想生. 無解脫方便. 愚於縛縛者.
遠離善方便. 外道解脫想. 解脫終不生. 衆智各異趣. 外道所見通.
彼悉無解脫. 愚癡妄想故.

<small>관기</small> 여기서는 앞서 다양한 종류의 외도가 열반에 관해 갖는 견해가 단지 저마다 자심의 망상으로부터 생긴 것일 뿐이고 실제로는 도무지 해탈의 방편이 없음을 읊고 있다. 훌륭한 방편이 없음을 말미암기 때문에 어리석음으로 속박에 묶인 자는 속박이 없는 곳에 능히 이를 수 없는데도 열반을 취할 만한 것으로 결정적으로 집착하기 때문에 묶이게 되는 것이다. 하지만 허망한 견해로 취하기 때문에 능히 속박하는 자(能縛者)가 되니, 만약 속박에 묶여 있는 것을 해탈의 상념으로 여긴다면 끝내 해탈을 낳지 못할 뿐이다. 그 뭇 지혜가 갈래(趣)를 달리 해서 소견所見이 한결같지 않은데도, 그들은 깨닫지

못하고 오히려 스스로 통통(通)했다고 여기니, 어찌 심한 어리석음이 아니겠는가! 그들 모두에겐 해탈의 이치가 전혀 없으며 단지 어리석은 망상으로 분별한 것일 뿐이다.

일체의 어리석은 외도는
지음(作)과 지은 바(所作)를 허망하게 보고
있다거나(有) 있지 않다거나(無有) 성품을 논하니
그런 것에는 다 해탈이 없다.

어리석은 범부는 망상을 즐기느라
진실의 슬기(慧)는 듣지 못하고
언어로 세 가지 고품의 근본을 말하나
진실眞實만이 고품를 소멸하는 원인(因)이다.

一切癡外道. 妄見作所作. 有無有品論. 彼悉無解脫. 凡愚樂妄想. 不聞眞實慧. 言語三苦本. 眞實滅苦因.

관기 이 종류의 외도가 온갖 허물을 허망하게 계교한 것은 모두 진실한 지혜를 듣지 못함을 말미암아서 단지 명언名言의 망상에 의거해 수립한 것이다. 특히 언어가 바로 세 가지 고품의 근본이고 진실이 바로 고를 소멸하는 원인(因)임을 알지 못해서 진실에 의거하지 않고 언어에 의거하니, 바로 고로써 고를 버리는 것이라서 다 해탈이 없는 것이다. 세 가지 고란 말하자면 고고苦苦[144]와 괴고壞苦[145]와 행고行

苦[146]이다.

비유하면 거울 속의 영상과 같아서
비록 나타나더라도 있지(有)는 않으니
망상의 심경(心鏡: 마음 거울)에서도
어리석은 범부는 양변兩邊을 본다.

마음 및 연緣을 식별하지 못하면
두 가지 망상을 일으키지만
마음 및 경계를 요달하면
망상인즉 생기지 않는다.

譬如鏡中像. 雖現而非有. 於妄想心鏡. 愚夫見有二. 不識心及緣.
則起二妄想. 了心及境界. 妄想則不生.

관기 이 게송은 여실행如實行을 비유하여 나타내고 있다. 말하자면 삼계와 오온, 근진根塵의 온갖 법이 본래 있지 않은 것이 마치 거울 속 영상 같아서 비록 있더라도(有) 실제로 있지 않다. 다만

---

144 삼고三苦의 하나. 격심한 추위나 더위, 통증·갈증 등과 같이 몸으로 느끼는 감각적인 괴로움.
145 삼고의 하나. 애착하는 대상이 파괴되어 없어짐으로써 받는 괴로움. 즐거운 일이나 희망이 깨어짐으로써 받는 괴로움.
146 삼고의 하나. 변해 가는 현상을 보고 느끼는 괴로움.

어리석은 범부의 망상의 심경心鏡에서라면 명상名相과 사상事相이 있다고 보기 때문에 마음과 경계가 두드러지게 성립하고, 마음과 경계가 본래 적멸함을 알지 못하기 때문에 두 가지 견해를 허망하게 일으킨다. 만약 오직 마음뿐인(唯心) 현량現量을 요달해서 능能과 소所를 쌍으로 잊는다면 당장에 망상이 생기지 않으니, 곧 정지正智의 여여如如가 된다.

마음이란 곧 갖가지(種種)이니
상相과 소상所相을 멀리 여의고
사事가 나타나도 나타남이 없으니
저 어리석은 자의 망상과 같다.

삼유三有는 오직 망상일 뿐이니
외적인 뜻(義)은 다 있지 않아서
망상이 갖가지로 나타나더라도
어리석은 범부는 능히 요달할 수 없다.

心者卽種種. 遠離相所相. 事現而無現. 如彼愚妄想. 三有唯妄想. 外義悉無有. 妄想種種現. 凡愚不能了.

관기 여기서는 앞서 오직 마음뿐인(唯心) 뜻을 해석해 읊고 있다. 말하자면 일체 온갖 법이 이미 오직 마음만(唯心) 나타난 것이라면 갖가지(種種) 그대로 마음이고 마음 그대로 갖가지(種種)이다.

단지 일심一心뿐으로 능能과 소所가 없음을 요달함이 곧 온갖 법을 현전現前해 나타내더라도 나타냄이 없는 것이며, 또한 어리석은 범부의 망상과 같아서 바로 자심自心의 전도顚倒인 것이다. 그러므로 삼계가 오직 마음뿐(唯心)으로서 단지 망상으로 볼 뿐 실제로는 외부 경계와 마음이 반연(緣)이 됨이 없으니, 차례로 어리석은 범부가 이를 능히 요달하지 못하고 허망하게 분별을 낳을 뿐이다.

경전마다 망상을 설했으나
끝내 명자名字를 벗어나지 못한다.
만약 언설을 여읜다면
또한 설할 것도 있지 않은 것이다.

經經說妄想. 終不出於名. 若離於言說. 亦無有所說.

관기 이 게송에서는 온갖 법이 단지 명언名言을 체體로 삼음을 결론으로 제시하고 있다. 그러나 일체 경전에서 설한 망상은 모두 명언을 벗어나지 못하니, 만약 명언의 체가 공함을 요달하면 곧 망상의 온갖 법도 모두 얻을 수 없는 것이다.

○대과大科에선 두 가지 전의과轉依果를 밝혔고, 앞에선 생사가 전변해 열반이 됨을 밝혔다.
△②-3-2-(2) 이하 권수卷首에선 번뇌를 전변하여 보리가 됨을 밝혔다.

관능가아발다라보경기觀楞伽阿跋多羅寶經記 권제6

【권제7】

관능가아발다라보경기
觀楞伽阿跋多羅寶經記

일체불어심품一切佛語心品 제4의 상上

앞서는 열반의 과과를 전의轉依한 것이고,
②-3-2-(2) 아래에선 보리의 과과를 전의轉依한 것이다. 사덕四德은 네 가지로 나눈다.
②-3-2-(2)-1) 첫째는 법신 진아眞我의 덕을 나타내는데, 이 또한 두 가지로 나눈다.
②-3-2-(2)-1)-가 처음은 삼덕三德의 비장祕藏을 나타낸 것이고,
②-3-2-(2)-1)-나 다음은 일심一心의 진여眞如를 나타낸 것이다.
△그리고 처음.

이때 대혜보살이 부처님께 여쭈었다.
"세존이여, 오직 바라노니, 저희에게 삼먁삼불타三藐三佛陀를 설해 주십시오. 나 및 여타의 보살마하살은 여래의 자성에 대해 스스로도 깨닫고 남도 깨닫도록(自覺覺他) 잘 하겠습니다."

爾時大慧菩薩白佛言. 世尊. 惟願爲說三藐三佛陀. 我及餘菩薩摩訶薩. 善於如來自性. 自覺覺他.

> **관기** 앞에서는 열반의 과과를 전의轉依함을 나타냈고, 여기서는 보리의 과를 전의함을 나타냈다. 먼저 삼덕三德의 비장祕藏을 밝혀서 구경의 진아眞我를 제시했기 때문에 올바르고 두루한 정각(正徧正覺)이 여래의 자성에 대해 잘 하길 청한 것이다. 삼먁三藐은 한역하면 올바르고 두루함(正徧)이며, 삼불타三佛陀는 한역하면 정각正覺이다. 여래의 자성은 곧 법신法身의 자성이니 바로 구경의 진아이다. 우선 이야기할 것은 대체로 범부는 오온의 가아假我에 집착하고 외도는 신아神我를 허망하게 계교하기 때문에 세존께서는 무아無我로써 이를 타파하였다. 지금은 허망한 집착이 이미 타파되었고 과덕果德이 이미 나타났기 때문에 법신의 진아를 설한 것이다. 그리고 '여래의 자성'이란 바로 법신의 진아이다. 저들이 자성이 실제로 있어서 능히 온갖 법을 낳는다고 허망하게 계교하고 있기 때문에 공空, 무생無生, 무이無二, 자성을 여윔으로써 타파한 것이다. 지금은 허망한 계교가 이미 타파되고 법신이 바로 나타났기 때문에 여기서는 여래의 참되고 항상한 법신의 자성을 말함으로써 자각성지自覺聖智의 구경의 진아를 나타낸 것이다.

부처님이 대혜에게 고하셨다.
"묻고 싶은 것을 물어라. 내가 반드시 그대를 위해 묻는 바에 따라 설하겠다."

대혜가 부처님께 여쭈었다.

"세존이여, 여래, 응공, 등정각은 지음(作)이 됩니까, 짓지 않음(不作)이 됩니까? 사事가 됩니까(당역과 위역에서는 모두 과과라고 하였다), 인因이 됩니까? 상相이 됩니까, 소상所相이 됩니까? 설함(說)이 됩니까, 소설所說이 됩니까? 각覺이 됩니까, 소각所覺이 됩니까? 이러한 언사와 구절(辭句)들은 다름(異)이 됩니까, 다르지 않음(不異)이 됩니까?"

佛告大慧. 恣所欲問. 我當爲汝隨所問說. 大慧白佛言. 世尊. 如來應供等正覺. 爲作耶. 爲不作耶. 爲事耶. (二譯皆爲果) 爲因耶. 爲相耶. 爲所相耶. 爲說耶. 爲所說耶. 爲覺耶. 爲所覺耶. 如是等辭句. 爲異爲不異.

관기 장차 법신의 허물을 여의고 부정(非)을 끊음을 나타냄으로써 단덕斷德을 제시했으니, 이 때문에 허물과 부정(非)을 잡아서 청한 것이다. '언사와 구절(辭句)은 다른가 다르지 않은가'는 말하자면 '이런 언사와 구절들의 다름(異)에서 여래의 법신이 있는 건가? 이런 언사와 구절들의 다르지 않음(不異)에서 여래의 법신이 되는 건가?'이니, 그래서 아래에서 여래는 '구경究竟의 일심一心의 참 근원을 곧바로 가리켰다'고 답했기 때문에 '일체가 모두 아니다(非)'라고 한 것이다. 논論에서는 이렇게 말했다.

"반드시 알아야 하니, 진여眞如는 유상有相도 아니고 무상無相도 아니며, 일상一相도 아니고 이상異相도 아니다. …"

부처님이 대혜에게 고하셨다.

"여래, 응공, 정등각께서는 이러한 언사와 구절들에 대해 사사도 아니고 인因도 아니다. 왜 그런가? 둘 다 허물이 있기 때문이다.

佛告大慧. 如來應供等正覺. 於如是等辭句. 非事. 非因. 所以者何. 俱有過故.

관기 여기서는 일심의 참 근원(眞源)이 허물을 여의고 부정(非)을 끊었음을 곧바로 가리키고 있다. 만약 법신이 지음(作), 짓지 않음(不作), 과果, 인因 등이라 한다면 전부 허물이 있기 때문에 당역에서는 총체적으로 '아니다(非)'라고 한 것이다.

대혜야, 만약 여래가 사사라고 한다면, 혹은 짓기(作)도 하고 혹은 무상無常하기도 할 것이니, 무상하기 때문에 일체의 사사는 응당 여래일 것이다. 하지만 나(我) 및 온갖 부처가 모두 바라지(欲) 않는 것이다. 만약 지은 것(所作)이 아니라면 얻을 바가 없기(無所得) 때문이고, 방편이 공空해서 토끼 뿔이나 반대槃大[147]의 자식과 같으니 있는 바가 없기(無所有) 때문이다.

大慧. 若如來是事者. 或作. 或無常. 無常故. 一切事應是如來. 我及諸佛皆所不欲. 若非所作者. 無所得故. 方便則空. 同於兔角. 槃大之

---

[147] 산스크리트어 bandhyā의 음사. 석녀石女.

子. 以無所有故.

관기 여기서는 앞서 말한 허물이 있는 까닭을 제출하고 있다. 만약 여래의 법신이 과과의 사사라고 말한다면 동일하게 지음(作)이 있다. 무릇 지음이 있는 것은 모두 무상하다. 만약 무상을 법신으로 삼는다면, 일체 세간의 무상한 사사는 모두 여래이니, 어찌 여래의 법신이 무상함이 있겠는가? 경전에서는 이렇게 말했다.

"만약 색색으로써 나를 보거나 음성으로써 나를 구한다면, 이 사람은 사도邪道를 행하는 것이라서 능히 여래를 볼 수 없다."

그래서 위역에서는 이렇게 말했다.

"이 법을 허용하지 않았다. 이렇게 여래가 사사이고 짓는 자(作者)라고 계교한다면 무상의 허물에 떨어진다. 만약 여래가 지은 것(所作)이 아니라고 말한다면 법신은 절대로 체성體性이 없다. 그렇다면 비록 방편을 닦더라도 역시 얻을 바가 없고(無所得), 다 공해서 이익이 없는데도 쓸데없이 애를 쓰기 때문에 '방편이 공해서 토끼 뿔과 석녀의 자식과 같아서 필경에는 공무空無이다'라고 한 것이다. 이것이 법신이 짓는 자가 아니라고 계교한 것이라면 단멸斷滅의 허물에 떨어진다. 그렇다면 지음(作)과 짓지 않음(不作), 과과든 인인이든 몽땅 허물이 있는 것이다.

대혜야, 만약 사사도 없고 인인도 없는 것이라면 있음(有)도 아니고 없음(無)도 아니며, 만약 있음도 아니고 없음도 아니라면 사구四句를 벗어난다. 사구란 세간의 언설이니, 만약 사구를 벗어난다면 사구에 떨어지지 않고, 사구에 떨어지지 않기 때문에 지혜로운 자(智者)가 취하는 것이다. 일체 여래의 구의句義도 역시 마찬가지이니, 슬기로운 자(慧者)는 반드시 알아야 한다.

大慧. 若無事無因者. 則非有非無. 若非有非無. 則出於四句. 四句者. 是世間言說. 若出四句者. 則不墮四句. 不墮四句. 故智者所取. 一切如來句義亦如是. 慧者當知.

> 관기

여기서는 법신의 구의句義를 밝히고 있다. 경전에서는 이렇게 말했다.

"여래장如來藏 중에서 가고 옴(去來), 미혹과 깨달음(迷悟), 태어남과 죽음(生死)을 구하더라도 끝내 얻을 수 없다."

그러므로 법신은 인과의 종宗이 되면서도 인과에 속하지는 않으며, 인과에 속하지 않기 때문에 있음(有)도 없음(無)도 아니다. 있음도 없음도 아니기 때문에 사구四句를 여의고, 사구란 세간의 언설이지 성언량聖言量이 아니다. 사구를 이미 여의었다면 백비百非가 저절로 버려지고 허물을 여의어 부정(非)을 끊기 때문에 지혜로운 자(智者)가 취할 바가 되니, 지혜로운 자는 일체법이 여래의 구의句義가 모두 이와 같다고 설한 걸 응당 알아야 한다.

마치 내가 설한 일체법은 무아無我라는 것과 같다. 반드시 이 뜻을 알아야 하니, 나의 성품 없음이 나 없음(無我)이다. 일체법은 자성自性이 있고 타성他性이 없는 것이 마치 소나 말과 같다.

如我所說一切法無我. 當知此義. 無我性是無我. 一切法有自性. 無他性. 如牛馬.

<small>관기</small> 여기서는 오음五陰의 온갖 법이 모두 자성이 있음으로써, 또 법신이 실제로 진아眞我가 있다고 견주어 나타냄으로써 비록 인과를 초월해도 단멸斷滅에 들어가지 않는다는 걸 밝혔다. 생각건대 내가 여래는 있음(有)과 없음(無)의 사구四句를 여읜다고 설한 것은 절대무(絶無)가 아니니 단멸斷滅에 빠지기 때문이다. 대체로 법신의 진아眞我는 자성을 간직하고 있다. 왜 그런가? 바로 내가 평소에 일체 온갖 법은 모두 무아라고 설한 것과 같기 때문이니, 반드시 이 무아의 구句를 알아야 한다. 그러나 나(我)란 주재主宰의 뜻이고 자재自在의 뜻이다. 온갖 법 속에서 주재가 있지 않고 자재를 얻지 못함은 이런 뜻 때문이다. 그래서 무아를 설함은 온갖 법의 자성이 절대로 없다(絶無)는 것이 아니기 때문에 '반드시 이 뜻을 알아야 한다'고 한 것이다. 나의 성품이 없음(無我性)이 내가 없음(無我)이니, 비유하면 타인의 몸속에 나의 성품이 있지 않고, 나 자신 속에 타인의 성품(他性)이 있지 않아서 피차 자신이 없지 않은 것과 같다. 그래서 '일체법은 자성自性이 있고 타성他性이 없는 것이 마치 소나 말과 같다'고 한 것이다. 여래의 진아眞我의 구의句義도 역시 마찬가지란 걸 응당 알아야 한다.

대혜야, 비유하면 소는 말의 성품이 아니고 말은 소의 성품[148]이 아닌 것과 같으니, 실제로는 있음(有)도 아니고 없음(無)도 아니라서 저들에

겐 자성이 없는 건 아니다. 이처럼 대혜야, 일체 온갖 법은 자상自相이 없는 것도, 자상이 있는 것도 아니다. 다만 무아無我는 어리석은 범부가 능히 알 수 있는 것이 아니니, 망상이기 때문이다. 이처럼 일체법은 공空하고, 무생無生이고, 자성이 없으니, 반드시 이렇게 알아야 한다.

大慧. 譬如非牛馬性. 非牛馬性. 其實非有非無. 彼非無自性. 如是大慧. 一切諸法非無自相. 有自相. 但非無我愚夫之所能知. 以妄想故. 如是一切法空. 無生. 無自性. 當如是知.

> 관기 여기서는 법신에 자성의 뜻이 있음을 비유로 해석하고 있다. 그러나 오온과 법신은 다름(異)도 아니고 다르지 않음(不異)도 아니다. 법신이 오온의 안에 은폐되어 있으면 법신은 자성이 없는데도 오온의 자성은 없지 않으니, 마치 소 안에 말의 성품은 없지만 소의 성품이 없는 건 아닌 것과 같다. 법신이 온갖 법 속에 나타난다면 온갖 법이 자성이 없는데도 법신의 자성이 없는 건 아니니, 마치 말 속에 소의 성품이 없지만 말의 성품이 없는 건 아닌 것과 같다. 그래서 '마치 소나 말과 같으니, 실제로는 있음(有)도 아니고 없음(無)도 아니라서 저들에게 자성이 없는 건 아니다'라고 한 것이다. 그러므로 일체 온갖 법은 모두 법신이 항상 머무는 자상自相이 있지만, 다만 무아無我는 어리석은 범부가 능히 알 수 있는 것이 아니다. 무아는 이승二乘을 일컫고, 어리석은 범부는 외도를 일컫는다. 그러나 저들이

---

148 원문의 非牛馬性은 非馬牛性의 오기로 보인다.

알지 못하는 까닭은 망상으로 온갖 법의 자성을 분별하기 때문이다. 뿐만 아니라 법신의 구의句義가 여연如然함은 곧 내가 설한 일체법이 공空하고, 일체법이 무생無生이고, 일체법이 자성自性이 없는 것이니, 하나하나 모두 이와 같은 앎을 반드시 지어야 한다. 그러나 앞서 일단은 저 이승과 외도가 온갖 법을 허망하게 계교함으로써 실제로 자성이 있고 생겨남(生)이 있다고 여김을 말미암기 때문에 공空, 무생無生, 자성이 없음(無自性)을 설해서 차단해 버린 것이다. 소위 단지 그 집착을 타파할 뿐 그 법은 타파하지 않는다는 것이니, 실제로 법신이 항상 머무는 자성이 없다는 것은 아니다.

여래도 이와 같아서(위역에서는 "여래의 법신도 역시 마찬가지다"라고 하였다) 음陰과 다르지도(異) 않고 다르지 않은(不異) 것도 아니니. 만약 음陰과 다르지 않은 것이라면 응당 무상無常이고, 만약 다르다면 방편인즉 공空이다. 만약 두 가지가 응당 다름(異)이 있다면 마치 소의 뿔이 서로 비슷하기 때문에 다르지 않지만 길고 짧은 차별 때문에 다름(異)이 있는 것과 같으니, 일체법도 역시 이와 같다.

如來如是. (魏譯云. 如來法身亦復如是) 與陰非異. 非不異. 若不異陰者. 應是無常. 若異者. 方便則空. 若二者. 應有異. 如牛角相似. 故不異. 長短差別. 故有異. 一切法亦如是.

여기서는 법신과 오음이 다름과 다르지 않음을 여읨으로써 법신의 평등을 나타냄을 올바로 밝혔다. 영가永嘉 대사는

"환화공신幻化空身이 곧 법신이다"라고 했기 때문에 법신과 음陰은 다르거나 다르지 않다고 말할 수 없다. 만약 법신과 음陰이 다르지 않은 것이라면, 그러나 음陰은 바로 무상無常이라서 법신도 역시 무상에 떨어진다. 만약 법신과 음陰이 다른 것이라면, 그러나 오음은 유상有相이지만 법신은 무상無相이고, 무상이면 공空이고, 공이면 단멸斷滅이고, 소멸하면 비록 닦더라도 취하여 증득함이 없으니, 이 때문에 '방편인즉 공空이다'라고 한 것이다. 그렇다면 다름(異)과 다르지 않음(不異)은 명언名言을 벗어나지 않아서 모두 비량非量이다. 이미 동일함(一)과 다름(異)을 여의었다면 둘이 있지 않은 것이며, 만약 둘이라면 곧 다름(異)이 응당 있어야 한다. 다만 법신과 음陰은 똑같은 데서 나왔지만 명칭은 다르니, 마치 소의 두 뿔과 같다. 본래 오직 하나의 체(一體)이기 때문에 다르지 않은데, 어찌하여 오온이 생멸하는데도 법신은 담연(湛然: 고요함)한 것인가? 가령 뿔의 길고 짧음이 차별되기 때문에 다름(異)이 있을 뿐이다. 음陰과 법신만이 아니라 온갖 법도 모두 마찬가지이니, 이 때문에 '일체법도 역시 이와 같다'고 한 것이다.

대혜야, 마치 소의 오른쪽 뿔이 왼쪽 뿔과 다르고 왼쪽 뿔이 오른쪽 뿔과 다른 것과 같으니, 이처럼 길고 짧음과 갖가지 색色이 각각 다르다. 대혜야, 여래는 음陰, 계界, 입入과 다르지도 않고 다르지 않은 것도 아니다.

大慧. 如牛右角異左角. 左角異右角. 如是長短種種色各各異. 大慧. 如來於陰界入. 非異非不異.

관기 여기서는 법신이 종류(類)에 견주어 미치지 못함을 말하고 있다. 말하자면 법신과 음陰, 계界, 입入이 비록 체體가 동일해서 다르지 않다고 말하더라도 마치 소의 두 뿔과 같으니, 소뿔은 오히려 왼쪽 오른쪽의 길고 짧음이 반드시 저마다 다른(異) 모습(相)이 있지만 법신과 음, 계, 입은 필경 다르지 않기(不異) 때문에 위역에서는 이렇게 말했다.

"이처럼 여래 법신의 상相은 오음五陰 속에서는 동일(一)하다고 설할 수도 없고 다르다고(異) 설할 수도 없다."

이상 법신과 세간의 오음이 다름(異)과 다르지 않음(不異)을 여의었음을 밝혔다.

이와 같이 여래의 해탈은 다름(異)도 아니고 다르지 않음(不異)도 아니니, 이처럼 여래는 해탈의 명칭으로 설한다.

如是如來解脫. 非異. 非不異. 如是如來. 以解脫名說.

관기 여기서는 법신과 출세간出世間의 해탈이 다름과 다르지 않음을 여읨으로써 해탈의 덕德을 나타냄을 밝히고 있다. 위역에서는 이렇게 말했다.

"해탈 속에서는 동일하다고(一) 설할 수도 없고 다르다고(異) 설할 수도 없으니, 이처럼 해탈에 의거하기 때문에 이름하여 여래 법신의 상相이라고 설한다.

만약 여래가 해탈과 다르다면 응당 색상色相이 이루어져야 하고, 색상이 이루어지기 때문에 응당 무상無常이다. 만약 다르지 않다면 수행자는 상相을 얻어서 응당 분별이 없어야 하는데도 수행자는 분별을 본다. 그러므로 다르지도(異) 않고 다르지 않음(不異)도 아니다.

若如來異解脫者. 應色相成. 色相成. 故應無常. 若不異者. 修行者得相. 應無分別. 而修行者見分別. 是故非異非不異.

관기 여기서는 법신과 해탈이 다름(異)과 다르지 않음(不異)을 여읨으로써 해탈의 덕德을 나타냄을 해석하고 있다. 말하자면 법신이 만약 해탈과 다른 것이라면, 그러나 해탈 곧 열반이라서 열반은 무상無相이다. 만약 법신이 이와 다르다면 색상色相에 속하고, 무릇 이 색상은 모두 무상無常이고 법신은 이와 똑같으므로 응당 무상에 떨어져야 한다. 그렇다면 다름(異)을 계교한 자의 허물이다. 만약 법신이 해탈과 다르지 않다면 능能과 소所가 없고, 만약 능과 소가 없다면 인因과 과果가 나뉘지 않아서 수행자가 능증能證과 소증所證의 차별이 있음을 나타내는 걸 방해하지 않기 때문에 다르지 않음(不異)도 아니다. 그러므로 위역에서는 이렇게 말했다.

"만약 여래의 법신이 해탈과 다르지 않은 것이라면 능증能證과 소증所證의 차별이 없는데도 수행자인즉 능증 및 소증을 보고 또 능과 소도 있어서 다르지 않음(不異)도 아니다."

이처럼 지智 및 이염爾燄은 다르지도 않고 다르지 않음도 아니다.

如是智及爾燄. 非異. 非不異.

> 여기서는 능관能觀의 지智와 소관所觀의 경계(境)가 다름(異)도 아니고 다르지 않음(不異)도 아님으로써 반야般若의 덕德을 나타냄을 밝히고 있다. 그러므로 당역에서는 이렇게 말했다.

"이처럼 지智와 소지所知는 다름도 아니고 다르지 않음도 아니니, 이는 법신과 해탈과 반야가 다름도 아니고 다르지 않음도 아님을 거침으로써 구경의 일심一心과 삼덕三德의 비장祕藏을 나타냄이 종縱도 아니고 횡횡도 아니라서 원만圓滿히 융섭融攝하는 것이다."

이 때문에 영가永嘉 대사는 이렇게 말했다.

"법신이 어리석지 않음이 곧 반야般若이고, 반야가 집착이 없음이 곧 해탈이며, 해탈의 적멸寂滅이 곧 법신이니, 하나를 들면 곧 셋을 갖추고 셋의 체體가 곧 하나라고 말한다.

그래서 삼제三諦는 하나의 경계이다. 법신의 이리는 항상 청정하고, 삼지三智는 일심一心이라서 반야의 광명은 항상 비추고, 경계와 지智가 그윽이 합하므로(冥合) 해탈의 감응이 기틀(機)에 따르고, 종縱도 아니고 횡횡도 아니라서 원이(圓∴)의 도道가 현묘하게 회통하니(玄會), 이 때문에 삼덕三德의 묘한 성품이 완연해서 어긋남이 없다. 일심이 깊고 광대해서 사유하기 어려우니, 어떤 출요出要[149]인들 길이 아니겠는가? 따라서 즉심卽心을 도道로 삼는 것은 흐름을 찾아서 근원을 얻는 것이라 할 수 있다."

---

149 미혹에서 벗어나는 것, 즉 해탈의 길.

이 때문에 아래에서는 그 근根과 양량을 둘 다 부정함으로써 구경究竟의 일심의 극과極果를 나타냄을 해석하였다.

대혜야, 지智 및 이염爾燄은 다름(異)도 아니고 다르지 않음(不異)도 아닌 것이며, 항상(常)도 아니고 무상無常도 아니며, 지음(作)도 아니고 짓는 바(所作)도 아니며, 유위有爲도 아니고 무위無爲도 아니며, 각覺도 아니고 소각所覺도 아니며, 상相도 아니고 소상所相도 아니며, 음陰도 아니고 이음異陰도 아니며, 설함(說)도 아니고 설한 바(所說)도 아니며, 동일함(一)도 아니고 다름(異)도 아니며, 함께함(俱)도 아니고 함께하지 않음(不俱)도 아니다. 동일함도 아니고 다름도 아니며, 함께함도 아니고 함께하지 않음도 아니기 때문에 다 일체의 양량을 여의고, 일체의 양을 여읜다면 언설이 없고, 언설이 없다면 생겨남이 없고(無生), 생겨남이 없으면 소멸도 없고, 소멸이 없다면 적멸寂滅이고, 적멸이면 자성열반自性涅槃이고, 자성열반이면 사事도 없고 인因도 없고, 사도 없고 인도 없다면 반연攀緣이 없고, 반연이 없다면 일체의 허위虛僞를 벗어나 초월하고, 일체의 허위를 벗어나 초월하면 여래如來이고, 여래이면 삼먁삼불타三藐三佛陀이다. 대혜야, 이를 이름하여 삼먁삼불타라고 한다.

大慧. 智及爾燄. 非異非不異者. 非常. 非無常. 非作. 非所作. 非有爲. 非無爲. 非覺. 非所覺. 非相. 非所相. 非陰. 非異陰. 非說. 非所說. 非一. 非異. 非俱. 非不俱. 非一非異非俱非不俱故. 悉離一切量. 離一切量. 則無言說. 無言說. 則無生. 無生. 則無滅. 無滅. 則寂滅.

寂滅. 則自性涅槃. 自性涅槃. 則無事無因. 無事無因. 則無攀緣. 無攀緣. 則出過一切虛僞. 出過一切虛僞. 則是如來. 如來則是三藐三佛陀. 大慧. 是名三藐三佛陀.

관기 여기서는 적멸일심진여자성寂滅一心眞如自性의 전의轉依의 극과極果를 곧바로 나타냄으로써 가까이 청함을 보답한 것이니, 앞길의 구경究竟의 귀취歸趣를 통틀어 매듭지음으로써 법신이 일체의 상相을 여의었음을 나타낸 것이다. 논論에서는 이렇게 말한다.
"반드시 알아야 하나니, 진여자성眞如自性은 유상有相도 아니고 무상無相도 아니며, 유상 아님도 아니고 무상 아님도 아니며, 있음(有)과 없음(無) 둘 다의 상相도 아니며, 동일한 상(一相)도 아니고 다른 상(異相)도 아니며, 동일한 상(一相) 아님도 아니고 다른 상(異相) 아님도 아니며, 동일함(一)과 다름(異) 둘 다의 상相도 아니며, 나아가 총체적인 설명에 이른다."

일체중생이 망심妄心으로 생각 생각 분별함이 모두 상응相應하지 않음을 의거하기 때문에 공空을 설한 것이다. 만약 망심妄心을 여의면 실제로 공이라 할 만한 것이 없기 때문이며, 실제로 공이라 할 만한 것이 없기 때문에 여래에게 진실한 자성이 있다고 설한 것이다. 경전에서 말한다.

"여래如來란 곧 온갖 법이 여如라는 뜻이니, 일체법이 모두 여如와 똑같기 때문이다."

그래서 '일체의 허위을 벗어나 초월함이 바로 여래이다'라고 한 것이다. 다만 언전言詮의 간섭으로 모두 희론戲論에 떨어지기 때문에 대혜는 처음에 108가지 뜻(義)을 물었고 세존께서는 일체 다 부정(非)함으로서 곧바로 답한 것이니, 일심진여一心眞如는 평등하고 적멸해서 본래 언설이 없기 때문이다. 이제 생멸문生滅門 속 방편으로부터 섭수해 인도해서(攝引) 여기에 귀극歸極하기 때문에 이理와 행행이 인과를 단증斷證함을 나타냈던 것이고, 일심진여의 열반보리涅槃菩提로써 총체적으로 결론지은 것이다. 진여眞如는 구경究竟으로 일체 상相을 여의기 때문에 일체를 다 부정(非)한 것이다. 여기서는 대체로 개별적으로 답한 문(別答門) 중 언설에 즉卽함으로써 말 없음(無言)을 나타낸 것이다. 이 중에서 보리를 밝게 밝혔지만 단지 여래의 법신이라고만 칭한 것은 우매한 자가 알지 못할까 걱정했기 때문이다. 그래서 '여래가 곧 삼먁삼불타'라고 결론으로 제시한 것이다.

대혜야, 삼먁삼불타에서 불타란 일체의 근根과 양量을 여읜 것이다."

大慧. 三藐三佛陀. 佛陀者. 離一切根量.

<관기> 여기서는 여래의 법신이 심心, 의意, 식識의 경계를 여의었음을 총체적으로 결론짓고 있다. 일단 대혜가 질문하고 세존께서 답하셨으며 나아가 거듭 거듭 전전展轉하면서 따지고 변론한 것은 오직 심, 의, 식의 경계를 여의었음을 나타낼 뿐이다. 이 회상會上만이 아니라 49년 동안 3백 여 차례의 회상에서 설한 것도 이것을 나타낸 걸 넘어서지 못한다. 나아가 삼세의 온갖 부처가 증명하고 역대의 조사가 전한 것도 또한 오직 이것일 뿐으로 다시 다른 법은 없다.

그래서 '오직 이 한 가지 사실뿐이지 나머지 둘은 참(眞)이 아니다'라고 한 것이니, 이것이 바로 고덕古德이 전한 '심식心識이 도달하지 못하는 곳'이다. 이 때문에 '불타란 일체의 근根과 양量을 여읜 것이다'라고 한 것이다.

이때 세존께서 이 뜻을 거듭 선포하고자 게송을 설하셨다.

爾時世尊欲重宣此義而說偈言.

온갖 근根과 양量을 다 여의었으니
사事도 없고 또한 인因도 없으며,
각覺과 소각所覺도 이미 여의었고
또한 상相과 소상所相도 여의었네.

悉離諸根量. 無事亦無因. 已離覺所覺. 亦離相所相.

관기 여기서는 법신이 온갖 허물을 여의었음을 총체적으로 읊고 있다. 근根과 양量은 바로 보고 듣고 알고 식별하는(見聞知識) 경계이다. 법신은 생각(念)을 여의고 마음이 행하는 곳(心行處)이 아니기 때문에 인과因果와 능소能所 일체를 다 여읜다.

음陰과 연緣과 등정각等正覺을
동일함(一)이나 다름(異)으로 능히 본다고 하지 말라.

만약 있음(有)을 보는 자가 없다면
무엇으로써 분별을 하겠는가?

陰緣等正覺. 一異莫能見. 若無見有者. 云何而分別.

관기 여기서는 오음과 법신이 평등하여 둘이 아님을 읊고 있다. 정안正眼으로 관觀하면 참(眞)과 허망(妄)이 평등하기 때문에 동일함(一)이나 다름(異)으로 능히 본다고 하지 말라는 것이다. 이미 동일함이나 다름으로 볼 수 없다면, 무엇으로써 분별할 수 있겠는가?

지음(作)도 아니고 짓지 않음(不作)도 아니며
사事도 아니고 또한 인因도 아니며
음陰도 아니고 음陰에 존재함도 아니며
또한 나머지 잡雜된 것도 있지 않다.

또한 온갖 성품이 있지 않으니
마치 저 망상으로 보는 것 같아서
또한 없지 않다는 걸 반드시 알아야 하니
이는 법법마다 역시 마찬가지다.

非作非不作. 非事亦非因. 非陰非在陰. 亦非有餘雜. 亦非有諸性.
如彼妄想見. 當知亦非無. 此法法亦爾.

관기 여기서는 법신의 순박하고 청정함을 읊고 있다. 법신이 순박하고 청정하기 때문에 일체를 모두 부정(非)하는 것이니, 비록 온갖 상相이 없음이 저 허망하게 보는 것과 같더라도 진여眞如의 자성은 또한 다시 없지도 않아서 법법마다 모두 참(眞)이기 때문에 '역시 마찬가지다'라고 한 것이다.

있음(有)이기 때문에 없음(無)이 있고
없음(無)이기 때문에 있음(有)이 있다.
없음이라 해도 응당 받아들이지 말며
있음이라 해도 응당 상념을 짓지 말아야 한다.

以有故有無. 以無故有有. 若無不應受. 若有不應想.

관기 여기서는 있음(有)과 없음(無)이 상대相待해서 생긴다고 말해도 응당 두 가지 견해를 일으키지 말아야 한다는 걸 읊고 있다. 말하자면 법신이 비록 온갖 상相을 여의어도 단멸斷滅에 들어가지 않기 때문에 없음(無)에 집착할 수 없으니, 법신은 없음이 아니라서 실제로 자성이 있음을 반드시 알아야 한다. 만약 법신의 자성에 대해서 다시 봄이 있다(有見)고 짓는 자라면 역시 망상이기 때문에 '없음이라 해도 응당 받아들이지 말며, 있음이라 해도 응당 상념을 짓지 말아야 한다'고 한 것이다. 그래서 위역에서는 "없음은 이미 취할 수 없으며 있음도 역시 응당 설하지 못한다"고 했으니, 이것이 소위 온갖 근根과 양量을 다 여읜다고 한 것이다.

혹은 나(我)와 비아(非我)에 대해
언설의 양量이 푹 머물러서
양변兩邊에 침체해 빠지니
스스로도 파괴하고 세간도 파괴한다.

일체의 허물에서 해탈해서
나의 통함(我通)을 올바르게 관찰하면
이를 이름하여 정관正觀이라 하니
대도사大導師를 훼손치 않는 것이다.

或於我非我. 言說量留連. 沈溺於二邊. 自壞壞世間. 解脫一切過.
正觀察我通. 是名爲正觀. 不毀大導師.

관기 여기서는 총체적으로 허물을 여읨을 나타내서 결론으로 관심觀心에 돌아가고 있다. 범부는 가아假我를 허망하게 집착하고 외도는 신아神我를 허망하게 계교하기 때문에 무아無我의 말로 그걸 타파하고, 이승은 다시 무아를 실다운 법이라고 계교하기 때문에 여기서는 법신의 진아眞我로 그걸 타파했다고 말한다. 생각건대 예전의 나(我)와 비아非我는 모두 언설의 양量으로 이미 두 가지 견해에 떨어졌다. 만약 지금 나타낸 법신의 진아를 옳다(是)고 한다면, 다시 예전의 두 가지 나(我)는 그르니(非), 이 역시 언설의 양量에 떨어져서 있음(有)과 없음(無)의 양변兩邊에 푹 머물다 침체에 빠져들어서 끝내 구경究竟이 아니다. 이는 스스로도 파괴할 뿐만 아니라 남도 파괴하니,

왜 그런가? 단지 언설이 있을 뿐 도무지 실다운 뜻(實義)이 없어서 모두 희론이 되기 때문이다. 만약 앞에서처럼 일체의 허물을 해탈하면 능히 정념正念으로 내가 통달한 심식心識을 여읜 곳을 관찰하니, 이를 이름하여 정관正觀이라 하며 바야흐로 정법正法을 비방하지 않고 도사導師를 훼손하지 않는다. 만약 다른 관觀이라면 모두 삿된 견해이다.

○이상 전의轉依 보리과菩提果로써 법신의 삼덕三德의 비장祕藏을 나타내서 결론으로 관심觀心에 돌아갔다.
　②-3-2-(2)-나 아래에선 일심의 진여가 일체 상相을 여의어 제일의제第一義諦를 섭수해 돌아감을 나타낸 것이다.
△②-3-2-(2)-나-(가) 처음은 명자名字의 상相을 여읜 것이다.

이때 대혜보살이 다시 부처님께 여쭈었다.
"세존이여, 가령 세존께서는 수다라修多羅가 불생불멸不生不滅을 섭수한다고 설하셨고, 또 세존께서는 불생불멸이 여래의 이명異名이라고 설하셨습니다. 어떻습니까, 세존이여, 성품이 없기 때문에 불생불멸을 설하셨고 또 여래의 이명異名이라 하셨습니까?"(당역에서는 "세존이여, 가령 불경佛經 속에서 불생불멸을 분별하여 섭취攝取한 것은 바로 여래의 이명異名을 말한 것입니다. 세존이여, 원컨대 저를 위해 불생불멸을 설해 주소서. 그렇다면 법이 없는 것인데, 어떻게 여래의 이명異名이라고 설합니까? 가령 세존께서 일체 온갖 법을 불생불멸이라고 설한다면, 그렇다면 있음(有)과 없음(無)의 견해에 떨어진다는 걸 반드시 알아야 합니다"라고 하였다)
부처님께서 대혜에게 고하셨다.

"내가 일체법이 불생불멸이라 설함은 있음과 없음의 성품(品)이 나타나지 않는 것이다."

爾時大慧菩薩復白佛言. 世尊. 如世尊說脩多羅攝受不生不滅. 又世尊說不生不滅是如來異名. 云何世尊. 爲無性故說不生不滅. 爲是如來異名. (唐譯云. 世尊. 如佛經中分別攝取不生不滅. 言此卽是如來異名. 世尊. 願爲我說不生不滅. 此則無法. 云何說是如來異名. 如世尊說一切諸法不生不滅. 當知此則墮有無見) 佛告大慧. 我說一切法不生不滅. 有無品不現.

관기 여기서는 적멸의 일심으로 여래의 법신이 명자名字의 상相을 여의었음을 나타내는 걸 논란하여 밝히고 있다. 대혜는 여래의 법신이 불생불멸이란 걸 들었기 때문에 마침내 의심이 들어서 이렇게 말했다.

"또한 경전 속에서 한결같이 설한 생멸하지 않는다는 것은 단지 성품 없는 이치를 나타낸 것일 뿐이다."

지금이라면 '불생불멸이 여래의 이명異名'인데, 그러나 불생불멸은 바로 성품이 없음(無性)이며, 성품이 없으면 명자名字의 상相을 여윈 것이니, 어떻게 이것을 여래의 이명異名이라 설하는가? 게다가 불생不生은 없음(無)에 떨어지고, 불멸不滅은 있음(有)에 떨어진다. 이 때문에 당역에서는 이렇게 말했다.

"세존께서는 '일체의 온갖 법을 불생불멸이라 설한다면 있음(有)과 없음(無)의 견해에 떨어진다는 걸 반드시 알아야 한다'고 하셨습니다.

이 때문에 세존께서 이렇게 답하셨습니다. '내가 일체법을 설한 것은 있음과 없음의 성품이 나타나지 않은 것이다. 왜냐하면 불생不生이면 있지 않고(不有), 불멸不滅이면 없지 않기(不無) 때문이다. 있지도 않고 없지도 않기 때문에 있음과 없음에 속하지 않으므로 '있음과 없음의 성품이 나타나지 않은 것'이다."

당역에서는 있음과 없음의 두 가지 견해가 질문은 있어도 답은 없다. 하지만 이 경전에선 답은 있어도 질문은 없기 때문에 두 번역이 상호간에 발명發明하고 있다.

대혜가 부처님께 여쭈었다.
"세존이여, 만약 일체법이 불생不生이라면 법의 섭수攝受는 얻을 수 없으니, 일체법이 불생이기 때문입니다. 만약 명자名字 중에 법이 있다(有法)고 한다면, 바라노니 저를 위해 설해 주소서."

大慧白佛言. 世尊. 若一切法不生者. 則攝受法不可得. 一切法不生故. 若名字中有法者. 惟願爲說.

관기 여기서는 대혜가 다시 있음(有)과 없음(無)으로 의혹과 논란을 불러일으킴으로써 과덕果德의 구경究竟이 명자名字의 상相을 여의었음을 밝히고 있다. 생각건대 세존께서는 이미 '법의 있음과 없음의 성품(品)이 나타나지 않음을 설한다'고 했다. 그러나 나타나지 않으면 취할 수 없기 때문에 '법의 섭수攝受를 얻을 수 없다'고 했고, 이미 얻을 수 없다면 그 가운데서 하나의 법도 수립하지 못하니 일체법이 불생不生이기 때문이다. 그리고 하나의 법도 수립하지 못하는데 또 어느 무엇이 여래의 명자名字이겠는가? 이렇다면 스스로의 말과 서로 어긋난다. 만약 불생의 법이 여래의 명자名字라면 흡사 이 가운데 또 법이 있는(有法) 것 같아서 있음과 없음을 초월하지 못하니, 이 때문에 '만약 명자 중에 법이 있다(有法)고 한다면'이라 한 것이다. 약若은 사似와 같다. 이 뜻은 무엇인가? 바라건대 저를 위해 설해 주소서.

부처님이 대혜에게 고하셨다.
"훌륭하고 훌륭하다. 자세히 듣고 자세히 들어서 잘 사유하도록 하라. 내가 반드시 그대를 위해 분별해 해설하겠다."
대혜가 부처님께 여쭈었다.
"네, 가르침을 받겠습니다."
부처님이 대혜에게 고하셨다.
"나는 여래가 성품이 없지 않고 또한 불생불멸로 일체법을 섭수하지도 않고, 또한 연緣을 대대待對하지 않기 때문에 불생불멸이고 또한 뜻(義)이 없지 않다고 설했다. 대혜야, 나는 의생법신意生法身이 여래의 명호라고 설했다.(당역에서는 "나는 무생無生이 바로 여래의 의생법신의 별다른 명칭이라 설했다"고 하였다) 저 불생不生이란 일체의 외도, 성문, 연각, 칠주七住 보살(당역과 위역에서는 모두 칠지七地라고 하였다)의 경계가 아니다. 대혜야, 저 불생은 곧 여래의 이명異名이다.

佛告大慧. 善哉善哉. 諦聽諦聽. 善思念之. 吾當爲汝分別解說. 大

慧白佛言. 唯然受教. 佛告大慧. 我說如來非無性. 亦非不生不滅攝一切法. 亦不待緣故不生不滅. 亦非無義. 大慧. 我說意生法身如來名號. (唐譯云. 我說無生卽是如來意生法身別異之名) 彼不生者. 一切外道聲聞緣覺七住菩薩(二譯皆云七地) 非其境界. 大慧. 彼不生卽如來異名.

> 관기

여기서는 대혜가 잘못 계교해서 부처의 뜻을 얻지 못한 걸 배척하고 법신의 정의正義로 답했다. 대혜는 불생불멸이 단멸斷滅이 된다고 의심했고, 또 불생불멸이 일체 생멸의 법을 섭수하다고 의심했다. 생각건대 반드시 생멸의 연緣이 다함을 기다려서야 바야흐로 불생불멸을 얻기 때문에 여기서 배척하길 '또한 성품이 없지 않고, 또한 일체법을 섭수하지 않고, 또한 연緣을 대대待對하지 않는다'고 한 것이다. 그러나 비록 일체가 모두 부정(非)되더라도 또한 뜻(義)이 없지도 않으니, 왜 그런가? 나는 일체법의 당체當體가 무생無生임은 곧 여래의 이명異名이고 자못 이것 외에 따로 있는(有) 건 아니라 설했기 때문이다.

다음 무생無生의 뜻은 바로 팔지八地 보살이 평등진여平等眞如를 실증해야 바야흐로 능히 밝게 볼 수 있으며, 특히 외도와 이승이 능히 측정해 알 수 있는 것이 아니며, 또한 칠지七地 보살의 경계도 아니다. 영가永嘉 대사는 "만약 실제로 생겨남이 없고(無生) 생겨나지 않음도 없다면"이라 했는데, 생겨남이 없고 생겨나지 않음도 없기 때문에 이름하여 의생법신意生法身이라 한다. 이미 평등진여를 증득했다면 법법마다 모두 여如이고, 법법마다 무생이라 당체가 모두 여如이기 때문에 무생이 여래의 이명異名이다. 이 경계에 이르면 소위 하나의 사물(一物)이라도 여래의 명호를 퍼뜨리지 않음이 없고, 하나의 법이라도 비로자나의 형상을 밝히지 않음이 없기 때문에 아래 글에서는 다양한 명칭으로 해석했다. 조주趙州가 말했다.

"노승老僧이 한 줄기 풀을 잡아서 장육丈六의 금신(金身: 금부처)의 용도로 삼았으며, 장육丈六의 금신을 잡아서 한 줄기 풀의 용도로 삼겠노라. 부처가 번뇌이고, 번뇌가 부처이다."

진실로 무생無生 삼매를 깊이 증득하지 못했다면 또 무엇으로써 이와 함께하겠는가.

대혜야, 비유하면 인다라因陀羅, 석가釋迦, 불란타라不蘭陀羅(산스크리트어 석가제바인다라釋迦提婆因陀羅는 한역하면 제석帝釋이고 또 부란타富蘭陀라 하고 또 교시가憍尸迦라 하는데, 모두 제석帝釋의 이명異名이다)**와 같다.** 이러한 온갖 사물(物)은 하나하나가 각기 다양한 명칭이 있고, 또한 다양한 명칭이라 해서 다양한 성품이 있는 건 아니고, 또한 자성이 없는 것도 아니다.

大慧. 譬如因陀羅. 釋迦. 不蘭陀羅. (梵語釋迦提婆因陀羅. 此云帝釋. 又云富蘭陀. 又云憍尸迦. 皆帝釋異名) 如是等諸物. 一一各有多名. 亦非多名而有多性. 亦非無自性.

관기 이 비유에선 여래가 비록 다양한 명칭이 있더라도 다양한 체體는 없다고 해석함으로써 오직 하나뿐인 진실(一實)을 나타내고 있다. 당역에서는 이렇게 말했다.

"비유하면 제석帝釋의 땅 및 허공, 나아가 손과 발에 이르기까지 하나하나의 사물(物)에 따라 각기 다양한 명칭이 있지만, 명칭이 다양하다고 해서 체가 다양한 건 아니며 또한 체가 없는 것도 아니다."

법법마다 모두 참(眞)이기 때문에 명칭은 다르더라도 체는 동일함은 오직 무생無生을 요달한 자뿐이다. 이 때문에 명칭이 다르다고 해서 그 체가 다르지는 않으니, 명칭을 구하는(徇名) 것은 특히 이견異見을 낳을 뿐이다.

이처럼 대혜야, 나는 이 사가娑呵(예전에는 사바娑婆, 또는 삭가索訶, 또는 감인堪忍이라 하였다) **세계에 3아승지**阿僧祇(한역하면 무수無數이다) **백천**百千**의 명호**名號**가 있지만, 어리석은 범부는 각기 내 이름을 설하는 걸 들어도 내 여래의 이명**異名**이란 걸 이해하지 못한다.**(당역에서는 "온갖 어리석은 범부는 비록 듣기도 하고 비록 설하기도 하지만 여래의 이명異名이란 걸 알지 못한다"고 하였다)

대혜야, 혹 어떤 중생은 나의 여래를 아는 자가 있고, 일체지一切智**를 아는 자가 있고, 부처를 아는 자가 있고, 구세**救世**를 아는 자가 있고, 자각**自覺**을 아는 자가 있고, 도사**導師**를 아는 자가 있고, 광도**廣導**를 아는 자가 있고, 일체도**一切導**를 아는 자가 있고, 선인**仙人**을 아는 자가 있고, 범**梵**을 아는 자가 있고, 비뉴**毗紐(한역하면 대력大力이다)**를 아는 자가 있고, 자재**自在**를 아는 자가 있고, 승승**勝**을 아는 자가 있고, 가비라**迦毗羅(성城의 명칭. 부처가 그 성에서 태어났기 때문이다)**를 아는 자가 있고, 진실**眞實**의 변두리(邊)를 아는 자가 있고, 달(月)을 아는**

자가 있고, 해(日)를 아는 자가 있고, 왕王을 아는 자가 있고, 무생無生을 아는 자가 있고, 무멸無滅을 아는 자가 있고, 공空을 아는 자가 있고, 여여如如를 아는 자가 있고, 제諦를 아는 자가 있고, 실제實際를 아는 자가 있고, 법성法性을 아는 자가 있고, 열반을 아는 자가 있고, 상常을 아는 자가 있고, 평등을 아는 자가 있고, 불이不二를 아는 자가 있고, 무상無相을 아는 자가 있고, 해탈을 아는 자가 있고, 도道를 아는 자가 있고, 의생意生을 아는 자가 있다. 대혜야, 이러한 3아승지백천阿僧祗百千의 명호名號는 늘지도 않고 줄지도 않으니, 이 세계 및 여타의 세계는 모두 다 나(我)를 마치 물속의 달처럼 알아서 나가지도 않고 들어가지도 않는다."

如是大慧. 我於此娑呵(舊云娑婆. 亦云索訶. 此云堪忍) 世界. 有三阿僧祇(此云無數) 百千名號. 愚夫悉聞. 各說我名. 而不解我如來異名. (唐譯云. 諸凡愚人. 雖聞雖說. 而不知是如來異名) 大慧. 或有衆生知我如來者. 有知一切智者. 有知佛者. 有知救世者. 有知自覺者. 有知導師者. 有知廣導者. 有知一切導者. 有知仙人者. 有知梵者. 有知毗紐(此云大力)者. 有知自在者. 有知勝者. 有知迦毗羅者. (城名. 以佛生彼城故) 有知眞實邊者. 有知月者. 有知日者. 有知王者. 有知無生者. 有知無滅者. 有知空者. 有知如如者. 有知諦者. 有知實際者. 有知法性者. 有知涅槃者. 有知常者. 有知平等者. 有知不二者. 有知無相者. 有知解脫者. 有知道者. 有知意生者. 大慧. 如是等三阿僧祇百千名號. 不增不減. 此及餘世界. 皆悉知我. 如水中月. 不出不入.

> 여기서는 다양한 명칭이 나오더라도 체體의 다르지 않음으로 써 명자名字의 상相을 여의었음을 올바로 나타내고 있다. 체가 다르지 않음을 말미암기 때문에 마치 물속의 달처럼 나가지도 않고 들어가지도 않는다. 소위 하나의 달이 일체의 물에 보편적으로 나타나고, 일체의 물속 달이 하나의 달에 섭수된다는 것이며, 가고 옴이 없기 때문에 나가지도 않고 들어가지도 않는 것이다. 대체로 법신은 중생에 보편적으로 감응해서 평등하게 현현顯現하여 가고 옴의 상相이 없으니, 다만 보고 듣는 데 따라서 제각기 구별되고 다를 뿐이다.
> 『화엄경』「명호품名號品」에서는 "여래에겐 4백억십천四百億十千의 명칭이 있다"고 했으며, 『법화경』「수량품壽量品」에서는 이렇게 말했다.
> "나는 여타의 나라에서 부처가 되었는데 다시 다른 이름(異名)이 있고, 성씨姓氏도 동일하지 않고, 명호名號도 제각기 다르다. 진실로 법신은 무생無生이기 때문에 생기지 않음이 없고, 명칭이 없기 때문에 이름 짓지 않음이 없으며, 이름 짓지 않음이 없기 때문에 얻어서 이름 지을 만한 것이 없으며, 얻어서 이름 지을 만한 것이 없기 때문에 명자名字를 여의니, 이는 어리석은 자가 알 수 있는 것이 아니다."

○이상 명자名字의 상相을 여의었다.
△아래에선 언설言說의 상相을 여읜다.

"저 온갖 어리석은 범부들은 능히 나를 알 수 없으니, 양변兩邊에 떨어지기 때문이다. 그러나 다 나를 공경하고 공양해도 언사와 구절의 뜻과 지취旨趣를 잘 이해해 알지 못해서 명칭을 분별하지 못하고 저절로 통함(自通)을 이해하지 못하므로 갖가지 언설의 장구章句를 계교하고 집착해서 불생불멸不生不滅에 대해 성품이 없다는(無性) 상념(想)을 짓는다. 여래 명호名號의 차별이 마치 인다라因陀羅, 석가釋迦, 불란다라不蘭陀羅와 같음을 알지 못하고, 저절로 통함이 종극(終極: 궁극)까지 회통해 돌아간다는(會歸) 걸 이해하지 못해서 일체법을 언설에 따라 계교하고 집착한다.

彼諸愚夫. 不能知我. 墮二邊故. 然悉恭敬供養於我. 而不善解知辭句義趣不分別名. 不解自通. 計著種種言說章句. 於不生不滅作無性想. 不知如來名號差別. 如因陀羅釋迦不蘭陀羅. 不解自通會歸終極. 於一切法隨說計著.

관기 여기서는 여래의 법신이 언설의 상相을 여의었음을 밝히고 있다. 그러나 명자名字는 언설에서 일어나는데, 저 어리석은 범부는 언설의 성품이 공空함을 요달하지 못하기 때문에 명자名字가 제각기 다르다고 허망하게 계교한다. 적멸의 무생無生이 명언名言을 여읜 곳의 진실한 법신에 이르면 캄캄히 아는 바가 없으니, 이 알지 못함을 말미암기 때문에 있음(有)과 없음(無)을 허망하게 계교하다 양변兩邊의 견해에 떨어진다. 이런 것은 그러나 비록 나에 대해 공양하더라도 명자名字나 구의句義, 지취旨趣에 포함된 것이 명칭은 다양하나 체體는 동일함을 능히 잘 이해할 수 없기 때문에 '명칭을 분별하지 못한다'고 하고 단지 차별의 상相을 취했을 뿐이다. 법신의 저절로 통함(自通)을 잘 이해하지 못하기 때문에 단지 언어의 가르침에 집착할 뿐 진실에는 어두우니, 말하자면 불생불멸不生不滅은 체성體性이 없는 것이다. 특히 바로 이 법신이 일체에 두루해서 인다라因陀羅 등과 같은 여래의 차별의 명호名號가 됨을 알지 못해서 저절로 통함(自通)이 종극(終極: 궁극)에 회통하여 돌아가서 언설을 여읜 곳에 도달함을 이해하지 못하기 때문에 일체법에 대해서는 오직 언설만을 계교할 뿐이다.

대혜야, 저 온갖 어리석은 사람들은 이렇게 말한다.
'뜻(義)은 언설과 같아서 뜻과 언설은 다르지 않다. 왜 그런가? 말하자면 뜻(義)에는 몸(身)이 없기 때문이다. 언설 외에는 다시 다른 뜻(義)이 없어서 오직 언설에만 그칠 뿐이다.'
대혜야, 저 악한 소지燒智는 언설의 자성을 알지 못해서 언설은 생멸하지만 뜻(義)은 생멸하지 않는 걸 알지 못한다. 대혜야, 일체의 언설은 문자에 떨어지지만 뜻(義)이라면 떨어지지 않으니, 성품과 성품 아님을 여의기 때문이라서 생生을 받지도 않고 또한 몸(身)도 없다.(당역에서는 "있음[有]을 여의고 없음[無]을 여의기 때문이며, 무생無生이고 무체無體이기 때문이다"라고 하였다)

大慧. 彼諸癡人作如是言. 義如言說. 義說無異. 所以者何. 謂義無身故. 言說之外更無餘義. 唯止言說. 大慧. 彼惡燒智. 不知言說自性. 不知言說生滅. 義不生滅. 大慧. 一切言說墮於文字. 義則不墮. 離性非性故. 無受生. 亦無身. (唐譯云. 離有離無故. 無生無體故)

> 관기

여기서는 언설을 계교하는 것이 실다운 뜻(實義)을 요달하지는 못한다는 걸 말하고 있다. 그러나 저 어리석은 범부는 허망하게 '뜻(義)은 언설 같아서 뜻과 언설은 다르지 않다'고 말한다. 그렇다면 단지 언설만 있을 뿐 실다운 뜻(實義)은 없는 것이다. 이 때문에 '뜻(義)은 체體가 없기 때문이다'라고 한 것이니, 이 사람은 언설의 자성을 요달하지 못해서 장차 언설 외에는 다시 다른 뜻이 없어서 오직 언설에만 그칠 뿐이다. 왜냐하면 저 어리석은 자의 악한 지혜는 언설의 자성이 생멸의 법이고 뜻은 생멸하지 않음을 알지 못할 뿐이기 때문이다. 그래서 언설은 생멸하지만 뜻은 생멸하지 않는 것은 언설은 문자에 떨어지지만 뜻이라면 떨어지지 않고 문자를 초월해 있음과 없음의 상相을 여의기 때문이며, 무생無生이고 무체無體이기 때문이다. 그러므로 떨어지지 않는다.

대혜야, 여래가 문자에 떨어지는 법을 설하지 않는 것은 문자의 있음(有)과 없음(無)을 얻을 수 없기 때문이니, 문자에 떨어지지 않음은 제외한다. 대혜야, 만약 설명하는 말이 있어서 여래가 문자에 떨어지는 법을 설한다고 한다면, 이는 허망한 설명이니 법은 문자를 여의기 때문이다.
그러므로 대혜야, 우리들 온갖 부처 및 온갖 보살들은 한 글자(一字)도 설하지 않았고 한 글자도 답하지 않았다. 왜냐하면 법은 문자를 여의었기 때문이다. 이익을 주는 뜻(義)과 설명(說)이 없지는 않지만, 언설이란 중생의 망상이기 때문이다.

大慧. 如來不說墮文字法. 文字有無不可得故. 除不墮文字. 大慧. 若有說言如來說墮文字法者. 此則妄說. 法離文字故. 是故大慧. 我等諸佛及諸菩薩. 不說一字. 不答一字. 所以者何. 法離文字故. 非不饒益義說. 言說者眾生妄想故.

관기 여기서는 여래의 설법이 문자의 상相에 떨어지지 않음을 밝히고 있다. 떨어지지 않는 까닭은 법이 있음(有)과 없음(無)의 상相을 여의었기 때문이다. '문자에 떨어지지 않음은 제외한다'고 하면 설함과 설하지 않음이 모두 밝은 거울이다. 이외에 만약 여래가 설한 바가 있다고 한다면 부처를 비방하게 되기 때문에 '이는 허망한 설명이니 법은 문자를 여의기 때문이다'라고 한 것이다. 온갖 부처와 보살들은 오로지 문자를 여읜 법만을 설하기 때문에 시종일관 한 글자(一字)도 설하지 않고 한 글자도 답하지 않은 것이다. 왜냐하면 법은 문자를 여의었기 때문이다.

문: 이미 한 글자도 설하지 않았으니, 어찌하여 중생을 이롭게 하지 않는 건가?

답: 이익을 주는 뜻(義)과 설명(說)이 없지는 않지만, 다만 중생에 대한 설명은 바로 중생의 망상과 꿈을 타파하는 설명일 뿐으로 거의 실제로 설할 만한 법이 있지는 않은 것이다. 이 때문에 '언설이란 중생의 망상이기 때문이다'라고 한 것이다.

대혜야, 만약 일체법을 설하지 않는다면 교법教法은 무너질 것이고, 교법이 무너지면 온갖 부처, 보살, 연각, 성문도 없을 것이다. 만약

(이들이) 없다면 누가 누굴 위해 설하겠는가?

大慧. 若不說一切法者. 教法則壞. 教法壞者. 則無諸佛菩薩緣覺聲聞. 若無者. 誰說爲誰.

관기 여기서는 논란을 해석하고 있다.
논란: 이미 법이 문자를 여의었다면 설할 수 있는 법이 없는데도 여래는 어찌하여 또 일체법을 설하는가? 그래서 여기서는 '설할 수 있는 법이 없는 것, 이를 이름하여 일체법을 설한다고 하니, 바로 그 설할 수 없음을 설하는 것일 뿐이다'라고 해석했다. 소위 비록 다시 언어의 길(言語道)에 의거하지 않더라도 또한 다시 언설이 없는 것에도 집착하지 않는 것이다. 만약 절연絶然하게 언설이 없다면 교법이 무너질 것이고 교법이 무너지면 온갖 부처, 보살, 연각, 성문도 없고, 만약 총체적으로 없어서 법계法界의 상相이 무너진다면 또 누가 법을 설하는 자이겠으며, 다시 누구를 위해 법을 설하는 것이겠는가? 소위 실제實際의 이지理地에는 하나의 티끌도 세우지 못하고, 건화문(建化門: 교화를 건립하는 문) 가에는 하나의 법도 버리지 못한다. 이는 설설說에 즉卽하면서도 그 설설이 있지 않은 것이니, 어찌 절연絶然하게 설하지 않았는데도 나중에 바야흐로 문자를 여의게 되는 것이겠는가!

그러므로 대혜야, 보살마하살은 언설에 집착하지 말고 의당 방편에 따라 경전의 법을 널리 설해야 하니, 중생의 희망과 번뇌가 동일하지 않기 때문이다. 나(我) 및 온갖 부처는 저 갖가지 이해가 다른 중생을 위해 온갖 법을 설해서 심心, 의意, 의식意識을 여의게 하기 때문에 자각성지自覺聖智의 처소를 얻게 되는 것은 아니다.

是故大慧. 菩薩摩訶薩莫著言說. 隨宜方便廣說經法. 以衆生希望煩惱不一. 故我及諸佛爲彼種種異解衆生而說諸法. 令離心意意識故. 不爲得自覺聖智處.

> **관기** 여기서는 앞서 말한 불설설不說說을 해석한 것이다. 이는 미혹한 자를 위한 것이지 깨달은(悟) 자를 위해 설한 것은 아니다. 말하자면 온갖 부처 여래는 본래 설할 만한 법이 없지만, 그들이 일체법을 널리 설하는 것은 모두 중생의 갖가지 이해와 욕구를 수순隨順해 저 희망과 번뇌를 타파함으로써 심心, 의意, 의식意識을 전변하도록 하기 위한 것일 뿐이다. 소위 부처가 일체법을 설함은 일체 마음을 다스리기 위한 것이니, 만약 일체 마음이 없다면 어떻게 일체법을 사용하겠는가? 이 때문에 '자각성지自覺聖智의 처소를 얻게 되는 것은 아니다'고 설한 것이다. 그러므로 보살은 언설에 집착하지 말아야 한다.

대혜야, 일체법에 대해 있는 바가 없어서(無所有) 자심自心의 현량現量을 자각하고 두 가지 망상을 여의어야 하니, 온갖 보살마하살은 뜻(義)에 의거해야지 문자에 의지하지 말아야 한다.

大慧. 於一切法無所有. 覺自心現量. 離二妄想. 諸菩薩摩訶薩. 依於

義. 不依文字.

관기 여기서는 앞서 깨달은 자(悟者)의 설설이 되지 않는 뜻을 해석하고 있다. 자각성지自覺聖智의 설설이 되지 않는 까닭은 저 일체법이 있는 바 없음(無所有)을 요달해서 자심의 현량을 알아 있음(有)과 없음(無)의 두 가지 망상의 견해를 잘 여의는 것이니, 이로써 온갖 보살은 단지 뜻(義)에만 의거하고 언설에 집착하지 말아야 하기 때문이다.

만약 선남자와 선여인이 문자에 의거한다면 스스로 제일의第一義를 무너뜨리고 또한 남도 능히 깨닫게(覺) 할 수 없다. 악견惡見에 떨어져 상속하면서도 대중에게 설하지만, 일체법과 일체 지地와 일체 상相을 충분히 요달해 알지 못하고 또한 장구章句도 알지 못한다.

若善男子善女人. 依文字者. 自壞第一義. 亦不能覺他. 墮惡見相續. 而爲衆說. 不善了知一切法. 一切地. 一切相. 亦不知章句.

관기 여기서는 미혹이 스스로에게나 남에게나 둘 다 손해라는 걸 말하고 있다. 당역에서는 이렇게 말했다.

"문자에 의거한다는 것은 악견惡見에 떨어져서 스스로의 종지(自宗)를 집착하고, 언설을 일으켜 일체의 법法과 상相을 능히 훌륭하게 요달하지 못하는 것이다. 또한 문장의 언사나 장구章句도 이미 스스로도 손괴損壞하고 남도 손괴함으로써 사람 마음으로 하여금 능히 해오解

悟를 얻게 할 수 없는 것이다."

만약 일체법, 일체 지지, 일체 상相을 잘 알고 장구章句도 통달해서 성의性義를 구족했다면, 그는 능히 올바른 무상無相의 즐거움으로 스스로 즐김으로써 평등한 대승大乘으로 중생을 건립하는 것이다.

若善一切法. 一切地. 一切相. 通達章句. 具足性義. 彼則能以正無相樂而自娛樂. 平等大乘建立衆生.

관기 여기서는 깨달음(悟)이 스스로에게나 남에게나 둘 다 이익이 됨을 말하고 있다. 당역에서는 이렇게 말했다.

"또한 능히 남으로 하여금 대승에 안주케 한다. '올바른 무상無相의 즐거움'은 소위 자각성지自覺聖智의 훌륭한 즐거움으로 이승과 외도의 치우치고 삿된 삼매를 가려내 부정한 것이다. '올바른 무상無相의 즐거움에 머문다'는 곧 이름하여 대승을 섭수攝受하는 것이니, 위로부터 온갖 조사祖師들은 모두 이 무상삼매無相三昧를 깊이 증득하기 때문에 능히 문자를 여읜 법으로써 중생을 건립했다.

대혜야, 대승을 섭수攝受하는 것은 온갖 부처, 보살, 연각, 성문을 섭수하는 것이고, 온갖 부처, 보살, 연각, 성문을 섭수하면 일체중생을 섭수하는 것이고, 일체중생을 섭수하는 것은 정법正法을 섭수하는 것이고, 정법을 섭수하면 부처 종자(佛種)가 끊어지지 않는 것이고, 부처 종자가 끊어지지 않으면 능히 수승한 입처入處를 완벽히 알아서

(了知) 얻는 것이다.(위역에서는 "일체의 뛰어나고 묘한 생처生處"라고 하였고, 당역에서는 "뛰어나고 묘한 곳을 얻는다"라고 하였다) 수승한 입처를 알아서 얻는 보살마하살은 항상 화생化生을 얻고, 대승을 건립하고, 열 가지 자재력自在力으로 뭇 색상色像을 나타냄으로써 중생의 형상, 종류, 희망과 번뇌의 온갖 상相을 통달하여 여실如實하게 법을 설한다. 여실이란 다르지 않음(不異)이다.(당역에서는 "진실의 법은 별개도 아니고 다르지도 않다〔無別無異〕"고 하였다) 여실이란 오지도 않고 가지도 않는 상(不來不去相)으로 일체의 허위가 종식된 것이니, 이를 이름하여 여실이라 한다.

대혜야, 선남자 선여인은 언설에 따라 계교하고 집착함을 응당 섭수해선 안 된다. 진실眞實이란 문자를 여의었기 때문이다.

大慧. 攝受大乘者. 則攝受諸佛菩薩緣覺聲聞. 攝受諸佛菩薩緣覺聲聞者. 則攝受一切衆生. 攝受一切衆生者. 則攝受正法. 攝受正法者. 則佛種不斷. 佛種不斷者. 則能了知得殊勝入處. (魏譯云. 一切勝妙生處. 唐譯云. 則得勝妙處) 知得殊勝入處菩薩摩訶薩. 常得化生. 建立大乘. 十自在力. 現衆色像. 通達衆生形類希望. 煩惱諸相. 如實說法. 如實者. 不異. (唐譯云. 眞實法者. 無別無異) 如實者. 不來不去相. 一切虛僞息. 是名如實. 大慧. 善男子善女人. 不應攝受隨說計著. 眞實者. 離文字故.

> **관기** 여기서는 여실如實한 법을 잘 아는 자라면 일체의 세간과 출세간의 법을 능히 구족함을 밝히고 있다. 말하자면 여실한

무생법無生法을 훌륭하게 요달해 아는 자라면 일체의 세간과 출세간 법을 능히 구족하여 정법正法을 건립하고 부처의 혜명慧命을 이어감으로써 능히 부처 종자를 끊어지지 않게 하여 문득 불가佛家에 태어나게 하니, 이 때문에 '수승하고 묘한 생처生處를 얻는다'고 한 것이다. 자기 이익의 공덕이 원만하고 또한 즉각 중생으로 하여금 능히 대승에 안주케 하고, 십력十力으로 색신色身을 보편적으로 나타내서 중생의 이해와 욕구에 따라 때(時)에 감응하고 근기(根)에 감응하여 여실한 법을 설하지만 일체의 오고가는(去來) 상相이 없으니, 이 모두가 여실을 잘 통달해 문자 법을 여읜 자의 이익이다. 그러므로 수행인은 결코 언설의 상相을 따라 계교하고 집착하지 말아야 한다.

대혜야, 마치 어리석은 범부가 손가락으로 사물(物)을 가리키는 것과 같으니, 어리석은 범부는 손가락을 관찰하지만 실다운 뜻(實義)은 얻지 못한다. 이처럼 어리석은 범부는 언설의 가리킴에 따라 섭수하여 계교하고 집착해서 끝내 버리질 못하다가 종국에는 언설의 가리킴을 여읜 제일의 실다운 뜻(實義)을 능히 얻을 수 없다.

大慧. 如爲愚夫以指指物. 愚夫觀指. 不得實義. 如是愚夫. 隨言說指. 攝受計著. 至竟不捨. 終不能得離言說指第一實義.

 여기서는 어리석은 범부가 언설의 잘못에 집착함을 비유하고 있다. 경전에서는 이렇게 말하고 있다.

"내가 설한 법은 마치 달을 가리키는 손가락과 같아서 손가락을 여의어야 바야흐로 능히 달을 인식할 수 있다. 만약 손가락을 달이라고 집착하면 양쪽을 잃는다."

　이 때문에 '언설의 가리킴을 집착해서 끝내 버리질 못하다가 종국에는 언설의 가리킴을 여읜 제일의 실다운 뜻(實義)을 능히 얻을 수 없다'고 한 것이다.

대혜야, 비유하면 아기에게는 응당 익힌 음식을 먹여야지 날 음식을 먹이지 말아야 하는 것과 같다. 만약 날 것을 먹이면 발광發狂하게 되니, 단계적인 방편에 따라 익혀야 함을 모르기 때문이다.
대혜야, 이처럼 불생불멸은 방편으로 닦지 않으면 불선不善이 되니, 이 때문에 응당 방편을 잘 닦아야지 마치 손가락 끝을 보는 것처럼 언설을 따르지는 말아야 한다.

大慧. 譬如嬰兒. 應食熟食. 不應食生. 若食生者. 則令發狂. 不知次第方便熟故. 大慧. 如是不生不滅. 不方便修. 則爲不善. 是故應當善修方便. 莫隨言說. 如視指端.

관기 여기서는 비유로 비유를 해석함으로써 말을 잊고 계합해 증명하는(忘言契證) 뜻을 밝히고 있다. 그러나 말을 여읜 도道는 진실로 얕은 지혜로는 알 수 있는 것이 아니다. 정말로 방편으로 지시하지 않으면 끝내 미혹과 번민으로 돌아가서 들어가질 못하니, 비유하면 아기에게 응당 익힌 음식을 주어야 하는 것과 같다. 그런데도 날 음식을 먹인다면 반드시 발광發狂할 터이니, 이는 음식을 준 자의 방편이 훌륭하지 않았기 때문이다. 이는 불생멸不生滅의 법으로 방편에 속하지 않는 것이 마치 날 음식과 같다. 만약 말을 여읜 방편의 가리킴에 능숙하지 않다면, 그 역시 번민에 휩싸여서 들어가질 못하기 때문에 황벽黃檗 대사는 이렇게 말했다.

"요즘 시절에 오는 자들은 단지 많이 알고 많이 해석하고자 해서 글의 뜻(義)을 널리 구하는 걸 수행한다고 부르지만, 많이 알고 많이 해석함이 도리어 옹색함을 이룬다는 건 알지 못한다. 오로지 아기에게 우유를 많이 먹이기만 할 뿐 소화가 되는지 안 되는지는 도무지 전혀 알지 못하는 것과 같다. 삼승三乘의 도道를 배우는 사람은 모두 이 모양이라서 다 이름하여 먹어도 소화시키지 못한다고 한다. '먹어도 소화시키지 못함'은 소위 앎의 견해(知解)를 소화하지 못하면 모두 독약이 된다는 것이니, 다 생멸을 향한 변두리 일(邊事)로 거둘 뿐 진여眞如 안에선 이런 일이 없기 때문이다."

앞에서는 '이는 욕망의 음식을 섭수攝受한 것이지 법식法食을 섭수한 것이 아니다'라고 했으니, 그래서 조산曹山은 정명식正命食을 귀하게 여긴 것이다. 여기선 훌륭한 방편의 말이 스승과 제자에게 해당했고, 이 때문에 아래에선 대덕大德에게 가까이 다가가서 많이 듣도록 하였다.

그러므로 대혜야, 진실의 뜻(眞實義)을 얻으려면 응당 방편을 닦아야 한다. 진실의 뜻이란 미묘하고 적정寂靜하니, 이는 열반의 인因이다. 언설言說이란 망상과 합습한 것이고, 망상이란 생사를 모은 것이다.(당역에서는 "언설이란 망상과 합해서 생사에 유전流轉하는 것이다"라고 하였다)

대혜야, 진실의 뜻이란 다문多聞으로부터 얻는 것이다. 대혜야, 다문이란 말하자면 뜻(義)에 능숙하지 언설에 능숙하지 않은 것이다. 뜻에 능숙함(善義)이란 일체 외도의 경론經論에 따르지 않는 것이니, 몸이 저절로 따르지 않고 또한 남도 따르게 하지 않는 것이다. 그렇다면 이를 이름하여 대덕大德의 다문이라 말한다. 그러므로 뜻을 욕구하는 자는 반드시 다문에 가까이 다가가야 하니, 소위 뜻에 능숙함이다. 이것과 서로 어긋나서 언설을 계교하고 집착하는 것은 응당 멀리 여의어야 한다."

是故大慧. 於眞實義當方便修. 眞實義者. 微妙寂靜. 是涅槃因. 言說者. 妄想合. 妄想者. 集生死. (唐譯云. 言說者. 與妄想合. 流轉生死) 大慧. 眞實義者. 從多聞者得. 大慧. 多聞者. 謂善於義. 非善言說. 善義者. 不隨一切外道經論. 身自不隨. 亦不令他隨. 是則名曰大德多聞. 是故欲求義者. 當親近多聞. 所謂善義. 與此相違. 計著言說. 應當遠離.

관기 여기서는 진실의 뜻(眞實義)을 닦는 방편을 가르치고 있다. 참된 흐름(眞流)의 행行이 아니면 참(眞)에 계합하지 못한다. 그러나 진실의 뜻은 바로 심心, 의意, 식識을 여읜 적멸寂滅의 경계이니, 이는 다문多聞으로 말을 잊은 자로부터 얻는 것이지 명자名字에 집착한 자가 능히 들어갈 수 있는 것이 아니다. 다문이란 말은 말하자면 말을 여의고 뜻(義)을 얻는 데 능숙한 것이지 언설에 능숙한 것이 아니다. '뜻에 능숙함'이 바로 이통二通의 처소를 얻는 것이라면 스스로 외도의 삿된 견해와 논의를 따르지 않아서 남도 또한 따르지 않게 하는 것이다. 이와 같은 것을 바야흐로 이름하여 대덕大德의 다문이라 한다. 그러므로 뜻을 욕구하는 자는 응당 대덕의 다문에 가까이 다가가서 언설을 계교하고 집착함을 멀리 여의어야 하니, 이렇게 하는 것을 이름하여 진실의 뜻을 닦는 방편이라 한다.

○이상 일심진여一心眞如가 언설의 상相을 여의었음을 나타냈다.
△이하에선 생멸의 인연을 변론함으로써 일심진여의 심연心緣을 여읜 상相을 나타내었다.

이때 대혜보살이 다시 부처의 위신력을 받아서 부처님에 여쭈었다. "세존이여, 세존께서는 불생불멸을 나타내 제시했으나 기이함이나 특별함은 있지 않습니다. 왜냐하면 일체 외도의 인因 역시 불생불멸이고, 세존 역시 허공이 수數, 연緣, 멸함(滅)이 아니고 아울러 열반계는 불생불멸이라고 설했기 때문입니다.
세존이여, 외도는 인因이 온갖 세간을 낳는다고 설했으며, 세존 역시 무명無明과 애착(愛)의 업과 망상이 연緣이 되어 온갖 세간을 낳는다고 설했습니다. 외도의 인因과 세존의 연緣에서 명칭만이 차별될 뿐입니다. 외물外物의 인因과 연緣도 역시 마찬가지입니다. 세존과 외도의 이론에는 차별이 있지 않습니다. 외도는 미진微塵, 승묘勝妙, 자재천自在天, 중생주衆生主 등 이러한 아홉 가지 사물(物)은 불생불멸이며, 세존 역시 일체 성품은 불생불멸이라서 있음(有)과 없음(無)을 얻을 수 없다고 설하셨습니다. 외도 역시 사대四大는 파괴되지 않고, 자성自

性은 불생불멸이라고 설했습니다. 사대四大는 항상(常)하니, 이 사대는 온갖 갈래(趣)에 두루 흐르기까지 자성을 버리지 않습니다. 세존께서 설하신 것도 마찬가지입니다. 그래서 나는 기이함이나 특별함이 있지 않다고 말했습니다. 오직 바라건대, 세존께서는 기이함과 특별한 것이 온갖 외도보다 수승하다는 차별을 설해 주소서. 만약 차별이 없다면 일체 외도가 모두 역시 부처이니, 불생불멸이기 때문입니다. 그러나 세존께서는 하나의 세계 속에 많은 부처가 세간에 나온다는 것은 있을 수 없다고 설하셨습니다. 아까 말한 대로라면 하나의 세계 속에 많은 부처가 응당 있어야 하니, 차별이 없기 때문입니다."

爾時大慧菩薩復承佛威神而白佛言. 世尊. 世尊顯示不生不滅. 無有奇特. 所以者何. 一切外道因. 亦不生不滅. 世尊亦說虛空非數緣滅. 及涅槃界不生不滅. 世尊. 外道說因生諸世間. 世尊亦說無明愛業妄想爲緣生諸世間. 彼因此緣. 名差別耳. 外物因緣亦如是. 世尊與外道論無有差別. 微塵勝妙自在衆生主等. 如是九物不生不滅. 世尊亦說一切性不生不滅. 有無不可得. 外道亦說四大不壞. 自性不生不滅. 四大常. 是四大. 迺至周流諸趣不捨自性. 世尊所說亦復如是. 是故我言無有奇特. 惟願世尊爲說差別. 所以奇特勝諸外道. 若無差別者. 一切外道皆亦是佛. 以不生不滅故. 而世尊說. 一世界中多佛出世者. 無有是處. 如向所說. 一世界中應有多佛. 無差別故.

관기 여기서는 부처가 설한 불생불멸이 외도와 다르지 않다고 의심한 것이니, 일심진여一心眞如가 생멸의 인연을 여읨을 밝히는 걸 논란함으로써 심연心緣의 상相을 여의었음을 올바로 나타낸 것이다. 여기에 네 가지 의문이 있다. 첫째, 말하자면 외도는 작자作者가 인因이 되어 능히 온갖 법을 낳는다고 계교하는데, 온갖 법이 생멸해도 작자는 생멸하지 않기 때문에 이것과 부처가 설한 세 가지 무위법無爲法150은 차이가 없다고 의심한 것이다. 둘째, 말하자면 외도는 나(我)가 인因이 되어 일체 세간이 나로부터 유출流出되기 때문에 '온갖 세간을 낳는다'고 말하고, 세존 역시 무명無明과 애착(愛)의 업과 망상이 연緣이 되어 온갖 세간을 낳는다고 설한다. 외도의 인因과 세존의 연緣이 명칭의 차별만 있을 뿐이다. 또 외부의 사대四大가 법을 낳는 것도 역시 마찬가지라고 설한다. 셋째, 말하자면 외도는 미진微塵, 승묘勝妙, 자재천自在天, 중생주衆生主, 시時, 방方, 공空, 대종大種, 화합和合 등 아홉 가지 법은 불생불멸하고, 세존 역시 일체 성품이 불생불멸이라서 있음(有)과 없음(無)을 얻을 수 없다고 설한다. 넷째, 말하자면 외도는 사대四大가 자성의 불생불멸을 파괴하지 않는다고 계교한다. 사대가 항상(常)해서 온갖 갈래(趣)에 두루 흐르더라도 자성을 버리지 않기 때문이다. 그러나 세존께서는 역시 사대의 성품의 참됨(性眞)이 법계法界에 두루한다고 설하니, 그렇다면 세존께서 설한 것은 외도와 차별이 없다. 그래서 나는 세존의 설법이 기이함이나 특별함이 있지 않다고 말한 것이다.

오직 바라건대 세존께서는 나를 위해 외도보다 수승한 곳을 설해 주시기를. 만약 세존의 설법이 외도와 다르지 않다면 온갖 외도는

---

150 설일체유부의 5위 75법五位七十五法의 법체계에서 무위법은 허공虛空·택멸擇滅·비택멸非擇滅의 세 가지가 있다.

모두 역시 부처이리니, 그들의 설법도 또한 불생불멸이기 때문이다. 하지만 세존께서는 아까 하나의 세계 속에 많은 부처가 있지 않다고 설하셨다. 진실로 앞서 말씀한 대로 과연 외도와 차별이 없다면, 하나의 세계 속에 응당 많은 부처가 있어서 세간에 나와야 하는 것이다.

부처님이 대혜에게 고하셨다.
"내가 설한 불생불멸은 외도의 불생불멸과는 똑같지 않다. 왜냐하면 저 온갖 외도들은 성자성性自性이 있어서 불생불변不生不變의 상相을 얻기 때문이다.(당역에서는 "내가 설한 불생불멸은 외도의 불생불멸과 불생무상不生無常의 이론과는 똑같지 않다. 왜 그런가? 외도의 설說에는 진실한 성품과 상相이 있어서 생기지도 않고 변하지도 않기[不生不變] 때문이다"라고 하였다) 그러나 나는 이러한 있음(有)과 없음(無)의 품品에는 떨어지지 않았다.
대혜야, 나(我)란 있음과 없음의 품品을 여의었고, 생멸을 여의었고, 성품(性)도 아니고, 성품 없음도 아니니, 마치 갖가지 환幻이나 꿈이 나타난 것과 같으므로 성품이 없는 것도 아니다. 무엇이 성품이 없는 것인가? 말하자면 색色은 자성의 상相을 섭수攝受함이 없으니, 나타나기도 하고 나타나지 않기도 하기 때문이며, 섭수하기도 하고 섭수하지 않기도 하기 때문이다. 이 때문에 일체 성품은 성품이 없으면서도 성품 없는 것도 아니다.(당역에서는 "내가 설한 법은 있음[有]도 아니고 없음[無]도 아니며, 생겨남도 여의고 소멸함도 여읜다. 무엇이 없지 않음[非無]인가? 마치 환幻이나 꿈처럼 빛깔[色]이 갖가지로 보이기 때문이다. 무엇이 있지 않음[非有]인가? 색상色相의 자성이 있지[有] 않기 때문에 보면서도 보는 것이 아니기〔見不見〕때문이며, 취하면서도 취하는 것이 아니기〔取不取〕때문이다. 그러므로 나는 일체 온갖 법이 있음〔有〕도 아니고 없음〔無〕도 아니라고 설하는 것이다"라고 하였다) 다만 자신의 현량現量을 자각하기만 하면, 망상이 생기지 않고 안온하고 즐거워서 세상사가 영원히 종식된다. 어리석은 범부가 망상으로 일(事)을 지은 것이지 온갖 성현은 그렇지 않다.

佛告大慧. 我說不生不滅. 不同外道不生不滅. 所以者何. 彼諸外道有性自性得不生不變相. (唐譯云. 我之所說不生不滅. 不同外道不生不滅不生無常論. 何以故. 外道所說有實性相不生不變) 我不如是墮有無品. 大慧. 我者離有無品. 離生滅. 非性. 非無性. 如種種幻夢現. 故非無性. 云何無性. 謂色無自性相攝受. 現不現故. 攝不攝故. 以是故一切性無性. 非無性. (唐譯云. 我所說法. 非有非無. 離生離滅. 云何非無. 如幻夢色種種見故. 云何非有. 色相自性非是有故. 見不見故. 取不取故. 是故我說一切諸法非有非無) 但覺自心現量. 妄想不生. 安隱快樂. 世事永息. 愚癡凡夫妄想作事. 非諸聖賢.

관기 여기서는 여래가 설한 것이 바로 있음(有)과 없음(無), 생김(生)과 소멸(滅)을 여의고 불생불멸을 설한 것이라서 외도가 있음과 없음에 떨어져 생멸의 견해를 일으키는 것과는 견줄 수 없음을 말하고 있다. 외도가 온갖 법에는 각기 자성이 있어서 불생불변不生不變한다고 허망하게 계교하기 때문이다. 그러나 온갖 법은 무상無常이므로 저 외도들이 계교한 불생불멸이란 것도 역시 무상론無常論일 뿐이니, 저 외도는 있음과 없음의 품을 아직 여의지 못했기 때문이다. 하지만 내가 법을 설하면서 생멸을 여의었다고 한 까닭은 저 온갖 법이 본래 있음도 아니고 없음도 아니기 때문이다. 어찌하여 없음(無)이 아닌가? 말하자면 일체법은 마치 환幻이나 꿈속의 빛깔(色)과 같지만, 그러나 비록 본래 없음(本無)이라도 갖가지 상相을 나타내 보는 걸 방해하지 않기 때문이다. 어찌하여 있음(有)이 아닌가? 저 색色의 성품이 본래 자체自體가 없어서 원래 있음이 아니기 때문이다. 마치 저 환幻이나 꿈의 온갖 일(事)과 같지만, 다만 어리석은 자는 보는 바(所見)이고 취하는 바(所取)이나 지혜로운 자는 보지도 않고(不見) 취하지도 않기(不取) 때문이다. 그러므로 나는 일체법을 이렇게 관觀하기 때문에 있음도 아니고 없음도 아니라고 설하는 것이다. 오직 자심의 현량現量을 요달한 자만이 저 법에 대해 분별을 낳지 않는다. 분별이 생기지 않으면 심지心地가 적멸寂滅하고, 적멸하기 때문에 영원히 탐내어 구함을 끊고, 탐내어 구함이 이미 끊어졌기 때문에 안온하고 즐거워서 세상사가 이로부터 영원히 종식된다. 이것은 어리석은 범부에게 허용된 것이 아니기 때문에 '어리석은 범부가 망상으로 일(事)을 지은 것이지 온갖 성현聖賢은 그렇지 않다'고 한 것이다.

실답지 않은 망상은 마치 건달바성犍闥婆城 및 환화인幻化人과 같다. 대혜야, 마치 건달바성 및 환화인과 같다는 것은 갖가지 중생이 사고팔고 하면서 나가고 들어서는데, 어리석은 범부의 망상은 진짜로 나가고 들어서는 것이라 일컫는다. 그러나 실체로 나가는 자도 들어서는 자도 있지 않으니, 단지 그 범부의 망상이기 때문이다.

이처럼 대혜야, 어리석은 범부는 불생불멸의 미혹을 일으키고 그들 또한 유위有爲와 무위無爲가 있지 않아서 마치 환인幻人이 생기는 것과 같다. 그러나 실제로는 생기거나(生) 소멸하거나(滅) 하는 것이 있지 않으니, 성품이면서 성품이 없는(性無性) 것이라 있는 바가 없기(無所有) 때문이다. 일체법 역시 이와 같아서 생멸을 여의었으니, 어리석은 범부가 여실如實하지 못한 것에 떨어져 생멸의 망상을 일으킨 것이지 온갖 성현聖賢이 그런 것은 아니다.

不實妄想. 如犍闥婆城. 及幻化人. 大慧. 如犍闥婆城及幻化人. 種種衆生商賈出入. 愚夫妄想謂眞出入. 而實無有出者入者. 但彼妄想故. 如是大慧. 愚癡凡夫起不生不滅惑. 彼亦無有有爲無爲. 如幻人生. 其實無有若生若滅. 性無性無所有故. 一切法亦如是. 離於生滅. 愚癡凡夫墮不如實. 起生滅妄想. 非諸聖賢.

【관기】 여기서는 경계가 본래 무생無生인데도 어리석은 범부는 생멸의 견해를 허망하게 일으킨다고 말하고 있다. 말하자면 법은 본래 무생일 뿐만 아니라 또한 마음까지도 본래 적멸寂滅하니, 마음이 적멸하면 저 망상 역시 완벽히 자성이 없는 것이다. 이 때문에 '실답지 않은 망상은 마치 건달바성犍闥婆城 및 환화인幻化人과 같다'고 한 것이다. 그리고 저 건달바성과 환화인은 비록 갖가지 사고팔면서 나가고 들어서지만, 실제로는 나가는 자도 들어서는 자도 있지 않다. 미혹한 자는 참(眞)이라고 말하지만, 지혜로운 자는 그렇지 않다. 그렇다면 어리석은 범부가 일으킨 생멸하지 않는다는 미혹(不生滅惑)

은 바로 저 망상 이 또한 본래 있음(有)과 없음(無)이 아닌 것이니, 마치 환인幻人의 생겨남은 본래 무생으로서 허망하게 체體가 없는 것과 같기 때문에 '실제로는 생기거나{生} 소멸하거나(滅) 하는 것이 있지 않으니, 성품이면서 성품이 없는(性無性) 것이라 있는 바가 없기 (無所有) 때문이다'라고 한 것이다. 이 때문에 어떤 승려가 고덕古德에게 물었다.

"생기거나 소멸하는 일이 멈추지 않을 때는 어찌합니까?"

고덕이 말했다.

"쯧쯧, 무엇이 생기거나 소멸하는가?"

이것은 고인古人이 망상은 성품이 없다는 걸 사무치게 보았기(徹見) 때문에 이렇게 말했을 뿐이다. 그렇다면 마음이 만약 적멸하면 일체법도 모두 적멸하다. 소위 일심一心이 생기지 않으니 만법萬法이 허물이 없다. 다만 어리석은 범부는 여실하지 못한 견해에 떨어져서 스스로 생멸의 망상을 일으킬 뿐이지 성현이 그런 것은 아니다.

여실하지 못한 것은 그렇지 않으니, 마치 성자성性自性의 망상이 또한 다르지 않은 것과 같다. 만약 망상이 다른 것이라면 일체의 성자성을 계교하고 집착함은 적정을 보지 못하기 때문이다. 적정을 보지 못하는 자는 끝내 망상을 여의지 못한다."

不如實者不爾. 如性自性妄想亦不異. 若異妄想者. 計著一切性自性. 不見寂靜故. 不見寂靜者. 終不離妄想.

관기 여기서는 성인이 온갖 법을 여실하지 못하다고 보는 것은 어리석은 범부가 생멸의 허망한 견해에 떨어진 것과는 비슷하지 않다고 말하고 있기 때문에 '그렇지 않다'고 말한 것이다. 왜냐하면 온갖 법의 당체가 여여如如함을 봄으로써 분별의 이견異見을 일으키지 않기 때문이니, 그래서 '마치 성자성性自性의 망상이 또한 다르지 않은 것과 같다'고 한 것이다. 그러나 온갖 법은 본래부터 항상 저절로 적멸한 상相이라서 생기生起의 견해를 용납하지 않는다. 만약 갖가지 이견異見의 분별을 일으키는 것이라면, 이는 일체의 성자성의 상相이 실제로 있다고 계교하고 집착하는 것이다. 계교하고 집착한다는 것은 온갖 법이 본래 적정함을 보지 못하기 때문이다. 진실로 온갖 법의 적정을 보지 못한다면 끝내 망상을 여의지 못한다. 왜냐하면 생각(念)의 경계를 여읨으로써 오직 상응相應을 증명할 뿐이기 때문이다.

○이상 일심진여一心眞如가 일체의 상相을 여의었음을 나타내었다.
△②-3-2-(2)-1)-나-(나) 이하에선 구경究竟의 일심一心을 결론지었다.

"그러므로 대혜야, 모습이 없다(無相)고 보는 것이 수승하니 모습(相)으로 보지 않기 때문이다. 모습으로 본다는 것은 생生을 받는 인因이기 때문에 수승하지 않다. 대혜야, 모습이 없다는 것은 망상이 생기지 않는 것이며, 생기生起하지도 않고 소멸하지도 않아서 나는 열반이라고 설한다.

是故大慧. 無相見勝. 非相見. 相見者受生因. 故不勝. 大慧. 無相者.

妄想不生. 不起不滅. 我說涅槃.

관기 여기서는 일심진여가 일체의 상相을 여읨으로써 구경究竟의 과덕果德을 성취함을 총체적으로 결론짓고 있다. 경전에서는 "만약 온갖 모습(相)을 모습 아닌(非相) 줄 보면 즉시 여래를 보리라"라고 했기 때문에 '모습이 없다(無相)고 보는 것이 수승하니 모습(相)으로 보지 않기 때문이다'라고 한 것이다. 외도는 무생無生 중에서 허망하게 생멸을 보기 때문에 길이 생사生死에 빠졌고, 이 때문에 모습(相)으로 보는 것이야말로 바로 생生을 받는 인因이기에 수승하지 않은 것이다. 만약 능히 모습이 없다고 볼 수 있다면, 일체의 분별 망상이 당장(當下)에 생기지 않고 생기지 않으면 소멸하지 않으니, 생기지도 않고 소멸하지도 않음(不生不滅)이 이와 같다면 이름하여 대열반이라 한다. 그러면 망상에 성품이 없음을 요달함이 바로 열반이니, 이를 여의고는 따로 열반의 상相이 있지 않다.

대혜야, 열반이란 마치 진실의 뜻(眞實義)으로 보는 것과 같으니, 먼저 망상의 마음인 심수법心數法을 여의어야 여래의 자각성지自覺聖智를 얻게 되는 것, 나는 이를 열반이라고 설한다."

大慧. 涅槃者. 如眞實義見. 離先妄想心心數法. 逮得如來自覺聖智. 我說是涅槃.

(관기) 여기서는 일심진여의 자성열반自性涅槃이 바로 심心, 의意, 식識을 여읜 자각성지의 경계란 걸 결론으로 제시하고 있다. 논論(『기신론』)에서는 이렇게 말한다.

"심진여心眞如란 바로 일법계대총상一法界大總相 법문의 체體이다. 소위 심성心性은 불생불멸이고, 일체 온갖 법은 오직 망념에 의거해서 차별이 있을 뿐이다. 만약 심념心念을 여의면 일체 경계의 상相이 없으니, 그러므로 일체법은 본래부터 명자名字의 상相을 여의고, 언설言說의 상相을 여의고, 심연心緣의 상相을 여의었으며, 필경 평등하고 변이變異가 없어서 파괴할 수 없어 오직 일심一心뿐이기 때문에 이름하여 진여眞如라고 한다. 일체의 언설은 가명假名으로 실답지 않아서 단지 망념을 따를 뿐이니 얻을 수 없기(不可得) 때문이다. 진여란 말은 또한 상相이 있지 않은 것이다. 말하자면 언설의 궁극(極)은 말을 인因해서 말을 버리는 것이니, 이것이 진여의 체體로서 버릴 만한 것이 있지 않다. 일체법이 모두 다 참(眞)이기 때문에 또한 세울 만한 것이 없으니, 일체법은 모두 동일한 여如이기 때문이다. 반드시 알아야 하나니, 일체법은 설할 수도 없고 생각할(念) 수도 없기 때문에 이름하여 진여라 한다.

문: 만약 이와 같은 뜻이라면, 온갖 중생 등은 어떻게 수순隨順하여 능히 들어갈 수 있는가?

답: 만약 일체법을 알면, 비록 설하더라도 능히 설할 수 있는 설(能說可說)이 없고, 비록 생각(念)하더라도 역시 능히 생각(念)할 수 있는 생각(念)이 없으니, 이를 이름하여 수순隨順이라 한다. 만약 생각(念)을 여의면 이름하여 들어감(入)을 얻는다."

이 때문에 '마치 진실의 뜻(眞實義)으로 보는 것과 같으니, 먼저 망상의 마음인 심수법心數法을 여의어야 여래의 자각성지自覺聖智를 얻게 되는 것, 나는 이를 열반이라고 설한다'고 한 것이다.

이때 세존께서는 이 뜻을 거듭 선포하고자 게송을 설하셨다.

爾時世尊欲重宣此義而說偈言.

저 생긴다는(生) 논의를 소멸해 없애려고
(당역에서는 "생김이 있다(有生)는 집착을 없애려고"라고 하였다)
생기지 않는다(不生)는 뜻을 건립했으니,
나는 이와 같은 법을 설했지만
어리석은 범부는 능히 알 수가 없다.

일체법은 생기지 않으니(不生)
성품도 없고 있는 바도 없다(無所有).
건달바성이나 환幻, 꿈과 같고
성품 있는(有性) 것은 인因이 없고
생기지 않고(不生) 자성도 없으니
무엇을 인因해서 공空을 설하겠는가?

화합和合을 여의었다면
깨달아 아는(覺知) 성품은 나타나지 않으니

이 때문에 공空하여 생기지 않음(不生)을
나는 자성이 없다(無自性)고 설한다.

滅除彼生論. (唐譯云. 爲除有生執) 建立不生義. 我說如是法. 愚夫不能知. 一切法不生. 無性無所有. 犍闥婆幻夢. 有性者無因. 不生無自性. 何因空當說. 以離於和合. 覺知性不現. 是故空不生. 我說無自性.

관기 이 이하 게송 마지막까지는 진여일심眞如一心이 생멸의 인연상因緣相을 여의었음을 총체적으로 밝히고 있다. 말하자면 여래는 본래 법을 설함이 없는데도 그 생김도 없고(無生) 자성도 없다(無自性)고 설한 까닭은 저 생긴다는 견해(生見)와 자성이 있다고 집착하는 걸 타파하기 때문인데, 저 어리석은 범부는 온갖 법이 생기지 않고 본래 자성이 없음을 알지 못하기 때문에 건달바성이나 환幻, 꿈으로 비유한 것이다. 그러나 저들이 자성이 있다고 집착하는 것은 무인無因에 떨어졌기 때문이다. 하지만 여래는 무엇을 인因해서 생김도 없고(無生) 자성이 없다(無自性)고 설하는가? 온갖 법이 공空하기 때문이니, 이 때문에 '무엇을 인因해서 공空을 설해야 하는가?'라고 한 것이다. 저 외도는 온갖 법이 각기 자성이 있어서 화합하여 생긴다고 허망하게 집착하지만, 지금은 이를 여의었다. 따라서 온갖 법은 본래 공空해서 당체當體가 생겨남이 없기 때문에 자성이 없다고 설한 것일 뿐이니, 이 게송은 생멸의 상相을 여읜 것이다.

말하자면 하나하나 화합和合해서

성품이 나타나더라도 있는(有) 건 아니니
이를 분석하면 화합도 없어서
외도의 견해와는 같지가 않다.

꿈이나 환幻 및 눈병을 일으키는 드리워진 머리카락
아지랑이, 건달바성처럼
세간의 갖가지 일들은
인因이 없어도 상相이 나타난다.

유인론有因論을 꺾어 굴복시키려고
무생無生의 뜻을 펼친 것이니,
생겨남이 없다(無生)고 창달하는 자들
그 법의 흐름(法流)은 영원히 끊어지지 않고,
치열한 무인론無因論은
온갖 외도를 두렵게 하네.

謂——和合. 性現而非有. 分析無和合. 非如外道見. 夢幻及垂髮.
野馬犍闥婆. 世間種種事. 無因而相現. 折伏有因論. 申暢無生義.
申暢無生者. 法流永不斷. 熾然無因論. 恐怖諸外道.

관기 여기서는 인연의 상相을 여읨을 읊고 있다. 외도는 생기는 인(生因)의 화합이 실답게 있어서 온갖 법을 낳는다고 허망하게 계교하는데, 세존께서는 '나는 단지 저 화합을 분석해서 비록 나타나더라도 있지 않다(非有)'고 말했기 때문에 환幻이나 꿈, 눈병이 생기게 하는 드리워진 머리카락, 아지랑이, 건달바성을 설했으니, 비유를 통해 세간의 온갖 법이 비록 나타나더라도 인이 없음(無因)을 밝힘으로써 유인론有因論을 꺾어 굴복시키고 무생無生의 뜻을 창달했을 뿐이다. 그러나 무생의 뜻을 능히 창달할 수 있다면 법류法流를 영원히 단멸斷滅시키지 않게 하고, 또 내가 치열하게 무인론無因論을 설함으로써 저 유인有因을 타파하는 것은 그 외도의 듣는 자로 하여금 공포를 생기게 하기 때문이다. 그러나 부처가 무인론을 설한 것은 바로 저 생겨나는 인(生因)이 없다는 것이라서 거의 외도의 무인無因과는 견주지 못한다. 이 점을 식별하라.

이때 대혜가 게송으로 물었다.

爾時大慧以偈問曰.

어떻게, 무엇을 인因하고
그것은 어찌하여 생기며
어느 곳에서 화합하여
무인론無因論을 짓습니까?

云何何所因. 彼以何故生. 於何處和合. 而作無因論.

> 관기

여기서 대혜는 부처가 물었던 외도의 생인生因을 거론함에 나아가 게송으로 도리어 질의質疑함으로써 장차 무인론無因論의 뜻(義)을 타파하려 했다. 부처가 외도에게 물었다.

"그대의 생김의 법(生法)은 어떻게 생기는가? 유인有因으로부터 생기는가, 무인無因으로부터 생기는가?"

답하여 말한다.

"유인有因으로부터 생깁니다."

부처가 또 물었다.

"이미 유인有因으로부터 생긴다면 무엇을 인因한 것인가?"

"미진微塵, 사대四大, 승성勝性 등이 생인生因이 됩니다."

부처가 또 물었다.

"저 미진과 사대 등은 다시 어디에서 생기는가?"

"무인無因으로 생깁니다."

"만약 저 미진 등이 이미 무인無因이라면, 무인인즉 법이 없고(無法), 법이 없으면 처소가 없고(無處), 처소가 없으면 화합이 없고, 화합이 없으면 생겨남이 없다(無生). 그대가 말한 무인無因은 바로 어느 곳에서 화합하여 무인론無因論을 짓는가?"

대혜가 이 질의를 든 것은 앞서 부처가 무인이 저 유인을 타파한다고 설하는 걸 들었기 때문에 여기서 질의한 것이다. 그리고 무인은 바로 외도가 계교한 것이고 부처는 일찍이 이것으로써 타파했는데, 지금은 어째서 또 무인이 저 유인을 타파한다고 설하는가? 그래서 여기서는 의문에 관계하여 질문을 한 것이다. 외도가 계교한 생인生因은 또한 무인無因이기 때문에 부처는 연생緣生을 설하여 저 무인을 타파한 것이고, 또 무인을 설하여서 저 생인을 타파한 것이다. 그 의도는 곧바로 무생無生을 가리킴으로써 저 생멸의 견해를 종식시킬 뿐이라는 데 있다. 그러므로 아래 글에서는 이에 대해 분명히 답하고 있다.

이때 세존께서 다시 게송으로 답을 했다.

爾時世尊復以偈答.

유위법有爲法을 관찰하니
무인無因도 아니고 유인有因도 아니라서
저 생멸론生滅論을 주장하는 자,
그들의 소견所見도 이로부터 소멸한다.

觀察有爲法. 非無因有因. 彼生滅論者. 所見從是滅.

> 관기
> 여기서 답변의 뜻은 생멸의 인연의 상相을 여읨을 나타낸 것이다. 말하자면 일체 온갖 법을 능히 관찰해서 유인有因과 무인無因에 속하지 않지만 즉시 무생無生을 단박에 보므로 저 생멸의 견해가 저절로 종식된다. 용승龍勝[151]은 이렇게 말한다.

---

151 산스크리트어 nāgārjuna. 용수龍樹, 용맹勇猛·용승龍勝이라 번역. 2~3세기 남인도 출신의 승려. 어려서부터 여러 학문에 밝았고, 출가해서는 남인도 지역에 있던 불교 문헌을 섭렵한다. 중인도에 가서 대승경전을 연구하고 말년에는 고향으로 돌아갔다. 저서는 다음과 같다. 『중론中論』·『십이문론十二門論』·『회

"사물이 있음(有物)은 반연(緣)으로부터 생기고, 사물이 없음(無物)은 반연으로부터 소멸하니, 일어나면(起) 오직 온갖 반연이 일어날 뿐이며, 소멸하면 오직 온갖 반연이 소멸할 뿐이다. 바로 색色이 생길 때 단지 공空의 생겨남일 뿐이고, 색이 소멸할 때 단지 공의 소멸할 뿐임을 아니, 공은 반연에 속하지 않기 때문에 생기지 않을(不生) 뿐이다."

이때 대혜가 게송을 설해서 여쭈었다.

爾時大慧說偈問曰.

무엇을 무생無生이라 하며
또 성품이 없다(無性)고 합니까?
온갖 반연(緣)을 돌아보면
법의 명칭은 있어도 생김은 없으니(無生)
명칭은 응당 뜻(義)이 없지는 않지만
오직 분별을 위한 설명일 뿐입니다.

云何爲無生. 爲是無性耶. 爲顧視諸緣. 有法名無生. 名不應無義. 惟爲分別說.

쟁론諍論』・『십주비바사론十住毘婆沙論』・『대승이십송론大乘二十頌論』・『대승파유론大乘破有論』.

여기서는 무생無生의 뜻을 따지고 있다. 앞서 부처가 생멸법을 여읨으로써 무생無生을 나타낸다고 설했기 때문에 대혜가 마침내 이렇게 여쭈었다.

"무엇을 무생無生이라 합니까? 온갖 법의 성품 없음(無性)은 무생無生입니까? 따로 생기는 성품이 있는 겁니까? 온갖 반연(緣)을 돌아봄을 이름하여 무생無生이라 합니까? 이미 무생無生의 명칭이 있다면 반드시 무생無生의 뜻도 있을 터이니, 오직 바라노니 저를 위해 설해 주소서."

이때 세존께서 다시 게송으로 답을 했다.

爾時世尊復以偈答.

성품 없음(無性)도 무생無生도 아니고
또한 온갖 반연(緣)을 돌아보지도 않으며
성품이 있어서 명칭이 있는 건 아니고
명칭 또한 뜻(義)이 없는 건 아니다.

일체의 온갖 외도와
성문 및 연각은
칠주七住가 경계가 아니니
(위역에서는 '칠지七地'라 하였다)
이를 이름하여 무생無生의 상相이라 한다.

온갖 인연을 멀리 여의고
또한 일체의 사事도 여의고
오직 미묘한 마음(微心)만이 머물 뿐
상념(想)과 상념한 것(所想) 둘 다 여의어서
그 몸(身)이 따라서 전변轉變하는 것
나는 이를 무생無生이라 설한다.

非無性無生. 亦非顧諸緣. 非有性而名. 名亦非無義. 一切諸外道.
聲聞及緣覺. 七住非境界. (魏譯作七地) 是名無生相. 遠離諸因緣. 亦
離一切事. 唯有微心住. 想所想俱離. 其身隨轉變. 我說是無生.

관기 　여기서는 무생無生의 뜻을 읊고 있다. 온갖 인연 및 작자作者를 여의고서 유심주唯心住에 들어가 두 가지 전의轉依의 의생법신意生法身을 얻는 것이 바로 참된 무생의 뜻이다. 그러나 이 무생은 성품 없음도 아니고 또한 성품 있음도 아니다. 이미 이 명칭이 있다면 또한 뜻(義)이 없지도 않다. 다만 이 무생의 뜻은 바로 팔지八地 이상에서 증득하는 여실如實한 주처住處라서 거의 외도, 이승 및 칠지七地 보살의 경계가 아니다. 저 외도의 삿된 견해와 이승의 치우친 집착, 칠지 보살의 심량心量을 여의지 못함이 아직도 생멸의 수數 속에 존재해 미세하고 진실한 주처에 들어가지 못해서 마음과 경계를 잊지 못하기 때문에 이것은 저들이 아는 바가 아니다. 이 온갖 허물을 여읨이 참된 무생無生이다.

외부의 성품도 성품 아님(非性)도 없고
또한 마음의 섭수攝受함도 없어서
일체의 견해를 끊어 없애니
나는 이를 무생無生이라 설한다.

이와 같이 자성自性이 없는
공空 등은 응당 분별해야 하니,
공이 아니기 때문에 공을 설하고
생겨남이 없기(無生) 때문에 공이라 설한다.

無外性非性. 亦無心攝受. 斷除一切見. 我說是無生. 如是無自性.
空等應分別. 非空故說空. 無生故說空.

관기 　여기서는 마음과 경계를 쌍雙으로 끊고 법신의 진공眞空으로써 무생無生의 실다운 뜻을 나타냄을 읊고 있다. 경계는 있음(有)과 없음(無)을 여의고 마음은 집착과 취함을 여의어서 일체의 견해를 끊는 것이 바로 진공의 법신이다. 이는 단멸斷滅의 공이 아니고 마음과 경계가 무생이기 때문에 공을 설했을 뿐이다.

○이상 무생無生의 뜻을 읊었다.
△이하에선 생멸을 여읜 인연의 상相을 총체적으로 읊는다.

인연의 수數가 화합하면

생겨남도 있고 소멸함도 있으나
온갖 인연의 수를 여의면
따로 생멸이 있지는 않다.

인연의 수를 버려서 여의면
다시 다른 성품은 있지 않으니
만약 동일함(一)과 다름(異)을 말한다면
이는 외도의 망상이다.

있음(有)과 없음(無)의 성품이 생기지 않으니
있음도 아니고 또한 없음도 아니다.
그 수의 전변轉變을 제외하면
이는 다 얻을 수 없다.

다만 온갖 속수俗數가 있어서
전전展轉하여 사슬이 되니
저 인연의 사슬을 여의면
생긴다는 뜻(生義)도 얻을 수 없다.

因緣數和合. 則有生有滅. 離諸因緣數. 無別有生滅. 捨離因緣數.
更無有異性. 若言一異者. 是外道妄想. 有無性不生. 非有亦非無.
除其數轉變. 是悉不可得. 但有諸俗數. 展轉爲鉤鎖. 離彼因緣鎖.
生義不可得.

관기 여기서는 일심진여一心眞如가 인연의 상相을 여읨을 읊고 있다. 인연因緣이란 생멸의 근본이다. 이 인연을 여의면 따로 생기는 법(生法)은 없기 때문에 승조僧肇는 이렇게 말했다.

"일체 온갖 법은 연緣이 모여서 생기고, 연이 모여서 생기면 생김이 아니라서 있지 않다(無有)."

있지 않으면(無有) 생김이 없기(無生) 때문에 '온갖 인연의 수數를 여의면 따로 생멸이 있지 않다'고 한 것이다. 12인연이 생겨나는 법(生法)으로 전변轉變하기 때문에 '온갖 인연의 수數'라고 한 것이니, 이를 버리면 비단 무생無生일 뿐만 아니라 평등하고 평등해서 동일함(一)과 다름(異)의 성품이 전혀 없다. 이 중에서 만약 동일함과 다름을 말한다면 곧 외도의 견해이다. 왜냐하면 있음과 없음의 두 성품이 모두 다 생기지 않아서(不生) 총체적으로 있음(有)이 아니기 때문이니, 그래서 인연을 제외하곤 다 얻을 수 없다. 그렇다면 연생緣生으로 성품이 없기 때문에 공空이며, 공이기 때문에 무생이며, 무생이면 법신이 평등해서 일체 상相을 여의었다. 이것이 인연을 여읜 것 외에는 다시 생겨나는 뜻(生義)을 얻을 수 없는 까닭이다.

생겨남(生)은 성품이 없고 일어나지 않아서
온갖 외도의 허물을 여의지만
단지 연緣의 사슬만 설할 뿐이라서
어리석은 범부는 능히 요달할 수 없다.

生無性不起. 離諸外道過. 但說緣鉤鎖. 凡愚不能了.

관기 여기서는 연생緣生이 성품 없다(無性)는 뜻을 올바로 제시하고 있다. 성품(性)이란 인연이니, 말하자면 생겨남은 본래 생겨남이 없고(無生) 반드시 연緣을 기다려 생겨난다. 연생緣生은 성품이 없기 때문에 생겨남은 본래 없다(本無). 당역에서는 이렇게 말한다. "생겨남이 없기 때문에 생기지 않으니(不生), 그렇다면 생겨남(生)이 곧 무생無生이기 때문에 외도의 생법生法의 허물을 여읜다. 연생은 곧 무생이기 때문에 나는 단지 인연을 설할 뿐이면서도 은밀히 무생을 드러낸다. 그래서 어리석은 범부는 능히 완벽하게 깨치질 못하고 인연을 여의는 것 외에 따로 생기는 성품(生性)이 있다고 허망하게 일컫는다."

만약 연緣의 사슬을 여의고서
따로 생기는 성품(生性)이 있다면
그렇다면 무인론無因論이라서
사슬의 뜻을 파괴하는 것이다.

마치 등불이 뭇 형상(像)을 나타내듯
사슬의 나타냄도 마치 그러하니
그렇다면 사슬을 여의고서
따로 다시 온갖 성품이 있는 것이다.

若離緣鉤鎖. 別有生性者. 是則無因論. 破壞鉤鎖義. 如燈顯衆像. 鉤鎖現若然. 是則離鉤鎖. 別更有諸性.

> 관기

여기서는 외도가 인연을 계교한 것 외에 따로 생기는 성품(生性)이 있다는 뜻을 해석하고 있다. 부처는 만약 인연을 여의는 것 외에 따로 생기는 성품이 있다면 이는 무인론無因論에 떨어지는 것이라서 단멸에 빠진다고 말했기 때문에 '사슬의 뜻을 파괴하는 것'이라 한 것이다. 사슬(鉤鎖)이란 곧 인연이다. 저 외도가 따로 생기는 성품이 있다고 허망하게 계교하지만, 이는 요컨대 인연을 기다렸다가 생기는 것이다. 비유하면 뭇 형상(像)이 먼저 있고 나서 요컨대 등불의 비춤을 기다린 후에야 보기 때문에 인연이 생기는 법(生法)을 나타내는 것이니, 바로 등불이 뭇 형상(像)을 나타내는 것과 같다. 그러므로 부처는 단정해서 이렇게 말씀하셨다.

"만약 이것을 논하자면, 바로 인연을 여의는 것 외에 따로 생기는 성품이 있기 때문에 나는 저 외도는 무인론이라고 설한 것이다."

성품이 없으면 생겨남도 있지 않아서
마치 허공의 자성自性과 같으니,
만약 사슬을 여의면
슬기(慧)는 분별할 것이 없다.

無性無有生. 如虛空自性. 若離於鉤鎖. 慧無所分別.

> 관기

여기서는 외도가 연생緣生의 성품 없음을 요달하지 못하기 때문에 허망하게 분별을 일으킴을 질책하고 있다. 연생은 성품이 없기 때문에 생겨남이 있지 않고, 생겨남이 없으면(無) 성품이 없다. 체상體相은 마치 허공과 같으니, 이것이 바로 연緣을 여의는 도道이다. 이 경계에서는 온갖 대대對待가 끊어지면서 삼세三世의 온갖 부처도 감히 엿보질 못하는데, 누가 여기에서 분별하는 걸 감당하겠는가! 그래서 '슬기(慧)는 분별할 것이 없다'고 한 것이다. 이제 저들이 이미 인연을 여읜 것 외에 분별을 낳는 것이 모두 허망한 계교란 걸 충분히 알겠다.

다시 여타의 무생無生이 있으니
성인과 현인이 얻는 법으로서
저 생김(生)이 무생無生인 것이니
그렇다면 바로 무생인無生忍이다.

復有餘無生. 賢聖所得法. 彼生無生者. 是則無生忍.

<관기> 여기서는 무생無生의 뜻을 가려낸다. 말하자면 저 외도가 계교한 생기의 법(生法)은 진실로 삿된 견해이다. 그러나 나의 법 속에서는 다시 다른 무생의 뜻이 있으니 바로 이승의 성현(賢聖)이 얻은 것으로서 역시 진실이 아니다. 저 생김의 법(生法)을 끊어서 다한 연후에야 바야흐로 무생을 얻음으로써 생김(生)이 본래 무생임을 요달하지 못하기 때문에 진실이 아니다. 그렇다면 내가 설한 생김이 곧 무생이야말로 바야흐로 진실의 무생법인無生法忍이니, 바로 팔지八地에서 증득되는 것이며 또 이승의 얕은 지혜로 알 수 있는 것이 아니다.

만약 온갖 세간에서
사슬을 관찰한다면
일체가 사슬을 여의어서
이로부터 삼매를 얻는다.

若使諸世間. 觀察鉤鎖者. 一切離鉤鎖. 從是得三昧.

관기 여기서는 정행正行을 가려내고 있다. 말하자면 외도가 인연의 법을 여읨을 허망하게 계교한다면 삿된 견해를 증장增長하므로 참된 여윔이 아니다. 만약 온갖 세간 사람이 하나하나 인연이 성품 없다는 걸 능히 관觀해서 연緣을 여의어 생겨남이 없는(無生) 이理를 요달해 알면, 이로부터 즉각 무생삼매정정無生三昧正定을 얻는다. 아래에선 이를 관하는 방향을 제시했다.

어리석음, 애착, 온갖 업業 등
이는 곧 내면의 사슬이고
찬수鑽燧, 진흙덩이(泥團)의 바퀴(輪)
종자種子 등을 이름하여 외부의 사슬이라 한다.

만약 다른 성품(他性)이 있는데도
인연으로부터 생긴다면
저건 사슬의 뜻이 아니니
그렇다면 성취하지 못한다.

만약 생김(生)에 자성이 없다면
그건 누구의 사슬이라 하겠는가?
전전展轉하여 상생相生하기 때문이니
인연의 뜻임을 반드시 알아야 한다.

癡愛諸業等. 是則內鉤鎖. 鑽燧泥團輪. 種子等名外. 若使有他性.
而從因緣生. 彼非鉤鎖義. 是則不成就. 若生無自性. 彼爲誰鉤鎖.
展轉相生故. 當知因緣義.

관기 여기서는 인연을 관觀하는 방법을 제시하고 있다. 어리석음, 애착, 온갖 업 등은 바로 12인연이니, 바로 무명無明은 행行을 반연하고, 행은 식識識을 반연하고, 식은 명색名色을 반연하고, 명색은 육입六入을 반연하고, 육입은 촉觸을 반연하고, 촉은 수受를 반연하고, 수는 애愛를 반연하고, 애는 취取를 반연하고, 취는 유有를 반연하고, 유는 생生을 반연하고, 생은 늙음, 죽음, 근심, 슬픔, 괴로움, 번민을 반연한다. 삼세三世가 바퀴처럼 굴러가면서 끈덕진 얽매임이 끊어지지 않기 때문에 내면의 사슬이라 한다. 나무를 비비거나(鑽) 부싯돌을 쳐서(鐩) 불을 얻고, 진흙덩이(泥團)는 병을 이루고, 종자種子는 싹을 낳으니, 이 세 가지는 외물外物의 인연이라 한다.

이런 내면과 외부의 인연의 온갖 법은 단지 공空의 자성 없음을 관하면 즉각 무생無生을 증득하는데, 하필 이걸 여의는 것 외에 다시 다른 성품(他性)을 수립하는가? 만약 이것 외에 따로 다른 성품(他性)이 있어서 인연으로부터 생긴다면, 이는 곧 무인無因이다. 그렇다면 비단 인연의 뜻을 파괴할 뿐만 아니라 저 법도 이루지 못하니, 저들이 계교한 자성이 바로 무인無因이기 때문이다. 만약 생김의 법(生法)이 본래 자성이 없다는 걸 관하면, 인연은 단박에 공하니, 또다시 누구를 사슬이라 하겠는가? 전전展轉하여 상생相生하기 때문이니, 이 때문에 인연의 뜻을 설할 뿐이다. 생각건대 만약 인연이 있다면 반드시 자성이 없고, 만약 인연을 여의었다면 바로 무생인데, 어찌 인연을 여의는 것 외에 따로 자성이 있겠는가? 그렇다면 연생緣生의 성품 없음을 능히 관해 성품 없음(無性)이 연생이라면, 인연의 체體가 공空함을 요달해서 즉시 참된 무생의 뜻에 들어가니, 지혜로운 자는 반드시 이러한 관을 지어야 한다.

견고함(堅), 축축함(溼), 따뜻함(煖), 움직임(動)의 법은
어리석은 범부가 망상을 낳은 것이니
수數를 여의고 다른 법(異法)이 없다면
이는 곧 성품이 없다고(無性) 설한다.

堅溼煖動法. 凡愚生妄想. 離數無異法. 是則說無性.

관기 여기서는 온갖 법이 성품이 없는 까닭을 해석하고 있다. 말하자면 사대四大 등의 법은 당체當體가 완전히 공空해서 본래 자성이 없지만, 다만 연緣이 모여서 생길 뿐 다시 별개의 법은 없다. 그런데도 외도는 요달하지 못하고 사대四大에 실제로 자성이 있다고 멋대로 계교해서 생인生因으로 삼으니, 바로 망상의 분별이라서 정견正

見이 아니다. 그러므로 내가 설한 연생緣生의 성품 없음(無性)이 바로 무생無生으로써 저 계교를 타파한 것이니, 이 수數를 여읜 것 외에는 다른 법(異法)이 전혀 없어서 단지 성품 없음(無性)이라 설했을 뿐이다.

의사가 뭇 병을 치료하듯이
약간의 논의도 있지 않지만
병이 차별되기 때문에
갖가지 치료를 마련하는 것이다.

나는 저 중생을 위해
온갖 번뇌를 파괴하려고
(당역에서는 "번뇌의 병을 소멸해 없애려고"라고 하였다)
그 근기根機의 우열을 알아서
그들을 위해 제도濟度의 문門을 설했다.

번뇌의 뿌리가 다를 뿐이지
갖가지 법이 있지 않으니,
오직 일승의 법을 설할 뿐이라서
이를 곧 대승大乘이라 한다.

如醫療衆病. 無有若干論. 以病差別故. 爲設種種治. 我爲彼衆生. 破壞諸煩惱. (唐譯云. 滅除煩惱病) 知其根優劣. 爲彼說度門. 非煩惱根異. 而有種種法. 唯說一乘法. 是則爲大乘.

> [관기] 여기서는 결론으로 일승에 돌아감으로써 일심진여一心眞如의 구경究竟의 뜻을 드러내고 있다. 말하자면 여래의 설법은 오직 무생無生을 설했을 뿐이지만, 그러나 무생은 본래 설함(說)이 있지 않다. 그러나 다양한 종류의 언사와 방편으로 개시開示한 것은 그 병病을 병으로 여기기 때문이다. 그래서 마치 의사가 뭇 병을 치료하듯이 병이 다양하므로 방편도 역시 다른 것이니, 부처는 중생 번뇌의 병을 타파해 없애기 때문이다. 그들의 병의 뿌리가 똑같지 않기 때문에 온갖 제도濟度의 법문을 설한 것이다. 여기서는 그 법이 본래 다르지 않고 다름(異)은 스스로의 기연(自機)일 뿐이니, 소위 오직 일승법만이 있을 뿐 이승도 없고 또한 삼승도 없다. 부처의 방편설方便說을 제외하곤 단지 가짜 명자(假名字)로만 중생을 인도해서 대승으로 들어감을 근본으로 삼기 때문에 '오직 일승법만을 설할 뿐'이라 하고 이는 곧 대승이라 한다. 앞서 이理의 구경처究竟處를 나타냈다면 '나의 대승은 승乘이 아니다'라고 하겠지만, 지금은 단증斷證을 이미 밝혔기 때문에 또한 대승으로써 결론지은 것이다.

○이상 일심진여一心眞如가 일체의 상相을 여의어서 구경열반의 참나(眞我)의 덕德을 총체적으로 나타냈음을 밝혔다.
△②-3-2-(2)-2)-가 이하에선 외도의 일곱 가지 무상無常을 타파함으로써 ②-3-2-2-2-나 구경열반의 참되고 항상한 덕을 나타내었다.

이때 대혜보살마하살이 다시 부처님께 여쭈었다.
"세존이여, 일체의 외도는 모두 무상無常의 망상을 일으키는데, 세존께서도 또한 일체 행行이 무상하니 이는 생멸법生滅法이라고 하셨습니다. 이 뜻이 무엇입니까? 삿된 겁니까, 올바른 겁니까? 몇 종류의 무상이 있는 겁니까?"

爾時大慧菩薩摩訶薩復白佛言. 世尊. 一切外道皆起無常妄想. 世尊亦說一切行無常. 是生滅法. 此義云何. 爲邪. 爲正. 爲有幾種無常.

관기 여기서는 외도가 계교한 무상無常을 인因해서 장차 열반구경의 참되고 항상한 덕德을 나타내려 했다. 앞에선 생멸의 인연을 여읨을 나타냄으로써 법신法身의 진아眞我를 밝혔으며, 여기서는 무상을 여읜 견해가 곧 법신의 진상眞常을 증득한다는 걸 나타내었다. 생각건대 부처는 옛날에도 무상을 설했지만, 그러나 저 외도가 설한 것에서는 누가 삿되고 누가 올바른지 알지 못하겠다. 하지만 외도가 허용한 무상이 몇 가지가 있는지 묻는 것은 그 의도가 저 외도의 계교를 다 끄집어내 타파함으로써 거기에 떨어지지 않게 하려는 것일 뿐이다.

부처가 대혜에게 고하셨다.
"일체의 외도에게 일곱 가지 무상이 있는데, 나의 법은 아니다. 무엇이 일곱 가지인가? 저 외도의 언설에서는 짓고 나서 버리는데, 이를 이름하여 무상이라 한다.

佛告大慧. 一切外道有七種無常. 非我法也. 何等爲七. 彼有言說作

已而捨是名無常.

관기   여기서 외도의 종지는 뛰어난 성품(勝性)의 작자作者가 있어서 능히 일체 사대四大의 온갖 법을 창조한다고 수립한다. 지금 여기서 계교하길 '창조된 사대는 상常이고, 그 능히 창조한(能造) 것은 창조가 끝나자 바로 버려지니 이는 무상이다'라고 했다. 그러므로 아래 글에서는 '최초로 창조한 무상(始造無常)을 여읜다'고 하였다.

어떤 설은 형상의 처소가 무너지는 것, 이를 이름하여 무상이라 한다.

有說形處壞是名無常.

관기   여기서는 사대四大의 능조能造와 소조所造 둘 다 상常이라서 필경 무너지지 않는 것이라고 계교하고 있다. 다만 길고 짧음 등을 분석해도 형색形色을 얻을 수 없으니, 이를 형상의 처소(形處)가 무너짐이 무상이라고 말한다.

어떤 설은 즉색卽色이 무상이라고 한다.

有說卽色是無常.

관기   여기서는 능조能造의 사대四大는 상常이고 소조所造의 색색은 무상이라고 계교하는데, 이는 처음의 계교와 서로 상반된다.

어떤 설은 색色이 전변轉變하는 중간中間을 이름하여 무상이라 한다. 틈이 없어서(無間) 저절로 흩어지고 무너지는 것이 마치 우유나 치즈(酪) 등과 같아서 전변의 중간을 볼 수 없으니, 무상無常이 훼손하고 무너뜨려서 일체의 성품이 전변하는(轉) 것이다.

有說色轉變中間是名無常. 無間自之散壞. 如乳酪等. 轉變中間不可見. 無常毀壞一切性轉.

> **관기** 여기서는 능조能造와 소조所造 둘 다 상常이라 계교하고 있다. 다만 두 색色 중간中間에 무상의 성품이 있어서 능히 소조의 색법色法으로 하여금 상속하고 변이變異케 해서 자연히 무너져 소멸하는 것이 마치 우유나 치즈 등과 같다. 두 색 중간에 무상의 법이 있어서 그 전변케 함을 볼 수 없게 하니, 이 무상이 능히 일체의 성품을 전변하는 것이다. 이것과 처음의 세 가지는 양쪽의 계교가 서로 상반된다.

어떤 설은 성품(性)이 무상하다.

有說性無常.

> **관기** 여기서는 무상의 자성은 무너지지 않는다 해도 능히 저 온갖 법을 무너뜨릴 수 있으니, 마치 지팡이, 기와, 돌 등이 능히 일체 물건(物)을 무너뜨릴 수 있는 것과 같다. 이것과 앞서의 계교는

서로 상반된다.

어떤 설은 성性과 성품 없음(無性)이 무상이다.

有說性無性無常.

> 관기   여기서는 능조能造와 소조所造 둘 다 무상하다고 계교하고 있다. 성품(性)은 능조이고, 성품 없음(無性)은 소조이니, 말하자면 능조의 성품이 이미 완벽한 색(了色)을 창조했다면 자체自體가 이미 무너진 것이고, 소조란 것도 또한 따라서 무너지기 때문에 둘 다 무상하다. 이것과 앞서의 계교는 둘 다 서로 상반된다.

어떤 설은 일체법의 불생不生이 무상이니, 이는 일체법에 들어간다.

有說一切法不生無常. 入一切法.

> 관기   이것은 어떤 불생不生하는 성품이 일체의 생기는 법(生法) 속에 들어가 존재하면서도 온갖 법에 따라 무너져 소멸한다고 계교하는 것이니, 바로 이 불생의 문득(便)이 무상이다. 앞에서는 계교한 것(所計)을 열거했고, 아래에선 그 계교를 조회해서 타파하고 있다.

대혜야, 성품(性)과 성품 없음(無性)이 무상하다는 것은 말하자면 사대

四大 및 소조所造의 자상自相이 무너지고, 사대의 자성自性은 얻을
수 없어서 생기지 않는(不生) 것이다.

大慧. 性無性無常者. 謂四大及所造自相壞. 四大自性不可得. 不生.

관기 여기서는 제6 성품(性)과 성품 없음(無性)이 무상하다는 계교
를 조회해 타파하고 있다. 말하자면 저 외도가 계교한 사대는
능히 온갖 법을 창조하지만, 그러나 반드시 자체自體가 완벽히 무너져
서 바야흐로 겨우 창조해 나오는 것이 마치 씨앗에서 싹이 나오는
것과 같은데, 하지만 창조된 것(所造)은 또 본래 사대가 아니기 때문에
능조能造와 소조所造 둘 다 무너짐을 무상으로 삼는다. 부처는 이를
타파하면서 이렇게 말했다.

"저 사대四大의 자성은 본래 얻을 수 없다. 그러나 능조能造는 이미
본래 체體가 없고, 체體가 없기 때문에 본래 저절로 생겨나지 않으며(不
生), 생겨나지 않으면(不生) 능能과 소所가 없고, 능能과 소所의 두
상相은 결코 얻을 수 없으니, 또 무슨 법을 가리켜서 이름하여 무상이라
하겠는가?"

저 생겨나지 않음(不生)이 무상이라는 것은 상常도 아니고 무상無常도
아니다. 일체법의 있음(有)과 없음(無)은 생기지 않아서 이를 쪼개어(分
析) 미진微塵에 이르더라도 볼 수 없다. 이 생기지 않는다(不生)는
뜻은 생김이 아니니(非生), 이를 이름하여 생기지 않는(不生) 무상의
상相이라 한다. 만약 이를 자각하지 못한다면, 일체 외도의 무상을

낳는(生) 뜻에 떨어지는 것이다.

彼不生無常者. 非常. 無常. 一切法有無不生. 分析乃至微塵不可見. 是不生義非生. 是名不生無常相. 若不覺此者. 墮一切外道生無常義.

관기 여기서는 제7 생기지 않는(不生) 무상의 계교를 조회해 타파하고 있다. 그러나 저 외도는 어떤 생기지 않는 성품이 일체의 생기는 법(生法) 속에 들어가 존재하면서 온갖 법에 따라 무너진다고 허망하게 계교하기 때문에 이름하여 생기지 않음(不生)이 무상이라고 한다. 부처는 '만약 생기지 않음이 무상이라고 말한다면, 그렇다면 이는 상常도 아니고 무상無常도 아닌 것이다'라고 하셨다. 왜 그런가? 만약 생기지 않음을 말하면 이는 참되고 항상한데(眞常), 지금 또 '온갖 법에 따라 무너진다'고 말하면 이는 상常이 아니기 때문에 '상常도 아니고 무상無常도 아니다'라고 한 것이다. 여기서 그 허물을 내놓자, 이를 타파하면서 '그러나 일체의 있음과 없음 등의 법은 본래 스스로 생기지 않으니(不生), 어찌 또 어떤 생기지 않는 성품이 저 온갖 법에 들어가겠는가?'라고 했다. 만약 어떤 생기지 않는 성품이 저 온갖 법에 과연 들어간다면 응당 볼 수 있을 것이다. 그러나 지금 온갖 법을 분석해서 미진微塵에 이를 때까지도 필경 이 무생의 뜻을 볼 수 없고, 이미 볼 수 없다면 이는 온갖 법이 생겨나도 본래 생겨남이 없는(無生) 것이다. 그리고 무상無常이란 생법生法이지만, 그러나 나는 온갖 법은 생겨나도 본래 생김이 없다고 설했다. 그리하여 저들이 도리어 생기지 않음을 생김으로 여겨서 무상이라 하기 때문에 '생김이 아니다'라고 말했고, 이를 이름하여 생기지 않음이 무상의 상相이라 한 것이니 이는 진정한 전도顚倒이다. 나의 제자들이 만약 이 생겨나도 본래 생김이 없다는 뜻을 자각하지 못한다면 외도의 무상無常을 낳는 견해에 떨어지니, 저들이 생기지 않음을 계교하다가 오히려 생김의 법(生法)을 이루기 때문에 '무상을 낳는 뜻'이라 말한 것이다. 장주莊周가 "생김을 생기게 하는(生生) 자는 생기지 않는다(不生)"고 한 것이 바로 여기에 떨어진 것이다.

대혜야, 성품(性)의 무상이란 자심自心의 망상이니 상常도 아니고 무상도 아닌 성품이다. 왜 그런가? 말하자면 무상의 자성은 무너지지 않기 때문이다.
대혜야, 이것이 바로 일체의 성품과 성품 없음이 무상한 일(事)이라는 것이다. 무상을 제외하면 능히 일체법의 성품과 성품 없게 하는 것은 있지 않으니, 마치 지팡이, 기와, 돌이 온갖 물건(物)을 파괴하는 것과 같다.

大慧. 性無常者. 是自心妄想. 非常無常性. 所以者何. 謂無常自性不壞. 大慧. 此是一切性無性無常事. 除無常. 無有能令一切法性無性者. 如杖瓦石破壞諸物.

관기 여기서는 제5 성품이 무상하다는 계교를 조회하여 타파하고 있다. 부처는 저 외도가 계교한 무상의 자성은 무너지지 않는데도 능히 온갖 법을 무너뜨린다고 말했으니, 이것은 바로 저 자심自心

이 분별한 허망한 계교일 뿐이다. 이처럼 계교(計)란 또 상常도 아니고 또 무상無常도 아니다. 왜 그런가? 저 소위 무상의 자성은 무너지지 않는데도 능히 일체법을 무너뜨림으로써 무상無常의 일(事)을 이루기 때문이다. 그렇다면 이 무상을 제외하고는 다시 온갖 법을 능히 무너뜨릴 수 있는 것이 있지 않다. 하지만 무상이 능히 저 온갖 법을 능히 무너뜨릴 수 있으니, 마치 지팡이, 기와, 돌 이 능히 온갖 물건(物)을 무너뜨릴 수 있는 것과 같다. 그렇다면 반드시 결정코 무상은 온갖 법과 달라서 바야흐로 능히 무너뜨릴 수 있기 때문에 아래에선 동일함(一)과 다름(異)을 잡아서 타파한 것이다.

현재 보는 것이 각각 다르지 않음(不異), 이것은 성품의 무상한 일(事)이다. 지음(作)과 지어진 것(所作)에 차별이 있지 않음, 이것은 무상이며, 이것은 사事이다. 지음(作)과 지어진 것(所作)이 다르지 않음은 일체의 성품이 상常이고 무인無因의 성품이라는 것이다. 대혜야, 일체의 성품과 성품 없음은 유인有因이지만, 어리석은 범부가 알 수 있는 것이 아니다.

現見各各不異. 是性無常事. 非作所作有差別. 此是無常. 此是事. 作所作無異者. 一切性常. 無因性. 大慧. 一切性無性. 有因. 非凡愚所知.

 여기서는 동일함(一)과 다름(異)을 잡아서 성품의 무상을 타파하고 있다. 말하자면 만약 무상이 능히 온갖 법을 과연 무너뜨릴 수 있는 것이라면, 반드시 결정코 능히 무너뜨리는(能壞) 성품과 무너지는(所壞) 법의 두 체體가 각기 달라야만 바야흐로 능히 무너뜨릴 수 있는 것이다. 이제 현재 보는 것이 각각 다르지 않음(不異) 은 성품의 무상과 무너지는(所壞) 일(事)을 능히 가려내질 못해서 능能과 소所의 두 상相에 차별의 체體가 있기 때문에 '지음(作)과 지어짐 (所作)에 차별이 있는 건 아니다'라고 한 것이다. 지음(作)은 곧 무상이 고, 지어짐(所作)은 곧 무너지는(所壞) 일(事)이다. 만약 능能과 소所가 체體가 다르다면 반드시 '이것은 무상이고, 이것은 무너져 소멸하는 일(所壞滅事)이다'라고 가리켜 진술할 수 있다. 이미 가리킬 수 없다면 체體가 다르지 않은 것이니, 만약 능能과 소所가 다르지 않아서 일체一體 가 된다면, 일체법은 응당 상常이고 또 무인無因에 떨어진다. 왜 그런 가? 저들은 무상의 성품은 무너지지 않는다고 계교하고, 무너지지 않으면 상常이기 때문이다. 지금 이미 온갖 법과 더불어 일체一體가 되었지만, 그러나 무상이 이미 상常이라서 일체법은 모두 상常이다. 이 때문에 '다르지 않음(無異)'은 일체의 성품이 상常이다. 그리고 저들이 계교한 인因의 무상無常 때문에 능히 온갖 법을 괴멸壞滅케 할 수 있다. 지금 이미 일체一體라면 어떤 인因이 능히 온갖 법을 괴멸케 할 수 있는지는 보지 못한다. 이것은 또 스스로 무인無因에 떨어져서 저들의 종지宗旨 역시 이루어지지 않기 때문에 '무인無因의 성품'이라 한 것이다. 그러나 온갖 법의 괴멸壞滅은 무인無因이 아니기 때문에 당역에서는 이렇게 말했다.

"온갖 법의 괴멸壞滅은 실제로는 역시 유인有因이다. 다만 어리석은 범부가 능히 요달할 수 있는 것이 아니다."

서로 유사하지 않은 일(不相似事)을 인因하여 생기지 않으니, 만약 생긴다면 일체 성품은 모두 다 무상이다. 이 서로 유사하지 않은 일은 지음(作)과 지어짐(所作)에 별이別異가 있지 않은데도 다 다름(異)이 있다고 본다.

非因不相似事生. 若生者. 一切性悉皆無常. 是不相似事. 作所作無有別異. 而悉見有異.

관기 앞에서 이미 무상이 능히 온갖 법을 소멸함을 타파했고, 여기서는 또 무상의 성품이 능히 온갖 법을 낳음을 타파하고 있다. 부처는 말한다. 만약 저들 외도가 무상의 성품이 능히 일체법을 낳는다고 계교한다면, 다만 일체의 생기는 법(生法)은 인과가 서로 유사함(相似)이 마치 콩을 심거나 마麻 등을 심는 것과 같다. 콩을 심었는데 마를 얻은 자는 있지 않기 때문에 '서로 유사하지 않은 일(事)을 인因하여 생기지는 않는다'고 한 것이다. 만약 서로 유사하지 않은데도 능히 낳을 수 있다고 한다면, 이는 하나의 인因함으로써 많은 과果를 낳는 것이다. 지금 하나의 무상한 성품으로써 일체법을 낳는다면 일체 성품은 모두 동일한 무상이니, 이 때문에 '만약 생기는 것이라면 일체 성품이 모두 다 무상이다'라고 한 것이다. 이처럼 인과가 구별되지 않고 종류도 구분되지 않으면 일체의 이법異法은 응당 나란히 서로 낳으니(相生), 이것이 바로 서로 유사하지 않은 일(不相似事)인데도 능생能生과 소생所生이 변별될 수 없어서 혼연하여 하나(一)가 되는 것이다. 이 때문에 '지음(作)과 지어짐(所作)에는 별이別異가 있지 않다'고 하고, 또 바로 지금 현재 온갖 법을 보는 것이 각각 다름(異)이 있으니, 그렇다면 이 무상이 능히 일체법을 낳는 건 아니다.

만약 성품이 무상한 것이라면 작인作因의 성품과 상相에 떨어지고, 만약 떨어지는 것이라면(墮者) 일체 성품은 구경究竟이 아니다. 일체 성품이 작인作因의 상相에 떨어지는 것은 저절로(自)인 무상이 응당(應) 무상이어야 하는 것이니, 무상도 무상이기 때문이다. 일체 성품이 무상하지 않음은 응당 상常이어야 한다.

若性無常者. 墮作因性相. 若墮者. 一切性不究竟. 一切性作因相墮者. 自無常應無常. 無常無常故. 一切性不無常. 應是常.

관기 여기서는 무상이 생인生因이 되어도 상常이 될 수 없다고 계교함을 타파하고 있다. 말하자면 만약 반드시 무상의 성품이 유법有法이라서 생인生因이 된다고 한다면 작인作因에 떨어지니, 대체로 작자作者는 모두 무상하기 때문이다. 만약 능히 짓는(能作) 인因이 이미 무상에 떨어지면 지어진(所作) 온갖 법도 모두 무상이기 때문에 '만약 떨어진 것(墮者)이라면 일체 성품이 구경究竟이 아니다'라고 한 것이다. 만약 능생能生의 인因이 소생所生의 무상법無常法 속에 떨어지면, 그렇다면 이는 저절로(自)인 무상 또한 응당(應) 무상이어야 해서 능생자能生者가 상常이 됨을 계교할 수 없기 때문에 '일체 성품이 만약 작인作因의 상相에 떨어지는 것은 저절로인 무상이 응당 무상이어야 하는 것이다'라고 한 것이다. 만약 저절로인 무상이 이미 무상이었다면, 지어진(所作) 일체법은 무상이 아니라 응당 상常이어야 한다. 왜 그런가? 자기를 버린 상常으로 저 온갖 법에 들어가면, 저 온갖 법이 나의 상성常性을 얻는다. 이것이 바로 저절로 무상이고, 생긴 것(所生者)은 모두 응당 상常이어야 한다. 만약 저것이 상常이라면 무너뜨릴 수 없고, 생겨진(所生) 법을 무너뜨릴 수 있다고 계교하는 것도 또 이루어지지 못한다. 그래서 당역에서는 이렇게 말했다.

"만약 무상無常의 성품이 유법有法이라고 한다면 응당 지어진 것(所作)과 똑같아야 한다. 저절로(自) 무상임은 저절로 무상이기 때문에 소무상법所無常法은 모두 응당 상常이어야 한다."

만약 무상이 일체 성품에 들어간다고 하면 응당 삼세三世에 떨어지니, 저 과거의 색色과 무너짐(壞)이 함께하고 미래는 생기지 않으며, 색이 생기지 않기 때문에 현재의 색과 괴상壞相이 함께한다.

若無常入一切性者. 應墮三世. 彼過去色與壞俱. 未來不生. 色不生故. 現在色與壞相俱.

관기 여기서는 무상의 성품이 온갖 법 속에 능히 들어갈 수 있음을 타파하고 있다. 그러나 외도는 무상이 온갖 법 속에 들어가서 자성이 무너지지 않으면서도 능히 저 온갖 법을 무너뜨린다고 허망하게 계교하고 있다. 부처는 말한다. 만약 무상이 일체 성품에 들어간다고 일컫는다면 응당 삼세에 떨어지고, 이미 삼세에 떨어졌다면 그에 따라 괴멸壞滅해서 자성은 무너지지 않을 수 없다. 왜 그런가? 만약 과거에 들어가면 과거의 색色은 이미 무너졌고, 만약 미래에 들어가면 미래의 색은 생기지 않았고, 만약 현재에 들어가면 현재는 머물지 않고 찰나刹那에 변하고 소멸해서 무상 역시 그와 더불어 함께 무너진다. 또 자체自體가 이미 무너졌다면, 어찌 저 온갖 법을 능히 무너뜨릴 수 있겠는가?

색色이란 사대四大가 집적(積集)된 차별이다. 사대 및 조색造色의 자성은 무너지지 않으니 다름(異)과 다르지 않음(不異)을 여의었기 때문이다. 일체의 외도에게 일체의 사대는 무너지지 않고, 일체의 삼유三有에서 사대 및 조색은 생멸이 있다고 아는 바(所知)에 있다. 사대와 조색을 여의면 일체의 외도는 성품의 무상을 어떤 식으로 사유하는가? 사대는 생기지 않으니, 자성의 상相이 무너지지 않기 때문이다.

色者四大積集差別. 四大及造色自性不壞. 離異不異故. 一切外道一切四大不壞. 一切三有四大及造色在所知有生滅. 離四大造色. 一切外道於何所思惟性無常. 四大不生. 自性相不壞故.

관기 여기서는 또 사대가 상常이라는 계교를 전변하여 타파하고 있다. 앞서 무상의 무너지지 않는 성품이 일체의 색법色法에 들어간다고 집착하기 때문에 부처는 이를 타파하며 말했다.

"일체 삼세三世의 색법色法은 함께 무너질 수 있음에 속하지만 무상은 무너지지 않음이 없는 이치이다."

그래서 여기서는 또 전계轉計를 방해하면서 '능히 들어갈(能入) 수 있는 무상은 무너지지 않기 때문에 들어가게 되는(所入) 사대 역시 항상 머물며 무너지지 않는다'고 하였다. 이 때문에 여기서 타파하면서 '색色이란 바로 사대로 창조된 집적(積集)의 차별된 성품일 뿐이다'라고 하였다. 능조能造와 소조所造는 본래 두 체體가 없으니, 어찌 소조의 색법色法이 이미 무너졌는데도 능조의 사대가 무너지지 않음이 있겠는 가? 능조와 소조는 동일하지도(一) 않고 다르지도(異) 않기 때문이다. 만약 동일하지(一) 않다면 두 체體는 각기 구별되고, 만약 다르지(異) 않다면 함께 무너질 수 있음에 속하는데, 하물며 일체 삼유三有의 능조와 소조는 사람마다 모두 생멸법이라고 알고 있음에랴. 또 어찌 단지 색色이 무너질 뿐인데 사대가 무너지지 않는 이치가 있겠는가? 이미 능能과 소所가 함께 무너졌다면, 이것 외에 다시 어느 곳에서 무상의 무너지지 않는 성품을 찾겠는가? 그러므로 당역에서는 이렇게 말했다.

"일체의 외도는 사대 종자(四大種)의 체성體性이 무너지지 않음을 계교하고, 색色이란 바로 사대 종자의 차별로 색을 창조해서 다름 (異)과 다르지 않음(不異)을 여의었기 때문에 그 자성 역시 괴멸되지 않는다."

대혜야, 삼유 중에 능조와 소조는 모두 생기고 머물고 소멸하는 상相 아님이 없는데, 어찌하여 다시 별개로 무상의 성품이 있어서 능히 사물(物)을 낳을 수 있으면서도 소멸하지 않는 건가? 외도는 무상의 성품이 상常이라서 능히 생멸의 주재主宰를 짓는다고 허망하게 계교하니, 이는 유현한 잠재성(幽潛)을 계교한 것이기 때문에 전전展轉 해서 타파한 것이다. 이와 같은 것을 장주莊周 역시 '생김을 생기게 하는(生生) 자는 생기지 않는다(不生)'고 했으며, 또 '저 도道는 쇠락(衰殺)이 되면서도 쇠락하지 않으며, 저 도는 본말本末이 되면서도 본말이 아니다'라고 했다. 진실로 참된 무생無生의 뜻을 통달하지 않으면 이 속에 떨어지지 않는 자가 드물 것이다. 그러므로 앞에서 "만약 이것을 자각하지 못하는 자라면 일체 외도의 무상을 낳는 뜻(生無常義)에 떨어진다"고 한 것이다.

첫 창조의 무상을 여의는 것은 사대四大가 아니며, 다시 다른(異) 사대가 있어서 각각이 다른 상(異相)이다. 자상自相이기 때문에 차별로 얻을 수 있는 것이 아니며, 저 차별이 없으면(無差別) 이런 사대 등은 다시 창조하지 못한다. 두 가지 방편으로 짓지 못하니, 반드시 무상이란 걸 알아야 한다.

離始造無常者. 非四大. 復有異四大. 各各異相. 自相故. 非差別可得. 彼無差別. 斯等不更造. 二方便不作. 當知是無常.

_{관기} 여기서는 첫 번째로 짓고 나서 무상하다는 계교를 버리는 걸 조회해 타파하고 있다. 외도는 사대가 무상하지 않다고 계교하고, 다시 다른 사대의 성품으로 능히 처음 창조하는(始造) 즉시 버림을 이름하여 무상이라 하니, 대체로 저들이 창조된(所造) 사대를 상常이라 하고, 능히 창조한(能造) 것을 무상이라 하기 때문이다. 그러나 저들의 계교는 서로 스스로 공유한 삼법三法이 능조能造가 됨을 벗어나지 않기 때문에 부처가 이를 타파하면서 '사대가 서로

창조하는 것이 아니니, 사대가 각각 이상異相이기 때문이다. 또한 홀로 스스로 창조함(自造)도 아니니, 차별의 상相을 얻을 수 없기 때문이다'라고 하였다. 이미 차별의 상相을 얻을 수 없다면 이런 것 등은 또한 다시 공통으로 창조되지(共造) 않으니, 피차가 괴리乖離되어 두 가지 방편을 짓지 않기 때문이다. 그러나 두 곳이 이미 그르다면 본래 창조하는 자(造者)가 없어서 필경은 무상이기 때문에 '반드시 무상이란 걸 알아야 한다'고 한 것이니, 어찌 무상이 있어서 저 상법常法을 능히 창조하였겠는가? 그러므로 당역에서는 이렇게 말했다.

"사대의 종자(大種)가 서로 사대의 종자를 창조하는 것이 아니니 각기 구별되기 때문이다. 자상自相으로 창조하는 것도 아니니 다름(異)이 없기 때문이며, 다시 공통으로 창조하는 것도 아니니 괴리하기 때문이다."

저 형상과 처소(形處)가 무너져 무상하다는 것은 말하자면 사대 및 조색造色이 무너지지 않고 나아가 마지막(竟)까지도 무너지지 않는 것이다. 대혜야, 마지막(竟)이란 미진微塵에 이를 때까지 분석해서 무너짐을 관찰해도 사대 및 조색造色의 형상과 처소(形處)는 보는(見)게 달라서 길고 짧은 걸 얻을 수 없으므로 사대가 아니다. 사대가 무너지지 않고 형상과 처소가 무너져 나타나면 수론數論에 떨어진다.

彼形處壞無常者. 謂四大及造色不壞. 至竟不壞. 大慧. 竟者分析乃至微塵觀察壞. 四大及造色形處異見. 長短不可得. 非四大. 四大不壞形處壞現. 墮在數論.

관기 여기서는 두 번째로 형상과 처소(形處)가 무너져 무상하다는 계교를 조회해 타파하고 있다. 외도는 능조能造의 사대 종자(大種) 및 소조所造의 색色은 필경 무너지지 않는다고 계교하니, 즉 미진微塵의 경계(際)에 이를 때까지 분석해도 단지 형상形狀의 길고 짧음 등의 견해만 소멸할 뿐 능조能造와 소조所造의 색체色體는 소멸하지 않기 때문에 색체色體가 무너지지 않는 걸 상常이라 하고, 형상形狀이 변하면서 무너지는 걸 무상이라 한다. 이 때문에 '형상과 처소(形處)는 보는(見) 게 달라서 길고 짧은 걸 얻을 수 없으므로 사대가 아니다'라고 한 것이다. 부처는 이를 타파하면서 '사대가 무너지지 않고 형상과 처소가 무너져 나타나면 이는 바로 승거僧佉[152]의 수론數論에 떨어진다'고 한 것이다. 승거僧佉가 사대를 상常이라고 계교했기 때문이다.

'색色 곧 무상'은 말하자면 '색色이 그대로 무상하다'는 것이다. 그건 형상과 처소(形處)의 무상이지 사대가 아니다. 만약 사대가 무상이라면 세속 수數의 언설이 아니며, 세속의 언설이 성품이 아니라고 한다면 세론世論에 떨어져서 일체 성품을 보더라도 단지 언설만이 있을 뿐 자상自相의 생겨남은 보지 못한다.

色卽無常者. 謂色卽是無常. 彼則卽也形處無常. 非四大. 若四大無常者. 非俗數言說. 世俗言說非性者. 則墮世論. 見一切性. 但有言

---

152 인도 정통 브라만 계통의 육파철학의 하나인 상키야Sāṃkhya 학파를 말한다. '승거僧佉'로 음사되며, '수론數論'으로 번역된다. 따라서 수론학파數論學派라고도 불린다.

說. 不見自相生.

관기 여기서는 세 번째로 즉색卽色이 무상하다는 계교를 조회하여 타파하고 있다. 외도는 색色이 바로 무상이라고 계교한다. 그러나 소조所造의 색色은 형상形狀의 길고 짧음 등을 벗어나지 못하기 때문에 부처님께서 '그들의 계교는 바로 앞에서처럼 형상과 처소가 무상하다는 뜻과 동일할 뿐 대체로 사대의 무상은 아니다'라고 말씀하신 것이다. 만약 사대가 무상하다는 뜻이라면 정교正敎에서 이야기한 것에 속하기 때문에 '세속 수數의 언설이 도달할 수 있는 것이 아니다'라고 한 것이다. 그러나 저 세론世論이 조색造色이 무상하다고 설한 것인즉 세론에 떨어진 것이다. 두 가지 번역이 모두 노가야견(盧迦耶見: 외도의 견해)으로 바로 네 가지 베다(韋陀)[153]의 하나이다. 말하자면 단견斷見의 짝으로서 저들이 온갖 법에는 실제로 자성이 있다고 허망하게 보는 것이다. 하지만 여기서는 단지 언설만이 있을 뿐 도무지 실다운 뜻(實義)이 없으니, 자상自相의 생겨남을 보지 못하기 때문이다.

전변轉變의 무상이란 말하자면 색色이 성품을 다르게 나타난 것이라 사대가 아니다. 마치 금金으로 장엄구莊嚴具를 만들어 전변이 나타나더

---

[153] 고대 인도의 종교 지식과 제례규정을 담고 있는 문헌. 브라만교의 성전을 총칭하는 말로도 쓰인다. 구전되어 오던 내용을 기원전 1500~1200년에 산스크리트어로 편찬한 것으로 추정되며 고대 인도의 종교, 철학, 우주관, 사회상을 보여준다.

라도 금의 성품이 무너지지 않고 단지 장엄구의 처소만 무너질 뿐인 것과 같다. 이처럼 나머지 성품의 전변 등도 역시 이와 마찬가지다.

轉變無常者. 謂色異性現. 非四大. 如金作莊嚴具. 轉變現. 非金性壞. 但莊嚴具處所壞. 如是餘性轉變等. 亦如是.

> **관기** 여기서는 네 번째로 색色의 전변轉變으로 중간中間이 무상함을 조회하여 타파한 것이다. 외도는 능조能造와 소조所造 둘 다 상常이라고 계교하지만, 두 색 중간에 어떤 무상의 성품이 있어서 능히 소조의 색법色法을 상속相續, 변이變異케 해서 자연히 괴멸壞滅케 하니 마치 우유와 치즈(酪) 등과 같다. 여기서 말하는 것은 색의 다른 성품이 나타남을 무상하다고 일컫는 것이지 사대가 무상하다는 것이 아니다. 그래서 마치 금으로 장엄구를 만들어 전변이 나타나더라도 금의 성품이 무너지지 않고 단지 장엄구의 처소만이 무너질 뿐인 것과 같다. 이와 마찬가지로 나머지 온갖 법의 전변도 역시 이와 같다. 이것과 앞의 두 가지는 말은 구별되지만 뜻은 동일한 것이다. 이상은 계교를 조회한 것이고, 아래 글은 계교를 타파한 것이다.

이 같은 등의 갖가지 외도의 무상은 망상을 보는 것이니, 불이 사대를 태울 때 자상自相은 타지 않으며, 각각의 자상이 서로 무너뜨린다고 하면 사대의 조색造色은 응당 끊어져야 한다.

如是等種種外道無常見. 妄想火燒四大時. 自相不燒. 各各自相相壞

者. 四大造色應斷.

 여기서는 앞에서 계교한 까닭을 내놓고 있다. 당역에서는 이렇게 말했다.

"이 같은 등의 갖가지 외도는 허망한 분별로 무상의 성품을 보니, 저 외도는 이렇게 설한다. '불이 온갖 대大의 자상自相을 능히 태울 수 없고 단지 각각으로 분산시킬 뿐이다. 만약 능히 태울 수 있는 것이라면 능조能造와 소조所造인즉 모두 단멸斷滅한다'라고."

말하자면 이런 등의 외도는 허망하게 무상의 견해를 짓는다.

불이 사대를 태울 때 단지 형상形狀은 무너져도 자체自體는 무너지지 않는다는 말이니, 마치 금으로 만든 장엄구莊嚴具가 형태는 비록 무너져도 금의 성품은 무너지지 않는 것과 같다. 만약 사대 자체가 무너지는 것이라면 능조와 소조 모두 단멸이다. 이는 어떤 것은 무너지고 어떤 것은 무너지지 않는다고 계교한 것이니, 바로 소위 불성佛性의 일부분(一分)은 상常이고 일부분은 무상無常이라는 것이다. 말법末法 시대의 견성見性은 대부분 여기에 떨어지니, 대개는 외도의 계교로서 상과 무상을 벗어나지 않기 때문에 아래 글에서는 상도 아니고 무상도 아닌 것으로서 통째로 타파한 것이다.

대혜야, 나의 법의 생기生起는 상常도 아니고 무상無常도 아니다. 왜 그런가? 말하자면 외부의 성품이 결정되지 않았기 때문이다.(위역에서는 "나는 외부 경계가 있다[有]고 설하지 않기 때문이다"라고 하였다) 오직 삼유三有가 미묘한 마음뿐임을 설할 뿐(당역에서는 "삼계는 오직 마음뿐이기 때문이다"라고 하였다) 갖가지 상相이 생김도 있고 소멸도 있다고(有生有滅) 설하지 않는다. 사대의 회합(合會)이 사대 및 조색造色으로 차별되기 때문에 망상의 두 가지 일(事)로서 섭수하고(攝) 섭수하는 바(所攝)이니, 두 가지 망상을 알면 외부의 성품과 성품 없음의 두 가지 견해를 여읜다.(당역에서는 "온갖 상相을 설하지 않기 때문이며, 사대 종성의 성품과 처소의 갖가지 차별이 생기지도 않고 소멸하지도 않기 때문이며, 능조能造와 소조所造가 다르기 때문이며, 능취能取와 소취所取의 두 가지 체성體性 일체가 모두 분별로부터 일어나기 때문이며, 여실如實하게 두 가지 취하는 성품을 알기 때문이다"라고 하였다) 자심自心의 현량現量을 자각하면, 망상妄想이란 사유의 상념(思想)으로 행행의 생김(生)을 짓는 것이라서 행行을 짓지 못함이 아니다. 마음의 성품과 성품 없음의 망상을 여의면 세간과 출세간, 출세간 상상上上의 일체법은 상常도 아니고 무상無常도 아니다.

大慧. 我法起非常. 非無常. 所以者何. 謂外性不決定故. (魏譯云. 我不說外境界有故) 唯說三有微心. (唐譯云. 三界唯心故) 不說種種相有生有滅. 四大合會差別. 四大及造色. 故妄想二種事攝所攝. 知二種妄想. 離外性無性二種見. (唐譯云. 不說諸相故. 大種性處種種差別不生不滅故. 非能造所造故. 能取所取二種體性. 一切皆從分別起故. 如實而知二取性故) 覺自心現量. 妄想者. 思想作行生. 非不作行. 離心性無性妄想. 世間出世間出世間上上一切法. 非常非無常.

| 관기 | 여기서는 열반이 단멸(斷)과 항상(常)의 뜻을 여읜 까닭을 결론으로 나타낸 것이다. 말하자면 저 외도가 단멸과 항상에 떨어진 까닭은 허망하게 본 외부 경계가 실제로 있다고(實有) 여겨서 오직 마음이 나타낸 것일 뿐임을 요달하지 못하기 때문이니, 이 때문에 갖가지 상相은 생겨남도 있고 소멸함도 있다고 설하는 것이다. 허망하게 사대의 능조能造와 소조所造를 일컫기 때문에 능취能取와 소취所取가 있다고 허망하게 보니, 이 때문에 있음(有)과 없음(無)의 두 견해에 떨어져서 허망하게 단멸과 항상을 일으킨다. 나의 법은 총체적으로 모두 이 온갖 견해를 여의었으니, 오직 자심自心의 나타냄일 뿐임을 요달했기 때문이다. 저 망상이란 단지 사유의 상념(思想)으로부터 업業을 지어 생기는 것으로서 업의 생겨남이 없는(無生) 뜻을 짓지 않음이 없다. 나의 이 무생無生은 마음(心), 뜻(意), 식識, 있음(有)과 없음(無)의 두 가지 견해를 여의고 세간과 출세간 상상上上의 온갖 법을 요달해서 오직 자심自心일 뿐 다시 별개의 법은 없다. 그러므로 나의 법은 단멸(斷)도 아니고 항상(常)도 아니다.

자심自心의 현량現量을 자각하지 못해서 양변兩邊에 떨어져 악견惡見이 상속하니, 일체 외도는 스스로의 망상(自妄想)을 자각하지 못한다. 이 범부는 근본이 있지 않으니, 말하자면 세간과 출세간, 출세간 상상上上은 언설의 망상으로부터 생기는 것이라서 어리석은 범부가 깨달을 수 있는 것(所覺)이 아니다."

不覺自心現量. 墮二邊惡見相續. 一切外道不覺自妄想. 此凡夫無有

根本. 謂世間出世間出世間上上. 從說妄想生. 非凡愚所覺.

관기 여기서는 외도의 허물을 결론으로 나타내고 있다. 저 외도는 오직 마음뿐임(唯心)을 요달하지 못하기 때문에 양변에 떨어져 악견惡見이 상속한다. 이 모두가 자심의 망상으로부터 생기는 걸 자각하지 못하니, 이는 범부와 외도가 근본지혜根本智慧가 있지 않기 때문이다. 저 외도들 역시 장차 여래가 설한 세간, 출세간, 출세간 상상법上上法을 일컫고, 또한 저 언설로부터 망상이 생기는 것과 같지만, 저들은 여래의 설법이 마음(心), 뜻(意), 식識, 언설을 여읜 경계란 걸 알지 못한다. 그래서 전도顚倒된 허망한 견해의 분별이 이와 같지만, 그러나 여래가 설한 법은 저 어리석은 범부가 알 수 있는 것이 아니기 때문이다.

이때 세존께서는 이 뜻을 거듭 선포하고자 게송을 설하셨다.

爾時世尊欲重宣此義而說偈言.

조성된 것(所造) 및 형상과 처소(形處)와
다름을 멀리 여의고
성품(性)과 색色이 무상하다는 건
외도의 어리석은 망상이다.

遠離於所造. 及與形處異. 性與色無常. 外道愚妄想.

> 관기

여기서는 외도가 계교한 일곱 가지 무상無常이 모두 망상의 분별이란 걸 총체적으로 읊고 있다. 여기서는 그 네 가지를 들었는데 글을 보면 알 수 있다.

온갖 성품은 무너짐이 있지 않아서
대大와 대大의 자성이 머무는데
외도는 무상하다는 상념으로
갖가지 견해에 빠져든다.

諸性無有壞. 大大自性住. 外道無常想. 沒在種種見.

> 관기

여기서는 전변轉變의 무상을 읊고 있다. 말하자면 일체의 온갖 법은 자성이 항상 머물면서 동전動轉하는 자가 없다. 외도는 이를 요달하지 못한 채 허망하게 무상하다고 계교하니, 대체로 갖가지 삿된 견해에 빠져들 뿐이다.

저 온갖 외도 등은
생기거나 소멸하거나 함이 없고
대大와 대大의 성품이 스스로 항상이니(自常)
무엇을 일러 무상의 상념이라 하겠는가?

일체는 오직 마음의 양(唯心量)일 뿐이지만
두 가지 마음이 유전流轉하면서

섭수攝受하고 아울러 섭수되니(所攝)
나(我)와 내 것(我所)은 있지 않다.

彼諸外道等. 無若生若滅. 大大性自常. 何謂無常想. 一切唯心量.
二種心流轉. 攝受及所攝. 無有我我所.

관기 여기서는 불생不生의 무상 및 사대는 상常, 그리고 조색造色은 무상하다고 계교함을 읊고 있다. 말하자면 외도는 불생은 무상으로 일체 온갖 법에 들어간다고 허망하게 계교하고 있다. 이미 불생이라 했으니, 불생이면 불멸인데, 어떻게 또 무상하다고 말하는가? 이미 사대가 상常이라 하면서도 어떻게 또 소조所造가 무상이라 말하는가? 그러므로 일체 온갖 법을 알아서 오직 일심一心의 현량現量일 뿐이라면, 있음(有)과 없음(無)의 두 가지 견해, 능취能取와 소취所取, 나(我) 및 내 것(我所)은 본래 있지 않으니, 이는 모두 자심自心의 허망한 분별일 뿐이다. 당역에서는 이렇게 말했다.

"저 온갖 외도의 무리들은 모두 불생멸不生滅을 설해서 온갖 대大의 성품은 저절로 항상한데(自常) 무엇이 무상의 법이던가?"

범천梵天은 나무의 뿌리가 되고
줄기와 가지도 보편적으로 두루하다.
이처럼 내가 설한 것도
오직 저 심량心量일 뿐이다.

梵天爲樹根. 枝條普周徧. 如是我所說. 唯是彼心量.

> **관기** 여기서는 외도의 계교를 읊고 있다. 일곱 가지 무상뿐만 아니라 곧 일체의 상견常見도 마치 범천梵天이 항상(常) 중생의 주主가 되어 온갖 만물 등을 능히 낳음이 모두 삿된 견해에 속하는 것과 같다. 그래서 나는 저 범천 역시 자심의 양量일 뿐이라고 설하는 것이다.

○이상 외도가 계교한 무상으로 열반의 참되고 항상함(眞常)을 나타내는 걸 변론하였다. 이 글은 단지 무상을 변론했을 뿐이며, 그 참되고 항상함을 나타낸 글은 착간錯簡으로 삼매장三昧章 뒤에 실려 있다.
△②-3-2-(2)-3) 아래에선 삼승의 삼매로써 열반의 참된 즐거움을 나타낸 걸 변론하였다.

이때 대혜보살이 다시 부처님께 여쭈었다.
"세존이여, 오직 바라노니, 일체 보살, 성문, 연각의 멸정수滅正受의 차제次第와 상속相續을 설해 주소서. 만약 멸정수의 차제와 상속의 상相에 능숙하다고 한다면, 나 및 다른 보살도 끝내 멸정수의 즐거운 문(樂門)을 허망하게 버리지 않을 것이고 일체 성문, 연각, 외도의 어리석음에 떨어지지 않을 것입니다."

爾時大慧菩薩復白佛言. 世尊. 惟願爲說一切菩薩聲聞緣覺. 滅正受次第相續. 若善於滅正受次第相續相者. 我及餘菩薩終不妄捨滅正

受樂門. 不墮一切聲聞緣覺外道愚癡.

관기 앞에서는 외도가 무상을 삿되게 계교해서 구경열반究竟涅槃의 참되고 항상함(眞常)을 나타내려고 함을 밝히고 있지만, 그 글은 아직 끝나지 않았다. 여기서는 삼승이 취한 삼매문三昧門의 즐거움으로써 열반의 참된 즐거움을 나타내고 삿된 오류를 방지하는 걸 변론했다. 그래서 이를 이어받아 즉각 보살, 성문, 연각의 멸정수滅正受의 차제次第와 상속相續을 질문한 것이다. 그 의도는 만약 이 멸정수의 상相을 능히 잘 요달할 수만 있다면, 여래 과해果海의 멸정수의 즐거운 문(樂門)을 허망하게 버리지 않는다는 것이다. 사捨는 잃어버림(失)과 같다. 말하자면 만약 삼승을 아는 것이 모두 구경이 아니라면 치우침과 삿됨을 허망하게 취해서 조그만 것에 만족하다가 여래 대적멸해大寂滅海의 정수락문正受樂門을 잃지 않아야 한다.

그래서 아래에서 세존께서는 보살의 팔지八地가 참되지 않다고 내리 서술하고 있다. 꿈과 강의 비유는 그 의도가 채찍질해서 나아가야지 잘못된 곳에는 떨어지지 말라는 데 있을 뿐이다.

부처님께서 대혜에게 고하셨다.
"자세히 듣고 자세히 들어서 잘 사유하도록 하라. 마땅히 그대를 위해 설하겠노라."
대혜가 부처님께 여쭈었다.
"세존이여, 오직 바라노니, 저를 위해 설해 주소서."
부처님이 대혜에게 고하셨다.

"육지六地의 보살마하살 및 성문, 연각은 멸정수滅正受에 들어간다.

佛告大慧. 諦聽諦聽. 善思念之. 當爲汝說. 大慧白佛言. 世尊. 惟願爲說. 佛告大慧. 六地菩薩摩訶薩. 及聲聞緣覺入滅正受.

> **관기** 여기서는 육지六地 보살과 성문, 연각이 삼계의 번뇌장煩惱障 종자인 근심스런 마음과 수고로운 생각을 똑같이 끊기 때문에 마음을 소멸해 정수正受에 들어감을 말하고 있다. 그러나 나가고 들어감은 있어도 아직 생각 생각(念念)에 능히 들어가지는 못할 뿐이니, 물듦(染)과 청정(淨)의 상相을 잊지 못했기 때문이다.

제7지 보살마하살은 생각 생각(念念)마다 정수正受하여 일체 성자성性自性 상相을 여읜 정수正受이므로 성문이나 연각은 아니다. 온갖 성문과 연각은 행行과 각覺이 있어서 섭수(攝)와 소섭所攝의 상相을 멸정수滅正受하는 데 떨어지니, 이 때문에 칠지七地는 염정수念正受가 아니다.

第七地菩薩摩訶薩念念正受. 離一切性自性相正受. 非聲聞緣覺. 諸聲聞緣覺墮有行覺攝所攝相滅正受. 是故七地非念正受.

> **관기** 여기서는 칠지七地 보살이 생각생각(念念) 정수正受에 들면서도 이승의 좋아하고 싫어함이 있는 것과는 똑같지 않다고 말한다. 칠지에서 생각생각 들어가는 까닭은 싫어할 만한 생사가 있다고 보지 않고 추구할 만한 열반이 있다고 보지도 않기 때문이니,

이 때문에 '일체 성자성性自性 상相을 여읜 정수正受이므로'라고 말한 것이다. 이는 이승이 미칠 수 있는 것이 아니다. 이승이 칠지에 미치지 못하는 까닭은 유위有爲를 싫어하고 무위無爲를 지향해 즐기느라 능취能取와 소취所取의 경계를 여의지 못하기 때문이다. 그러므로 칠지는 이승에게 있는 염정수念正受가 아니다. 이 때문에 위역에서는 이렇게 말했다.

"보살은 칠지七地에서 생각 생각(念念)마다 멸진정滅盡定에 들어가니, 온갖 보살이 다 일체 온갖 법의 있음(有)과 없음(無)의 상相을 능히 멀리 여의기 때문이다. 성문, 벽지불이 생각 생각마다 능히 멸진정에 들어갈 수 없는 것은 유위행有爲行을 반연하여 멸진정에 들어가려 하는 것이 소취와 능취의 경계에 떨어지기 때문이다. 그러므로 성문, 벽지불은 칠지에서 생각 생각마다 멸진정에 들어갈 수 없는 것이다."

일체법의 차별 없는 상相을 얻는 것은 분별(分)이 아니니, 갖가지 상相과 성품(性)을 얻는 것은 일체법의 착하고 착하지 않은 성품(性)과 상相의 정수正受를 자각하는 것이다. 그러므로 칠지七地는 선념善念의 정수가 없는 것이다.

得一切法無差別相非分. 得種種相性. 覺一切法善不善性相正受. 是故七地無善念正受.

여기서는 이승이 칠지에 미치지 못하는 까닭을 밝히고 있다. 그러나 이승이 칠지에 미치지 못하는 까닭에 대해선 위역에서 이렇게 말한다.

"온갖 법의 갖가지 이상異相, 있음(有)의 법과 없음(無)의 법, 착하고 착하지 않은 법, 동일한 상(同相)과 다른 상(異相)을 자각해서 멸진정滅盡定에 들어간다. 그러므로 성문과 연각은 칠지에서 생각 생각(念念)마다 멸진정에 능히 들어갈 수 없으니, 훌륭하고 능숙한 방편의 지혜(善巧方便智)가 없기 때문이다."

이 중에서 선념善念이 없음은 말하자면 저 이승은 착함과 착하지 않음 등의 생각(念)이 없다는 것이다.

대혜야, 팔지八地 보살 및 성문, 연각은 심心, 의意, 의식意識의 망상의 상相이 소멸한다.

大慧. 八地菩薩及聲聞緣覺. 心意意識妄想相滅.

<관기> 여기서는 팔지八地의 행상行相을 말한다. 말하자면 팔지 보살의 공용功用 없는 도道는 항상 삼매에 있으면서 나가고 들어가는 상相이 없는데도 성문, 연각의 열반과 똑같이 망상의 심식心識을 소멸한다. 그러나 이것은 명칭은 동일하나 뜻(義)은 별개인 것이다. 이승은 전육식前六識을 소멸해서 수고로운 사려(勞慮)가 영원히 끊어져 적멸寂滅에 침몰하기 때문에 한 생각(一念)도 중생을 제도하는 마음이 없다. 팔지 성인은 장식藏識을 버려서 여의고 생멸심이 소멸해 적멸에 침몰하지만, 그러나 또한 중생 제도의 원願을 일으키지 못한다. 적멸은 비록 동일하지만 실제로는 크게 다르니, 왜 그런가? 이승은

즉각 이것이 열반이 된다고 취해서 다시 전진前進하지 못하지만, 팔지라면 삼매의 깨달음을 지니고 또 여래의 신력神力으로 가지加持하기 때문에 열반의 상相을 취하지 않는다. 이것이 다를 뿐이니, 아래 글에서 자명自明하다.

초지부터 칠지까지의 보살마하살은 삼계의 심心, 의意, 의식意識의 양을 관觀해서 나(我)와 내 것(我所)을 여의고서 스스로의 망상을 수행하다 외부 성품의 갖가지 상相에 떨어진다. 어리석은 범부의 두 가지 견해는 자심自心의 섭수(攝)와 섭수한 바(所攝)이니, 한결같은 무지無知는 비롯 없는 허물과 악, 허위의 습기로 훈습한 것임을 자각하지 못한다.

初地乃至七地菩薩摩訶薩. 觀三界心意意識量. 離我我所. 自妄想修. 墮外性種種相愚夫二種. 自心攝所攝. 向無知. 不覺無始過惡虛偽習氣所熏.

> **관기** 여기서는 칠지 이전에 닦아 익힘(修習)이 착하지 않으면 외도의 삿된 견해에 떨어진다고 말한다. 말하자면 초지初地로부터 칠지七地에 이르기까지 닦은 관觀과 행행이 비록 능히 삼계의 일체가 오직 심心, 뜻(意), 의식意識일 뿐임을 관찰할 수 있더라도 본래는 나(我)와 내 것(我所)을 여의고자 한 것이니, 만약 다문多聞의 슬기(慧)가 없어서 자기 망상의 견해에 의거해 닦아 익힘(修習)이 훌륭하지 않다면 외도의 갖가지 삿된 길에 떨어진다. 어리석은 범부의 있음(有)

과 없음(無)의 두 가지 망견妄見은 자심自心 중에 일으킨 능취能取와 소취所取의 집착을 진실이라 여기니, 소위 자심이 자심을 취하고 환 아님(非幻)이 환법幻法을 이루는 것이다. 이것이 바로 한결같은 무지無知로서 비롯 없는 허물과 악, 허위의 습기習氣로 훈습해 변한 것을 자각하지 못했을 뿐이니, 보살은 이에 이르러서도 오히려 삿된 견해에 잘못 떨어지므로 진실로 깊이 막아야 한다. 능엄楞嚴의 50가지 중음마重陰魔는 모두 관심觀心의 연구(硏窮)에 의거해서 발發하며, 심지어 거의 각위覺位에 이르러서도 소멸에 빠지는데 하물며 칠지七地이겠는가? 후자를 전자와 비교해 보면, 바로 행음行陰을 타파하려 해도 아직은 타파하지 못한 때이다.

대혜야, 팔지八地 보살마하살은 성문과 연각의 열반이다. 보살이란 삼매의 깨달음(覺)이 가지加持[154]되고 있으니, 이 때문에 삼매문三昧門에서 즐기느라고 열반에 들지 못한다. 만약 가지되고 있지 않다면 여래지如來地가 만족되지 않으니, 일체중생을 위한 일을 저버리기 때문에 부처 종자가 응당 끊어진다. 온갖 부처 세존께서는 여래의 불가사의不可思議 무량공덕無量功德을 제시하는데도 성문과 연각은 삼매문에서 얻은 즐거움에 이끌리기 때문에 열반이라는 상념을 짓는다.

大慧. 八地菩薩摩訶薩. 聲聞緣覺涅槃. 菩薩者三昧覺所持. 是故三

---

154 원어는 'adhiṣṭhāna'로 '가'는 '가피加被', '지'는 '섭지攝持'를 의미하며, 대자대비한 불보살의 가호를 받아 중생이 깨달음의 경지로 들어가는 것을 말한다.

昧門樂不般涅槃. 若不持者. 如來地不滿足. 棄捨一切有爲衆生事故. 佛種則應斷. 諸佛世尊爲示如來不可思議無量功德. 聲聞緣覺三昧門. 得樂所牽. 故作涅槃想.

> **관기** 여기서는 팔지八地가 만약 여래 신력神力의 가지加持를 얻지 못하면 이승으로 떨어진다고 말하니, 말하자면 앞에서 '팔지에서 얻은 삼매와 이승의 열반이 그 명칭은 비록 똑같더라도 증득된 것은 다르다'고 한 것이다. 온갖 부처 신력의 가지를 얻기 때문에 삼매문三昧門에서는 열반에 들어가지 못한다. 만약 가지되지 못한다면 문득 일체중생을 교화해 제도하지 못해서 여래의 경지(地)를 능히 만족할 수 없고 또한 여래의 종성種性을 즉각 단절시킨다. 그러므로 온갖 부처가 여래의 불가사의한 온갖 대공덕을 설한 것은 구경에 열반에 들어가지 못하게 한 것이며, 성문과 연각은 삼매의 즐거움에 집착하는 것이다. 그래서 그 가운데 열반이라는 상념을 일으키는 것이다.

대혜야, 내가 분류한 칠지七地는 심心, 뜻(意), 의식意識의 상相을 잘 닦고, 나(我)와 내 것(我所)의 섭수攝受, 인무아人無我와 법무아法無我, 생멸의 자상自相과 공상共相을 잘 닦고, 사무애四無礙와 결정력삼매문決定力三昧門, 지地의 차제次第와 상속相續, 도품법道品法에 들어감을 잘 함으로써 보살마하살로 하여금 자상과 공상을 자각하지 못하도록 하지 않았으니, 칠지를 잘 하지 못해서 외도의 삿된 길에 떨어지기 때문에 지地의 차제次第를 수립한 것이다.

大慧. 我分部七地. 善修心意意識相. 善修我我所攝受. 人法無我. 生滅自共相. 善四無礙. 決定力三昧門. 地次第相續. 入道品法. 不令菩薩摩訶薩不覺自共相. 不善七地. 墮外道邪徑. 故立地次第.

> **관기** 여기서는 칠지가 바로 단증斷證의 관건이기 때문에 가加를 써야 한다는 걸 말한다. 가加하지 않으면 외도의 삿된 길에 떨어지니, 이로 인해서 온갖 지地의 상相을 설한 것이다. 말하자면 초지부터 칠지에 이르기까지 참된 견도見道를 거쳐 온 이래로 교묘한 방편을 보고, 심心, 뜻(意), 의식意識을 훌륭하게 능히 관찰하고, 나(我)와 내 것(我所)에 대한 집착을 멀리 여의고, 인무아人無我와 법무아法無我를 얻고, 생멸의 자상自相과 공상共相을 초월하고, 사무애변四無礙辯을 잘 이해하고, 바야흐로 결정삼매문決定三昧門을 얻어서 이 순수한 무상관無相觀에 이르러야 바야흐로 능히 점차적으로 팔지에 오르고 나아가 십지와 등각等覺까지 이른다. 그리하여 보리분법菩提分法에 들어가서 구경의 과해果海가 모두 이 칠지로부터 건립되었으니, 이는 실제로 단증斷證의 큰 마디(大節)로서 이것이 소위 험도險道라는 것이다. 만약 여래 신력神力의 가지加持를 얻지 못한다면 대부분 외도의 삿된 길에 떨어진다.

부처는 말한다. 나는 이 온갖 보살이 자상과 공상을 훌륭하게 요지了知하지 못하고 온갖 지地의 차제次第의 상속相續을 알지 못해서 외도의 온갖 악견惡見 속에 떨어지기 때문에 여기서 온갖 지地의 행상行相을 설해 응당 떠나가고 응당 건너야 함(應去應度)을 알게 함으로써 물러나 타락하지 않게 하려는 것이다. 이것이 바로 점차漸次가 없는 가운데 점차를 베푸는 것이다. 대체로 부득이해서 건립한 것이지 실제로 있다고 설한 것이 아니다.

대혜야, 저것은 자심의 현량을 제외하곤 생기든 소멸하든 실제로 있는 것이 아니다. 소위 지地의 차제次第와 상속相續 및 삼계의 갖가지 행行은 어리석은 범부가 자각하지 못하는 것이고, 어리석은 범부가 자각하지 못하는 것은 말하자면 나(我) 및 온갖 부처가 지地의 차제와 상속을 설한 것과 삼계의 갖가지 행을 설한 것이다.

大慧. 彼實無有若生若滅. 除自心現量. 所謂地次第相續. 及三界種種行. 愚夫所不覺. 愚夫所不覺者. 謂我及諸佛說地次第相續. 及說三界種種行.

【관기】 여기서는 삼계의 온갖 행행이 본래 생멸이 없다는 걸 말하고 있다. 온갖 지地의 차제次第는 본래 건립이 없고 오직 이 일심一心뿐으로 다시 별개의 법이 없다. 다만 어리석은 범부는 오직 마음뿐임(唯心)을 요달하지 못하기 때문에 나(我) 및 온갖 부처는 이러한 설說을 건립해서 대치對治로 삼았지만 실제로는 설할 만한 것이 있지 않다. 하지만 어리석은 범부는 무지無知해서 '나는 설한 것이 실제로 있다'고 일컫는다.

다시 다음에 대혜야, 성문과 연각, 제8 보살지菩薩地는 삼매문三昧門의 즐거움에 취함(醉)과 취한 바(所醉)를 멸하여 자심의 현량을 잘 하지 못해서 자상과 공상의 습기習氣에 장애를 받아 인무아人無我와 법무아法無我의 법이 섭수攝受한 견해에 떨어지는 바람에 열반이라는 상념(想)을 망상하는 것이지 적멸寂滅한 지혜의 자각(覺)이 아니다.

復次大慧. 聲聞緣覺第八菩薩地. 滅三昧門樂醉所醉. 不善自心現量. 自共相習氣所障. 墮人法無我法攝受見. 妄想涅槃想. 非寂滅智慧覺.

관기 여기서는 성문과 연각, 제8지에 대해서는 그 명칭은 비록 동일하나 증득한 바는 다르다고 말한다. 저 이승은 멸도滅度에 들어간 삼매를 맛보고 집착해 취하게 되면서 자상과 공상이 자심이 나타난 것임을 요달하지 못하고 습기習氣가 가리고 막기 때문에 이무아二無我의 법이 섭수한 견해에 떨어지니, 이 때문에 열반이라는 상념(想)의 망상을 일으키는데 이는 팔지八地의 참된 적멸 지혜의 자각과는 같지 않다. 이승은 팔지에서 취하여 열반으로 삼는다는 말은 대체로 예전에 닦은 보살의 대행大行이 본원本願에서 퇴보한 것으로서 아마도 정성定性[155]이 적멸에 취향趣向한 짝은 아니다. 저 정성이 적멸에 취향함은 단지 아공我空을 얻을 뿐 법공法空은 얻지 못해서 오히려 초지初地의 법도 능히 알 수 없는데 하물며 팔지이겠는가! 그러므로 위역에서는 이 장章 말미에서 이 질문을 배치시킨 것이고, 송나라와 당나라 번역에서는 모두 없는 것이다.

---

155 선천적으로 성문·연각·보살 가운데 어느 하나의 소질을 지니고 있는 자.

대혜야, 보살이란 멸삼매문滅三昧門의 즐거움, 본원本願의 불쌍함과 연민, 대비大悲의 성취를 보고 십무진구十無盡句[156]를 알아서 분별하고 열반이라는 상념을 망상하지 않는다. 저들은 이미 열반이라는 망상을 낳지 않기 때문에(당역에서는 "열반에 들어가 과果를 낳지 못하기 때문이다"라고 하였다) 섭수함(攝)과 섭수됨(所攝)의 망상을 여의고 자심의 현량을 완벽히 자각해서 일체 온갖 법의 망상이 생기지 않으므로 심心, 뜻(意), 의식意識, 외적인 성자성性自性의 상상相을 계교하고 집착하는 망상에 떨어지지 않는다. 불법佛法이 아니면 인因이 생기지 않으니, 지혜를 따라 생겨나서 여래의 자각지自覺地를 얻는다. 마치 사람이 꿈속에서 방편으로 물을 건너다가 아직 건너지 않았는데도 깨어났는데, 깨고 나서는 '이것이 올바름(正)인가 삿됨(邪)인가? 올바름도 아니고 삿됨도 아니다'라고 사유하는 것과 같다. 여래의 비롯 없이(無始) 보고 듣고 지각하고 알아채는(見聞覺識) 인因의 상념, 갖가지 습기習氣, 갖가지 형상과 처소는 있음(有)과 없음(無)의 상념에 따라 심心, 뜻(意), 의식意識이 꿈처럼 나타난다.

大慧. 菩薩者. 見滅三昧門樂. 本願哀愍. 大悲成就. 知分別十無盡句. 不妄想涅槃想. 彼已涅槃妄想不生故. (唐譯云. 以入涅槃不生果故)

---

[156] 십지 중 초지인 환희지歡喜地 보살이 본원本願을 이루기 위해 세운 십구의 다함없는 법. ①중생계무진衆生界無盡, ②세계무진世界無盡, ③허공계무진虛空界無盡, ④법계무진法界無盡, ⑤열반계무진涅槃界無盡, ⑥불출현계무진佛出現界無盡, ⑦여래지계무진如來地界無盡, ⑧심소연무진心所緣無盡, ⑨불지소입경계무진佛智所入境界無盡, ⑩세간전법전지전무진世間轉法轉智轉無盡.

離攝所攝妄想. 覺了自心現量. 一切諸法妄想不生. 不墮心意意識. 外性自性相計著妄想. 非佛法因不生. 隨智慧生. 得如來自覺地. 如人夢中方便度水. 未度而覺. 覺已思惟. 為正為邪. 非正非邪. 餘無始見聞覺識因想. 種種習氣. 種種形處. 墮有無想. 心意意識夢現.

관기 여기서는 팔지의 멸도減度에 들어가는 삼매에서 증득을 취하지 않는 것이 대원大願으로 중생을 제도하는 일을 버리지 않기 때문이라고 말한다. 이 보살은 이미 열반에 들었는데도 열반의 상념을 일으키지 않기 때문에 '열반이라는 망상을 일으키지 않는다'고 한 것이다. 오직 마음뿐인(唯心) 밖이 없는(無外) 경계를 요달하기 때문에 능취能取와 소취所取를 여의고 일체법에 대해 분별을 일으키지 않으며, 무생법인無生法忍을 깊이 얻기 때문에 심心, 뜻(意), 의식意識 및 외적인 법의 성품(性)과 상相의 집착에 떨어지지 않는 것이며, 참된 지견知見의 힘을 얻기 때문에 불법이 아니면 정인正因이 생기지 않고 오직 지혜에 따라 생기며, 이와 같기 때문에 여래의 자각지自覺地를 얻는다. 생멸의 수고로움과 염려에 오래 침체했다가 이제 일단 단박에 적멸을 얻어서 그 즐거움이 비할 바가 없기 때문에 이 삼매는 지극히 출현하기가 어렵다.

보살의 공행功行이 이 무공용無功用에 이르면 취함에 빠지지 않기란 드문 일로서 대부분 이승의 적멸의 경지(地)에 떨어진다. 그래서 화엄華嚴의 팔지八地에선 시방의 온갖 부처가 똑같은 목소리로 가加하고 권유하고 아울러 지혜의 문門을 일으킴으로써 이 삼매의 즐거움을 탐내어 집착하다 이승의 경지에 떨어지지 않게 한다. 그러므로 방편을 수여함으로써 인발引發하여 나가게 한 것이니, 이 때문에 이 보살은 삼매의 꿈속에서 지극한 힘으로 염원을 내는 것이다. 마치 꿈에서 큰 강을 건너다가 아직 건너지 못했는데도 꿈에서 깨어난 것과 같다. 그는 곧 스스로 '이는 올바름(正)인가 삿됨(邪)인가?'라고 사유하고는 다시 '이러한 상相은 올바름(正)도 아니고 삿됨(邪)도 아니다'라고 사유한다. 오직 나만의 비롯 없는 보고 듣고 지각하고 아는(見聞覺知) 허망한 훈습熏習의 인因 때문에 갖가지 색色과 형상形相의 전도顚倒를 보는 것이 있음(有)과 없음(無)을 여의지 못해서 심心, 뜻(意), 의식意識의 망상인 꿈속에 나타날 뿐이지 실제로는 본래 있는 것이 아니다. 구주舊注에서는 이렇게 말한다.

"깨어난 경계(覺境)엔 물이 없으니 배와 뗏목도 올바르지(正) 않고, 꿈꿀 때는 물을 보니 배와 뗏목도 삿되지(邪) 않다. 팔지에서 깨닫고(覺) 나선 본래 생사가 없다고 비유했기 때문에 도품道品의 공덕은 올바름(正)이 아니고, 칠지에선 아직 깨닫지 못했기 때문에 도품의 공덕은 삿되지(邪) 않다. 소위 허망한 공용功用을 벗어나 여의지 못했기 때문에 수행해 증득함(修證)이 있는 것이니, 마치 꿈속에서 강을 건널 때 배와 뗏목의 도구를 베푸는 것과 같을 뿐이다."

대혜야, 이처럼 보살마하살은 제8 보살지菩薩地에서 망상이 생김을 보고(위역에서는 "분별심을 본다"고 하였다), 초지初地부터 전변해 나아가서 제7지에 이를 때까지는 일체법이 환幻 등과 같음을 보고서 방편으로 섭수하고(攝) 섭수되는(所攝) 마음의 망상의 행行을 제도했고, 불법의 방편을 짓고는 얻지 못한 자에게 얻게 했다.

대혜야, 여기서 보살의 열반과 방편은 무너지지 않으며(위역에서는 "소멸하지 않는 온갖 법을 이름하여 열반이라 한다"고 했으며, 당역에서는 "얻은 바 열반은 괴멸壞滅하지 않는다"고 하였다) 심心, 뜻(意), 의식意識을 여의어서 무생법인無生法忍을 얻는다. 대혜야, 제일의第一義에서는 차제次第와 상속相續이 없이 있는 바 없는(無所有) 망상의 적멸법寂滅法을 설한다."

大慧. 如是菩薩摩訶薩. 於第八菩薩地. 見妄想生. (魏譯云. 見分別心) 從初地轉進至第七地. 見一切法如幻等方便. 度攝所攝心妄想行已. 作佛法方便. 未得者令得. 大慧. 此是菩薩涅槃方便不壞. (魏譯云. 非滅諸法名爲涅槃. 唐譯云. 所得涅槃非壞滅也) 離心意意識. 得無生法忍. 大慧. 於第一義無次第相續. 說無所有妄想寂滅法.

관기 여기서는 팔지八地 열반의 행상行相을 매듭지어 완성하고 있다. 망상이 생김을 본다는 것에 대해 논論에서는 이렇게 말했다.

"각심覺心이 처음 일어나면 마음에 첫 모습(初相)이 없으니, 미세한 염념을 멀리 여의기 때문이다."

마음의 성품(心性)을 보게 되면, 마음은 즉각 항상 머무니(常住) 이름하여 구경각究竟覺이라 한다. 이 보살은 여환如幻삼매로써 멸정滅定을 일으키지 않으면서도 온갖 위의威儀를 나타내어 불법佛法을 부지런히 닦아서 중생을 제도하는 사업事業을 널리 짓는다. 소위 중생을 제도해 다하면서도 멸도滅度할 수 있는 단 한 명의 중생도 보지 못하는 것은 이것이 소위 심心, 뜻(意), 의식意識을 여의고 무생법인無生法忍을 얻은 것이니, 이는 보살의 대열반으로서 온갖 법을 괴멸해 얻는 이승의 열반과는 같지 않은 것이다. 하지만 비록 이렇게 설하더라도 이 또한 방편의 시설施設일 뿐이다. 재일의제第一義諦 속에선 본래 이런 일이 없기 때문에 당역에서는 이렇게 말했다.

"제일의第一義 속에선 차제次第가 있지 않고 또한 상속相續도 없어서 일체 경계의 분별을 멀리 여의었으니, 그렇다면 이를 이름하여 적멸寂滅의 법이라 한다."

대혜가 멸정수滅正受의 차제와 상속을 질문했기 때문에 '제일의에서는 차제와 상속이 없이 있는 바 없는(無所有) 망상의 적멸법寂滅法을 설한다'고 결론으로 제시한 것이다. 위역에서는 이곳에서 대혜의 질문이 있는데, 간략히 이렇게 말했다.

"세존께서 지금 이승이 팔지八地 적멸문의 즐거움을 얻었다고 설하고 또 이승이 단지 인공人空을 얻었을 뿐이지 법공法空을 얻지 못했다고 설했습니다. 그렇다면 이승도 오히려 초지初地의 법을 능히 증득할 수 없는데, 하물며 팔지 적멸문의 즐거움이겠습니까?"

부처가 말했다. 성문에는 세 가지가 있다. 지금 팔지 적멸문의 즐거움에 들어가는 자는 바로 먼저 보살행을 닦은 자를 말한다. 성문지聲聞地에 떨어졌다가 되돌아 본심本心에 의지해 보살행을 닦음으로써 팔지 적멸문의 즐거움에 똑같이 들어가는 것이지 증상만增上慢의 적멸성문寂滅聲聞이 아니니, 저들은 능히 보살행에 들어갈 수 없기 때문이며, 일찍이 삼계가 오직 마음뿐임(三界唯心)을 깨달아 알지 못하기 때문이며, 보살의 온갖 행법行法을 능히 닦지 못했기 때문이다. 그래서 결정된 적멸성문은 저 보살이 행한 적멸문의 즐거움을 능히 증득할 수 없다. 세 가지라고 말한 것은 첫째, 내적인 비밀(祕)이 외적으로 나타난 것이고, 둘째, 보살행에서 퇴보한 것이고, 셋째, 정성定性이 적멸의 증상만增上慢에 취향한 것이다. 앞에서는 '이승이 부처를 이루었다'고 말했지만 여기서 '결정된 적멸성문은 적멸의 즐거움을 능히 증득할 수 없다'고 한 것은 그 의도가 억제했다 고양했다, 자극했다 권유했다 하는 데 있기 때문이다.

이때 세존께서는 이 뜻을 거듭 선포하고자 게송을 설하셨다.

爾時世尊欲重宣此義而說偈言.

심량心量은 있는 바가 없으니(無所有)
여기서의 머묾(住) 및 불지佛地를
과거, 미래 및 현재의
삼세의 온갖 부처가 설하네.

心量無所有. 此住及佛地. 去來及現在. 三世諸佛說.

<u>관기</u> 여기서는 제일의第一義 속에는 온갖 지地와 불지佛地의 차제次第의 상相, 그리고 삼세 온갖 부처의 구경究竟에 대한 이야기도 본래 없다고 총체적으로 읊고 있다. 주住는 또한 지地이다. 있는 바 없다(無所有)고 한 까닭은 오직 마음뿐(唯心)이기 때문이다. 그래서

당역에서는 이렇게 말한다.

 "온갖 주住 및 불지佛地는/ 오직 마음일 뿐 영상影像이 없다/ 이것은 과거, 미래, 현재의/ 온갖 부처가 설하신 것이다."

심량心量의 지地는 제7이고
있는 바 없음(無所有)은 제8이다.
두 지地를 이름하여 주住라 하고
불지佛地는 이름하여 최승最勝이라 한다.
(당역에서는 "이 두 지地를 이름하여 주住라 하고, 나머지는 내가 얻은 것이다"라고 하였다)
자각지自覺智 및 청정함(淨).
이것이 바로 나의 지地라네.

心量地第七. 無所有第八. 二地名爲住. 佛地名最勝. (唐譯云. 此二地名住. 餘則我所得) 自覺智及淨. 此則是我地.

관기 여기서는 칠지와 팔지가 오히려 인지因地에 속한다고 읊고 있다. 자각성지自覺聖智의 청정한 열반에 도달하면 부처가 증득한 구경究竟의 과지果地에 속한다. 그러나 칠지가 비록 참된 수행이라도 심량心量이 아직 소멸하지 않았기 때문에, 그리고 팔지에서 심량心量이 비록 소멸했더라도 오히려 구경究竟이 아니라서 최승最勝이라 이름하지 못하니, 오직 자각성지自覺聖智라야 바야흐로 이름하여 최승처最勝處라고 할 뿐이다.

자재自在한 최승最勝의 곳은
청정하고 묘하게 장엄되었으니
비춤은 치성한 불길처럼 찬란해서
광명은 모든 곳에 두루 이르며,
치열한 불꽃은 눈을 파괴하지 않고
두루 구르면서(周輪) 삼유三有를 교화하네.
(당역에서는 "마혜摩醯는 최승最勝의 곳이고/ 색구경色究竟은 장엄莊嚴이니/ 비유하면 큰 불구덩이와 같아서/ 광명의 불꽃이 치열하게 발한다/ 삼유三有에서 화현化現하니/ 마음[意]이 기쁘고 청량하다"고 하였다)
삼유三有에서 화현化現하고
혹은 앞선 시기에도 화현하니
거기서 연설한 승乘은
모두가 여래지如來地이다.

自在最勝處. 淸淨妙莊嚴. 照耀如盛火. 光明悉徧至. 熾燄不壞目. 周輪化三有. (唐譯云. 摩醯最勝處. 色究竟莊嚴. 譬如大火聚. 光焰熾然發. 化現於三有. 悅意而淸涼) 化現在三有. 或有先時化. 於彼演說乘. 皆是如來地.

관기 여기서는 온갖 승乘과 온갖 지地를 건립한 것이 모두 보신불報身佛과 화신불化身佛이 설한 것이지 법신불法身佛이 설한 건 아니라고 한다. 말하자면 자각성지自覺聖智를 얻었다면 색구경천色究竟天의 보화궁전寶華宮殿에서 등정각等正覺을 이루고 광대하고 존엄한 몸을 나타내 보이면서 광명이 찬란히 비추고 삼유三有에 화현化現하니, 이는 보신불이다. 논論에서는 이렇게 말한다.

"이 보살의 공덕은 원만함을 이루고, 색구경처色究竟處에서 일체 세간에서 가장 높고 큰 몸을 제시한다."

일념一念이 슬기(慧)에 상응함으로써 무명無明이 단박에 다하는 것을 이름하여 일체종지一切種智라 한다. 저절로 그러하게(自然) 부사의업不思議業이 있어서 능히 시방에 나타나 중생을 이롭게 한다. 삼유三有에 화현化現한다는 것에 대해 이 당역에서는 이렇게 말했다.

"혹은 변화를 나타내기도 하고, 혹은 앞선 시기에 화현하기도 하니, 이는 응화불應化佛이다."

오직 이 보신불과 화신불만이 온갖 승乘과 온갖 지地를 연설하니, 비록 삼승을 설하더라도 실제로는 일승이 되기 때문에 '저기에서 연설한 승乘은 모두가 여래지如來地이다'라고 한 것이다. 그러므로 비록 온갖 지地가 있더라도 실제로는 차제次第의 상相이 없다. 치열해도 눈을 파괴하지 않는다는 것은 말하자면 독룡毒龍이 광명을 놓는 것은 바로 사람 눈을 손상시키지만, 여래의 광명은 사람 눈을 손상시키지 않으니, 소위 마음(意)이 기쁘고 청량하다는 것이다.

십지十地면 초지初地가 되고
초지면 팔지八地가 되며
제9지면 칠지七地가 되고
칠지 또한 다시 팔지가 된다.

제2지가 제3지가 되고
제4지가 제5지가 되며
제3지가 제6지가 되고
있는 바 없는데(無所有) 무슨 차례인가?

十地則爲初. 初則爲八地. 第九則爲七. 七亦復爲八. 第二爲第三.
第四爲第五. 第三爲第六. 無所有何次.

관기 여기서는 제일의제第一義諦의 적멸법 중에는 차제次第와 상속相續이 없다는 설명을 읊고 있다. 그 뜻은 이 경전이 오직 법신불이 설한 적멸법이기 때문에 차제가 없음을 나타낸 것이다. 이것은 소위 길의 여정(途程)을 건너지 않고 계급에 떨어지지 않는 것이니, 바로 부처와 조사의 향상일로向上一路이다. 그러나 그 가운데서 왕왕 지위地位로 말하는 것은 그 뜻이 지地 위에서 참되게 닦는(眞修) 삼매로써 외도와 이승의 치우치고 삿된 견해를 확고히 타파하여 저들로 하여금 사만邪慢과 증상만增上慢에 떨어지지 않게 할 뿐이다. 그 진실한 뜻은 결정코 지위에는 존재하지 않으니, 지혜로운 자는 알아야 한다.

○이상 삼승 삼매의 차별을 변론함으로써 열반의 참되고 즐거운 덕德이 삿된 오류를 막는 걸 나타내었다.
△아래 글은 열반의 참되고 항상한 덕德을 올바로 제시했는데, 글은 응당 앞서의 일곱 가지 무상장無常章 뒤에 속해야 한다.

이때 대혜보살이 다시 부처님께 여쭈었다.
"세존이여, 여래, 응공, 등정각은 상常입니까, 무상無常입니까?"

爾時大慧菩薩復白佛言. 世尊. 如來應供等正覺. 爲常. 爲無常.

관기 앞서 세존께서는 일곱 가지 무상을 타파했기 때문에 바로 '내 법의 일어남은 상常도 아니고 무상無常도 아니다'라고 하였다. 그래서 대혜는 그 틈을 타서 '여래, 응공, 등정각은 필경 상常입니까 무상無常입니까?' 하고 질문한 것이다. 그 뜻은 여래의 법신이 단멸(斷)을 여의고 항상(常)을 여읨을 나타냈기 때문에 구경의 참된 항상(眞常)이라 한다는 데 있다. 이는 바로 열반의 참된 항상(眞常)의 글을 나타낸 것이라서 응당 일곱 가지 무상장無常章 말미에 있어야 하는데 착간錯簡으로 여기 있는 것이다. 바로 전역傳譯의 오류라 하겠다.

부처님이 대혜에게 고하셨다.
"여래, 응공, 등정각은 상常도 아니고 무상無常도 아니다. 말하자면 둘 다 허물이 있다. 만약 상常이라면 짓는 주체(作主)의 허물이 있다. 상常이란 일체의 외도가 '짓는 자(作者)는 지어진 바(所作)가 없다'고 설한 것이다. 그러므로 여래는 상常이든 상常이 아니든 상常을 짓지 않으니, 허물이 있기 때문이다.

佛告大慧. 如來應供等正覺. 非常. 非無常. 謂二俱有過. 若常者. 有作主過. 常者. 一切外道說作者. 無所作. 是故如來常非常. 非作常.

有過故.

관기 여기서는 여래의 열반이 상常도 아니고 무상無常도 아니어서 진상(眞常: 참된 항상)이 됨을 밝히고 있으니, 상常과 무상無常 둘 모두가 허물이 있기 때문이다. 왜 그런가? 만약 여래가 상常이라 말한다면 능히 짓는 자(作者)가 있다는 허물에 떨어져서 일체 외도가 설한 미진微塵, 승성勝性 등은 능히 짓는 자(能作者)가 되어 항상(常)하기 때문이다. 하지만 여래는 짓는 바(所作)가 없으니 어찌 저들의 상常과 같겠는가? 그러므로 여래의 상常과 비상非常을 설하는 경우 대체로 짓는 자(作者)의 상常은 아니니, 저 짓는 자(作者)의 상常은 허물이 있기 때문이다.

만약 여래가 무상하다면 무상을 짓는 허물이 있다. 음陰의 소상所相과 상相은 성품이 없으므로 음陰이 무너지면 응당 끊어진다. 하지만 여래는 끊어지지 않는다.

若如來無常者. 有作無常過. 陰所相相無性. 陰壞則應斷. 而如來不斷.

관기 여기서는 여래가 무상이 아님을 말하고 있다. 만약 여래가 무상한 자라고 말한다면 짓는 바(所作)가 있는 허물에 떨어지고, 만약 짓는 바(所作)를 말한다면 오음五陰과 똑같아진다. 그러나 오음은 곧 상相의 소상所相이란 것이니, 이 상相은 필경은 있지(有)

않다. 여래가 만약 오음과 똑같다면 음陰이 무너지면서 여래 역시 응당 단멸斷滅해야 하지만, 그러나 여래의 법신은 항상 머물며 끊어지지 않는데 어찌 지어진(所作) 음陰과 똑같겠는가? 똑같지 않기 때문에 무상도 아닌 것이다.

대혜야, 일체의 지어진 것(所作)은 모두 무상하니, 마치 병이나 옷 등과 같다. 일체가 모두 무상하다는 허물은 일체지一切智의 온갖 도구와 방편이 응당 뜻(義)이 없어야 하는 것이니, 지어진 것이기 때문이며, 일체의 지어진 것은 모두 여래이어야 하니, 차별된 인因의 성품이 없기 때문이다. 그러므로 대혜야, 여래는 상常도 아니고 무상無常도 아니다.

大慧. 一切所作皆無常. 如瓶衣等. 一切皆無常過. 一切智衆具方便應無義. 以所作故. 一切所作皆應是如來. 無差別因性故. 是故大慧. 如來非常非無常.

관기 여기서는 지어진 것(所作)의 무상을 거듭 밝혀서 허물을 여읜 뜻을 총체적으로 결론짓고 있다. 말하자면 일체 지어진 것은 모두 무상하니, 마치 병이나 옷 등과 같다. 그러나 여래가 만약 지어진 것과 똑같다면 모두 무상의 허물이 있는 것이다. 만약 여래가 무상이라면 일체지一切智가 닦은 정인正因으로써 복과 슬기(福慧)로 장엄되고 육도만행六度萬行[157]의 온갖 도구와 방편이 다 공空해서 이익이 없으니, 지어진 것의 무상함과 똑같기 때문이다. 하물며 여래의 공功이 만세萬

世에 흘러서 항상 존재하며, 도道가 백겁百劫에 통하면서 더욱 굳건해지니, 어찌 무상이겠는가? 만약 여래가 과연 지어진 것과 똑같다면 온갖 세간의 일체 지어진 것(所作)이 모두 응당 여래이어야 하니, 다른 인(異因)이 없기 때문이다. 그러므로 여래는 상常도 아니고 무상無常도 아니다.

다시 다음에 대혜야, 여래는 허공의 상常과는 같지 않으니, 허공의 상常과 같다는 것은 자각성지自覺聖智의 온갖 도구가 뜻(義)이 없다는 허물이 있다.

復次大慧. 如來非如虛空常. 如虛空常者. 自覺聖智衆具無義過.

여기서는 여래의 상常이 허공의 상常과는 같지 않음을 말하고 있다. 허공은 완고하게 무지無知이지만 여래는 참된 지혜의 신령한 거울(眞智靈鑒)이기 때문이다. 만약 허공의 상常과 똑같다고 말한다면, 자각성지自覺聖智의 성품이 저절로 구족具足한 항하사(恒沙) 공덕이 다 공空해서 이익이 없다. 그렇다면 단멸斷滅한 무지無知의 허물에 떨어지기 때문에 여래는 허공의 상常과 같지 않은 것이다. 이것은 아마도 어리석은 범부가 법신이 참되고 항상하다(眞常)고 설하는 걸 들으면, 마침내 활달한 공견空見을 일으키기 때문에 세존께서는 이와 같은 걸 타파한 것이다.

---

157 보시, 지계, 인욕, 정진, 선정, 반야의 육바라밀을 육도六度라 하며, 보살이 온갖 행실을 통해 이 육도를 닦아나가는 것을 만행이라 한다.

대혜야, 비유하면 허공이 상常도 아니고 무상無常도 아니어서 상常과 무상無常, 동일함(一)과 다름(異), 함께함과 함께하지 않음을 여읜 것과 같다. 상常과 무상無常의 허물이기 때문에 설할 수 없으니, 그러므로 여래는 상常이 아니다.

大慧. 譬如虛空. 非常非無常. 離常無常. 一異. 俱不俱. 常無常過故. 不可說. 是故如來非常.

> **관기** 앞에서 '허공과 같지 않다'고 함은 말하자면 여래가 갖춘 성지聖智의 공덕은 허공의 완고한 무지無知와는 견줄 바가 아니기 때문이다. 여기서 말하는 '허공과 같다'는 말하자면 허공의 체성體性이 담연(湛然: 고요함)해서 변동할 게 없는 것과 같으니, 있음(有)과 없음(無), 동일함(一)과 다름(異), 함께함(俱)과 함께하지 않음(不俱) 등 온갖 수량數量의 허물에 떨어지지 않기 때문이다. 이 때문에 상常하다거나 상常하지 않다고 설할 수 없는 것이다.

다시 다음에 대혜야, 만약 여래의 무생無生이 상常이라면 마치 토끼나 말 등의 뿔과 같다. 무생이 상이기 때문에 방편이 뜻(義)이 없고, 무생이 상이라는 허물 때문에 여래는 상이 아니다.

復次大慧. 若如來無生常者. 如兔馬等角. 以無生常故. 方便無義. 以無生常過故. 如來非常.

일체불어심품 제4의 상 **551**

> **관기** 여기서는 여래가 불생不生을 상常으로 삼지 않음을 말하고 있다. 앞에서 '불생은 여래의 다른 이름'이라 했기 때문에 아마도 필경은 불생이 여래의 상常이라고 허망하게 집착한다. 그래서 여기서는 타파하면서 '만약 불생이 여래의 상이라고 한다면 여래는 토끼나 말 등의 뿔과 똑같다'고 했으며, 필경 불생不生이라면 여래는 절무(絶無: 절대무)의 허물에 떨어진다. 만약 여래가 절무絶無라고 한다면 일체 보살이 닦은 만행萬行과 방편도 증득할 바가 없어서 다 공空하여 이익이 없다. 하지만 여래의 과과 속에도 또한 사물을 광대하게 이롭게 하는 작용이 절무하니, 절무하기 때문이다. 만약 불생을 여래의 상이라 한다면 이는 큰 허물에 떨어지니 이 때문에 여래는 불생의 상이 아니다.

다시 다음에 대혜야, 더욱이 여타의 일이 있어서 여래가 상常임을 안다. 왜 그런가? 말하자면 무간(無間: 간단없음)으로 얻은 지혜(智)가 상常이기 때문에 여래는 상常인 것이다. 대혜야, 여래가 세간에 출현하든 세간에 출현하지 않든 법은 필경 고정되어 머물며(定住), 성문, 연각, 온갖 부처 여래의 무간無間에 머묾은 허공에 머무는 것이 아니니, 이 또한 어리석은 범부의 각지覺知가 아니다.

復次大慧. 更有餘事知如來常. 所以者何. 謂無間所得智常. 故如來常. 大慧. 若如來出世. 若不出世. 法畢定住. 聲聞緣覺. 諸佛如來無間住. 不住虛空. 亦非愚夫之所覺知.

관기 여기서는 여래의 참되고 항상한(眞常) 법은 실제로 있지만 어리석은 범부가 알 바는 아니라고 말한다. 말하자면 여래의 상법常法은 바로 무간無間의 성지聖智가 증득한 참되고 항상한(眞常) 이理이며, 바로 온갖 부처 여래에게 동일한 법성法性, 법주法住, 법위法位이니, 여래가 세간에 나오든 세간에 나오지 않든 필경 고정되어 항상 머무는(常住) 것이라서 변하지도 않고 바뀌지도 않는다. 이 법이 일체의 이승과 외도가 머무는 무간無間의 성품 속에 그대로 존재하므로 공무空無가 아니다. 하지만 어리석은 범부가 능히 알 수 있는 것이 아니다.

대혜야, 여래가 얻은 지혜(智)는 반야般若가 훈습한 것이지 심心, 뜻(意), 의식意識과 저 온갖 음陰, 계界, 입入의 처소에서 훈습한 것이 아니다. 대혜야, 일체의 삼유三有는 모두 실답지 않은 망상이 낳은 것이며, 여래는 실답지 않은 허망한 상념으로부터 생긴 것이 아니다.
대혜야, 두 가지 법 때문에 상常과 무상無常이 있어서 불이不二가 아니다. 불이란 적정寂靜이니, 일체법이 두 가지 생상生相이 없기 때문이다. 그러므로 여래, 응공, 등정각은 상常도 아니고 무상無常도 아니다. 대혜야, 나아가 언설의 분별로 생긴 것까지 이르면 상과 무상의 허물이 있고, 분별각分別覺이 소멸한다고 하면 어리석은 범부의 상과 무상이란 견해와 적정하지 않음을 여의니. 슬기로운 자(慧者)는 영원히 상과 무상을 여의어서 상과 무상에 훈습되지 않는다."

大慧. 如來所得智. 是般若所熏. 非心意意識彼諸陰界入處所熏. 大

慧. 一切三有. 皆是不實妄想所生. 如來不從不實虛妄想生. 大慧. 以二法故. 有常無常. 非不二. 不二者寂靜. 一切法無二生相故. 是故如來應供等正覺非常非無常. 大慧. 乃至言說分別生. 則有常無常過. 分別覺滅者則離. 愚夫常無常見. 不寂靜. 慧者永離常無常. 非常無常熏.

관기 여기서는 여래가 참되고 항상한(眞常) 까닭을 해석하고 있다. 말하자면 여래가 참되고 항상한(眞常) 까닭과 중생이 무상無常한 까닭은 여래가 얻은 성지聖智는 바로 반야般若의 진실한 지혜(實智)로부터 훈습된 것으로 심心, 뜻(意), 식識, 음陰, 계界, 입入의 처소의 망상으로부터 훈습된 것이 아니기 때문이니, 이 때문에 여래는 상常이라는 명칭을 얻은 것이다.

저 일체 삼유三有의 중생이 무상한 까닭은 저들이 모두 실답지 않은 망상이 훈습한 것이기 때문에 이름하여 무상이라 한다. 하지만 여래는 저 망상으로부터 생기지 않으니, 저 어리석은 범부의 심행心行이 또 어찌 여래의 상법常法을 능히 알 수 있겠는가? 참(眞)과 거짓(妄) 양쪽이 다르다는 걸 보기 때문에 열반과 생사가 둘이 되고, 이 때문에 상常과 무상無常의 설명이 있는 것이니, 이는 불이적멸不二寂滅의 법이 아니다. 만약 참(眞)과 거짓(妄) 둘 다 잊어서 적멸寂滅하여 둘이 아니면, 일체법이 모두 다 평등해서 둘이 없고 개별도 없으며 생겨남도 없고 일어남도 없으니, 여래가 얻은 적멸불이寂滅不二의 법이기 때문에 상常과 무상無常의 말로 설할 수 없을 뿐이다. 적멸불이의 법에서는 언어와 사유의 길이 끊어지고 나아가 마음을 일으키고 생각(念)을 움직이는 데까지 이른다. 다만 언설과 분별의 마음이 생기면 상常과 무상의 허물에 떨어지는데, 하물며 갖가지 허망한 계교이겠는가? 오직 분별과 망상이 쉬고 소멸함이 있다면 단박에 저 허물을 여읜다.

외도와 어리석은 범부는 상常과 무상無常을 보기 때문에 적정寂靜하지 않지만, 두 가지 견해를 여읜다면 이름하여 대지혜를 가진 사람이라 한다. 슬기로운 자(慧者)는 적정하지 않은 견해를 영원히 여의기 때문에 저 상과 무상이라는 허망한 견해에 훈습되지 않으며, 바로 참되고 항상한(眞常) 지혜로 훈습되는 것이다. 생각건대 지혜롭지 않은 자는 심식心識에 즉해서 조금이라도 유동流動이 있으면 생멸을 아직 잊지 못한 것이라서 그 훈습을 받지 않는 일이 드물다. 이는 여래의 깊은 자비를 심하게 막는 것이라서 깊이 훈계하는 것이니 식별하지 않을 수 있겠는가?

이때 세존께서는 이 뜻을 거듭 선포하고자 게송을 설하셨다.

爾時世尊欲重宣此義而說偈言.

온갖 도구가 뜻(義)이 없다는 건
생김(生)이 상常과 무상無常의 허물이란 것이니
만약 분별각分別覺이 없다면
영원히 상常과 무상無常을 여의리라.

衆具無義者. 生常無常過. 若無分別覺. 永離常無常.

| 관기 | 두 번역의 게송 처음에는 모두 하나의 게송이 있다. 당역에서는 이렇게 말한다.

"상常과 무상無常을 멀리 여의어야/ 상常과 무상無常을 나타내는 것이니/ 항상 이렇게 부처를 관觀하면 악견惡見을 낳지 않으리라./ 만약 상常과 무상無常이라면/ 소집所集이 모두 이로움이 없으나/ 분별각分別覺을 없애게 되면/ 상常과 무상無常을 설하지 않으리라."

여기서 온갖 도구(衆具)란 말은 바로 외도가 계교한 상常과 무상無常, 동일함(一)과 다름(異) 등의 온갖 악견惡見이다. 말하자면 이런 온갖 견해는 모두 다 이익이 없지만, 다만 허망한 계교의 분별로 상常과 무상無常의 허물을 일으킨다. 만약 분별의 정情이 없어져서 온갖 견해가 단박에 종식되면, 상常과 무상無常의 허물을 영원히 여읜다.

그 수립한 종지宗旨로부터는
온갖 섞여 있는 뜻이 있으니
자심自心의 현량을 평등히 관觀하면
언설은 얻을 수가 없다.

從其所立宗. 則有衆雜義. 等觀自心量. 言說不可得.

| 관기 | 여기서는 만약 외도가 수립한 스스로의 종지로부터라면 온갖 다양하고 섞여 있는 지견知見이 동일치 않다고 말한다. 만약 오직 마음뿐인(唯心) 현량現量을 요달하면 언어와 사유의 길이 끊어져서 언설로도 또한 얻을 수 없는데, 하물며 다시 저 삿된 언설에 의지해서

실다운 뜻(實義)을 구함이랴! 여기서 수립된 종지로부터 온갖 섞여 있는 뜻(義)을 말한 것은 일곱 가지 무상無常을 인因하여 변론함으로써 여래의 열반과 진상眞常의 뜻을 나타낸 것임을 충분히 알 것이다. 글의 뜻은 자상自相에 속하니 관찰하는 자는 응당 알아야 한다.

○이상 일곱 가지 무상無常의 글을 접하여 변론함으로써 열반의 참되고 항상한(眞常) 덕을 나타내었다.
△②-3-2-(2)-4 아래에선 여래장如來藏의 자성청정自性淸淨을 제시함으로써 열반의 참되고 청정한 덕德을 나타내었다.

관능가아발다라보경기觀楞伽阿跋多羅寶經記 권제7

【권제8】

관능가아발다라보경기

觀楞伽阿跋多羅寶經記

일체불어심품一切佛語心品 제4의 하下

△②-3-2-(2)-4) 아래에선 여래장如來藏 자성청정自性淸淨으로써 열반의 참되고 청정한 덕德을 나타내었다.

이때 대혜보살이 다시 부처님께 여쭈었다.
"세존이여, 오직 바라노니, 세존께서는 다시 저를 위해 음陰, 계界, 입入의 생멸을 설해 주소서. 저 음, 계, 입에는 나(我)가 있지 않으니, 무엇이 생기고 무엇이 소멸하는 겁니까? 어리석은 범부는 생멸에 의거하므로 고苦가 다하는 것도 자각하지 못하고 열반도 식별하지 못합니다."

爾時大慧菩薩復白佛言. 世尊. 惟願世尊更爲我說陰界入生滅. 彼無有我. 誰生誰滅. 愚夫者依於生滅. 不覺苦盡. 不識涅槃.

| 관기 | 여기서는 장차 여래장의 자성청정을 제시함으로써 법신의 참되고 청정한 덕德을 나타냈기 때문에 이런 질문을 일으킨 것이다. 그러나 '다시 저를 위해 음陰, 계界, 입入의 생멸을 설해 주소서' 등은 앞서의 2권을 통해 처음으로 이理의 구경처究竟處를 나타내었는데, 이미 여래장 자성청정이 32상相으로 전변하여 일체중생의 몸 안으로 들어가서 음, 계, 입의 더러운 옷에 얽매이게 되면서 탐욕과 어리석음의 실답지 않은 망상과 진로塵勞에 오염된 것이다. 그리고 '세존께서 여래장이 외도의 나(我)와 똑같다고 설했다'고 의심하자, 세존께서는 이미 이렇게 결택決擇하셨다.

"나는 여래장이 외도의 나(我)와 똑같지 않다고 설했고, 또 나는 공空, 무상無相, 무원無願, 진여眞如, 실제實際, 법성法性, 법신法身, 열반涅槃, 이자성離自性, 불생불멸不生不滅, 본래적정本來寂靜, 자성열반自性涅槃을 설할 때도 있는데, 이런 구절들로 여래장을 설했을 뿐이다. 그러나 저들은 단지 이理의 구경究竟을 나타냄으로써 법신의 무아無我를 나타냈을 뿐이지만, 이를 통해 외도가 신아神我를 계교하는 걸 타파했기 때문에 특별히 여래장을 들어서 질문한 것이다. 이제 여기서 단증斷證의 업業은 이미 구경究竟으로서 장차 법신의 본래 청정(本淨)을 나타내겠지만, 다만 음, 계, 입의 객진客塵에 오염된 탓에 곧바로 저 오염을 정화淨化하여 열반의 청정한 덕德을 나타내고자 했기 때문에 소치所治의 음, 계, 입, 생멸 등의 오염된 뜻으로써 청함을 특별히 든 것이니, 장차 세존께서 여래장 자성청정의 이야기를 열어 보임으로써 열반의 참되고 청정한 덕德을 나타낸 것이다. 이 때문에 '다시 저를 위해 음, 계, 입 등을 설해 주소서'라고 한 것이다. 이것은 대혜가

오염의 변두리를 잡아서 질문한 것이며, 아래에선 세존께서 여래장 자성청정을 잡아서 답한 것이다.

부처님이 말했다.
"훌륭하구나, 자세히 들거라. 마땅히 그대를 위해 설하겠다."
대혜가 부처님께 여쭈었다.
"네, 가르침을 받겠습니다."
부처님이 대혜에게 고하셨다.
"여래의 장藏은 선善과 불선不善의 인因으로 능히 일체 갈래의 중생(趣生)을 두루 일으켜 창조할 수 있다. 비유하면 광대가 온갖 갈래로 변해 나타나면서도 나(我)와 내 것(我所)을 여읜 것과 같다. 하지만 그걸 자각하지 못하기 때문에 세 가지 연緣이 화합한 방편으로 생기는데, 외도는 이를 자각하지 못하고 작자作者를 계교하고 집착해서 비롯 없는 허위와 악습에 훈습된다. 이를 이름하여 식장識藏이라 함은 무명주지無明住地를 낳고 칠식七識과 더불어 함께하기 때문이다. 마치 바다 물결의 신身처럼 길이 생기면서 끊이질 않으니, 무상無常의 허물을 여의고, 나(我)에 대한 논란을 여의고, 자성自性이 무구無垢해서 필경은 청정하다.

佛言. 善哉. 諦聽. 當爲汝說. 大慧白佛言. 唯然受敎. 佛告大慧. 如來之藏是善不善因. 能徧興造一切趣生. 譬如伎兒. 變現諸趣. 離我我所. 不覺彼故. 三緣和合方便而生. 外道不覺. 計著作者. 爲無始虛僞惡習所熏. 名爲識藏. 生無明住地. 與七識俱. 如海浪身. 長生不斷.

離無常過. 離於我論. 自性無垢. 畢竟淸淨.

관기 여기서는 여래장如來藏의 자성청정으로써 법신의 참되고 청정한 덕德을 나타냄을 말하고 있다. 여래장이란 바로 자성청정심自性淸淨心이 속박되어 있는 명칭이다. 대혜는 오음五陰이 무아無我인 걸 의심해서 '만약 나(我)가 있지 않다면 누가 생기고 누가 소멸하는가? 누가 고통이 다함을 알고, 누가 열반을 증득하는가?'라고 생각했다. 부처님은 이렇게 말씀하셨다.

"음陰, 계界, 입入이 비록 무아無我라도 여래장이 있음은 중생의 불성佛性이 된다. 오직 이 장藏의 성품만이 능히 세간과 출세간의 선善과 불선不善의 인因이 되어서 능히 육도六道의 생사와 형색形色의 물드는 법을 두루 일으켜 창조할 수 있으니, 마치 광대가 온갖 일을 변화해 나타내는 것과 같다."

그러나 본래는 나(我)와 내 것(我所)이 없어서 또한 능히 출세간의 청정한 법을 성취할 수 있다. 이승은 이 여래장의 성품이 생사의 인因이 되는 걸 알지 못해서 바로 근根, 진塵, 식識의 세 가지 연緣이 화합한 방편으로 생인生因이 된다고 여기고 있으며, 외도는 이 여래장의 성품을 알지 못해서 신아神我가 작자作者로서 생인이 된다고 허망하게 계교한다. 그러나 이런 장藏의 성품은 대체로 비롯 없는 허위와 악습이 훈습해 변한 것이라서 그 여래장의 명칭을 잃고 단지 식장識藏이라 칭할 뿐이다.

그래서 이렇게 말한다. 부처가 설한 여래장은 바로 아뢰야阿賴耶이다. 이 장식藏識에 의거해 무명주지無明住地를 낳고 전칠식前七識의 물결을 변화해 일으켜서 생멸이 멈추지 않기 때문에 여래장 역시 칠식七識에 따라 생사를 유전流轉하는데, 마치 바다 물결의 맑음이 바람으로 인因해 물결을 일으키기 때문에 생사가 상속하면서 오랜 겁劫에 걸쳐 끊어지지 않는 것과 같다. 그러나 실제로 여래장의 성품은 본래 스스로 상주常住하면서 이승의 무상이라는 견해를 여의었고, 본래 스스로 무아라서 외도의 신아라는 논란을 여의었으니, 비록 속박과 수면으로 오염되어 있더라도 실제로 자성은 무구無垢해서 필경 청정하다. 이것이 소위 이 성품을 미혹해서 생사가 되고, 이 성품을 깨달아서 열반이 되는 것이다. 이 장藏의 성품은 무상無常으로 파괴할 수 없기 때문에 진상眞常이 되고, 온갖 고통이 침범할 수 없기 때문에 진락眞樂이 되고, 생사가 구속할 수 없기 때문에 진아眞我가 되고, 번뇌가 오염시킬 수 없기 때문에 진정眞淨이 되니, 이것이 여래 무상열반無上涅槃의 진실한 과체果體가 되는 까닭이다.

여타의 온갖 식識은 생김도 있고 소멸도 있으며, 뜻(意), 의식意識 등은 생각 생각(念念)마다 일곱 가지가 있다. 실답지 않은 망상을 인因해서 온갖 경계를 취하니, 갖가지 형상과 처소에서 명상名相을 계교, 집착하다가 자심自心이 나타낸 색상色相임을 자각하지 못하고 고통과 즐거움을 자각하지 못해서 해탈에 이르지 못하고, 명상名相의 온갖 얽매임에서 생生을 탐내고 다시 탐욕을 낳는다.

其餘諸識有生有滅. 意意識等念念有七. 因不實妄想. 取諸境界. 種種形處. 計著名相. 不覺自心所現色相. 不覺苦樂. 不至解脫. 名相諸

纏. 貪生. 生貪.

관기 여기서는 장식藏識이 본래 생멸하지 않고 단지 칠식의 생멸로써 여래장이 생사의 염인染因이 된다고 밝힌 걸 말하고 있다. 대혜는 음陰, 계界, 입入이 이미 무아無我라면 무엇이 생기고 무엇이 소멸하는가를 의심해 물었다. 그러나 저 어리석은 범부는 어찌하여 고통이 다함을 알지 못하고 해탈을 알지 못하는가? 부처의 답변에 담긴 의미는 이렇다. 음, 계, 입이란 본래 여래장이라 불생불멸不生不滅이다. 지금은 비록 식장識藏이란 명칭으로 속박되어 있지만, 그 체體는 본래 참되고 또한 불생불멸이다. 그 생멸하는 것은 장식藏識이 아니라 바로 전칠식前七識에서 생멸이 있을 뿐이다. 그래서 당역에서는 이렇게 말했다.

"그 나머지 칠식七識, 의意, 의식意識 등은 생각 생각(念念)마다 생멸한다. 그러나 저 칠식이 생멸하는 까닭은 특별히 망상을 인因으로 삼고 경계를 연緣으로 삼아서 화합하여 생김을 명상名相으로 계교, 집착하는 걸 실제로 있다고(實有) 여기기 때문이다."

이 경계의 색色 등 온갖 법이 오직 자심自心이 현현顯現한 것임을 요달하지 못하고, 요달하지 못하기 때문에 명상名相을 탐내어 집착한다. 역순逆順의 경계는 증오하고 애착하는 마음을 낳아서 괴롭고 즐거운 느낌(受)을 일으키니, 이것이 명상名相으로 얽혀 속박이 된다. 이미 생生을 탐낸 것으로부터 다시 탐욕을 낳고, 이 인연으로 어리석은 중생은 생사의 흐름을 따르면서 고통의 다함도 알지 못하고 해탈을 구하지도 않으니, 이것이 여래장이 육취六趣로 변해 나타나서 생사의 염인染因이 되는 까닭이다.

만약 인因이든 반연攀緣이든 저 온갖 느낌의 감각(受根)이 소멸하면 차제次第가 생기지 않고, 나머지 자심의 망상은 고통과 즐거움을 알지 못하고, 수受와 상想을 소멸하는 정수正受와 제4선禪에 들어가고 진제眞諦의 해탈을 잘 한다. 수행자가 해탈의 상념(想)을 지어서 여의지도 않고 전변하지도 않는 것을 이름하여 여래장의 장식藏識이라 한다.(당역에서는 "만약 인因 및 소연所緣으로 온갖 근根을 취함이 소멸하면 상속相續이 생기지 않고, 스스로의 슬기〔慧〕로 괴로움과 즐거움의 느낌〔受〕을 분별하는 것은 혹은 멸정滅定을 얻고, 혹은 사선四禪을 얻고, 혹은 다시 온갖 제諦의 해탈을 잘 들어가서 문득 해탈을 얻었다는 상념〔想〕을 허망하게 낳지만 실제로는 여래장 속의 장식藏識이란 명칭을 아직 버리지 못해서 아직 전변하지 못한 것이다"라고 하였다) 칠식七識은 유전流轉하지만 소멸하지는 않는다.(당역에서는 "만약 장식藏識이 없으면 칠식이 곧 소멸한다"고 하였다) 왜냐하면 저 반연을 인因해서 온갖 식識이 생기기 때문이다. 성문과 연각의 수행 경계가 아니면 무아를 자각하지 못하고 자상과 공상을 섭수해서 음, 계, 입을 낳는다.

若因若攀緣. 彼諸受根滅. 次第不生. 餘自心妄想. 不知苦樂. 入滅受想正受. 第四禪. 善眞諦解脫. 修行者作解脫想. 不離不轉名如來藏. (唐譯云. 若因及所緣. 諸取根滅. 不相續生. 自慧分別苦樂受者. 或得滅定. 或得四禪. 或復善入諸諦解脫. 便妄生於得解脫想. 而實未捨未轉如來藏中識藏之名) 識藏. 七識流轉不滅. (唐譯云. 若無藏識. 七識則滅) 所以者

何. 彼因攀緣. 諸識生故. 非聲聞緣覺脩行境界. 不覺無我. 自共相攝
受生陰界入.

관기 여기서는 여래장에 의거함이 무상無想 외도 및 이승의 인因이 됨을 말하고 있다. '인因이든 반연攀緣이든'이란 앞에서 '망상은 인因이 되고, 경계의 상相은 연緣이 된다'고 말한 것이다. 대체로 망상은 전칠식前七識을 가리키니 바로 팔식八識의 견분見分이며, 경계의 상相은 바로 팔식의 상분相分이다. 지금 '온갖 느낌의 감각(受根)이 소멸하면 차제次第가 생기지 않는다'고 말한 것은 말하자면 전육식前六識이 온갖 경계를 취하지 않아서 칠식이 자연히 일어나지 않는 것이다. 외도 및 둔한 근기根機의 나함那含[158]은 함께 능히 육식을 회멸灰滅해서 오직 마음뿐임(唯心)을 요달하지 못하고, 또 다문多聞의 지혜가 없어서 단지 자심의 분별과 허망한 계교에 의거해서 고통을 싫어하고 쾌락을 향한다. 혹은 수受와 상想을 소멸한 선정에 들어가서 5나함那含에 거처하기도 하고, 혹은 무상無想에 떨어져서 사선四禪의 외도에 들어간다. 만약 날카로운 근기의 나한羅漢이 있다면 사제四諦를 훌륭히 닦아서 삼계三界를 벗어나고 진제眞諦의 해탈을 얻어서 치우친 공리空理를 증득하겠지만, 실제로는 구경究竟의 열반을 아직 얻지 못해서 문득 스스로 허망하게 멸도滅度해 해탈했다는 상념(想)을 일으킨다. 이것은 단지 생사를 다한 걸 해탈이라고 여길 뿐 실제로는 일체의 해탈을

---

158 욕계의 번뇌를 끊어버린 아나함阿那含을 말한다. 아나가미阿那伽彌(阿那伽迷)로 음역하며, 불환不還 또는 불래不來로 의역을 하는데, 줄여서 나함那含이라고도 한다.

아직 얻지 못한 것이니, 저들은 실제로는 여래장 속 식장識藏의 명칭을 아직 버리지도 못했고 아직 전변하지도 못했기 때문이다. 장식藏識은 칠식이 유전流轉해도 소멸하지 않는 것이니, 말하자면 저 외도와 이승이 참다운 소멸이 아니라는 것이다. 장식이 아직 전변하지 않기 때문에 칠식이 유전해도 소멸하지 않는 것이다. 왜 그런가? 칠식의 전변은 팔식을 반연해 의지함으로서 서로 연기가 되기 때문이다. 그래서 당역에서는 이렇게 말하고 있다.

"만약 장식藏識이 없다면 칠식도 소멸한다. 왜 그런가? 장식 및 소연所緣을 인因해서 생기기 때문이다. 그 뜻이 만약 장식의 명칭을 전변하는데 있다면 칠식 역시 그에 따라 소멸한다."

그러므로 칠지七地 이전은 아직 장식을 버리지 못했고, 다만 스스로의 망상에 의거한 수행으로 심경心境이 여如하지 않으니, 마음 밖에 법을 구하기 때문에 삿된 견해에 많이 떨어지며, 이승은 요달하지 못하기 때문에 자상과 공상의 견해에 떨어지니, 저 장식 중에 비롯없는 허위와 습기를 아직 정화하지 못했기 때문이다. 그래서 당역에서는 이렇게 말한다.

"그러나 일체 외도와 이승의 온갖 수행자가 아는 경계는 아니다. 저들은 오직 인무아人無我의 성품만 요달할 뿐이니, 온蘊, 계界, 처處에 대해 자상 및 공상을 취하기 때문이다."

하지만 장식이란 또한 아뢰야식阿賴耶識이라 칭하기도 하며, 또 아타나식阿陀那識이라고도 하는데, 한역하면 무몰식無沒識이라 하니 생사의 흐름에 있으면서도 침몰하지 않기 때문이다. 게송에서는 이렇게 읊고 있다.

"아타나식은 매우 깊고 미세해서
습기의 종자種子가 폭포와 같은 흐름을 이루니
내가 어리석은 범부에게 연설하지(開演) 않은 것은
저들이 분별하여 나(我)라고 집착할까 걱정해서다."
그러므로 이는 저 외도와 이승의 경계가 아니다.

여래장을 보면 오법五法, 자성自性, 인무아人無我, 법무아法無我가 소멸하고, 지地의 차제次第가 상속하면서 전변해 나아가니, 나머지 외도의 견해로는 능히 경동傾動할 수 없으니,(당역에서는 "만약 여래장을 보면 오법, 자성과 온갖 법이 무아이니, 지地의 차제에 따라 점차 전변해 소멸해서 외도의 악견에 흔들리지 않는다"고 하였다) 이를 이름하여 보살이 부동지不動地에 머문다고 한다. 열 가지 삼매의 도문道門의 즐거움과 삼매의 깨달음(覺)이 지닌 바를 얻어서 부사의不思議한 불법을 관찰하여 자원自願으로 삼매문三昧門의 즐거움 및 실제實際를 받아들이지 않고,(당역에서는 "삼매력三昧力은 온갖 부처가 지닌 바로서 부사의不思議한 불법 및 본원력本願力을 관찰해서 실제實際 및 삼매의 즐거움에 머물지 않는다"고 하였다) 자각自覺의 성스러운 갈래(聖趣)를 향하고, 일체 성문과 연각 및 온갖 외도와 수행하는 도道를 공유하지 않으면서 10지地 현성賢聖의 종성種性의 도道 및 신지身智의 뜻(意)이 생김[159]을 얻고 삼매의 행行을 여읜다. 그러므로 대혜야, 보살마하살로서 수승한 진보를 구하려는 자는 반드시 여래장 및 식장識藏의 명칭을 정화해야 한다."

---

[159] 의생신意生身을 말한다.

見如來藏. 五法自性人法無我則滅. 地次第相續轉進. 餘外道見不能傾動. (唐譯云. 若見如來藏. 五法自性諸法無我. 隨地次第而漸轉減. 不爲外道惡見所動) 是名住菩薩不動地. 得十三昧道門樂. 三昧覺所持. 觀察不思議佛法. 自願不受三昧門樂及實際. (唐譯云. 爲三昧力諸佛所持. 觀察不思議佛法及本願力. 不住實際. 及三昧樂) 向自覺聖趣. 不共一切聲聞緣覺. 及諸外道所修行道. 得十賢聖種性道. 及身智意生. 離三昧行. 是故大慧. 菩薩摩訶薩欲求勝進者. 當淨如來藏及識藏名.

관기 여기서는 여래장이 출세간의 정인淨因이 된다는 걸 말한다. 말하자면 장식藏識의 명칭을 전변해서 여래장을 보면 곧 팔지八地의 공용功用이 없는 도道를 얻어서 바야흐로 법무아法無我의 지혜를 증득한다. 게송에서는 이렇게 말한다.

"부동지不動地 이전에 겨우 장藏을 버리니/ 이 장식의 오염된 명칭을 버림이/ 바로 여래 청정의 장藏이라서/ 따로 얻는 바가 있는(有所得) 건 아니다."

법집法執이란 말은 말하자면 오법五法, 삼자성三自性, 팔식八識, 이무아二無我 등으로서 일체의 참과 거짓(眞妄)을 대치對治하는 법이다. 장식藏識을 아직 전변하지 못할 때에 칠식이 아직 소멸하지 않은 건 모두 집착하는 것이 있고 그걸 취해서 나(我)라고 여기기 때문이다. 이제 장식이 이미 전변했으면 칠식은 소멸하고, 칠식이 소멸하면 오법, 자성, 인무아, 법무아가 당장(當下) 따라서 소멸하니, 오법五法 등이 모두 장식에 의거해 성립하기 때문이다. 이제 식식識이 전변하여 저것들도 소멸하니, 소위 피부가 이미 존재하지 않는데 털이 어찌 붙어 있겠는가? 이것이 법무아를 얻어서 팔지八地로 나가게 되는 것이다. 이 생멸이 이미 소멸하는 데 도달하면 대치對治도 또한 쇠망해서 공功을 쓸 수가 없기 때문에 '공용功用이 없는 도道'라 하는 것이다. 이미 공용이 없어서 법무아를 얻는다면, 일체 외도의 악견惡見이 경동傾動할 수 없기 때문에 이름하여 부동지不動地에 머문다고 한다. 이 부동지에 머물고 나면 곧바로 열 가지 삼매문三昧門의 즐거움을 얻는다. 그러나 이 보살은 예전에 생멸을 수고롭게 사려思慮하고 각식覺識이 번거롭게 움직여서 참된 즐거움을 얻지 못하는데, 지금은 생멸이 이미 소멸하고 적멸寂滅이 현전現前해서 더할 나위 없이 즐거우니, 그렇다면 맛보고 집착하느라 삼매에서 일어나지 못하고 중생을 제도하겠다는 생각(念)이 전혀 없는 것이다. 만약 부처의 힘(佛力)이 가지加持하여 이끌어내 나오게 하지 못한다면 이승에 떨어지기 때문에 온갖 부처의 삼매와 신력神力으로 가지加持되는 것이다. 또 옛날 본원本願의 힘으로 가지加持되기 때문에 비록 열반을 증득하더라도 실제實際에 머물지 않고 또한 삼매의 즐거움도 취하지 않는 것이다. 그래서 여환如幻삼매로 의생신意生身을 나타내 중생을 이롭게 함으로써 자각성지自覺聖智의 궁극적인(究竟) 과과에 나아가니, 이것이 외도와 이승이 수행하는 도道와는 똑같지 않은 것이다.

그러므로 보살로서 여실행如實行을 닦아 뛰어난 법(勝法)을 구하는 자는 반드시 여래장 속 식장識藏의 명칭을 정화해야 한다. 단지 이것뿐이니, 이것 외에 따로 증득할 만한 것은 없다.

○이상 열반의 참되고 청정한 덕을 올바로 나타내었다.

△②-3-2-(2)-5) 아래 글에선 의심을 해석해서 수행을 권유하였다.

"대혜야, 만약 식장識藏의 명칭이 없는 여래장이라면 생멸이 없다. 대혜야, 그러나 온갖 범부와 성인이 다 생멸이 있으니, 수행자는 자각성지自覺聖智로 법락法樂의 머묾을 나타내고 방편을 버리지 않는다.

大慧. 若無識藏. 名如來藏者. 則無生滅. 大慧. 然諸凡聖悉有生滅. 修行者自覺聖智現法樂住. 不捨方便.

관기 여기서는 의심을 해석하고 있다.
문: 이미 식장識藏을 전변해서 그 명칭을 여래장이라 한다. 그러나 식장識藏에는 생멸이 있는데 여래장도 생멸이 있는가?

답: 만약 식장識藏의 명칭이 없으면, 여래장은 생멸이 없다.

또 묻는다. 일체 어리석은 범부는 아직 장식藏識을 전변하지 못했기 때문에 마음에 생멸이 있다. 일체 성인은 이미 장식을 전변했는데도 마음에 또한 생멸이 있는가?

답: 등각等覺 이후에는 비록 장식을 전변하더라도 생멸을 용납하고, 비록 자각성지自覺聖智에 나아가 머물면서 법락法樂을 나타내더라도 용맹정진勇猛精進으로 중생을 제도하는 사업을 버리지 않는다. 그리고 이숙異熟은 아직 공空하지 않아서 오히려 미세하게 상相이 생기고 무명無明도 다하지 않으니, 소위 진상眞常이 유주流注하기 때문에 역시 생멸이 있다. 그래서 '그러나 온갖 범부와 성인이 다 생멸이 있으니, 수행자는 자각성지로 법락法樂의 머묾을 나타내고 방편을 버리지 않는

다'고 한 것이다.

문: 생멸하는 것은 칠식七識이다. 앞에서 '만약 장식이 없다면 칠식은 소멸한다'고 하였다. 칠식이 이미 소멸해서 온갖 성스러움이 이미 여래장으로 전변하였다면 다시 어떻게 생멸하겠는가?

답: 단지 명언名言만이 전변할 뿐 실다운 성품(實性)은 없기 때문이다. 아래 경전에선 이렇게 말한다.

"칠식이 유전流轉하지 않으면 고통과 즐거움을 느끼지 않아서 열반의 인因이 아니다. 여래장이란 고통과 즐거움을 느끼며, 생김(生)이든 소멸함(滅)이든 인因과 더불어 함께한다. 이를 말미암아 살펴보면, 이전에 생멸한 것은 칠식이 아니고 바로 여래장이다. 왜 그런가? 여래장에는 연을 따르는 뜻(隨緣)과 불변不變의 뜻이 있기 때문이다. 그래서 생멸하지 않음은 불변의 뜻이고, 생멸함은 연緣을 따르는 뜻이다. 물든 연(染緣)을 따르면 생사의 인因이 되고 중생이 생각 생각(念念)마다 생멸하면서 온갖 악업을 짓기 때문에 생사에 빠져드니, 이것이 범부의 생멸이다. 만약 청정의 연(淨緣)을 따르면 열반의 인因이 되고 보살이 생각 생각마다 무생無生이라서 큰 지혜의 작용(大智用)을 일으켜 유정有情 중생을 이롭고 즐겁게 하기 때문에 열반을 증득해 나아가니, 이것이 성인의 생멸이다. 그러므로 범부든 성인이든 다 생멸이 있지만, 생기면서도 생김이 없고(無生) 생김이 없으면서도(無生) 생기기 때문에 범부와 성인은 평등하다. 육조六祖는 '불성佛性은 무상無常하다'고 했으며, 또 '만약 법신이 적멸하다면 풀, 나무, 기와, 돌도 똑같으니 누가 즐거움을 느낀단 말인가?'라고 했으며, 또 '법성法性은 생멸의 체體이고, 오온五蘊은 생멸의 용用이니, 하나의 체體에 다섯 가지 용用

이기 때문에 생멸은 상常이다'라고 하였다. 이것은 무생無生을 깊이 증득한 것이 아니니, 법성의 연기緣起를 통달한 자라면 어떻게 이것을 함께하겠는가?

대혜야, 이 여래장의 식장識藏은 일체 성문과 연각의 심상心想이 보는 것이니, 비록 자성이 청정하더라도 객진客塵에 덮여 있기 때문에 오히려 청정치 못함을 보므로 온갖 여래와는 같지 않다. 대혜야, 여래란 현전現前의 경계를 마치 손바닥 안의 아마륵과阿摩勒果를 보듯이 한다.

大慧. 此如來藏. 識藏. 一切聲聞緣覺心想所見. 雖自性淸淨. 客塵所覆故. 猶見不淨. 非諸如來. 大慧. 如來者現前境界猶如掌中視阿摩勒果.

관기 여기서는 전변의 어려움을 해석하고 있다.
문: 이미 여래장이 자성청정自性淸淨함이 범부든 성인이든 평등한데, 어찌하여 범부와 성인의 구별이 있는가?
답: 보는 바(所見)가 똑같지 않기 때문이다. 당역에서는 이렇게 말했다.

"이 여래장의 식장識藏은 본성이 청정하지만 객진客塵에 오염되어서 청정하지가 않다. 일체의 이승 및 온갖 외도는 제도濟度를 기억해 견해를 일으켜도 능히 나타내 증명할(現證) 수 없지만, 여래는 이것을 분명히 나타내 보는 것이 마치 손바닥 안의 아마륵과를 관찰하듯 한다."

범부는 이를 지각하지 못하기 때문에 청정하지 않고, 외도는 허망하게 지각하고 이승은 치우쳐 지각해서 모두 비량比量과 비량非量의 이량二量에 속하기 때문에 보는 것이 청정하지 못하다. 보살의 분각分覺에서 십지十地 보살이 불성을 관하면 마치 껍질을 격하고 달을 보는 것 같기 때문에 여전히 비량比量에 속하면서 아직 완전히 청정해지지는 않은 것이다. 오직 여래의 현전現前 경계만이 여래장을 손바닥 안의 열매를 관하듯 보아서 바야흐로 현량現量이 되어 궁극적으로(究竟) 청정하다. 그러므로 이 경전에선 오직 마음뿐인(唯心) 현량으로 단박에 불성佛性을 보는 것만을 귀하게 여기는데, 그 뜻이 여기에 나타나 있다.

대혜야, 나는 이 뜻(義)을 신력神力으로 건립해서 승만부인勝鬘夫人 및 날카로운 지혜가 충만한 온갖 보살 등으로 하여금 여래장 및 식장識藏의 명칭이 칠식과 함께 생긴다는 걸 선양宣揚하여 연설하게 했다. 성문은 이를 계교하고 집착해서 인무아人無我와 법무아法無我를 보기 (당역에서는 "온갖 성문으로 하여금 법무아를 보게 하기"라고 하였다) 때문에 승만부인은 부처의 위신威神을 받아서 여래의 경계를 설한 것이지 성문, 연각 및 외도의 경계는 아니다. 여래장如來藏의 식장은 오직 부처 및 나머지 날카로운 지혜가 뜻(義)에 의거한 보살의 지혜 경계이니, 그러므로 그대 및 나머지 보살마하살은 여래장식장如來藏識藏을 반드시 부지런히 닦고 배워야 하며, 단지 들어서 지각한(聞覺) 것만으로 앎이 충분하다는 상념(知足想)은 짓지 말아야 한다."

大慧. 我於此義. 以神力建立. 令勝鬘夫人. 及利智滿足諸菩薩等. 宣揚演說如來藏及識藏名. 七識俱生. 聲聞計著. 見人法無我. (唐譯云. 令諸聲聞見法無我) 故勝鬘夫人承佛威神. 說如來境界. 非聲聞緣覺及外道境界. 如來藏識藏. 唯佛及餘利智依義菩薩智慧境界. 是故汝及餘菩薩摩訶薩. 於如來藏識藏當勤修學. 莫但聞覺作知足想.

관기 여기서는 열반의 청정한 덕德의 구경究竟을 나타냈다. 이미 여기서 극極에 이르렀기 때문에 결론으로 수행을 권유하였다. 당역에서는 이렇게 말했다.

"나는 승만부인 및 나머지 깊고 오묘한 청정 지혜의 보살을 위해 여래장명장식如來藏名藏識이 칠식과 더불어 함께 일어나서 온갖 성문으로 하여금 법무아法無我를 보게 했다."

대혜야, 승만부인을 위해 부처 경계를 설한 것이지 외도와 이승의 경계가 아니다. 대혜야, 이 여래장장식如來藏藏識이 부처 경계로서 그대들과 견주는 청정 지혜의 보살 중 의義에 수순隨順하는 자와 더불어 행하는 곳이지 문자에 집착하는 일체 외도와 이승이 행하는 곳이 아니다. 『법화경』에서는 이렇게 말한다.

"둔한 근기根機이자 작은 지혜를 가진 사람으로서 상相에 집착하는 교만한 자는 이 법을 능히 믿을 수 없기 때문에 행하는 곳(所行處)이 아니니, 지혜가 아직 청정하지 못하기 때문이다."

또 말한다.

"불자佛子의 마음이 청정하고 유연하고 또한 날카로운 근기로 헤아릴 수 없는(無量) 온갖 불소佛所에서 깊고 오묘한 도道를 행하니, 이 온갖 불자佛子를 위해 이 대승경전을 설한다."

따라서 날카로운 지혜가 충만한 자를 위해 여래장즉식장如來藏卽識藏이 칠식과 더불어 함께 생김을 설하는 것이며, 이것을 설하는 까닭은 이승이 법무아를 보도록 올바로 채찍질하기 위해서이다. 청정한 지혜라는 말은 말하자면 뜻(義)에 의거하지 말(語)에 의거하지 않는 것이다. 『보경寶鏡』에서는 "단지 문채文彩만을 형상화하면 곧 오염에 속한다"고 했으며, 백장百丈은 이렇게 말했다.

"본래 명목名目이 없음을 부처라 일컫는 것도 오염이고, 법이라 일컫는 것도 오염이다. 아! 불법佛法이라 불리는 것도 이미 오염인데, 하물며 탐냄, 성냄, 어리석음 및 갖가지 삿된 견해로 기억하고, 상념을 짓고, 도모하고, 헤아리는 것이겠는가? 이것이 깊고 오묘한 청정지혜가 아닌 까닭은 들어갈 수 없기 때문이니, 이 때문에 애쓰면서 '단지 들어서 지각한(聞覺) 것만으로 앎이 충분하다는 상념(知足想)은 짓지 말아야 한다'고 한 것이다."

이때 세존께서는 이 뜻을 거듭 선포하고자 게송을 설하셨다.

爾時世尊欲重宣此義而說偈言.

매우 심오한 여래장은
칠식과 더불어 함께하니
두 가지 섭수가 생겨나지만
지혜로운 이는 멀리 여읜다.

深如來藏. 而與七識俱. 二種攝受生. 智者則遠離.

관기 여기서는 여래장의 자성청정自性淸淨을 읊고 있다. 말하자면 여래장은 본래 저절로 청정하지만 단계적으로 비롯 없는 악습惡習의 훈습을 받아 식장識藏이 됨으로써 주지住地의 무명無明을 낳아 칠식과 더불어 함께하기 때문에 물듦과 청정의 인연이 이에 의거해 성립하니, 이 때문에 '두 가지 섭수攝受가 생겨난다'고 한 것이다. 이 장성藏性의 오염과 청정이 함께 부정되고(非) 성스러움과 범속함의 정情이 다하기 때문에 '지혜로운 이는 멀리 여읜다'고 한 것이다. 두 가지 섭수는 말하자면 능취能取와 소취所取로서 바로 견상見相을 둘로 나눈 것인데, 마음의 경계가 있기 때문에 생기고(生) 잊으면 생기지 않는다(不生).

마치 거울의 영상처럼 마음을 나타냄은
비롯 없는 습기習氣로 훈습된 것이니
이를 여실如實하게 관찰하는 자는
온갖 사事도 다 사 없음(無事)이다.

如鏡像現心. 無始習所熏. 如實觀察者. 諸事悉無事.

관기 여기서는 앞서 해석한 멀리 여의는 뜻을 읊고 있다. 일체 범부와 성인의 생사와 열반의 온갖 법은 장성藏性 중에서 다 마치 거울이 상像을 나타내는 것과 같아서 본래 있지 않고 단지 비롯 없는 오염과 청정 두 가지 습기에 훈습되었기 때문이다. 그러나 여래장 속에서 가고 옴(去來), 미혹과 깨달음(迷悟), 생과 사(生死)를 구해도 끝내 얻을 수 없기 때문에 '여실如實하게 관찰하는 자는 온갖 사事도 다 사 없음(無事)이다'라고 한 것이다. 고덕古德은 '온 대지(盡大地)에서 구해 보아도 한 명의 무사인無事人을 얻을 수 없구나(不可得)'라고 했으니, 그 말이 진실하구나!

마치 어리석은 이에게 달을 가리켜 보이면
손가락만 보고(觀) 달은 보지 못하는 것과 같으니
명자名字를 계교하고 집착하는 자는
나(我)의 진실을 보지 못한다.

如愚見指月. 觀指不觀月. 計著名字者. 不見我眞實.

관기 여기서는 어리석은 범부가 명언名言을 계교하고 집착해서 진실의 뜻을 얻지 못한다고 읊고 있다. 앞에서 '내가 설한 법은 마치 달을 가리키는 손가락과 같다'고 한 것이다.

마음은 재주 부리는 광대 아이가 되고
뜻(意)은 마치 재주에 화합하는 자 같고
오식五識은 반려伴侶가 되고
망상은 재주들을 관觀한다.

心爲工伎兒. 意如和伎者. 五識爲伴侶. 妄想觀伎衆.

 여기서는 어리석은 범부는 식識을 따라 행行하지 지혜를 따르지 않음을 읊고 있다. 영가永嘉 대사는 이렇게 말했다.

"법재法財를 손상하고 공덕功德을 소멸하는 것으로 이 마음, 뜻, 식(心意識)을 말미암지 않는 것이 없다."

마음(心)은 팔식八識을 말하는데, 능히 변하고 능히 나타나기 때문에 마치 재주부리는 광대 아이 같다. 뜻(意)은 칠식七識을 말하는데, 인因에 기대고 연緣에 의탁하기 때문에 마치 재주에 화합하는(和伎) 자와 같다. 오식五識은 생김(生)을 총괄하기 때문에 반려가 되고, 육식六識은 분별하기 때문에 관觀하는 자가 되는데, 본래 있지 않아서 환幻처럼 실답지 않기 때문에 재주라고 비유한 것이다. 그래서 여실관如實觀을 귀하게 여긴 것이니, 왕문공(王文公: 왕안석)은 배우俳優를 관찰한 게송에서 이렇게 읊었다.

"온갖 배우들이 하는 연극놀이에서/ 한 번은 귀하고 다시 한 번은 천하지만/ 마음은 본래 저절로 똑같음을 알고 있으니/ 그래서 흔쾌할 것도 원망할 것도 없도다."

적음寂音은 '이 노인은 온몸(通身)이 눈(眼)이라서 그를 털끝만큼이라도 속일 수가 없구나'라고 했다.

첫 권卷인 분별자성장分別自性章에서부터 시작하여 명상名相의 망상을 타파한 이래로 여기까지 왔다. 오법五法, 삼자성三自性, 팔식八識, 이무아二無我를 통틀어 잡아서 삿됨과 올바름(邪正), 인因과 과果의 상相을 변론하였다.

○③ 이 아래에선 오법, 삼자성, 팔식, 이무아의 궁극적인 차별의 상相을 밝혔다. 이를 둘로 나누는데,
 ③-1 처음은 미혹과 깨달음의 인의因依를 총체적으로 밝혔다.
△먼저 질문한다.

이때 대혜보살이 부처님께 여쭈었다.
"세존이여, 오직 바라노니, 오법五法, 자성自性, 식識, 두 종류 무아無我의 궁극적 분별의 상相을 설해 주소서.(두 가지 번역에서 모두 '차별의 상相'이라고 하였다) 나(我) 및 여타의 보살마하살은 일체의 지地를 단계적으로 상속相續하고 이 법을 분별해서 일체의 불법佛法에 들어가겠습니다. 일체의 불법에 들어가겠다는 것은 여래의 자각지自覺地까지 도달하겠다는 겁니다."

爾時大慧菩薩白佛言. 世尊. 惟願爲說五法自性識二種無我究竟分別相. (二譯皆云. 差別之相) 我及餘菩薩摩訶薩. 於一切地次第相續. 分別此法. 入一切佛法. 入一切佛法者. 乃至如來自覺地.

관기 이 질문에서는 오법五法과 자성自性의 궁극적인 차별의 상相을 밝혔다. 앞에서 일단 말한 것을 말미암으면, 세간과 출세간, 범속함과 성스러움, 삿됨과 올바름의 일체 인과는 모두 오법, 삼자성, 팔식, 이무아에 의거해 건립되었다. 지금 건립된 것은 삿됨과 올바름의 인과가 이미 두루하지만, 단지 능히 건립할 수 있음을 밝히지 못한 것은 오법, 자성, 식識, 무아無我 등 차별의 상相 때문이니, 그래서

여기서 청하여 질문함으로써 부처의 지혜 광명을 바란 것이다. 아마 수행자로 하여금 의심 없음(無疑)을 요달케 하면 의거할 수 있는 분별에 오류가 없어서 일체의 불법에 들어가고 나아가 자각성지自覺聖智의 구경지究竟地까지 들어간다.

○두 번째의 답 중에 처음은 미혹과 깨달음의 인의因依를 총체적으로 밝혔고,
　③-2 다음은 사문四門의 섭입攝入을 별개로 나타냈다.
△차초且初

부처님이 대혜에게 고하셨다.
"자세히 듣고 자세히 들어서 잘 사유하도록 하라."
대혜가 부처님께 여쭈었다.
"네, 가르침을 받겠습니다."
부처님이 대혜에게 고하셨다.
"오법五法, 자성自性, 식識, 두 가지 무아無我로 분별한 취상趣相은 말하자면 명名, 상相, 망상妄想, 정지正智, 여여如如이다. 만약 수행자가 수행으로 여래의 자각성취自覺聖趣에 들어가면 단멸(斷)과 항상(常), 있음(有)과 없음(無) 등의 견해를 여의고서 법락法樂의 정수正受를 나타내 현재現在의 앞(前)에 머문다. 대혜야, 저 오법, 자성, 식, 이무아가 자심自心이 나타낸 외부 성품임을 자각하지 못하는 건 범부의 망상이지 온갖 성현聖賢은 아니다."

佛告大慧. 諦聽諦聽. 善思念之. 大慧白佛言. 唯然受教. 佛告大慧. 五法自性識二種無我分別趣相者. 謂名. 相. 妄想. 正智. 如如. 若修行者修行入如來自覺聖趣. 離於斷常有無等見. 現法樂正受住現在前. 大慧不覺彼五法自性識二無我自心現外性. 凡夫妄想. 非諸聖賢.

관기 여기서는 참과 거짓(眞妄), 미혹과 깨달음의 인의因依를 총체적으로 밝히고 있다. 생각건대 만약 수행자가 오법, 자성, 팔식, 무아를 관찰해서 분명히 봄(見)에 오류가 없으면 여래에 대한 자증自證 경계이니, 그렇다면 단멸(斷)과 항상(常), 있음(有)과 없음(無) 등의 견해를 여의고서 법락法樂의 매우 심오한 삼매를 나타내게 된다. 만약 온갖 어리석은 범부들이 이 법을 요달하지 못하게 된다면 마음 밖에 실제로 온갖 법이 있다고 허망하게 보고서 허망하게 분별을 낳아 집착하고 취하기 때문에 생사에 유전流轉한다. 그렇다면 미혹과 깨달음, 성스러움과 범속함 모두가 이 법에 의거하는 것이다.

○③-2 다음은 사문四門의 섭입攝入을 별개로 나타낸 것인데, 다섯 가지로 나눈다.
  ③-2-(1) 첫째는 오법五法의 차별상差別相을 총체적으로 밝힌 것인데, 두 가지로 나눈다.
△③-2-(1)-1 첫째는 차별의 법을 밝힌 것이다.

대혜가 부처님께 여쭈었다.
"세존이여, 어째서 어리석은 범부에게는 망상이 생기고 온갖 성현에게는 아닙니까?"

부처님께서 대혜에게 고하였다.

"어리석은 범부는 세속 숫자(俗數)의 명상名相을 계교하고 집착해서 마음에 따라 유산流散하는데, 유산하고 나면 갖가지 상相과 상像의 모양이 나(我)와 내 것(我所)에 떨어져 묘한 빛깔(妙色)을 희망해 계교하고 집착한다. 계교하고 집착한 후에는 무지無知가 덮어서 가리기 때문에 물듦과 집착을 낳고, 물들고 집착한 후에는 탐냄, 성냄, 어리석음이 낳은 업業이 쌓이고(積集), 업이 쌓인 후에는 망상이 저절로 얽매이는데 마치 누에가 고치를 짓는 것과 같다. 그리고 나서 생사의 바다와 온갖 취趣의 광야曠野에 떨어지는 것이 마치 우물을 긷는 도르래와 같다. 어리석음 때문에 환幻이나 아지랑이, 물속의 달과 같은 자성自性이 나(我)와 내 것(我所)을 여읜 걸 능히 알 수 없어서 일체의 실답지 않은 망상을 일으킨다. 상相과 소상所相 및 생김(生), 머묾(住), 소멸(滅)을 여의는 것은 자심의 망상으로부터 생기지 자재自在, 시절時節, 미진微塵, 승묘勝妙에서 생기지는 않는다. 하지만 어리석은 범부는 명상名相을 따라 유전流轉한다.

大慧白佛言. 世尊. 云何愚夫妄想生. 非諸聖賢. 佛告大慧. 愚夫計著俗數名相. 隨心流散. 流散已. 種種相像貌. 墮我我所見希望. 計著妙色. 計著已. 無知覆障. 故生染著. 染著已. 貪恚癡所生業積集. 積集已妄想自纏. 如蠶作繭. 墮生死海諸趣曠野. 如汲井輪. 以愚癡故. 不能知如幻野馬水月自性. 離我我所. 起於一切不實妄想. 離相所相及生住滅. 從自心妄想生. 非自在時節微塵勝妙生. 愚癡凡夫隨名相流.

<u>관기</u> 여기서는 오법五法 중 명상名相이 차별의 인因을 생기生起함 및 외도가 허망하게 계교하는 까닭을 총체적으로 말하고 있다. 당역에서는 이렇게 말한다.

"어리석은 범부는 명칭(名)이 임시로 세워진(假立) 걸 모르고 마음이 유동流動하는 데 따라 갖가지 상相을 보면서 나(我)와 내 것(我所)을 계교하다가 빛깔(色)에 물들어 집착하여 성스러운 지혜(聖智)를 덮고 가린다. 그리하여 탐냄, 성냄, 어리석음을 일으켜 온갖 업業을 짓는데 마치 누에가 고치를 짓는 것과 같고, 망상이 스스로 얽매어서 온갖 취趣의 생사 대해大海에 떨어지는 것이 마치 우물을 긷는 도르래와 같아서 그 순환循環이 단절되지 않는다. 그런데도 온갖 법이 환幻 같고 아지랑이 같고 물속의 달과 같아서 자심自心이 본 것임을 알지 못하고 허망하게 분별을 일으킨다.

능취能取와 소취所取 및 생김(生), 머묾(住), 소멸(滅)을 여의는 것은 말하자면 자재自在, 시절時節, 미진微塵, 승성勝性으로부터 생겨서 명상名相에 따라 유전流轉하는 것이다. 대체로 범부는 명상名相이 허위이고 가짜라서 실답지 않다는 걸 알지 못하기 때문에 허망하게 취해서 나(我)라 하고 내 것(我所)이라 하고, 이에 의거해 갖가지 온갖 업을 지어서 스스로 생사의 고통스런 과보(苦果)를 취하길 쉬지 않는다. 그러나 외도는 명상名相이 오직 자심自心의 나타냄일 뿐임을 알지 못하고 허망한 계교에 의거해 능소能所와 생멸生滅의 인연을 분별해서 낳는다. 바로 별개로 이견異見을 일으키는 것이니, 말하자면 자재, 시절, 미진, 승성으로부터 생기는 것이다. 그렇다면 명상名相은 본래 없고 단지 타자에 의거해 일어나는(依他起) 것일 뿐이며 치우친 계교로 집착한 것(偏計所執)으로부터 있는 것이다. 이하에선 오법五法의 차별을 올바로 해석한 것이다.

대혜야, 저 상相이란 안식眼識이 비춘 것을 이름하여 색色이라 하고, 이식耳識, 비식鼻識, 설식舌識, 신식身識, 의식意識이 비춘 것을 이름하여 소리, 냄새, 맛, 접촉, 법이라 하니, 이를 이름하여 상相이라 한다.

大慧. 彼相者. 眼識所照. 名爲色. 耳鼻舌身意意識所照. 名爲聲香味觸法. 是名爲相.

관기 여기서는 오법 중 명상名相을 해석하고 있다. 명상名相은 말하자면 색심色心일 뿐이다. 의식意識은 명(名: 이름)이다. 오근五根과 육진六塵은 통틀어 상相이라 이름하며, 또 상相에는 각기 이름(名)이 있고 또한 명상名相이라 이름하기도 하기 때문에 '안식眼識이 비춘 것을 이름하여 색色이라 한다. …'라고 한 것이다. 대체로 오근五根이 대對한 것은 실색實色이 되고, 의근意根이 반연한 법진法塵은 가색假色이 된다. 그러나 실답다면(實) 대對가 있음을 볼 수 있고, 가짜(假)라면 대對가 없음을 볼 수 없다. 유식唯識의 백법百法[160]을 다 밝히는데, 여기서는 단지 명상名相만을 잡았을 뿐이다.

---

[160] 유식학唯識學에서 모든 현상을 100가지로 분류한 것. 심법心法에 8개의 법, 심소법心所法에 51개의 법, 색법色法에 11개의 법, 심불상응행법心不相應行法에 24개의 법, 무위법無爲法에 6개의 법으로 구성되어 있다.

대혜야, 저 망상妄想이란 뭇 이름을 시설施設하여 온갖 상相을 나타내 보인 것이다. 이처럼 코끼리, 말, 수레, 걸음, 남자, 여자 등의 명칭과 다르지 않으니,(당역에서는 "이 일은 이와 같아서 결정적으로 다르지 않다"고 하였다) 이를 이름하여 망상妄想이라 한다.

大慧. 彼妄想者. 施設衆名. 顯示諸相. 如此不異. (唐譯云. 此事如是. 決定不異) 象馬車步男女等名. 是名妄想.

> **관기** 여기서는 오법 중 망상을 해석하고 있다. '뭇 이름을 시설하여 온갖 상相을 나타내 보인다'는 말하자면 이름(名)이 상相에 의거해 성립하고, 상相은 이름(名)을 좇아 생기는 것이다. 명상名相은 본래 없고 분별에 의거해 있기 때문에 이름하여 망상이라 한다.

대혜야, 정지正智란 저 명상名相을 얻을 수 없는 것이 마치 지나가는 나그네 같은 것이다. 온갖 식識이 생기지 않아 단절(斷)도 아니고 항상(常)도 아니라서 일체의 외도와 성문, 연각의 경지(地)에는 떨어지지 않는다.

大慧. 正智者. 彼名相不可得. 猶如過客. 諸識不生. 不斷不常. 不墮一切外道聲聞緣覺之地.

> **관기** 여기서는 오법 중 정지正智를 해석한 것이다. 머물지 않음이 나그네(客)가 되는데, 명상名相에 머물지 않기 때문에 얻을

수 없으며(不可得), 얻을 수 없기 때문에 온갖 식識이 생기지 않는 것이다. 그러나 식識이 이미 생기지 않았다면 비지非智로서 어찌하겠는가? 지혜로써 온갖 법을 관觀하면 분별하지 않고 전도顚倒하지 않으니, 단멸(斷)도 아니고 항상(常)도 아니라면 스스로 일체 성문과 연각의 경지(地)에 떨어지지 않는다. 치우침과 삿됨에 떨어지지 않기 때문에 이름하여 정지正智라고 한다.

다시 다음에 대혜야, 보살마하살은 이 정지正智로써 명상名相을 건립함도 아니고 명상을 건립하지 않음도 아니라서 두 가지 견해인 건립 및 비방을 버려서 여읜다. 그리하여 명상이 생기지 않음을 아니, 이를 이름하여 여여如如라 한다."

復次大慧. 菩薩摩訶薩以此正智. 不立名相. 非不立名相. 捨離二見建立及誹謗. 知名相不生. 是名如如.

> 관기

여기서는 오법 중 여여如如를 말하고 있다. 만약 식識으로써 안다면(知) 명상名相이 멋대로 생기고, 만약 정지正智로써 관觀하면 명상이 성립하지 않으니, 이는 곧 명상의 본여本如가 명상 밖에 따로 여如가 있음을 여의지 않는 것이다. 다만 명상이 일어나지 않는데서 있음(有)과 없음(無)의 두 가지 견해로 건립하고 비방할 뿐이다. 명상이 본래 스스로 생기지 않음을 알기 때문에 이름하여 여여如如라 할 뿐이니, 이 때문에 '명상을 건립하지 않음도 아니다. …'라고 한 것이다. 소위 오직 여여지如如智만이 홀로 존재하는데,

그러나 명상은 생기지 않고 경계(境)는 여如이다. 그러므로 명상이 생기지 않음을 아는 것은 심여心如이고, 심경心境이 여여如如하기 때문에 하나의 법도 성립하지 않는다.

○이상 차별의 법을 밝혔다.
△③-2-(1)-2) 아래에선 여여如如에 머무는 사람을 나타냈다.

"대혜야, 보살마하살이 여여如如에 머무는 것은 있는 바 없는(無所有) 경계를 얻기 때문에 보살의 환희지歡喜地를 얻는 것이니, 보살의 환희지를 얻고 나면 일체 외도의 악한 갈래(惡趣)를 영원히 여의고서 출세간의 갈래(趣)에 올바로 머물고, 법상法相이 성숙해서 환幻 등 일체법을 분별하고 법취法趣의 상相을 자각하며, 온갖 망상을 여의어서 성품의 이상異相을 본다.

大慧. 菩薩摩訶薩住如如者. 得無所有境界故. 得菩薩歡喜地. 得菩薩歡喜地已. 永離一切外道惡趣. 正住出世間趣. 法相成熟. 分別幻等一切法自覺法趣相. 離諸妄想. 見性異相.

관기 여기서는 여여如如에 머무는 자의 실증實證을 말하고 있다. 있는 바 없는(無所有) 경계를 얻는 건 오직 여如뿐이기 때문이다. '법상法相의 성숙'은 상相에 속박되지 않기 때문이며, 법취法趣의 자각을 얻기 때문에 온갖 망상을 여의며, 진여眞如의 용用을 얻기 때문에 성품의 이상異相을 본다. 소위 무명無明을 소멸해서 본래의 법신法身을 보는 것이다. 스스로 소멸해서(自滅) 부사의不思議한 업의 갖가지 작용(用)이 있는 것은 바로 진여와 더불어 평등하여 일체 처소에 두루한 것이니, 이것이 대체로 초지初地부터 구지九地에 이르기까지의 행상行相이다. 오직 식만이(唯識) 지地에 올라서 열 가지 진여를 증득하니, 저들이 뛰어난 덕(勝德)을 잡기 때문이고, 이것이 오직 하나뿐인(唯一) 여如로서 두 가지 여(二如)는 없으니, 진실한 증명(實證)을 잡기 때문이다.

단계적으로 법운지法雲地까지 이르는데, 그 중간에 삼매력자재신통三昧力自在神通이 활짝 열리고,(위역에서는 "법운지에 들어가고 나면 다음에는 삼매력자재신통의 온갖 꽃이 여래의 땅[地]을 장엄莊嚴한다"고 하였다) 여래지如來地를 얻고 나면 갖가지 변화로 원만한 비춤(圓照)을 나타내 보여서 중생을 성숙시키는데 마치 물속 달과 같고, 궁극적으로 10무진구無盡句를 잘 만족시키고, 갖가지 뜻(意)으로 해석하는 중생을 위해 분별하여 법을 설하고, 법신은 뜻(意)으로 지은 것을 여의니, 이를 이름하여 보살이 여여如如의 소득所得에 들어감이라 한다."

次第乃至法云地. 於其中間. 三昧力自在神通開敷. (魏譯云. 入法雲地已. 次以三昧力自在神通諸華莊嚴如來之地) 得如來地已. 種種變化圓照示現. 成熟衆生. 如水中月. 善究竟滿足十無盡句. 爲種種意解衆生分別說法. 法身離意所作. 是名菩薩入如如所得.

> 여기서는 행行이 이루어져 과果를 얻는 상相을 밝히고 있다.
> 식장識藏을 전변하여 여래장의 명칭을 얻기 때문에 '법신은 뜻(意)으로 지은 것을 여읜다'고 했으니, 이를 이름하여 보살이 여여소如如所에 들어감이라 한다. 논論에서는 이렇게 말한다.

관기

"진여 자체自體의 상相이란 근본 이래로 자성이 일체 공덕을 만족하는 것이니, 소위 자체에 대지혜광명大智慧光明의 뜻(義)이 있기 때문이며, 법계를 두루 비추는 뜻이 있기 때문이며, 진실을 인식하고 아는(識知) 뜻이 있기 때문이며, 자성청정심自性淸淨心의 뜻이 있기 때문이며, 항상하고(常) 즐겁고(樂) 나(我)이고 청정한(淨) 뜻이 있기 때문이며, 청량淸涼이 변함없이 자재한 뜻이 있기 때문이다."

이와 같음을 구족해 항하사(恒沙)의 시간을 거치면서 부사의한 불법을 여의지도 않고 단절하지도 않고 달리(異)하지도 않고, 나아가 있는 바 없는(無有所) 작은 뜻까지도 완벽히 충족(滿足)하기 때문에 이름하여 여래장이라 하고 또한 이름하여 여래의 법신이라 한다. 나아가 이렇게까지 말한다.

"이와 같은 청정한 법과 한량없는 공덕이 바로 일심一心이고 다시 염念하는 것이 없으니, 이 때문에 완벽한 충족(滿足)이라 하고, 이를 이름하여 법신 여래의 장藏이라 한다."

염念하는 바가 없음은 바야흐로 완벽한 충족(滿足)을 얻는 것이다. 그러므로 여기서는 '법신은 뜻(意)으로 지은 것을 여의니, 이를 이름하여 보살이 여여如如의 소득所得에 들어감이라 한다'고 하였다. 이 때문에 지지地에 오른 이래로 구경지究竟地에 이르기까지 법이法爾는 이같은 업의 작용(業用)을 갖추고 있다.

○이상 오법이 차별상差別相을 밝혔고,

③-2-(2) 아래에선 삼문三門이 오법에 들어감을 밝히는데, 두 가지로 나눈다.

△③-2-(2)-1) 첫째는 세 가지 자성(三自性)이 오법에 들어가는 것이다.

이때 대혜보살이 부처님께 여쭈었다.
"세존이여, 무엇을 세존께서는 세 가지 자성이 오법에 들어간다고 하시고, 각기 자상自相의 종지가 있다고 하십니까?"
부처님께서 대혜에게 고하셨다.
"세 가지 자성 및 팔식八識, 두 가지 무아無我가 다 오법에 들어간다.

爾時大慧菩薩白佛言. 世尊. 云何世尊. 爲三種自性入於五法. 爲各有自相宗. 佛告大慧. 三種自性及八識二種無我悉入五法.

관기 이 질문은 사문四門이 상호 섭수해 들어감(攝入)으로써 일심진여一心眞如의 물듦과 청정으로 융통融通함을 나타내고, 여래장 성품이 내포한 묘함을 나타낸 것을 밝히고 있다. 구주舊註에서는 이렇게 말한다.

"대혜는 앞에서 사문四門을 들어서 질문했고, 여래는 단지 오법五法 일문一門을 잡아서 답했다. 그래서 여기서는 '세 가지 자성이 오법 속에 들어갑니까? 각기 별개로 자상自相의 종지가 있다고 하십니까?'라고 재차 질문한 것이다."

부처가 나머지 세 가지 문은 다 오법 속에 들어간다고 답한 것은 단지 일문一門만을 닦더라도 온갖 문門이 갖춰지고 섭수되어서 나머지 세 가지도 마찬가지라는 것이다. 그러나 서로 섭수되고 갖춰졌다는 것은 법성法性이 융통해서 연緣에 따라 전변轉變하기 때문이다.

대혜야, 저 명(名: 명칭) 및 상(相: 모습)은 망상의 자성自性이다.

大慧. 彼名及相. 是妄想自性.

<관기> 여기서는 망상의 자성이 오법 중 명상名相에 들어감을 말한 것이다. 명상이 있기 때문에 분별을 일으키나니, 명상이 만약 없다면 분별이 어찌 일어나겠는가? 그러므로 이 망상은 저 명상의 섭수(攝)에 들어간다.

대혜야, 만약 저 망상에 의거해 심心과 심법心法이 생긴다면 명칭(名)이 때(時)를 함께하며 생기는데, 마치 해와 광명이 함께하는 것과 같다. 갖가지 상相을 각각 별개로 분별하여 지니니, 이를 이름하여 연기의 자성이라 한다.

大慧. 若依彼妄想生心心法. 名俱時生. 如日光俱. 種種相各別分別持. 是名緣起自性.

<관기> 여기서는 연기의 자성이 오법 중 망상에 들어간다는 걸 말하고 있다. 말하자면 저 오법 중 망상의 명상名相이 바로 서로

인因해서 일어나는 것이다. 망상에서 심心과 심소법心所法이 생길 때면 온갖 법의 가명假名이 그에 의거해 생기는데, 마치 해와 광명 같으니 말하자면 마음과 경계가 서로 여의지 못하기 때문이다. 이미 갖가지 명칭이 있다면 갖가지 상相이 있고, 다시 갖가지 분별을 일으켜 서로 의지依持한다. 소위 마음이 생겨나면 갖가지 법도 생기니, 마음과 경계가 서로 연기가 되기 때문이다. 이 연기의 자성이 바로 저 오법 중 망상의 섭수(攝)에 들어간다.

대혜야, 정지正智의 여여如如는 무너뜨릴 수 없기 때문에 이름하여 성자성成自性이라 한다."

大慧. 正智如如者. 不可壞. 故名成自性.

관기 여기서는 성자성(成自性: 완성된 자성)이 오법 중 정지正智의 여여如如에 들어간다는 걸 말하고 있다. 말하자면 정지의 여여는 바로 묘한 성품의 천연(妙性天然)이니, 법을 지을(作法) 수 없기 때문에 무너뜨릴 수 없고, 무너뜨릴 수 없기 때문에 본래 저절로 완벽하게 완성되어서(本自圓成) 그 이름을 성자성이라 한다.

○이상 세 가지 자성이 오법에 들어감을 밝혔다.
△③-2-(2)-2) 아래에선 팔식八識과 이무아二無我가 오법에 들어감을 밝힌다.

"다시 다음에 대혜야, 자심自心이 나타낸 망상은 여덟 가지로 분별하니, 말하자면 식장識藏, 뜻(意), 의식意識 및 오식五識의 신상身相이다. 실상實相이 아니고 망상이기 때문에 나(我)와 내 것(我所)의 두 가지 섭수攝受가 소멸하면 이무아二無我가 생겨난다."

復次大慧. 自心現妄想. 八種分別. 謂識藏. 意. 意識. 及五識身相者. 不實相. 妄想故. 我我所二攝受滅. 二無我生.

관기 여기서는 팔식과 이무아가 오법 속에 들어감을 말하고 있다. 말하자면 자심이 나타낸 허망한 법인데, 이를 명상名相이라 한다. 이 집착으로 생기生起한 팔식이 바로 망상이며, 만약 이 망상이 모두 실답지 않음을 요달한다면 분별이 생기지 않아서 즉각 정지正智의 여여如如가 된다. 이 팔식은 오법 속에 들어가는 것이다. 만약 마음과 경계에 대해 실제로 나(我) 및 내 것(我所)이 있다고 허망하게 계교한다면 바로 명상名相의 망상이다. 만약 마음과 경계가 실답지 않음을 요달한다면 두 가지 섭수攝受가 소멸하고 아무아二無我가 생기니 바로 정지正智의 여여如如이다. 이 이무아도 오법 속에 들어간다.

△③-2-(3) 셋째, 사문四門이 일체법을 섭수攝受함을 밝힌다.

"그러므로 대혜야, 이 오법五法이란 성문, 연각, 보살, 여래의 자각성지自覺聖智의 온갖 지地에서 상속하는 차제次第이니, 일체 불법佛法이 다 그 속에 들어간다."

是故大慧. 此五法者. 聲聞緣覺菩薩如來. 自覺聖智諸地相續次第. 一切佛法悉入其中.

관기 여기서는 사문四門이 일체법을 섭수함을 말하고 있다. 말하자면 비단 오법이 나머지 삼문三門을 섭수할 뿐만 아니라 성문, 연각, 보살, 여래의 인因이든 과果이든 일체의 온갖 법은 다 그 속에 들어간다.

△③-2-(4) 넷째, 여여如如에 총체적으로 돌아감으로써 정관正觀을 제시한다는 걸 밝힌다.

"다시 다음에 대혜야, 오법五法이란 상相, 명名, 망상妄想, 여여如如, 정지正智이다. 대혜야, 상相이란 가령 처소處所와 형상形相, 색상色像 등이 나타낸 것이니, 이를 이름하여 상相이라 한다.(당역에서는 "이 중에서 상相이란 말하자면 보이는 색色 등으로 형상形狀이 각기 구별되니, 이를 이름하여 상相이라 한다"고 하였다) 만약 저것에 이 같은 상相이 있다면 이름하여 병瓶 등이라 하니, 바로 이것은 다른(餘) 것이 아니라서 이를 명名이라 설한다.(당역에서는 "저 온갖 상相에 의거해 병瓶 등의 명칭을 세운다. 이것은 이러하고〔如是〕이것은 다르지 않으니〔不異〕, 이를 이름하여 명名이라 한다"고 하였다) 뭇 명칭을 시설施設하고 온갖 상相을 나타내 보이는 병瓶 등의 심心과 심법心法, 이를 이름하여 망상이라 한다. 저 명칭(名)과 저 상相은 필경 얻을 수 없고, 처음부터 끝까지 지각(覺)이 없고, 온갖 법으로 전전展轉함이 없어서 실답지 않은 망상을 여의었으니, 이를 이름하여 여여如如라 한다.(당역에서는 "저 명칭〔名〕과 저 상相은 필경 있지〔有〕 않고 단지 허망한 마음이 전전展轉해 분별한 것이니, 이렇게 관찰해서 나아가 지각의 소멸〔覺滅〕에 이르는데, 이를 이름하여 여여如如라 한다"고 하였다) 진실하고 결정된 구경의 자성(眞實決定究竟自性)은 얻을 수 없는 그것이 이 여如의 상相이니, 나(我) 및 온갖 부처가 수순隨順해 들어가는 곳이다. 보편적으로 중생을 위해 실답게 연설하고 시설施設하여 나타내 보이니, 저들은 그에 따라 정각正覺에 들어가는데 단멸(斷)도 아니고 항상(常)도 아니라서 망상이 일어나지 않고 자각성취自覺聖趣를 수순隨順해도 일체의 외도, 성문, 연각은 상相을 얻지 못하게 되니, 이를 이름하여 정지正智라 한다."

復次大慧. 五法者. 相名. 妄想. 如如. 正智. 大慧. 相者. 若處所形相. 色像等現. 是名爲相. (唐譯云. 此中相者. 謂所見色等形狀各別. 是名爲相) 若彼有如是相. 名爲瓶等. 卽此非餘. 是說爲名. (唐譯云. 依彼諸相立瓶等名. 此如是. 此不異. 是名爲名) 施設衆名. 顯示諸相瓶等心心法. 是名妄想. 彼名彼相. 畢竟不可得. 始終無覺. 於諸法無展轉. 離不實妄想. 是名如如. (唐譯云. 彼名彼相. 畢竟無有. 但是妄心展轉分別. 如是觀察. 乃至覺滅. 是名如如) 眞實決定究竟自性不可得. 彼是如相. 我及諸佛隨順入處. 普爲衆生如實演說施設顯示. 於彼隨入正覺. 不斷不常. 妄想不起. 隨順自覺聖趣. 一切外道聲聞緣覺所不得相. 是名正智.

여기서는 오법을 수행하는 방편을 말한다. 앞서 오법이 서로 인因해서 있다고 한 것은 말하자면 명상名相은 망상을 인因해서 있고, 여여如如는 정지正智를 인因해서 얻는다는 것이다. 그리고 저 명상은 마음과 경계가 서로 대대待對해서 말한 걸 통틀어 잡은 것이니, 그래서 세 가지 성품(三性)을 섭수해 들어간(攝入) 것이다. 여기서는 단순히 말해서 일체 온갖 법을 총체적으로 상相이라고 일컫은 것이다. 상相에는 각기 명칭(名)이 있고, 명칭을 분별한 것을 망상이라 일컫는다. 말하자면 이 명상의 망상은 본래 스스로 여여해서 오직 이 여여의 상相만을 능히 요달할 수 있을 뿐이다. 그러나 다시 능히 중생을 위해 나타내 보일 수 있다는 것은 바로 이름하여 정지正智라 하는 것이니 소위 자각성지自覺聖智이다. 이 때문에 전후 오법의 차례가 똑같지 않고 뜻(意)을 수립한 것 또한 구별될 뿐이다. '저 명상名相은 필경 얻을 수 없다'는 경계가 본래 여如라는 것이며, '처음부터 끝까지 지각(覺)이 없다'는, 말하자면 이미 아는 바 없는(無所知) 경계라는 것이며, 또한 능히 아는(能知) 마음도 없다면 마음은 본래 여如인 것이다. 마음과 경계가 여여하기 때문에 온갖 법에서 전전하는 생멸이 없어서 실답지 않은 망상을 여의는 것이다. 이 진여眞如의 상相은 상이 없기(無相) 때문이니, 그래서 '진실하고 결정된 구경(眞實決定究竟)의 자성은 얻을 수 없는 것'이다. 이것이 바로 나(我) 및 온갖 부처가 증득해 들어가는 곳이다. 그러면서 보편적으로 중생을 위해 열어 보여 설하는 까닭은 또한 이 여여의 실상을 설해 저들에게 나타내 보이기 때문이다. 즉 저들 중생으로 하여금 이를 수순해 들어가게 함으로서 단멸(斷)이나 항상(常)에 떨어지지 않고 망상을 낳지 않고 자각성지의 갈래(趣)에 들어가 일체 외도와 이승의 경계를 초월케 하려 함이니, 이와 같은 것을 바야흐로 이름하여 정지正智라 한다.

그렇다면 내가 증득하고 설한 것은 오직 이것일 뿐이며, 바로 중생으로 하여금 증득케 하려는 것도 또한 오직 이것일 뿐이다. 그래서 『법화경』에선 이렇게 말했다.

"오직 이 하나만이 사실事實이고, 나머지 둘은 참(眞)이 아니다."

③-2-(5) 아래에선 결론으로 수행과 배움을 권한다.

"대혜야, 이걸 이름하여 오법이라 하니, 세 가지 자성, 팔식, 두 가지 무아, 일체 불법이 다 그 속에 들어간다. 그러므로 대혜야, 반드시 스스로의 방편으로 배워야 하고 또한 타인도 가르쳐야 하지 타인을 따르지는 말아야 한다."

大慧. 是名五法三種自性. 八識二種無我. 一切佛法悉入其中. 是故大慧. 當自方便學. 亦敎他人. 勿隨於他.

 여기서는 수행을 결론으로 권유하고 있다. 당역에서는 이렇게 말한다.

"이 법 안에서 그대는 응당 자지自智의 능숙함(善巧)으로써 통달하고 또한 타인에게도 그걸 통달하도록 권유해야 한다. 이것을 통달하고 나면 마음은 곧 결정되어서 타인을 따라 굴려지지(轉) 않는다."

그러나 여여如如를 통달하면 그 마음이 바야흐로 결정되어서 타인에 따라 굴려지지(轉) 않으니, 이것이 칠지七地는 아직 심식心識을 여의지 못해서 또한 외도의 삿된 길에 떨어질까 걱정되는 까닭이다.

이때 세존께서는 이 뜻을 거듭 선포하고자 게송을 설하셨다.

爾時世尊欲重宣此義而說偈言.

오법五法과 세 가지 자성(三自性)
및 여덟 가지 식識
그리고 두 종류의 무아는
다 마하연에 섭수된다.

五法三自性. 及與八種識. 二種無有我. 悉攝摩訶衍.

관기 여기서는 앞서 사문四門이 일체의 불법을 다 섭수했음을 총체적으로 읊고 있다. 범어 마하연摩訶衍은 한역하면 대승大乘이다.

명상名相과 거짓된 망상은
자성의 두 종류 상相이지만,
정지正智 및 여여如如
이것이라면 완성된 상(成相)이 된다.

名相虛妄想. 自性二種相. 正智及如如. 是則爲成相.

여기서는 오법五法이 세 가지 자성(三自性)을 섭수함을 읊고 있다.

○ 이상 오법, 세 가지 자성, 팔식, 이무아를 제시함으로써 구경究竟의 차별상差別相을 밝혔다.
　④ 아래에선 법신이 상주常住함으로써 생사와 열반의 평등상平等相을 제시함을 밝히는데, 두 가지로 나눈다.
△④-1 첫째, 법신이 상주常住함을 밝힌다.

이때 대혜보살이 다시 부처님께 여쭈었다.
"세존이여, 세존께서 설하신 구절(句)대로 과거의 온갖 부처가 항하사恒河沙처럼 많고, 미래와 현재도 또한 마찬가지라고 하셨습니다. 어떻습니까, 세존이여, 설하신 대로 받아들여야 합니까? 다시 다른 뜻이 있으신 겁니까? 오직 바라노니, 여래께서 불쌍히 여겨 해설해 주소서."
부처님이 대혜에게 고하셨다.
"설한 대로 받아들이지 말라. 삼세의 온갖 부처의 양量은 항하사 같지는 않다. 왜 그런가? 세간의 소망所望을 넘어서서 비유로서 비유되지 않기 때문이다.

爾時大慧菩薩復白佛言. 世尊. 如世尊所說句. 過去諸佛如恒河沙. 未來現在亦復如是. 云何世尊. 爲如說而受. 爲更有餘義. 惟願如來哀愍解說. 佛告大慧. 莫如說受. 三世諸佛量非如恒河沙. 所以者何. 過世間望. 非譬所譬.

> **관기** 앞에서 일단은 법계의 참(眞)과 거짓(妄), 인因과 과果의 구경究竟이 총체적으로 여여如如에 돌아간다는 걸 통틀어 나타냈다. 이는 장차 법신이 상주常住함을 제시함으로써 법계가 평등하고 여여함을 나타냈기 때문에 항사恒沙의 비유를 들어서 질문을 청한 것이다. 대개 일반적으로 많고 많은 숫자를 드는 것을 항사로 비유했다. 대혜의 의도는 '과연 삼세의 온갖 부처가 항사처럼 많은가?'였기 때문에 '설하신 대로 받아들여야 합니까? 다시 다른 뜻이 따로 있으신 겁니까?'라고 한 것이다. 부처님은 이렇게 말씀하셨다.
>
> "삼세의 온갖 부처가 항상처럼 많다고 일컬을 수 없다. 왜냐하면 여래의 가장 뛰어남(最勝)은 온갖 세간을 초월해서 더불어 동등한 자가 없음이 양量으로써는 추구할 수 없기 때문이다." 그런 까닭에 '세간의 소망을 넘어서서 비유로서 비유되지 않기 때문이다'라고 한 것이다. 경전에서는 이렇게 말했다.
>
> "삼계三界에는 일체법이 없는지라 능히 부처와 더불어 비유할 수 없다."

어리석은 범부는 항상(常)을 계교하고, 외도의 망상(당역에서는 "나[我]로써인 어리석은 범부와 온갖 외도 등은 마음이 늘 상常과 무상無常을 집착한다"고 하였다)은 악한 견해(惡見)를 오래 길러서 생사가 끝이 없다. 그래서 생사로 향하는 수레바퀴를 싫어해 여의고 부지런한 정진으로 뛰어나게 진보하도록 하기 위해 그들을 위해 온갖 부처는 보기 쉽다고 설한 것이라서 우담발화優曇鉢華[161]처럼 보기가 어렵기 때문에 방편 구하기를 그만두게 하는 것은 아니다. 어느 때는 다시 온갖 교화를 받아들이는 자를 관하면서 이렇게 설했다.

'부처를 만나기 어려운 것은 마치 우담발화와 같다. 우담발화는 과거에도 보지 못했고 현재에도 보지 못하고 미래에도 보지 못할 것이다. 여래는 세간에서 다 보지만 저절로 통함(自通)을 건립하지 못하기 때문에 여래가 세간에 나옴은 마치 우담발화 같다고 설한 것이다.' 대혜야, 스스로 '저절로 통함(自通)'을 건립하는 자는 세간의 소망을 넘어선다. 저 온갖 어리석은 범부가 능히 믿을 수 없는 것은 자각성지自覺聖智의 경계로서 비유되는 것이 없고, 진실의 여래는 심心, 뜻(意), 의식意識에 보이는 상相을 넘어서므로 비유할 수 없다.

以凡愚計常. 外道妄想. (唐譯云. 我以凡愚諸外道等心恒執著常與無常) 長養惡見. 生死無窮. 欲令厭離生死趣輪. 精勤勝進故. 爲彼說言. 諸佛易見. 非如優曇鉢華難得見故. 息方便求. 有時復觀諸受化者. 作是說言. 佛難値遇. 如優曇鉢華. 優曇鉢華. 無已見今見當見. 如來

---

161 (1) 불교 경전에 보이는 상상의 꽃. 우담바라優曇波羅・우담발라화優曇跋羅華로도 부른다. 불경에서 여래如來나 전륜성왕轉輪聖王이 나타날 때만 핀다는 상상의 꽃이다. 인도 전설에서 이 꽃은 싹이 터서 1천년, 봉오리로 1천년, 피어서 1천년, 합해서 3천년 만에 한 번씩 꽃이 핀다고 하여 매우 희귀함을 강조하고 있다. (2) 진리의 꽃. 대도 정법이 활짝 핀다는 것을 상징하는 말. 여래가 세상에 태어날 때 꽃이 피며, 전륜성왕이 나타날 때면 그 복덕으로 말미암아 감득해서 꽃이 핀다고 했다. 때문에 이 꽃이 사람의 눈에 띄는 것은 상서로운 징조라 한다. 또 여래의 묘음妙音을 듣는 것은 이 꽃을 보는 것과 같고, 여래의 32상을 보는 것은 이 꽃을 보는 것보다 백만 년이나 어렵다고 했다. 여래의 지혜는 우담발화가 때가 되어야 피는 것처럼 작은 지혜로는 알 수 없고 깨달음의 깊이가 있어야 알 수 있다고도 한다.

者世間悉見. 不以建立自通故. 說言如來出世如優曇鉢華. 大慧. 自建立自通者. 過世間望. 彼諸凡愚所不能信. 自覺聖智境界. 無以爲譬. 眞實如來. 過心意意識所見之相. 不可爲譬.

관기 여기서는 법신의 상주常住가 언설의 심량心量과 비유로는 구할 수 없다는 걸 말한다. 따라서 법신은 말을 여의어서 온갖 수數에 떨어지지 않는데, 어찌 수량數量으로 견주어서 구할 수 있겠는가? 그러나 항사恒沙의 비유로써 부처를 쉽게 본다는 것은 대체로 게으른 중생을 채찍질해 그 집착과 두려움(怖遠)의 정情을 타파하기 위한 것으로, 생사를 싫어해 여의게 함으로써 정진精進의 마음을 발하게 한 것일 뿐이다. 그러므로 저들을 위해 부처는 항하사처럼 많아서 쉽게 볼 수 있지 우담발화처럼 보기 어렵지는 않다고 설한 것이니, 가령 '보배 처소(寶處)는 가까이에 있다'고 한 말이 그것이다. 만약 부처를 만나기 어렵다고 말한다면 그는 반드시 퇴보해 겁낼 것이니, 말하자면 보기 어렵기 때문에 나아가 구하려고 하질 않는다. 그래서 나는 쉽게 볼 수 있다는 말로 중생을 계발啓發한 것이라서 실다운 말(實言)은 아니다.

가령 근기가 성숙해서 교화를 받아들일 만한 자가 있다면, 그들이 게으를까 걱정해서 정진精進으로 속히 보리菩提를 향하도록 하기 위해서 내가 부처를 만나기 어려운 것은 우담발화가 피는 것처럼 어렵다고 설한 것이니, 부처를 간구하고 연모하는 마음을 일으키도록 하기 때문이다. 이것 역시 우언寓言일 뿐 실제로 그런 것은 아니다. 그리고 우담발화를 과거에도 보지 못했고 현재에도 보지 못하며 미래에도 보지 못할 거라 했지만, 여래가 세간에 나온 것은 다 알고 다 보는데 어찌 우담발화를 여래에 견줄 수가 있겠는가? 이처럼 우담발화를 부처에 비유한 것은 화불化佛이 중생을 권유하는 방편을 설했을 뿐이지 법신의 저절로 통하는(自通) 곳을 건립해 설한 것이 아니기 때문에 여래는 우담발화와 같다고 설한 것이다.

그러나 저절로 통하는(自通) 법을 건립한 것은 바로 성스러운 지혜(聖智)의 법신 경계를 내증內證한 것으로 세간에는 동등한 게 없기 때문에 '세간의 소망을 넘어서서'라고 한 것이다. 저 온갖 어리석은 범부는 자각성지自覺聖智의 경계가 비유 불가능함을 믿고 받아들일 수 없어서 허망하게 비유를 통해 알 수 있다고 여긴다. 특히 진실한 여래의 법신은 바로 심心, 뜻(意), 의식意識에 보이는 상相을 초월해서 그 가운데서 비유를 건립해 구할 수 없다는 걸 알지 못하니, 이 때문에 반야경에서는 이렇게 말한다.

"만약 색色으로써 나(我)를 보거나 음성으로써 나(我)를 구한다면, 이 사람은 삿된 도道를 행하는 것이라서 능히 여래를 볼 수 없다."

대혜야, 그러나 내가 부처는 항하사 같다고 비유로 설한 것에는 잘못이 있지 않다.

大慧. 然我說譬佛如恒河沙. 無有過咎.

여기서는 의문을 해석하고 있다. 그 의문은 이렇다.
"그러나 여래의 법신은 이미 비유할 수 없는데도 또 부처는 항하사 같다고 비유하니, 어찌 스스로의 말(自語)을 서로 어기는 잘못에 떨어지지 않겠습니까?"

해석은 이렇다.

"그러나 내가 때로는 부처가 항하사 같다는 비유를 설한 것에는 서로 어기는 잘못이 있지 않다. 왜 그런가? 내가 말한 항하사는 많고 많은 것을 일컬은 것이 아니다. 깊은 뜻(義)이 있기 때문이다."

그래서 아래에서는 일곱 가지 깊은 뜻으로 해석했다.

대혜야, 비유하면 항하사 같다. 일체의 물고기, 자라, 윤수마라輪收摩羅(실수마라失獸摩羅. 살자어殺子魚라고도 한다), 사자, 코끼리, 말, 사람, 짐승이 모래를 밟는다 해도 모래는 '저들이 나를 괴롭히고 혼란시킨다'고 생각하는 망상을 일으키지 않으니, 자성이 청정해서 온갖 더러움(垢污)이 없다. 여래, 응공, 등정각의 자각성지自覺聖智는 항하恒河 같아서 대력신통大力神通의 자재함이 모래와 동등하다. 일체의 외도와 온갖 사람, 짐승 등 일체가 괴롭고 혼란스러워도 여래는 염념으로 망상을 일으키지 않으니, 여래는 적연寂然해서 염념이나 상상이 있지 않기 때문이다. 여래의 본원本願은 삼매로써 중생을 즐겁게 하고 편안케 하기 때문에 괴로움이나 혼란이 있지 않으니, 마치 항하사처럼 동등해서 차이가 없고 또 탐냄, 성냄을 끊었기 때문이다.

大慧. 譬如恒沙. 一切魚鼈輪收摩羅(失獸摩羅. 云殺子魚) 師子象馬人獸踐踏. 沙不念言. 彼惱亂我. 而生妄想. 自性淸淨無諸垢污. 如來應供等正覺. 自覺聖智恒河. 大力神通自在等沙. 一切外道諸人獸等.

一切惱亂. 如來不念而生妄想. 如來寂然. 無有念想. 如來本願以三昧樂安衆生故. 無有惱亂. 猶如恒沙等無有異. 又斷貪恚故.

관기 여기서는 법신이 염念을 여의었음을 비유로 나타내고 있다. 여래 자각성지自覺聖智의 법성法性은 큰 강과 같고, 대력신통大力神通의 자재함 등은 항하恒河 속의 모래와 같다. 비록 밟히더라도 한 생각(一念)도 괴롭고 혼란스럽다는 상념(想)을 일으키지 않는다. 그래서 온갖 외도와 천마天魔 등이 여래를 괴롭히고 혼란스럽게 해도 여래는 적연寂然해서 한 생각(一念)도 싫어해 버리는 마음이 생기지 않으니, 중생을 이롭게 하는 본원本願의 삼매력三昧力으로 유지하기 때문이고 또 비롯 없는 탐냄, 성냄, 애착, 증오의 습기習氣를 끊었기 때문이다. 이 생각(念)을 여읜 지혜 때문에 항하사恒河沙 같다고 한 것이지 자못 많고 많음을 일컬은 것은 아니다. 보리菩提의 반연됨(所緣)은 고통받는 중생을 반연하기 때문에 '본원삼매本願三昧의 즐거움'이라 했다.

비유하면 항사恒沙가 땅의 자성自性인 것과 같다. 겁劫이 다 탈 때 일체의 땅을 태우지만 저 지대地大는 자성을 버리지 않으니, 화대火大와 더불어 함께 생기기 때문이다. 그 나머지 어리석은 범부는 땅이 타는 상념(想)을 짓지만 땅은 타지 않으니, 불의 인因 때문이다. 이처럼 대혜야, 여래의 법신은 항사가 무너지지 않는 것과 같다.

譬如恒沙. 是地自性. 劫盡燒時. 燒一切地. 而彼地大不捨自性. 與火

大俱生故. 其餘愚夫作地燒想. 而地不燒. 以火因故. 如是大慧. 如來法身如恒沙不壞.

> **관기** 여기서는 법신이 무너지지 않음을 비유로 나타내고 있다. 여래의 법신은 무정無情에 존재하면 법성法性이라 일컫고, 유정有情에 존재하면 불성佛性이라 일컫기 때문에 모래를 땅의 자성이라 하는 것과 같다. 무정의 세계는 이루고 머물고 무너지고 텅 비고(成住壞空) 유정 중생은 태어나고 늙고 병들고 죽으니, 비록 팔상八相이 변천해 유전流轉해서 무명無明의 삼독三毒의 불로 태워지더라도 법신은 담연湛然하여 일찍이 변천하는 그 사이에서 더하거나 뺄 것도 없다. 왜 그런가? 함께 생겨남이 없고 둘도 없기(無生無二) 때문이다. 그러므로 대지가 태워져도 모래는 자성을 잃지 않는 것과 같으니, 모래와 불이 함께 생기기 때문이다. 그러나 어리석은 범부는 땅이 태워진다고 일컫지만 땅은 실제로 타지 않으니, 땅은 불로써 인因을 삼기 때문이다. 불은 능히 땅을 낳기 때문에 불은 땅의 인因이다. 비유로써 어리석은 범부는 장차 삼독의 불로 태워지고 법신도 역시 무너진다고 일컫지만 법신은 실제로 무너지지 않는다. 왜 그런가? 삼독의 번뇌는 법신의 인因이기 때문이다.

대혜야, 비유하면 항사에 한량이 없듯이, 여래의 광명도 마찬가지라서 한량이 없다. 중생을 성숙시키기 위해서 일체 온갖 부처와 대중을 보편적으로 비춘다.

大慧. 譬如恒沙無有限量. 如來光明亦復如是無有限量. 爲成熟衆生故. 普照一切諸佛大衆.

 여기서는 법신의 한량없음을 비유하고 있다. 논論에서는 이렇게 말한다.

"소위 자체自體에 대지혜 광명의 뜻이 있기 때문이며, 법계를 두루 비추는 뜻이 있기 때문이다."

또 말한다.

"지혜의 성품(智性)이 곧 색色이기 때문에 법신이 일체 처소에 두루한다고 설해서 칭한 것이다. 나타낸 색色은 분제分齊가 있지 않아서 마음에 따라 능히 시방세계를 보일 수 있는데, 한량없는 보살, 한량없는 보신報身, 한량없는 장엄莊嚴의 각각의 차별이 모두 분제分齊가 없지만 서로 방해하지 않는다. 이것은 심식心識의 분별로 능히 알 수 있는 것이 아니니, 진여의 자재自在한 작용(用)과 뜻(義) 때문이다. 그래서 '광명은 한량이 있지 않다. …'라고 한 것이다.

대혜야, 비유하면 항사와 별개로 다른 모래를 구해도 영원히 구할 수 없는 것과 같다. 이처럼 대혜야, 여래, 응공, 등정각은 생사와 생멸이 없으니 인연이 끊어졌기 때문이다.

大慧. 譬如恒沙. 別求異沙永不可得. 如是大慧. 如來應供等正覺. 無生死生滅. 有因緣斷故.

관기 여기서는 법신의 일상一相을 비유하고 있다. 말하자면 법신은 생겨나고 머물고 달라지고 소멸함(生住異滅)을 멀리 여읨으로써 삼유三有의 생사의 인因을 영원히 끊기 때문이다. 논論에서는 이렇게 말한다.

"본래 평등한, 동일한 각覺이기 때문이다."

그러므로 '비유하면 항사恒沙와 별개로 다른 모래를 구해도 영원히 구할 수 없는 것과 같다'고 한 것이다.

대혜야, 비유하면 항사의 늘어나고 감소함은 알 수가 없다. 이처럼 대혜야, 여래의 지혜는 중생을 성숙시키면서도 늘어나지도 않고 줄어들지도 않으니 신법身法이 아니기 때문이다. 신법이란 무너짐이 있는데, 여래의 법신은 이 신법이 아니다.

大慧. 譬如恒沙. 增減不可得知. 如是大慧. 如來智慧成熟衆生. 不增不減. 非身法故. 身法者有壞. 如來法身. 非是身法.

관기 여기서는 법신이 늘어나고 줄어듦의 허물을 여읨을 비유하고 있다. 논論에서 말한다. 하나(一)는 체대體大이니, 말하자면 일체법이 진여 평등해서 늘어나거나 줄어들지 않기 때문이다. 여래의 지혜라는 말은 중생의 성숙을 잡아서 설한 것이며, '늘어나지도 않고 줄어들지도 않는다'는 대체로 권지權智로 사물을 이롭게 함을 잡은 것이니, 즉 시방의 한량없는 중생이 모두 여래의 지혜를 취해도 여래는 줄어들지도 않고 모두 불심佛心에 계합하고 또한 늘어나는 바도 없다.

소위 이미 남을 위하였으므로 자기는 더욱 충족되고, 이미 남에게 주었으므로 자기는 더욱 풍부하다(旣已爲人己愈有. 旣已與人己愈多)[162]는 것이다. 왜 그런가? 법신은 몸(身)이 아니기 때문이다. 그래서 당역에서는 이렇게 말했다.

"비유하면 항사恒沙를 취해도 줄어듦을 알지 못하고 던져 넣어도 늘어남을 보지 못하는 것과 같으니, 온갖 부처도 역시 마찬가지다."

방편지方便智는 중생을 성숙시켜도 줄어듦도 없고 늘어남도 없으니, 왜 그런가? 여래의 법신은 몸(身)이 있지 않기 때문이다.

마치 항사恒沙를 압착해도 기름은 얻을 수 없는 것과 같으니,(당역과 위역 모두 "대혜비여〔大慧譬如: 대혜야, 비유하면〕"란 네 글자가 있다) 이처럼 일체의 극도로 고통받는 중생이 여래를 핍박하고 나아가 중생이 열반을 얻지 못하는 데까지 이른다 해도 법계와 자삼매自三昧와 원락願樂을 버리지 않으니 대비大悲 때문이다.

如壓恒沙. 油不可得. (二譯皆有大慧譬如四字) 如是一切極苦衆生逼迫如來. 乃至衆生未得涅槃. 不捨法界自三昧願樂. 以大悲故.

관기 여기서는 비유로 동체대비同體大悲를 나타내고 있다. 중생 업의 성품이 다함(業性盡)이 여래의 법신이다. 그렇다면 중생이 극도로 큰 고통을 받는 것이 모두 여래를 핍박하는 것이다. 이

---

162 『도덕경』 제81장의 말이다.

때문에 중생이 아직 열반을 궁진窮盡하지 않으니 여래 역시 상락아정常樂我淨을 얻지 못한 것이다. 그러므로 하나의 미세한 중생도 열반에 들어가지 못하는 데까지 이른다 해도 여래 역시 법계, 자삼매自三昧, 원락願樂으로 중생을 제도하는 사업事業을 버리지 않으니, 동체대비同體大悲로 유지되기 때문이다. 기름은 성내는 마음을 비유한 것이다. 위역에서는 "온갖 부처 여래는 온갖 중생의 고뇌로 압착을 당한다 해도 성냄은 얻을수 없다"고 하였다.

대혜야, 비유하면 항하의 모래(恒沙)는 물을 따라 흘러서 물이 없는 것이 아니다. 이처럼 대혜야, 여래가 설한 일체 온갖 법은 열반을 따라 흐르니, 그래서 마치 항하의 모래 같다고 설한 것이다. 여래는 온갖 감(去)에 따라 유전流轉하지 않으니, 감(去)은 무너지는 뜻이기 때문이다. 대혜야, 생사의 본제本際는 알 수 없으며, 알 수 없기 때문에 어찌 간다고(去) 설하겠느냐? 대혜야, 감(去)이란 끊는 뜻(斷義)인데 어리석은 범부는 알지 못한다."

大慧. 譬如恒沙隨水而流. 非無水也. 如是大慧. 如來所說一切諸法. 隨涅槃流. 是故說言如恒河沙. 如來不隨諸去流轉. 去是壞義故. 大慧. 生死本際不可知. 不可知故. 云何說去. 大慧. 去者斷義. 而愚夫不知.

여기서는 언설의 법신을 비유하고 있다. 모래는 일체의 생사법을 비유하고, 물은 법신의 열반법을 비유한다. 그러나 법신이 오도五道를 유전流轉하면 이름하여 중생이라 하고, 만약 중생이 무명의 업식業識으로 열반법을 설하면 열반법이 모두 생사를 따라 흐르고, 여래가 자각성지自覺聖智로 생사법을 설하면 생사법이 모두 열반을 따라 흐른다. 단지 설해진 법만이 열반을 따르는 것이 아니라 언설이 곧 열반이니, 언사言辭의 상相이 적멸하기 때문이다. 그러므로 여래의 설법은 온갖 감(去)에 따라 유전流轉하지 않는다. 유전을 따르지 않는 까닭은 생사법이 있음을 보지 않기 때문이니, 이 때문에 '생사의 본제本際는 알 수 없다'고 한 것이다. 이미 생사의 본제를 오히려 알 수 없거늘, 나는 어째서 생사에 감(去)의 뜻(義)이 있다고 설하겠는가? 그리고 감(去)은 끊음의 뜻(斷義)이다. 그러나 생사의 본제가 곧 열반의 상주常住인데 또 어찌 끊음(斷)을 설하겠는가? 다만 이것은 어리석은 범부가 알 수 있는 것은 아니다.

○이상 법신의 상주常住를 밝혔다.
△④-2 아래에선 생사와 열반의 평등을 밝힌다.

대혜가 부처님께 여쭈었다.
"세존이여, 만약 중생이 생사의 본제本際를 알 수 없다면 어떻게 해탈을 알 수 있습니까?"
부처님이 대혜에게 고하셨다.
"비롯 없는 허위와 과거의 악한 망상 습기習氣의 인因이 소멸해서 자심自心이 현전해 외부의 뜻을 알므로 망상의 몸이 전변해 해탈이 소멸하지 않는다.(당역에서는 "외부 경계가 자심自心이 나타낸 것임을 요달해 알고, 전의轉依를 분별함을 이름하여 해탈이라 하는데 소멸해 무너지지 않는다"라고 하였다) 그러므로 무변無邊이지만 도무지 있는 바 없음(無所有)은 아니니, 저 망상이 무변無邊 등의 다른 이름을 짓기 때문이다. 안과 밖을 관찰해서 망상을 여의면 다른 중생은 없을 터이니, 지혜(智) 및 이염爾燄 같은 일체 온갖 법이 모두 다 적정寂靜하다.(당역에서는 "분별심을 여의면 따로 중생이 없고, 지혜로 안팎의 온갖 법을 관찰하면 앎[知]과 아는 바[所知]가 모두 다 적멸하다"고 하였다) 자심이 망상을 나타낸 걸 식별하지 못하기 때문에 망상이 생기고, 만약 식별하면 곧 소멸한다."

大慧白佛言. 世尊. 若衆生生死本際不可知者. 云何解脫可知. 佛告大慧. 無始虛僞過惡妄想習氣因滅. 自心現知外義. 妄想身轉解脫不滅. (唐譯云. 了知外境自心所現. 分別轉依名爲解脫. 非滅壞也) 是故無邊. 非都無所有. 爲彼妄想作無邊等異名. 觀察內外. 離於妄想. 無異衆生. 智及爾燄. 一切諸法. 悉皆寂靜. (唐譯云. 離分別心. 無別衆生. 以智觀察內外諸法. 知與所知悉皆寂滅) 不識自心現妄想. 故妄想生. 若識. 則滅.

관기 여기서는 생사와 열반이 본래 평등함을 밝힌다. 불계佛界의 여여를 나타냄으로써 중생이 여여하니, 일여一如이지 이여二如는 없다. 당역에서는 이렇게 말한다.

"만약 생사의 본제本際를 알 수 없다면, 어째서 중생은 생사 속에서 해탈을 얻습니까?" 대혜는 생사를 여의고 나서 따로 해탈을 구한다고 생각했고, 부처는 '생사의 본제가 곧 열반이기 때문'이라고 하였다.

중생은 본제를 미혹해서 생사라 했기 때문에 비롯 없는 허위와 과거의 악한 망상 습기의 인因이 있으니, 이것이 마음 밖에 온갖 법이 실제로 있다고 허망하게 보는 까닭이다. 이제 단지 저 망상의 습기만 소멸한다면 능히 마음 밖에 법이 없음을 요달해 알 수 있으니, 바로 이 망상이 문득 열반이라는 것이다. 이 망상을 여의고 나서 따로 열반이 있는 것이 아니기 때문에 '망상의 몸이 전변해 해탈이 소멸하지 않는다. 그러므로 무변無邊이지만 도무지 있는 바 없음(無所有)은 아니니'라고 한 것이다. 본제로써 온전히 망상을 이루는 것은 바로 이 망상이 본제의 다른 이름(異名)일 뿐이라는 것이다. 그러므로 위역에서는 이렇게 말했다.

"본제란 분별심이고 일체一體의 다른 이름이다. 분별심을 여의면 다시 중생은 없으니, 그렇다면 본제가 곧 망상이고 망상이 곧 중생이기 때문에 본제의 여如이고 중생 역시 여如이니 모두 여如이기 때문이다. 지혜로써 안팎의 온갖 법을 관찰해서 앎(知)과 아는 바(所知)가 모두 다 적멸하다. 다만 망상을 요달하지 못해서 자심이 생겨난다고 설하기 때문에 망상이 생기니, 만약 오직 마음뿐임(唯心)을 요달하면 즉각 망상은 단박에 소멸한다."

이로 말미암아 살펴보면 생사와 열반은 본래 두 이치가 없으니, 오직 미혹과 깨달음 사이에 존재하면서 다 자심을 말미암아 전변할 뿐이다. 어찌 다시 타자(他)가 있겠는가?

이때 세존께서는 거듭 이 뜻을 선포하고자 게송을 설하셨다.

爾時世尊欲重宣此義而說偈言.

온갖 도사導師를 관찰하면
마치 항하의 모래와 같아서
무너지지 않고 또한 가지도 않으며
또한 다시 구경究竟도 아니니,
그렇다면 평등이 된다.

觀察諸導師. 猶如恒河沙. 不壞亦不去. 亦復不究竟. 是則爲平等.

관기 여기서는 법신의 평등을 읊고 있다. 그러나 무너지지 않고 가지도 않으며 또한 구경究竟의 단멸斷滅도 아니니, 이것이 평등하고 여여如如한 까닭이다.

온갖 여래를 관찰하면
마치 항하의 모래 등과 같아서
다 일체의 허물을 여의고
흐름에 따라 성품은 항상하니,
그렇다면 부처의 정각正覺이다.

觀察諸如來. 猶如恒沙等. 悉離一切過. 隨流而性常. 是則佛正覺.

여기서는 법신의 상주常住를 읊고 있다. 흐름에 따라 성품이 항상하니, 이것이 소위 진실眞實의 상주常住이다.

○이상 법신의 상주常住를 밝힘으로써 생사와 열반이 평등한 상相이란 걸 나타내었다.
△⑤ 아래에선 장심藏心의 자성自性을 제시함으로써 참(眞)과 거짓(妄), 생겨남(生)과 소멸함(滅)의 평등한 상相을 나타내었다.

이때 대혜보살이 다시 부처님께 여쭈었다.
"세존이여, 오직 바라노니, 일체 온갖 법이 찰나刹那에 무너지는 상(壞相)을 설해 주소서. 세존이여, 무엇이 일체법의 찰나입니까?"

爾時大慧菩薩復白佛言. 世尊. 惟願爲說一切諸法刹那壞相. 世尊. 云何一切法刹那.

 여기서는 중생의 여如를 나타내려 하기 때문에 찰나 생멸의 법을 질문하고 있다. 위역에서는 이렇게 말한다.
"저를 위해 일체법의 생멸상生滅相을 설했는데, 어째서 여래는 일체법은 생각 생각(念念) 머물지 않는다고 설하십니까?"
　그러나 일체법이란 극단적으로 말하면 바로 세간과 출세간의 범속함과 성스러움의 법이 전반적으로 해당하지 않음이 없고, 간략히 말하면 바로 중생의 오온五蘊의 몸과 마음의 법일 뿐이다. 총체적으로 말하면 모두 생멸에 속하기 때문에 이를 중생이라 일컫는 것이다. 만약 망심妄

心으로 분별하면 몽땅 생멸의 법이니, 즉 대혜가 처음에 질문을 청한 108구句가 이에 해당한다. 앞에서 대혜가 질문하자, 세존께서는 총체적으로 배척하면서 "생각건대, 진여의 이理 속에는 본래 이런 일(事)이 없기 때문이다"라고 하였다. 지금 일단 생멸문의 입장에서 오법五法, 자성自性, 식識識, 무아無我 등 하나하나를 열어 보여서(開示) 참(眞)과 거짓(妄)이 일여一如하여 구경究竟의 지극함에 도달하면, 장차 생멸의 본여本如를 밝힘으로써 불계佛界의 여여如뿐만 아니라 중생계 역시 여여如如함을 나타낸다. 그래서 대혜는 이미 법신의 상주常住를 들은 것이니, 이 때문에 여기서 특별히 생멸의 법을 들어서 질문한 것이다. 참(眞)과 거짓(妄)의 법이 일심一心을 벗어나지 않기 때문에 세존은 여래장如來藏을 섭수攝受함으로써 그걸 들은 것이다.

부처님이 대혜에게 고하셨다.
"자세히 듣고 자세히 들어서 잘 사유하도록 하라. 마땅히 그대를 위해 설하겠다."
부처님이 대혜에게 고하셨다.
"일체법이란 말하자면 선善, 불선不善, 무기無記, 유위有爲, 무위無爲, 세간世間, 출세간出世間, 유죄有罪, 무죄無罪, 유루有漏, 무루無漏, 수受, 불수不受이다.(위역에서는 "내법內法과 외법外法"이라 하였고, 당역에서는 "유수법有受法과 무수법無受法"이라 하였다) 대혜야, 간략히 설해서 심心, 뜻(意), 의식意識 및 습기習氣는 5수음受陰의 인因이니, 이 심心, 뜻(意), 의식意識, 습기習氣는(당역에서는 "요점을 들어 말하면, 5취온법取蘊法은 심, 뜻, 의식, 습기를 인因으로 삼아서 증장增長하게 된다"고 하였다) 어리석은 범부의 착하고 착하지 않은 망상을 오래도록 기른다. 대혜야, 삼매의 즐거움을 닦아서 삼매정수三昧正受로 법락法樂의 머묾을 나타내는 것을 이름하여 현성賢聖의 착한 무루無漏라 한다.(당역에서는 "어리석은 범부는 여기에서 분별을 일으키니, 말하자면 착함[善]과 착하지 않음[不善]이다. 성인은 삼매의 즐거움에 머묾을 나타내 증명하니, 이를 이름하여 착한 무루법無漏法이라 한다"고 하였다)

佛告大慧. 諦聽諦聽. 善思念之. 當爲汝說. 佛告大慧. 一切法者. 謂善. 不善. 無記. 有爲. 無爲. 世間. 出世間. 有罪. 無罪. 有漏. 無漏. 受. 不受. (魏譯云. 內法外法. 唐譯云. 有受法. 無受法) 大慧. 略說心意意識及習氣. 是五受陰因. 是心意意識習氣長養. (唐譯云. 擧要言之. 五取蘊法. 以心意意識習氣爲因而得增長) 凡愚善不善妄想. 大慧. 修三昧樂. 三昧正受現法樂住. 名爲賢聖善無漏. (唐譯云. 凡愚於此而生分別. 謂善不善. 聖人現證三昧樂住. 是則名爲善無漏法)

관기 여기서는 세간과 출세간의 범속함과 성스러움의 법이 총체적으로 오온의 몸과 마음에 의거해서 있다는 걸 밝히고 있다. 말하자면 일체법이란 대략 세간과 출세간, 선과 악, 무기無記 및 있음(有)과 없음(無), 마음과 경계. 유루有漏와 무루無漏의 법을 넘어서지 못할 뿐이다. 이 온갖 법들은 전체적으로 오온의 몸과 마음을 인因으로 삼지만, 그러나 어리석은 범부는 이 오온을 집착해 실답게 있는(實有) 것이라 여기기 때문에 이에 의거해 세간의 선과 악, 무기無記, 죄과罪過, 유루有漏의 업을 조작造作했다. 외도는 오온이 무아無我란 걸 알지 못하기 때문에 허망하게 집착해서 신아神我라고 여긴다. 그러나 있음(有)과 없음(無)의 두 견해를 일으키기 때문에 생멸이라 일컫는 것이다. 출세간의 성인은 삼매의 힘으로 이 오온의 몸과 마음이 환 같고(如幻) 화하는 것 같다(如化)고 관觀해서 법락法樂에 머묾을 나타내 착한 무루법無漏法을 이루기 때문에 이를 생멸하지 않는다고 일컫는 것이다.

전체적으로 모두 오직 하나뿐인 오온의 몸과 마음은 진실로 보는 바(所見)가 똑같지 않음을 말미암기 때문에 범속함과 성스러움의 구별이 있는 것이다. 실제에 근거해 논하면, 총체적으로 모두 생멸을 여의지 않는 것을 찰나刹那라 일컫는다. 왜 그런가? 모두 심의식心意識을 여의지 않기 때문이다. 소위 보리심이 생기고 생멸심이 소멸함은 오히려 생멸이다. 단지 얻는 바가 있는 마음(有所得心)을 간직하면 모두 생멸이 되는데, 하물며 분별을 허망하게 계교한 것이겠는가? 그러나 이 생멸의 법은 본래 저절로 무생無生이다. 왜 그런가? 모두 여래장을 여의지 않기 때문이다. 그러나 여래장 중에는 본래 가고 옴(去來), 미혹과 깨달음(迷悟), 태어남과 죽음이 없으니, 저 온갖 법이 또 어찌 생멸하겠는가? 이로써 찰나란 것이 허망한 견해임을 알겠다.

대혜야, 선善과 불선不善이란 말하자면 팔식八識이다. 무엇이 팔八인가? 말하자면 여래장인 식장識藏을 칭하는데, 심心, 뜻(意), 의식意識 및 오식신五識身으로서 외도가 설한 것이 아니다.

大慧. 善不善者謂八識. 何等爲八. 謂如來藏名識藏. 心意意識及五識身. 非外道所說.

관기 여기서는 여래장을 선善과 불선不善의 인因이라 함으로써 생멸이 본래 생멸이 아님을 나타낸 것을 말하고 있다. 그러나 앞에서는 '온갖 생멸법은 선善과 불선不善을 내지 않는다'고 했고, 지금은 '선과 악의 두 법이 모두 팔식八識이다'고 했다. 팔식은 곧 여래장이고, 여래장은 본래 생멸이 없다. 즉 저 팔식이 비록 생멸하면서도 또한 생멸하지 않으니, 왜 그런가? 여래장은 물듦과 청정에 따른 반연으로 훈습되어 변하기 때문이다. 만약 무명이 진여를 훈습해서 여래장이 물듦에 따라 반연하여 일어나면(緣起) 곧 이름하여 팔식으로서 생멸이 있다고 하고, 만약 진여가 무명을 훈습해서 여래장이 청정에 따라 반연하여 일어나면 곧 저 팔식은 이름하여 여래장으로서 생멸하지 않는다고 한다. 그렇다면 물듦과 청정은 반연을 따라 자피(自彼: 이것과 저것)를 일으키고 소멸하는데도 여래장의 성품은 담연湛然히 상주常住해서 생멸, 선악, 거래의 상相이 완벽히 없으니, 이것은 외도가 아는 것이 아니다. 그래서 논論에서는 이렇게 말했다.

"무명의 훈습에 의거해 일어난 식識이란 범부가 능히 알 수 있는 것이 아니고 또한 이승이 지혜로 지각(所覺)할 수 있는 것도 아니며, 나아가 보살의 구경지究竟地까지 도달했어도 능히 다 알 수가 없다. 오직 부처만이 완벽히 궁진窮盡하니, 왜 그런가? 이 마음은 본래부터 자성이 청정하면서도 무명이 있고, 무명에 물들게 되어 그 물든 마음이 있기 때문이다. 비록 물든 마음이 있더라도 항상 불변不變이니, 이 때문에 이 뜻은 오직 부처만이 능히 알 수 있다."

또 말한다.

"훈습의 뜻에 두 가지가 있다. 첫째는 근본 훈습이니, 능히 업식業識을 성취할 수 있는 뜻이기 때문이다. 둘째는 견해와 애착을 일으키는 훈습이니, 능히 분별사식分別事識을 성취할 수 있는 뜻이기 때문이다."

그러므로 여기서는 '여래장인 식장識藏을 칭하는데, 심心, 뜻(意), 의식意識 및 오식신五識身이다'라고 한 것이다. 그러나 첫머리에서는 '생멸이란 온갖 식識이다'라고 한 것이며. 지금 여기에 이르러선 '생멸하지 않는 것도 역시 온갖 식이다'라고 한 것이니, 식장이 곧 여래장이기 때문이다.

대혜야, 오식신五識身이란 심心, 뜻(意), 의식意識이 함께하면서 선善과 불선不善의 상相이 전전展轉해서 변하고 무너지며, 또한 상속相續이 흘러 들어가서 무너지는 몸(壞身)이 생기지 않으니, 생기기도 하고 소멸하기도 한다.(당역에서는 "이체異體의 생김은 없고 생기는 즉시 소멸한다"고 하였다) 자심自心의 나타냄이란 걸 자각하지 못한 채 차례대로 소멸하며 나머지 식識이 생기면서 형상形相의 차별을 섭수한다.

大慧. 五識身者. 心意意識俱. 善不善相展轉變壞. 相續流注. 不壞身生. 亦生亦滅. (唐譯云. 無異體生. 生已卽滅) 不覺自心現. 次第滅. 餘識生. 形相差別攝受.

관기 여기서는 전오식前五識의 생멸하는 모양(狀)을 말한다. 심心, 뜻(意), 의식意識이 함께한다는 것은 말하자면 전오식이 일어날 때 각기 자성이 없으므로 반드시 제6 동시同時의 의식에 의거해서 일어난다. 하지만 의식은 반드시 칠식七識의 의근意根에 의거한다. 그런데 칠식은 안팎(內外)의 문門에 의거해 전변하는데, 만약 외문外門에 의거해 육식六識과 똑같이 전변할 때는 반드시 내적으로 팔식에 의탁해서 근본의根本依가 되니, 칠식에 체體가 없기 때문이다. 그래서 '오식이 일어날 때는 반드시 심心, 뜻(意), 의식意識과 때(時)를 함께해서 전변한다'고 한 것이니, 이 때문에 선善을 짓고 악惡을 지으며 전전展轉해서 변하여 무너지며, 또한 상속相續이 흘러 들어가면서 생멸이 멈추지 않는다. 그러나 모두 팔식의 자증분自證分을 여의지 않기 때문에 비록 각자 스스로의 경계(自境)를 요달하더라도 이체異體의 생김은 없으니, 그래서 '무너지는 몸(壞身)이 생기지 않으며'라고 했으며, 이미 이체의 생김이 없다면 비록 생기더라도 생김이 아니다. 이 때문에 '생기는 즉시 소멸한다'고 했으니 말하자면 바로 생길 때 즉각 소멸한다. 그러므로 아래 게송에선 '사물(物)이 생기면 소멸함이 있다'고 한 것이니, 이는 진정한 무생無生의 뜻을 나타낸 것이다. 다만 자심의 나타냄이란 걸 자각하지 못한다는 것은 생멸의 차별을 허망하게 보아서 집착해 취했을 뿐으로 실제로는 본래 저절로 무생인 것이다. 차례대로 소멸하고 나머지 식識이 생긴다는 것은 말하자면 오식五識 최초의 일념一念이 경계를 잡을(攬) 때 아직 분별이 있지 않은데 이를 일러 현량現量이라 하며, 나아가 제2념念이 아름다움과 악함을 분별할 때 전오식은 이미 물러나고 곧바로 제6 명료한 의식(明了意識)에 속해서 마음이 분별을 일으켜 형상形相과 호추好醜를 차별함으로서 집착의 느낌(執受)이 생기기 때문에 '차례대로 소멸하고 나머지 식識이 생긴다'고 한 것이다.

의식意識과 오식五識은 함께 상응하여 생긴다. 찰나의 때(時)에도 머물지 않으므로 이름하여 찰나라 한다.

意識. 五識. 俱相應生. 刹那時不住. 名爲刹那.

관기 여기서는 육식六識이 생멸하는 모양을 말한다. 그러나 의식은 저절로 생기지(自生) 않고 반드시 오식이 경계를 반연할 때를 기다려서 의식과 동시에 상응하여 일어난다. 그래서 당역에서는 이렇게 말한다.

"저 오식과 함께하면서 갖가지 차별의 형상形相을 취하며 찰나도 머물지 않는다. 나는 이런 것을 이름하여 찰나법이라 설한다."

이로 말미암아 살펴보면, 오식, 칠식, 팔식은 모두 본래 생기지 않으며, 그 생멸하는 것은 단지 의식일 뿐이다. 그러므로 앞서 2권 열반장涅槃章에서는 "망상의 식識이 소멸하면 이름하여 열반이라 한다"고 한 것이다. 이것과 앞서의 글을 대조해 살펴보면, 스스로 반드시 심오한 종지를 환하게 밝힐 것이다.

대혜야, 찰나刹那란 이름하여 식장識藏인 여래장이다.(위역에서는 "아려야식阿黎耶識을 이름하여 여래장이라 한다"고 하였고, 당역에서는 "여래장을 이름하여 식장識藏이라 한다"고 하였다) 선천적인 식식의 습기習氣의 찰나를 뜻하는 것이다. 무루無漏의 습기는 찰나가 아니지만, 어리석은 범부들이 지각할 수 있는 것이 아니니, 찰나의 논의를 계교하고 집착하기 때문이다. 일체법이 찰나이면서 찰나가 아님을 자각하지 못하고 단견斷見으로 무위법無爲法을 무너뜨린다.

大慧. 刹那者名識藏如來藏. (魏譯云. 阿黎耶識名如來藏. 唐譯云. 如來藏名識藏) 意俱生識習氣刹那. 無漏習氣非刹那. 非凡愚所覺. 計著刹那論故. 不覺一切法刹那非刹那. 以斷見壞無爲法.

관기 　여기서는 생멸이 본래 생멸이 아님을 올바로 나타냄으로써 불변이면서 반연을 따르고(不變隨緣) 반연을 따르면서 불변(隨緣不變)인 뜻을 밝히고 있다. 생각건대 찰나란 말은 다름이 아니라 바로 식장識藏이다. 그리고 식장은 곧 여래장이다. 그러면서도 여래장은 이미 찰나가 아니니 식장이 또 어찌 찰나이겠는가? 그렇다면 찰나는 찰나가 아니니 생멸이 본래 생멸이 아님을 충분히 알겠다. 그러나 그 생멸이란 대체로 식장이 아니다. 대개 이 칠식과 함께 생기는 육식은 더럽게 물든 유루有漏의 습기에 잡혀서 훈습되는 것인데, 저 육식이 저절로 생멸하겠는가? 그렇다면 생김은 반연(緣)으로부터 생기고 소멸은 반연으로부터 소멸해서 나의 장체藏體와는 끝내 간섭하지 않기 때문에 '선천적인 식식의 습기習氣의 찰나이다'라고 한 것이다. 만약 무루無漏의 습기가 훈습한 것이라면 저 생멸이란 역시 생멸하지 않음이기 때문에 '무루의 습기는 찰나가 아니다'라고 한 것이다. 다만 이는 어리석은 범부가 알 수 있는 것이 아니니, 그들은 찰나의 논의를 계교하고 집착하기 때문이다. 그들은 일체 온갖 법이 찰나이면서 본래 찰나가 아닌 걸 알지 못하기 때문에 무위無爲의 진여眞如 역시 온갖 법과 똑같이 무너진다고 허망하게 계교해서 단견斷見에 떨어진다. 이 찰나란 위역의 글에서는 비록 순서에 맞지 않지만 그 뜻은 더욱 드러난다. 저들이 '찰니가刹尼迦'라고 말한 것은 이름하여 공空이라 하며, 아려야식阿黎耶識은 이름하여 여래장이라 한다. 공통된 뜻(共意)으로 전변하는 식識의 훈습이 없기 때문에 이름하여 공空이라 하고, 무루의 훈습법熏習法을 충분히 갖추었기 때문에 이름하여 불공不空이라 한다. 이것과 더불어 각체상覺體相의 네 가지 뜻을 논한 것 중에 앞의 두 가지는 올바른 상(正相)의 부합符合이다. 논論에서는 이렇게 말한다.

"각체상覺體相이란 네 가지 대의大義가 있어서 허공과 동등한데, 마치 청정한 거울과 같다. 무엇이 네 가지인가? 첫째, 여실공如實空의 거울이다. 일체 심식心識 경계의 상相을 멀리 여의어서 나타낼 만한 법이 없으니, 깨달아 비추는(覺照) 뜻이 아니기 때문이다. 둘째, 인훈습因熏習의 거울이다. 말하자면 여실불공如實不空이니, 일체 세간의 경계가 다 그 속에 나타나서 나가지도 않고 들어오지도 않고 잃지도 않고 무너지지도 않아서 항상 일심一心에 머무니, 일체법은 곧 진실의 성품(眞實性)이기 때문이다. 또 일체 물드는 법(染法)은 능히 물들여지지 않는 것이라서 지체智體가 움직이지 않으니, 무루로 중생을 훈습함을 구족하기 때문이다. 그러나 위역에서 공통의 뜻(共意)으로 전변하는 식識의 훈습이 없다고 한 것은 바로 일체 마음의 경계상境界相을 멀리 여의는 걸 논한 것이니, 이로써 대조해 살펴보면 생멸이 본래 생멸하지 않음이란 걸 충분히 알겠다.

대혜야, 칠식七識은 유전하지 않고 고통과 즐거움을 받지 않아서 열반의 인因도 아니다. 대혜야, 여래장이란 고통과 즐거움을 받고, 인因과 함께하면서 생기기도 하고 소멸하기도 하면서 사주지四住地와 무명주지無明住地에 취하게 된다. 어리석은 범부는 이를 자각하지 못하고 찰나의 견해(見)로써 망상이 마음을 훈습한다.

大慧. 七識不流轉. 不受苦樂. 非涅槃因. 大慧. 如來藏者. 受苦樂. 與因俱. 若生若滅. 四住地無明住地所醉. 凡愚不覺. 刹那見. 妄想熏心.

관기 여기서는 앞서 말한 생김(生)이 본래 생김이 아니라는 뜻을 해석하고 있다. 평소에 모두 칠식은 생멸하고 유전하면서 생사를 초치招致한다고 말하는데, 여기서 칠식이 유전하지 않는다고 하는 말은 무생無生의 심오한 뜻을 올바로 나타내고 있다. 칠식이 유전하지 않는 까닭은 자성이 없기 때문이다. 대체로 생사, 선악, 고락苦樂 등의 법으로써 조작造作하는 자는 바로 전육식前六識이고, 훈습을 받고 종자를 지녀서 미래의 과를 불러들이는 것은 바로 팔식八識이다. 그러나 칠식은 조작도 없고 받아들임도 없기 때문에 능히 생사의 인因이 될 수 없는데 하물며 생기는 곳 그대로 소멸함이랴! 이 때문에 유전하지 않는 것이니, 오히려 생사의 인因이 될 수 없는데 또 어찌 능히 열반의 인을 짓겠는가? 이미 능히 물듦과 청정의 인이 될 수 없다면 자성이 없는 것이 분명하다. 자성도 오히려 없는데 무엇이 생멸에 해당하겠는가? 그러나 여래장의 자성청정自性淸淨은 본래 생멸하지 않고 고통과 즐거움을 받지 않아서 생사의 인이 아니다. 지금 '고통과 즐거움을 받고, 인과 함께하면서 생기기도 하고 소멸하기도 한다'는 자못 여래장이 아니다. 바로 사주번뇌四住煩惱 및 무인연無因緣이니, 그것에 취하게 되기 때문에 고락과 생사가 함께하면서 허망하게 생멸할 뿐이다. 하지만 이 장성藏性의 체體는 항상 청정해서 담연湛然히 항상 머무니, 또 어찌 생사와 고락, 생멸의 상相이 있겠는가? 그렇다면 안팎으로 제관諦觀해서 필경에는 완벽하게 생멸이 없는데, 어리석은 범부는 이 뜻을 자각하지 못해서 허망하게 찰나의 견해를 일으키니, 이는 바로 망상이 마음을 훈습하는 것이라서 밝은 지혜(明智)가 아니다. 아래에서 비유를 통해 밝힌다.

다시 다음에 대혜야, 마치 황금, 금강, 부처의 사리舍利가 기이하고 특이한 성품을 얻어서 끝내 손상되거나 파괴되지 않는 것과 같다. 대혜야, 만약 무간無間을 얻으면,(위역에서는 "여래의 증법證法"이라 하였고, 당역에서는 "만약 증득된 법을 얻으면"이라 하였다) **찰나刹那가 있는 것은 성스러움이 응당 성스러움이 아니면서도 성스러움이 성스러움 아닌 적이 없다. 마치 황금, 금강이 비록 겁수劫數를 거치더라도 칭량稱量은 감소하지 않는 것과 같은데, 어찌하여 어리석은 범부는 나의 은밀한(隱覆) 설법에 능숙하지 못하여 안팎의 일체법에서 찰나의 상념(想)을 짓는가?"

復次大慧. 如金金剛. 佛舍利. 得奇特性. 終不損壞. 大慧. 若得無間. (魏譯云. 如來證法. 唐譯云. 若得證法) 有刹那者. 聖應非聖. 而聖未曾不聖. 如金金剛. 雖經劫數. 稱量不減. 云何凡愚不善於我隱覆之說. 於內外一切法作刹那想.

관기 여기서는 구경究竟의 적멸상寂滅相을 성취함을 비유를 통해 결론짓고 있다. 말하자면 여래장의 자성청정은 견고해서 비록 생사에 처해서도 체體가 항상 무너지지 않는 것이 마치 금강金剛의 불골佛骨 같으니, 기이하고 특이한 성품을 얻었기 때문이다. 이것은 바로 일체의 온갖 부처가 증득한 것으로써 자각성지自覺聖智의 무상열반無上涅槃으로 삼고, 일체중생도 이를 얻어서 심성心性으로 삼으니, 소위 성스러움과 범속함이 평등하여 무간無間인 법이다. 만약 중생이 이 무간의 성품을 얻어서 생멸이 있는 것이라면 성인은 이를 얻어도 또한 성인이 아니다. 지금 이미 성인이 그걸 얻었어도 성인 아닌 적이 없지만, 범부는 그걸 얻었어도 또 어찌 참된 범부이겠는가? 그러면서도 이 성품은 이미 금강과 같아서 비록 겁수劫數를 거치더라도 칭량稱量은 감소하지 않으니, 어찌 성인에게 존재한다고 해서 늘어날 수 있겠으며 범부에게 존재한다고 해서 또 감소할 수 있겠는가? 이미 성스러움과 범속함이 평등하다면, 어떻게 일체법에서 또 생멸이 있겠는가? 이 때문에 '어찌하여 어리석은 범부는 나의 은밀한(隱覆) 설법에 능숙하지 못하여 안팎의 일체법에서 찰나의 상념(想)을 짓는가?'라고 한 것이다. 이 경전에선 곧바로 중생의 업식業識을 가리켜 단박에 여래장의 마음을 제시하기 때문에 초권初卷 생멸장生滅章부터 일으켜서 일단 이야기한 것이니, 삿됨과 올바름, 인因과 과果를 변론해 밝힘이 모두 팔식의 미혹과 깨달음에 의거해 수립한 것이며, 여기서 나타낸 이理와 행行의 인과가 이미 극에 도달했기 때문에 다시 결론으로 여래장의 식장識藏으로 돌아간 것이다. 이제 팔식이 본래 생멸하지 않음을 밝힘으로써 평등의 여여如如를 제시하고, 생멸문生滅門으로부터 진여문眞如門에 들어감을 나타냄으로써 일심一心에 회귀會歸함을 구경究竟으로 삼으니, 이것이 통도(通途: 전체적인 길)의 큰 종지이다. 그래서 이 뒤로는 문득 닦음(修)이 본래 닦음이 없고 얻음(得)도 없음을 밝혀 법신이 허물을 여읨을 제시함으로써 그 설법을 끝낸 것이다. 앞으로는 공空, 무상無常, 찰나刹那의 게문게문偈文이 응당 여기에 속해야 하는데, 번역한 사람의 착간錯簡은 관觀하는 자가 다행히 회통해 살펴보면 이理가 더욱 환하게 드러날 것이다.

○이상 생멸의 평등상을 나타냈다.
△⑥ 아래에선 육도六度를 자세히 밝힘으로써 묘행妙行의 닦음 없는 상相을 제시하였다.

대혜보살이 다시 부처님께 여쭈었다.
"세존이여, 가령 세존께선 육바라밀六波羅蜜을 완벽히 충족하면(滿足) 정각正覺을 이루게 된다고 설하셨는데, 무엇이 여섯 가지입니까?"(당역과 위역 모두 "무엇을 완벽한 충족〔滿足〕이라 합니까?"라고 하였다)

大慧菩薩復白佛言. 世尊. 如世尊說六波羅蜜滿足. 得成正覺. 何等

爲六. (二譯俱有. 云何滿足)

> 관기

여기서는 육도(六度: 육바라밀)를 널리 밝힘으로써 묘행示妙의 닦음 없고 얻음 없음(無修無得)과 높은 평등의 뜻을 성취함을 제시하였다. 앞서 우선 말한 것에 근거하면, 단지 자심의 현량만을 요달하고 자각성지自覺聖智를 증득하면 곧 이름하여 부처(佛)라 한다. 그렇다면 많은 겁에 걸쳐 수고롭게 육도六度를 널리 닦을 필요가 없는데, 어째서 세존께서는 다른 경전에서 항상 육도를 완벽히 충족해야(滿足) 바야흐로 성불할 수 있다고 설하는가? 이것이 바로 성인의 가르침이 서로 어긋나는 것이다. 단지 무엇을 육도라 하는지 알지 못할 뿐인데 지금 '성불은 어떻게 해야 완벽히 충족하는가?'라고 하기 때문에 이 질문을 일으킨 것이다. 앞으로 세존께서는 세 가지 육도로 답을 하신다. 즉 여기서 말한 완벽한 충족(滿足)이란 대체로 일념一念으로 단박에 닦음(頓修)이지 또한 많은 겁을 널리 거치는 것이 아니니, 닦음 없고 얻음 없음(無修無得)을 밝힘으로써 구경究竟의 여여지如如智를 제시한 것이다.

부처님이 대혜에게 고하셨다.
"바라밀에는 세 가지 분별이 있으니, 말하자면 세간과 출세간, 그리고 출세간 상상上上이다.

佛告大慧. 波羅蜜有三種分別. 謂世間. 出世間. 出世間上上.

> **관기** 대혜는 무엇이 육도六度인지 물었고, 세존은 세 가지 명칭으로 답했다. 세간은 곧 사람과 천상(人天)의 행행이고, 출세간은 곧 이승二乘의 행이고, 출세간 상상上上은 바로 일승의 행이다.

대혜야, 세간의 바라밀이란 나(我)와 내 것(我所)이 섭수攝受하는 계교와 집착, 섭수하는 양변兩邊이 갖가지 생生을 받는 곳이 되어서 빛깔(色), 소리(聲), 냄새(香), 맛(味), 접촉(觸)을 즐기기 때문에 단바라밀檀波羅蜜을 완벽히 충족한다.(당역에서는 "말하자면 온갖 어리석은 범부가 나〔我〕와 내 것〔我所〕을 집착해 양변兩邊을 취해서 온갖 유신有身을 구하고 색色 등의 경계를 탐내니, 이러한 수행이 단바라밀이다"라고 하였다) 계戒, 인忍, 정진精進, 선정禪定, 지혜智慧도 역시 마찬가지이다. 그리하여 범부는 신통神通을 부리고 아울러 범천梵天에 태어난다.

大慧. 世間波羅蜜者. 我我所攝受計著. 攝受二邊. 爲種種受生處. 樂色聲香味觸故. 滿足檀波羅蜜. (唐譯云. 謂諸凡愚著我我所. 執取二邊. 求諸有身. 貪色等境. 如是修行檀波羅蜜) 戒. 忍. 精進. 禪定. 智慧. 亦如是. 凡夫神通. 及生梵天.

> **관기** 여기서는 세간의 유루有漏의 육도六度를 말한다. 말하자면 어리석은 범부는 상相에 집착해 보시布施를 수행해서 바로 '내가 능히 베풀 수 있었다'고 계교하고 보시 받은 물건이 있다고 계교한다. 있음(有)과 없음(無)의 두 가지 견해에 의거해서 미래에 인간과 천상의 뛰어난 곳에 태어나길 구한다. 그리하여 육진六塵과

오욕五欲의 경계를 구족具足해서 보시를 행하고, 나아가 계戒 등 오도五度까지도 역시 마찬가지다. 유루有漏의 인因으로 유루의 과果에 감응하기 때문에 범천梵天에 태어나게 되며, 범부의 오통五通을 얻지만 생사는 여의지 못하기 때문에 세간이라 칭한다. 영가永嘉 대사는 이렇게 말했다.

"상相에 머문 보시는 천상의 복福을 낳지만 마치 허공에 대고 쏜 화살과 같아서 세력이 다하면 화살은 도로 떨어진다. 내생來生을 초래하는 것도 뜻대로(如意) 되지는 않으니, 말하자면 이 때문이다."

대혜야, 출세간의 바라밀이란 성문과 연각이 열반을 섭수攝受하는 데 떨어지기 때문에 육바라밀을 행해서 자기 열반의 즐거움을 즐기는 것이다.

大慧. 出世間波羅蜜者. 聲聞緣覺墮攝受涅槃故. 行六波羅蜜. 樂自己涅槃樂.

관기 여기서는 이승의 육도六度를 말한다. 말하자면 이승의 사람은 생사를 싫어해 버리고 열반을 기뻐해 취향趣向한다. 스스로 제도하길(自度) 구해서 여섯 가지 열등한 무루행無漏行을 닦아 익히기 때문에 부처를 짓지 못하니, 열반의 상相에 집착하기 때문이다.

출세간 상상上上 바라밀이란 자심自心이 나타낸 망상의 양量을 섭수하고 아울러 자심이 둘(二)이란 걸 자각하기 때문에 망상을 낳지 않으므로 온갖 갈래(趣)에서 나뉘지 않음(非分)을 섭수한다. 자심自心의 색色과 상相을 계교하거나 집착하지 않아서 일체중생을 안락케 하려 하기 때문에 단바라밀檀波羅蜜을 낳아 상상上上의 방편을 일으킨다.

出世間上上波羅蜜者. 覺自心現妄想量攝受. 及自心二故. 不生妄想. 於諸趣攝受非分. 自心色相不計著. 爲安樂一切衆生故. 生檀波羅蜜. 起上上方便.

관기 여기서는 최상의 일승에서 첫머리인 보시바라밀을 행하는 걸 말한다. 말하자면 대보살은 오직 마음뿐인(唯心) 현량現量을 요달해서 여실관如實觀을 짓는다. 그러나 자심의 안과 밖의 두 가지 법에서는 오직 허망한 분별의 나타남일 뿐이란 걸 깨달아 안다(覺知). 보시를 행한 것에서는 삼륜三輪[163]의 체體가 공空함을 잘 통달해서 보시하는 자라는 망상을 일으키지 않고, 보시를 받아들이는 자라는 집착도 낳지 않으며, 중간에 보시한 물건의 색色과 상相을 취하지 않으니, 단지 일체중생을 안락케 하려 하기 때문이다. 그러나 항상 보시를 행하기 때문에 성품의 장애를 버리는 걸 단바라밀(檀度)로 삼는다. 논論에서는 이렇게 말한다.

"진여법眞如法 중에서는 깊이 현전現前을 이해하고 닦은 것은 상相을 여의었으니, 법성의 체體에는 간탐慳貪이 없음을 알기 때문에 단바라밀을 수순隨順해 수행하는 것이다. 그러나 단檀은 능히 육도六度를

---

163 보시하는 자, 보시를 받아들이는 자, 보시한 물건을 삼륜이라 한다.

마음대로 할 수 있다."

논論에서 말한다.

"단檀의 뜻은 여섯에 포함되니, 생生을 자량資糧하는 무외법無畏法이다. 이 가운데 하나, 둘, 셋은 그 이름을 수행주修行住라 한다. 그러므로 '상상上上의 방편'이라 하는 것이다."

저 연緣에 즉卽해 망상이 생기지 않는 계戒가 시바라밀尸波羅蜜이다.

卽於彼緣妄想不生戒. 是尸波羅蜜.

관기 여기서는 계도戒度이다. 범어로 자세히 말하면 시라尸羅이고, 한역하면 청량淸涼이다. 또 지득止得이라고도 하는데, 올바로 번역하면 계戒가 된다. 이 계라 함은 작위적으로 지니는(作持) 상相이 있지 않으니 바로 성품의 계(性戒)이다. 온갖 도(度: 바라밀)는 모두 그렇다. '저 연緣에 즉卽해 망상이 생기지 않는 계戒'는 말하자면 저 보시에서 일체의 물듦과 청정 경계의 연緣을 받아들여도 망상이 생기지 않으면 자성이 청정해서 계戒의 상相이 공空과 같거늘 어찌 지키고 범함이 있겠느냐는 말이니, 성품의 청정(性淨)을 계도戒度로 삼은 것이다. 논論에서는 이렇게 말한다.

"법성의 물듦 없음을 알아서 오욕五欲의 허물을 여의기 때문에 시라바라밀尸羅波羅蜜을 수순隨順해 수행하는 것이다."

저 망상을 즉卽해 인忍을 낳지 않고 섭수攝受와 소섭所攝을 아는 것,

이를 찬제바라밀羼提波羅蜜이라 한다.

卽彼妄想不生忍. 知攝所攝. 是羼提波羅蜜.

관기 여기서는 인도忍度이다. 범어는 찬제羼提이고 한역하면 안인安忍 또는 인욕忍辱이라 한다. 마음이 외부의 모욕적인 경계를 능히 안인安忍할 수 있기 때문에 이름하여 인욕이라 한다. 말하자면 저 지키고 범함에 즉卽해서 망상이 생기지 않는 것이다. 이 무생법無生法은 마음에서 인忍이 가능하니, 바로 무생인無生忍이지 인욕을 일컬은 것이 아니다. 그러나 무생無生은 인忍할 수 있는 것이 아니고 ~의 인(之忍)이니, 능취能取와 소취所取의 성품이 공적空寂함을 알기 때문에 이것을 인도忍度로 삼은 것이다. 논論에서는 이렇게 말한다.

"법성의 고통 없음을 알아서 성냄의 번뇌를 여의기 때문에 찬제바라밀을 수순해 수행하는 것이다."

초저녁, 한밤중, 새벽까지 정근精勤하는 방편과 수순隨順해 수행하는 방편으로 망상이 생기지 않는 것, 이를 비려야바라밀毗黎耶波羅蜜이라 한다.

初中後夜. 精勤方便. 隨順修行方便. 妄想不生. 是毗黎耶波羅蜜.

관기 여기서는 정진도精進度이다. 범어는 비려야毗黎耶이고 한역하면 정진精進이라 한다. 수행의 방편으로 여실如實 수행을 칭하면서도 또한 방편이란 상념을 일으키지 않는다. 법화法華에서 두 가지 집착을 단박에 버리는 것이 참된 정진이기 때문에 이를 정진도로 삼는다. 논論에서는 이렇게 말한다.

"법성에 몸과 마음의 상相이 없음을 알아서 게으름을 여의기 때문에 비리야바라밀을 수순해 수행하는 것이다."

망상이 다 소멸해도 성문의 열반 섭수攝受에는 떨어지지 않는 것, 이를 선바라밀禪波羅蜜이라 한다.

妄想悉滅. 不墮聲聞涅槃攝受. 是禪波羅蜜.

관기 여기서는 선도禪度이다. 범어로 자세히 말하면 선나禪那이고 한역하면 사유수思惟修라 하며, 올바른 번역은 정려靜慮이다. 말하자면 심心, 뜻(意), 의식意識의 망상이 다 소멸해도 대비大悲와 대원大願으로 중생을 구원해 제도하는 것이다. 비록 열반을 얻어도 증득을 취하지 않기 때문에 성문의 열반에는 떨어지지 않으니, 이승의 선禪은 집착의 취함(執取)이 있기 때문이다. 이는 열반을 취하지 않는 것을 선도禪度로 삼은 것이다. 논論에서는 이렇게 말한다.

"법성이 항상 정해져 있음(常定)을 알아서 체體에 혼란이 없기 때문에 선바라밀禪波羅蜜을 수순해 수행하는 것이다."

자심自心의 망상은 성품이 아니니, 지혜로 이를 관찰해서 양변兩邊에 떨어지지 않는다. 먼저의 몸(先身)이 더욱 수승하여 무너뜨릴 수 없어서 자각성취自覺聖趣를 얻으니, 이를 반야바라밀般若波羅蜜이라 한다."

自心妄想非性. 智慧觀察. 不墮二邊. 先身轉勝而不可壞. 得自覺聖趣. 是般若波羅蜜.

관기 여기서는 지도智度이다. 범어는 반야般若이고 한역하면 지혜이다. 말하자면 삼계의 상相이 자심의 망상으로부터 나타나지만 실제로 있지는(實有) 않음을 요달해 아는 것이다. 지혜로 관찰하여 있음(有)과 없음(無)의 두 가지 견해에 떨어지지 않아서 법신法身이 더욱 수승하고, 완벽히 생멸이 없고 무너뜨릴 수도 없어서 자각성지自覺聖智의 취(趣: 갈래)에 들어가게 되니, 이것을 지도智度로 삼는다. 논論에서는 이렇게 말한다.

"법성은 체體가 밝아서 무명無明을 여의기 때문에 반야바라밀을 수순해 수행하는 것이다."

그러나 이 육도六度는 모두 성품을 잡아서 수행하는 것이다. 화엄에서는 이렇게 말한다.

"마음이 항상 세상의 마음과 화합하지 않는 걸 이름하여 정진精進이라 하고, 연민(悲)과 지혜(智)가 세속을 이롭게 해도 식識과 함께하지 않는 걸 이름하여 선정禪定이라 하고, 이미 불과佛果를 밟은 출세간의 묘한 슬기(妙慧)를 이름하여 지혜智慧라 한다. 모두가 성품에 칭합(稱合)에서 수행하기 때문에 수행하면서도 수행의 상相이 없으니, 이것이 소위 일념一念으로 무상보리無上菩提를 완벽히 충족시키는 것이다. 이 때문에 '얻는(所得) 상相이 없다'고 하는 것이니 여실행如實行을 하는 까닭이다."

이때 세존께서는 이 뜻을 거듭 선포하고자 게송을 설하셨다.

爾時世尊欲重宣此義而說偈言.

공空, 무상無常, 찰나刹那는
어리석은 범부가 망상으로 지은 것으로
마치 강물, 등불, 종자種子와 같아서
찰나의 상념(想)을 지을 뿐이다.

찰나에서 번뇌와 혼란이 쉬고
적정寂靜은 지은 바(所作)를 여의어
일체법은 생기지 않음을(不生)
나는 찰나의 뜻이라고 설하노라.
사물(物)이 생기면 소멸함도 있으니
(위역에서는 "처음 생기면 소멸함이 있다"고 하였다)
어리석은 자에게 설한 것은 아니다.

空無常刹那. 愚夫妄想作. 如河燈種子. 而作刹那想. 刹那息煩亂. 寂靜離所作. 一切法不生. 我說刹那義. 物生則有滅. (魏譯云. 初生則有滅) 不爲愚者說.

관기 여기서는 앞서 찰나장刹那章의 뜻을 읊고 있다. 번역한 사람은 여기서 착간錯簡을 하고 있다. 말하자면 어리석은 범부의 망상은 온갖 법이 실제로 있다고(實有) 분별해서 항상(常)한다고 계교하기 때문에 세존께서는 공空, 무상無常, 찰나刹那가 마치 강물의 흐름 같고, 마치 등불의 불꽃같고, 마치 종자種子와 같다고 설하였다. 신속히 변천해 가며 찰나도 머물지 않음으로써 저들의 계교를 타파하지만, 어리석은 범부는 은밀한 뜻에 능숙하지 못해서 다시 언설이 실답다고 집착해 결정적으로 찰나의 상념(想)을 짓는다. 특히 찰나의 법이 본래 찰나가 아니라서 동요와 혼란을 쉬고 당체當體가 적정寂靜하고 짓는 바(所作)를 여의는 걸 알지 못해서 이내 허망하게 생멸의 견해를 짓지만, 일체법이 본래 저절로 무생無生이기 때문에 나는 바야흐로 찰나의 뜻만을 설할 뿐이다. 그러나 일체법은 생기는 곳에서 즉시 소멸하고 당체當體는 무생無生이니, 이 무생의 뜻이 어찌 어리석은 자에게 설한 것이겠는가? 이 때문에 '처음 생기면 소멸함이 있으니, 어리석은 자에게 설한 것은 아니다'라고 한 것이다. 『능엄경』에선 이렇게 말한다.

"곳에 당면해(當處) 발생하고 곳에 따라(隨處) 완전히 소멸하며, 환幻이나 허망(妄)을 상相이라 칭한다. 그 성품의 참됨(性眞)을 묘각명체妙覺明體라 하는데, 이걸 어찌 쉽게 어리석은 자에게 설하겠는가?"

짬 없이(無間) 상속하는 성품은
망상이 훈습한 것으로
무명無明이 그 인因이 되고
마음은 그로부터 생겨난다.

나아가 색色이 아직 생기지 않았는데
그 중간中間에 어떤 분수分數가 있겠는가?
(위역에서는 "만약 무명이 인因이 되어 능히 온갖 마음을 낳는 것이라면, 나아가 색色이 아직 생기지 않았는데 그 중간에 무엇에 의거해 머물겠는가?"라고 하였다)

상속相續은 차례로 소멸하니

(위역에서는 "생겨남〔卽生〕그대로 소멸이 있다"고 하였다)

나머지 마음은 그걸 따라 생겨나지만,
색色에 머물지 않을 때는
무엇을 반연해서 생기는가?
그 반연으로부터 생기므로
여실如實치 못한 인因에서 생기는 것이니
어떻게 이루는 것이 없는데도
찰나의 무너짐을 알겠는가?

(당역에서는 "만약 저 마음을 반연하여 일어나면 그 인因은 허망하리라. 허망을 인因해서 체體가 이루어지지 않으면 어찌 찰나멸刹那滅이겠는가?"라고 하였다)

無間相續性. 妄想之所熏. 無明爲其因. 心則從彼生. 乃至色未生. 中間有何分. (魏譯云. 若無明爲因. 能生諸心者. 乃至色未生. 中間依何住) 相續次第滅. (魏譯云. 卽生卽有滅) 餘心隨彼生. 不住於色時. 何所緣而生. 以從彼生故. 不如實因生. 云何無所成. 而知刹那壞. (唐譯云. 若緣彼心起. 其因則虛妄. 因妄體不成. 云何刹那滅)

> 관기

여기서는 마음과 경계가 무생無生임을 전전展轉해 발명發明함으로써 찰나가 찰나가 아닌 뜻을 해석하고 있음을 읊고 있다. 말하자면 삼계를 오르내리고 육취六趣를 오고가도 본래 저절로 공동空洞이라 사물(物)이 없으며, 당체當體는 항상 머물러서 털끝만큼이라도 생멸生滅하는 상相이 끝내 없다. 만약 육취六趣에서 상속하는 생멸의 상相이 망상이 훈습한 무명을 인因으로 삼고 마음이 그 경계로부터 생멸이 있는 것이라 말한다면, 이것은 또한 그렇지 않다. 왜 그런가? 과연 색色의 경계가 있어서 마음과 더불어 연緣이 된다면 마음이 그로부터 생긴다고 설할 수 있다. 만약 색이 아직 생기지 않았을 때라면 이 마음이 또 어느 법에 의거해 머물면서 분별을 낳겠는가? 이 때문에 '나아가 색이 아직 생기지 않았는데 그 중간에 무엇에 의거해 머물겠는가?'라고 한 것이다. 그렇다면 마음이 경계로부터 생긴다는 계교는 거짓(妄)이다. 그러므로 반야경에선 '응당 색에 머물러서 마음을 내지 않아야 한다'고 말한 것이다. 그러나 색에 머물러서 마음을 내지 않음은 본래 무생無生인 것이다. 만약 온갖 법이 상속하면서 차례대로 생멸하는데도 나머지 심心과 심소心所 역시 그 경계의 변화와 소멸을 인因하고 따르면서 생기는 것이라 말한다면, 이는 또한 그렇지 않다. 왜 그런가? 만약 저 색의 경계가 과연 머묾이 있다면 그에 따라 생긴다고 설할 수 있기 때문이다. 그리고 저 온갖 법은 곳에 당면해(當處) 발생하고 곳에 따라(隨處) 완전히 소멸해서 자체自體가 적연寂然하여 끝내 생겨나는 상(生相)이 없다. 그렇다면 색色은 본래 머묾이 없고, 색色이 이미 머묾이 없는데 또 무슨 법이 있어서 마음이 반연한 바가 되어 생기겠는가? 이 때문에 '색色에 머물지 않을 때는 무엇을 반연해서 생기겠는가?'라고 한 것이다. 그렇다면 경계에 생멸이 있다고 계교하는 것은 거짓(妄)이다. 색색色이 이미 머묾이 없다면 경계는 본래 무생無生이다. 만약 그 무생의 경계를 인因해서 마음을 낸다고 하면, 이 인因은 마치 석녀石女의 아이 같아서 또한 허망을 이루니, '이 때문에 그 반연으로부터 생기므로 여실如實한 인因에서 생기는 것이 아니니'라고 한 것이다. 인因이 이미 허망하므로 소생所生의 체體가 이루어지지 않거늘, 어찌하여 이룰 것이 없는 데서 찰나 생멸의 법이 있다고 허망하게 보는가? 이로 말미암아 살펴보면 전전하여 제諦가 궁진窮盡하고, 마음과 경계가 적연해 끝내 생멸이 없으니, 이것이 내가 찰나를 설한 것이다. 마음과 경계가 서로 도달하지 못하기 때문이니, 이 때문에 『대경大經』에서는 이렇게 말했다.

"비유하면 강 속의 물이 급하게 흐르면서 다투듯이 가버리는 것과 같다. 온갖 법이 서로 알지 못하는 것도 각각이 역시 이와 같다."

수행자의 정수正受와
금강金剛과 부처의 사리舍利,
광음천光音天의 궁전은
세간의 무너지지 않는 일이다.

정법正法의 터득에 머물러서
여래의 지혜를 구족하면
비구는 평등을 얻으리니
어찌 찰나를 보겠는가?

건달바나 환幻 등의
색色에는 찰나가 있지 않으니
진실하지 않은 색 등을
마치 진실한 것인 양 본다.

修行者正受. 金剛佛舍利. 光音天宮殿. 世間不壞事. 住於正法得.
如來智具足. 比丘得平等. 云何見刹那. 揵闥婆幻等. 色無有刹那.
於不實色等. 視之若眞實.

관기 여기서는 온갖 법이 무생無生이라 오직 지혜의 눈만이 밝게 보지 망상의 삿된 견해로 알 수 있는 게 아님을 말하고 있다. 말하자면 여실행如實行을 닦는 자는 정정正定 속에서 온갖 세간을 관찰하여 법 하나하나마다 진상眞常이고 당체當體가 견고한 것이 마치 금강金剛, 사리舍利, 광음천光音天의 궁전과 같아서 항상 머물며 무너지지 않으니, 광음천에는 물과 불이 도달하지 못하기 때문이다. 그러나 수행자가 정심定心으로 관찰해도 오히려 이와 같았는데, 하물며 팔지八地 보살이 정법正法에 안주해서 이미 여래의 성지聖智가 완벽히 충족되었음(滿足)을 얻었음에랴. 평등의 진여를 증득한 비구比丘가 어째서 온갖 법을 보고 또 찰나 생멸의 상相이 있겠는가? 그리고 일체 색법色法은 본래 실답지 않은 것이 마치 건달바성이나 환幻의 일과 같다. 찰나의 생멸도 있지 않으니, 실답지 않기 때문이다. 어찌하여 어리석은 범부는 실답지 않은 가운데 허망하게 진실이라 여겨서 사대四大의 종자가 능히 색色을 조성할 수 있다고 계교하는가? 이미 사대의 종자가 실답지 않다면 어째서 능히 조성할 수 있다고 설하는가? 이것은 모두 어리석은 범부의 허망한 견해이다. 이상 게송과 글을 당장 찰나장刹那章을 따라 관찰하면 그 뜻이 저절로 나타난다.

○이상 묘행妙行은 닦음 없는 상相이란 걸 밝혔다.
△⑦ 아래에선 뭇 의심을 널리 타파해서 총체적으로 법신이 허물을 여읨을 나타냈다.

이때 대혜보살이 다시 부처님께 여쭈었다.
"세존이여, 세존께서는 아라한이 아뇩다라삼먁삼보리를 성취하고 온갖 보살 등과 차별이 없다고 수기授記하셨습니다. 일체중생의 법은 열반이 아니니, 누가 불도佛道에 도달합니까?

爾時大慧菩薩復白佛言. 世尊. 世尊記阿羅漢得成阿耨多羅三藐三菩提. 與諸菩薩等無差別. 一切衆生法不涅槃. 誰至佛道.

관기 여기서는 뭇 의심을 널리 해석해서 총체적으로 법신이 허물을 여읨을 나타내었다. 대혜는 세존께서 예전에 설한 말씀이 서로 상충함을 인因해서 차례로 후세 사람이 여래의 은밀한 뜻을 잘 이해하지 못할까봐 문득 의혹을 일으켰으니, 이 때문에 여기서 하나하나 열거해서 따지고 밝힘으로써 여래의 법신이 영원히 온갖 허물을 여의었음을 나타내었다. 그러나 이 문답은 구주舊註에서는 열 가지 단락으로 나눈다. 이제 말의 기세를 자세히 살피고 아울러 답의 뜻을 관찰하면, 저 두 가지 번역에 대해 모두 앞서의 여섯 가지를 합쳐 둘이 되기 때문에 다만 여섯 가지 의심만 있을 뿐이고 단지 말의 뜻(語意)만 전전展轉할 뿐이다. 그러나 여래는 세간을 벗어나서 몸(身), 입(口), 뜻(意)의 삼륜三輪이 사물(物)에 감응해 영원히 온갖 허물을 여읜다. 지금 여섯 가지 의문 중에 그 설식說識을 수기授記하고 본제本際를 시설하는 등은 구업口業이고, 금강金剛이 곁에서 호위하고 마魔를 만나 과보를 받는 등은 신업身業이고, 한 글자(一字)도 설하지 않고 항상 정(常定)에 들어서 사려도 없고 관찰도 없는 등은 의업意業이다. 이 세 가지 업이 청정하기 때문에 몸이 아니면서 몸을 나타내고, 설함이 없으면서 설함을 보이고, 사려가 없이도 감응하고, 관찰하지 않아도 아는 것이니, 이것이 소위 법신의 보편普徧으로 마치 물속의 달이 나가지도 않고 들어오지도 않는 것과 같기 때문에 영원히 온갖 허물을 여의는 것이다.

그리고 여기서 맨 처음 의심한 것은 세존께서 이승에게 부처가 된다고 수기授記한 것과 이는 보살과 다르지 않다는 등이다. 대체로 육도장六度章을 인因해서 성문과 연각은 자기의 열반을 즐기느라 비록 육바라밀을 행해도 성불成佛할 수 없다고 말한 것인데, 그렇다면 이승과 보살은 다르거늘 어찌하여 앞서의 부정성不定性 중에서는 '삼매의 즐거움에 머무는 성문은 마땅히 여래의 가장 뛰어난 몸(最勝之身)을 얻는다'고 하고, 멸정수장滅正受章에서는 '육지六地 보살과 성문, 연각은 똑같이 멸정수滅正受에 들어간다'고 한 건가?

그렇다면 보살과 이승은 또 다르지 않은 것이다. 하지만 이승은 이미 성불의 분수分數가 있는데, 어째서 찰나장刹那章에선 또 칠식은 유전流轉하지 않아서 고통과 즐거움을 받지 않고 열반의 인因이 아니다'라고 말한 것인가? 그러나 칠식이란 일체중생의 식識이다. 이미 '열반의 인因이 아니다'라고 했으니, 그렇다면 중생은 절대로 성불의 분수가 없는 것이다. 그러나 이승 역시 중생일 뿐이고, 이미 중생의 법은 열반에 이르지 못하는데, 또 누가 불도佛道에 이르겠는가? 위역에서는 모두 여래가 다시 설한 사자四字가 있고, 여기서는 구주舊註의 삼문三問을 합해서 일문一問이 된다.

처음 부처가 되고부터 반열반般涅槃에 이를 때까지 그 중간에 한 글자도 설하지 않고 또한 답한 것도 없습니다. 여래는 항상 정定하기 때문에 또한 사려思慮도 없고 또한 관찰(察)도 없어서 화불化佛은 불사佛事를 화현化現해 짓는 것입니다.

從初得佛. 至般涅槃. 於其中間不說一字. 亦無所答. 如來常定故. 亦無慮. 亦無察. 化佛化作佛事.

<u>관기</u> 여기서 전전展轉함에는 세 가지 의문이 포함되어 있고, 향후에 답하는 글에서는 하나의 뜻(義)으로 합치고 있다. 말하자면 사등장四等章에선 여래는 64가지 범음梵音으로 중생에게 설법을 한다고 했는데, 어찌하여 본주장本住章에선 첫 성불했을 때부터 반열반에 이를 때까지 그 중간에 한 글자도 설하지 않았다고 했는가? 그리고 항사장恒沙章에선 또 '여래는 적연寂然하여 생각의 상념(念想)이 있지 않다'고 했는데, 그러나 생각의 상념이 없다면 여래의 마음은 항상

정定에 존재해서 사려도 없고 관찰도 없는 것이고, 또 설법說法이란 바로 뜻(意)과 말(言)로 분별한 것인데, 어찌하여 또 다양한 종류의 음성으로 설법을 하는가? 그리고 사돈장四頓章에선 '법불(法佛: 법신불)이란 마음의 자성을 여읜 것이다'라고 했는데, 지금 사려와 관찰이 없으니 곧 마음의 자성을 여읜 것이라 바로 법불法佛이다. 만약 사려와 관찰 없이도 능히 설법할 수 있다면 법불이 설법하는 것인데, 어찌하여 또 화불化佛이 불사佛事를 화현해 짓는다고 설하는가? 이렇게 전전展轉하면서 의심이 얽히기 때문에 부처의 뚜렷한 구별을 바라는 것이니, 이 또한 구주舊註의 삼문三問이 합쳐져 일문一問이 된 것이다.

어찌하여 식識이 찰나에 전전展轉하며 무너지는 상(壞相)을 설하는 겁니까?

何故說識刹那展轉壞相.

관기 여기서는 세 번째 의문이다. 찰나장刹那章에선 '칠식은 유전流轉하지 않는다'고 했는데, 어찌하여 또 '오식신五識身, 심心, 뜻(意), 의식意識은 선善하고 선하지 않은 상相을 함께하면서 전전展轉하고 변괴變壞하고 상속相續하고 유주流注한다'고 하는가?

금강역사金剛力士는 항상 따르면서 시위侍衛하는 겁니까?

金剛力士常隨侍衛.

> 관기 여기서는 네 번째 의문이다. 항사장恒沙章에선 여래의 법신이 세간의 소망을 넘어섰다면 이는 상상을 볼 수 없는 것이다. 금강역사가 또 어디로부터 시위侍衛하겠는가?

어찌하여 본제本際를 시설하지 못하는 겁니까?

何不施設本際.

> 관기 여기서는 다섯 번째 의문이다. 항사장恒沙章에선 생사의 본제 本際는 알 수 없다고 말한다. 본제本際란 시초(始)이고, 해탈解脫이란 마지막(終)이다. 이미 본제의 시초(始)를 알지 못하는데, 어찌하여 다시 중생이 해탈의 마지막(終)을 얻는다고 설하는가? 중생이 이미 해탈을 얻었다면 이는 본제를 알 수 있는 것인데, 어찌하여 본제를 시설하지 못한다는 겁니까?

마魔와 마업魔業, 그리고 악업惡業의 과보果報를 나타내고, 전차마납旃遮摩納과 손다리녀孫陀利女는 빈 발우(鉢)를 내놓아서 악업의 장애를 나타내는 겁니까? 어째서 여래는 일체종지一切種智를 얻는데도 온갖 허물을 여의지 않는 겁니까?"

現魔魔業. 惡業果報. 旃遮摩納. 孫陀利女. 空鉢而出. 惡業障現. 云何如來得一切種智而不離諸過.

> 관기 여기서는 여섯 번째 의문이다. 항사장恒沙章의 게송에서는 "온갖 여래를 관찰하니 다 일체의 허물을 여의었다"라고 했다. 또 마치 부처가 최초로 성도成道했을 때 천마天魔가 사병四兵을 일으켜 고통의 도구(苦具)를 갖고서 보리수 밑을 방문해 부처 주위를 돈 것과 같으니, 이것이 마업魔業이다. 아울러 전차바라문旃遮婆羅門의 여인은 나무 발우를 배에 묶어 임신한 것처럼 보이게 한 후 외도인 손다리녀孫陀利女와 함께 서로서로 부처를 비방했다. 또 부처가 일찍이 사리나(娑梨那) 마을에 들어가 각 집마다 걸식乞食했지만 보시하는 자가 없어서 빈 발우를 갖고 나왔다. 나아가 말이나 먹을 보리를 먹거나, 두통 등의 통증, 발의 자상刺傷, 조달調達[164]이 산을 밀어 부처를 압사시키려 하거나, 화굴火窟, 취한 코끼리, 독이 들은 밥(毒飯) 등의 일을 마련한 것은 모두 악업의 장애가 나타난 것이다. 이루 다 열거할 수 없을 정도로 다 지나친 악인데, 어찌하여 여래는 온갖 허물을 다 여의었다고 말하는 겁니까?

그러나 당역과 위역에서는 악업을 질문해 두 가지 질문을 짓고, 지금은 또한 합쳐서 하나의 질문으로 답한 것이다.

부처님께서 대혜에게 고하셨다.
"자세히 듣고 자세히 들어서 잘 사유하도록 하라. 마땅히 그대를 위해

---

164 제바달다提婆達多를 말한다. 산스크리트어, 팔리어 devadatta의 음사. 붓다의 사촌동생으로, 출가하여 그의 제자가 되었다. 붓다에게 승단을 물려줄 것을 청하여 거절당하자 500여 명의 비구를 규합하여 승단을 이탈한다. 여러 번 붓다를 살해하려다 실패한다.

설하겠다."

대혜가 부처님께 여쭈었다.

"훌륭하십니다, 세존이여. 가르침을 받겠습니다."

부처님께서 대혜에게 고하셨다.

"무여열반無餘涅槃을 위하기 때문이고, 설득과 권유로 보살행에 나아가도록 하기 위해서이다. 이곳과 다른 세계에서 보살행을 닦는 자는 성문승의 열반을 즐거워하므로 성문승을 여의고 대승에 나가도록 하기 위해 화불化佛이 성문에게 수기授記한 것이지 법불法佛이 아니다. 대혜야, 이런 이유 때문에 온갖 성문과 보살에 수기한 것이 다르지 않은 것이다.

佛告大慧. 諦聽諦聽. 善思念之. 當爲汝說. 大慧白佛言. 善哉世尊. 唯然受敎. 佛告大慧. 爲無餘涅槃故. 說誘進行菩薩行者故. 此及餘世界修菩薩行者. 樂聲聞乘涅槃. 爲令離聲聞乘進向大乘. 化佛授聲聞記. 非是法佛. 大慧. 因是故記諸聲聞與菩薩不異.

관기 여기서는 첫 번째 질문에 답한 것이다. 말하자면 이승과 더불어 수기授記한 것에는 두 가지 뜻이 있다. 첫째, 성문이 스스로 취한 유여열반有餘涅槃을 위한 것인데, 지금은 대승에 나가도록 채찍질해서 무여열반無餘涅槃을 증득케 하고자 하기 때문이다. 둘째, 초심初心 보살은 대승을 두려워하기 때문이다. 스스로 물러나 위축을 일으키고 성문의 행을 즐거워하니, 역시 소승을 버리고 대승에 나아가도록 하기 때문이다. 이 두 가지 뜻이 있기 때문에 이승에게 성불한다는 수기를 한 것이다. 또 이것은 바로 화불化佛의 방편이 한 것이지 법불法佛은 아니다. 이 때문에 성문과 보살은 다르지 않다고 설한 것이다. 아래에선 다르지 않은 까닭을 해석하고 있다.

대혜야, 다르지 않음(不異)이란 성문과 연각, 온갖 부처 여래가 번뇌장煩惱障을 끊어서 해탈이 한맛(一味)이란 것이지 지장智障을 끊은 건 아니다. 대혜야, 지장智障이란 법무아法無我를 보고서 수승殊勝하고 청정하다는 것이고, 번뇌장이란 예전의 습기로 인무아人無我를 끊었다고 보는 것이다. 칠식七識이 소멸해 법法의 장애에서 해탈하면 식장識藏의 습기가 소멸하고 구경究竟 청정하다.

大慧. 不異者. 聲聞緣覺. 諸佛如來. 煩惱障斷. 解脫一味. 非智障斷. 大慧. 智障者. 見法無我. 殊勝淸淨. 煩惱障者. 先習見人無我斷. 七識滅. 法障解脫. 識藏習滅. 究竟淸淨.

관기 여기서는 이승이 보살과 다르지 않은 까닭을 해석하고 있다. 말하자면 이승이 보살과 다르지 않은 것은 성문, 연각, 보살 및 장교藏敎의 과불果佛이 똑같이 번뇌장을 끊고 인무아人無我를 증득하는 것이니, 단공但空의 열반과 차별 없음을 얻은 것이기 때문에 지장智障을 끊어서 법무아法無我를 증득하는 것은 아니다. 천태의 가르침에선 이렇게 말한다.

"사주四住를 똑같이 제거해 이곳에서 정렬(齊)되니, 만약 무명無明을 조복調伏하면 삼장三藏인즉 열등해진다."

그래서 '성문과 연각, 온갖 부처 여래가 번뇌장煩惱障을 끊어서 해탈이 한맛(一味)이란 것이지 지장智障을 끊은 건 아니다'라고 한 것이다. 만약 지장이 끊어지면 참되고 수승한 청정을 얻으니, 이승이 증득한 것은 열등한 무루無漏이기 때문이다. 번뇌장이란 말은 바로 예전의 습기(先習)이다. 예전의 습기란 말하자면 삼계에 태어나는 인因이다. 윤생潤生[165]의 지말무명枝末無明[166]은 곧 견사見思[167]이다. 이승은 아공我空의 이理를 증득하여 이미 삼계에 태어나는 인因을 끊어서 다시는 분단생사分段生死가 없기 때문에 '예전의 습기로 인무아人無我를 끊었다고 보는 것'이라 하였다. 그러나 번뇌장이 끊어지면 단지 전육식前六識을 소멸할 뿐이며, 오직 이것만이 보살과 똑같을 뿐이다. 만약 칠식이 소멸하면 부분적으로 근본무명根本無明을 끊어서 바야흐로 법의 장애를 해탈하게 된다. 만약 장식藏識의 종자의 습기習氣와 생상生相의 무명이 멸진滅盡하면 바야흐로 구경究竟 청정하게 된다. 이것은 또 이승이 알 수 있는 것이 아니다.

---

[165] 삼계의 윤회를 받게 하는 미혹.

[166] 있는 그대로의 참모습을 깨닫지 못하여 홀연히 차별을 일으킨 원초적 번뇌인 근본무명根本無明에 부수적으로 일어나는 미세한 번뇌.

[167] 견혹見惑과 사혹思惑을 말한다. 견사혹은 견애見愛, 견수見修, 사주四住, 염오무지染汚無智, 지말무명枝末無明, 통혹通惑, 계내혹界內惑이라고도 한다. 견혹이란 편벽된 세계관을 통해 일으키는 번뇌로서, 아견我見, 변견邊見의 미혹을 말한다. 사혹이란 세간의 현상을 사려분별함으로써 일으키는 번뇌를 말한다. 견혹과 사혹은 삼계 내의 생사윤회의 원인으로서, 이를 끊어야 비로소 삼계의 생사를 벗어날 수 있다.

본주법本住法을 인因하기 때문에 전후가 성품이 아니며, 다함없는 본원(無盡本願)이기 때문에 여래는 사려(慮) 없고 관찰(察) 없이도 법을 연설하고, 정지正智로 교화를 받기 때문에 염念이 허망하지 않아서 사려도 없고 관찰도 없다. 사주지四住地와 무명주지無明住地의 습기가 끊어지기 때문에 두 가지 번뇌가 끊어지고 두 종류의 죽음을 여의며, 인무아와 법무아를 자각하고 아울러 두 가지 장애가 끊어진다.

因本住法故. 前後非性. 無盡本願故. 如來無慮無察而演說法. 正智所化故. 念不妄故. 無慮無察. 四住地無明住地習氣斷故. 二煩惱斷. 離二種死. 覺人法無我. 及二障斷.

관기 여기서는 두 번째 질문에 답하고 있다. 앞서의 질문은 세존께서 처음 성불했을 때부터 열반에 이를 때까지 그 중간에 한 글자도 설하지 않았다는 등이다. 부처가 설하지 않았다고 한 까닭은 나(我)를 인해 본주법本住法을 증득하기 때문이다. 그러나 본주법이란 소위 온갖 법의 실상實相은 부처가 있든 부처가 없든 법계法界에 항상 머물고, 항상 머물면 처음과 끝이 없고, 처음과 끝이 없으면 성불 및 열반의 상相도 없기 때문에 '전후가 성품이 아니며'라고 한 것이다. 전후의 경계(際)가 끊어지면 적연寂然하여 생기지 않고 염려念慮가 영원히 끊어지니, 또 무슨 법을 설할 수 있겠는가? 그러나 설할 수 없는 가운데서도 설함이 있는 것은 단지 온갖 부처 여래가 광겁曠劫에 걸쳐 수행한 인因에서 발휘된 중생을 구호救護하는 다함없는 본원(無盡本願)이 훈습한 것이다. 담연湛然한 법계의 사려도 없고 관찰도 없는 고요하고 정해진(寂定) 마음 안에서 중생의 기틀(機)에 감응해 법을 연설하는데, 그 설한 것은 바로 정지正智로부터 성품에 칭합稱合해 흐르는 것으로 망념이 있지 않아서 사려思慮를 기다린 후에야 설하는 것이 아니다. 여래가 사유(思)도 없고 사려(慮)도 없는 까닭은 오주습기五住習氣 및 근본根本과 지말枝末 두 종류의 번뇌를 오래 동안 이미 다 끊어서 두 종류의 죽음을 여의고, 인무아와 법무아를 자각해서 번뇌장煩惱障과 소지장所知障이 영원히 적멸하기 때문이다. 곧 종류구생무작의생신種類俱生無作意生身[168]을 얻고 자연히 부사의不思議한 업의 작용이 있어서 능히 응화신應化身을 나타내 불사佛事를 화현해 지으니, 이것이 설함 없이 설함을 제시하고 몸(身)이 아니면서 몸을 나타내는 것이다. 이를 이름하여 여래의 참된 법신이라 한다.

대혜야, 심心, 뜻(意), 의식意識과 안식眼識 등 일곱 가지는 찰나 습기의 인因을 여의고 선善한 무루품無漏品을 여의어서 다시 윤전(輪轉: 윤회전생)하지 않는다. 대혜야, 여래장이란 윤전輪轉이고 열반은 고통과 즐거움의 인因어서 공연히 뜻과 슬기(意慧)를 어지럽히지만, 어리석은 범부가 능히 깨달을 수 있는 것은 아니다.

大慧. 心意意識眼識等七. 刹那習氣因. 善無漏品離. 不復輪轉. 大慧. 如來藏者輪轉. 涅槃苦樂因. 空亂意慧. 愚癡凡夫所不能覺.

---

168 갖가지 종류가 함께 생기면서도 작위 없는 행행의 의생신. 여러 부처의 자증법상自證法相을 요달한 것을 말한다.

<규기> 여기서는 세 번째 질문에 답을 하고 있다. 앞서의 의문은 찰나장刹那章에서 "칠식은 유전流轉하지 않는다"고 했는데, 어째서 "오식신五識身, 심心, 뜻(意), 의식意識과 함께하면서 선善하거나 선하지 않게 전전展轉하고 변괴變壞하고 상속相續하고 유주流注하는가?"라고 한 것이다. 이미 "칠식의 변괴는 찰나도 머물지 않으니 바로 이것이 유전이라서 하나는 칠식과 동등하다(一等七識)"고 했는데, 어찌하여 또 '유전한다'고 하고 또 '유전하지 않는다'고 하는가?

이제 부처가 답한 뜻은 이렇다. 말하자면 마음(心) 등 칠식이 유주(流注: 흘러든다)한다고 말하는 까닭은 전칠식前七識이 본래 자성이 없기 때문이다. 다만 여래장은 무명이 훈습을 받아서 습기가 있고, 이 습기를 인因으로 삼아서 전칠식의 망상 그림자를 훈습해 일으켜 생각 생각(念念) 생멸하며 찰나도 머물지 않는다. 이 때문에 단지 칠식이 생멸한다고 설한 것이지 유전한다고 말하지는 않았다. 유전이라 말한 것은 이른바 법성을 따르면서 생사에 흘러 들어가고 생사를 전변해서 열반이 되는 것이다. 세간과 출세간의 선하고 선하지 않은 인因을 짓고, 이 수승한 능력을 갖추어 대업大業의 작용이 있는 걸 바야흐로 유전이라 칭한다. 이제 전칠식은 단지 세간의 유루有漏인 선하지 않은 인因이 능히 될 수 있을 뿐 출세간의 선한 무루無漏의 인因은 능히 지을 수 없으니, 이 때문에 나는 유전하지 않는다고 말할 뿐이다. 그러므로 '무루의 선품善品을 여의기 때문에 다시 윤전輪轉하지 않는다'고 한 것이다.

나아가 여래장의 윤전을 설한 것은 자성이 청정하고 체體가 생멸하지 않지만 단지 자성이 없기 때문에 연緣에 따라 전변하는 것일 뿐이다. 유루의 선하고 선하지 않은 훈습을 받으면, 인간과 천상의 육도六道의

삶과 죽음, 고통과 즐거움의 인因이 된다. 만약 순수하고 청정한 무루의 선한 법의 훈습을 받았다면 능히 출세간 열반의 참되고 즐거운 인因이 될 수 있다. 이와 같은 전변의 업용業用을 갖추었기 때문에 '여래장이란 윤전이고, 열반은 고통과 즐거움의 인因이다'라고 한 것이다. 다만 이 비밀의 심오한 뜻은 삼승의 열등한 이해나 외도의 어리석은 범부가 알 수 있는 것이 아니기 때문에 '공연히 뜻과 슬기(意慧)를 어지럽히지만, 어리석은 범부가 능히 깨달을 수 있는 것은 아니다'라고 한 것이다. '공연히 뜻과 슬기를 어지럽힌다'는 바로 대승을 최초로 닦지만(創修) 진공眞空을 요달하지 못해서 결정된 믿음(決定信)이 없는 것이다.

대혜야, 금강역사金剛力士가 따르며 수호하는 것은 화불化佛일 뿐이며 참된 여래가 아니다. 대혜야, 참된 여래는 일체의 근량根量을 여의니, 일체의 범부, 성문, 연각 및 외도의 근량根量이 다 소멸해 현재의 법락法樂을 얻어서 무간법지인無間法智忍에 머물기 때문에 금강역사에게 보호받지 않으며, 일체의 화불은 업業으로부터 생기지 않는다. 화불이란 부처가 아니면서 부처를 여읨도 아니니, 질그릇을 만드는 물레(陶家輪) 등 중생이 지은 상相을 인因해서 법을 설하는 것이지 저절로 통한 곳(自通處)에서 자각自覺의 경계를 설한 것은 아니다.

大慧. 金剛力士所隨護者. 是化佛耳. 非眞如來. 大慧. 眞如來者. 離一切根量. 一切凡夫聲聞緣覺及外道根量悉滅. 得現法樂. 住無間法智忍故. 非金剛力士所護. 一切化佛不從業生. 化佛者. 非佛. 不離佛. 因陶家輪等衆生所作相而說法. 非自通處說自覺境界.

관기 여기서는 네 번째 질문에 답하고 있다. 앞서 질문의 뜻은 항사장恒沙章에서 '여래의 법신은 세간의 소망을 넘어선다'고 말한 걸 인因해서 마침내 어찌하여 또 금강역사가 항상 따르며 시위侍衛하느냐고 의심한 데 있다. 이제 부처는 이렇게 답한다. 금강역사가 따르며 수호하는 자는 바로 화불化佛일 뿐이지 참된 여래가 아니다. 참된 여래란 일체의 근량根量을 여의니, 일체의 범부, 외도, 이승의 근량이 다 소멸해 현재의 법락法樂을 얻어서 무간법지인無間法智忍에 안주하기 때문에 수호守護를 빌지 않는다.

그러나 일체의 화불은 바로 중생의 기틀에 감응해 나타나서 생기는 것이지 업보의 소생所生이 아니다. 소위 응화불(應化)은 참된 부처가 아니다. 비록 참 부처는 아니지만, 허나 또한 참(眞)으로부터 일어났기 때문에 '부처를 여의지도 않는다'고 한 것이다. 응당 참(眞)을 여의지 않기 때문에 그 설한 법도 또한 참법(眞法)이 아니라 바로 중생의 갖가지 심행心行과 낙욕樂欲에 따라 똑같지 않은 것이다. 그리하여 방편을 시설하여 저마다 환희로 사업을 성취해 갖추게 하였기 때문에 '질그릇을 만드는 물레(陶家輪) 등 중생이 지은 상相을 인因해서 법을 설하는 것이다'라고 한 것이다. 대개 질그릇 만드는 자는 물레, 줄, 진흙, 물의 인연으로 갖가지 기물을 지으니 그 구하는 바에 따라 각기 그 쓰임새에 적합하기 때문이다. 그러나 설해진 법은 바로 타자他者의 뜻과 말에 따른 것이지 저절로 통한 곳(自通處)을 따라 자각自覺의 경계를 설한 것은 아니다.

다시 다음에 대혜야, 어리석은 범부는 칠식신七識身의 소멸에 의거해

단견斷見을 일으키고, 식장識藏을 자각하지 못하기 때문에 상견常見을 일으킨다. 스스로의 망상(自妄想) 때문에 본제本際를 알지 못하고, 스스로의 망상의 슬기(自妄想慧)가 소멸하기 때문에 해탈한다.

復次大慧. 愚夫依七識身滅. 起斷見. 不覺識藏故. 起常見. 自妄想故. 不知本際. 自妄想慧滅. 故解脫.

관기 여기서는 다섯 번째 질문에 답하고 있다. 앞서의 질문에서는 항사장恒沙章을 인因해서 '생사의 본제本際는 알 수 없지만, 마침내 이미 생사의 시초를 알지 못하는데 어째서 해탈의 마지막을 알겠느냐?'고 의심했기 때문에 어째서 본제를 시설하지 않는지를 질문한 것이다.

지금 부처가 한 답의 뜻은 이렇다. 말하자면 본제란 실제實際의 이지理地이다. 그러나 실제 중에는 본래 생사가 없는데, 또 어찌 시작과 마지막이 있겠는가? 그러나 내가 말한 생사의 본제는 알 수 없다는 것은 대체로 어리석은 범부와 외도를 질책한 것이다. 단지 망상의 생멸을 따르면서 실제는 요달하지 못할 뿐이라서 생사에 본제를 알 수 없다고 설한 것은 아니다. 그러나 저 어리석은 범부는 칠식이 생각 생각(念念) 소멸하는 곳에 의거해 단견斷見을 일으켜서 장식藏識을 알지 못하고, 다만 상속相續과 유주流注가 끊이지 않는 곳에서 상견常見을 일으킨다. 이 모두가 스스로 망상을 낳아서 분별한 것이기 때문에 본제를 알지 못할 뿐이라서 생사에 시초가 있다고 말하지 않는다. 다만 저 스스로의 망상(自妄想)이 소멸하면 문득 해탈이라서 역시 열반에 마지막이 있다고 하지 않는다.

사주지四住地와 무명주지無明住地의 습기가 끊어지기 때문에 일체 허물이 끊어진다."

四住地無明住地習氣斷故. 一切過斷.

> **관기** 여기서는 여섯 번째 질문에 답하고 있다. 앞서의 질문에서는 항사장恒沙章을 인因해 '여래는 다 일체의 허물을 여의어서 마침내 마원魔冤과 악업惡業의 과보로 의문을 초래한다'고 말했기 때문에 지금 부처가 답한 뜻은 이렇다. 이른바 여래가 일체의 허물을 여의었다는 것은 오주번뇌五住煩惱의 습기가 궁극적으로 영원히 끊어지기 때문이다. 그러나 또 마魔와 조우遭遇하는 것, 이것은 정해진 업(定業)이다. 자신(身)이 인내를 감당한다는 걸 제시함으로써 억세고 질긴 중생을 조복調伏해 반드시 무생법인無生法忍을 갖추니, 자심慈心의 삼매력 때문이다. 악업의 과보가 있다는 것은 정해진 업은 빠져나가기 어려워 부처도 면치 못한다는 걸 중생을 위해 제시해 나타냄으로써 중생으로 하여금 인과를 분명히 믿고 악한 과보의 감응을 두려워하게 한 것이니, 장차 과과를 두려워해 인因을 끊게 해서 생사의 고통의 갈래(苦趣)를 여의도록 하기 때문이다. 이것은 모두 화불化佛의 방편인 권도의 지혜(權智)로서 백성과 근심을 같이 한다는 뜻을 나타내 보일 뿐이지 여래에게 실제로 악업의 보응報應이 있어서 온갖 허물과 악을 갖추었다는 건 아니다. 그리고 오주번뇌가 영원히 끊어지기 때문에

허물을 여읜다고 말한 것이지 자못 정해진 업을 받아들이지 않는 것을 허물을 여읜다고 말한 것은 아니다.

이때 세존께서는 이 뜻을 거듭 선포하고자 게송을 설하셨다.

爾時世尊欲重宣此義而說偈言.

삼승三乘은 또한 승乘이 아니니
여래는 닳아 없어지지(磨滅) 않는다.
(당역에서는 "부처의 열반은 있지 않다"고 하였다)
일체의 부처가 일으킨 말씀은
온갖 허물과 악을 여의라는 설명이다.

온갖 무간지無間智 및
무여열반無餘涅槃을 위해
온갖 하열下劣한 대중을 권유해 나아가니
이 때문에 숨기거나 덮으면서 설하는 것이다.

온갖 부처가 일으킨 지혜(智)가
바로 도道를 분별하여 설한 것이다.
온갖 승乘은 승乘이라 하지 않고
그것인즉 열반이 아니다.

三乘亦非乘. 如來不磨滅. (唐譯云. 無有佛涅槃) 一切佛所起. 說離諸過惡. 爲諸無間智. 及無餘涅槃. 誘進諸下劣. 是故隱覆說. 諸佛所起智. 卽分別說道. 諸乘非爲乘. 彼則非涅槃.

관기 여기서는 통틀어 도합 다섯 개의 게송을 읊고 있는데, 하나의 게송마다 하나의 뜻을 수기授記할 뿐이다. 처음 하나의 게송은 법계의 이치 속엔 본래 삼승이 없다는 뜻을 말하기 때문에 '또한 승乘이 아니다'라고 한 것이다. 법신의 여래는 또한 열반의 일이 없기 때문에 '닳아 없어지지 않는다'고 말했다. 그러나 이미 삼승이 없으니 또한 열반도 없어서 '일체의 성문이 다 부처의 수기를 받지 않는다'고 한 것은 온갖 이승의 좁고 열등한 허물과 악을 설해서 소승의 마음을 버려 여의게 하고 대도大道의 궁극적인 무간종지無間種智를 향해 나아가 무여열반無餘涅槃을 증득해 들어가도록 하기 위해서이다. 온갖 하열下劣한 사람을 권유해 나아가게 하고 친근한 습기의 상념을 버리도록 하니, 이 때문에 은밀한 뜻을 숨기고 덮으면서 불과佛果는 이룰 수 있다고 설하여 저들로 하여금 환희심을 내게 할 뿐이지 저들이 증득을 기대할 만한 열반이 실제로 있다는 것은 아니다. 이것이 대체로 권지權智로 방편을 시설한 것이다. 만약 온갖 부처가 증득한 근본실지根本實智가 곧 스스로의 지혜(自智)에 의거해 스스로 증득한 진실의 도道를 설한다면, 온갖 승乘은 승乘이라 하지 못한다. 시방의 부처 땅(佛土) 중에는 오직 일승법一乘法만 있을 뿐 이승이나 삼승은 없기 때문이다. 그렇다면 저 이승이 증득한 참된 열반이 아님은 분명하니, 이 때문에 '온갖 부처가 일으킨 지혜(智)가 곧 도道 등을 분별하여 설한 것이다'라고 한 것이다.

욕계欲界와 색계色界 및 견해(見)
이를 사주지四住地라 설하니
의식意識이 일어난 곳이며
식識의 저택이고 뜻(意)이 머무는 곳이다.

뜻(意) 및 안식眼識 등이
끊어져 소멸함(斷滅)을 무상無常이라 설하고
혹은 열반이란 견해(見)를 지어서
항상 머문다(常住)고 설하기도 한다.

欲色有及見. 說是四住地. 意識之所起. 識宅意所住. 意及眼識等. 斷滅說無常. 或作涅槃見. 而爲說常住.

관기 여기서는 수기授記 중에는 번뇌장煩惱障이 끊어지지 지장智障이 끊어진다는 뜻이 아님을 읊고 있다. 번뇌장이란 말은 바로 사주번뇌四住煩惱이니, 이른바 욕애주지欲愛住地, 색애주지色愛住他, 유애주지有愛住地, 견일체주지見一切住地이다. 이 네 가지 번뇌는 바로 의식이 일으킨 것으로 제7 말나식末那識이 팔식의 견주(堅住: 견고한 머묾)를 내적으로 훈습한 것을 생사의 종자種子로 여기기 때문에 '식識의 저택이고 뜻(意)이 머무는 곳'이라 한 것이다. 전칠식前七識이 생각 생각(念念) 생멸하지만 저들은 단멸斷滅이라 보고, 장식藏識의 유주流

注를 알지 못해 문득 항상(常)한다고 여겨서 마침내 열반의 견해를 짓기 때문에 나는 저것은 열반이 아니라고 설한 것이다. 여기서 항상 머문다(常住)는 말은 바로 이승의 허망한 계교에서 나왔을 뿐이다. 그래서 당역에서는 이렇게 말했다.

"의식意識, 안眼 등을 보고서 무상無常하기 때문에 단멸斷滅이라 설하고, 미혹한 뜻의 곳간(意藏)이 항상(常)을 일으키는데 삿된 지혜는 열반이라 일컫는다."

이 게송의 글을 관찰하면 곧 수기授記한 글의 뜻도 오히려 부족함을 읊고 있으며, 그 나머지 다섯 가지 질문의 뜻도 역시 당연히 게송이 있지만 아마 경문에서 탈락하거나 생략했을 뿐이다.

○이상 여러 가지 의문을 자세히 결정함으로써 법신이 허물을 여의었음을 나타냈다.
△⑧ 아래에선 불성佛性이 계戒의 근본이라는 참된 수행을 특별히 제시함으로써 중생과 부처의 평등을 밝혔다.

이때 대혜보살이 게송으로 질문했다.

爾時大慧菩薩以偈問曰.

저 온갖 보살 등으로
불도佛道 추구를 지향志向하는 자는
술과 고기, 그리고 파 같은

음식은 어찌해야 합니까?

오직 바라노니, 무상존無上尊이여
불쌍히 여겨서 연설해 주소서.
어리석은 범부가 탐내고 집착하는 것은
냄새나고 더러워서 명칭名稱이 없으며

호랑이와 늑대가 즐겨 먹는 것을
어떻게 먹을 수 있겠습니까?
먹는 것은 온갖 허물을 낳지만
먹지 않으면 복福과 선善이 되리니
오직 바라노니, 저를 위해 설해 주소서,
먹음과 먹지 않음의 죄와 복을.

彼諸菩薩等. 志求佛道者. 酒肉及與葱. 飮食爲云何. 惟願無上尊.
哀愍爲演說. 愚夫所貪著. 臭穢無名稱. 虎狼所甘嗜. 云何而可食.
食者生諸過. 不食爲福善. 惟願爲我說. 食不食罪福.

대혜보살은 게송으로 질문하고 나서 다시 부처님께 여쭈었다.
"오직 바라노니, 세존께서는 저희들을 위해 고기를 먹는 것과 먹지 않는 것의 공덕과 과악(過惡: 허물과 악)을 설해 주소서. 나 및 온갖 보살은 현재와 미래에서 마땅히 갖가지로 고기 먹기를 희망하는 중생을 위해 분별하여 설법하겠습니다. 저 중생으로 하여금 자비의 마음(慈

心)으로 서로 향하게 하고, 자비의 마음을 얻고 나서는 제각기 지地에 머물러 청정하고 명료함으로써(당역에서는 "미래와 현재에서 고기 먹는 중생이 습기로 훈습되지 않도록 연설함으로써 고기 맛을 버리게 하고 법의 맛을 구하게 하겠으며, 일체중생에게 큰 자비심을 일으켜 다시 외아들을 생각하듯이 서로 친애親愛케 하여 보살지菩薩地에 머물게 한다"고 하였다) 조속히 구경究竟의 무상보리無上菩提를 얻게 하고, 성문과 연각도 스스로의 지地에서 지식止息하고 나서 역시 조속히 무상보리를 이루게 하겠습니다.

大慧菩薩說偈問已. 復白佛言. 惟願世尊爲我等說食不食肉功德過惡. 我及諸菩薩於現在未來. 當爲種種希望食肉衆生分別說法. 令彼衆生慈心相向. 得慈心已. 各於住地淸淨明了. (唐譯云. 爲未來現在非習所熏食肉衆生而演說之. 令捨肉味. 求於法味. 於一切衆生起大慈心. 更相親愛如一子想. 住菩薩地) 疾得究竟無上菩提. 聲聞緣覺自地止息已. 亦得速成無上菩提.

> 관기

여기서는 앞서 세존께서 일단 이리와 행행의 인과가 구경究竟의 극極에 달했기 때문에 대혜가 이에 이르러 특별히 고기 먹는 걸 질문으로 청한 것이다. 장차 참되게 닦는 여실행如實行을 제시하는 것은 마땅히 성품의 계(性戒)를 근본으로 삼기 때문이다. 마치 『능엄경』에서 55위位를 닦아 나가는데, 처음에 세 가지 점차漸次를 첫머리로 삼는 것과 같다. 슬프다! 중생이 항상 생사에 잠들어 있는 까닭은 단지 음욕, 살생, 도적질, 거짓(妄)의 네 가지 근본적인 중죄重罪에 끌려 속박되어서 빠져나가 여의질(出離) 못하기 때문이다. 『능엄경』의 첫머리는 음욕을 끊는 것이고, 이 『능가경』에선 오로지 살생을 끊는 것이니, 모두 참된 수행의 요체要諦이다. 다만 이 경전에선 아직 글을 다하지 않아서 여래의 청정한 수범垂範을 능히 다 볼 수 없을 뿐이다.

어떤 이가 말한다.

온갖 경전의 첫머리에선 살생을 끊으라고 노래하는데, 『능엄경』만이 홀로 음욕을 끊으라고 노래한다. 설하는 자는 참다운 수행은 음욕을 끊는 것을 근본으로 삼고, 중생을 이롭게 하는 것은 살생을 끊는 것을 선두로 삼는다고 하는데, 어찌하여 고기를 끊는 것이 문득 참다운 수행이 된다고 말하는 겁니까?

내(愚)가 말한다.

그렇지 않다. 여래의 설법은 각기 인因한 것에 따르지 처음부터 하나에 집착하는 담론은 없다. 저 『능엄경』에선 아난阿難이 잘못 타락하는 바람에 문득 음욕을 끊으라고 노래한 것이며, 이 『능가경』에선 야차夜叉의 왕궁王宮이기 때문에 문득 살생을 끊으라고 노래한 것이니, 각기 성향과 습기의 편중偏重에 따라서 이른바 아픈 곳에 침을 놓았을 뿐이다. 진실로 중생이 오욕五欲의 인연을 탐내고 집착해서 생사에 빠져드는 것이다. 오욕이란 재물(財), 색色, 명예(名), 음식(食), 잠(睡)이니, 어찌 색욕色欲만이 홀로 치우치게 사람을 태어나고 죽게 만들겠는가? 음식도 문득 태어나고 죽는 걸 초래하지 않는가?

『능엄경』의 세 가지 상속相續 중에서는 세 가지 탐냄을 근본으로 삼는데, 소위 음욕의 탐냄(婬貪), 살생의 탐냄(殺貪), 도적질의 탐냄(盜

食)이다. 저『능엄경』에선 음욕의 탐냄이 첫머리이고, 이『능가경』에선 살생의 탐냄과 도적질의 탐냄 두 가지이다. 대체로 말세의 중생들이 성품의 참됨(性眞)을 미혹하고 동일한 바탕(同體)에 우매해서 서로 삼키고 서로 죽여서 더욱 심하게 나찰羅刹이 되기 때문에 여래는 큰 자비(大慈)를 특별히 야차夜叉의 귀왕鬼王 때문에 발한 것이다. 저『능엄경』에선 첫머리에서 정성正性을 파고들고 이『능가경』에선 먼저 조인助因을 제거해서 현업現業을 어기니 대체로 서로 필요한(相須) 것이겠지만, 하지만 아직 궁극적인(畢竟) 논의를 보지 못한 것이 한스러울 뿐이다. 하물며 앞에서 '일체중생은 모두 욕망의 음식(欲食)을 섭수攝受하지 법의 음식(法食)은 능히 섭수하지 못한다'고 하고, 여기서 '중생으로 하여금 고기 맛을 버리게 하고 법 맛(法味)을 구하게 하고자 일체중생에 대해 자비심으로 서로 향하게 하는데 마치 일자지一子地[169]와 같다'고 함에랴. 진실로 법 맛(法味)을 깊이 얻어서 평등의 성품을 깨닫지 않았다면, 어찌 고기 먹지 않는 것으로써 문득 보살지菩薩地에 능히 머물러 조속히 무상보리無上菩提를 얻겠는가? 여기서는 참되게 닦는 성품의 계(性戒)를 제시한 것이라서 귀왕鬼王을 인해 발한 것에는 의문이 없다.

그리고 '성문은 스스로의 열반(自涅槃)에 머무르고 또한 고기를 먹지 않기 때문에 능히 무상보리를 조속히 얻는다'는 것이 어찌 열반의 맛을 탐내다가 욕망의 음식을 섭수攝受한 것이 아니겠으며, 법신을

---

169 중생에 대하여 마치 자신의 외아들을 대하듯 어여삐 여기는 정을 일으키는 보살의 지위. 보살의 지위에는 여러 단계가 있는데 그중 환희지歡喜地가 이에 가장 적당한 듯하다.

해치다가 평등의 자성自性을 어기는 것이 아니겠는가? 이승이 진실로 이 욕망의 맛을 능히 버릴 수 있다면, 일념一念에 무상보리를 단박에 증득해 성불하는 속도가 이보다 빠른 것이 없을 터이니, 이것이 내가 생각하는 이른바 성계(性戒: 성품의 계율)이니 지혜로운 자는 깊이 관찰하기 바란다.

악하고 삿된 논법論法(당역에서는 "노가야路伽耶 등이라 했고, 한역하면 순세順世 또는 선론善論이라 했다"고 하였다)의 온갖 외도들은 삿된 견해인 단견斷見과 상견常見에 전도顚倒되고 계교, 집착하는데도 오히려 금지하는 법(遮法)이 있어서 고기 먹는 걸 허락하지 않는데, 하물며 세간을 구호救護하고 정법正法을 성취하는 여래가 고기를 먹겠습니까?"

惡邪論法(唐譯云. 路伽耶等. 此云順世. 又云善論) 諸外道輩. 邪見斷常顚倒計著. 尚有遮法不聽食肉. 況復如來世間救護正法成就而食肉耶.

관기　여기서 말하는 것은 외도의 삿된 견해도 오히려 금지하는 법이 있어서 고기 먹는 걸 허락하지 않는데, 하물며 여래는 대자비로 함육含育하고 세상이 믿고 의지하는 바인데 자타自他가 함께 고기 먹는 걸 허락하겠는가. 깊이 밝혀서 반드시 제어하고 끊어야 한다.

부처님께서 대혜에게 고하셨다.

"착하고 착하도다. 자세히 듣고 자세히 들어서 잘 사유하도록 하라. 마땅히 그대를 위해 설하겠다."
대혜가 부처님께 여쭈었다.
"네, 가르침을 받겠습니다."
부처님이 대혜에게 고하셨다.
"한량없는(無量) 인연이 있어서 응당 고기를 먹지 말아야 한다. 그래서 내가 지금 마땅히 그대를 위해 간략히 설하겠다. 말하자면 일체중생은 본심本心 이래로 전전展轉하는 인연으로 늘 육친六親이 되니, 친족이란 상념 때문에 응당 고기를 먹지 말아야 한다.(당역에서는 "일체중생이 비롯 없는(無始) 이래로 생사에 처해 윤회가 쉬지 않아서 일찍이 부모, 형제, 남녀의 권속, 나아가 친구, 친애親愛, 시사侍使[170]에 이르기까지 생생을 바꾸어 새나 짐승 등의 몸을 받으니, 어떻게 그중에서 취해 먹는단 말인가?"라고 하였다) 당나귀, 노새, 낙타, 여우, 개, 소, 말, 사람, 짐승 등의 고기를 백정이 섞어서 팔기 때문에 응당 고기를 먹지 말아야 하며, 청정치 못한 기분氣分으로 생장生長한 것이기 때문에 응당 고기를 먹지 말아야 한다. 중생이 그 기운(氣)을 느끼면 다 공포를 일으키는데, 마치 전다라 旃陀羅(한역하면 백정이다) 및 담파譚婆(한역하면 개고기를 먹는 사람, 또는 사냥꾼이다) 등을 개가 보면 증오심을 느끼는 것과 같으니, 놀라움과 공포심으로 무리를 지어 짖기 때문에 응당 고기를 먹지 말아야 한다. 또 수행자로 하여금 자비심이 생기지 않도록 하기 때문에 응당 고기를 먹지 말아야 하며, 어리석은 범부가 좋아하는 것이 냄새나고 더럽고

---

170 심부름하고 시봉 드는 사람을 말한다.

청정치 못한 것이라서 착한 명칭名稱이 없기 때문에 응당 고기를 먹지 말아야 하며, 온갖 주술呪術을 성취하지 못하게 하기 때문에 응당 고기를 먹지 말아야 하며, 살생殺生하는 자는 형태를 보면 식식을 일으켜서 깊이 맛에 집착하기 때문에 응당 고기를 먹지 말아야 하며, 저 고기를 먹는 자는 온갖 천天에서 저버리기 때문에 응당 고기를 먹지 말아야 하며, 입에서 냄새가 나게 하기 때문에 응당 고기를 먹지 말아야 하며, 악몽을 많이 꾸기 때문에 응당 고기를 먹지 말아야 하며, 한적한 숲속에서 호랑이나 늑대가 냄새를 맡기 때문에 응당 고기를 먹지 말아야 하며, 마시고 먹는 데 절도가 없게 하기 때문에 응당 고기를 먹지 말아야 하며, 수행자로 하여금 싫어해 여읨(厭離)을 일으키지 않게 하기 때문에 응당 고기를 먹지 말아야 한다.

나는 늘 설하길, '무릇 음식을 먹을 때는 자식의 고기를 먹는다는 상념을 짓거나 약藥을 복용하는 상념을 짓기 때문에 응당 고기를 먹지 말아야 한다'고 했다. 고기 먹는 걸 허락했다는 것은 옳지 않다.

佛告大慧. 善哉善哉. 諦聽諦聽. 善思念之. 當爲汝說. 大慧白佛言. 唯然受教. 佛告大慧. 有無量因緣不應食肉. 然我今當爲汝略說. 謂一切衆生從本心來. 展轉因緣嘗爲六親. 以親想故. 不應食肉. (唐譯云. 一切衆生從無始來. 在生死中輪迴不息. 靡不曾作父母兄弟男女眷屬. 乃至朋友親愛侍使. 易生而受鳥獸等身. 云何於中取而食之) 驢騾駱駝狐狗牛馬人獸等肉. 屠者雜賣故. 不應食肉. 不淨氣分所生長故. 不應食肉. 衆生聞氣悉生恐怖. 如旃陀羅(此云屠者)及譚婆(此云食狗肉人. 又獵師也)等. 狗見憎惡. 驚怖羣吠故. 不應食肉. 又令修行者慈心不生

故. 不應食肉. 凡愚所嗜. 臭穢不淨. 無善名稱故. 不應食肉. 令諸呪術不成就故. 不應食肉. 以殺生者. 見形起識. 深味著故. 不應食肉. 彼食肉者諸天所棄故. 不應食肉. 令口氣臭故. 不應食肉. 多惡夢故. 不應食肉. 空閒林中虎狼聞香故. 不應食肉. 令飮食無節故. 不應食肉. 令修行者不生厭離故. 不應食肉. 我嘗說言. 凡所飮食. 作食子肉想作服藥想故. 不應食肉. 聽食肉者無有是處.

관기 여기서는 고기 먹는 허물과 우환을 심하게 말하고 있다. 실제로 응당 고기를 먹지 말아야 하는 것에는 한량없는 인연이 있지만, 지금은 간략히 설한 것이 이와 같을 뿐이다. 맨 먼저 일체중생이 생사 속에서 부모, 형제, 육친六親, 권속眷屬, 친구, 지식知識이 되지 않은 적이 없다는 걸 칭했으니, 이것이 소위 법성法性의 평등이고 동체同體의 자애(慈)이다. 친족을 인因해서 중생을 관찰하면 고기를 먹을 수 없고, 불성佛性으로 중생을 관찰하면 한 물건(物)도 취할 수 없다. 한 물건도 취할 수 없다면 중생의 상相이 공空하고, 고기를 먹을 수 없다면 자성이 청정하다. 상相이 공空하고 성품이 청정하니, 이것이 성품의 계(性戒)를 성취하는 것이라서 일념一念으로 불지佛地에 오른다. 먹지 않는 이로움은 이미 능히 원대하게 보리菩提를 취할 수 있고, 먹는 것의 해로움은 당연히 부처의 혜명慧命을 끊어서 영원히 선근善根을 소멸한다. 이로 말미암아 살펴보면, 앞서와 같이 간략하게 설한 허물은 오히려 믿음을 바꾼 자를 들어서 말한 것이니 중생의 공포를 막기 위한 것일 뿐이다.

다시 다음에 대혜야, 과거에 사자소타사師子蘇陀婆란 이름의 왕이 있었다. 갖가지 고기를 먹었는데, 마침내 사람까지 먹게 되자 신하와 백성이 견디지 못하고 즉시 반란을 모의해 왕의 봉록奉祿을 끊었다. 고기를 먹는 자는 이와 같은 허물이 있기 때문에 응당 고기를 먹지 말아야 한다.

復次大慧. 過去有王. 名師子蘇陀婆. 食種種肉. 遂至食人. 臣民不堪. 卽便謀反. 斷其奉祿以食肉者有如是過故. 不應食肉.

관기 여기서는 동체同體에 우매한 것을 심하게 말했기 때문에 식인食人까지 이르렀고, 성품이 참됨(性眞)을 위배했기 때문에 반역反逆까지 이르렀으니, 따르고 거역함(順逆)이 자기를 말미암고 의거함과 거역함으로 응한 것이다. 두 가지 번역 중에는 많은 인연이 있으므로 반드시 합쳐서 관찰해야 한다.

다시 다음에 대혜야, 무릇 온갖 살생하는 자는 재물의 이익을 위하기 때문에 살생해 고기를 팔며, 고기를 먹는 저 온갖 어리석은 중생은 돈을 그물로 삼아서 온갖 고기를 포획한다.(위역에서는 "그러므로 사는 자는 살생한 자와 다르지 않다"고 하였다) 저 살생하는 자는 재물로써 하든, 낚시나 그물로써 하든 저 공중을 날거나 물이나 육지에 다니는 중생을 잡아서 갖가지로 살해하여 고기 판매로 이익을 구한다. 대혜야, 가르치지도 않고, 구하지도 않고, 생각하지도(想) 않았는데 물고기나 고기가 있는 일은 없으니, 이런 뜻 때문에 응당 고기를 먹지 말아야 한다.

復次大慧. 凡諸殺者. 爲財利故. 殺生屠販. 彼諸愚癡食肉衆生. 以錢爲網而捕諸肉. (魏譯云. 是故買者與殺無異) 彼殺生者. 若以財物. 若以鉤網. 取彼空行水陸衆生. 種種殺害. 屠販求利. 大慧. 亦無不敎不求不想而有魚肉. 以是義故. 不應食肉.

관기 여기서는 고기 먹는 일이 살생의 업에 밑천이 됨을 말하고 있다. 저 살생은 이익을 위해 죽이고, 고기 먹는 일은 돈으로 그물을 삼는다. 그래서 고기를 먹는 자는 많고 살생하는 자도 많은 것이며, 살생하는 자가 날로 많아질수록 고기를 먹는 자의 업業도 더욱 심해지니, 그러므로 사는 자와 살생하는 자는 그 죄가 균등하다. 총체적으로는 모두가 망상으로 탐내고 구하기 때문일 뿐이다. 그래서 살생하는 자는 이익을 구하느라 생각(想)이 더욱 늘어나고, 고기를 먹는 자는 맛을 추구하느라 생각(想)이 더욱 치성하다. 그리하여 살생과 먹는 일이 서로 가르쳐주고(誨), 동일한 악惡이 서로 밑천이 되기 때문에 '또한 가르치지도 않고, 구하지도 않고, 생각하지도(想) 않았는데 물고기나 고기가 있는 일은 없다'고 한 것이니, 이것이 그 업業 등인 것이다. 위역에서는 이렇게 말한다.

"내가 세간을 살펴보건대, 이 고기가 있어서 비명非命인 자는 없으니, 이 때문에 나는 고기를 먹는 죄는 여래 종자를 끊는 것이라고 설했다."

대혜야, 나는 어느 때 다섯 가지 고기를 금지하거나 열 가지를 규제하라고 설했는데, 지금 이 경전(『능가경』)에선 일체의 종류(種)를 어느 때(一切時)든 방편을 제외하곤 일체를 다 끊는다.

大慧. 我有時說遮五種肉. 或制十種. 今於此經. 一切種. 一切時. 開除方便. 一切悉斷.

관기 여기서는 권도權度를 열어 진실을 나타낸 뜻을 밝히고 있다. 부처는 '내가 다른 경전에선 역시 다섯 가지 청정한 고기를 먹으라고 허용하고 열 가지 살아 있는 생물을 규제해 끊으라고 한 적이 있을 뿐이다'라고 했다. 그런데 지금은 일체를 단박에 끊고 일체의 생명을 다 먹지 말라고 하는데, 왜 그런가? 옛날에는 기연機緣이 아직 순수하지 않고 불성佛性의 뜻도 아직 제시하지 못해서 권도로 또 금지하고 규제함으로써 장차 시기를 기다리고자 했기 때문이다.

지금은 뭇 지향志向이 정순貞純하고 설하는 시기도 이미 이르렀다. 만약 고기 먹는 걸 단박에 끊지 못한 채 불성의 종자를 단박에 제시함으로써 그 진실을 성취하게(成實) 한다면, 나는 소승으로 사람을 교화하는 것이라서 스스로 인색한 법의 비루함(慳)에 떨어진다. 이 일은 결정코 불가不可하기 때문에 나는 능가楞伽의 이 회상會上에서는 일체를 다 끊어서 도무지 먹는 걸 허용하지 않는 것이다.

다섯 가지 청정한 고기란 이른바 (죽는 것을) 보지 않고(不見), (죽는 소리를) 듣지 않고(不聞), (나로 인해 죽었다고) 의심하지 않고(不疑), 새가 먹다 남긴 고기(鳥殘), 저절로 죽은 고기(自死)가 이에 해당한다. 응당 열 가지를 끊어야 한다는 것은 이른바 사람, 뱀, 코끼리,

말, 용, 여우, 돼지, 개, 사자, 원숭이(獼猴)가 이에 해당한다.

대혜야, 여래, 응공, 정등각도 오히려 먹을 바가 없는데 하물며 생선이나 고기를 먹겠는가? 또한 사람들에게 고기를 먹게끔 가르치지도 않으니, 크나큰 연민(大悲)을 앞서 행하기 때문이다. 일체중생을 마치 외아들처럼 보는데,(당역에서는 "성문, 연각 및 온갖 보살도 오히려 오직 법만을 먹는데〔法食〕하물며 여래이랴? 대혜야, 여래의 법신은 잡식雜食의 몸이 아니다. 대혜야, 나는 이미 일체의 습기를 씻어냈고, 나는 이미 온갖 마음의 지혜를 잘 선택해서 대비大悲가 평등하여 중생을 보편적으로 마치 외아들 보듯 하는데, 어찌하여 성문 제자에게 자식의 고기를 먹도록 허용하겠는가? 하물며 스스로 먹겠는가?"라고 하였다) 이 때문에 자식의 고기를 먹도록 허용하지 않은 것이다."

大慧. 如來應供等正覺尙無所食. 況食魚肉. 亦不敎人. 以大悲前行故. 視一切衆生猶如一子. (唐譯云. 聲聞緣覺及諸菩薩尙唯法食. 豈況如來. 大慧. 如來法身. 非雜食身. 大慧. 我已洗滌一切習氣. 我已善擇諸心智慧. 大悲平等. 普視衆生猶如一子. 云何而許聲聞弟子食於子肉. 何況自食) 是故不聽令食子肉.

관기 여기서는 세존께서 고기 먹는 허물을 자세히 설해서 동체대비 同體大悲를 결론으로 제시하고 있다. 그러나 여래의 법신은 잡식雜食의 몸이 아니기 때문에 법의 기쁨(法喜)을 음식으로 삼는데, 이는 바로 수행인으로 하여금 욕망의 음식(欲食)을 버리고 여의어서 법의 음식(法食)을 섭수攝受하도록 하는 것일 뿐이다. 계행戒行을 지키는 사람이 중생의 피와 고기를 먹지 말라는 것은 여래가 일체중생을 마치 외아들처럼 보기 때문이다. 그러나 자식의 부모에 대한 관계는 기氣의 분수(分)가 똑같은 것이다. 진실로 법신이 오도五道를 유전流轉하는 걸 이름하여 중생이라 하지만, 그러나 일체중생이 모두 여래의 법신을 체體로 삼기 때문에 동체同體로써 마치 외아들처럼 관觀한다면 중생은 없다. 진실로 그 고기를 먹는다면 어찌 법신을 해쳐서 혜명慧命을 끊지 않겠는가? 먹지 않는다면 자성自性이 훼손되지 않고 법신이 항상 머무니, 성불成佛의 요체로 이보다 빠른 것은 없다.

　고기를 먹지 않는 장(不食肉章) 긴 행(長行)의 글은 당역과 위역에서 아주 자세하다. 이제 이 글은 바로 위역에서는 10분의 1에 해당하고, 당역에서는 10분이 3에 해당할 뿐이다. 이 긴 행을 돌아보면 비록 간략하지만 게송의 글은 자못 상세해서 상세함과 간략함이 서로 인因한다. 대체로 번역자는 뜻(義)의 체體와 세勢에 능숙하지만, 그렇다고 부처님 말씀(佛語)에 출입出入이 있는 건 아니다. 관觀하는 자는 이 세 가지 번역의 온전한 경전에 대해 마땅히 뜻(義)으로써 회통會通해야 한다.

이때 세존께서 이 뜻을 거듭 선포하고자 게송을 설하였다.

爾時世尊欲重宣此義而說偈言.

일찍이 다 친족이나 권속이어서

더럽고 청정하지 않은 것이 섞여 있고,
태어나고 자란 것이 청정하지 않아서
그 기운을 느끼면 모두 공포스럽다.

曾悉爲親屬. 鄙穢不淨雜. 不淨所生長. 聞氣悉恐怖.

관기 여기서는 청정치 못한 기분氣分 등의 글을 총체적으로 읊고
있다. 이른바 긴 행(長行)은 상세하고 게송은 간략하다. 그리
고 게송은 또 선후가 서로 밝히고 있다.

일체의 고기와 파
및 온갖 부추와 마늘 등
갖가지 방일放逸한 술을
수행자는 항상 멀리 여읜다.

또한 항상 마유麻油와
온갖 구멍 뚫은 상牀을 여의니
저 온갖 미세한 벌레들이
그 속에서 극심한 공포를 느끼네.

一切肉與葱. 及諸韭蒜等. 種種放逸酒. 修行常遠離. 亦常離麻油.
及諸穿孔牀. 以彼諸細蟲. 於中極恐怖.

관기 여기서는 긴 행이 간략하고 게송이 상세하다. 파와 부추와 마늘은 이른바 날것을 먹으면 분노가 생기고 익은 것을 먹으면 음욕이 일어나는 것이다. 이 때문에 술과 고기를 함께 먹는다면 온갖 방일放逸이 생기고 음욕을 더 키운다. 마유麻油만 먹지 않아도 미세한 벌레를 놀라게 하지 않는데, 하물며 피와 고기를 먹는 것이랴?

음식飲食은 방일放逸을 낳고
방일은 온갖 각覺을 낳으며
(당역에서는 "삿된 각〔邪覺〕을 낳는다"고 하였다)
각覺으로부터 탐욕이 생기니
이 때문에 응당 먹지 말아야 한다.

음식을 말미암아 탐욕이 생기고
탐욕은 마음을 미혹해 취하게 하고
미혹해 취함이 애욕愛欲을 키워서
생사를 해탈하지 못한다.

飲食生放逸. 放逸生諸覺. (唐譯云. 生邪覺) 從覺生貪欲. 是故不應食. 由食生貪欲. 貪令心迷醉. 迷醉長愛欲. 生死不解脫.

관기 여기서는 살생과 도적질을 인因하고 음욕을 초래하는 걸 밝히고 있다. 『능엄경』에선 술, 고기, 파, 마늘 등이 조인助因이 된다고 말하며, 여기서는 그런 걸 먹어서 탐욕이 생긴다고 말한다.

탐욕의 마음이 미혹해 취해서 애욕을 더 키우기 때문에 생사를 해탈하지 못하는 것이다. 저 식탐食貪의 무명을 말미암아 욕망의 감관(欲根)을 북돋우기 때문에 '더 키운다(增長)'고 할 뿐이다. 식탐을 끊게 하면 무명無明의 물이 이미 말랐고, 욕애欲愛의 밭이 저절로 마르고, 명색名色의 씨앗이 저절로 마르니, 이것이 미식味食을 끊음으로 인因해 생사를 단박에 끊고 조속히 보리菩提에 이르는 것이다.

이익을 위해 중생을 죽이고
재물로 온갖 고기를 그물질하니
두 가지가 함께 악업惡業이므로
죽어서는 규호옥叫呼獄에 떨어진다.

만약 가르침과 생각(想)과 구함이 없으면
세 가지 청정한 고기는 없으며,
그것은 인因이 없는 건 아니니
이 때문에 응당 먹지 말아야 한다.

爲利殺衆生. 以財網諸肉. 二俱是惡業. 死墮叫呼獄. 若無敎想求. 則無三淨肉. 彼非無有因. 是故不應食.

관기 불생不生의 고기는 있지 않기 때문에 '저것은 인因이 없는 건 아니니'라고 한 것이다.

저 온갖 수행자는
이로 말미암아 다 멀리 여의니
시방의 부처 세존께서
일체 다 꾸짖는 것이다.

전전展轉하면서 다시 서로 잡아먹으니
죽어서는 호랑이나 늑대 부류에 떨어지고
냄새나고 더러워서 혐오할만하며
태어나는 곳에선 늘 어리석으리라.

많은 생生에서 전다라旃陀羅나
사냥꾼, 담파譚婆의 종족으로 태어나고
혹은 다이니陀夷尼(위역에서는 나찰녀羅刹女로 되어 있다)
및 온갖 고기 먹는 종성種性으로 태어나며,
나찰과 고양이, 살쾡이 등도
두루 이 속에서 태어난다.

彼諸修行者. 由是悉遠離. 十方佛世尊. 一切咸訶責. 展轉更相食. 死墮虎狼類. 臭穢可厭惡. 所生常愚癡. 多生旃陀羅. 臘師譚婆種. 或生陀夷尼. (魏譯作羅刹女) 及諸食肉性. 羅刹猫狸等. 徧於是中生.

관기 비리고 노린내 나는 것을 잘 먹어서 반드시 이 종류에 많이 떨어지는데 성품이 모두 그러하다는 것을 말한다.

박상縛象과 대운大雲
앙굴리마라央掘利魔羅,

縛象與大雲. 央掘利魔羅.

> 관기
> 박상縛象은 위역에서는 상액象掖, 당역에서는 상협象脇이라고 했으며, 앙굴리마라央掘利魔羅는 당역에서 앙굴마央掘摩라 했는데 모두 경전 이름이다.

굽기야 이 『능가경』에서
나는 다 고기를 끊으라고 규제하니
온갖 부처 및 보살
성문이 꾸짖는 바이다.

먹고 나서 참회가 없다면
세세생생 늘 어리석고 어두우리니
먼저는 보고, 듣고, 의심한 걸 설하고서
그리고 나선 일체의 고기를 끊으라 했는데도
망상은 깨달아 알지(覺知) 못하기 때문에
고기를 먹는 곳에 태어나는 것이다.

及此楞伽經. 我悉制斷肉. 諸佛及菩薩. 聲聞所訶責. 食已無慚愧.
生生常癡冥. 先說見聞疑. 已斷一切肉. 妄想不覺知. 故生食肉處.

> **관기** 여기서는 여래가 원래 청정한 고기를 먹으라고 허용한 적이 없다고 말한다. 부처는 '내가 예전에 보고, 듣고, 의심스런 살생은 먹는 걸 허용하지 않는다'고 설한 것은 그 은밀한 뜻이 이미 일체의 고기를 끊은 것이라서 총체적으로 먹는 걸 허용하지 않았으니, 일체의 고기는 이 세 가지 살생을 벗어나지 않기 때문이다. 보지 못하고, 듣지 못하고, 의심하지 못하는 살생이라 말한 것은 이걸 제외하면 먹을 수 있는 고기가 없다는 뜻이다. 그러나 중생은 망상의 무지無知로 인해 여래가 보지 못하는 등을 청정한 고기라 하면서 허용했다고 생각하여 마침내 먹을 수 있다는 생각(想)을 일으켰으니, 이것은 심하게 어리석은 것이다.

가령 저 탐욕의 허물이
성스러운 해탈을 장애障礙하고
술, 고기, 파, 부추, 마늘도
다 성스러운 길을 장애하니,
미래 세상의 중생은
고기에 대해 어리석게 설하리라.

이것은 청정해서 죄가 없다고 말하며
우리들이 먹어도 된다고 부처가 허용했으니,
먹는 것은 약의 복용과 같다고 생각하고
(당역에서는 "청정한 먹이는 오히려 약과 같다"고 하였다)
또한 자식의 고기를 먹는 것과 같으니,

만족할 줄 앎(知足)이 싫어해 여읨(厭離)을 낳으므로
수행자는 걸식乞食을 행한다.

如彼貪欲過. 障礙聖解脫. 酒肉葱韮蒜. 悉爲聖道障. 未來世衆生.
於肉愚癡說. 言此淨無罪. 佛聽我等食. 食如服藥想. (唐譯云. 淨食尙
如藥) 亦如食子肉. 知足生厭離. 修行行乞食.

> **관기** 여기서는 중생이 무지無知해서 여래가 청정한 고기를 먹으라고 허용했다고 허망하게 일컫는 것을 질책하고 있다. 말하자면 중생이 청정한 고기를 먹을 수 있다고 거짓으로 일컫는 것은 저 탐욕의 허물과 우환이 초래한 것일 뿐이다. 이름은 비록 청정한 고기일지라도 실제로는 성스러운 해탈의 길을 장애해서 술, 고기, 파, 마늘, 등과 차별이 없지만, 그러나 중생은 어리석어서 이것은 청정해서 죄과罪過가 없다고 말한다. 부처가 먹는 걸 허용했다는 것은 오류가 심한 것이다.
>
> 그러나 부처는 매양 비구比丘에게 절제된 양과 때에 맞게 먹어야지 탐내어 구하지 말라고 훈계했다. 만약 믿음으로 베푼 청정한 음식을 받아들인 때라면, 응당 약을 복용한다고 생각하는 것과 같고 또한 굶주린 세상에서 자식의 고기를 먹는다고 생각하는 것과 같다고 관찰해야 하니, 부끄러움(慚愧)으로 만족할 줄 아는 것이 싫어해 여의는(厭離) 마음을 낳아서 걸식의 법을 행하고자 하기 때문이다. 그러나 청정한 음식에 대해서도 오히려 이와 같거늘, 하물며 저들에게 청정한 고기는 먹으라고 가르치겠는가?

자애의 마음(慈心)에 안주하면
항상 싫어해 여읜다(厭離)고 나는 설했다.
호랑이, 늑대 등 온갖 사나운 짐승과도
항상 똑같이 노닐고 멈출 수 있지만,
만약 온갖 피와 고기를 먹으면
중생은 다 공포를 느낀다.

그러므로 수행자는
자애로운 마음으로 고기를 먹지 않는다.
고기를 먹으면 자애로운 슬기가 없어서
영원히 올바른 해탈을 등지고
아울러 성스러운 표상表相을 어기니
이 때문에 응당 먹지 않아야 한다.

安住慈心者. 我說常厭離. 虎狼諸惡獸. 恒可同遊止. 若食諸血肉.
衆生悉恐怖. 是故修行者. 慈心不食肉. 食肉無慈慧. 永背正解脫.
及違聖表相. 是故不應食.

관기 고기를 먹으면 자애의 슬기(慈慧)가 없으니, 말하자면 동체同體를 해치는 것이다. 올바른 지견知見이 없기 때문에 영원히 올바른 해탈을 등지니, 말하자면 법성法性을 수순隨順하지 않고 삿되고 험한 길을 행하는 것이다. 생사에 들어가기 때문에 성스러운 표상表相을 어기니, 말하자면 생명을 수호하는 위의威儀를 훼손해서 중생을 교화해 이롭게 할 수 없기 때문이다. 이런 많은 잘못이 있기 때문에 수행자는 응당 먹지 말아야 한다.

범지梵志의 종성種性으로 태어나고
아울러 온갖 수행의 처소와
지혜롭고 부귀한 가문에 태어나는 것,
이는 고기를 먹지 않음을 말미암은 것이다.

得生梵志種. 及諸修行處. 智慧富貴家. 斯由不食肉.

관기 여기서는 고기를 먹지 않는 자의 이익을 결론짓고 있다. 무릇 선악의 과보에는 세 가지가 있으니, 말하자면 현보現報와 생보生報와 후보後報이다. 가령 긴 행(長行)에서 내리 말하듯이, 몸과 입이 냄새나고 더러우며, 사물(物)을 볼 때 놀랍고 두려워하며, 아울러 왕과 신하의 반역 등은 모두 현보이다. 가령 게송의 앞에서 말하듯이, 호규옥號叫獄에 떨어지고, 아울러 호랑이, 늑대의 냄새나는 종류, 고양이, 이리, 나찰羅刹 및 백정 등의 악한 종류에 떨어지는 것은 모두 생보와 후보이다. 이제 게송에서 고기를 먹지 않아서 범지梵志 종성과 온갖 수행의 처소 및 지혜롭고 부귀한 가문에 태어나게 되는 이것은 바로 선업善業이다.

생보와 후보를 이렇게 시험하면 현보도 알 수 있다. 더러움과 악을 멀리하기 때문에 범지의 종성으로 태어나고, 법계의 성품에 능히 수순하기 때문에 수행의 처소에 태어나니 소위 도량을 여의지 않는 것이다. 어리석음을 버리기 때문에 지혜롭게 태어나고, 탐내어 구하는 걸 영원히 끊어서 불자라 함을 감당하기 때문에 부귀의 가문에 태어난다. 여래의 부富에는 법계가 있고 귀貴함은 세존이 되어서 오직 법성의 평등만을 요달하니, 능히 고기를 먹을 수 없다는 것은 가업을 이을 수 있을 뿐이지 그밖에 무슨 관여를 하겠는가? 슬프다! 일체중생은 똑같이 법성法性을 미혹해서 오온이란 허깨비 같고 거짓인(幻妄) 몸과 마음을 받아들인 것이다. 관觀의 상相은 비록 다르더라도 관의 성품(性)은 실제로 똑같다. 우매함(昧)이란 미혹은 똑같아도 홀연히 달라져서 마침내 자기 마음을 원수 보듯이 하여 멋대로 죽임으로써 유쾌해지니, 어찌 잘못이 아니겠는가? 이것이 소위 자심自心으로 자심을 취하고, 환 아님(非幻)으로 환법幻法을 이루는 것이니, 능히 자심의 현량現量을 요달할 수 있다면 사물과 나를 아울러 잊고(物我兼忘) 사람과 법을 쌍으로 소멸해서(人法雙泯) 한 가지로 평회(平懷: 회포가 평탄함)하고 탕연(蕩然: 텅 트이고 넓은 모양)해 스스로 다하니, 어찌 취하고 집착하는 정情을 잊지 않고도 성불의 사다리와 뗏목으로 삼은 것이 아니겠는가? 이것은 참된 수행으로써 고기 끊는 걸 첫 번째 청정한 밝은 가르침으로 삼은 것이다. 그러나 사중四重을 살피건대, 이것이 비록 한 모퉁이라도 지혜로운 자가 가령 깊이 관觀해 능히 깊이 사유할 수 있다면 바로 이것이 절반이 넘게 사유할 수 있는 것이다.

이 경전의 전기傳記에서는 이렇게 말한다.

"대부大部는 40권 151품品인데 이 땅에 전래된 것은 4권이고 오직 이 1품뿐이다. 경전의 전래가 아직 다 이루어지지 않았기 때문에 유통분流通分이 빠져 있다. 그 108개의 질문 중에 지금 따로 질문하고 따로 답한 것은 오법五法, 삼자성三自性, 팔식八識, 이무아二無我, 총체적인 것과 개별적인 것(總別), 미혹과 깨달음(迷悟), 인과因果, 삿됨과 올바름(邪正), 단계의 차이(階差), 닦고 증득함(修證), 처음과 마지막(始終), 근성根性의 차등差等으로 그 뜻(義)은 이미 질문과 대답에서 명백히 갖춰져 있다. 그 답이 아직 분명치 않은 것은 단지 명상名相의 차별의 일(事)일 뿐이니, 마치 '온갖 보성實性을 누가 낳았는가' 이하와 같다. 만약 천지와 인물과 만상萬象의 차이, 사람의 욕망과 좋고 즐거움의 차별 및 부처가 보필한 바 대혜의 질문이 미치지 못하는 것에 이르면 수효를 계산하는 일과 아울러 화장세계華藏世界[171]의 형상形狀이 똑같지 않은 등으로 구체적으로는 화엄세계의 성취와 같다. 화장세계 및 아승지수량阿僧祇壽量의 온갖 품품으로 증명하면, 아직 이르지 않은 글과 특별한 명상名相뿐이다. 선각先覺께서 가지고 오지 않은 까닭은 유심唯心과 유식唯識의 법문法門을 중시했기 때문이니, 일심一心을 단박에 깨닫고자 할 뿐으로 이것 외에 다시 다른 법은 없는 것이다. 그것을 가지고 오지 않은 것은 설사 법계의 수량을 다하더라도 단지

---

[171] 비로자나불이 있는 공덕무량功德無量·광대장엄廣大莊嚴의 세계를 말한다. 연화장세계해蓮華藏世界海라고도 하는데, 연화장세계의 광대하고 끝이 없는 것을 바다에 비유한 것이다. 이 세계는 수행을 마치고 불과佛果를 증득하여 들어가는 이들이 태어나는 세계라 한다. 이곳은 큰 연화로 되어 있고 그 가운데 일체국一切國·일체물一切物을 모두 간직하였으므로, 연화장세계라 한다. 그 세계의 형상에 대하여, 『화엄경』에는 세계의 맨 밑에 풍륜風輪이 있고, 풍륜 위에 향수해香水海가 있고, 향수해 중에 큰 연화가 나고 연화장세계는 그 속에 있어 사방이 평평하고 깨끗하고 견고하며, 금강륜산金剛輪山이 세계를 둘렀다고 한다.

일심의 그림자가 나타난데 불과할 뿐이기 때문이다. 달마 대사가 이를 가리켜 심인心印으로 삼았으니 어찌 이 밖에 다시 군더더기 법이 있겠는가? 관觀하는 자는 응당 알아야 한다."

게송

머리 숙여 절합니다, 적멸의 바다와
묘한 빛깔로 장엄한 몸(身)과
완벽하고 충만한(圓滿) 총지문總持門에.
문자文字의 상相을 영원히 여의고
연緣에 따라 화합和合하는 자로서
자성이 청정한 승려는
동체同體의 자애慈愛를 입고
애달픔과 연민으로 나(我)를 섭수攝受하여
능히 사유思惟하는 마음으로
이 깊고 깊은 곳간(藏)에 들어가
하나의 터럭 끝머리에서
자각自覺의 경계를 나타내어
보고 듣는 자로 하여금 보편적으로
법성의 공空함을 단박에 깨달아
일체가 환화幻化의 연緣이라서
오직 마음의 나타냄일 뿐임을 요달하고
법계의 양量이 소멸하길 염원하여

똑같이 평등의 관觀에 들어가면,
보편적으로 어느 때나(一切時)
일체 티끌(塵) 속에 나타나니
통상 유정有情의 몸에 있다 해도
공통으로 극락極樂의 나라에 오른다.

관능가아발다라보경기觀楞伽阿跋多羅寶經記 권제8

관능가보경각필기 觀楞伽寶經閣筆記

『관능가보경기觀楞伽寶經記』는 대체로 『능가경』을 관찰해서 만든 것이다. 이 『능가경』은 중생의 식장識藏이 곧 여래장임을 곧바로 가리켜 일용日用의 현전現前 경계를 나타내 발함으로써 자심自心의 현량現量을 수순隨順해 관찰케 하여 단박에 온갖 부처의 자각성지自覺聖智를 증득케 하기 때문에 이름하여 불어심(佛語心: 부처의 말씀과 마음)이라 한다. 이는 문자가 아닌데 또 어찌 문자로써 해석할 수 있단 말인가? 이 때문에 지금 '주소注疏'라고 말하지 않고 '경전을 관觀한 기록(觀經記)'이라고 한 것이다. 대체로 관觀으로 마음에 노닐면서 관觀 중의 경계를 기록한 것일 뿐이다.

이 『능가경』은 최상승最上乘을 발한 자를 위해 설한 것이다. 이른바 이 법이 너무나 깊고 오묘해서 능히 믿을 수 있는 자가 희소하니, 문장은 험준하고 뜻(義)은 유현幽玄해서 스승(老師)이나 대학자(宿學)도 능히 구두점을 찍을 수 없는데, 하물며 말을 버리고 뜻(義)을 얻어서 자심의 현량에 들어감이랴! 옛날 달마達磨가 이조二祖에게 수여한 것은 이것을 심인心印으로 삼은 것이다. 오조五祖부터 사람들에게 『금강경金剛經』을 읽게 하였지만, 이 『능가경』은 문자를 위하지 않을 뿐 아니라 또 속지고각束之高閣[172]이라서 아는 자는 드물었고 벼랑을

---

[172] 묶어서 높은 문설주에 얹어 둔다는 뜻. 한쪽에 치워 놓고 쓰지 않는 걸 이르는 말이다. 책을 쓰지 않고 한쪽에 치워둔 채 관심을 갖지 않는 데서 유래한다.

바라보는 자는 많았다.[173]

　오직 나의 성스러운 조사祖師만이 광대한 둘 아닌 참마음(不二眞心)으로 세상(寰宇)을 통어統御했으니, 글을 닦는(修文) 겨를에 바로 능가楞伽, 금강金剛, 불조佛祖[174]의 세 경전으로 마치 유교儒敎의 과거科擧처럼 승려의 득도得度를 시험했다. 특히 승려 종륵宗泐 등에게 주석注釋을 명하여 해내海內에 반포했는데 오랜 세월이 지나도 받들어 행하는(奉行) 자가 역시 드물었다. 내가 유년 시절에 공문空門에 들어가 절실하게 향상사向上事에 뜻을 두었지만 강사(講肆: 講院)를 많이 거치지 않은 걸 부끄러워했다. 일찍이 고인古人이 문자의 학문은 그 사람의 성품근원(性源)을 능히 환하게 밝힐 수 없고 고귀한 건 자기 마음을 묘하게 깨닫는 데 있다고 말하는 걸 본 적이 있었다. 마음을 한 번 깨달으면 문자를 돌이켜 관觀하더라도 마치 추문낙구推門落臼[175] 같아서 진실로 어렵지 않은 것이다. 산에 들어가 고선枯禪을 익혔기 때문에 곧바로 한 글자도 식별하지 못하는 경지(一字不識之地)에 도달해서 하루아침에 해탈해 스스로를 신뢰하면, 온갖 경전을 돌이켜 보더라도 과연

　『세설신어世說新語』 호상豪爽 13권.
173 『능가경』의 가르침이 너무 높아서 문자 위주의 지식을 추구하는 무리는 한쪽에 치워놓고 살펴보지도 않는다. 그래서 『능가경』의 진수를 아는 자는 드물고 그 까마득한 높이를 보고 물러난 자는 많은 것이다.
174 경전의 명칭이란 걸 감안하면 『불조통기佛祖統紀』로 보인다. 『불조통기』는 송宋나라 석지반釋志磐이 편찬한 불교 역사서이다. 총 54권으로 천태종을 중심으로 석가모니부터 인도, 중국의 고승들 전기를 서술한 책이다.
175 문을 여닫을 적에 문이 암돌쩌(臼 : 절구처럼 구멍이 패인 곳)을 벗어나지 않고 자유롭게 열리고 닫히는 상태로서 백발백중百發百中이라는 말과 같다.

집에 돌아가는 옛길을 보는 것처럼 명백(了然)했지만, 다만 이 『능가경』은 도저히 구두점을 찍을 수 없었다.

내가 바닷가에 거처할 당시는 만력萬曆 임진년(壬辰年, 1592년) 여름이었는데, 우연히 발이 아픈 병이 생겨 참을 수가 없었다. 그래서 이 『능가경』을 청해 책상머리에 두고서 마음을 침잠해 힘껏 연구하다 홀연히 적연寂然해지면서 몸을 잊었다. 급기야 책을 펴고서 108가지 뜻을 독송하자 마치 흰색과 검은색을 보는 것처럼 명백했다. 옛날 오대산五臺山의 서역 스님(梵師)의 말씀이 기억났기 때문에 마침내 붓을 대서 기록을 했는데 생멸장生滅章에 이르자 그 병환이 즉각 치유되었다.

을미년(乙未年, 1595년) 봄이 되자, 법을 널리 펴다가 난리를 만나 초楚 땅에서 감금이 되어 곤욕을 치르는 중에도 일념一念의 외로운 광명이 어둡지 않아서 실제로 이 법문의 위덕력威德力에 의지하였다. 이윽고 황제의 은혜를 입어 뇌양雷陽으로 보내졌다. 병신년(丙申年, 1596년) 봄에 길주吉州를 지나다가 대행大行 왕공王公 성해性海를 정토淨土에서 만났는데, 이 『능가경』의 법을 청하기에 앞의 첫 두 장章을 내놓았다. 왕공은 고개를 끄덕이며 긍정했다. 마침내 주석과 아울러 세 가지 번역본을 바로 받아들여서 고개를 숙여 내게 절을 하며 일을 마쳐줄 걸 청하였다. 나는 그것을 가지고 갔다.

이 해 3월 10일에 수소戍所[176]에 이르렀고, 4월 그믐에는 즉시 붓을 들어 집필을 시작했다. 당시 그 지역은 기아飢餓와 전염병으로 죽거나

---

176 군대가 주둔한 군사 요충지.

다친 자가 들판을 덮었다. 나는 지독한 안개가 낀 시다림屍陀林에 앉아서 매일 이 『능가경』을 궁구하며 먹고 자는 것을 잊을 정도였다. 그 명백함이 마치 청량국清涼國에 거처하는 것 같았다. 7월 초하루가 되자, 겨우 한 권 반을 끝냈다. 가복원柯復元 효렴孝廉[177]과 함께 노인들을 데리고 해골을 덮어준 것이 4천여 두頭에 이르렀고, 우란회盂蘭會[178]를 건립하고 유명幽冥[179]의 계戒를 설해서 널리 구제하였다. 그때 하늘에서 비가 내리면서 그에 따라 전염병도 그쳤다. 마침내 멸려차蔑戾車[180]의 땅으로 하여금 크게 환희심을 내게 했으며, 이에 이 성해性海의 한 방울(一滴)을 빌리지 않고도 이 말라 시들어버린 것을 윤택하게 했다! 나 또한 격문을 받들어 오양성 사람들을 오게 하여 동쪽 성곽의 여러 겹 성벽 사이에서 쉬게 하였다. 또 10월 초하루에 처음 일을 시작해서 다음해 부처님 성도일成道日이 되자 비로소 붓을 내려놓았다.

나는 법을 비방한 인연으로 많은 생生을 보냈다고 홀로 생각했는데, 지금은 이 보응報應에 감응해 성스러운 자비를 입어서 만리萬里의

---

177 효렴은 한대漢代에 관리를 선발하는 주요 과목科目 중 하나이자 벼슬의 하나이다.
178 난분蘭盆. 중원절中元節에 행하는 불사佛事이다. 우란분회盂蘭盆會라고도 한다. 음력 7월 15일(보름) 백중날 밤에 승려들을 공양하여, 쌓은 공덕을 죽은 조상에게 돌림으로써 조상의 혼령이 고통스러운 사후세계로부터 구제되기를 기원하는 불교 행사이다.
179 삼악도로 진리의 빛이 없는 곳. 즉 저승을 뜻한다.
180 멸례차蔑隸車·필률차畢栗車·미리차彌離車·미려차彌戾車·밀리차蜜利車라고도 한다. 번역하면 변지邊地. 비천한 직업을 좋아하고 예의를 알지 못하며 불법을 믿지 않는 비천한 사람. 야만인을 가리킨다.

행行으로 조복調伏해서 그 들어가기 어려운 것을 들어가게 하였다. 이 해 안에 분주하게 지낸 것이 반이나 되지만 이 공겁을 쌓는 광대한 인연을 능히 마칠 수 있었으니, 온갖 불신력佛神力의 가지加持를 입지 않았다면 어찌 사유의 마음으로 여래 자각성지自覺聖智의 경계가 바로 이렇다는 걸 능히 측량할 수 있었겠는가? 그러므로 성스러운 은혜에 더욱 감동해서 뼈가 부서져도 갚기 어려웠다.

원고가 완성되고서 해문海門의 주공周公이 출간하고 싶어 하는 걸 보고는 들어가 축하하려고 했으나 끝내 하지 못했다. 무술년(戊戌年, 1598년) 겨울, 마침 임금을 모시는 번공樊公 우헌友軒이 세자를 세우는 건의를 했다가 뇌양雷陽에 유배를 가게 되었는데, 나와는 동반자로서 선성仙城을 지나는 길에 찾아왔다. 그가 "뇌양의 풍경이 어떻습니까?"라고 묻기에, 내가 웃으면서 "사람에게 있지 경계에 있지 않습니다"라고 대답했다. 그리고는 이 초고草藁를 꺼내어 보여주며 말했다.

"이것이 나의 뇌양 풍경입니다."

번공이 찬탄하며 말했다.

"참으로 광명의 깃발입니다! 원컨대 법을 널리 베푸십시오."

마침내 모연소募緣疏[181]를 써서 대중을 모집하니, 다행히 관리, 장자長者, 거사居士들이 제각기 기뻐하면서 일을 이루었다.

바라건대 이 수승한 인연을 능가楞伽의 법성해法性海로 회향廻向해서 지혜 광명(慧光)의 원만한 비춤을 우러러 의지해 이 숙세夙世의

---

[181] 여러 사람의 힘을 널리 구하는 글이다. 교량橋梁, 사묘祠廟, 사찰, 불상 등의 사업은 한 사람의 힘만으로는 이룰 수 없어서 반드시 소疏를 써서 모집하는데, 이를 모연소라 한다.

허물을 타파하고 해탈에 속히 오르기를. 그리하여 보고 듣는 것마다 기뻐하고 똑같이 자심自心의 현량現量에 들어가서 함께 이 법륜法輪을 굴려 곧바로 미래제未來際에 도달하길 바라노니, 이 공덕으로 위로는 성스러운 은혜에 보답하고 아래로는 고통의 갈래(苦趣)[182]를 뽑아버려서 일제히 열반의 피안彼岸에 오를 뿐이다.

다음 이 경전은 단적으로 외도와 이승의 편벽되고 삿된 견해를 타파해서 정지正智를 생기도록 한 것이니 일심一心을 참다운 종지(眞宗)로 삼고, 삿됨을 꺾고 올바름을 나타내는(摧邪顯正) 것을 대용大用으로 삼는다. 그 타파된 집착에는 각기 근거한 바가 있어서 모두 저 종지(宗)를 싣고 있었지만, 장독瘴毒이 퍼진 고을에는 참고할 만한 경전이나 논서가 전혀 없었다. 즉 인증引證한 것은 다 『기신론起信論』과 유식唯識을 강령綱領의 종지宗旨로 끼고 있었으며, 세 가지 번역을 융합, 회통하는 데 힘써서 혈맥血脈이 하나로 통하였다. 만약 단순하게 향상向上을 이끌어서 곧바로 일심一心을 가리킨다면, 곁가지의 언사(詞)나 다른 교설은 거의 다 씻겨나갈 것이니, 조사祖師의 인印에 그윽이 계합함을 어찌 감히 사양하겠는가? 그래서 그 처음과 끝을 이와 같이 서술하는 것이다.

만력萬曆 기해년(己亥年, 1599년) 6월 보름날 해인海印 사문沙門
　　　　　　　　　　　　　　　　　　　덕청德淸 기록하다.

---

182 지옥, 아귀, 축생의 삼악도를 말한다.

뇌산牢山 감노인憨老人은 세상을 관觀해 무생無生을 얻었다. 대체로 마음이 자각성지自覺聖智에 노닐면서 극極으로 돌아갔다. 나는 그를 따라 노닐었는데 능가필기楞伽筆記 한 질帙을 꺼내 나에게 읽어주었다. 내가 그 세 가지로 나눈 분과分科를 보니 미천씨彌天氏[183]를 비조鼻祖로 삼았으며, 오의五義로 간략히 해석한 것은 천태씨天台氏[184]를 근본으로 삼고 있다. 그리고 또 세 가지 번역을 회통함으로써 맥락脈絡을 살폈고, 두 가지 논서를 인용함으로써 종지를 밝혔는데, 그 장章의 해석을 절제하였으나 이理는 정수(華)를 꿰뚫었고, 그 구句의 해석을 겹겹이 중첩하였으나 문장은 창달했다. 나뭇가지를 당기거나 넝쿨을 끌지(牽枝引蔓)[185] 않으며 땅을 뚫거나 하늘을 찌르지 않으니, 중원中原의 절창絶唱으로 현묘한 근기根機를 허양虛壤한 것이라 할 수 있어서 진실로 의학義學의 나침반(司南)이자 또한 경전 설명의 정궤正軌이다. 조리棗梨[186]에 새겨 추초(蒭草: 종이)에 찍어낸다.

만력萬曆 계묘년(癸卯年, 1603년) 첫여름 부처님 탄신일에 초楚 땅 운양雲陽의 문인門人 승일僧一이 오운五雲의 내양사來陽祠에서 쓰다.

---

183 석도안釋道安을 말한다. 미천彌天은 하늘에 가득하다는 뜻으로 고승高僧을 가리킨다. 진晉나라의 고승인 석도안이 습착치習鑿齒와 서로 만나 자랑을 할 때 습착치가 '사해의 습착치'라고 하자, 석도안이 '미천彌天의 석도안'이라 하였다. 『진서晉書』 권82 습착치전.
184 천태종을 건립한 지자智者 대사를 말한다.
185 자질구레한 것을 이리저리 끌어다 붙이는 것을 뜻한다.
186 판각版刻의 목재로 쓰이는 나무.

감산덕청(1546~1623)

명나라 4대 고승 중 한 명으로, 감산憨山은 호이고 덕청德淸은 법명이다. 안휘성安徽城 금릉金陵에서 태어났으며, 속성은 채씨蔡氏이다. 19세에 남경 보은사報恩寺에서 출가한 이후, 평생 수행과 홍포에 힘썼다. 선과 염불을 함께 닦을 것(禪淨雙修)을 주장했으며, 육조 대사에서 비롯된 조계曹溪의 법맥을 중흥시켰다. 또한 유불도儒佛道 삼교에 능통하여 이의 조화를 추구하였다. 저서로『능가경관기』,『조론약주』,『법화경통의』,『화엄경강요』,『원각경직해』,『기신론직해』,『금강경결의』,『몽유집』,『중용직지』,『노자해』,『장자내편주』등이 있다.

장순용

고려대학교 사학과를 졸업하고 동 대학원 철학과를 수료하였다. 민족문화추진위원회 국역연수원과 태동고전연구소 지곡서당을 수료한 뒤 보림선원 백봉 김기추 거사 문하에서 불법을 참구하였다. 제17회 행원문화상 역경상譯經賞을 수상하였다.
역서로는『수능엄경통의 1, 2』,『한위양진남북조불교사』,『신화엄경론』,『화엄론절요』,『설무구칭경』,『티베트 사자의 서』,『대장일람집』,『반야심경과 생명의학』등 다수가 있으며, 편저로는『십우도』,『도솔천에서 만납시다』,『허공법문』등이 있다.

능가경관기 2

초판 1쇄 인쇄 2022년 6월 8일 | 초판 1쇄 발행 2022년 6월 17일
지은이 감산 덕청 | 역주 장순용 | 펴낸이 김시열
펴낸곳 도서출판 운주사

(02832) 서울시 성북구 동소문로 67-1 성심빌딩 3층
전화 (02) 926-8361 | 팩스 0505-115-8361

ISBN 978-89-5746-701-5 94220 값 35,000원
ISBN 978-89-5746-699-5 (세트)

http://cafe.daum.net/unjubooks 〈다음카페: 도서출판 운주사〉